GÄRTEN *an den* ITALIENISCHEN SEEN

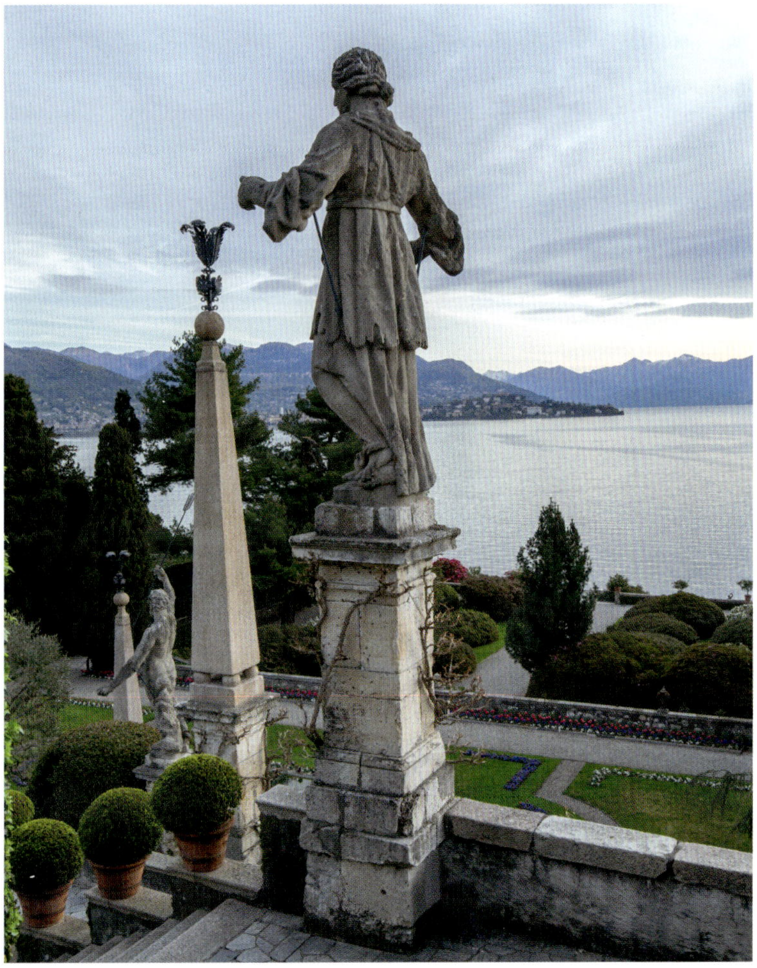

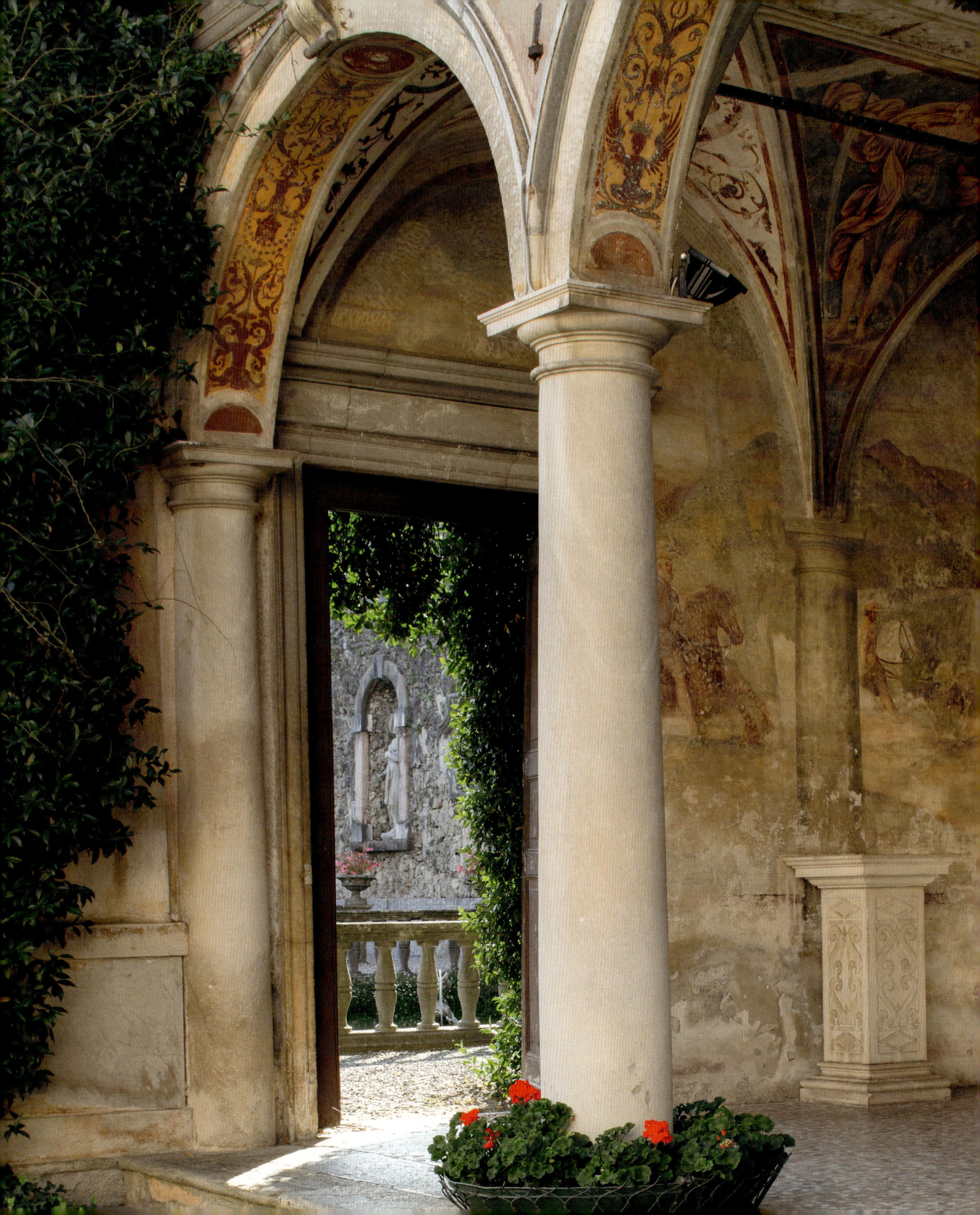

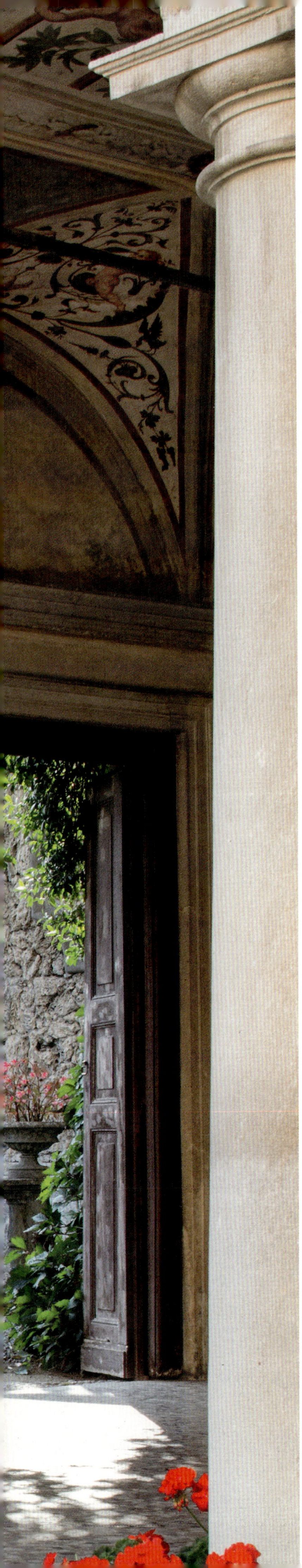

GÄRTEN *an den* ITALIENISCHEN SEEN

STEVEN DESMOND

FOTOS VON

MARIANNE MAJERUS

GERSTENBERG

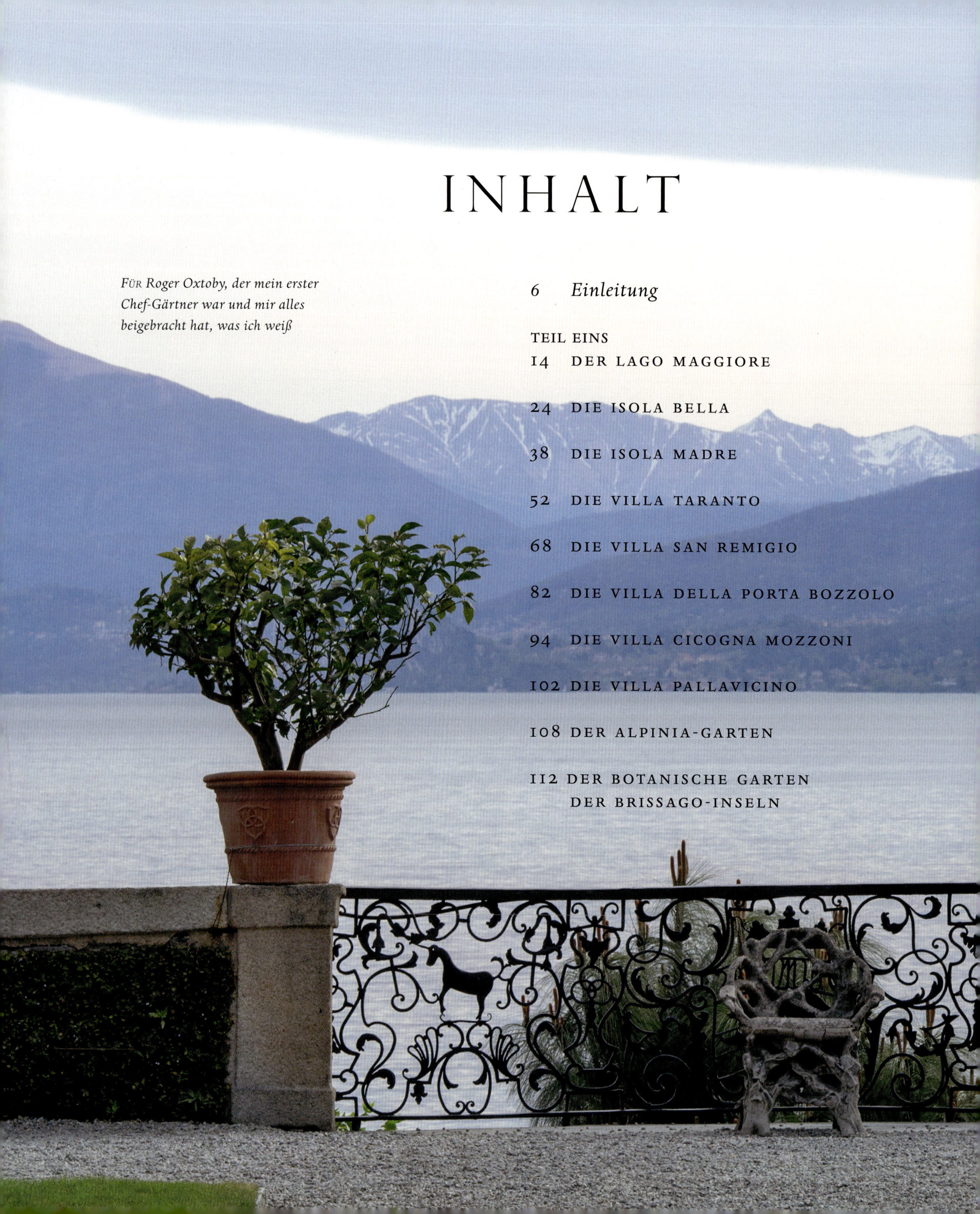

INHALT

Für Roger Oxtoby, der mein erster Chef-Gärtner war und mir alles beigebracht hat, was ich weiß

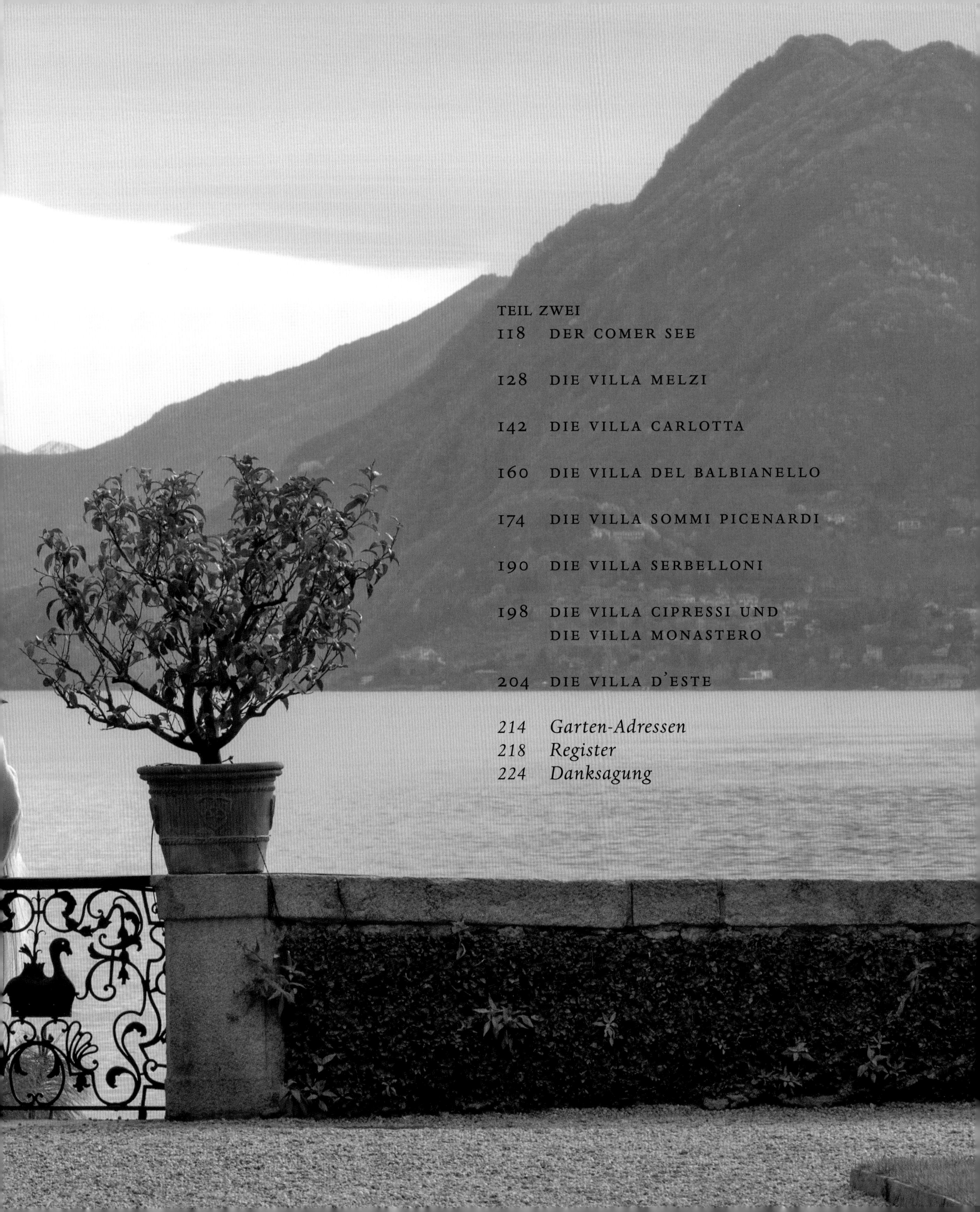

TEIL ZWEI

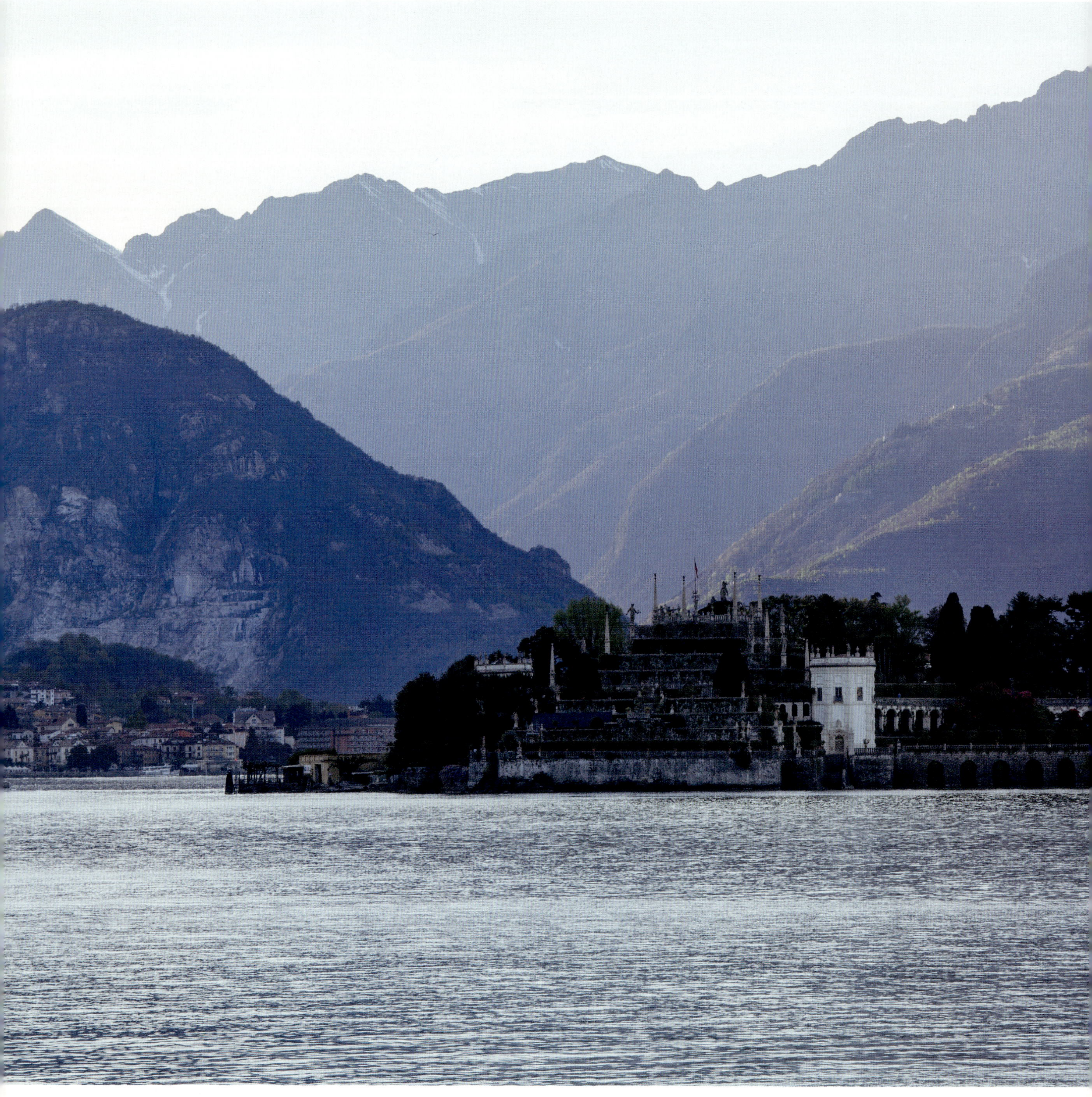

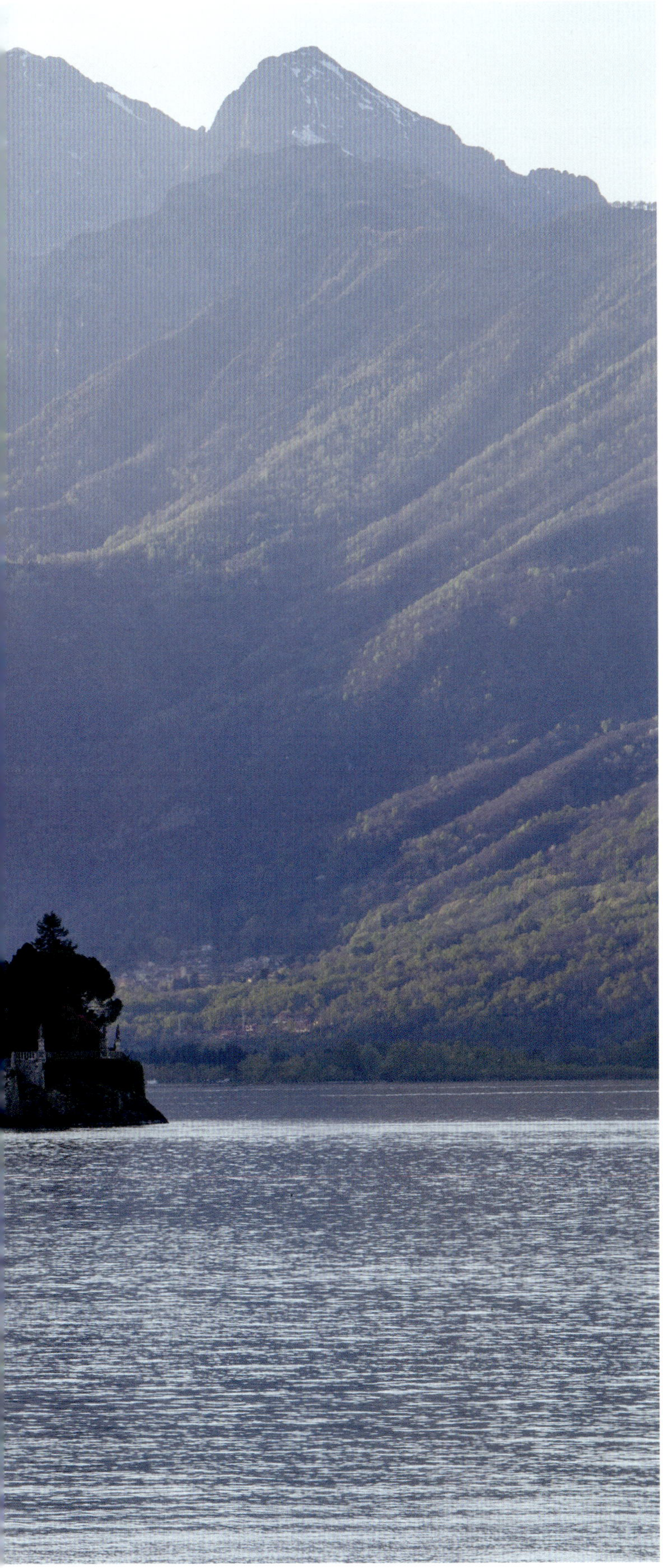

EINLEITUNG

Italien ist reich an Seen und berühmt für seine Gärten. Nennt man Seen und Gärten in einem Atemzug, so kommen jedem sofort die Gärten der oberitalienischen Seen in den Sinn. Am Fuße der Alpen gelegen, in der Lombardei, im Piemont – und im Tessin, sind zwei von ihnen genaugenommen auch Schweizer Seen. Von Bergen umrahmt, von pittoresken Villen, Burgen und Fischerdörfern gesäumt, locken Garda-, Orta-, Iseosee und andere Gewässer – die Gartenliebhaber aber zieht es an den Comer See und an den Lago Maggiore.

Reist man von Süden her an, vom Mailänder Flughafen etwa, fragt man sich unwillkürlich, ob die Reiseführer wohl irrten, so unglaublich flach ist die Po-Ebene, so geschäftig der Verkehr. Hier ist man nicht im locker-lässigen Italien der Werbebroschüren, sondern im Wirtschaftszentrum des Landes. Bald aber erscheinen aus dem Dunst die alpinen Gipfel wie Signale aus einer anderen Welt, deren Tempo vom Takt eines tuckernden Boots auf einem See bestimmt wird. Es ist dieses Szenario, das die Massen anzieht. Im Sommer kommen die Italiener in Scharen, um der schwülen Hitze von Stadt und Ebene zu entfliehen. Sie strömen an die Seen als Gegenpol zu den breiten und nüchternen Straßen von Mailand. Die Ausländer lockt das verheißungsvolle Zusammenspiel von Sonne, Bergen und Wasser. Außerdem sind die Seen gut erreichbar, der öffentliche Nah- und Fernverkehr funktioniert, die Autobahnen sind nahe, aber nicht so nahe, dass sie die Aussicht verschandeln könnten.

Ist man erst einmal da, lässt sich die Landschaft genussvoll vom Wasser aus erkunden. Das ist viel zivilisierter, als sich im Mietwagen durch die Dörfer entlang den Ufern zu quälen. Kreuz und quer verkehren Fähren auf verschiedenen Routen

LINKS Hinter der Isola Bella im Lago Maggiore erheben sich die Berge der Lombardei. Landschaft, Klima und Gartenbesitzer, die willens sind, extravagante Anlagen zu schaffen und sie Besuchern zu öffnen, machen die Region seit Jahrhunderten für Reisende attraktiv.

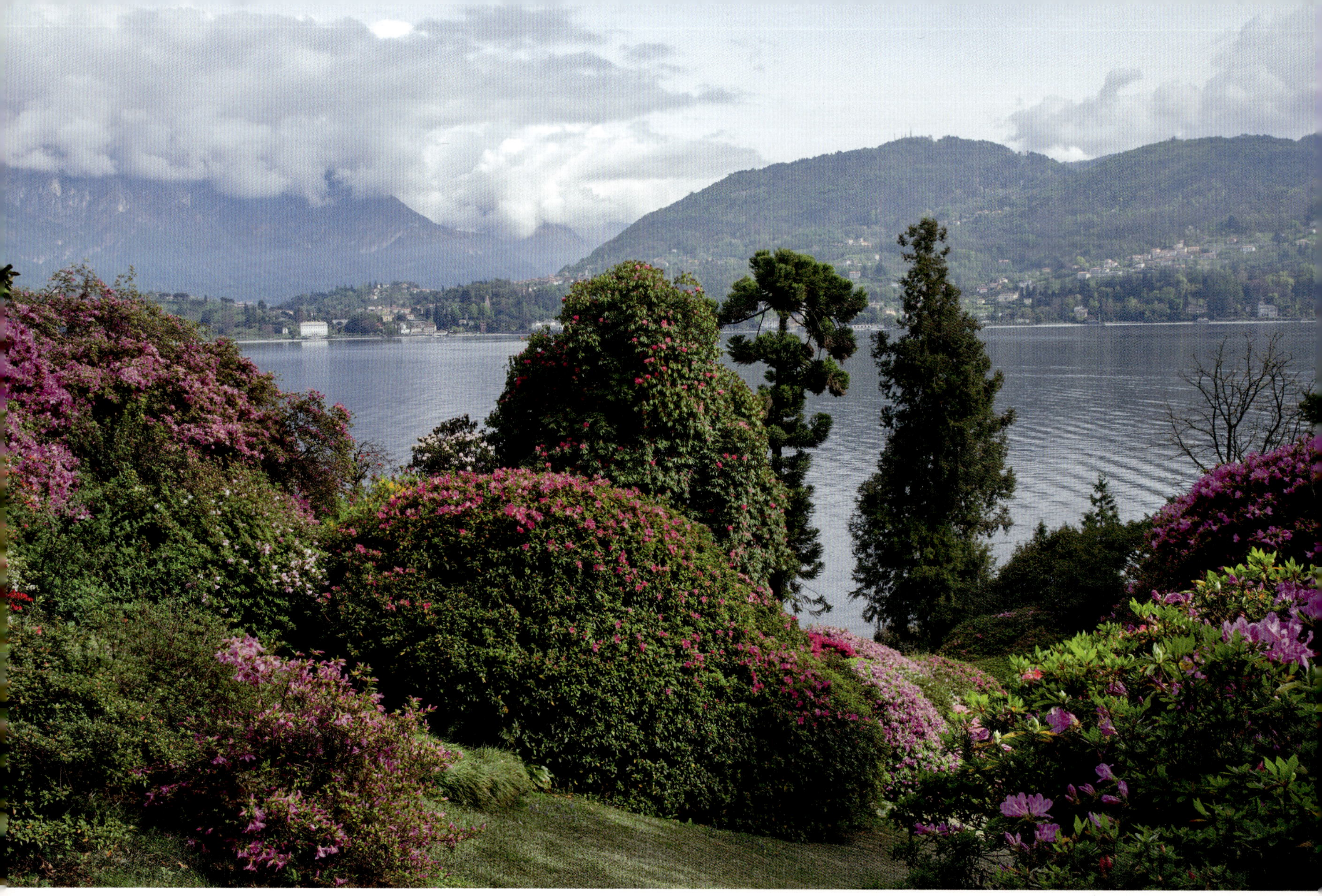

über die Seen, die Fahrpreise sind moderat, und man hat die freie Platzwahl.

Vom Schiff aus schweift der Blick frei über Inseln, Gärten und Villen, und nicht nur wer zum ersten Mal kommt, erkennt erst aus dieser Perspektive, wie die Gärten und Häuser in ihr Umland eingebettet sind. Jeder dieser Gärten ist an sich schön, durch seine Verortung in der Landschaft – am Ufer, auf einer Landzunge, auf einer Insel – gewinnt er aber noch mehr. Es ist kein Wunder, dass man sich früher um diese Grundstücke riss.

Ihren Besitzern bereitet die Lage oft Mühen. Als Wohnort ist eine Insel im See unpraktisch. Alles muss langsam und umständlich herangeschafft werden. Vor nicht allzu

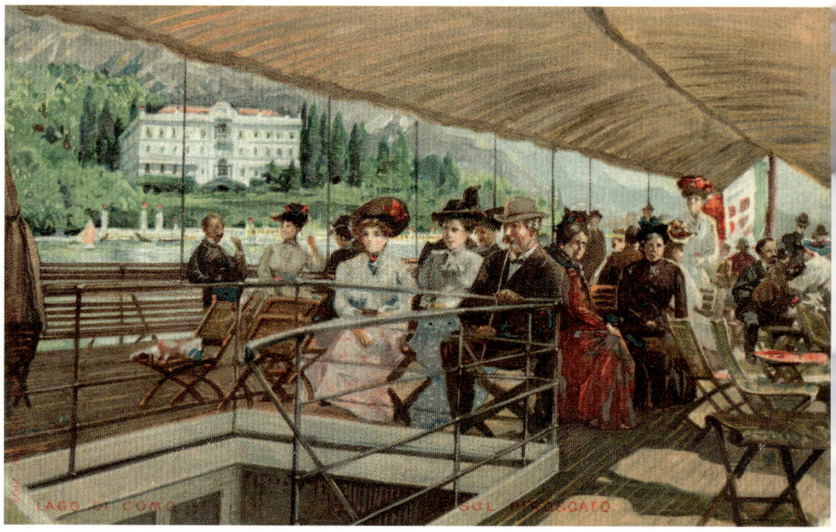

Ganz oben Hinter blühenden Rhododendren im Garten der Villa Carlotta bei Cadenabbia schimmert der Comer See in der Aprilsonne. An den Bergen ballen sich Wolken, untrügliche Zeichen für das wechselhafte Wetter der Gegend.

Oben Reisende lassen die Gärten der Villa Carlotta am Comer See auf dieser Postkartenansicht aus dem frühen 20. Jahrhundert hinter sich. Fahrten auf den Passagierdampfern, die seit den 1830er-Jahren auf den Seen verkehrten, galten als bewährt und angenehm.

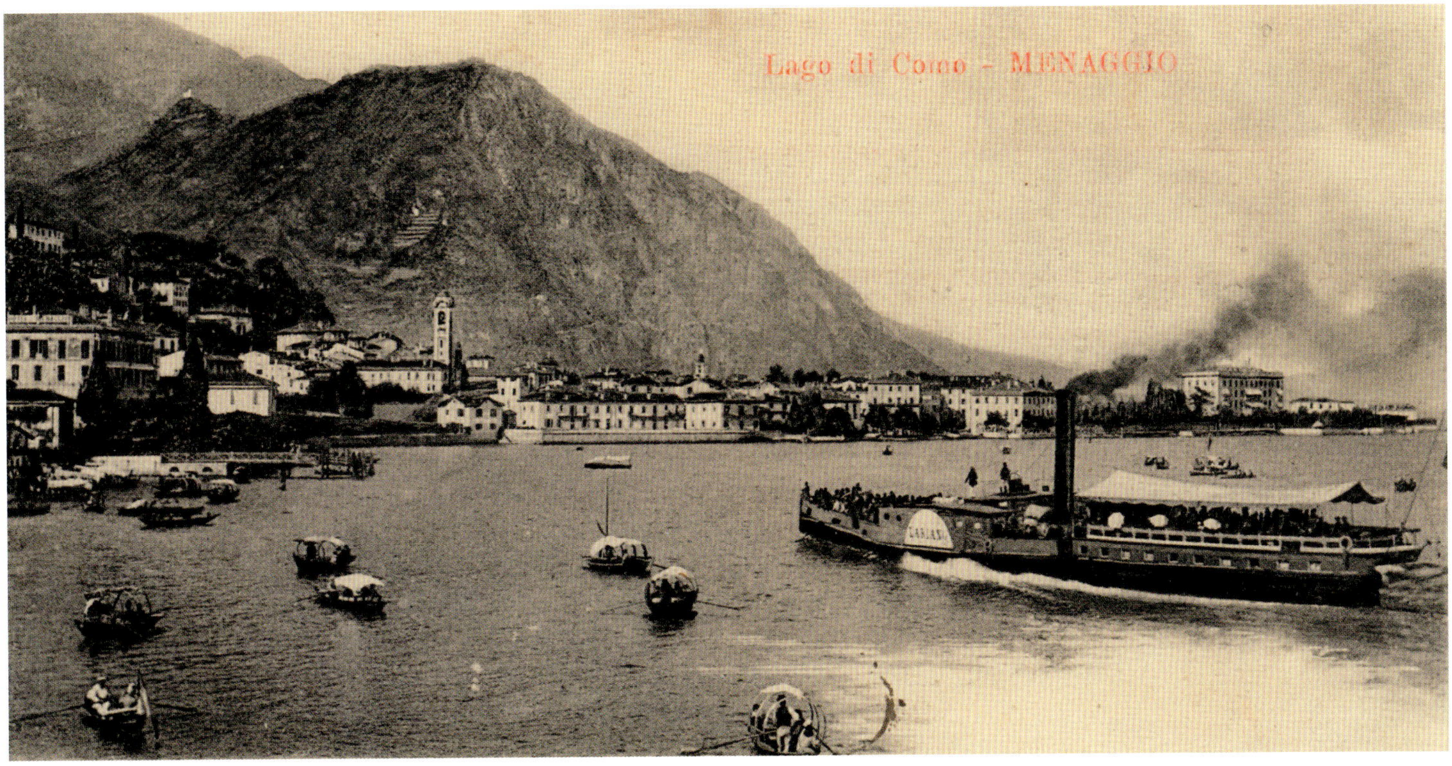

langer Zeit wehte ein Sturm einige Statuen im Garten der Isola Bella um. Das Festland liegt zwar nur ein paar hundert Meter entfernt, aber sämtliches Material musste Bootsladung für Bootsladung hinübergebracht werden. Baumaschinen mussten auseinandergenommen, ver- und entladen, wieder zusammengebaut, die Terrassen heraufgetragen werden – Inselbewohner müssen sich Sisyphos als einen glücklichen Menschen vorstellen. Schloss und Garten blieben während der Arbeiten geöffnet. Das Leben muss weitergehen, und es gibt viele Menschen wie mich, die Restauratoren gerne zusehen.

Lebensbestimmend ist natürlich auch das Klima. Viele *forestieri* leben in dem Irrglauben, in Italien scheine immer die Sonne. Weit gefehlt. Die Seen haben ein erstaunliches Mikroklima mit trockenen Wintern und feuchten Sommern. Die niederschlagreichsten Monate sind der Mai und der August, ausgerechnet diese beiden hielte man sich gern für einen Gartenbesuch frei. Wie reich dieser Niederschlag ist? Sehr reich. Am Lago Maggiore etwa fallen im Durchschnitt 79 mm Regen im Monat. Das ist sehr viel mehr als im für sein nasses Wetter berüchtigten englischen Lake District (oder in Husum), und der meiste Regen fällt in den Sommermonaten. In den letzten Jahren gab es außerdem mehrere Rekordfluten und Stürme. Ob ich trotzdem einen Besuch empfehle? Unbedingt, aufgrund jahrelanger Erfahrung! Sie werden wahrscheinlich wunderbares Wetter haben, – nehmen Sie trotzdem Ihre Regenjacken mit.

Regen bringt Segen, und hier beschert er den Gärten eine einzigartige Schönheit. Besuchern aus eher trockenen Gegenden werden angesichts des strahlenden Grüns die Augen schmerzen. Edith Wharton beklagte die Manie, in italienischen Gärten Rasenflächen anzulegen, die in der südlichen Hitze doch nur braun und struppig wie Fußmatten würden, aber hier bleiben sie grün. Und obwohl die Seen von Gipfeln umgeben sind, auf denen fast das ganze Jahr über Schnee liegt, zeigt selbst ein nur flüchtiger Blick auf junge Baumtriebe, dass der Frostschaden gering und die Wachstumsperiode lang ist.

Das milde Klima ist der großen Wasseroberfläche der Seen zu verdanken, die sich, wie das Meer, mäßigend auf die Temperaturschwankungen auswirkt. Vor allem die Inseln profitieren davon, dort ist die Vegetation trotz der nur dünnen Bodenschicht auf dem felsigen Untergrund merklich kraftvoller. Ihre Gärten haben im Jahr weniger Frost zu ertragen

OBEN Die *Lariano* dampft Richtung Menaggio am Comer See, um ihre Passagiere nach einem Gartenbesichtigungstag zu den Hotels zurückzubringen. Die bei Paaren sehr beliebten Ruderboote gerieten in ihrem Kielwasser leicht ins Schwanken.

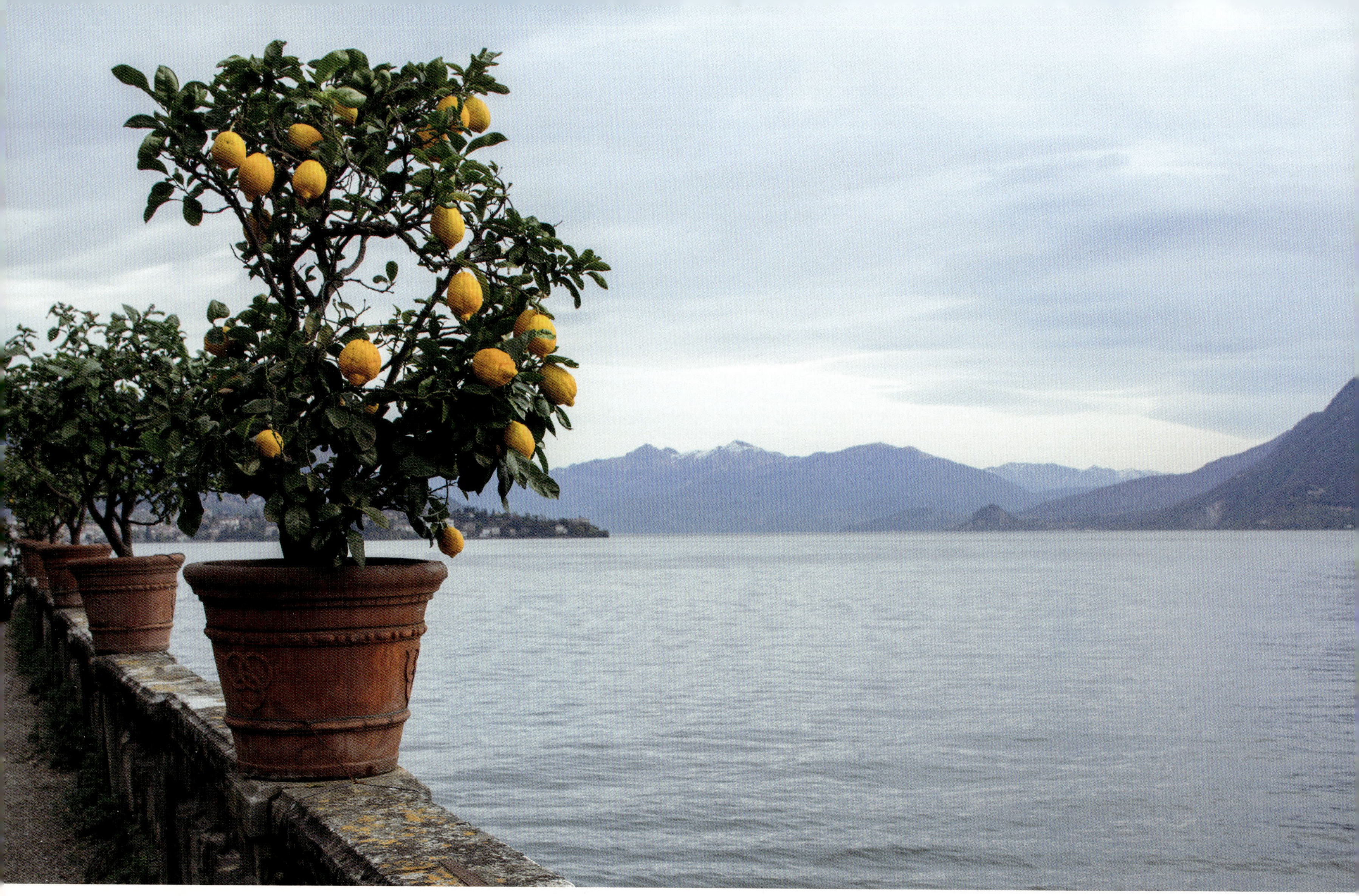

als die Festlandgärten. Dazu kommt die enorme Kraft der italienischen Sonne, die den Morgennebel auflöst und einen ungeheuren Effekt auf den Pflanzenwuchs hat. Unter ihr blühen Blumen früher und länger als in nördlicheren Breiten.

Hier lässt es sich gut leben. Und die Gartenstile – sie variieren. Italienische Gärten sind auf der ganzen Welt für bestimmte Elemente berühmt. Der Fremde denkt von fern an Terrassen, Mosaike, Zitronenbäume (*Citrus* × *limon*), Brunnen, Fontänen, verschnörkelte Buchsbaumparterre, den Ausblick auf herrliche Landschaften, eine etwas bröckelnde Pracht mit wenigen Zierpflanzentupfern. Einige dieser Sehnsuchtsobjekte gibt es hier im Überfluss, auf den folgenden Seiten werden Sie viele Terrassen und Parterres entdecken, an atemberaubender Landschaft fehlt es wirklich nicht, und doch sind diese Gärten anders. Neben der zu Recht berühmten italienischen Tradition, in der die europäische Gartengeschichte ihren Anfang nimmt, existiert eine andere Welt: die der Pflanzenliebhaber. In Italien ist das Gartenbesuchen kein nationales Hobby wie in England, doch hier findet der Enthusiast, was er sehen möchte: ungemein reiche Sammlungen, insbesondere von Bäumen und Sträuchern, in attraktiven Anordnungen, meist gut beschildert und durchweg makellos gepflegt. Das liegt unter anderem daran, dass hier schon vor Jahrzehnten Ausländer Gärten anlegten, wie etwa der Schotte Neil McEacharn in der Villa Taranto, der den Traditionen seines Gastlandes nicht folgen mochte und auf seinem Grundstück die wohl einzige doppelte Staudenrabatte Italiens pflanzte und diese mit einem Waldgarten umgab, als sei er in der alten Heimat. Dass auch die Italiener botanische Gärten schon lange lieben und hegen, zeigt sich

Oben Zitronenbäume (*Citrus* × *limon*) in großen Tontöpfen vor dem Hintergrund der schneebedeckten Alpen, ein Anblick, der den besonderen Zauber des Gartenklimas an den Seen ausmacht. Zu verdanken ist das dem mäßigenden Einfluss des Wassers und der Kunst der Gärtner.
Rechts Die Terrasse der Isola Bella ragt aus dem Wasser des Lago Maggiore. Der Mensch bezwingt die Natur und tut das kund, indem er den harten Kanten der Architektur durch zurechtgestutztes Grün Weichheit verleiht. Gottes Schöpfung als Hintergrund zeigt uns unsere Grenzen auf.

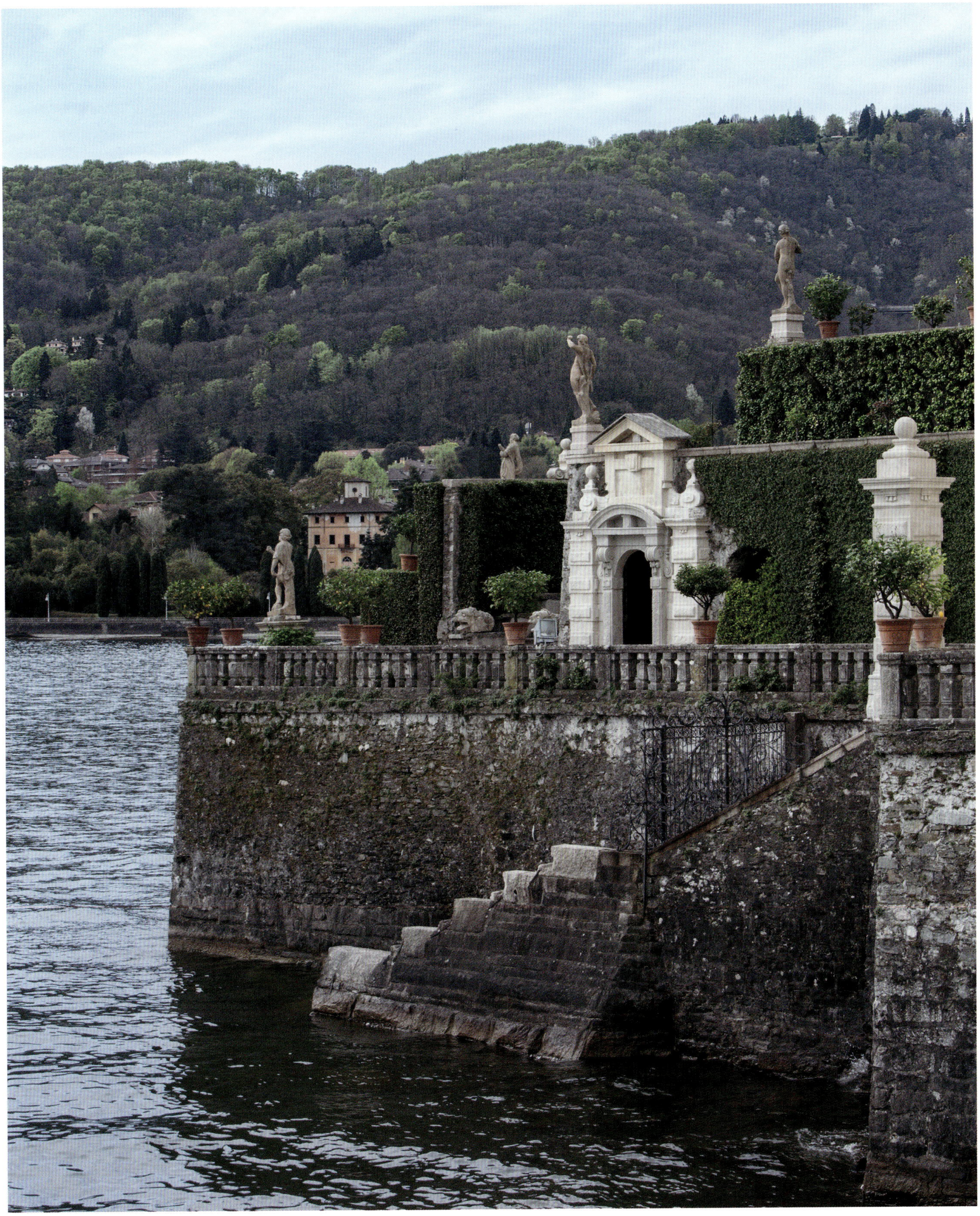

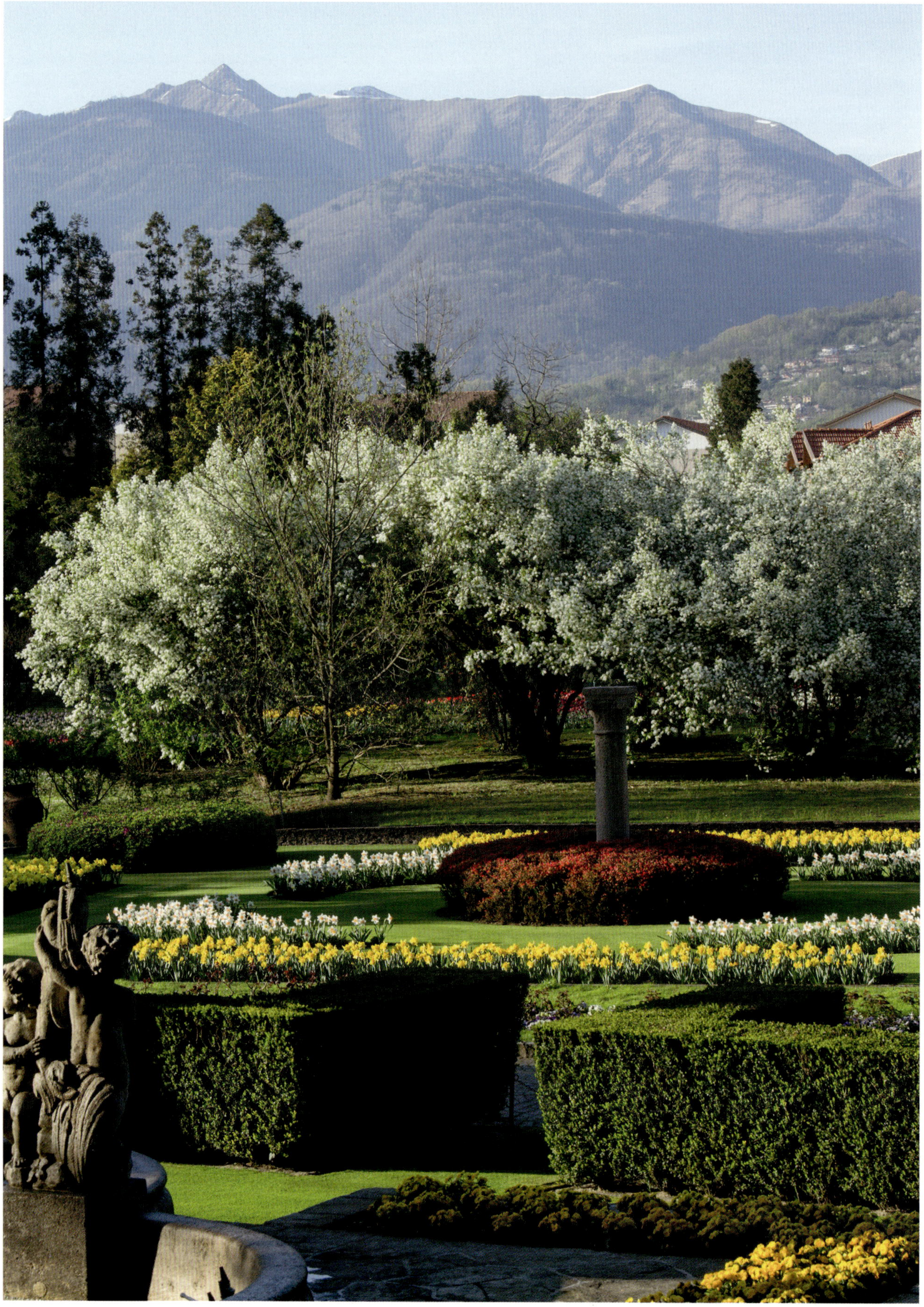

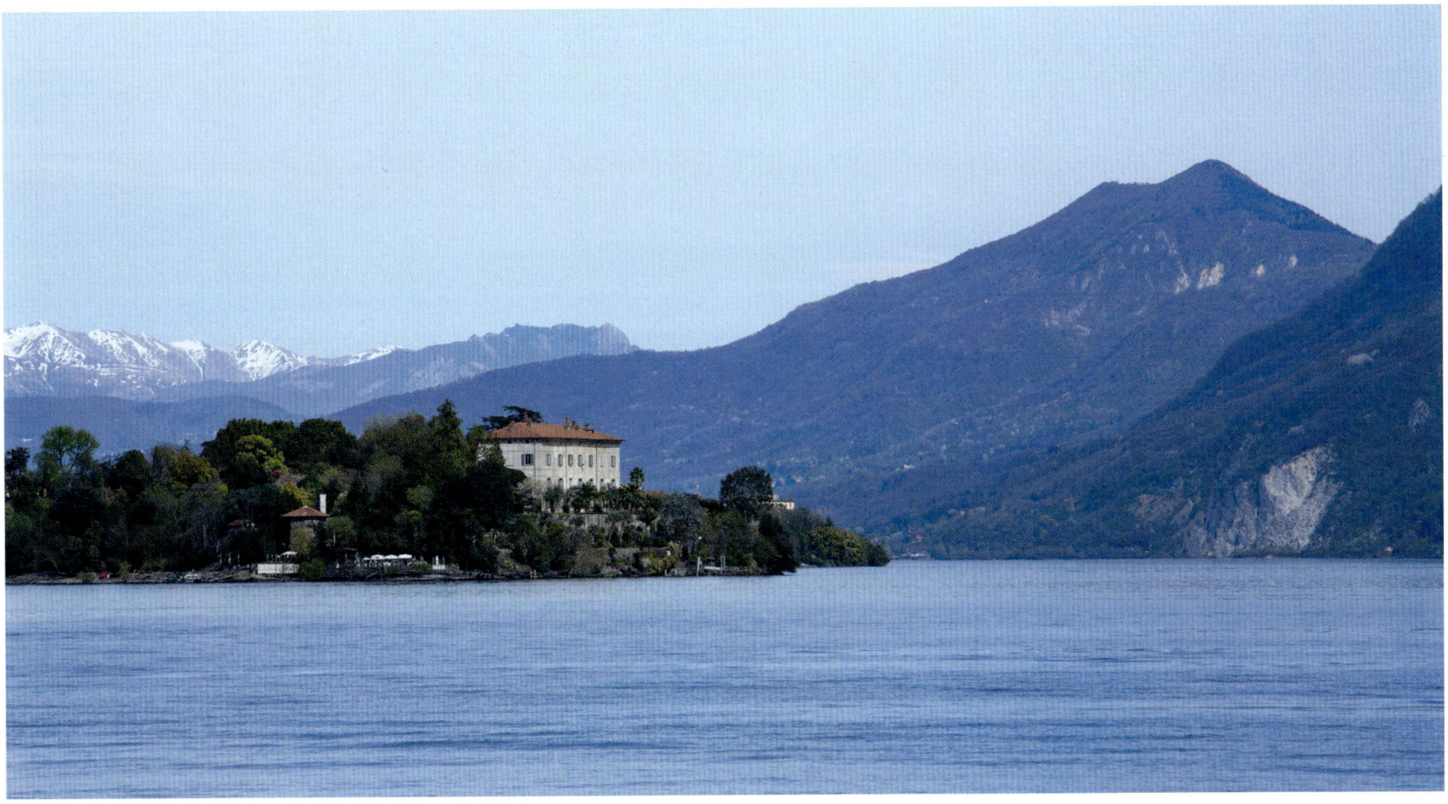

auf einer der Borromäischen Inseln, die im Besitz des Adelsgeschlechts der Borromeo sind.

Ein Reiz dieser Gartenwelt liegt in ihrer Vielfältigkeit. Unter den Schöpfern dieser Gärten der oberitalienischen Seen waren italienische Fürsten, ausländische Adlige und Menschen, die sich ihr eigenes Eden erträumten. Einige der Anlagen sind alt und von Allegorien und Symbolik umhüllt. Andere sind politische Gesten der napoleonischen Ära. Wieder andere wurden geschaffen, um aus einem ungünstigen Gelände das Beste herauszuholen. Als Besucher mag man sich von gewundenen Pfaden durch Rhododendrondickichte angezogen fühlen oder von einem Spalier neuer *Citrus*-Züchtungen oder von einem Frühstücksplatz unter einer Pergola mit herrlicher Aussicht. Und jeder dieser Orte ist zu jeder Jahreszeit in jedem Jahr anders: mal früher blühend oder später, mal feuchter oder trockener. Das spielt keine Rolle. Der wahre Gartenliebhaber weiß, dass überall eine angenehme Überraschung wartet. Und wenn Ihnen, was zu Ihren Füßen liegt, nicht gefällt, können Sie einfach in die Landschaft schauen. Davon werden Sie nie genug bekommen.

LINKS Die kunstvollen Blumenbeete und Zierbäume der Villa Taranto in Pallanza am Lago Maggiore entsprangen dem Traum eines reichen Ausländers, der in einer einzigartigen Umgebung einen besonderen Baumgarten erschaffen wollte. Seine Vision ist noch immer aufsehenerregend.
OBEN Die Villa der Isola Madre im Lago Maggiore steht, von üppiger Vielfalt umgeben, einladend nahe am Landungssteg.

PRAKTISCHER NUTZEN DIESES BUCHES

Gärten an den italienischen Seen können Sie natürlich zu Hause im gemütlichen Sessel lesen, aber wenn ich alles richtig gemacht habe, werden Sie den Wunsch haben, die Gärten mit eigenen Augen zu sehen. Sie sind nach geografischen Regionen geordnet, und jedem Einzelnen ist ein eigenes Kapitel gewidmet. Ich erkläre, wie und von wem sie gestaltet wurden, um den Charakter jedes Gartens zu verdeutlichen. Sie können dann, den Spuren der Schöpfer folgend, Idee mit heutiger Wirklichkeit vergleichen – und das schenkt ein großes Glücksgefühl.

Das Gebiet, von dem ich spreche, ist zwar nicht groß und mit allen möglichen Verkehrsmitteln gut zu erreichen, aber es wäre doch geradezu ein Kraftakt, alle Orte auf nur einer Reise zu besuchen. Lassen Sie die Schilderungen in Ruhe auf sich wirken, und erkunden Sie Ihre Wunschroute. Übersichtskarten finden Sie auf den Seiten 214–215, Adressen und Öffnungszeiten auf den Seiten 216–217.

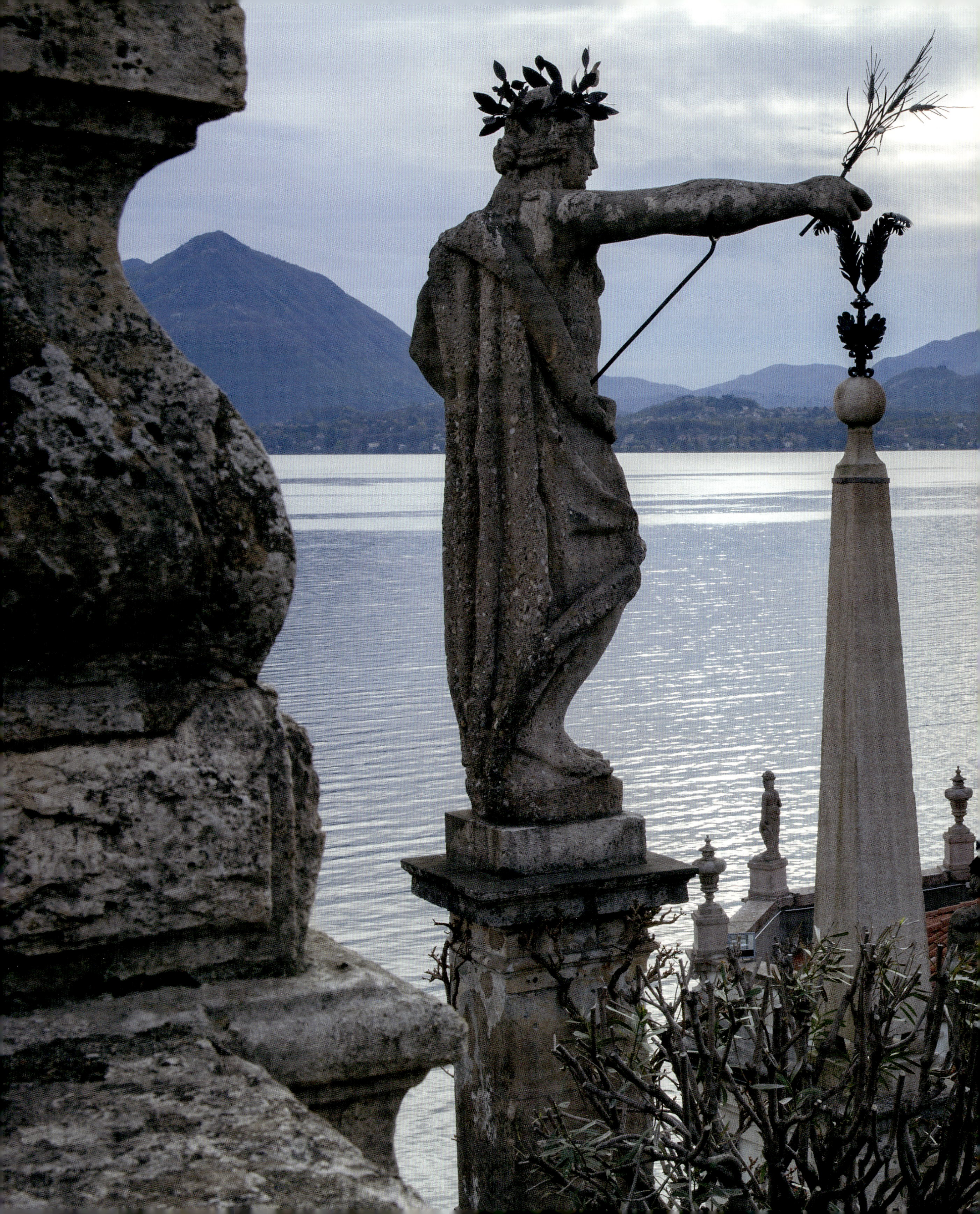

DER LAGO MAGGIORE

TEIL 1

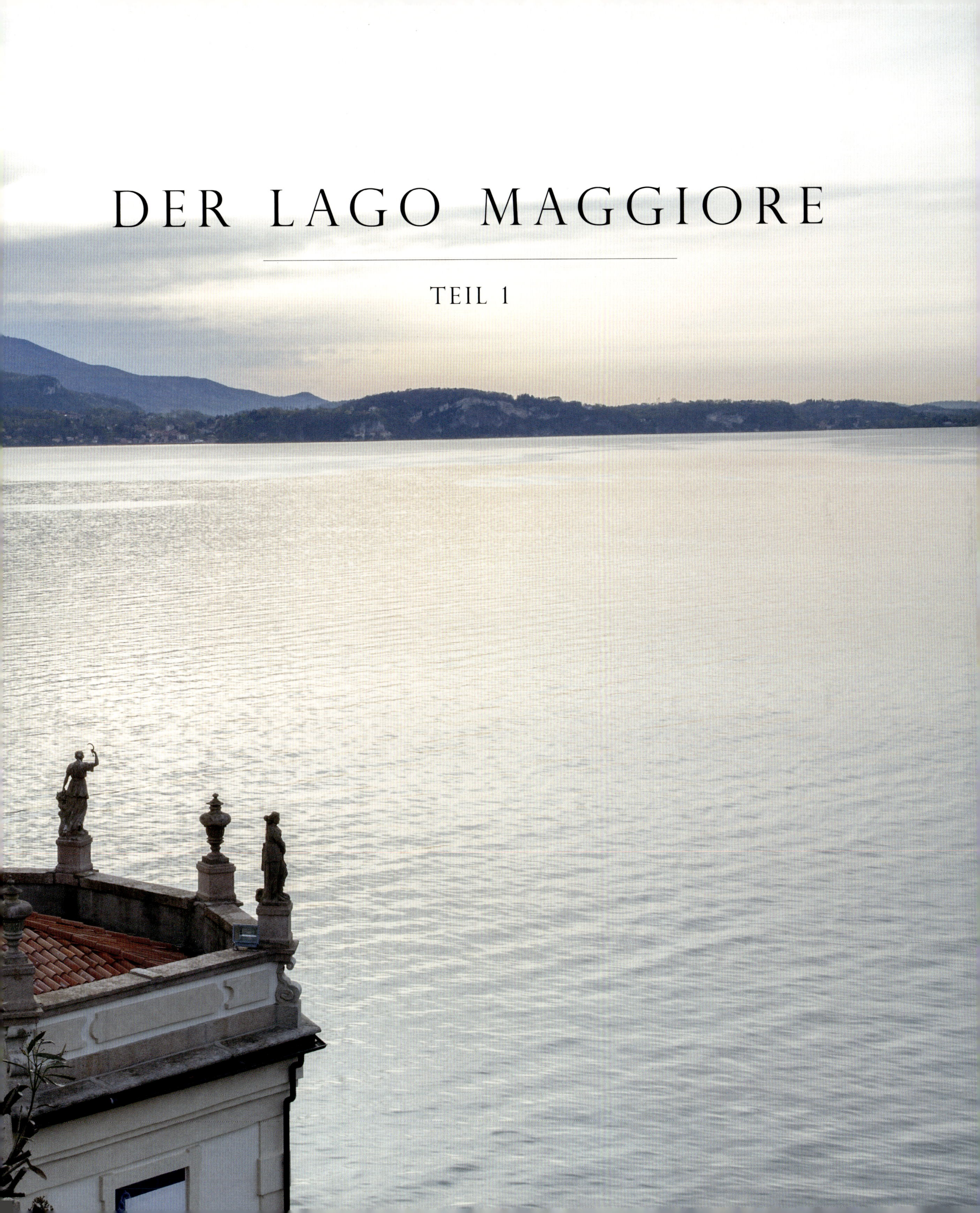

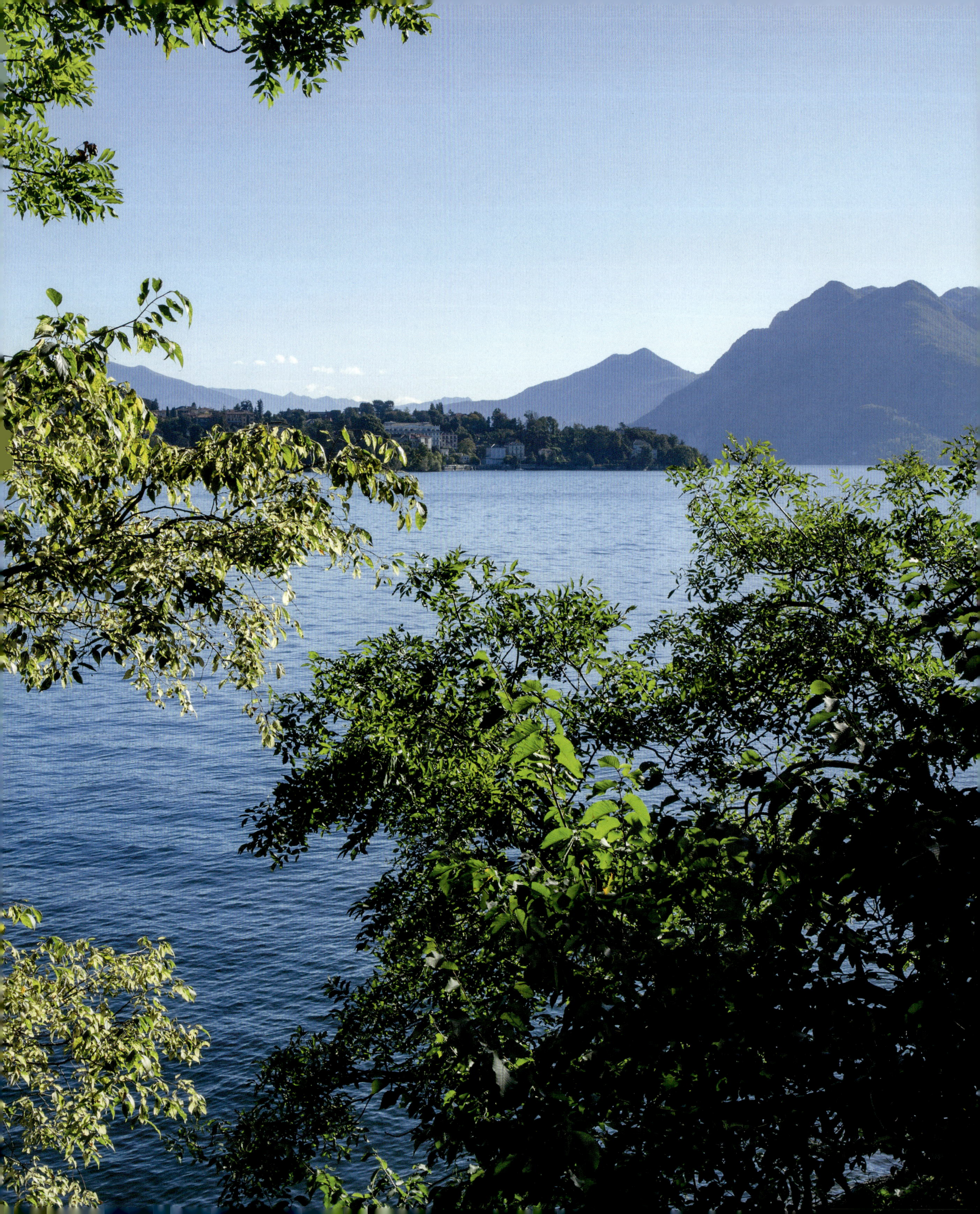

DER LAGO MAGGIORE

Hier ist der Vergnügungsreisende am rechten Ort, egal ob er aus dem nur eine Stunde entfernten Mailand mit dem Zug eintrudelt oder über die Alpen in den Süden kommt, im Strom der Deutschen, die Goethes *Italienische Reise* in einer blassen modernen Variante zu machen scheinen. Vielleicht ist es die verheißungsvolle Frage der ersten Verse seines „*Mignon*"-Lieds, die sie hierher lockt: „Kennst du das Land, wo die Zitronen blühen?"

Noch immer kann, wer etwas außerhalb der Saison kommt oder sich einen der vielen schönen abgelegenen Winkel sucht, am See Ruhe und Frieden genießen. Als der schottische Geistliche Gilbert Burnet, der spätere Bischof von Salisbury, 1686 am See weilte, war er vom Lago Maggiore so beeindruckt, dass er ihn in seiner Reisebeschreibung größer machte, als er tatsächlich ist – er schrieb ihm eine Länge von 56 Meilen zu, tatsächlich sind es etwa 40, also 64 Kilometer. Er pries ihn als „großen und noblen See", und damit übertrieb er nicht. Seinen Lesern empfahl er die „große Bucht in seinem Westen", die auf den Karten als Borromäischer Golf verzeichnet und noch heute der größte Anziehungspunkt für Besucher aus aller Welt ist. „Es liegen hier zwei Inseln, die man die Borromäischen nennt, sie sind ohne Frage die lieblichsten Flecken der Erde, in ganz Italien kommt nichts ihnen gleich." Die Werbung heutiger Tourismus-Webseiten erscheint im Vergleich zu Burnets glühender Prosa nichtssagend. Seine Eloge weckte in den Köpfen der Briten die fixe Idee, jeder Italien-Reisende müsse den See und seine Perlen gesehen haben.

Die Römer nannten den See „Lacus Verbanus" nach den wilden Verbenen, die in den Sommermonaten an seinen Ufern blühen. Geformt wird er aus den Tälern zweier Flüsse. Das Hauptbecken erstreckt sich von den Alpen um Locarno nach Süden und wird vom Tessin durchflossen, der immerhin dem ganzen Schweizer Kanton den Namen gibt. Bei Sesto Calende verlässt der inzwischen Ticino genannte Fluss zwischen flachen Hügeln den See und mäandert sanft dem Po entgegen. Der kleinere Fluss Toce, an dessen Mündung sich heute Schilfgürtel ausbreiten, grub die Bucht im Westen und gab dem Lago Maggiore damit seine unverkennbare Form. Auf fast ganzer Länge umrahmen bewaldete

---

LINKS Der von Grün gefilterte Blick über den Borromäischen Golf des Lago Maggiore. Am südlichen Ende der Halbinsel Castagnola ist Pallanza, ein Ortsteil von Verbania, zu erkennen, dahinter steigen die Berge bis zur Schweizer Grenze an.

Berge den See, an dessen Ufern, die viel leichter zu besiedeln waren als die Steilhänge am Comer See, kleine Städte liegen. An den schmalen kurvigen Straßen in die Berge stehen zahlreiche Dörfer. Dem Reisenden bieten sich die Berggipfel im Frühling noch schneebedeckt dar, und von vielen Stellen am See kann er in nicht allzu weiter Ferne die einschüchternden Felsflanken der Schweizer Alpen sehen.

Der Garten der Isola Bella, über den Gilbert Burnet ins Schwärmen geriet, wurde von der Familie Borromeo geschaffen, die seit dem 15. Jahrhundert eine beherrschende Rolle am See einnimmt. Von ihren Burgen in Angera und Arona zu beiden Seiten des südlichen Seeteils aus kontrollierten sie die gesamte Umgebung. Noch heute befinden sich die Inseln Isola Bella und Isola Madre sowie das eindrucksvolle Kastell in Angera, das sich auf einem steilen Felsen über der Stadt erhebt, im Besitz der Familie. Die Burg von Arona verlor sie während des ersten Italien-Feldzugs von Napoleon Bonaparte 1796. Damals überquerte die französische Revolutionsarmee unter dem Befehl Bonapartes die Alpen und überrannte die Lombardei, die Burg von Arona leistete erbitterten, aber erfolglosen Widerstand und wurde in einer Strafaktion zerstört. Den Sieg feierte Napoleons Entourage auf der höchsten Gartenterrasse der Isola Bella.

Heute kann man sich den Lago Maggiore kaum als Zentrum eines revolutionären Aufruhrs vorstellen, doch Mitte des 19. Jahrhunderts war er für kurze Zeit genau das. Ursache war die mitten im See verlaufende Grenze zwischen der Lombardei im Osten und dem Piemont im Westen. Die Lombardei gehörte seit Anfang des 18. Jahrhunderts zum Habsburger Reich, ein Umstand, den die Anhänger eines geeinten Italiens nicht mehr hinnehmen wollten. Und so bemannte der legendäre Guiseppe Garibaldi 1859 mit seinen „Rothemden" genannten Freiwilligen einen Vergnügungsdampfer und fuhr von Sesto Calendo aus nach Norden. In seinem Kielwasser

UNTEN Der Blick über den Lago Maggiore von der Villa Ruscella bei Stresa auf einem Stich aus dem frühen 19. Jahrhundert. Von links nach rechts: die Isola dei Pescatori, die Isola Madre und die Isola Bella.
RECHTS Der Triumph der Familie Borromeo manifestiert sich im Amphitheater der Isola Bella, das vom geflügelten Einhorn, ihrem Wappentier, beherrscht wird. Ihm zu Füßen Götterstatuen, Obelisken, Stufen und die gestaltete Natur.

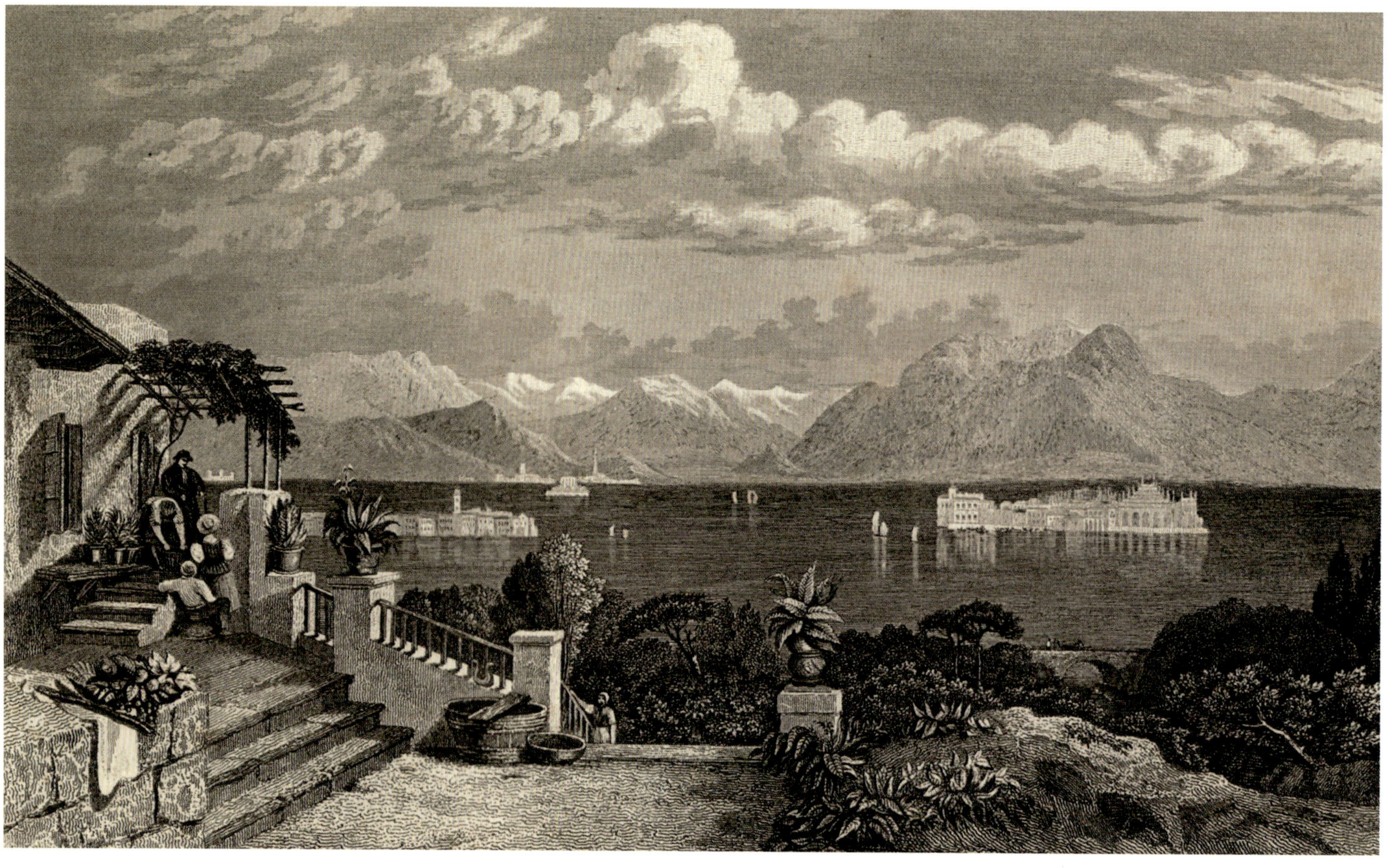

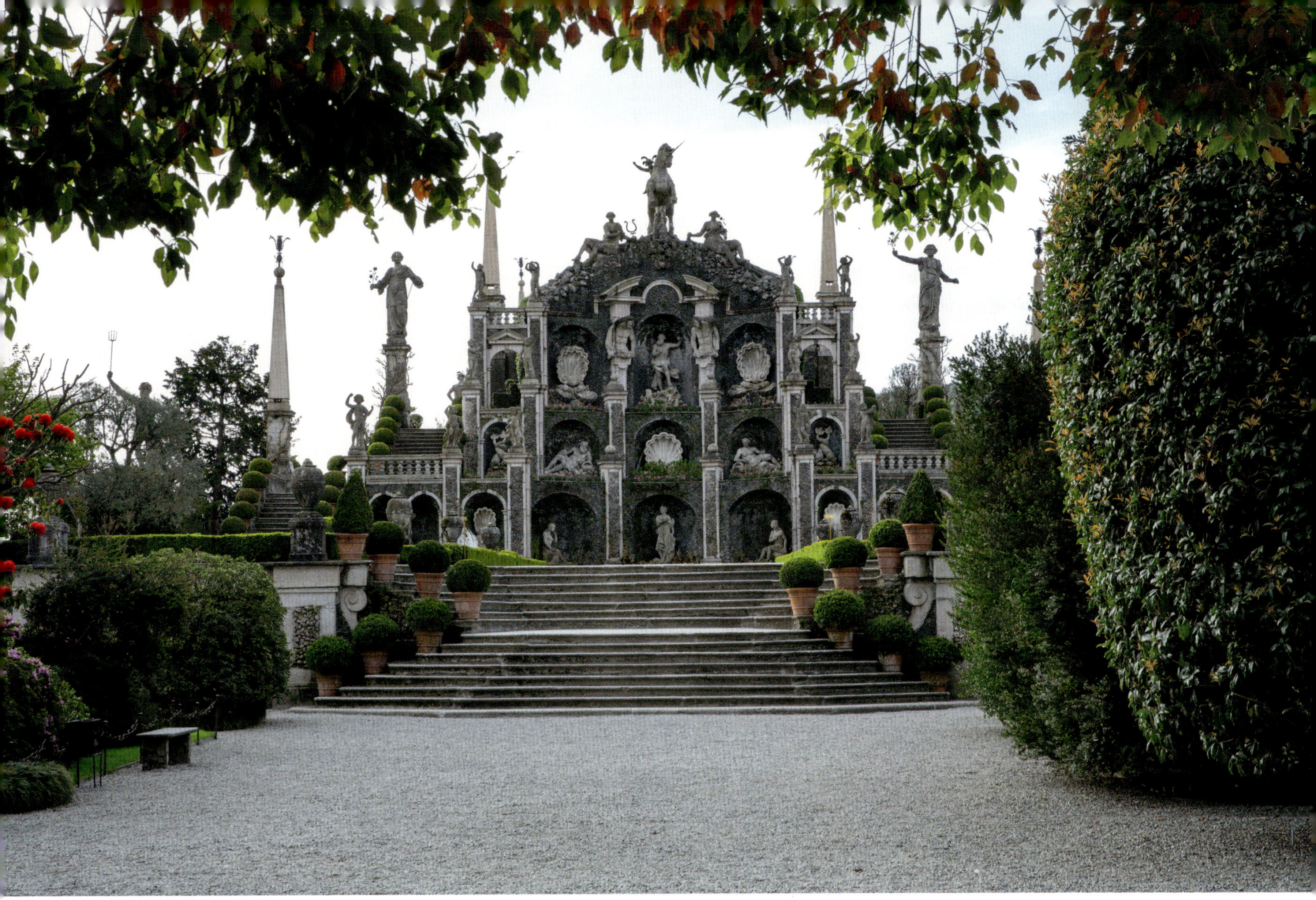

schipperte eine wunderliche Flotille aus mehr oder weniger klapprigen Booten und Kähnen, beladen mit allen Büchsen und Flinten, aus denen man noch einen Schuss abgeben konnte. In Laveno, dem einzigen Naturhafen auf lombardischer Seeseite – und daher von strategischer Bedeutung –, griff er das feindliche Fort an. Es war nicht mehr als eine heroische Geste, doch die Herzen der italienischen Einheitsbefürworter schlugen hoch, und die Österreicher verloren die Lombardei noch im selben Jahr.

Im 19. Jahrhundert galt der See vor allem Reisenden aus dem Norden Europas als Traumziel. Die meisten kamen, um die sagenhaften Terrassen der Isola Bella zu sehen, die dann aber nicht jedermanns Geschmack waren. Viele, vor allem die Deutschen, reisten auf der erhabenen Route über die Alpen und legten nach dem Simplonpass einen Stopp ein, um Domodossala am Toce zu besichtigen. Der große Marktplatz der Kleinstadt wirkt – damals wie heute – wie die Kulisse einer romantischen Oper. Die vermögenden Briten kamen in der zweiten Hälfte des Jahrhunderts via Genua, nachdem sie den Winter im milden Klima der Riviera verbracht hatten. Ein Frühling an den Seen übte einen unwiderstehlichen Reiz aus.

Die relative Abgeschiedenheit vermittelte allen, die es sich leisten konnten, ein Gefühl der Exklusivität. Bis 1900 war der Lago Maggiore Erholungsort gekrönter Häupter, von Hoch- und Geldadel. Man baute sich entweder eine Villa oder suchte jemanden heim, der bereits eine hatte. Königin Viktoria etwa nahm 1879 huldvoll die Einladung von Charles Henfrey an, der sein Vermögen mit dem Bau der Eisenbahn in Indien gemacht hatte, und verbrachte fast einen Monat in seiner Villa Clara bei Baveno. Damals war das Haus von der Straße aus gut zu sehen, und die Herren, die an einem der Tage stundenlang in ihren Kutschen gewartet hatten, erhoben sich und zogen die Hüte, als die Monarchin ihnen für einen Moment den Gefallen erwies, winkend auf den Balkon zu treten. Die Zeit vertrieb sie sich recht gekonnt mit Aquarellmalerei, vor allem der Blick über die Bucht auf den Gipfel des Sasso del Ferro über dem Fährhafen Laveno hatte es ihr angetan. Heute starten neben der Bergstation der Seilbahn Paraglider und kreisen wie Flugsaurier in den sommerlichen Aufwinden. Die Villa Clara ist inzwischen von immergrünen Bäumen verborgen, nur Dach und Türme des roten Backsteingebäudes sind am Ufer zu sehen. Der Italien-Kenner Richard Bagot zeigte sich 1905 wenig beeindruckt, die Villa, schrieb er, ähnele dem „Vorstadtruhesitz eines Einzelhändlers in Wimbledon oder Putney".

Stresa bot sich als aussichtsreicher Standort prächtiger Villen wie der Villa Ducale der Herzogin von Genua an, und nach und nach reihten sich Hotels zu einer eleganten Promenade, die der Kleinstadt das Flair eines Badeorts verlieh. Auf der anderen Seite der Bucht ließ sich eine internationale Melange von Villenbesitzern am Ufer und in den Wäldern der sonnigen Halbinsel Castagnola nieder und machte Pallanza zu einem Modeort. Für die floralen Bedürfnisse sorgten neu etablierte Handelsgärtnereien, Firmen wie Rovelli waren im 19. Jahrhundert über die italienischen Grenzen hinaus bekannt. Der Boden rund um den See ist sauer und daher ideal für Azaleen, Rhododendren und Kamelien (*Camellia*). Noch heute gibt es hier zahlreiche Baumschulen, die meisten sind in Fondotoce zu finden.

1906 änderte sich das soziale Klima am Lago Maggiore radikal. In diesem Jahr wurde der Simplontunnel eröffnet, ein Meisterwerk der Ingenieurskunst, das jedoch viele Arbeiter das Leben kostete. Die Alpen mussten nicht länger mühsam überquert werden, die Massen unterquerten sie nun bequem im Zug. Das Resultat folgte prompt: Quasi über Nacht blieben die königlichen Besucher weg, die Hotels in Stresa und Baveno aber vermehrten sich rasend. Pallanza landete einen Marketing-Coup, indem man die Eisenbahngesellschaft überredete, im kleinen Bahnhof regelmäßig den Orient-Express halten zu lassen, direkt vor den Villentüren

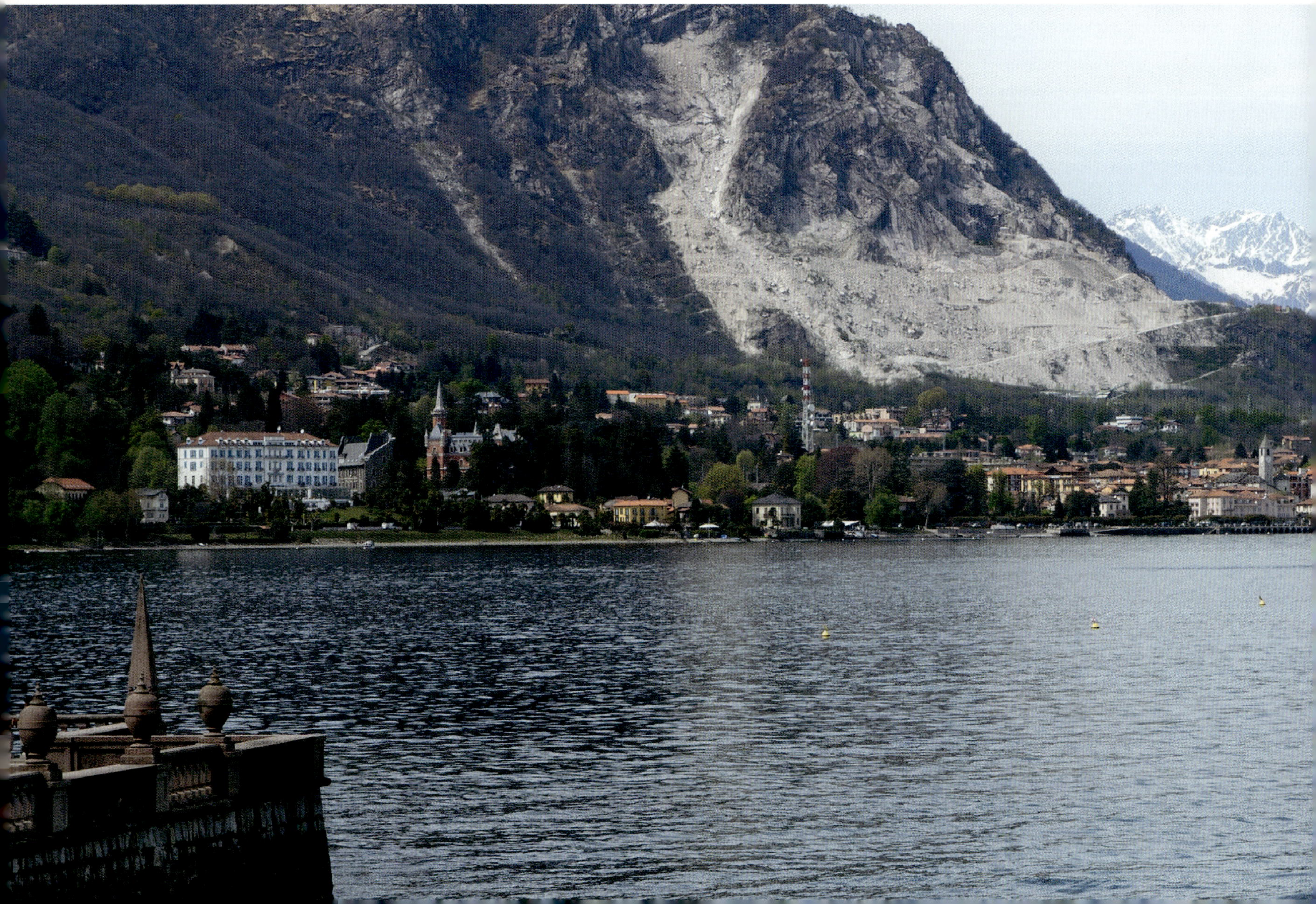

der Reichen. An diesem Bahnhof stieg auch Neil McEacharn aus dem Zug, nachdem er in der *Times* gelesen hatte, dass die Villa Taranto zum Verkauf stehe.

Nachdem die Massen einmal da waren, kamen die Vergnügungsdampfer und nahmen ihren Saisonverkehr auf. Die Isola Bella ist nicht weit vom Landungssteg in Stresa entfernt, und die Stadt genießt die Aussicht auf die berühmten Terrassen. Ähnlich eng sind die Isola Madre und Pallanza verbunden. Im 20. Jahrhundert wurden einige der Villengärten und Parks für das Publikum geöffnet, etwa der der Villa Pallavicino bei Stresa, der botanischer Garten und Tierpark in einem ist. Auch die Gärten der Villa Taranto, diese merkwürdige Mischung aus aufsehenerregendem Arboretum und eigenwilligen Elementen, die den Charakter ihres Schöpfers Neil McEacharn widerspiegelt, zählt dazu. Wer bis ans Schweizer Ende des Sees reist, findet auf der größeren der beiden Brissago-Inseln eine elegante Villa inmitten eines makellosen botanischen Gartens.

Der Lago Maggiore hat ein hochinteressantes Klima. Allen Gartenbesuchern fallen sofort zwei Dinge auf: das kräftige und üppige Pflanzenwachstum sowie die Vielzahl der Pflanzen, die – aus der ganzen Welt zusammengetragen – so prächtig gedeihen, als wären sie hier heimisch. Am Fuße der Alpen rechnet man damit nicht. Das Phänomen hat mehrere Ursachen. Zum einen gibt es – man ist schließlich in Italien – viel Sonnenschein, aber eben auch viel Regen. Ähnlich ist es am Comer See, wo der meiste Niederschlag im Frühling, Sommer und Herbst fällt, während die Winter zwar kalt, aber relativ trocken und klar sind. Die große Wasseroberfläche gleicht

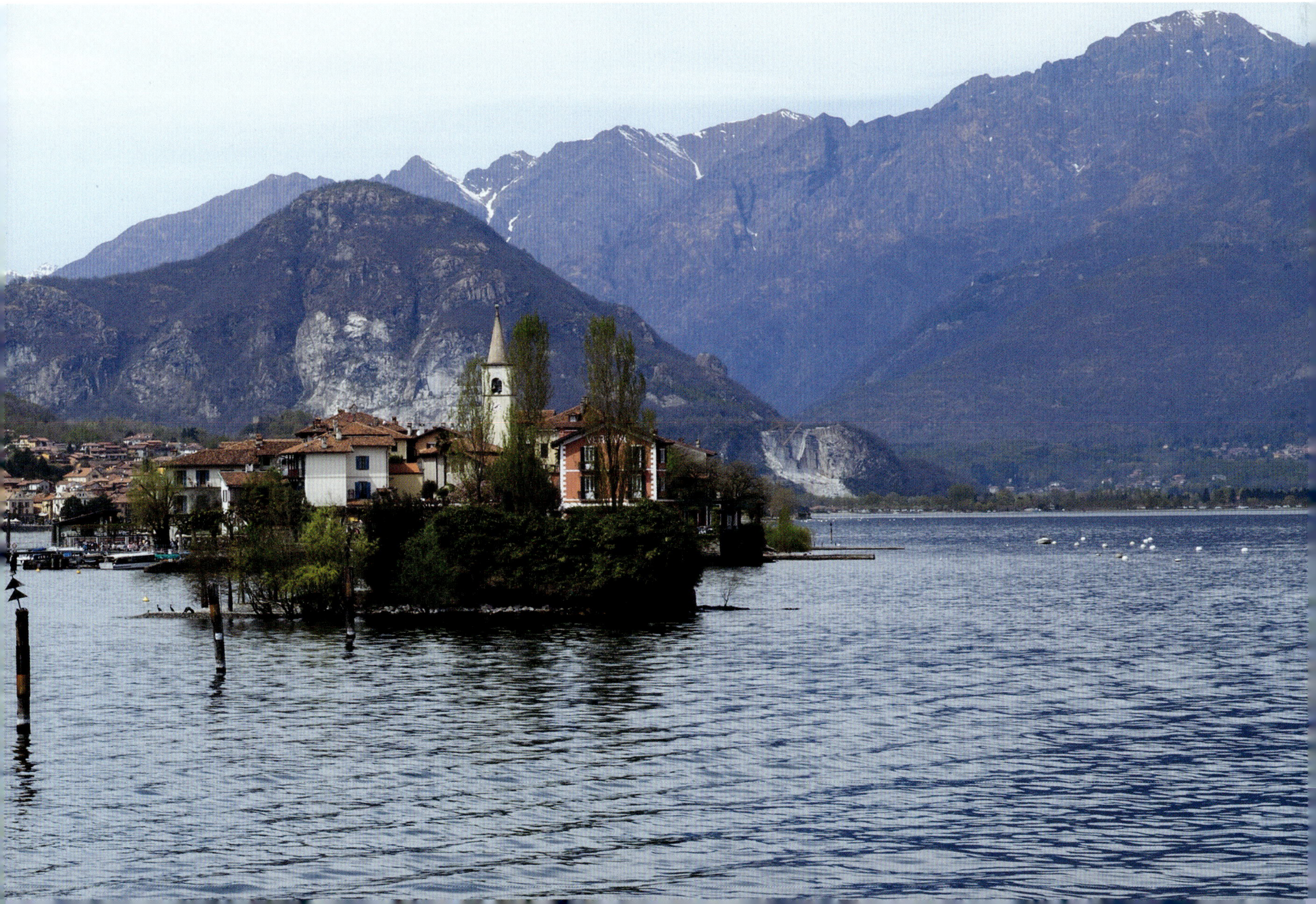

UNTEN Von der Isola Bella blickt man auf die kleine Isola dei Pescatori (Fischerinsel), die auch ohne Prachtgarten reizend ist. Hinter dem Luftkurort Baveno am gegenüber liegenden Ufer wird der berühmte rosafarbene Granit abgebaut.

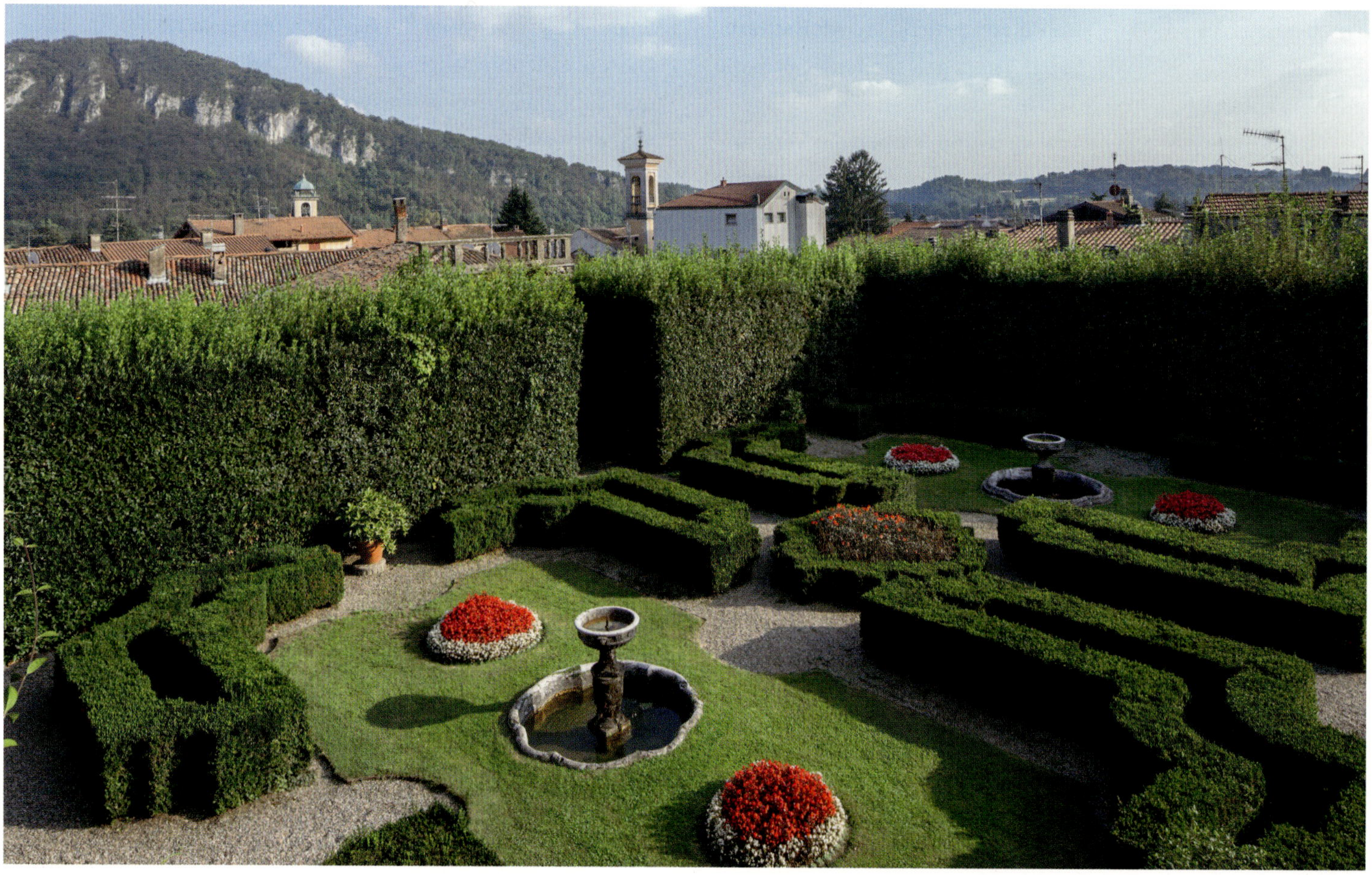

starke Temperaturschwankungen aus. Wer schon einmal am Lago Maggiore war, weiß das man das Gefühl hat, als würde man an einem Binnenmeer stehen. In dem gleichmäßigen Klima wächst alles üppig grün und stetig.

Der Boden ist so sauer wie der Granit, aus dem er entstand und der in den großen Steinbrüchen über Baveno zu sehen ist. Über Jahrmillionen gelangten auch die Mineralien aus dem verwitternden Urgestein ins Erdreich. Die Kombination von Bodenbeschaffenheit und Klima lässt vor allem die Bäume in erstaunliche Höhen wachsen, wie etwa in den imposanten Wäldchen der Villa Pallavicino und in den Gärten der Villa Taranto, wo selbst Mitte des 20. Jahrhunderts gesetzte Exemplare schon schwelgerisch wuchern.

Die Natur zeigt sich den Gärten jedoch nicht immer so großzügig. Von Zeit zu Zeit wehen starke Föhnstürme von den Alpen, wie der, der im Sommer 2006 Hunderte Bäume auf der Isola Madre entwurzelte und auf der Isola Bella die Leier des Apollon zerbrach. Oder wie der Tornado, der binnen sieben Minuten im August 2012 den Garten der Villa Taranto verwüstete. An vielen Ufergebäuden zeugen übermannsho-

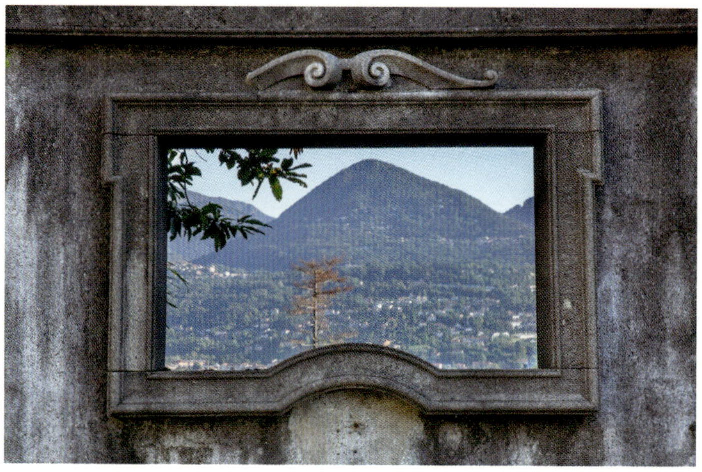

GANZ OBEN Der Garten der Villa Cicogna Mozzoni nördlich von Varese. Die Anlage aus dem 16. Jahrhundert erinnert an höfische Förmlichkeit. Das Alltagsleben findet heute wie damals jenseits der Hecke statt.
OBEN Viele der Gärten wurden als Aussichtspunkte auf die umliegende Landschaft geschaffen, den der Villa San Remigio gestalteten zwei Künstler. Hier erlaubt ein in die Mauer gehauener Bilderrahmen den Blick auf die bewaldeten Höhen über Intra.

he Hochwassermarken von häufigen Überschwemmungen. Zuletzt rollten im Oktober 2014 die Wellen über die Promenaden in die Orte. Wie gewaltig müssen die Wassermassen sein, die den See so anschwellen lassen …

Doch normalerweise geht es am Lago Maggiore idyllischer zu. Am schönsten bietet er sich den Reisenden vom Deck eines der Passagierschiffe dar, die auf mehreren Routen die Häfen der Uferstädtchen und die Inseln anlaufen. Der Panoramablick vom Schiff auf Inselgärten, See und Berge ist schlicht unübertrefflich. Die gesamte Gegend ist vom Tourismus abhängig, doch in den Städtchen werden wie überall in Italien regionale Traditionen und Handwerke gepflegt, und man kann dort hervorragend essen und trinken. Im erstaunlich sauberen Wasser des Sees gibt es immer noch reichlich *lavarello* – Blaufelchen oder Renken –, und es werden Risotti, Rind- und, vor allem im Herbst, Wildfleisch sowie Käsesorten wie Ossolano oder Castelmagno aufgetischt, zu denen man einige der besten Weine der Welt trinkt: Gavi, Roero Arneis, Barbera und Barolo, alle aus dem Piemont. Oft genug bekommt man in einer ansonsten schmucklosen Osteria phantastisches Essen, und an teuren Restaurants fehlt es ebenfalls nicht.

Der Gartenbesucher kann am Lago Maggiore enorme Vielfalt genießen: Den Morgen verbringt man hochherrschaftlich zwischen Terrassen und Statuen auf der Isola Bella, mittags nimmt man nur einen Steinwurf entfernt auf der Isola dei Pescatori einen Imbiss ein, am Nachmittag spaziert man in Begleitung von bunten Fasanen, Papageien und Pfauen durch die grünen Wäldchen der Isola Madre, mit Blick auf Kamelien im Frühling und farbenprächtige Rabatten im Herbst. Wer den Massen entfliehen will, nimmt die *funivia* (Seilbahn) in den Giardino Alpinia oder bestaunt in den Burgmauern von Angera den von Experten angelegten mittelalterlichen Garten. Jeder Ort ist gut erreichbar, schon nach ein oder zwei Tagen hat man das Gefühl, sich auszukennen – und eine „Seefahrt“ ist auch ohne besonderes Ziel herrlich.

UNTEN Die rechteckigen Beete der Villa Taranto im kurzgeschnittenen englischen Rasen werden saisonal bepflanzt. Ihre geradezu nervtötende Regelmäßigkeit steht in starkem Kontrast zur wilden Berglandschaft.

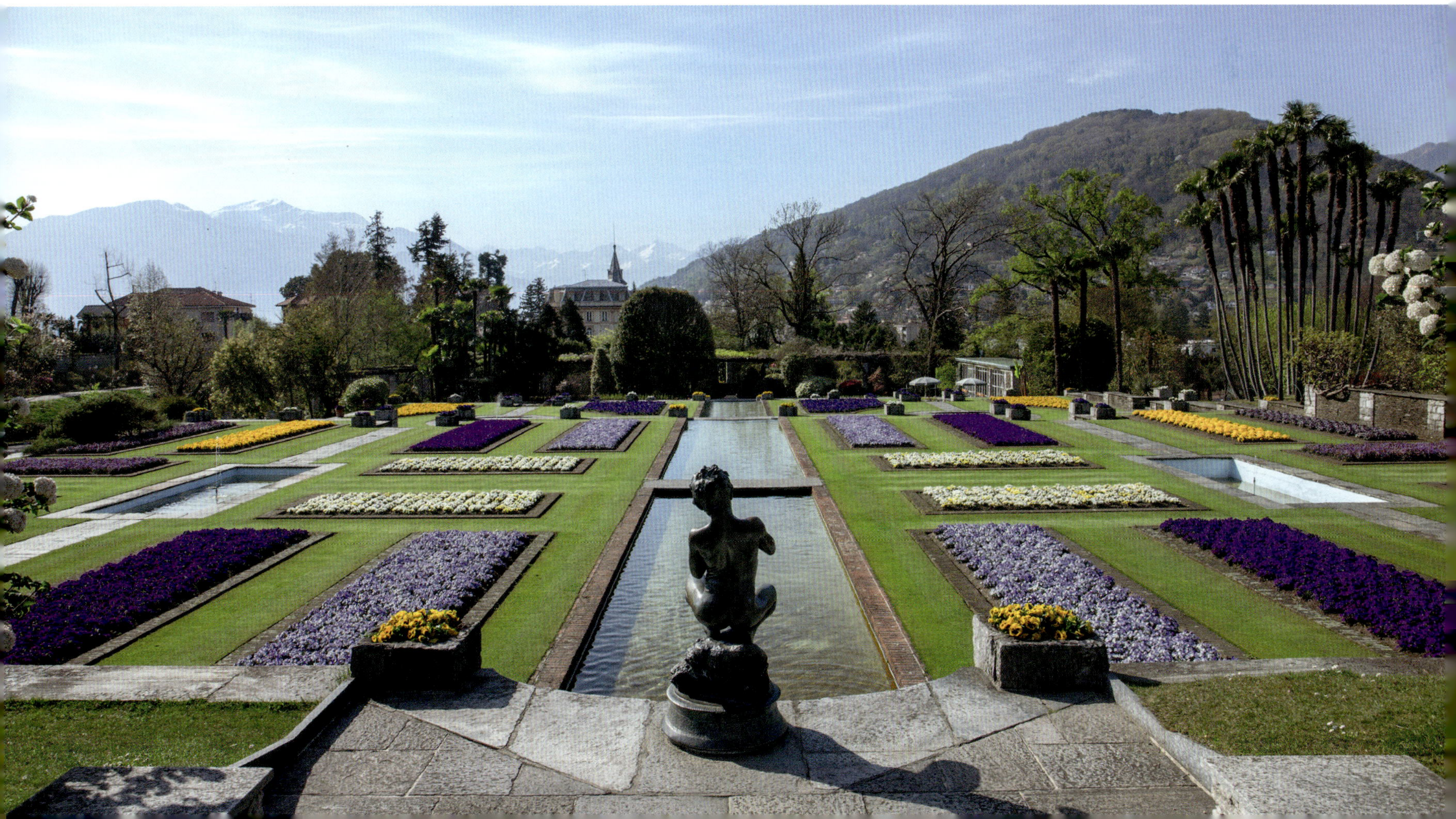

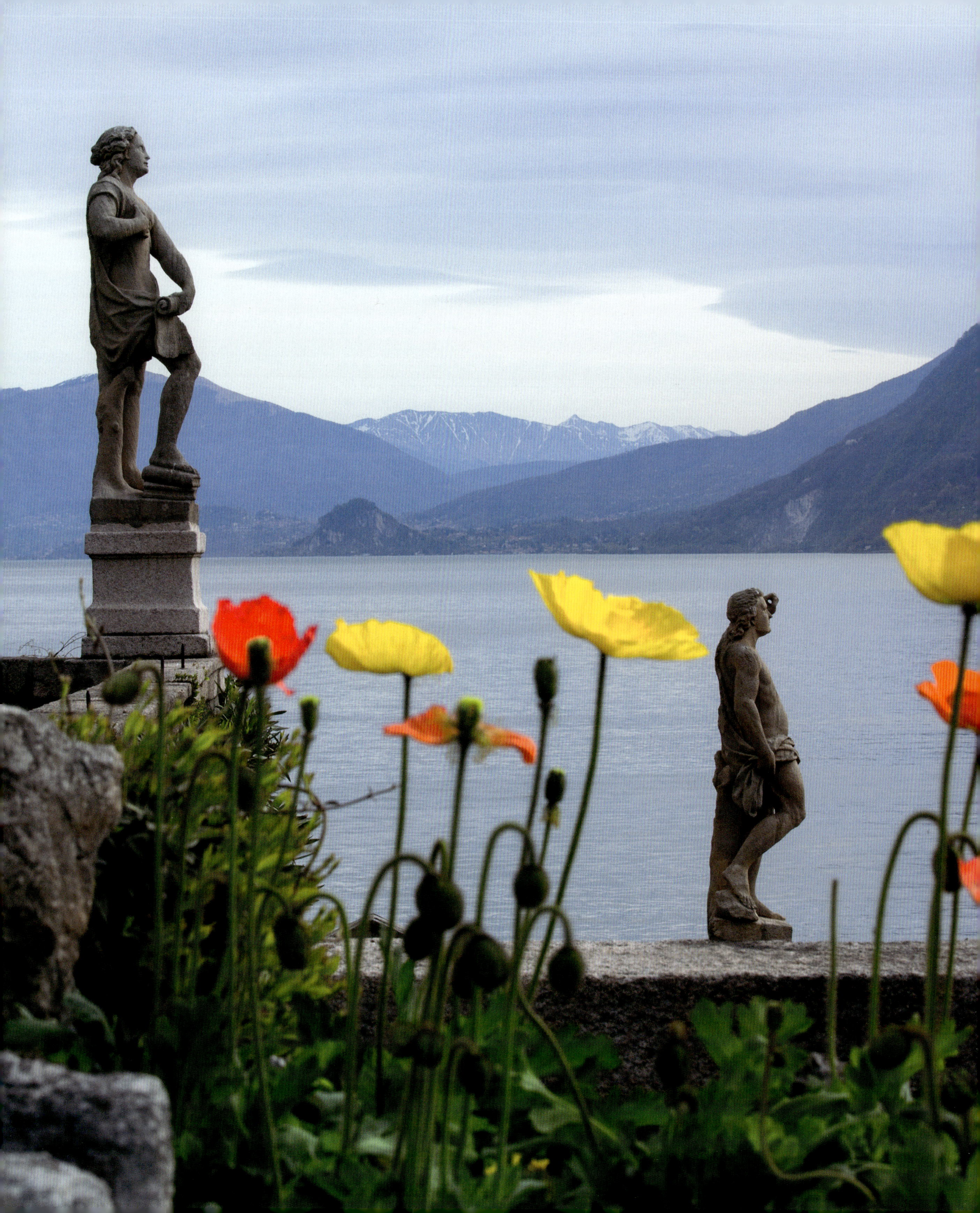

DIE ISOLA BELLA

Ein Barockgarten legt es darauf an zu überwältigen. Verpflanzt man ihn auf eine Insel, ist sein Auftritt noch theatralischer. Kein Wunder also, dass die Isola Bella ein Besuchermagnet ist. Ihr Garten zählt zu den meistbesuchten Italiens, vom nahen Badeort Stresa auf dem Festland bringen Passagierschiffe in schöner Regelmäßigkeit neue Bewunderer heran. Anders als seine Verwandten in Versailles und Sanssouci mit ihren langen Wegen und weitläufigen Parks, bietet der Garten aber kaum einen ruhigen Ort zum Innehalten. Und so soll es auch sein: Hier sollen Festgäste zu glänzenden Anlässen zusammenkommen. Ohne das Glitzern der Sonnenstrahlen und die Fanfaren imaginärer Trompeten scheint er undenkbar. Blickt man von der stumpfen Pyramide, genauer gesagt von der Zikkurat, über die Terrassen und die schönen Parterres auf den bergumsäumten See, schaut man auf ein Spektakel, das eines römischen Kaisers würdig ist.

Der Anfang war steinig. In der zweiten Hälfte des 16. Jahrhunderts begannen die Borromäer, die bereits eine Sommervilla auf der größeren Isola Madre hatten, Land auf der Felseninsel aufzukaufen. Das Isola-Bella-Großprojekt hob 1630 mit Carlo III. Borromeo an, der die Achse plante, an deren einem Ende eine Villa und am anderen der grandiose Terrassengarten lagen. Die ganze Insel sollte einem im See treibenden Schiff gleichen. Damit an der Größe seines Vorhabens keine Zweifel aufkamen, taufte er die Insel um: Aus der Isola Inferiore wurde seiner Frau Isabella d'Adda zu Ehren die Isola Isabella. Bald schon nannte man sie kurz Isola Bella, und niemand scheint widersprochen zu haben. Die „untere" Insel war „schön" geworden.

Es gab gewisse praktische Probleme, wollten doch die alteingesessenen Fischer ihre Behausungen für dieses Phantasiegebilde partout nicht aufgeben. Carlo musste schließlich nachgeben, sein Herrenhaus im „Hinterhof" der armen Häuser planen und den Fischern erlauben, an Festtagen auf der kirchlichen Prozessionsroute zu gehen. Seine Baumeister schlugen sich mit der Frage herum, wie eine pfeilgerade geplante Triumphachse so im Bogen zu führen wäre, dass kein illustrer Gast etwas merken würde. Danach ging alles schnell voran. Die Arbeit an den Gartenterrassen begann 1631, und im Jahr darauf entwarf der Mailänder Architekt Giovanni Angelo Crivelli die Pläne für eine Villa. 1634 waren die Felsen eingeebnet und Gartenerde vom Festland herangeschafft worden.

Und dann geschah jahrelang nichts, bis Carlos Sohn Vitaliano VI. Borromeo das Projekt wieder in Angriff nahm und den Mailänder Dombaumeister Francesco Maria Ricchini beauftragte, größer zu denken und aus der ursprünglich geplanten Villa einen Palast zu machen. Bevor nun allzu viele Namen von Beteiligten Verwirrung stiften, soll Vitaliano zu Wort kommen, der 1686 in einem Brief mitteilte: „Die Anlagen wurden allein von mir erdacht, und zu ihren Erfindungen und Ideen ließ ich mich durch mein Genie leiten." – Ganz im Geiste des Sonnenkönigs Ludwig XIV. gesprochen. Mit seinen Ideen beschäftigte Vitaliano ein Heer von Gestaltern, Künstlern und Handwerkern. Und er verfügte über wesentliche Voraussetzungen – Hingabe und Geld.

Ab 1650 nahm der Garten seine bis heute bewahrte Gestalt an. 1659 wurde Francesco Castelli leitender Architekt, vergrößerte das Herrenhaus noch weiter und brachte mit Obelisken

---

LINKS Antike und Moderne kommen zusammen, wenn der Islandmohn (*Papaver nudicaule*) zwischen den Götterstatuen der Isola Bella blüht. Solch glücklichen Fügungen verdankt der Garten seine bleibende Beliebtheit. See und Berge geben ihm etwas Unergründliches.

und Statuen Leben und Blickpunkte in die Gartensilhouette. Weil jedes Detail zählte, und sei es aus Ton, trafen 1663 einhundert Pflanztöpfe mit den drei verschlungenen Ringen aus dem borromäischen Wappen ein.

Andrea Biffi verlieh dem Ensemble ab 1671 als Baumeister den letzten Schliff. Er entwarf das Diana-Atrium, einen achteckigen Raum, der die Gobelin-Galerie des Palastes über eine gewundene doppelte Treppe mit dem Garten verbindet. Hier macht die Zentralachse der Anlage eine Biegung, doch das fällt dank des erfindungsreichen Zugangs niemandem auf. Auch der berühmte englische Architekt Edwin Lutyens nutzte Anfang des 20. Jahrhunderts diese Lösung, als er bei zweien seiner Landhäuser ähnliche Schwierigkeiten hatte.

Vitaliano VI. gestattete sich und seinem Genie, von einigen Größen seiner Zeit inspiriert zu werden, doch sehr viel kam dabei nicht heraus. In Rom ließ er beim Bildhauer Gian Lorenzo Bernini vorfühlen und vom Architekten Carlo Fontana, dem Lehrer so berühmter Baumeister wie Johann Bernhard Fischer von Erlach und James Gibbs, bekam er einige Vorschläge für die Gestaltung der Palasträume. Letztendlich wurde aber das ursprünglich entworfene Großprojekt im Wesentlichen unverändert nach und nach umgesetzt.

Von Anfang an war die Isola Bella dazu bestimmt – und dafür berühmt –, ein Zufluchtsort zu sein. Der anglikanische Geistliche Burnet verließ den englischen Hof eilends, als der katholische Jakob II. den Thron bestieg, und vertrieb sich die Langeweile mit Reisen. 1686 kam er auf die Insel, die er als Erster ausführlich beschrieb. Was er da sah, überwältigte ihn: „Die Borromäischen Inseln … sind ohne Frage die lieblichsten Flecken der Erde, in ganz Italien kommt nichts ihnen gleich, sie überblicken allseitig den See, und ihr Grund erhebt sich so sanft, dass nichts anderes vorstellbar scheint als diese Terrassen.“ Er beschrieb die Terrassierung, die Funktion der beiden Türme – in einem wird das Seewasser hinauf zu den Fontänen gepumpt – und den architektonischen Charakter der Bepflanzung, die am Mauerspalier wachsenden Süßorangen (*Citrus sinensis*) und Zitronat-Zitronen (*C. medica*). Er erwähnte auch das „Große Parterre“ nach französischer Art, ein Zeichen dafür, dass gestalterische Ideen nun aus Frankreich nach Italien zurückflossen. Die Fontänen „waren noch unvollen-

UNTEN Eine Vergnügungsgesellschaft kehrt von der Isola Bella zurück. Der Stich von 1834 zeigt den Palastriegel an einem Ende der Insel und die berühmten Terrassen am anderen. Frei wachsende Bäume verwischen die klaren Linien des Barockgartens.

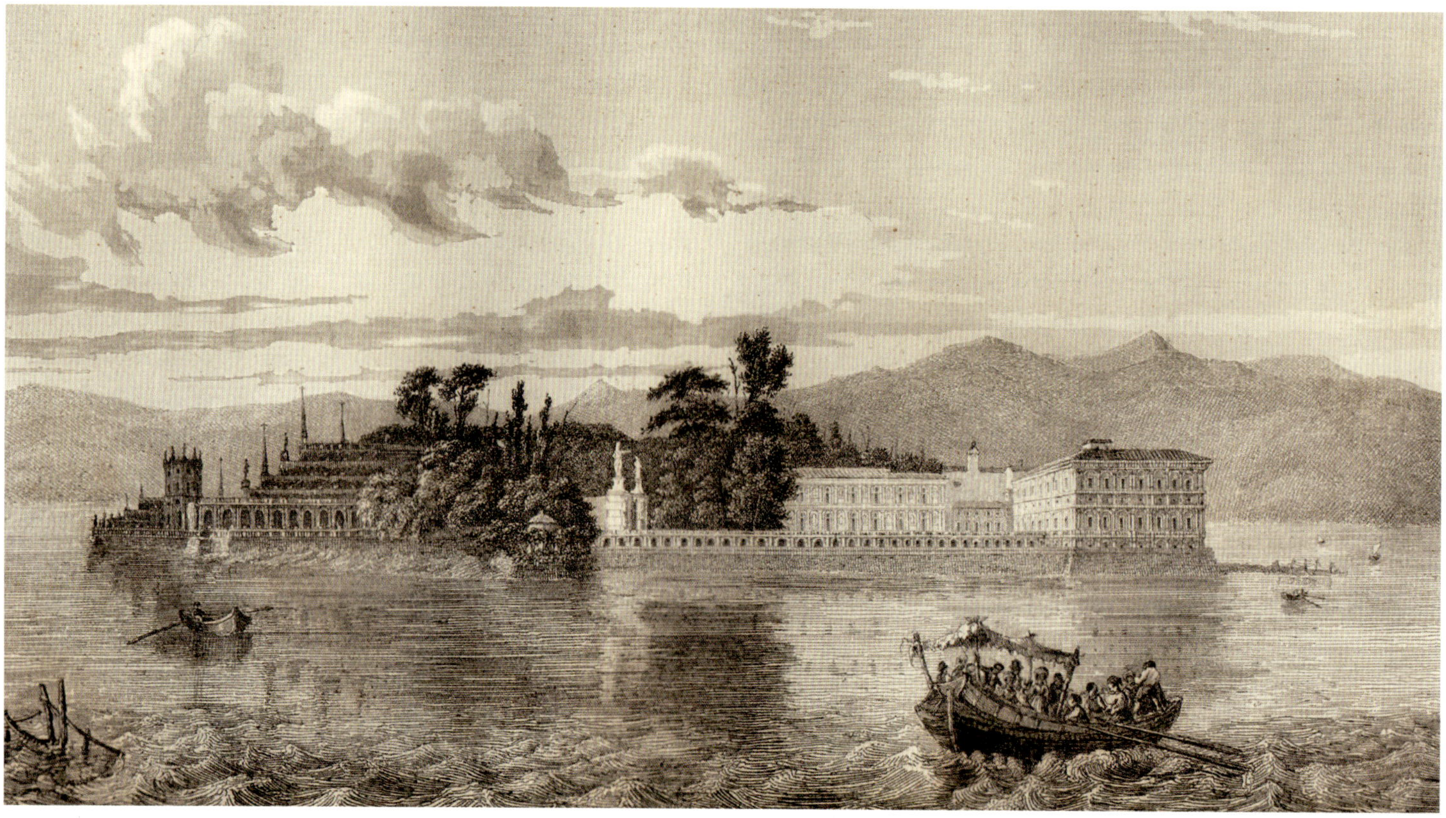

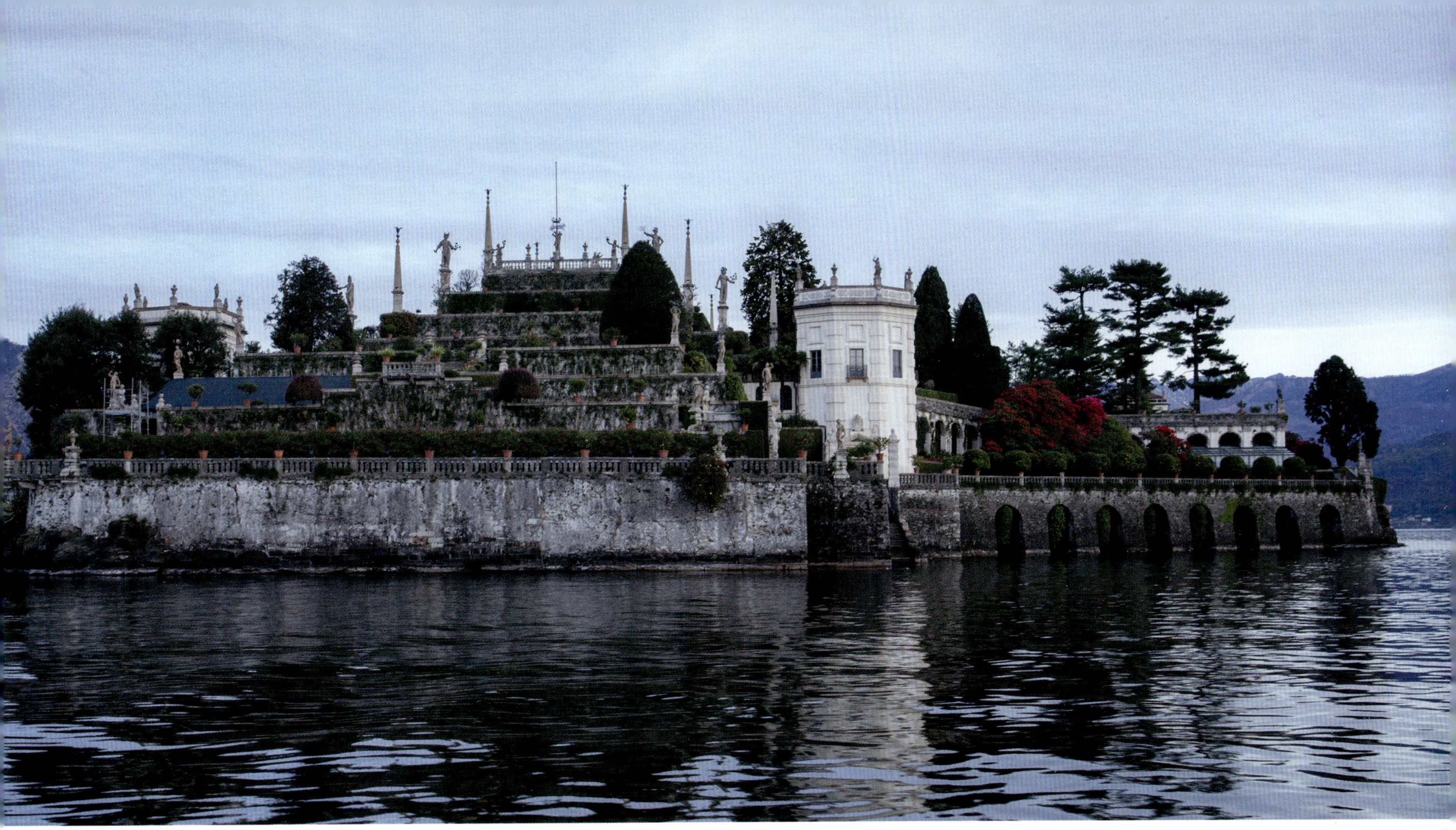

det", man fragt sich, wie sie wohl ausgesehen haben mögen, denn es sind nur sehr wenige dieser Art überhaupt erhalten. „Wenn alles vollendet ist", fuhr er fort, „wird dieser Ort einer Märcheninsel gleichen. Die Frische der Luft, da er inmitten des Sees und nahe der Berge liegt, der köstliche Duft, die herrliche Aussicht und die entzückende Mannigfaltigkeit machen ihn zu einem Verweilort für den Sommer, wie ihn die Welt sonst nicht kennt."

Burnet ist die authentische Stimme des damaligen Mannes von Geschmack, und vieles, was er sagte, stößt noch beim heutigen Besucher auf offene Ohren. Er erfasste die einzigartige Mischung aus Pomp, Landschaft und Glanz, die den beständigen Reiz der Isola Bella ausmacht.

Seither haben viele andere die Isola Bella besucht und ihre vom jeweiligen Zeitgeschmack beeinflussten Eindrücke festgehalten. 1739 kam der französische Jurist und spätere Enzyklopädist Charles de Brosses, der sich recht abfällig über die italienische Gartenvariante äußerte, sie aber doch als einen Ort „wie aus dem Feenland" sah, „als wäre ein Stück des Gartens der Hesperiden an diesen verzauberten Flecken geweht". Die Springbrunnen im Garten versprühten da schon kein Wasser mehr, die in den Palastgrotten funktionierten zu seiner Freude jedoch noch immer.

Eine bedeutsame Episode in der Geschichte des Gartens trug sich 1797 zu, als Napoleon Bonaparte die Insel zwei Tage lang für sich und seine Entourage beanspruchte. Auf der obersten Plattform der Pyramide feierte er dort die Eroberung der Lombardei.

Im Laufe des 19. Jahrhundert hielten immer mehr Besucher aus Nordeuropa die Isola Bella für überschätzt. Der Essayist William Hazlitt sah seinen (verregneten) Aufenthalt als Zeitverschwendung an und war „von den Borromäischen Inseln maßlos enttäuscht". Die Gemälde im Palast hielt er für „Schund". Der schottische Reiseschriftsteller und Politiker Samuel Laing notierte 1842 verdrießlich:

> Ein Denkmal sinnloser Verschwendung … so *bella* wie eine Felseninsel in einem See eben sein kann, vollständig bedeckt von Parterres und Blumenkübeln und Grottenwerken, Muschelwerken, Moosbärten, Statuen und anderem Tand und einem korrespondierenden

Oben Die Terrassen der Isola Bella, gegenüber der Promenade von Stresa, ähneln einer mehrstöckigen Torte. Die von Obelisken und Statuen gesetzten vertikalen Akzente verstärken diesen Eindruck. In den beiden achteckigen Türmen wurde früher Seewasser nach oben gepumpt.

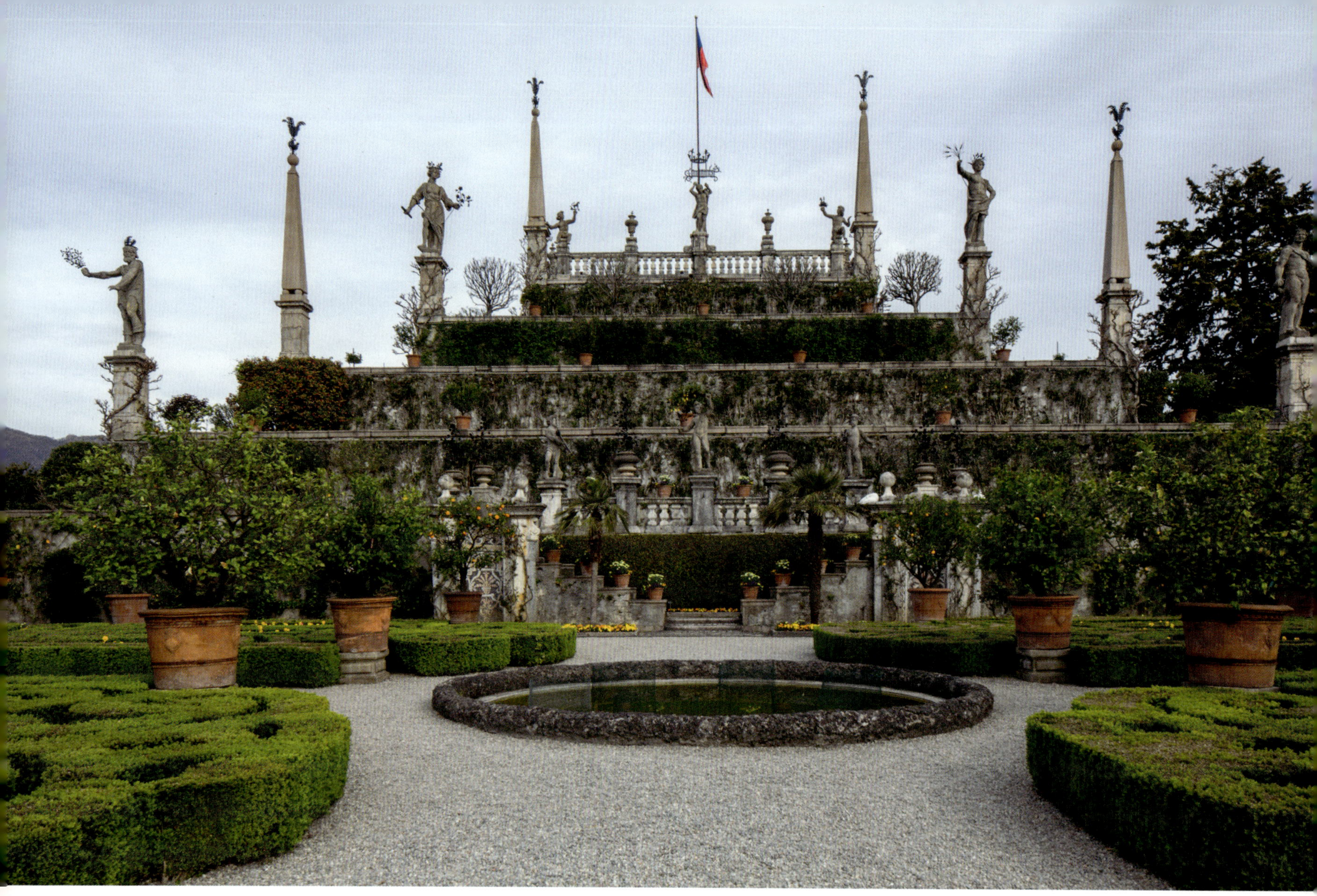

französischen Château. Die Insel, so herausstaffiert inmitten einer Landschaft von gegensätzlichem Charakter, gleicht einer alten Hofdame in Seide und Spitzen, Diamanten, Reifrock und weißen Satinschuhen, die allein inmitten eines Sees in den Highlands hockt.

Auch der Autor Richard Bagot, im Gegensatz zu den bereits zitierten Besuchern ein intimer Kenner der Region, sagte in seinem 1905 erschienen Bestseller *The Italian Lakes* (Die italienischen Seen) wenig Gutes über die Isola Bella. Vom Garten war er wenig, vom Palast überhaupt nicht erbaut, dafür deutet er an, dass sich der englische Gartenstil seit

Rechts Zitronen (*Citrus × limon*) und Zitronat-Zitronen (*C. medica*) stehen seit Jahrhunderten in großen Terrakottatöpfen mit den drei verschlungenen Ringen aus dem borromäischen Wappen auf den Gartenterrassen. In regelmäßigem Abstand stehend geben sie den vornehmen Takt des Barockgartens vor: grün und grau.

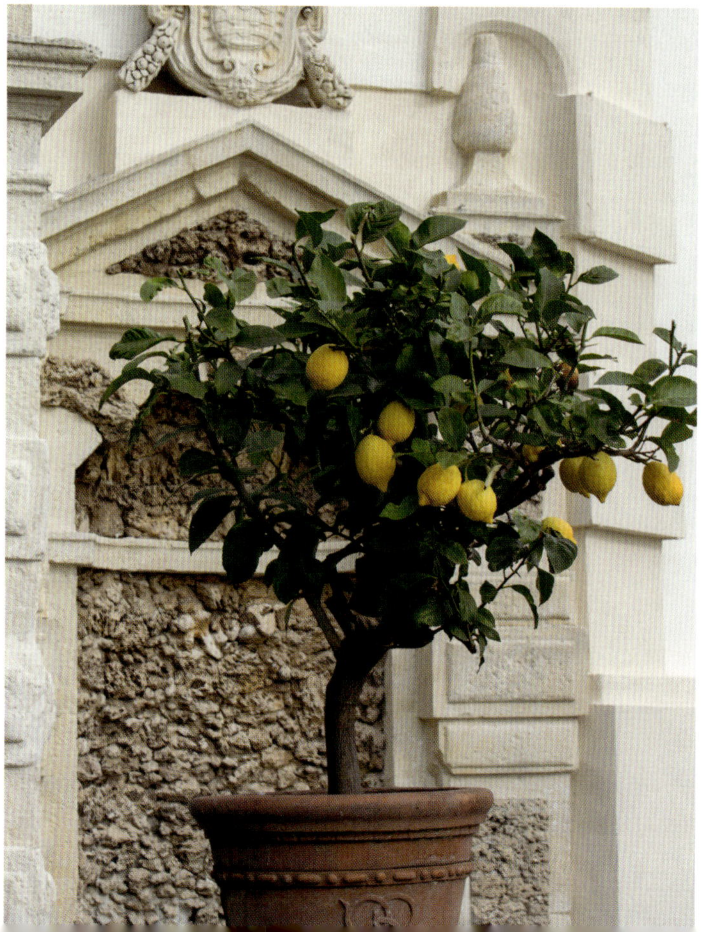

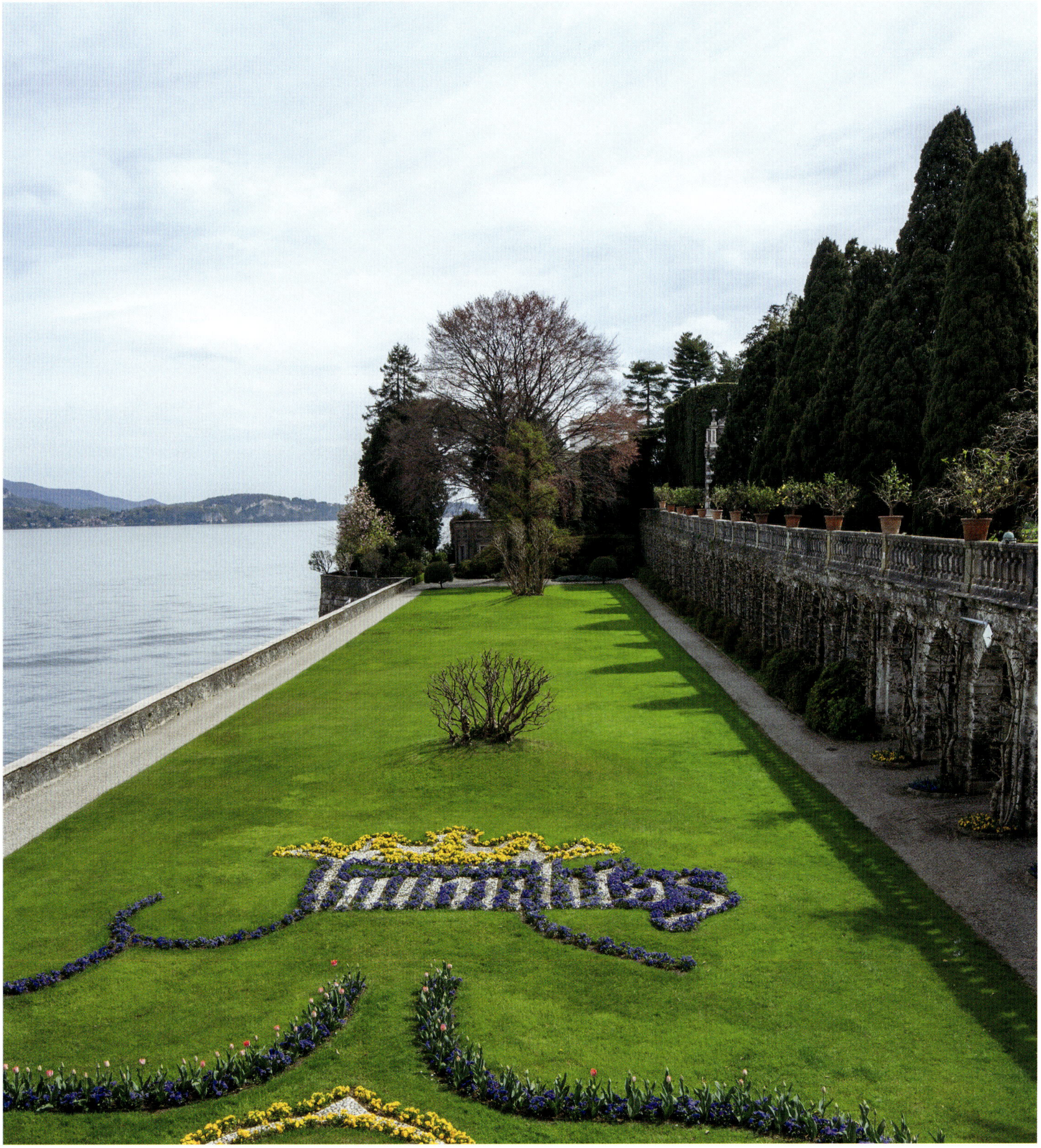

LINKE SEITE OBEN Nach und nach offenbart die große Terrasse die Elemente ihrer detailreichen Gestalt: die die Jahreszeiten symbolisierenden Statuen, den raffinierten Wechsel von formaler und informeller Bepflanzung und das abschließende arabeske Buchsbaum-(*Buxus*)-Parterre.

OBEN Aus einem Palastfenster eröffnet sich der Blick auf eine private Rasenfläche mit saisonaler Bepflanzung in schönster Rokoko-Manier. Die Blüten buchstabieren das Motto der Familie: Humilitas. Bei aller Demut eine geradezu kühne Behauptung.

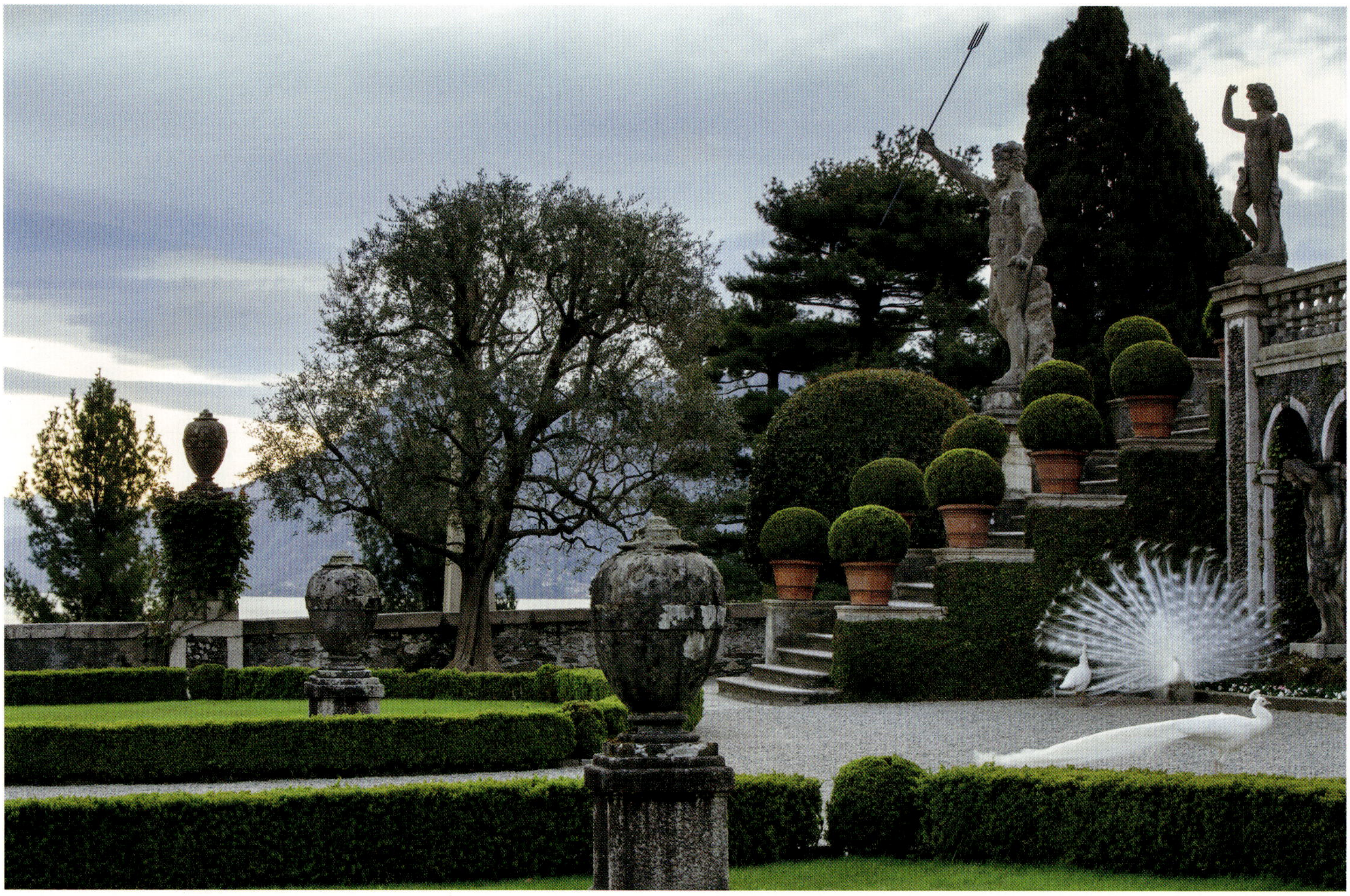

dem vorangegangenen Jahrhundert wachsender Beliebtheit erfreute. Die barocke Konzeption gefiel Bagot nicht, wohl aber die informelle Bepflanzung und die erhabene Landschaft ringsherum: „Die Gärten sind ein Triumph des schlechten Geschmacks … die Vulgarität der gesamten Anlage wird durch die Üppigkeit der subtropischen Vegetation gemildert, die dank der extremen Milde des Klimas auf diesen Inseln gedeiht, und durch die Schönheit des Sees, den man von jedem Punkt der Terrassen aus überblicken kann."

Bagots gemischte Gefühle deuten an, wie sich das Bild der Isola Bella im 20. Jahrhundert wandelte – von kitschigem

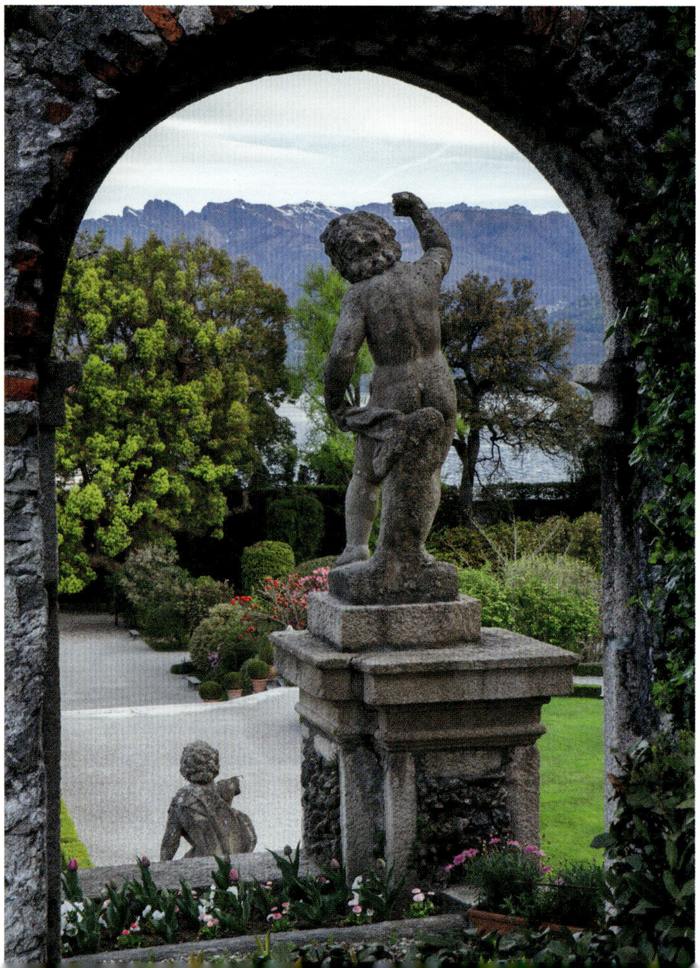

OBEN Vor der grünen Architektur gleißen die Schwanzschleppen der weißen Pfauen. Sie im 17. Jahrhundert auf die Insel zu bringen war ein phantastischer Einfall, der noch immer den Charakter des Gartens bestimmt.

RECHTS Die gewollte Starre der Architektur wird immer wieder von winkenden, scheinbar biegsamen Statuen durchbrochen und von den Rundungen der Baumkronen, die den Garten auf subtile Weise modernisieren.

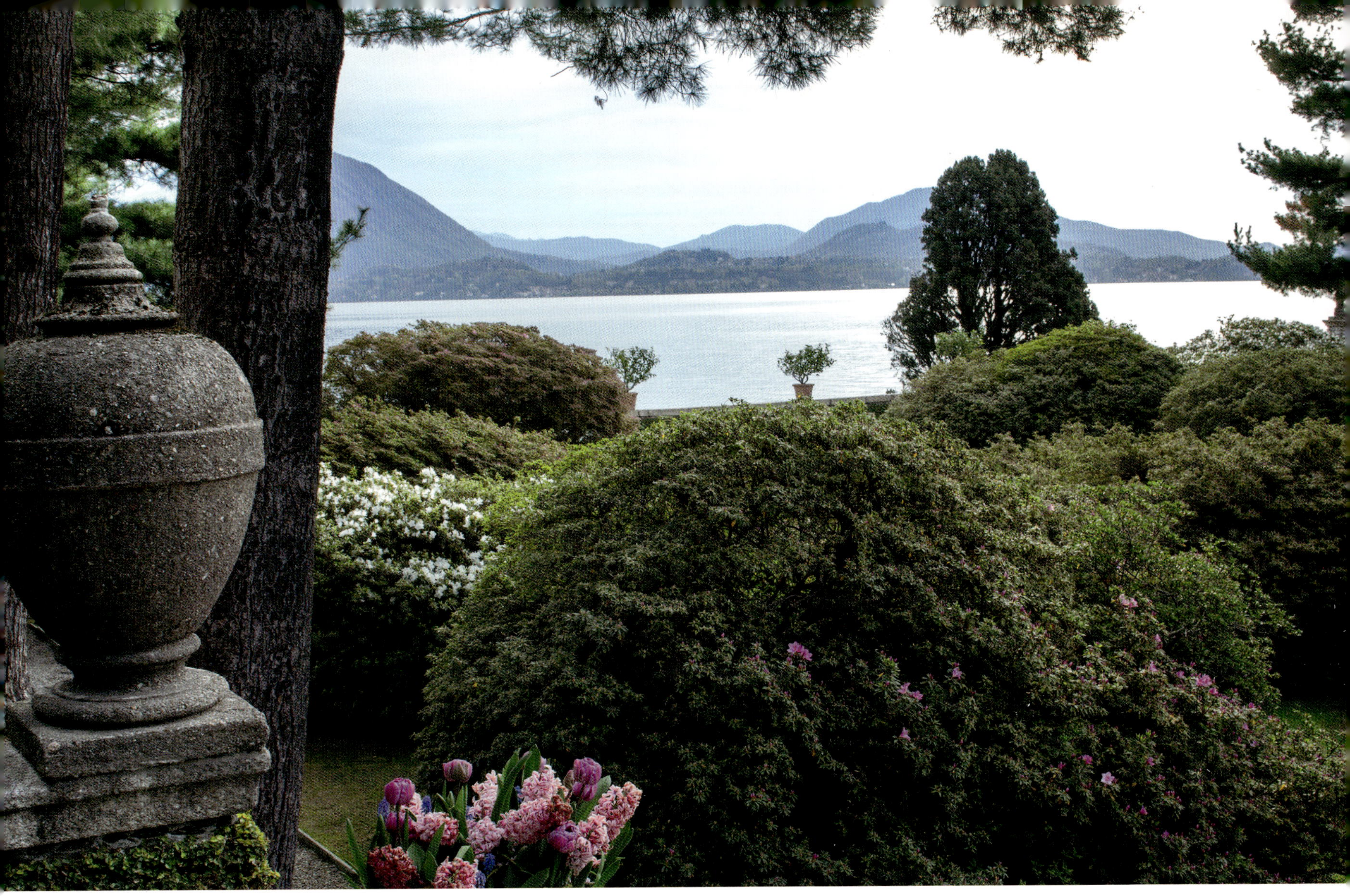

Verfall zu edler Pracht. Als die Architekten J. C. Shepherd und Geoffrey Jellicoe 1925 ihr Buch über italienische Renaissancegärten veröffentlichten, gefiel ihnen die „Schöne" nicht, im Vorwort zur überarbeiteten Ausgabe schrieben sie 1953, ihre Kritik sei in sich zusammengefallen, nun erscheine ihnen „dieses entzückend dekadente Inselszenario als eine der herrlichsten Landschaften der Welt".

Kaum jemand beschrieb die italienischen Villen und ihre Gärten so empfindsam und treffend wie Georgina Masson, die 1959 meinte: „Hier haben, wohl noch stärker als in jedem anderen italienischen Garten, die ‚ehrwürdigen Spuren der Zeit' eine Magie hervorgebracht, die in dieser rätselhaften Verschmelzung von formalen Parterres und Zitronenbäumen mit der modernen Welt der informellen Zierbäume und -büsche erst fehlte." Wie Charles de Brosses 200 Jahre zuvor zog sie einen Vergleich zur Antike: „Sogar der Ausguck des Schiffes ist bemannt, von der höchsten Spitze streckt eine Gottheit in Toga und Lorbeerkranz den Ankommenden den Arm entgegen, zum Willkommensgruß oder zur Warnung, ist das Schiff doch zugleich die Insel Kythera, deren Liebeszauber man sich schwer entzieht."

Wir heutigen Besucher können uns ein eigenes Bild machen. Man betritt die Insel durch den Palast und gelangt zunächst in einen großen, unglaublich hohen Saal, in dem sich das schöne, vom Schreiner Ottolina angefertigte Holzmodell der Insel befindet sowie die Resolution der Konferenz von Stresa, in der Benito Mussolini, Pierre Laval und Ramsay McDonald 1935 versprachen, ihre Länder nicht gegeneinander in den Krieg zu führen. Sehr sehenswert und in den Som-

Oben Jedes Jahr im April überzieht ein Film aus zarten Blüten die üppigen Rundungen der Azaleen und Rhododendren und erzeugt dabei einen angenehmen weichen Kontrast zu den strengen Terrassen, Mauern und Wegen. Die Kühle, die vom See aufsteigt, tut den Pflanzen sichtlich gut.

Folgende Doppelseite Von der obersten Terrasse der Pyramide aus fällt der Blick durch zarte schmiedeeiserne Ornamente auf das Parterre. Auf der anderen Seite der Bucht liegt Stresa.

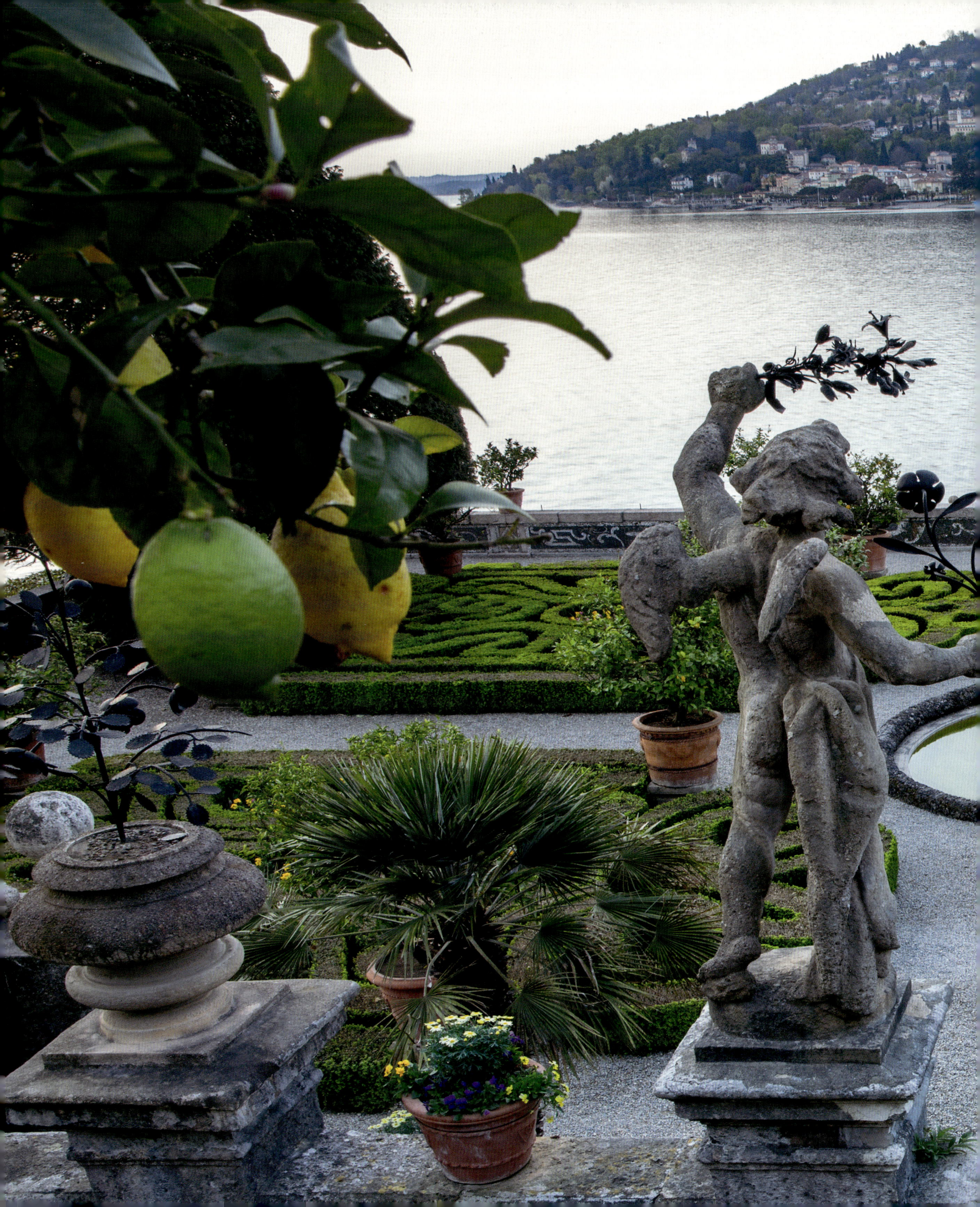

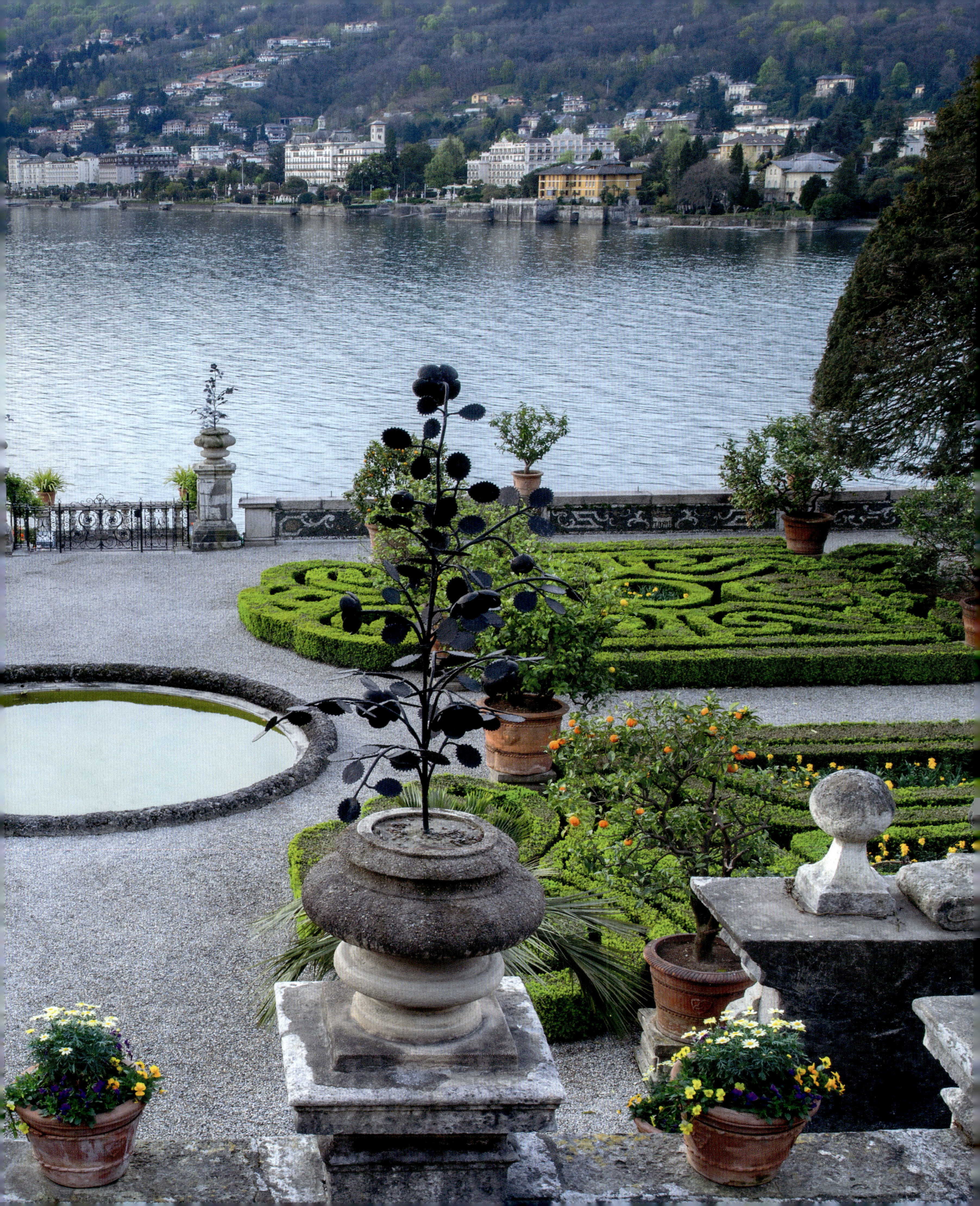

mermonaten sehr angenehm sind auch die sechs Grotten auf Seeniveau. Zwischen Muschel- und Kieselmosaiken öffnet sich der Blick auf die Berge und die Isola dei Pescatori. Von hier aus sieht man auch einen privaten Teil des Gartens: Auf einem Rasen formen saisonale Blumen eine Krone und darunter in Rokoko-Schnörkeln das wahrhaft denkwürdige Motto der fürstlichen Familie Borromeo: „Humilitas“ (Demut).

Durch die Gobelingalerie betritt man den eigentümlichen Außenraum des Diana-Atriums, das eigentliche Vorzimmer zum Garten. Mit diesem Hof kaschierte der Architekt Andrea Biffi den Knick in der geplanten idealen Geraden zwischen Palast und Garten, denn von der gewundenen doppelten Treppe, die den Besucher hinausführt, kann man weder den einen noch den anderen überblicken. Der Aufstieg lässt den Besucher leise nach Atem ringen und versetzt ihn in die passende Stimmung – um in den großen Gartenraum einzutreten, in das persönliche Paradies eines bedeutenden Mannes.

Gleich nach dem Betreten des Gartens zieht ein riesiger immergrüner Kampferbaum (*Cinnamomum camphora*) zur Linken alle Aufmerksamkeit auf sich. Er wirkt zwar uralt, wurde aber erst 1819 aus einem Topf ins Freie gesetzt, als man begann, die strenge Geometrie des Barocks mit der neuen Mode englischer Ungezwungenheit zu verbinden. Dieser üppige Gärtnerstreich komplementiert nun, sicherlich zum Erstaunen mancher, die ältere Pracht und Herrlichkeit, und es ist die geglückte Balance der beiden Stile, die diesen berühmten Garten im 20. Jahrhundert wieder zu einem Publikumsmagneten machte.

Lässt man den Kampferbaum hinter sich, gerät man in den Bann der ursprünglichen Gestaltung. Der Besucher steigt wieder hinauf, diesmal zum Amphitheater, einer barocken Variante des mythologischen Parnass, des Berges, auf dem Apollon und die neun Musen residierten. Hier nun reiht sich Nische an Nische in den Hügel, jede von einer Statue bewohnt oder aber wasserspeiend. Über allem bäumt sich

UNTEN Auch die Stützmauern der Isola Bella sind mit ihren Arkaden ein Wunderwerk, verbinden sie doch Schönheit mit Zweckmäßigkeit. Ihr Gleichmaß wiederholt sich in der Anordnung der Pflanzen auf der Balustrade. Dahinter beschirmen Rhododendren und Pinien die zwitschernde Voliere.

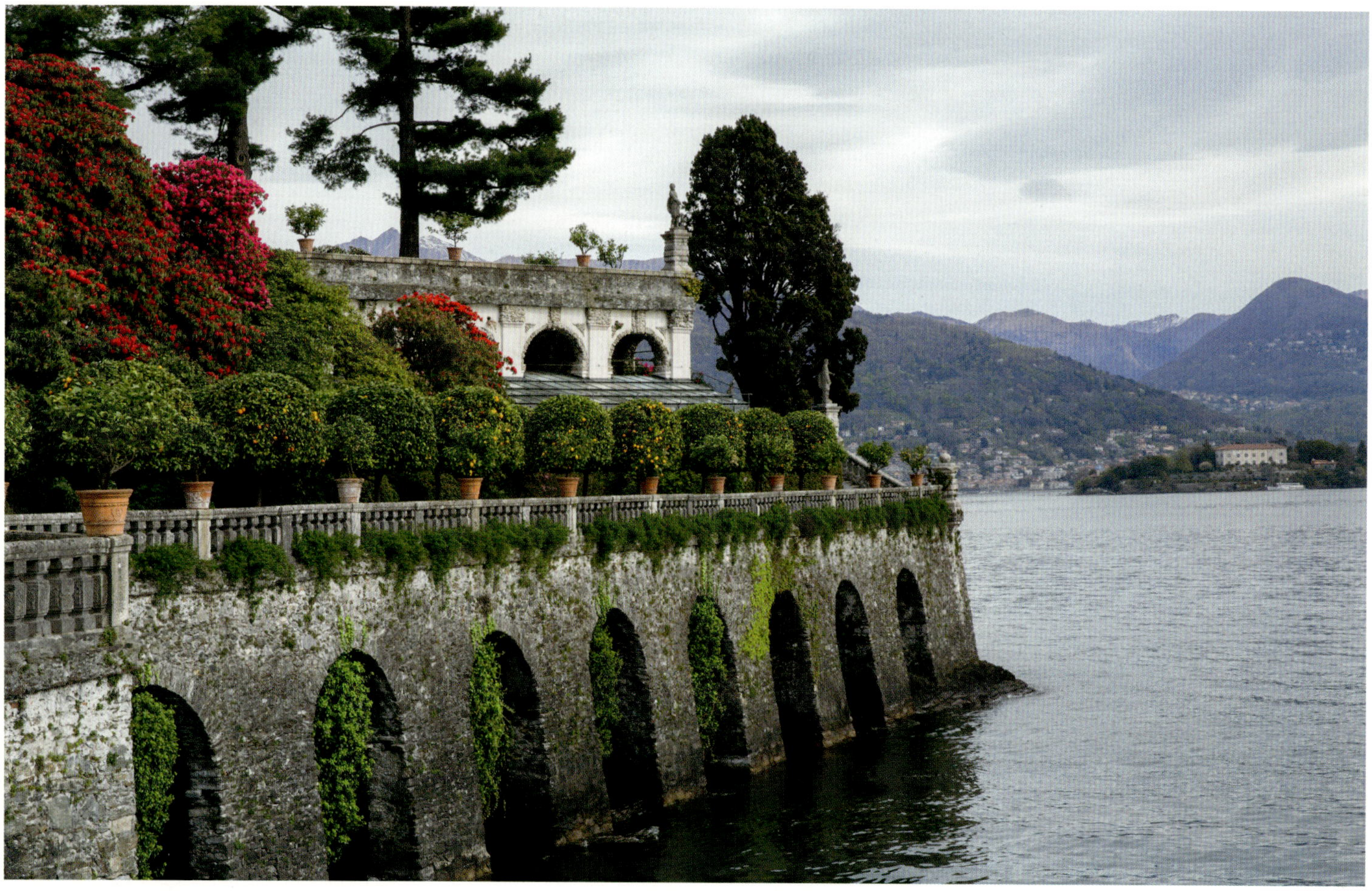

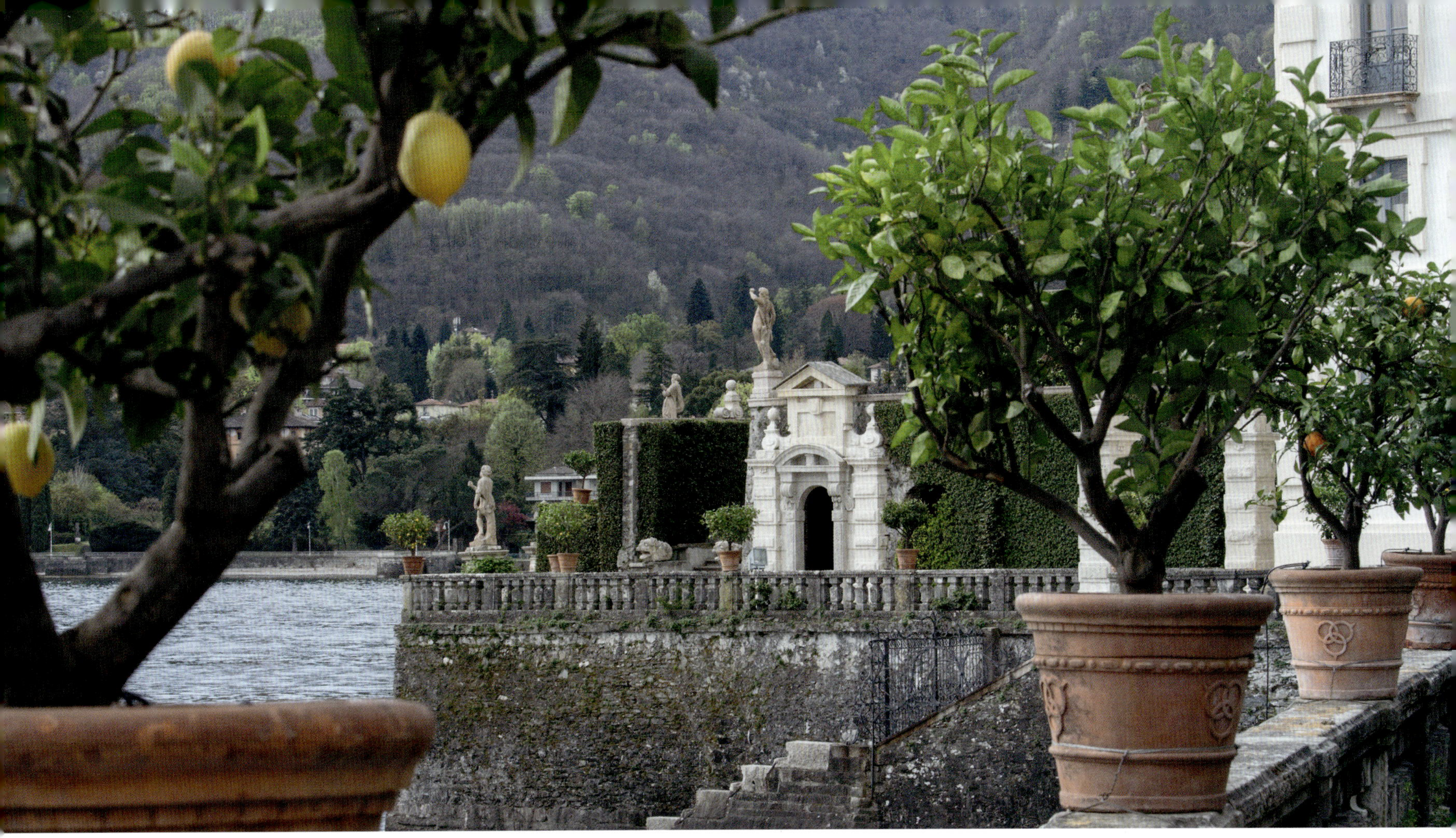

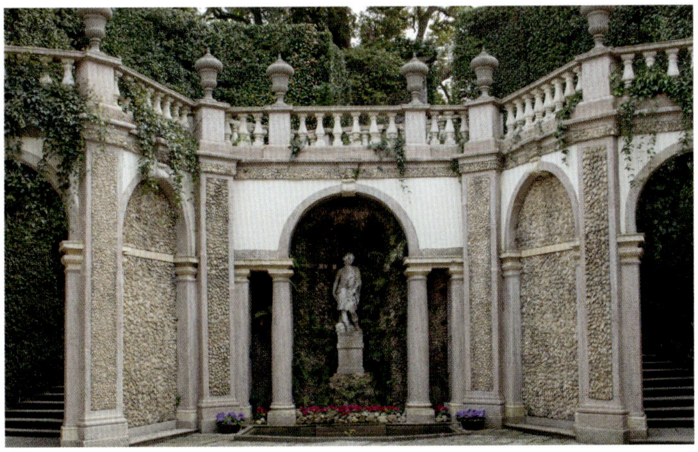

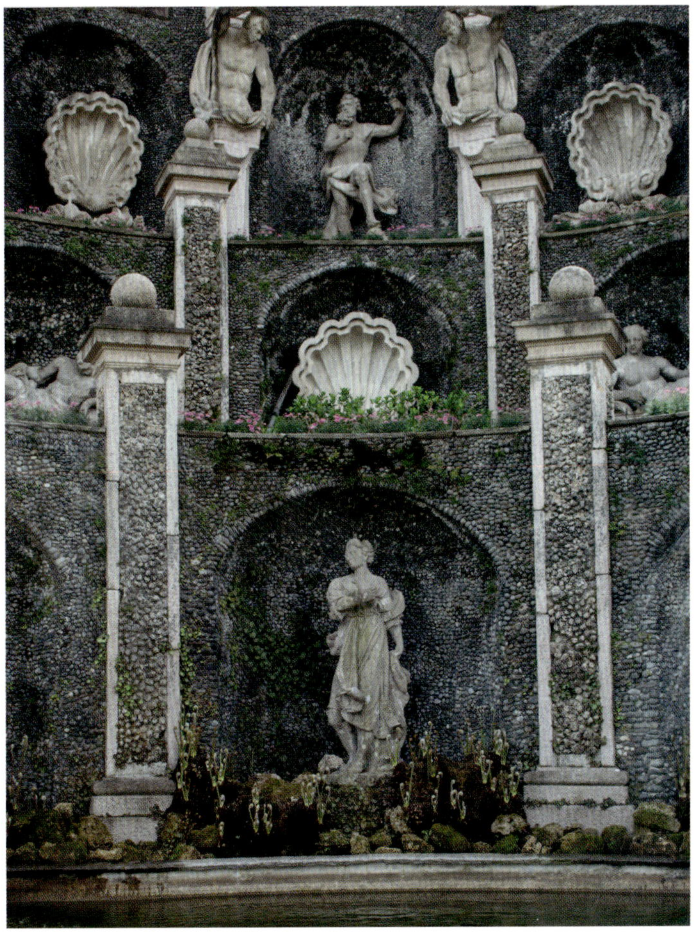

GANZ OBEN Die ersten der großen Terrakottatöpfe wurden 1663 in der Toskana gebrannt; wenn nötig, wird heute dort Ersatz bestellt.
OBEN Das Diana-Atrium verbindet Palast und Garten. Der achteckige Außenraum dient dazu, den Knick in der gewünschten idealen Achse zu verbergen. Der Trick funktioniert, weil an zwei Seiten gewundene Treppen aus dem Atrium hinausführen.
RECHTS Das große „Amphitheater" empfängt den Besucher im Garten. Auf mehreren Ebenen reihen sich flache Nischen zu einem dramatischen Ensemble. Auf die Nischen verteilen sich die Statuen diverser Göttinnen und Götter und Jakobsmuscheln, von denen manche Wasser speien.

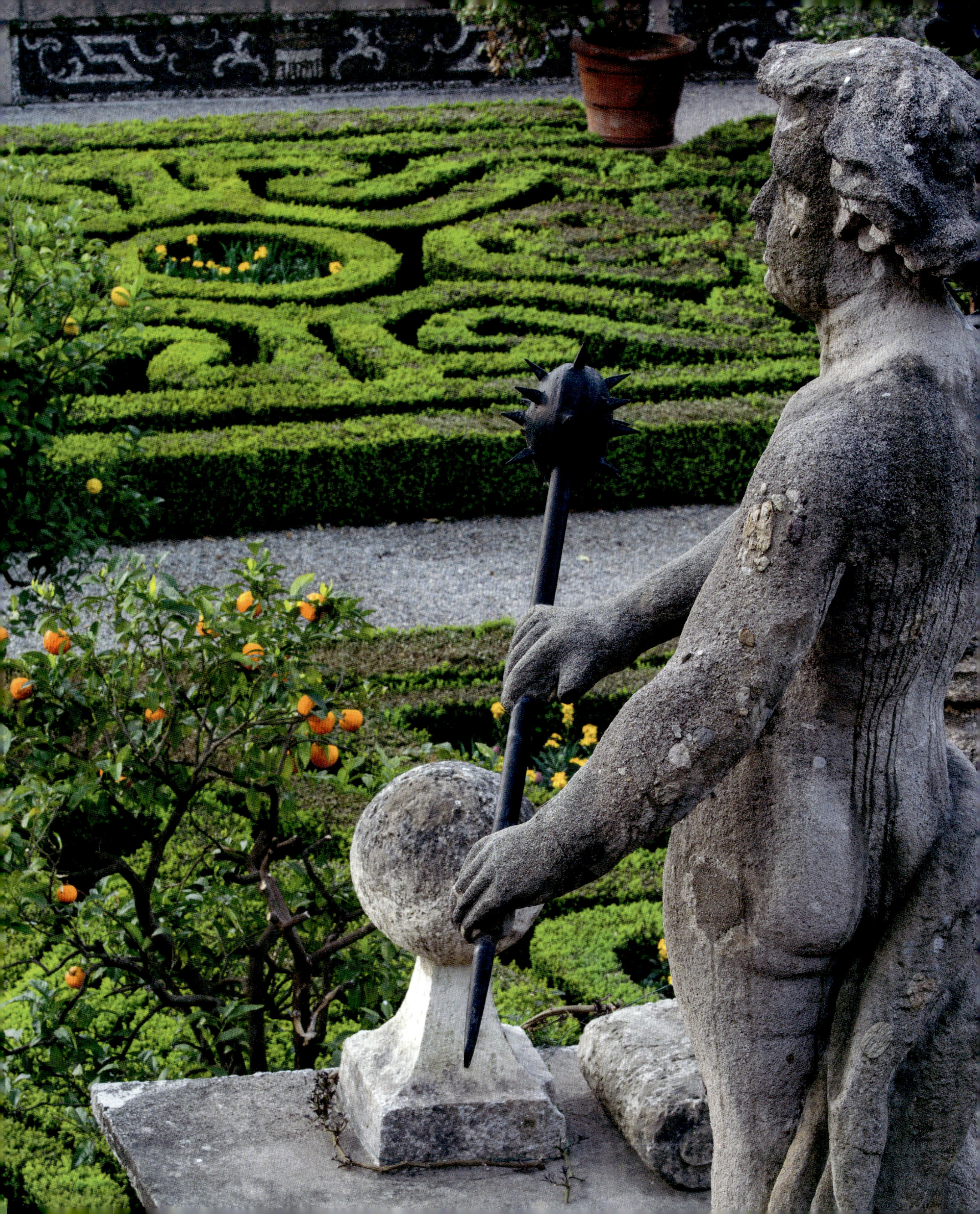

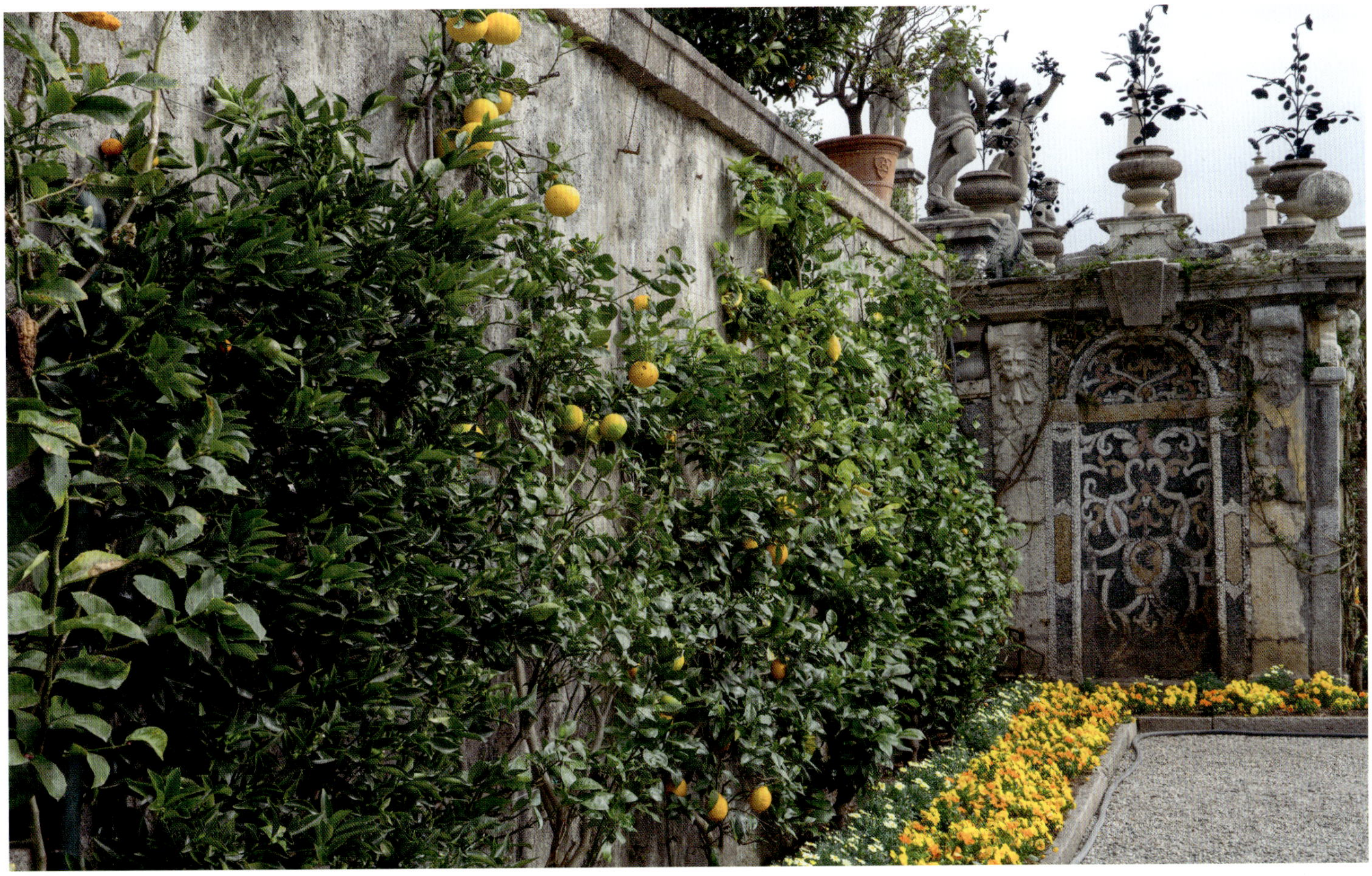

wie eine Neuzüchtung des antiken Pegasus das Borromäische Wappentier, ein gigantisches geflügeltes Einhorn, zwischen Apollon mit der Leier und der Göttermutter Kybele.

Steigt man weiter hinauf, gelangt man auf die höchste Terrasse der Pyramide. Von der festlichen Plattform, die von der Familie noch immer für Hochzeitsempfänge genutzt wird, eröffnet sich durch einen Wald von Statuen und Obelisken ein Panoramablick auf See und Berge. Einige der aus schlichtem Stein skulptierten Figuren und Vasen tragen zarte, zu Federn und Götterattributen geschmiedete eiserne Gebilde, fein geschwungene dunkle Silhouetten vor blauem Himmel. Im Farbenreichtum der Parterres, Wege und Rasen leuchtend schweifende weiße Pfauen, Nachkommen der exotischen Vögel, die im 17. Jahrhundert auf die Insel gebracht wurden.

Wer sich murrend, und manches Mal zu Recht, beklagt, italienische Gärten seien schlecht gepflegt, verstummt hier. Die hohen Standards, die zu jeder Jahreszeit eindrucksvolle Pflanzensammlung, die fulminante, jährlich wechselnde Beetbepflanzung stimmen selbst eingefleischte Zyniker um. Der Aufmerksame kann sich an vielem erfreuen: dem jahrhundertealten Muster der Zitrusbäume an den Terrassenspalieren, dem Blick auf die eleganten Gipfel des Sasso del Ferro über Laverno, eingerahmt von *Plumbago* (Bleiwurz) in großen Terrakottatöpfen, der erfüllenden Stille im neogotischen Gewächshaus; und an der Erkenntnis, dass wirklich alle Pflanzen in der Inselgärtnerei selbst gezogen werden.

Über Jahrhunderte hat die Isola Bella viele entzückt und andere wiederum kaltgelassen. Ihre einmalige Gestalt und ihren Charakter bewahrt sie dank einer dynamischen und symbiotischen Kombination aus Familienstolz, gärtnerischer Brillanz und Eintrittsgeldern. Es stimmt: Diese Insel muss man gesehen haben!

LINKS Das Parterre-Muster ist eine aparte Verbindung von geometrischen Linien des italienischen Stils mit den Schnörkeln des nachfolgenden französischen. Die grünen Bänder sind mit zerstoßenen Ziegeln farblich unterlegt. Zitrusbäume in großen Töpfen setzen vertikale Akzente.
OBEN Die verschiedenen *Citrus*-Sorten und -Züchtungen, die entlang der Terrassenmauern an Spalieren wachsen, trugen von Anfang an zum Ruhm der Insel bei. Die Vielfalt der Bepflanzungen und ihre makellose Pflege sind Beweis für die hohen gärtnerischen Standards, die hier gelten.

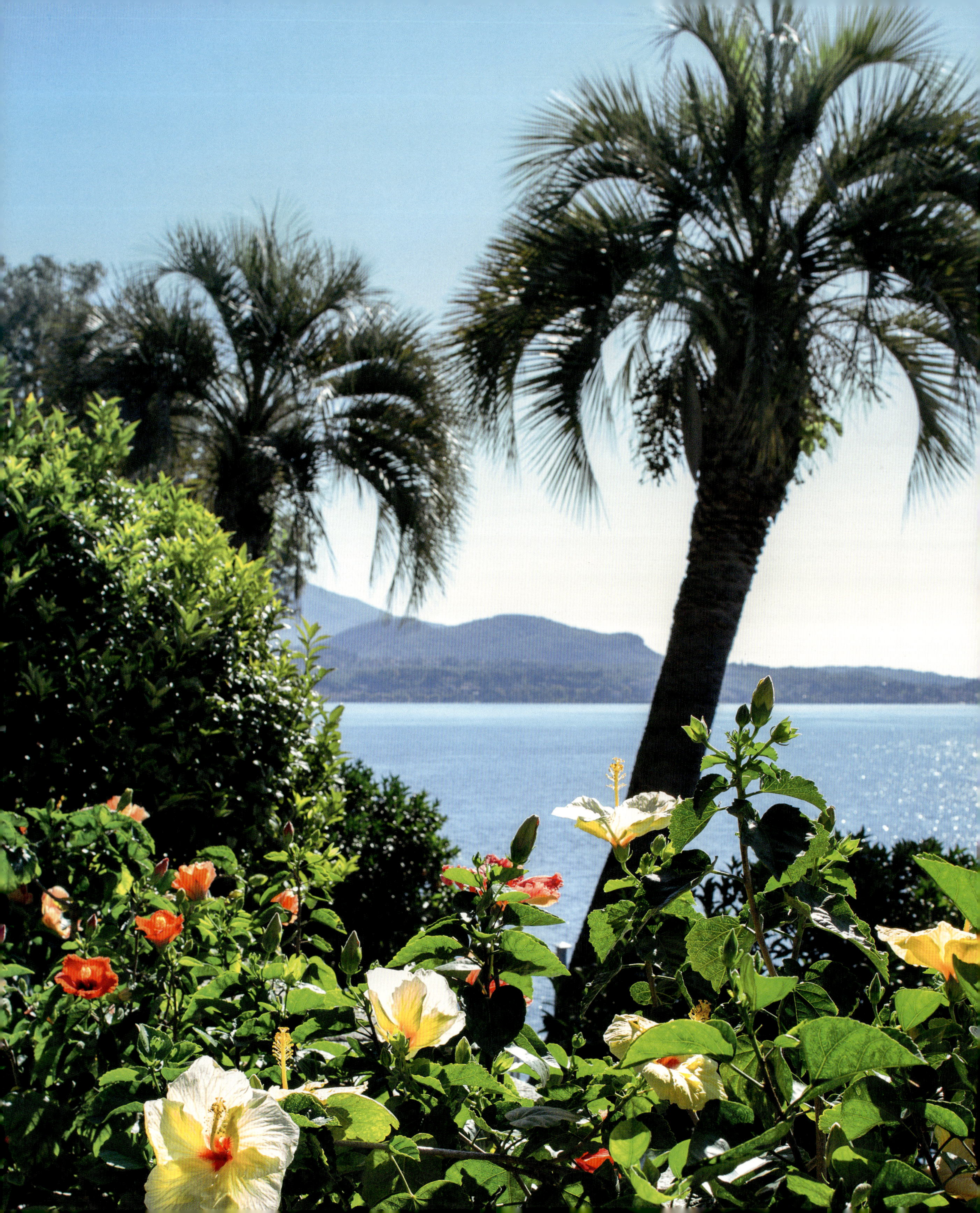

DIE ISOLA MADRE

Schon die Anfahrt lohnt den Besuch der Isola Madre. Die großen Passagierschiffe dampfen über den See auf die Insel zu, verlangsamen die Fahrt erst, wenn sie sich dem Landungssteg nähern. Das lässt den Vergnügungsreisenden auf dem Vordeck Zeit, die Komposition zu lesen, die sich vor ihnen ausbreitet. Die Villa, groß und schmucklos, von Palmen, Oleander (*Nerium*) und Kletterpflanzen eingefasst, präsentiert ihre rechteckige Front am oberen Bildrand. Unter ihr senken sich große Terrassen zum Besucher hinab, eine von ihnen verschwindet völlig wie unter einem grünen Putz unter den Blättern der Kletterfeigen (*Ficus pumila*). Das Schönste aber ist die Vegetation am Ufer, an dem romantische graue Felswürfe mit rosafarbenen und grünen Vorhängen aufragen und sich riesige Rosetten verschiedenfarbener Agaven über den Wellen spreizen. Als Ouvertüre ist das kaum zu überbieten, und wie jede gute Ouvertüre gibt sie den Ton für das Folgende vor. Der Besucher gelangt über eine Treppe, an der elegant ein silbergrauer Eukalyptus lehnt, vorbei an prächtigen Beeten, auf die erste Terrasse und tritt durch ein Giebeltor in dieses florale Wunderland ein.

Die Insel besteht nur aus Garten und Villa. Die Atmosphäre ist hier eine völlig andere als auf der nahen Schwesterinsel Isola Bella. Dort ist alles Pracht, Noblesse und Hofhaltung. Hier denkt man an Pantoffeln und Fünfuhrtee. Beide sind unbedingt sehenswert, und es ist recht eindeutig, in welcher Reihenfolge man sie besuchen sollte. Manch einer fühlt sich vom Trubel und dem Glanz auf der Isola Bella so erschlagen, dass er lieber in einem abgedunkelten Raum ausruht, als die Isola Madre zu sehen. Welch ein Fehler!

Was man auf einem Spaziergang über die Isola Madre sieht, ist das Ergebnis diverser, über viele Jahrhunderte vorgenommener Umgestaltungen. Heute liegt ein reich bepflanzter ornamentaler Garten im englischen Stil wie eine Decke über und neben einer typisch italienischen Struktur aus Treppen, klaren Linien und regelmäßigen Rhythmen. Es ist eine gelungene Verflechtung kontrastierender Formen, keine trumpft auf, beide tragen gleichermaßen zur Schönheit bei. Sie unterstreichen noch die Hauptpartie, die dem Ausblick zufällt: Zwischen Bäumen scheinen immer wieder der dunkelblaue See, die Berge und Landzungen, Nachbarinseln und Uferpromenaden auf. Und bald entdeckt man eine ruhige Ecke, um über die Landschaft und anderes nachzusinnen.

Die Insel hat schon ihren dritten Namen. Im 9. Jahrhundert wurde sie nach dem in dieser Region sehr beliebten Heiligen San Vittore getauft, die ihm geweihte Kapelle steht nicht mehr. 100 Jahre später benannte man sie in Isola Maggiore um, die „große" oder „Haupt-Insel", was im Vergleich zu den anderen auch einleuchtend ist. Erst seit 1713 heißt sie Isola Madre, die „Mutter-Insel", und niemand weiß, warum. Der Familie Borromeo gehört sie seit 1501, damals fügte Lancillotto Borromeo die Insel seinen Besitzungen hinzu. 1542 standen auf ihr 550 Weinstöcke (*Vitis*) sowie Ansammlungen von Walnuss (*Juglans*), Feigen (*Ficus*), Olivenbäumen (*Olea*), Kastanien (*Castanea*), Kirschen (*Prunus*), Quitten (*Cydonia*), Granatapfel- (*Punica*) und Apfelbäumen (*Malus*). Diese interessante Mischung aus südlichen und nördlichen Früchten zeigt, dass man sich schon damals das günstige Klima des Sees zunutze machte. Es dauerte nicht lange, bis die Familie die Insel als idealen Ort für eine Sommerresidenz mit ornamen-

LINKS Wer hinter das Geheimnis kommen möchte, wie man Pflanzen aus den unterschiedlichsten Klimazonen im Freien zu schöner Harmonie vereint, sollte sich auf der Isola Madre die Hibisken (*Hibiscus*) und Palmen am Ufer eines alpinen Sees ansehen.

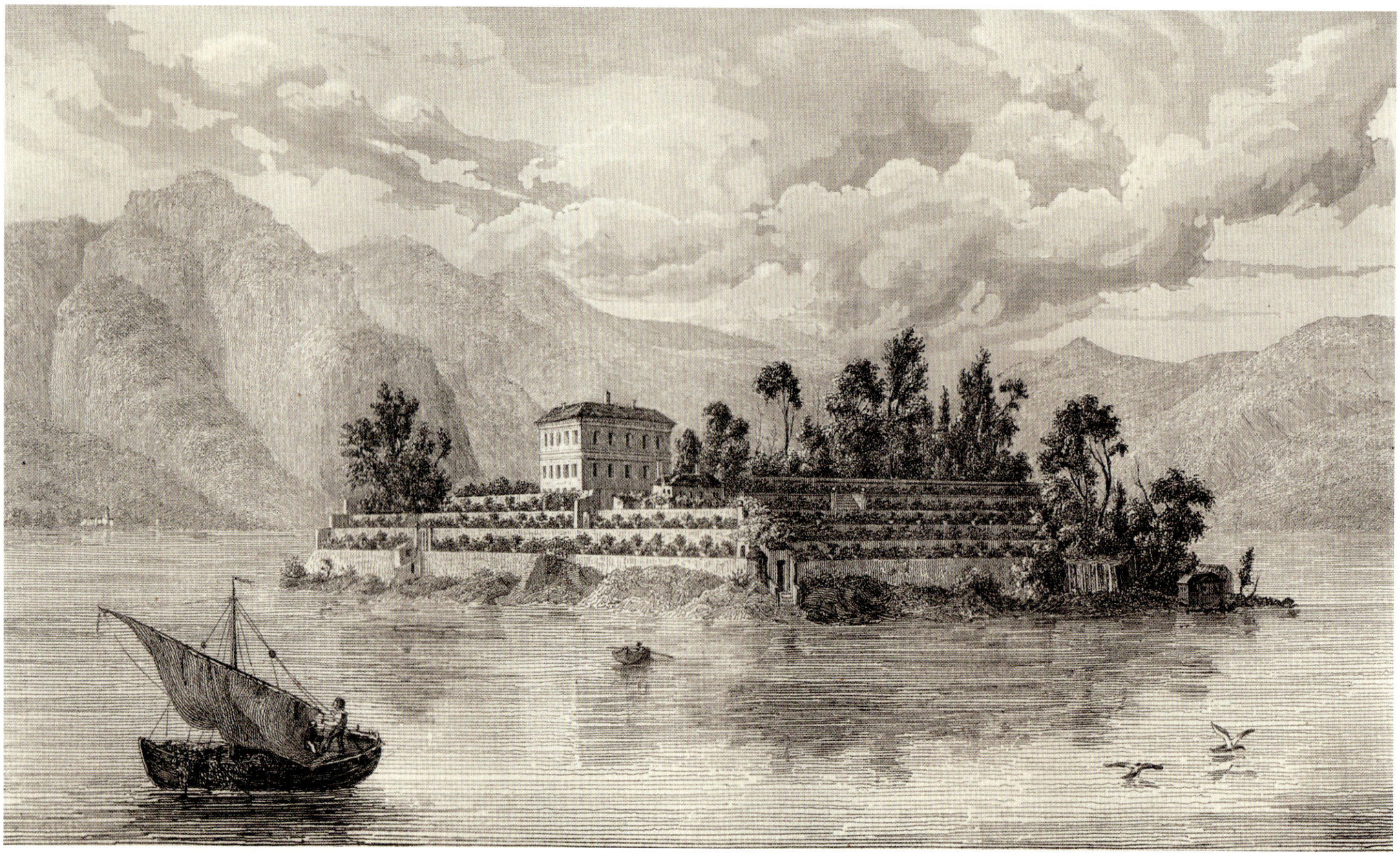

talem Garten erkannte. 1568 stand hier „ein prächtiger Palast, geschmückt von einem angenehmen Garten". 1591 kamen die ersten Fasane hinzu, die dekorativen Terrassen wurden fünf Jahre später erbaut. Schon um 1600 war die Anlage der heutigen ähnlich.

Im 17. Jahrhundert wurden alle Kraft und alle Mittel auf das große Isola-Bella-Projekt gelenkt, und die Isola Madre fand in der Abgeschiedenheit des Sees nur noch selten Erwähnung. Vergessen war sie jedoch nicht, 1769 bezichtigte man den Grafen Federico Borromeo, über eine geheime und unerschöpfliche Quelle des Reichtums zu verfügen, so verschwenderisch waren seine Ausgaben für die Insel. Vielleicht wollte man ihm damit auch nur schmeicheln. Wie es auf der Insel aussah, berichtete der Gelehrte Carlo Amoretti 1794, als die Gärten in Wäldchen, verschiedene Baumsammlungen und Obstgärten aufgeteilt waren. Auch heute noch kann der Besucher die schrittweise Umwandlung von Nutzfläche zu Lustgarten spüren.

Das Finale dieser Verwandlungsgeschichte wurde in der ersten Hälfte des 19. Jahrhunderts geschrieben. So, wie sich der Charakter der Isola Bella, den Vorlieben der Romantik folgend, vom „steinernen Garten" in Grau und Grün zu einer vielfältigen Pflanzenszenerie wandelte, entwickelte sich die Isola Madre in ein Paradies für Pflanzenliebhaber, in dem der Besucher wie einst der Botaniker Joseph Banks während der Südsee-Expedition von James Cook fremde Ufer betritt. Er wandelt zwischen unbekannten Bäumen und Sträuchern, während exotische Vögel neugierig seinen Pfad kreuzen. Dieser neue Stil war Ausdruck des veränderten Zeitgeschmacks, der einzelne (seltene) Exemplare höher schätzte als die noch eine Generation zuvor favorisierte malerische Grünkulisse. Umgesetzt wurde er von der Familie Rovelli – bis heute ein klangvoller Name in dieser Gegend. Die Brüder Alessandro und Giuseppe begannen 1802 mit ihrer Arbeit, und bis 1851 stellte die Familie den Chefgärtner.

OBEN Auf dem Stich von 1834 beherrschen die geraden Linien der Villa und der gleichmäßigen Terrassen die Isola Madre, doch schon sind die Wäldchen zu sehen, deren weiche Formen bald die Besucher entzücken würden.

Danach betrieb sie eine sehr erfolgreiche Gärtnerei in Pallanza auf dem nahen Festland.

1835 hatte der Garten seinen neuen Charakter angenommen. In jenem Jahr besuchte der Ire Matthew O'Conor auf seiner Grand Tour die Insel und war nicht nur von den Pflanzen aus aller Welt beeindruckt, sondern auch von der Art, wie sich die Italiener, die man bis dato als Sklaven der steinernen Geometrie ansah, den informellen Gartenstil angeeignet hatten. „Man steigt durch ein Wäldchen von Orangen- und Zitronenbäumen hinauf, keine Pflanze, kein Strauch scheint sich in fremder Erde zu fühlen. Es ist, als habe die Natur Tee-, Gummi-, Brotfrucht- und Ananasbaum, Baumwolle und die stolze Zeder des Libanons hierhin gesetzt."

Um diese Zeit erkannten auch andere, dass es lohnte, die Insel nach einem Besuch der Isola Bella, die viele inzwischen für verkünstelt hielten, in den Reiseplan mit aufzunehmen. So mancher ließ sich wohl von einer weiteren halben Stunde im Ruderboot abschrecken, doch diejenigen, die trotzdem kamen, genossen die Ruhe der Isola Madre, wo sie relativ ungestört spazieren gehen konnten. Ab der Jahrhundertmitte zog es immer mehr Besucher auf die Insel, die der Gedanke, in dem informellen Eden der Welt des Kommerzes und der Politik enthoben

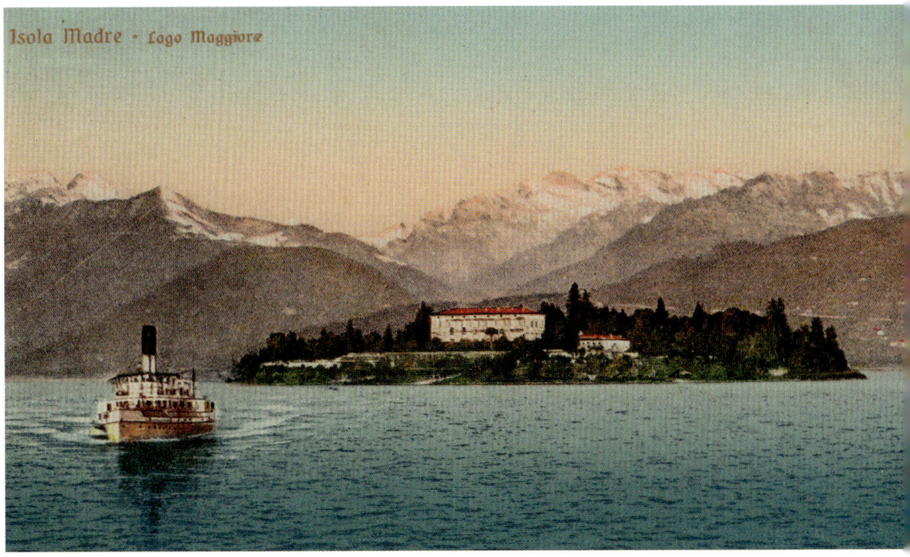

OBEN Auf dieser Postkartenansicht um 1905 verlässt ein Dampfschiff vor schneebedeckter Bergkulisse die Isola Madre. Die Villa liegt nun in hohe Bäume und Sträucher eingebettet, die Terrassen stechen nicht mehr so hervor.

UNTEN Heute scheint die Villa aus dem Felsen der Inselmitte zu wachsen, die Terrassen sind mit exotischen Gartenpflanzen aus aller Welt begrünt. Bäume, Sträucher, Blumenbeete und akklimatisierte Exoten gedeihen hier in idealer Ausgewogenheit.

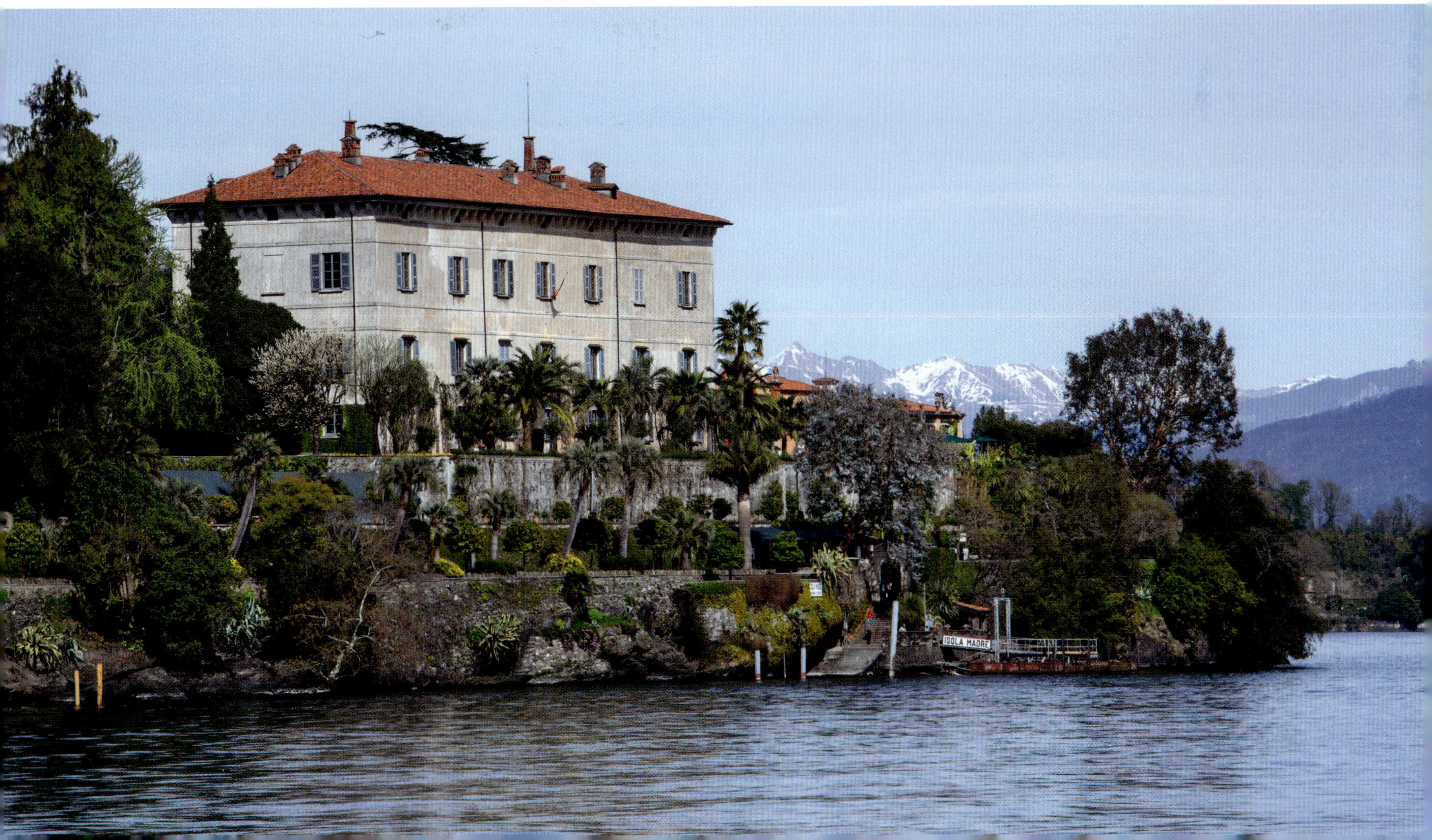

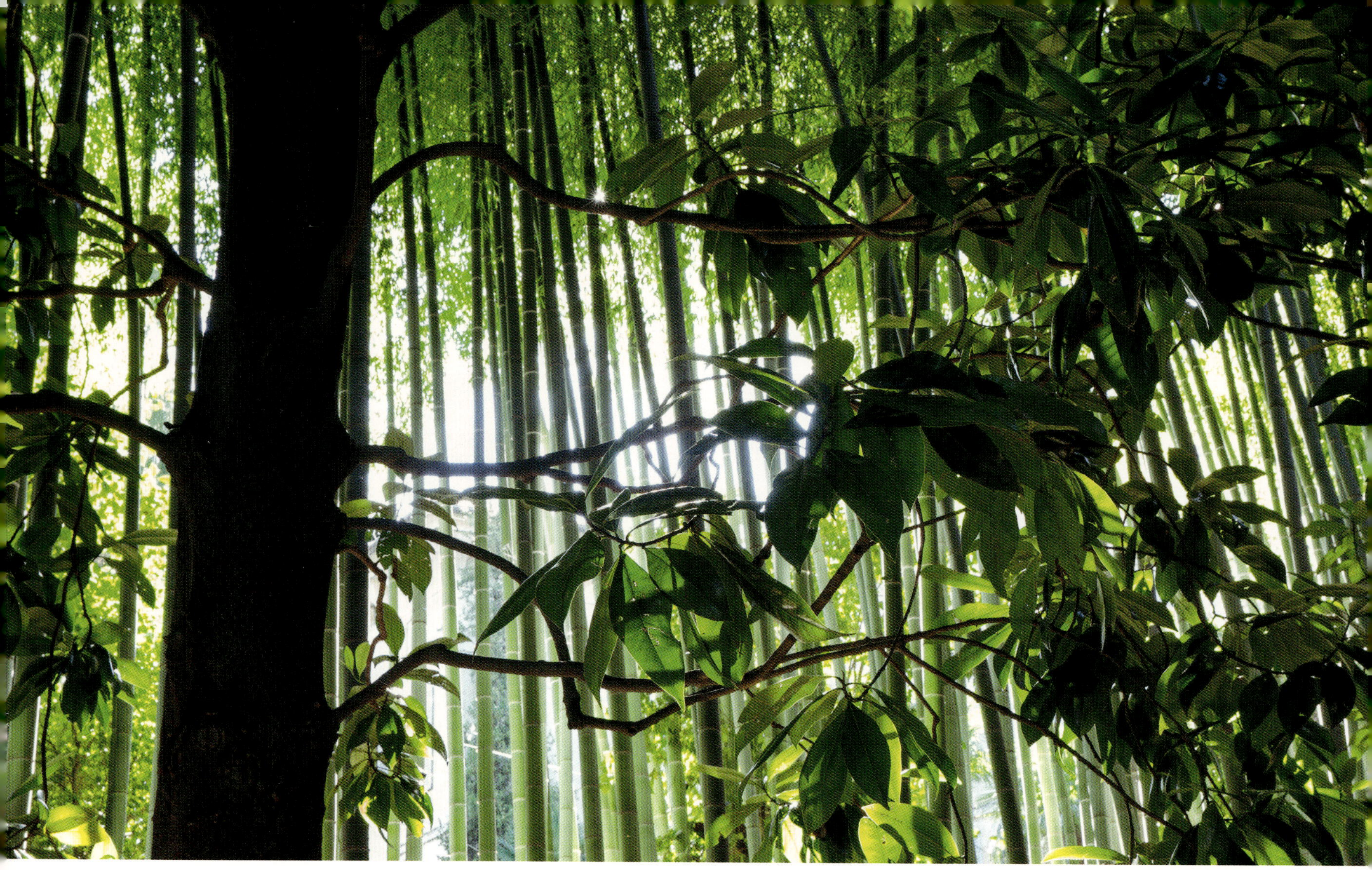

zu sein, entzückte. Im Frühling 1845 kam der junge angehende Schriftsteller Gustave Flaubert mit seinen Eltern und seiner Schwester aus Frankreich angereist. Seine Verzückung mag eher profaner Natur gewesen sein, zog er doch im Allgemeinen weibliche den landschaftlichen Reizen vor. Die Isola Madre hielt er für den „verlockendsten" Ort in der Bucht, der „tausend fremdartige Verführungen" bereithalte und ihn in einen „sinnlichen Zustand" versetze – Phantasie über ein Inselthema.

Flauberts Landsmann Hippolyte Taine kam im April 1864 und war überwältigt. Seinen Eindruck fasste der große Philosoph nicht etwa in bedeutungsschwere Prosa, sondern in poetische Worte:

> … es ist die Isola Madre, von ihren Terrassen umschlossen, die Wellen brechen an ihren großen blauen

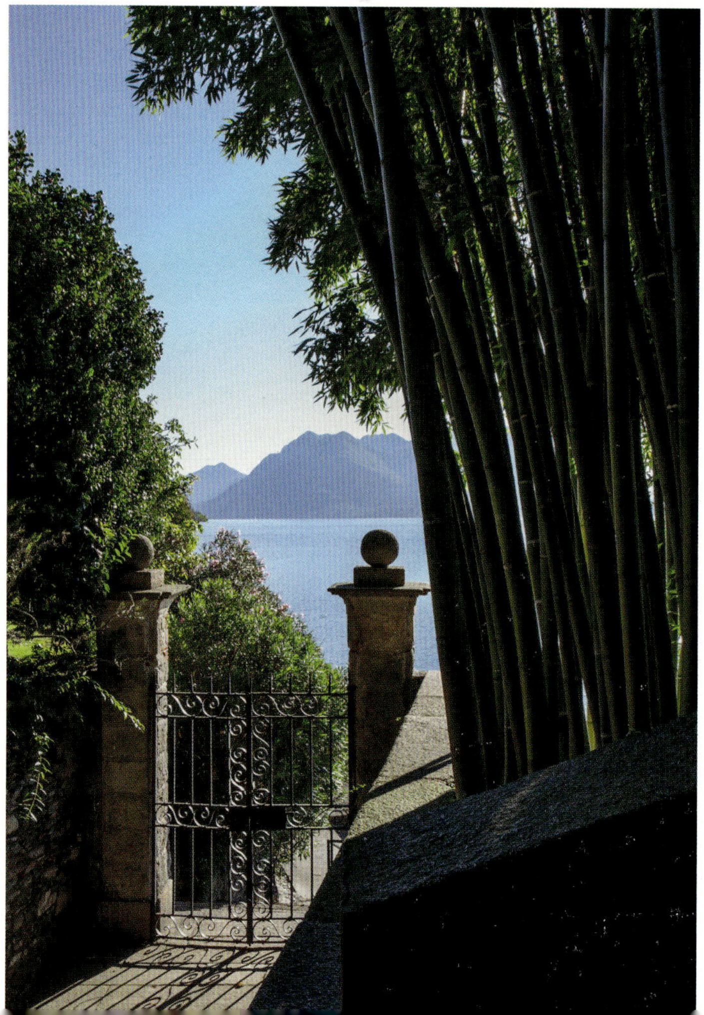

RECHTS Zu den Schönheiten der Isola Madre gehört der angenehme Kontrast zwischen den klaren Linien der Architektur, deren lange Wege zu eleganten Toren führen, und der noblen Nonchalance ihres Pflanzensaums – hier sind es hoher Bambus und wogende Baumkronen.

Steinen und sprühen Feuchte auf ihr glänzendes Laub … Aloen mit mächtigen Blättern und Indische Feigen an den Gesimsen wärmen ihren tropischen Wuchs in der Sonne; Alleen von Zitronenbäumen dehnen sich entlang der Mauern … auf ihrem Wipfel ist die Insel ein Büschel aus Grün, das über dem Wasser seine Blätterfülle bauscht, Lorbeeren, Steineichen, Platanen, Granatäpfel, exotische Sträucher, Blauregen und blühendes Azaleengebüsch. Man geht, von Kühle und Düften umweht; allein, bis auf einen Parkwächter; die Insel liegt verlassen, als erwarte sie einen jungen Prinzen und seine Fee, um ihr Brautgemach zu beschirmen; ganz bedeckt von zartem Rasen und blühenden Sträuchern ist sie ein schöner Morgenstrauß, rosa, weiß und violett, den Bienen umschwirren … Pfauen und Fasane führen friedlich ihre goldenen Roben vor, mit Augen besternt oder Purpur glasiert, unangefochtene Herrscher inmitten eines Volkes von zwitschernden und ausgelassenen Vögelchen.

Seit 1864 hat sich manches verändert, und nun trifft man nicht allein den Parkwächter an. Doch was Taine sah, ist nur noch üppiger geworden. Auch die Bekanntheit des

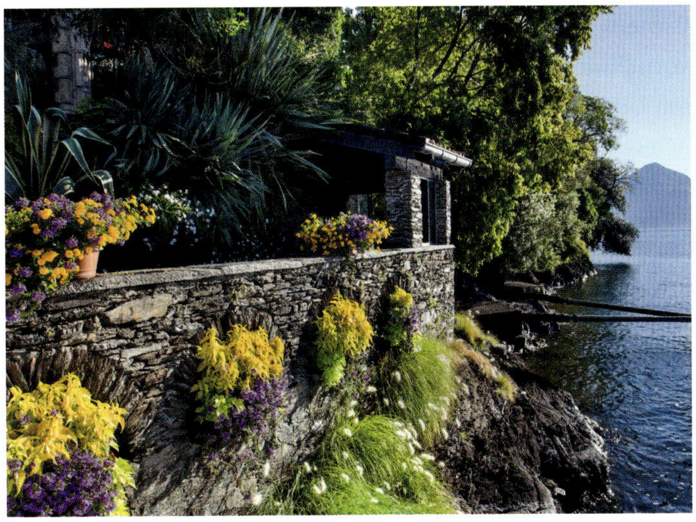

LINKS Das Zusammenspiel von Licht und Vegetation schafft starke Effekte: Hier ragen ein Baumstamm und hohe Stangen des Grünen Schwefel-Bambus *Phyllostachys sulphurea* f. *viridis* 'Mitis' im Gegenlicht.
OBEN Schon vom Wasser aus erkennt man, was die Isola Madre prägt. Ins Mauerwerk integriert sind Töpfe mit saisonalen Blumen in wohldurchdachten Farbkombinationen. Über dem felsigen Ufer entfalten sich Aloen und Agaven.
UNTEN Die leuchtenden Blüten der Seerosen schwanken über dem dunklen Wasser des Teichs an der alten Orangerie, in der heute ein Café untergebracht ist.

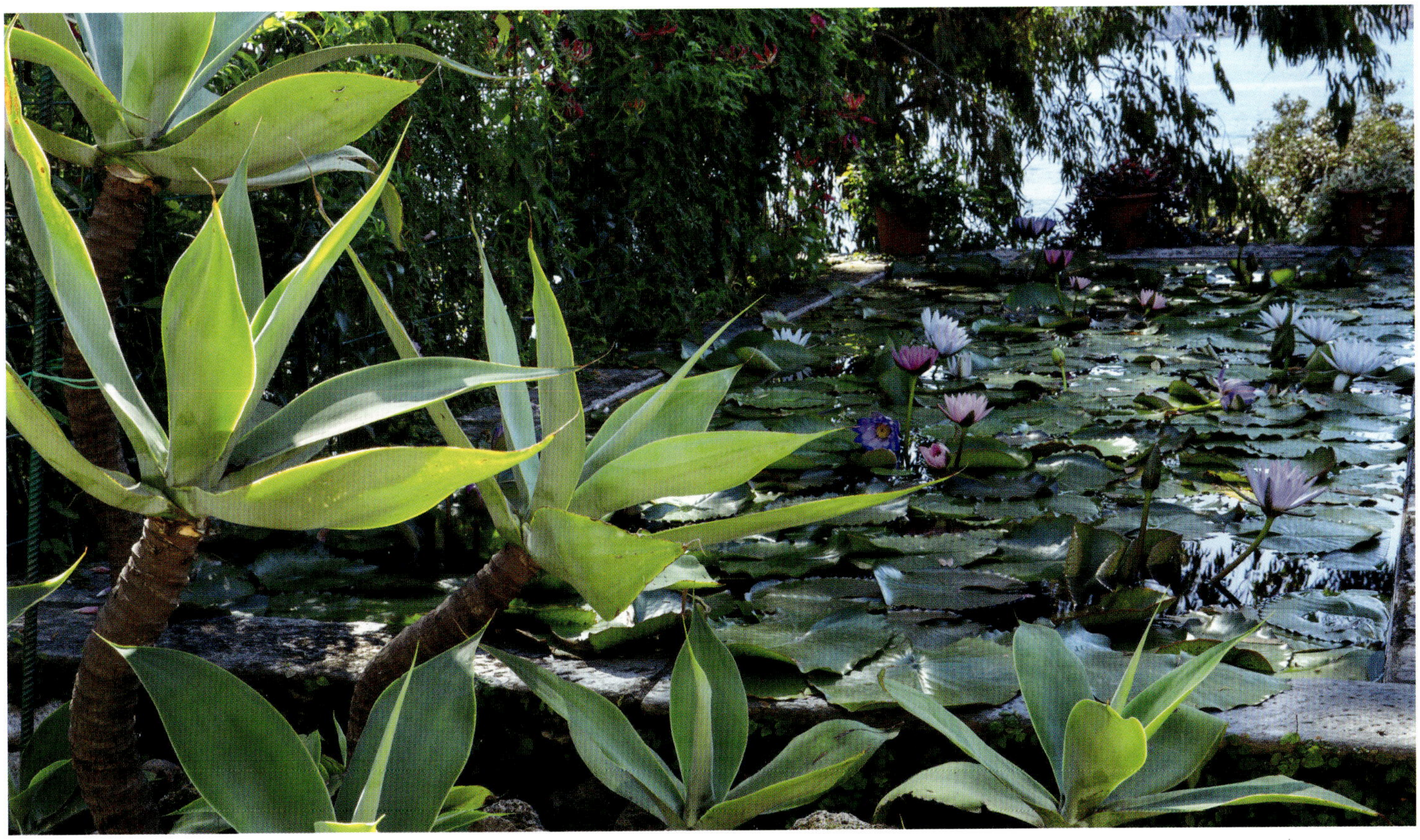

Gartens wuchs, und spätestens seit 1879 war er auch für die vornehme Gesellschaft ein Muss geworden, denn da beehrten Umberto I., König des jungen vereinten Italiens, und Königin Victoria die Insel – allerdings waren beide darauf bedacht, nicht zur selben Zeit anzureisen.

Heute wird der Besucher, kaum hat er das Schiff verlassen, stumm ermuntert, einer mit Pfeilen ausgewiesenen Route zu folgen. Es ist eine schöne Route, auf der sich beim sanften Anstieg zur Villa die verschiedenen Szenerien herrlich zeigen. Sie beginnt in einem schmalen Hohlweg zwischen Felsen und Ufer, der von exotischen Bäumen und Sträuchern, darunter viele australische, gesäumt ist. So hat der Besucher schnell das Gefühl, auf einer Felsinsel in einem idealen Klima mit viel Sonne und viel Wasser zu sein, in dem die Extreme von Sommerhitze und Winterkälte vom See gemildert werden. An diesem wohltemperierten Ort kommen Pflanzen aus allen Zonen der Welt zusammen und gedeihen fröhlich Seite an Seite. In ihrem Wohlgefühl samen sie sich in Felsspalten aus und wachsen zu einer schlampigen Perfektion heran, die kein irdischer Gärtner erzwingen könnte.

Ganz ursprünglich wirkt auch ein unerwartet schattiger Abschnitt des Weges. Dort rinnt Wasser an ungemein malerischen nackten Felsen herab, und plötzlich steht man inmitten von frischem Grün, umgeben von Farnen, die aus der Erde und aus großen Töpfen wachsen. Herrlich anzusehen sind

UNTEN Vor der Kapelle auf der Isola Madre erstreckt sich ein gekiester Garten um einen elliptischen Teich. Die Kapelle, 1858 nach Entwürfen von Defendente Vanini erbaut, ist mit Terrakottafriesen von Andrea Boni geschmückt. Die ehemalige Orangerie steht gleich nebenan.
RECHTS OBEN Begonien, *Gaura* (Prachtkerzen), und Palmen rahmen die Aussicht von der Villa nach Süden über den See ein.
RECHTS UNTEN Ruhige Plätzchen findet man auf der Isola Madre leicht. Hier blickt man über filigrane Eisenschnörkel auf die Seepromenade von Pallanza.

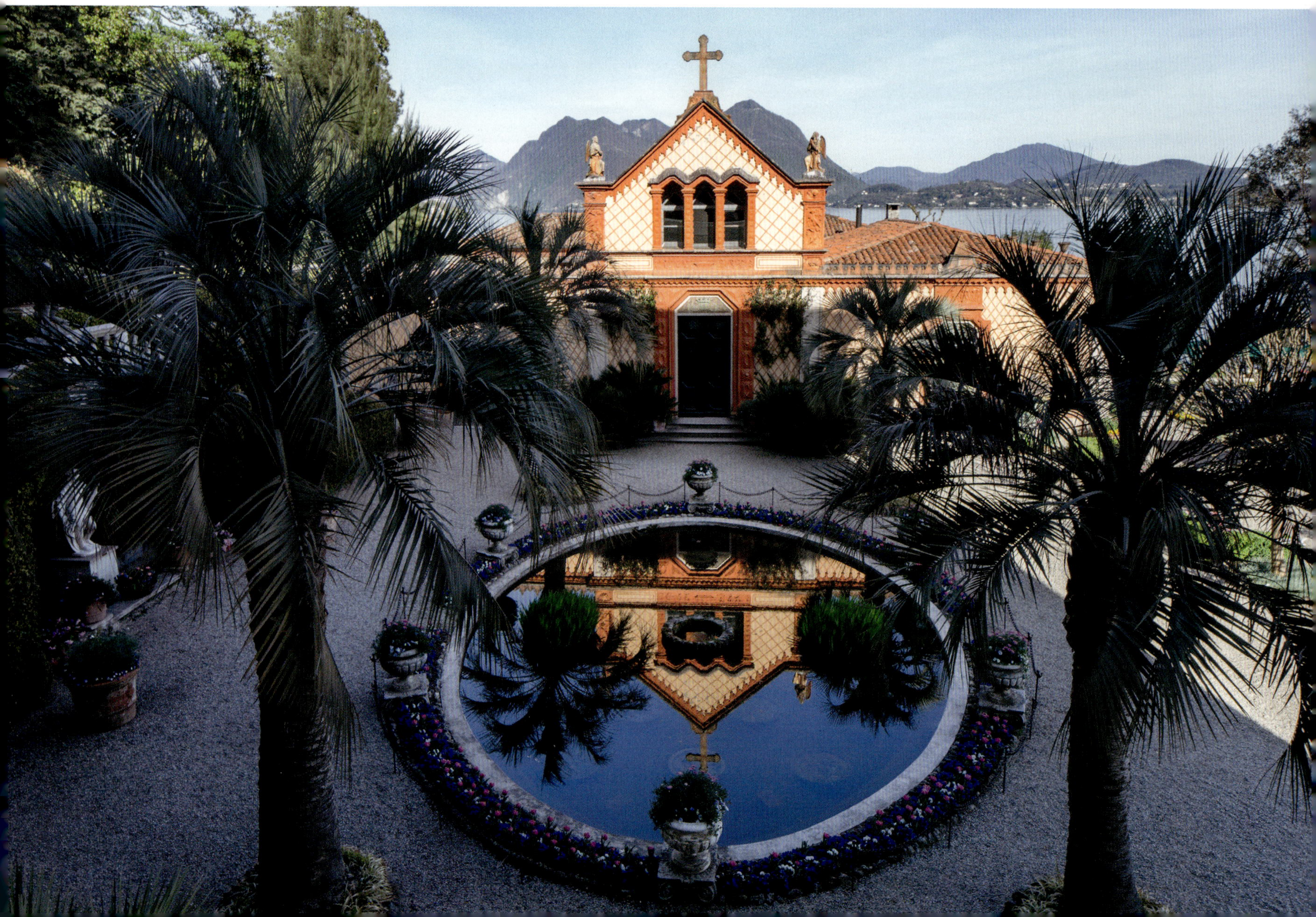

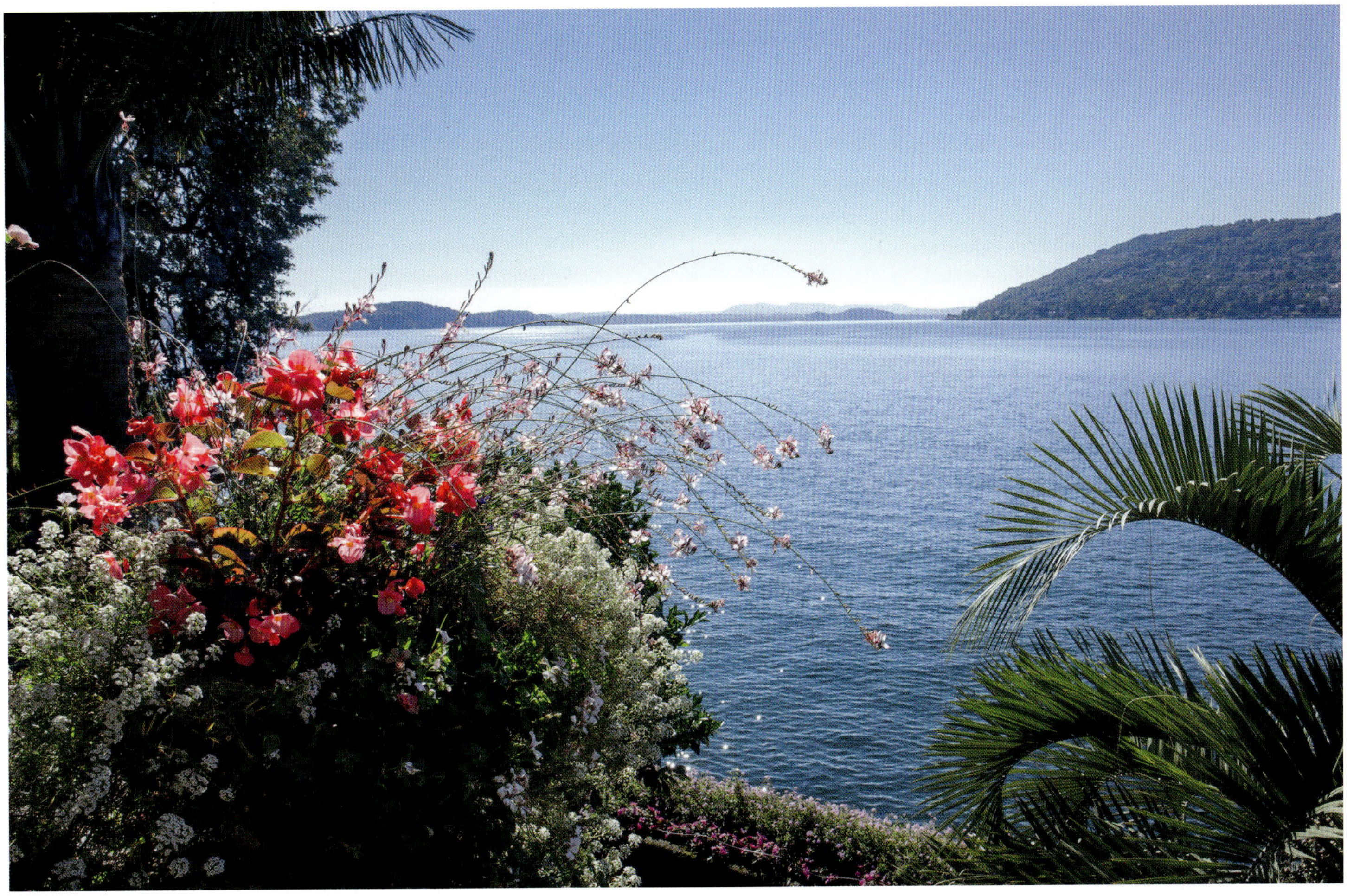

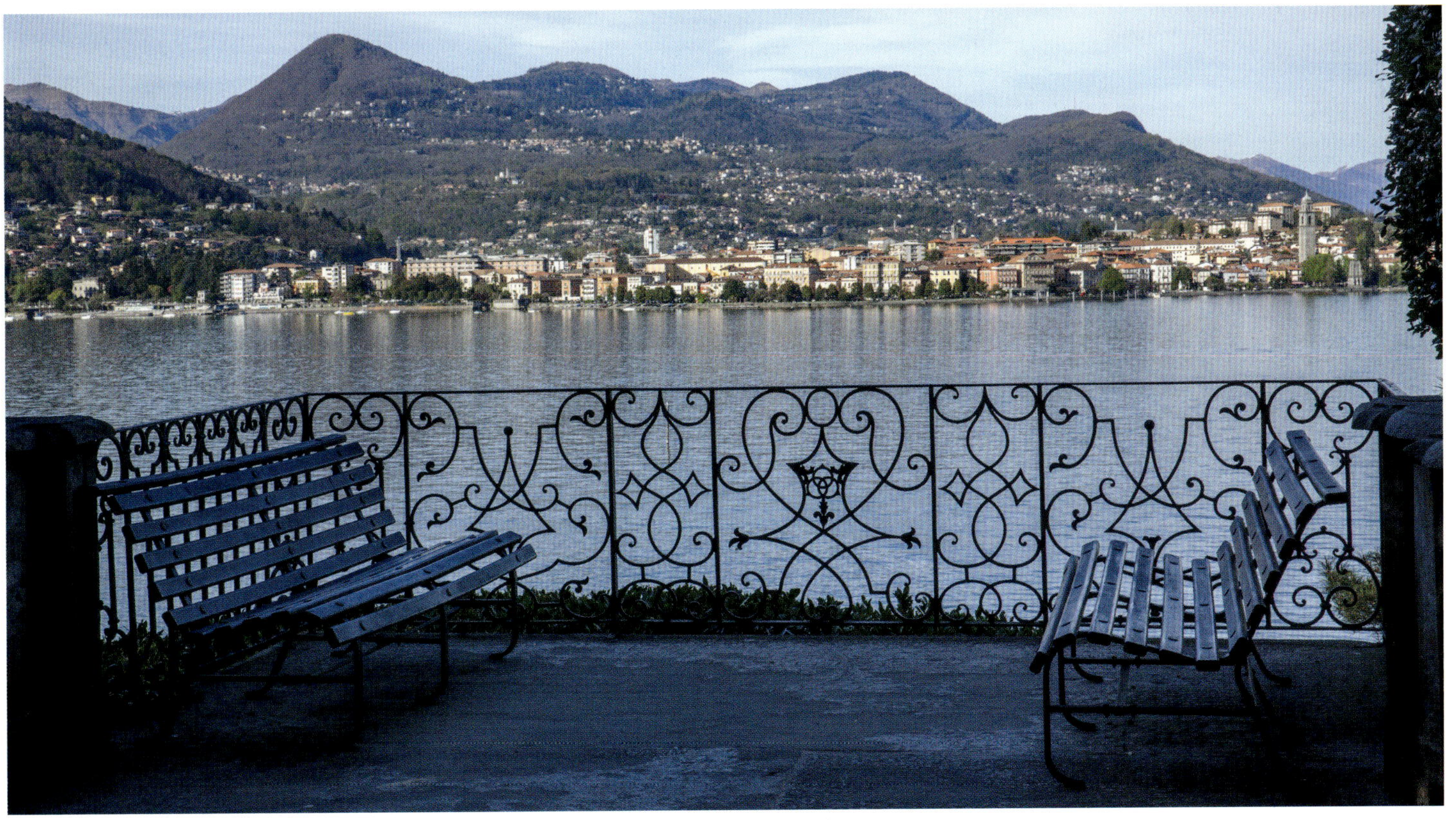

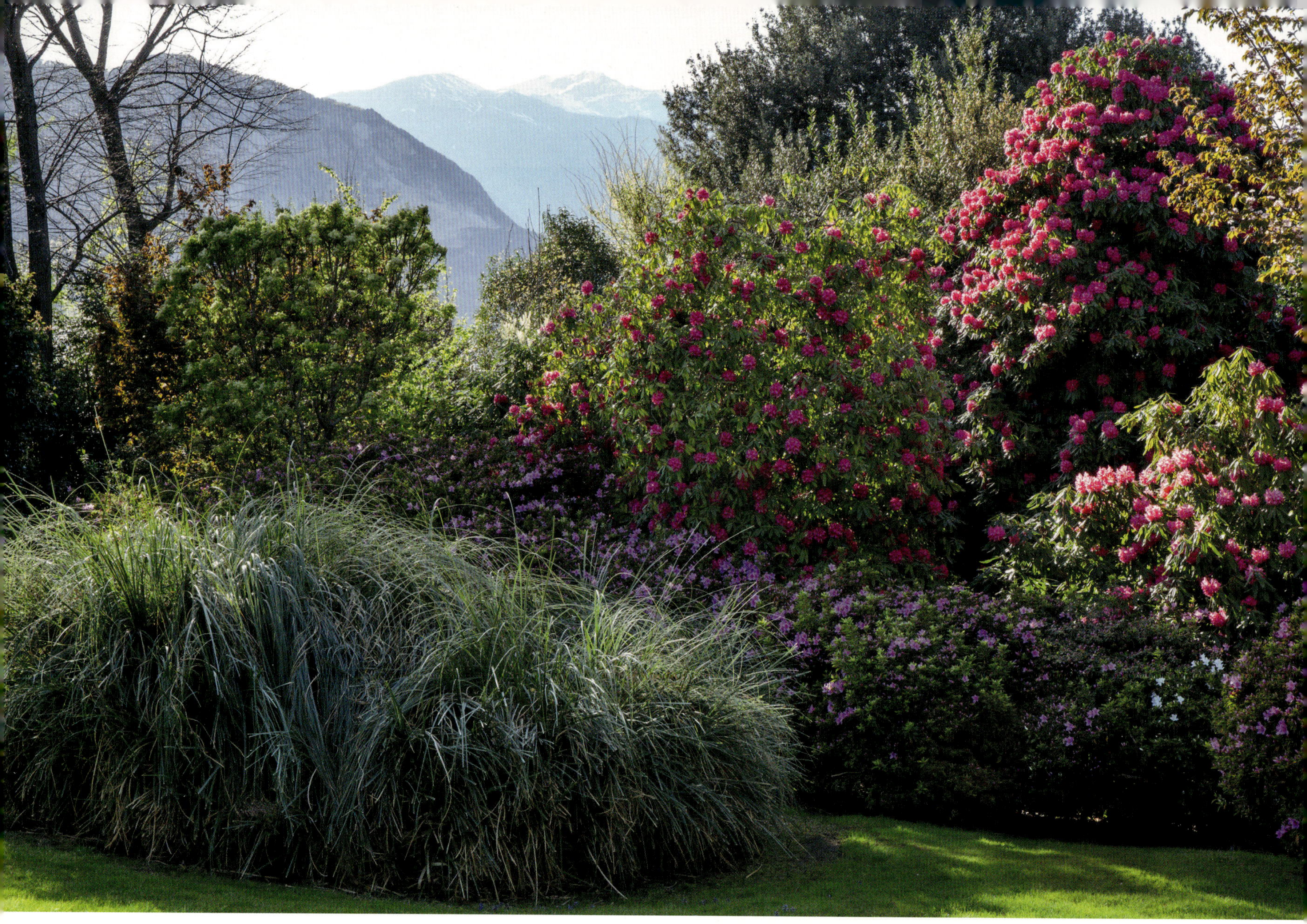

die Funkien (*Hosta*), die sich, in die Felspalten geschmiegt, fern der japanischen Heimat hier ganz offensichtlich schon seit langer Zeit heimisch fühlen. Das ist wahre Gartenkunst – und eine echte Überraschung, denn welcher Italien-Reisende denkt schon an erfrischend kühle künstliche Natur. Entlang der Route gibt es ständig Neues zu entdecken. So sieht man an einem Punkt strenge Ordnung, gepflegte Beete mit saisonalen Blumen, dazwischen Zierbäume wie der schöne, im Frühling weiß flatternde Taschentuchbaum (*Davidio involucrata*), und im Hintergrund ein langes Band mit Bunt-

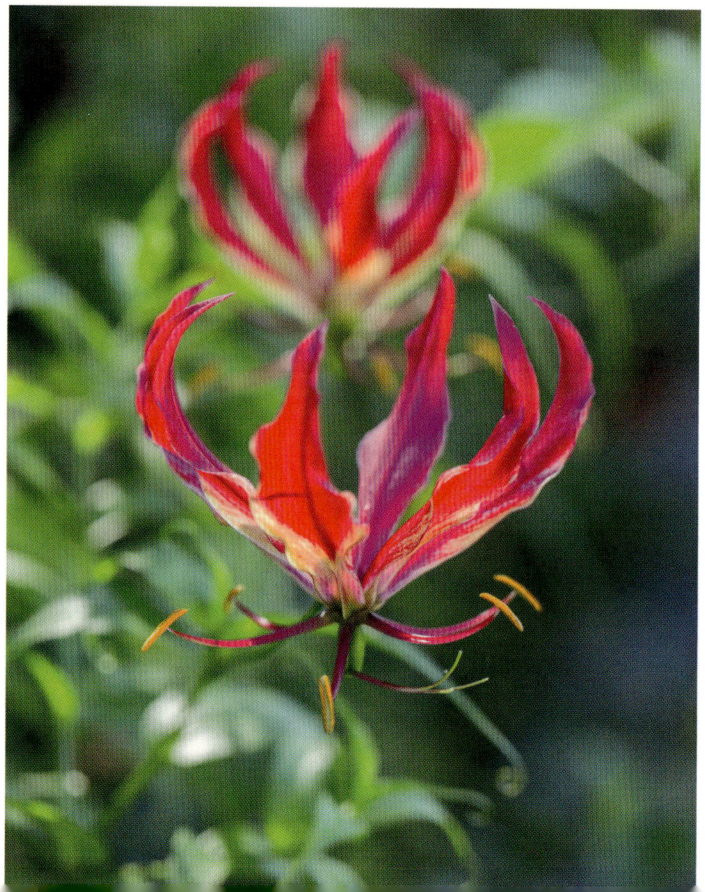

Oben Gestaltung und Bepflanzung sind zwar von britischen Waldgärten beeinflusst, doch in der kräftigen italienischen Sonne produzieren die Rhododendren im Verhältnis zum Laub viel mehr Blüten als im Norden.
Rechts Die Prachtlilie oder Ruhmeskrone, *(Gloriosa superba)* 'Rothschildiana', ursprünglich im südlichen Afrika beheimatet, fügt sich wunderbar ins Blumenwunderland der Isola Madre.

nesseln (*Coleus*). Die meisten kennen die Nessel als einsame Topfpflanze auf Fensterbänken, als Pflanze für Anfänger, hier aber treibt und gedeiht sie in erstaunlicher Pracht und jeder nur vorstellbaren Laubfarbe vor einer Mauer. Viele Besucher werden wohl das Gefühl haben, sie zum ersten Mal wirklich zu sehen und ernst zu nehmen.

Die Stimmung ändert sich erneut, wenn man sich dem Bootshaus nähert. Darin hängt, über dem Wasser schwebend, eine alte Gondel von der Decke, man sieht über den See auf die Promenade von Pallanza und die von der Villa San Remigio gekrönte Halbinsel Castagnola. Wendet man sich um,

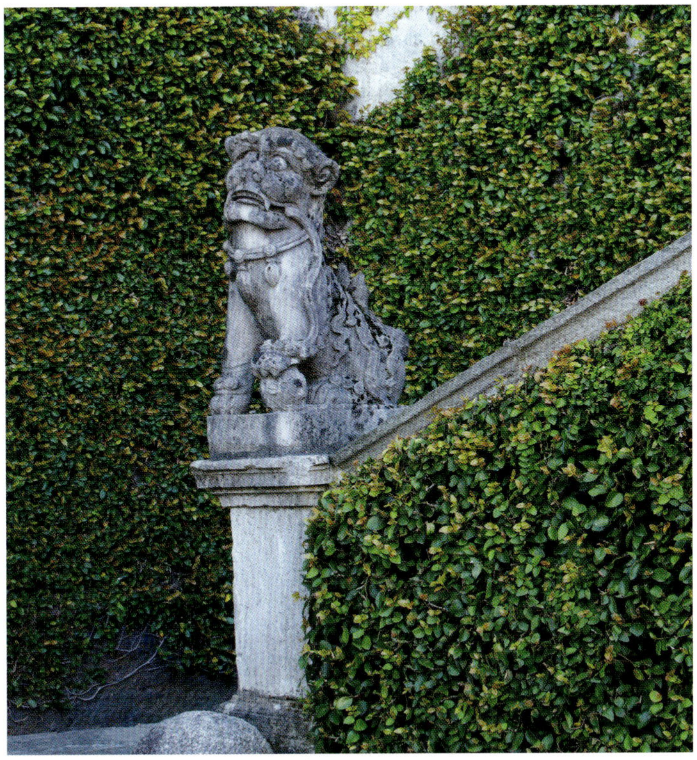

Rechts Der steinerne chinesische Löwe bewacht die Treppe im Garten der Kapelle. Die Mauern verschwinden hinter dem dichten Laub der Kletterfeige (*Ficus pumila*), die an den oberitalienischen Seen prächtig wächst.
Unten Im künstlichen Teich am Fuß der Treppe wachsen Seerosen (*Nymphaea*) und hohes Zypergras (*Cyperus*), umrahmt von Begonien. Die Verbindung von Architektur, Wasser, mehrjährigen und saisonalen Pflanzen ist charakteristisch für die Isola Madre.

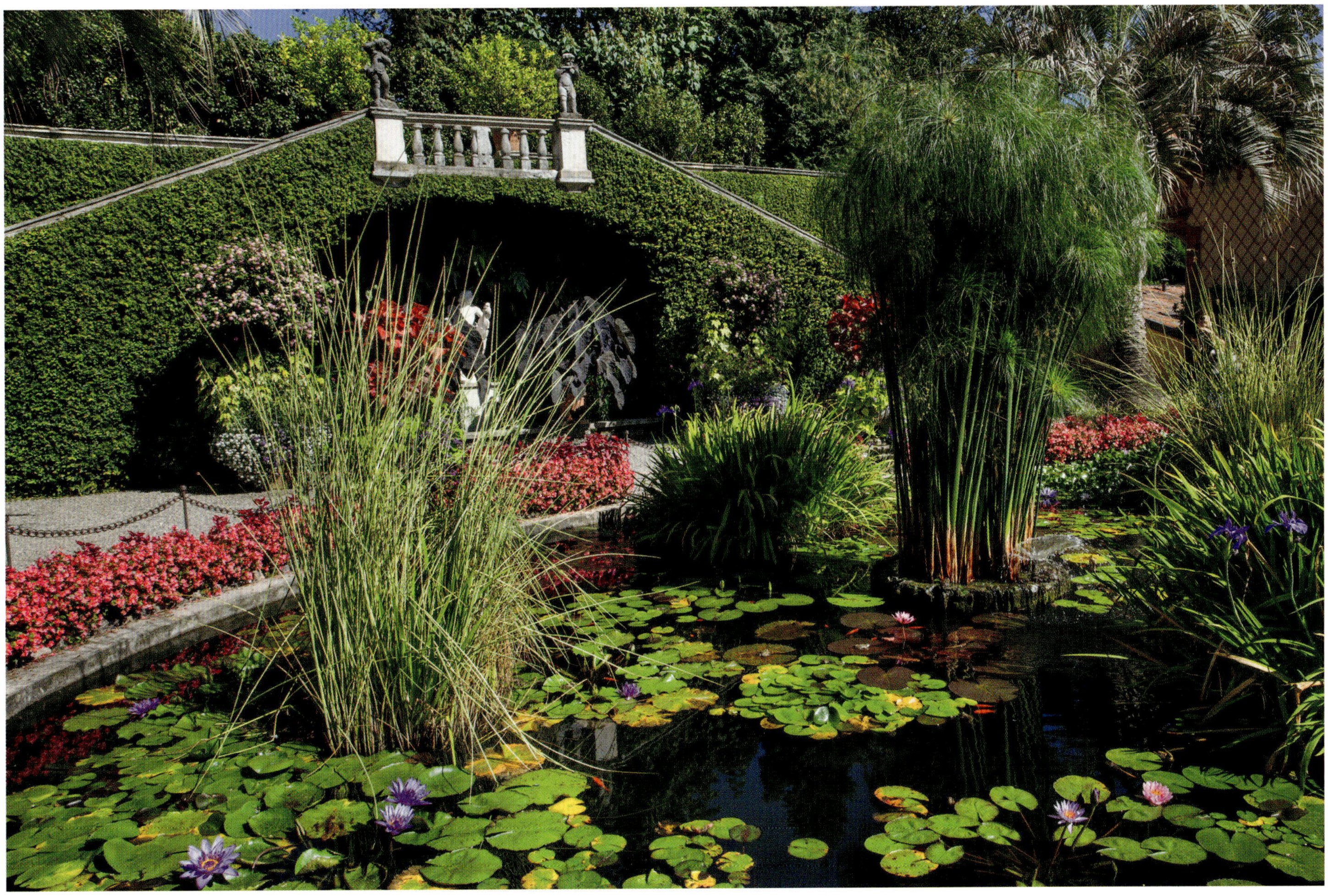

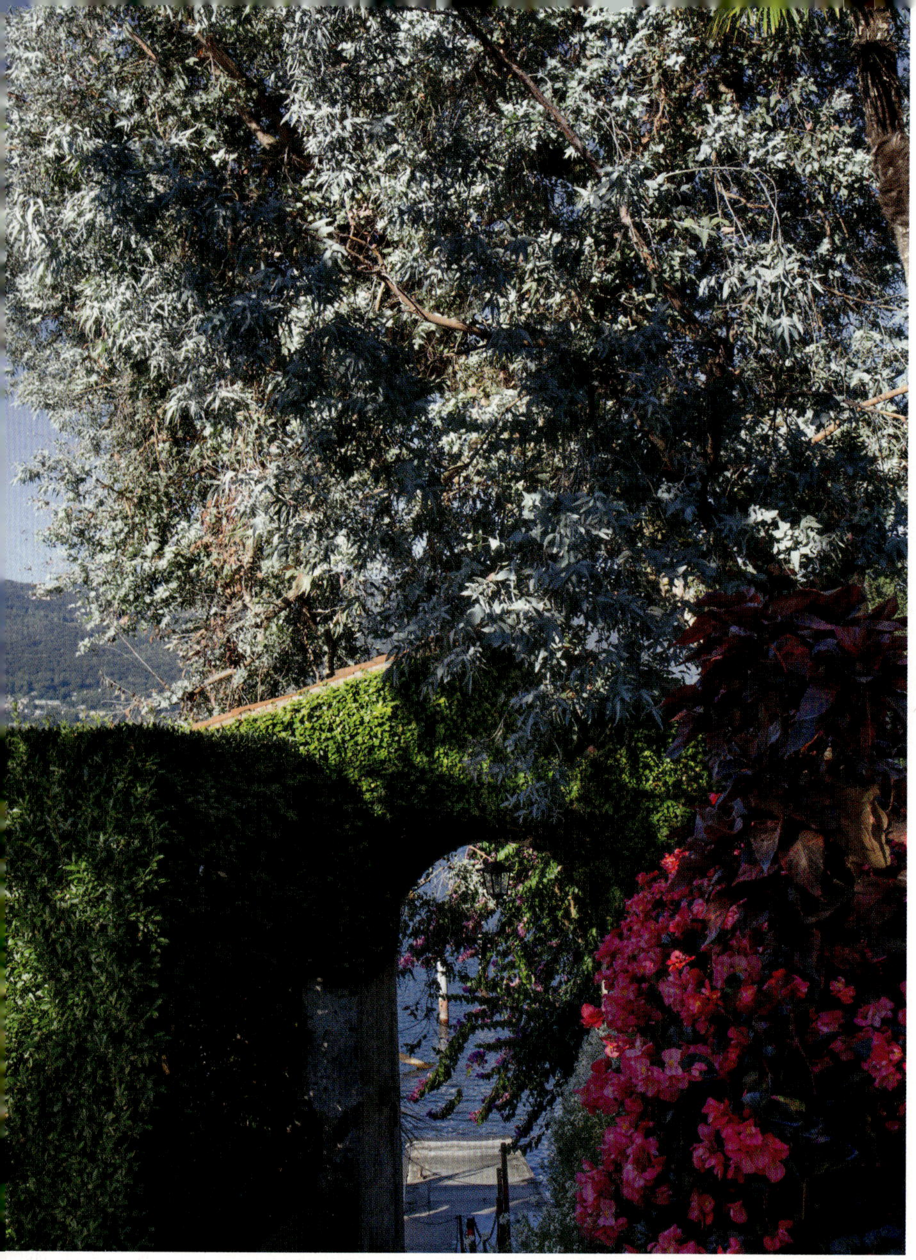

blickt man auf eine Kamelienhecke, die nie schöner ist als im Frühling, wenn sich zu ihren Füßen ein Teppich aus weichen roten Blüten ausbreitet. Die weisen Gärtner haben es nicht eilig, sie aufzusammeln.

Kurz darauf gelangt man in den Steingarten mit schmiegsamen Stauden und Blumen – so intelligent gepflanzt, dass sie im Herbst wie im Frühling schöne Kontraste schaffen. Dahinter liegt der etwas besorgniserregende *prato dei gobbi*, der „Rasen der Buckligen", der so heißt, weil aus dem Gras die Wurzel-„Höcker" der Sumpfzypresse (*Taxodium distichum*) ragen. Sie sind weit entfernt von ihrer eigentlichen Heimat, den Mangrovensümpfen Floridas. Die Höcker (Pneumatophore, falls Sie es wissenschaftlich mögen) sind Atemwurzeln, für die Sauerstoffzufuhr in den Sümpfen unerlässlich, beim Rasenmähen ausgesprochen hinderlich.

Zur Rechten des Weges erstreckt sich hier eine immergrüne Heckenwand, meist Echter Lorbeer (*Laurus nobilis*), der in dieser Gegend überreichlich wächst. Nur wenige Lücken zeugen noch von den Verwüstungen, die ein Sturm Ende Juni

---

LINKS Ein hoher Eukalyptus lehnt an einem Torbogen, der von kurz gestutzter Kletterfeige (*Ficus pumila*) überrankt ist. Im Vordergrund ergänzen sich Iresinen und Begonien in einem Topf.
UNTEN Ein ruhiger Pfad schlängelt sich zwischen ornamentalen japanischen Fächerahornen (*Acer japonicum* und *A. palmatum*); ihre Kronen wurden ausgedünnt, damit Licht bis zu den Zwiebelblumen im Gras dringen kann.

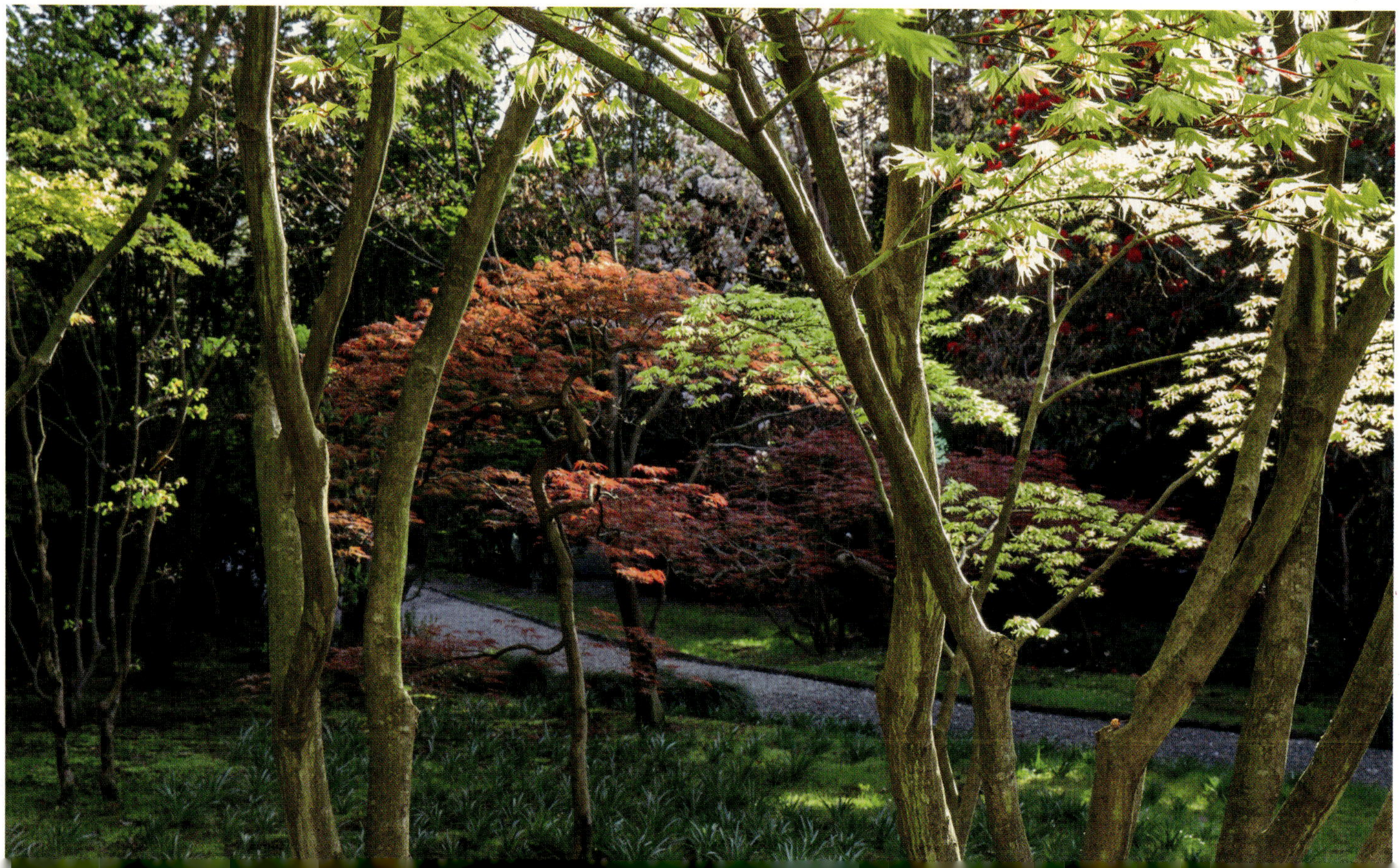

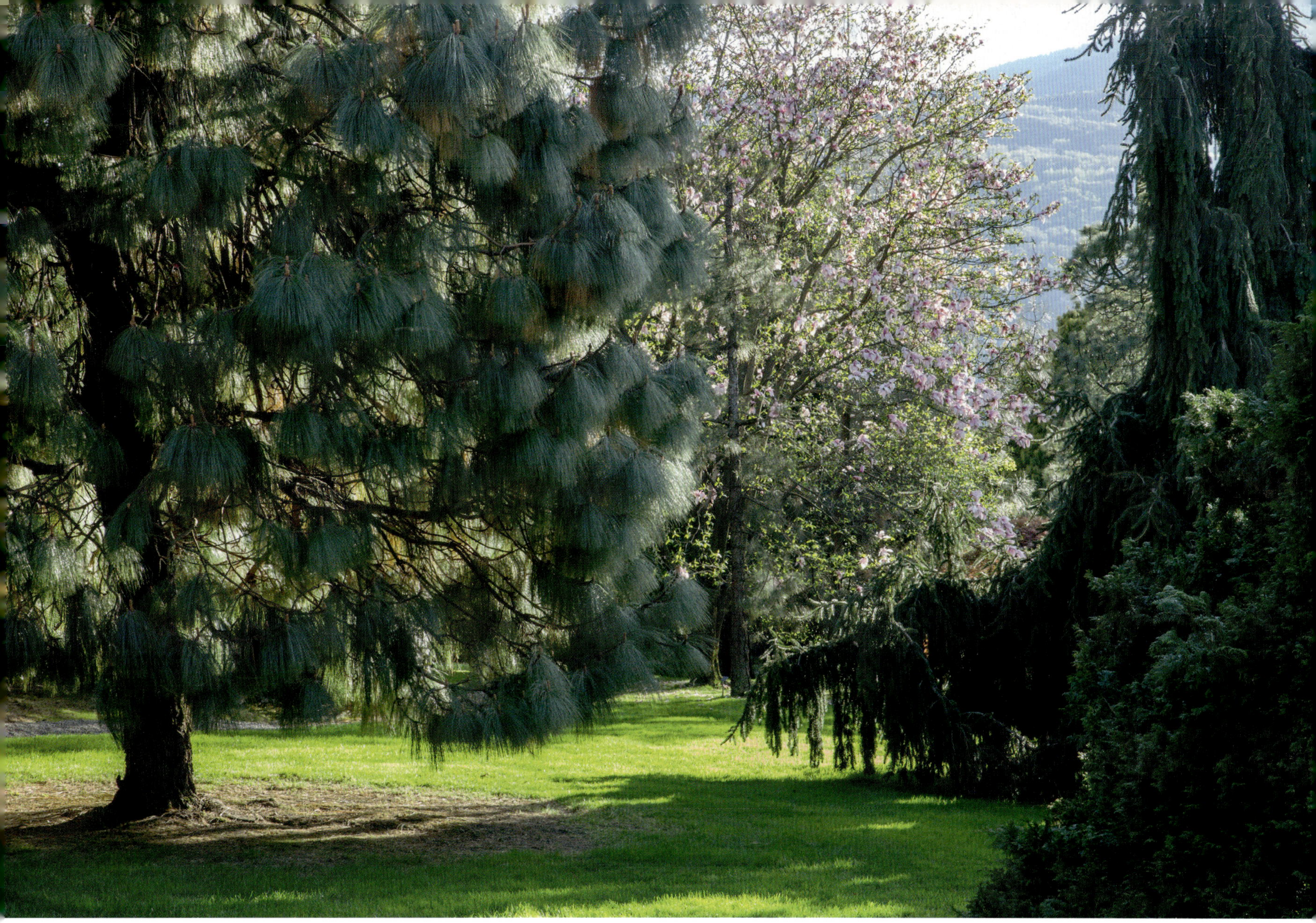

2006 anrichtete. Er tobte von den Alpen herab und ließ kaum etwas stehen, als er sich auf dieser Seite der Insel eine breite Schneise brach. Nur dank des wuchsfördernden Klimas konnte sich die Vegetation hier so schnell erholen.

An diesem Punkt der Insel nimmt der Besucher, erst nur aus dem Augenwinkel, Bewegung am Boden wahr. Ein genauerer Blick wird ihm bestätigen, dass da Ziergeflügel zwischen den Sträuchern und über den sonnengesprenkelten Rasen läuft. Vielleicht ist es ein farbenprächtiger Diamant- (oder Amherst-)Fasan oder ein ungemein distinguierter Silberfasan (ganz in edlem Schwarz und Weiß mit einigen knallroten Tupfen). Auch sie dienen als Kontrast zur Schwesterinsel Isola Bella – mit ihrer surrealen Kolonie reinweißer Pfauen. Auf der Isola Madre sind die Vögel phantastisch vielfarbig, und ihr paradiesisches Inselleben ist ganz ungezwungen. Etwas weiter sammeln sich noch mehr Gefiederte bei und in einer Voliere. Der große Sturm hatte auch das Vogelhaus beschädigt, doch schon nach wenigen Wochen stand es, sorgfältig restauriert, wieder da.

Danach führt der Weg zur Villa. Als ich sie vor einigen Jahren zum ersten Mal sah, war ich verblüfft. Direkt vor dem Haus erhob sich eine imposante Kaschmirzypresse (*Cupressus cashmeriana*), die so riesig war, dass die gewaltige Villa völlig hinter ihr verschwand. Diesen berühmten Baum brachte eine von den Borromeo finanzierte Pflanzenexpedition 1862 als Setzling auf die Insel. Man kann sich ausmalen, wie elegant der junge Baum mit seinen geneigten blau-grünen Ästen auf dem Vorplatz gewirkt haben muss; greifbares Zeichen des

OBEN Die große Zierbaum-Sammlung der Insel ist auf informelle Gruppen im englischen Stil verteilt. Es gibt viele herrliche Exemplare, die exquisite Form- und Farbkontraste schaffen. Hier lenken eine fünfnadlige Kiefer und eine Trauerzeder (*Cedrus*) den Blick auf einen blühenden Kirschbaum.

Mitte des 19. Jahrhunderts vorherrschenden Geschmacks. Niemand hätte es sich auch nur träumen lassen, dass er zu solch enormen Dimensionen heranwachsen würde, ohne dabei seine schöne Form zu verlieren. Er war weltbekannt und der ganze Stolz der Insel. Und dann warf der große Sturm ihn 2006 um. Es hätte noch schlimmer kommen können, die Kaschmirzypresse hätte auf die Villa stürzen können. Der Riese lag wie Goliath am Boden, und man beweinte ihn fassungslos. Doch dann entschied Fürst Borromeo, er könne gerettet werden, denn als der Baum fiel, hob er – wie es bei Flachwurzlern sehr häufig vorkommt – seinen Wurzelteller aus dem Boden. Man befestigte also Stahlseile am Stamm, der Fürst mietete einen Hubschrauber, und der Baum wurde wieder aufgerichtet. Danach sicherte man ihn wie einen Fahnenmast mit Stahlseilen nach allen Seiten hin ab. Das ist alles ganz großartig und noch nie dagewesen, aber meine erste Reaktion war: Das kann nicht gutgehen, Nadelbäume regenerieren sich nicht aus der Wurzel. Doch die Jahre sind vergangen, die Zypresse grünt noch immer, und ich habe mich offenbar geirrt. Ob und wann die Seile entfernt werden können, weiß niemand.

Geht man um die Villa herum, gelangt man zu einem der sehenswertesten Orte des Gartens – dem kleinen, bekiesten Platz vor der Kapelle. Von einer Treppe aus kann man den elliptischen Zierteich bewundern, in dem Seerosen (*Nymphaea*) in vielen Farbtönen wachsen, darunter auch einige exotisch gefärbte der Latour-Marliac-Züchtungen. Die Borromäischen Gärtner beherrschen die Kunst der saisonalen Bepflanzung, und das zeigt sich auch in der Blütenpracht der Teicheinfassung. An einer eisernen Pergola rankt *Wisteria*, wie sie nur in Italien wachsen kann: in drei breiten Streifen in den Farben Rosa, Weiß und – vertraut – Blau. Das sieht

UNTEN Sonate in Grün: Vor der lichten Rasenfläche gedeiht im tiefen Schatten Lilienrasen, auch Schlangenbart (*Ophiopogon japonicus*) genannt, wo kein Gras wüchse. Aus seinem weichen Teppich ragen Baumfarn (*Dicksonia Antarctica*) und Bambus.

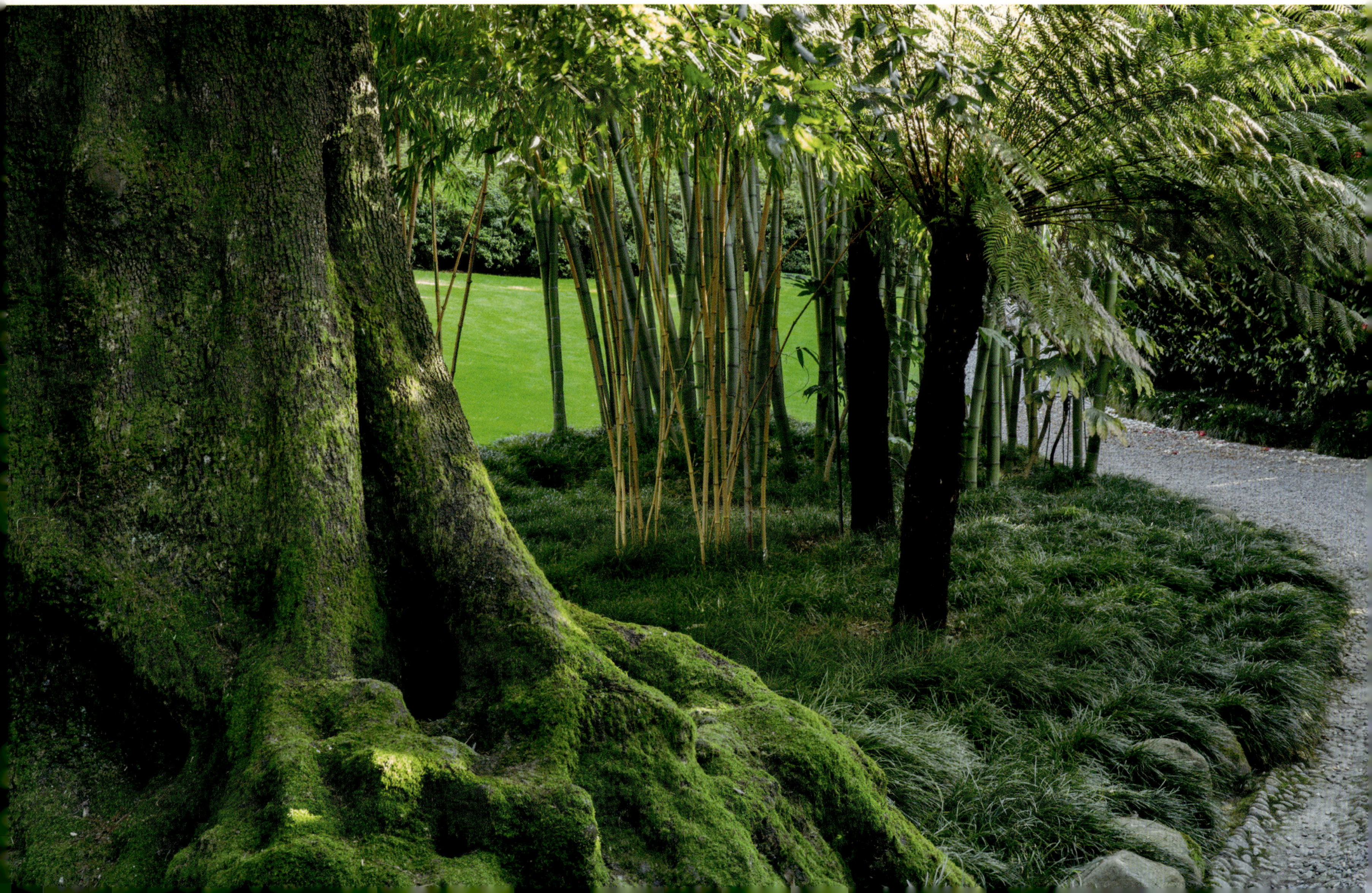

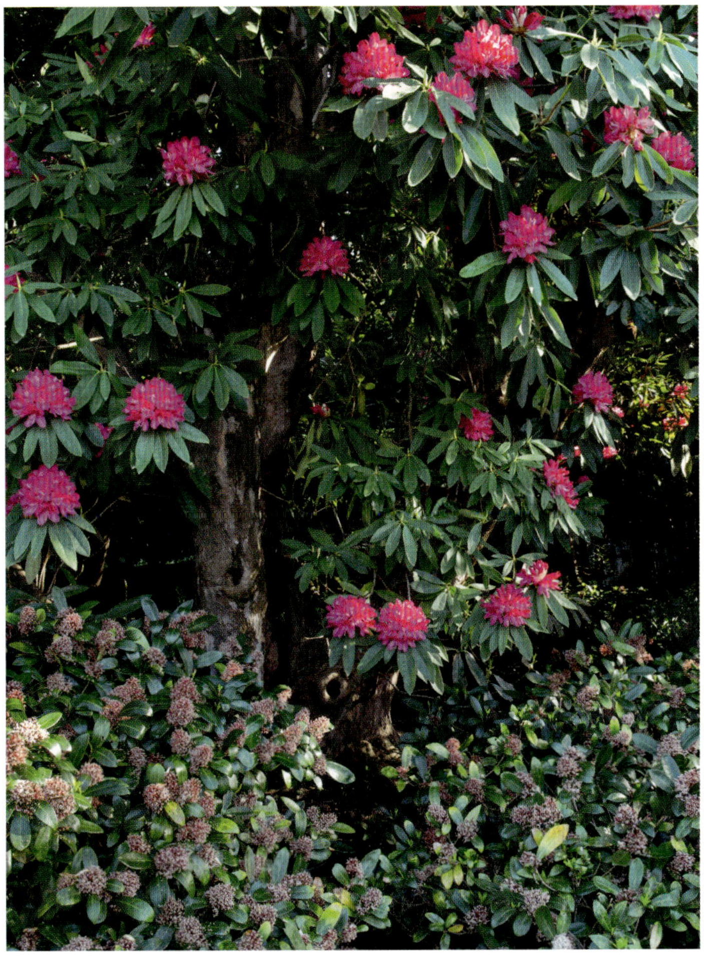

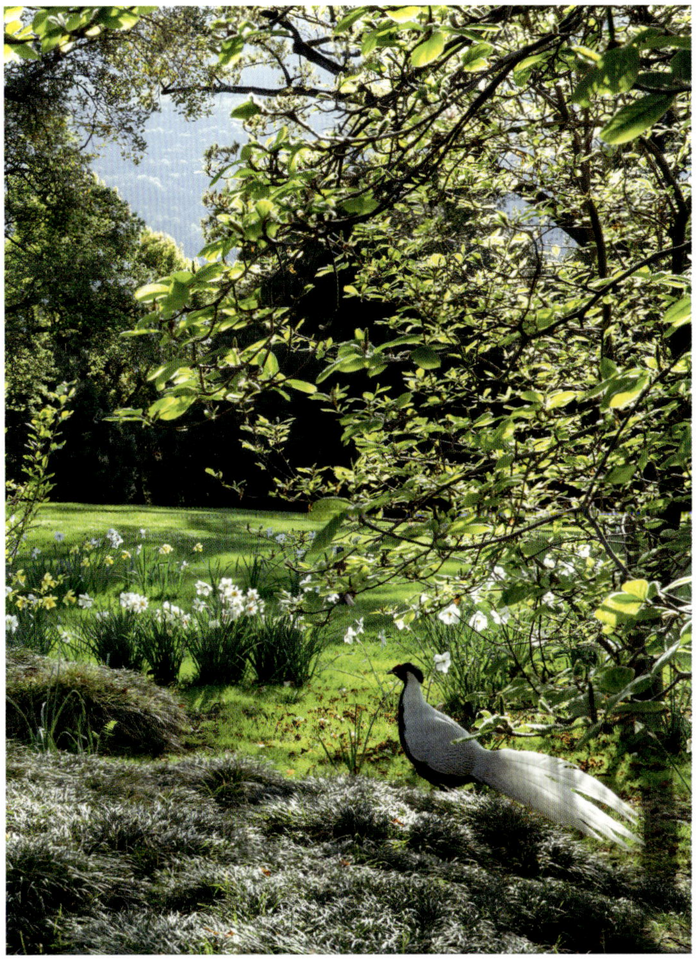

originell aus und duftet im Frühling betörend. Die Kapelle, 1858 erbaut und mit Terrakottafriesen geschmückt, ist reizend und wird immer noch zu Familienhochzeiten und Taufen genutzt. Im rechten Winkel schließt sich die ehemalige Orangerie an, in der heute, wie in so vielen anderen, ein Café untergebracht ist. Die Tische im Freien stehen im angenehmen Schatten eines Bananenstaudenwäldchens (*Musa*).

Von hier aus wandelt man an der Seeseite der Villa entlang, an der im Spätsommer *Bougainvillea* in dichten Vorhängen blüht.

OBEN LINKS In einem Areal mit alten Gehölzen blüht ein Rhododendron über *Skimmia*-Büscheln, beide schwelgen im sauren, frei entwässernden Boden.

OBEN RECHTS Am rechten Bühnenrand präsentiert sich ein Silberfasan in vollkommener Haltung vor der Kulisse aus weißen Osterglocken. Wer die Geduld aufbringt, regungslos und still zu warten, kann viele solcher Szenen auf der Isola Madre genießen.

Zu ihren Füßen liegen herrliche Blumenbeete und grüner Rasen unter den Palmen, die man schon bei der Ankunft entdeckte. Am Ende des Rundwegs leuchten als ein letzter Höhepunkt *Protea*, die Nationalblumen Südafrikas, aus ihren Töpfen. Über ihnen fächert ein *Ginkgo* seine Blätter, der nicht nur als Kraftspender gilt, sondern auch Kraft aus dem idealen Klima zieht.

Hinter der Villa erstrecken sich Rasenflächen, Zierbäume und -sträucher ganz im Sinne des *giardino inglese*, dessen Stil seit Anfang des 19. Jahrhunderts auf der Isola Madre gepflegt wird. Auch in diesem Jahrhundert legt man kunstvoll Hand an die Natur an, seit mehr als 30 Jahren tut Gianfranco Giustina das als Chefgärtner. Seit 2006 ist er – als eine Art „Oberkommandierender der Alliierten Mächte" – auch für die Isola Bella zuständig. 2014 erhielt er die Veitch Memorial Medal der Royal Horticultural Society, den „Nobelpreis für Gärtner". Überreicht wurde ihm die Ehrung von einem Mitglied der Gesellschaft mit dem treffenden Namen „Jim Gardiner". – Ein so schöner Garten macht alle glücklich.

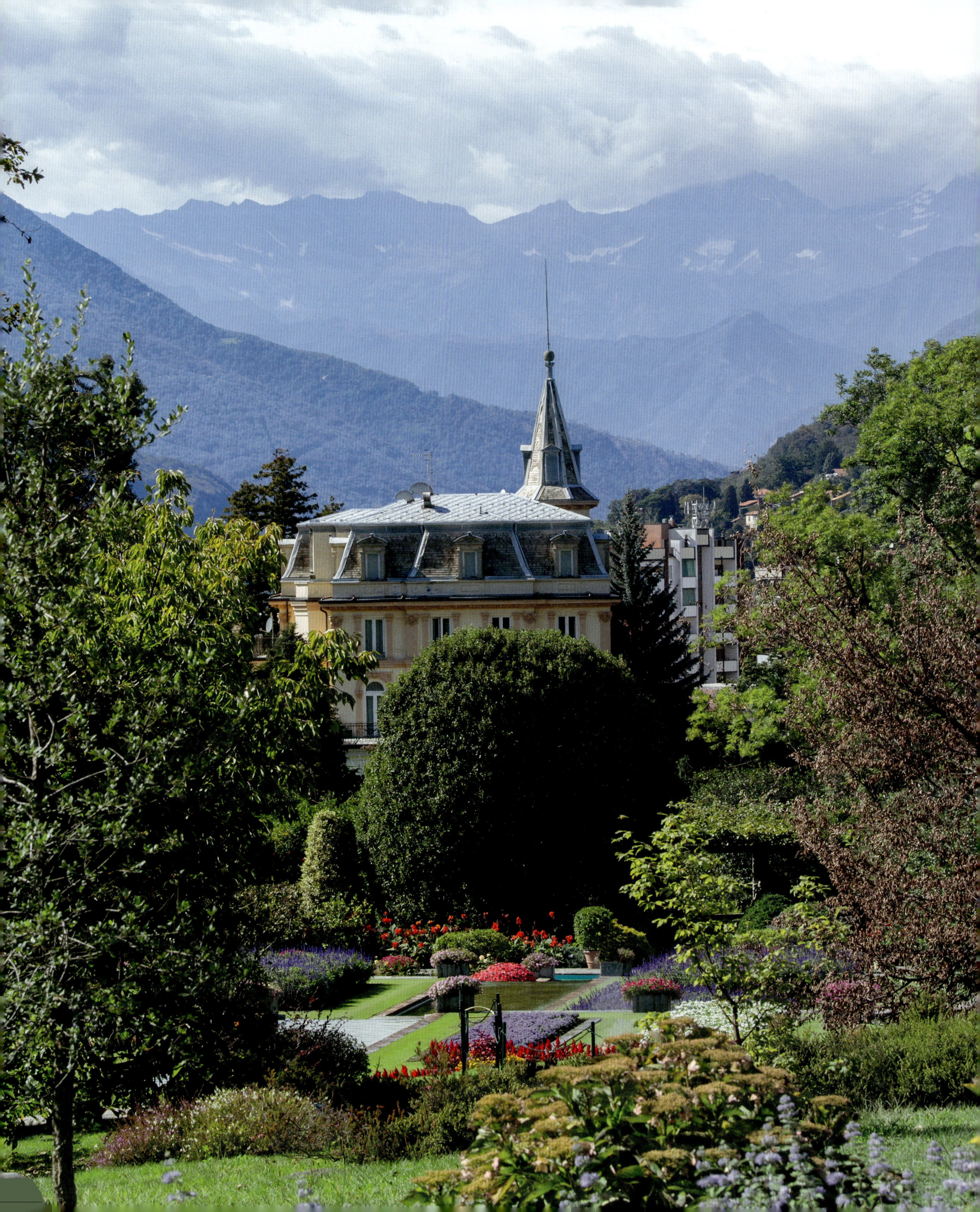

DIE VILLA TARANTO

Am Eingang zur Villa Taranto, gleich hinter dem imposanten Tor, steht ein sehr großer Baum. Es ist eine Scharlach-Eiche (*Quercus coccinea*), eine jener amerikanischen Baumarten, die man wegen ihrer spektakulären Herbstfärbung pflanzt. Sie ist so ausladend, so gesund und kräftig, ihr Stamm so mächtig, dass sie jeden in Staunen versetzt – obwohl sie inmitten von Mauern und Asphaltflächen wächst. Jeden Herbst hemmt ihr dichter Eichelteppich, obgleich er täglich entfernt wird, die Schritte der Besucher auf dem Weg zum Café. Man geht ganz selbstverständlich davon aus, dass sie sehr alt sein muss, jahrhundertealt. Doch bald schon wird man eines Besseren belehrt, denn zu den Vorzügen des Gartens gehört die informative Beschilderung jeder Pflanze. Dieses Schild erklärt, der Baum sei 1938 gesetzt worden. Man staunt erneut – ein wenig ungläubig diesmal. Doch dann denkt man an die günstigen klimatischen Bedingungen am Lago Maggiore und bereitet sich innerlich auf weitere angenehme Überraschungen in diesem Pflanzen-Paradies vor. Und unwillkürlich überlegt man, was 1938 in Italien geschah, und was danach kommen sollte.

Die anfängliche Verwirrung passt zum Garten der Villa Taranto in Pallanza, der unter seiner blendenden Hülle ein geheimnisvoller und widersprüchlicher Ort ist. Einerseits hütet er eine auf der Welt einzigartige Sammlung von Bäumen und Sträuchern, ist makellos gepflegt, liegt günstig und verfügt über alle Annehmlichkeiten, die ein Besucher sich wünschen kann. Andererseits ist er das etwas enervierende Abbild einer vergangenen Ära, das dem Besucher eine Anhäufung erstaunlich hässlicher Gestaltungselemente vorführt. Die Schönheit überwiegt, doch der Gedanke, es hätte auch anders ausfallen können, lässt sich nur schwer abschütteln.

Das Geheimnis liegt vermutlich in der Person des Gartengründers, des rätselhaften Neil McEacharn. Der Besucher spürt ihn in jedem Winkel des Gartens und möchte natürlich Genaueres über den Mann erfahren, doch das ist nicht so einfach. Es heißt, er sei Kapitän zur See gewesen, sei in Schottland, in Galloway House, dem Sitz der Earls of Galloway, geboren, habe der königlich-schottischen Leibgarde der Bogenschützen angehört und sei ein versierter Botaniker gewesen. Manches davon ist wahr, doch wer etwas solidere Recherchen betreibt, verliert sich bald in einem Nebel der Ungewissheit. Lässt man einmal alle Legenden und Gerüchte außer Acht, bleibt Folgendes: Neil Boyd Watson McEacharn wurde 1884 in London geboren. Sein Vater war Malcolm McEacharn, der ebenfalls in London geboren wurde, dessen Familie aber aus Schottland kam. McEacharn senior war ein ungemein erfolgreicher Geschäftsmann, der in Australien sein erstes Vermögen mit der Schifffahrtslinie McIlwraith McEacharn Ltd („The Scottish Line") gemacht hatte, die Gefrierfleisch und -butter nach England transportierte. Er war zu einem einflussreichen Politiker aufgestiegen, war geadelt worden und hatte seine triumphale Rückkehr in die alte Heimat mit dem Kauf des Herrensitzes von Galloway gekrönt. Seine zweite Frau, Neils Mutter, war die Tochter von John Boyd Watson, der ebenfalls aus Schottland stammte und im australischen Goldrausch enorm reich geworden war. Neil McEacharn hatte also sehr schottische Wurzeln, internationale Verbindungen und sehr viel Geld.

Neil McEacharn interessierte sich schon früh für Gärten. Im Gelände von Galloway House erkannte er das Potenzial

LINKS Es gibt wohl keinen zweiten Ort wie die Villa Taranto, wo herrlich üppige Wäldchen mit seltenen Bäumen und Sträuchern auf unvereinbare Architekturelemente und peinlich akkurate Beete treffen.

für einen Waldgarten, wie er Anfang des 20. Jahrhunderts groß in Mode war. Er hatte die besten Voraussetzungen: Energie, Geld und Grundstück. Galloway liegt im Südwesten Schottlands, umspült vom Golfstrom, der auf beiden Seiten der Irischen See außerordentlich günstige Klimaverhältnisse schafft – der ideale Standort für viele Pflanzenarten. Von Galloway House aus blickt man aufs Meer, und etwas weiter westlich liegt der Botanische Garten von Logan, in dem Arten gedeihen, die im übrigen Großbritannien vor sich hin kümmern. Ein Waldgarten wäre also genau das richtige für Galloway House gewesen, und Neil McEacharn hätte sich mit Gartengründern, die ebenfalls aus Unternehmerfamilien kamen, messen können: den Aberconways mit Bodnant Garden in Wales oder den Armstrongs mit Cragside in Northumberland. Außerdem war es die Goldene Ära der Pflanzenjäger, in der Männer wie Ernest „Chinese" Wilson Bäume, Sträucher, mehrjährige und Zwiebel-Pflanzen in die europäischen Gärten brachten, die uns noch heute staunen lassen (Wilson etwa den Taschentuchbaum und die Kiwi). Die Gelegenheit war also einmalig, und trotzdem zögerte McEacharn.

Vielleicht lag Galloway House für einen reichen Mann, der Großes schaffen wollte, einfach zu weitab von den mondänen Orten dieser Welt. Vielleicht war das Klima, so günstig es auch sein mochte, einfach zu grau und zu nass für einen Weitgereisten, der sich wohl fragen mochte, ob es nicht ähnliche klimatische Bedingungen in sonnigeren und geselligeren Gefilden gab, in einer Gegend, die die Vorzüge Schottlands und Australiens vereinte.

Eine Tages im Jahr 1930, so erzählte es McEacharn, saß er im Orient-Express und las in der *Times* von einem Grundstücksverkauf. Er stieg in Pallanza aus dem Zug und griff entschlossen zu. Was er da erstanden hatte, war eine im späten 19. Jahrhundert erbaute Villa namens La Crocetta mit einem

UNTEN Im Frühling berauscht der untere Garten mit prächtig-kraftvollen Beetbepflanzungen und zart blühenden Bäumen und Sträuchern.

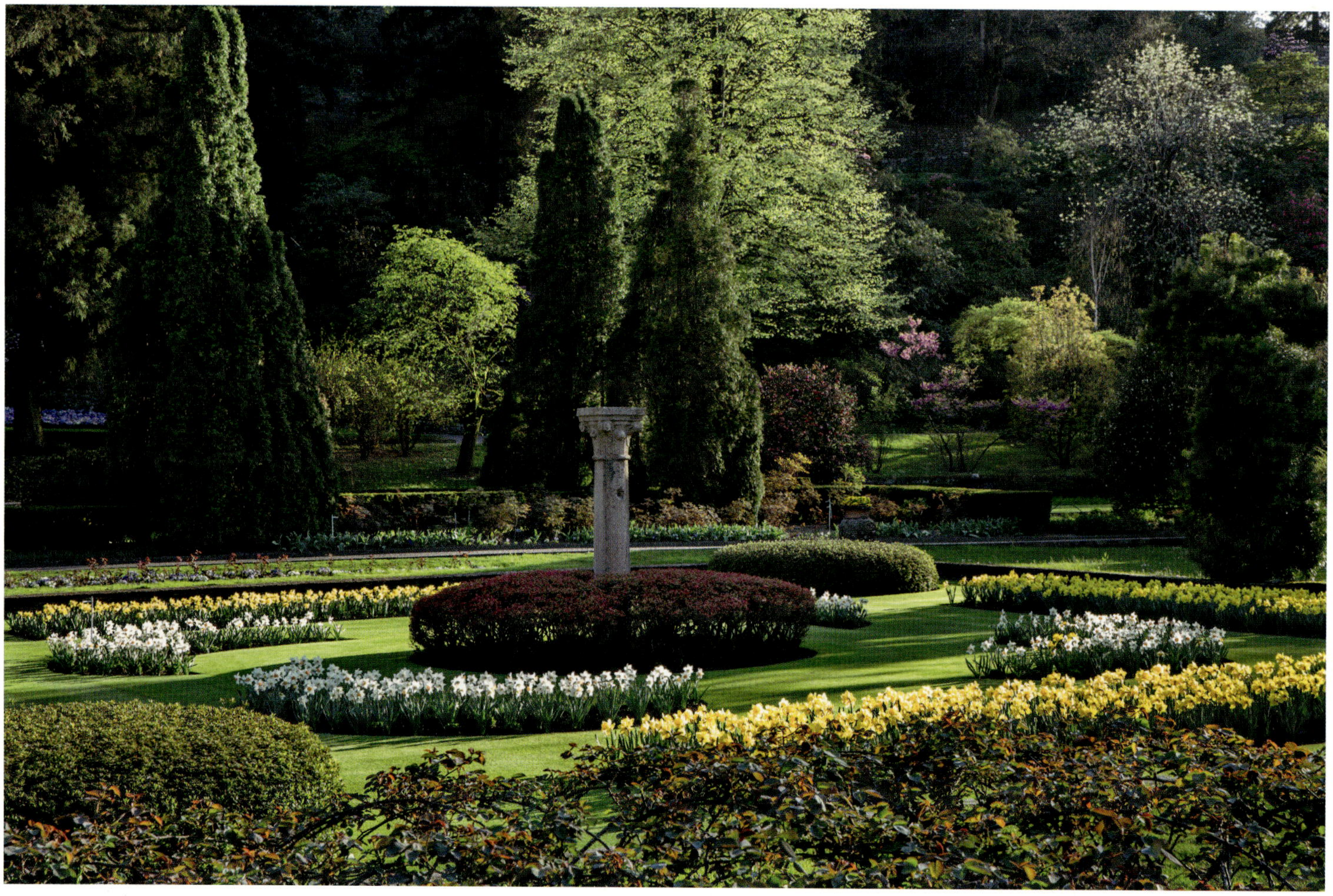

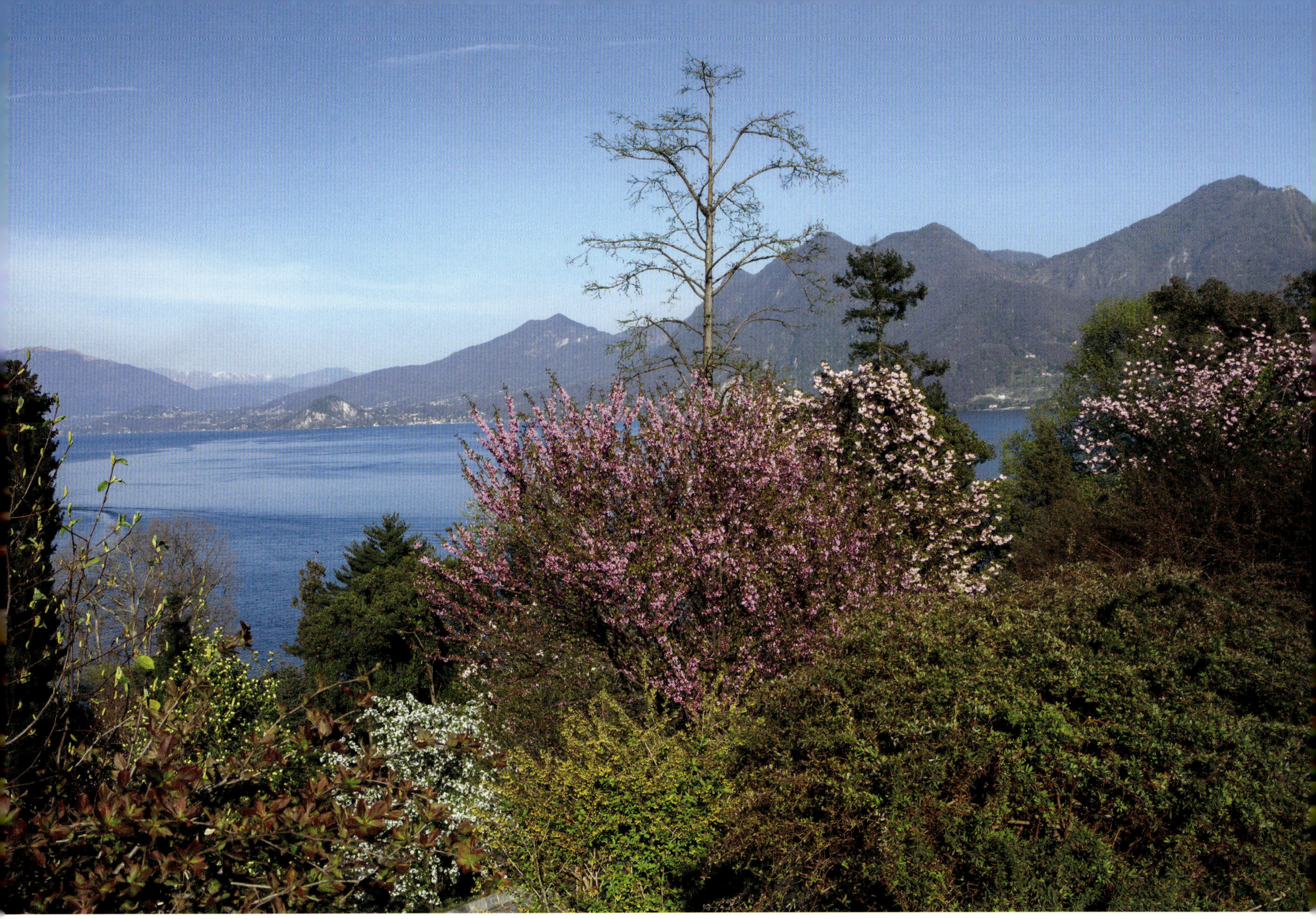

ebenen Garten am Haus und einem sich sanft zum Lago Maggiore senkenden Tal.

Das Grundstück lag am Rand des vornehmen Badeorts Pallanza, eines Villenvororts von Verbania am Ende der hügeligen Halbinsel Castagnola, die genau dort nach Süden ragt, wo sich das Hauptbecken des Sees mit dem Borromäischen Golf vereint. Nebenan lag der berühmte Garten der Villa San Remigio, den die Malerin Sophie Browne, von McEacharn und anderen Freunden „Dida“ genannt, geschaffen hatte. Am Seeufer standen schöne Villen und exklusive Hotels, zu den zahlreichen berühmten Einwohnern des Städtchens zählten Marschall Cadorna, Chef des italienischen Generalstabs im Ersten Weltkrieg, und der Bildhauer Paolo Troubetzkoy. Auf der kleinen Insel San Giorgio lebte der feurige Dirigent Arturo Toscanini. Man kann verstehen, was McEacharn so anziehend fand. Er verkaufte Galloway House umgehend an Lady Forteviot aus der Dewar-Whisky-Dynastie und stürzte sich in sein italienisches Großprojekt.

Die Arbeiten begannen noch 1930. McEacharn ließ zuerst den Parterre-Garten der Villa La Crocetta entfernen, die hier merkwürdig fremd wirkt, nämlich ausgesprochen französisch, wie aus einem Pariser Vorort zur Zeit Napoleons III. hierhinversetzt. Vom Parterre ist kein Bild erhalten, McEacharns beschrieb es in seinem Buch abschätzig als einen „hässlich gestalteten italienischen formalen Garten mit unzähligen scheußlichen Statuen“. Ich glaube, er war gar nicht so übel, heute muss man Phantasie aufbringen, um ihn sich anstelle

---

Oben Die rundlichen Blütenkronen von *Prunus* und *Magnolia* bilden im Frühjahr den Vordergrund zu den Berggipfeln am Lago Maggiore, rechts der Sasso del Ferro.

Folgende Doppelseite Einfarbige Beete und Teichbecken bilden im Blumengarten unter den Augen des kleinen Bronzeknaben ein Blockmuster. Hinter der Villa erheben sich die Schweizer Alpen.

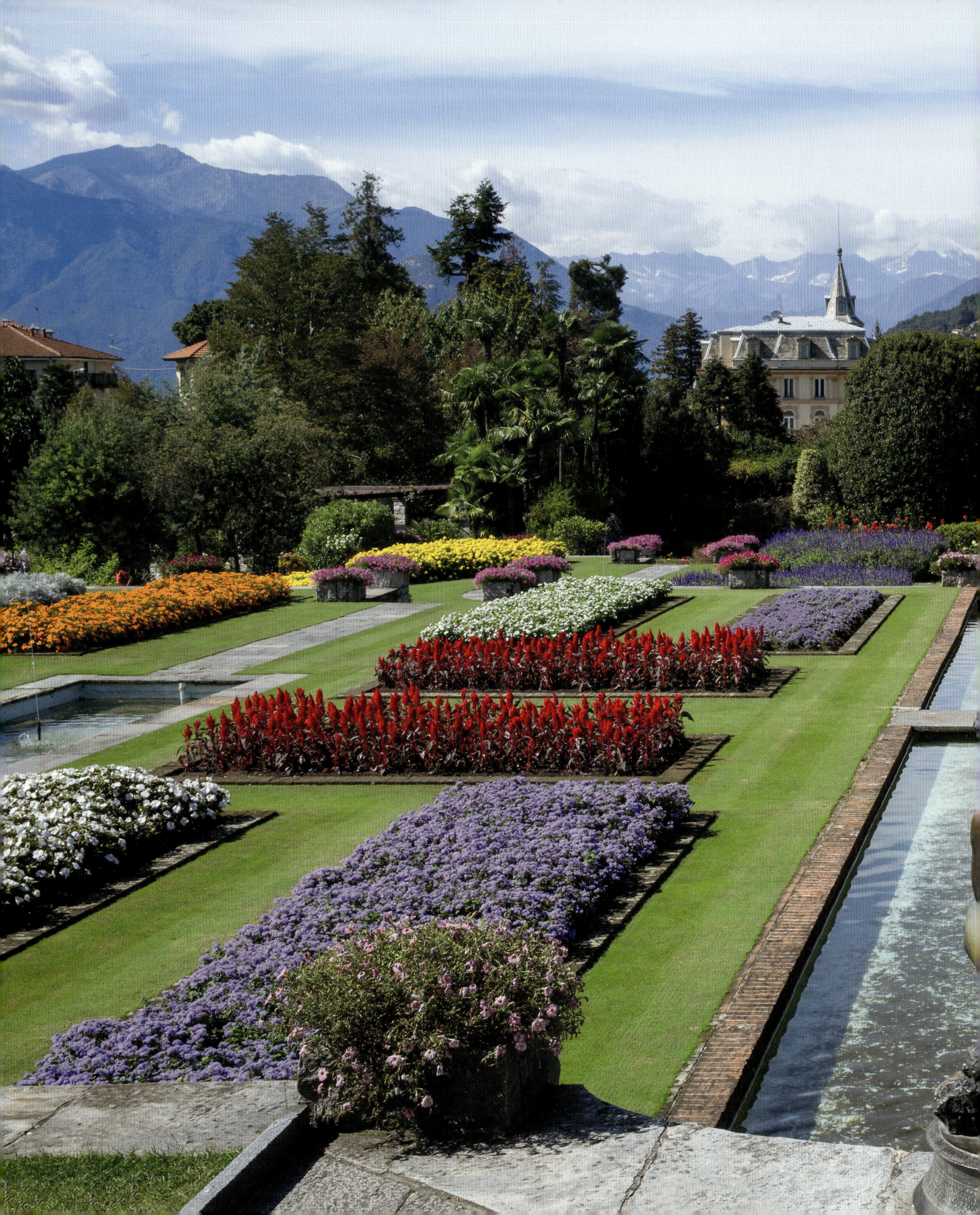

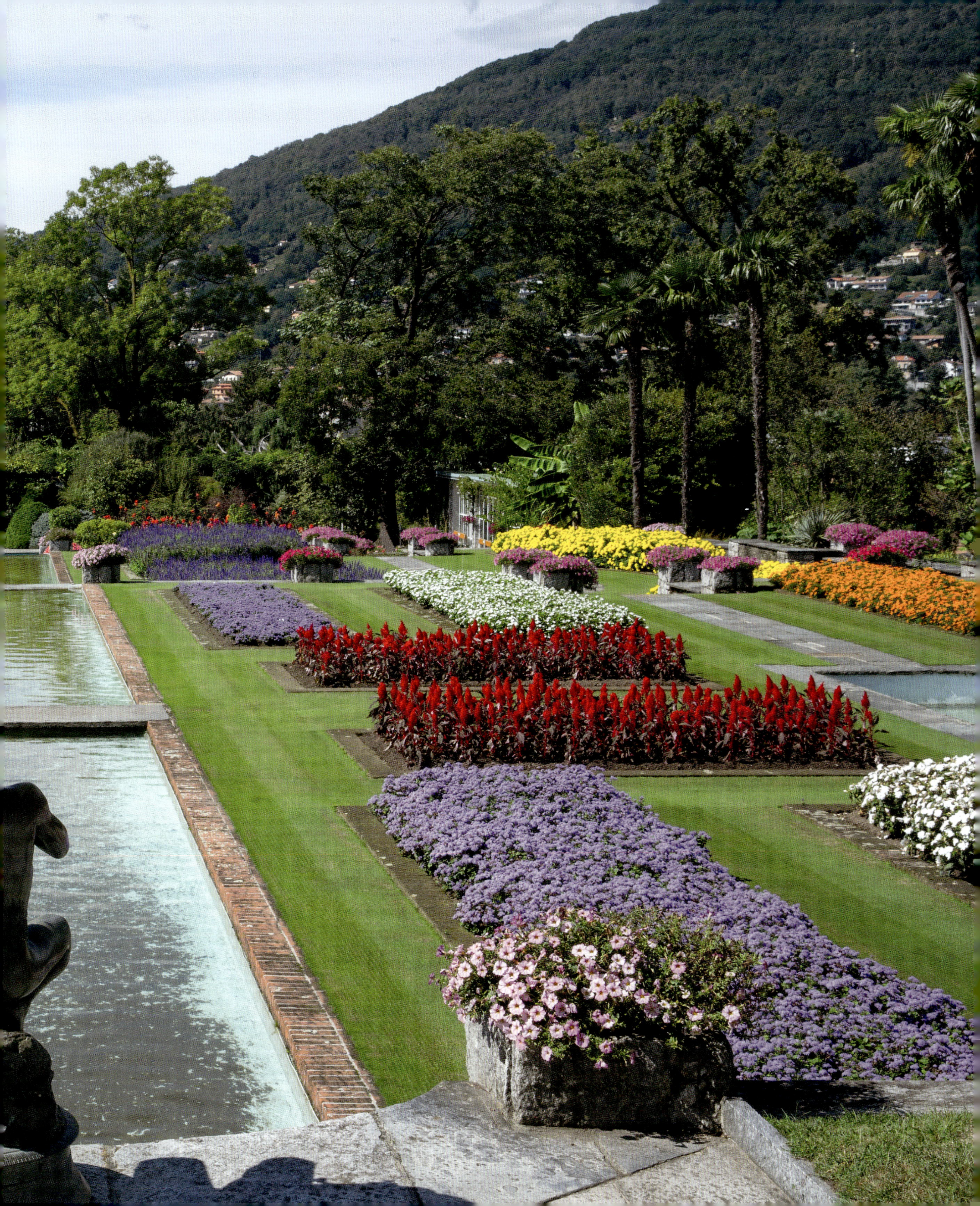

der rechteckigen Rasenfläche vorzustellen, hinter der man das Haus aus respektvoller Distanz durch den Sprühregen der Fontäne sieht, die auch kein Original mehr ist.

McEacharn hatte in seinem schottischen Park schon viele exotische Bäume und Sträucher pflanzen lassen, jetzt aber wollte er aufs Ganze gehen. Er kaufte Nachbargrundstücke auf, um die Gesamtfläche seines Besitzes zu vergrößern, und benannte das Haus in Villa Taranto um – im Angedenken, so heißt es, an einen Vorfahren, der sich unter Napoleon I. militärisch ausgezeichnet hatte. McEacharn trug selbst einiges zu seinem geheimnisvollen Flair bei. Was er nun brauchte, war ein Gärtner, der seine Ideen umsetzen konnte. Und er traf eine gute Wahl. Henry Cocker, Sohn eines Londoner Arztes, hatte im Rahmen seiner Ausbildung in Kew Gardens auch ein Jahr an der Riviera im botanischen Garten der Hanburys in La Mortola bei Ventimiglia, nahe der Grenze zu Frankreich, gearbeitet. Cocker suchte nach einem Karrieresprungbrett und fand Neil McEacharn und die Villa Taranto. Es war eine glückliche Symbiose. Als Cocker 1933 in Pallanza anfing, war schon gerodet und viel Boden bewegt worden. Welcher der beiden Männer den größeren Einfluss auf das hatte, was wir heute sehen, wird man wohl nie mit Bestimmtheit wissen, aber es ist eindeutig, dass sie von Anfang an eng zusammen arbeiteten. Der Plan war, einen international anerkannten botanischen Garten im Stil eines englischen Waldgartens anzulegen. McEacharn machte recht früh deutlich, dass er genau wusste, was er wollte, dass er aber absolutes Vertrauen in Cocker hatte, wenn es um die Auswahl der Pflanzen, ihren Standort und ihre Pflege ging, und dass er ihn mit allen finanziellen und

UNTEN Die Wasserbogen des Springbrunnens ziehen zwischen großen Blätterschilden die Blicke der Besucher auf dem Weg zum unteren Blumengarten auf sich.
RECHTS Graue Putti vergnügen sich am Brunnenrand und genießen das sehr italienische Glitzern des Wassers. Die Elefantenohren der *Colocasia* genießen ihrerseits die Kombination aus Wärme und Nässe.

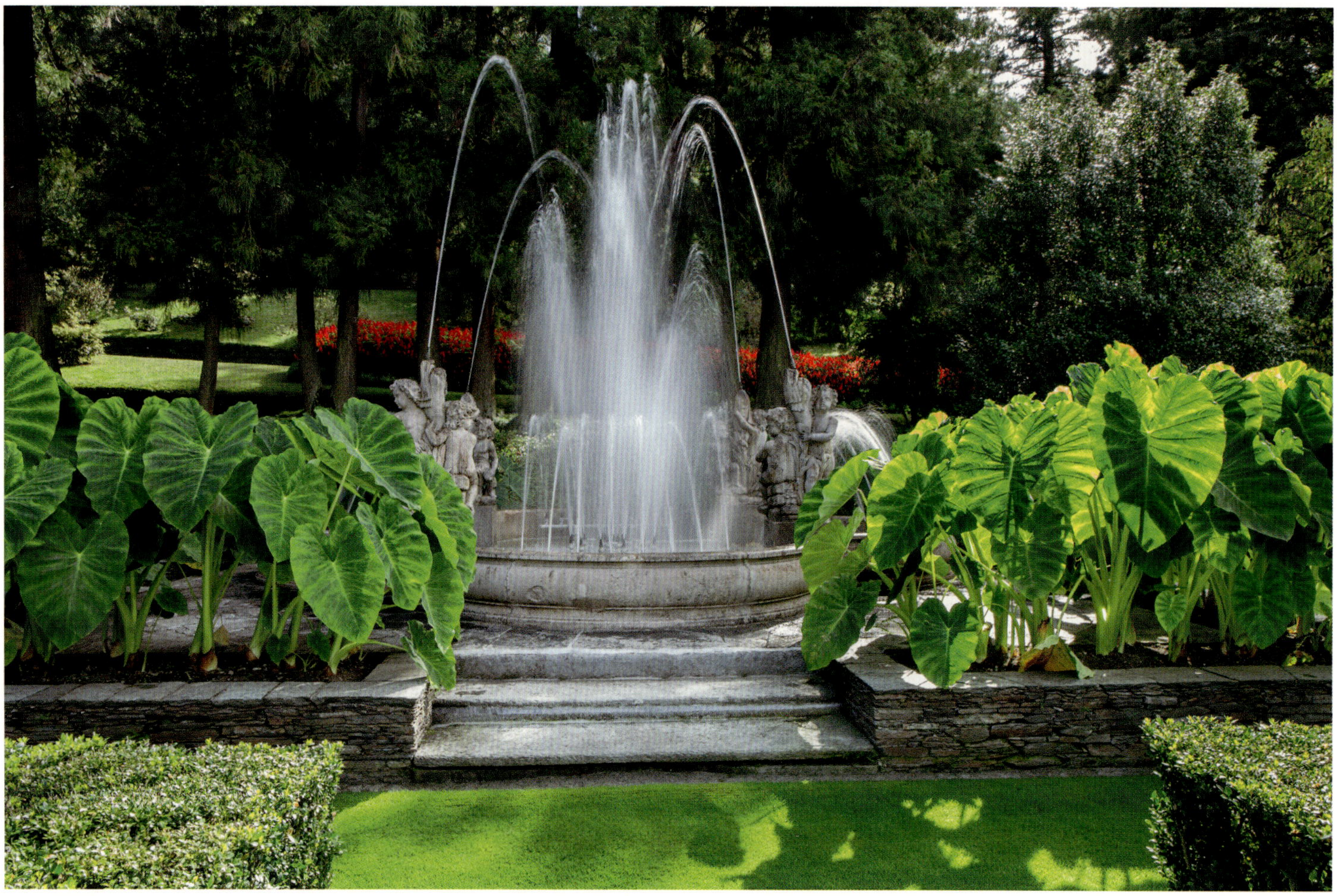

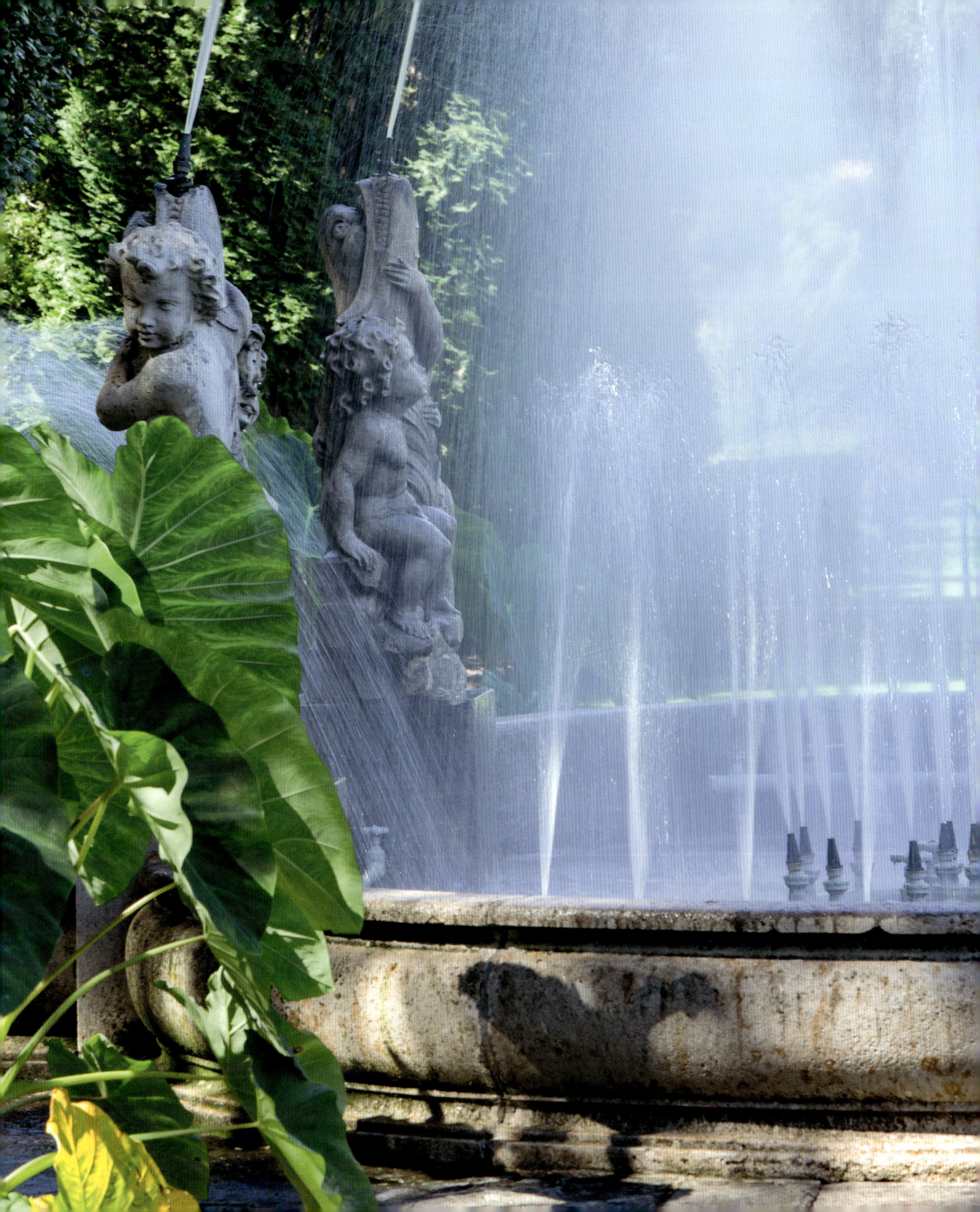

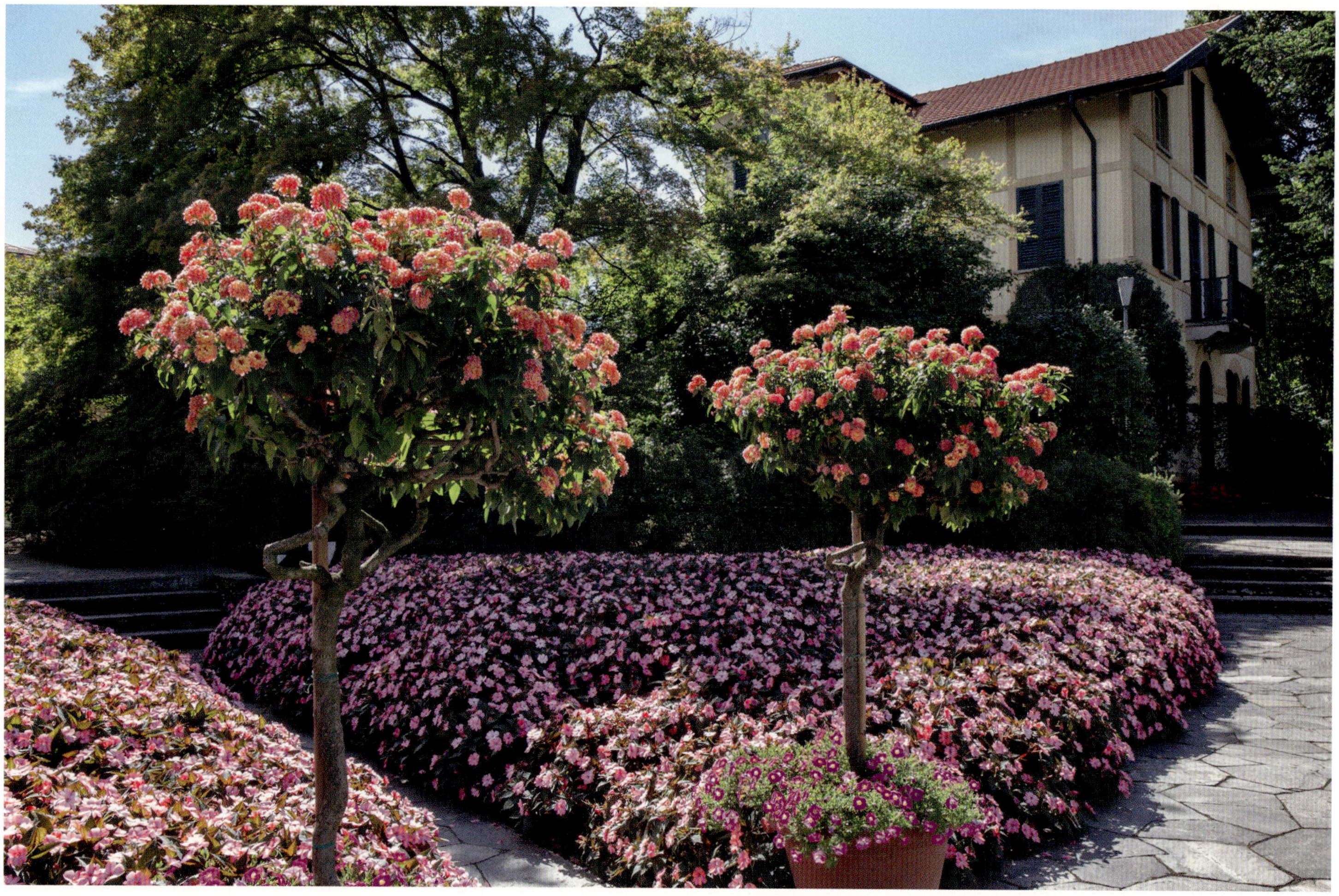

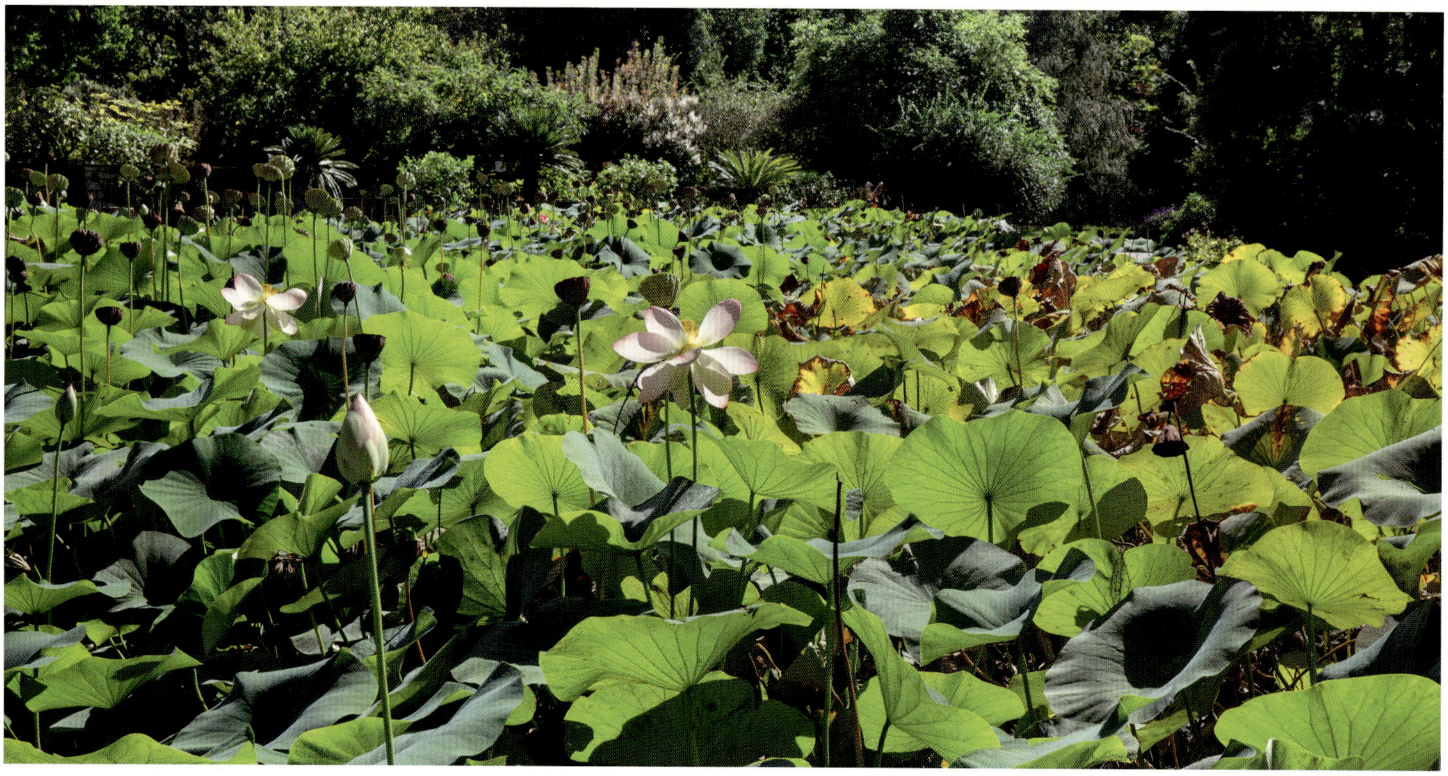

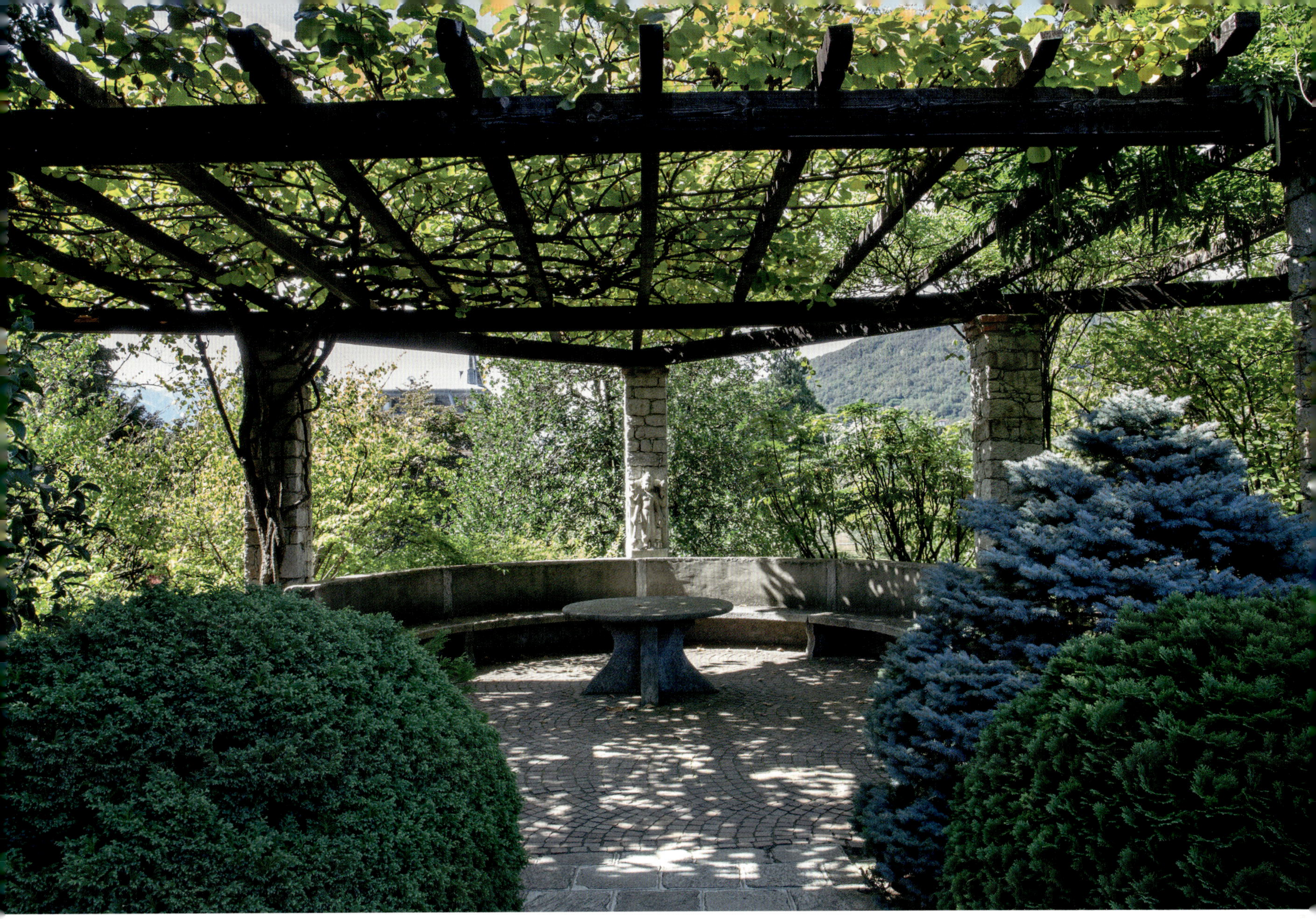

organisatorischen Mitteln unterstützen würde. Cocker war noch jung und wohl so fasziniert wie eingeschüchtert, aber er war der richtige Mann.

Der Garten nahm rasch seine heutige Form an. Ein Rundweg führt durch das Tal in die Ziergartenbereiche, von dort hinauf zur Villa und mäandert hinter ihr wieder hinunter zum Eingang.

Links oben Nahe der Villino (dem Verwalterhäuschen mit der Bibliothek des Gartens) ragen über den Fleißigen Lieschen (*Imaptiens*) auf hohen Stämmen Wandelröschen (*Lantana camara*).
Links unten Ein großer Teich voller heiliger Indischer Lotusblumen (*Nelumbo nucifera*) auf einer Terrasse der oberen Blumengartens. Die makellosen, der Sonne entgegengereckten Blüten erinnern an Jugendstillampen.
Rechts Die Pergola am höchsten Punkt des Gartens ist mit Blauregen (*Wisteria*) bewachsen, im Herbst hängen von den Balken Töpfe, aus denen sich Triebe der Kiwi (*Actinidia deliciosa*) schlingen.

McEacharn ließ von Beginn an keinen Zweifel daran, dass er einen Privatgarten haben wollte, doch der Charakter ist der eines öffentlichen Parks, und das muss ihm klar gewesen sein. Cocker überwachte nun das Roden der „wenig verlockenden" existierenden Vegetation, und fünf Jahre lang müssen hier herkulische Leistungen vollbracht worden sein, denn die gesamte neue Anlage wurde in dieser kurzen Zeit geschaffen. Unter seiner Anleitung schufteten Hunderte Arbeiter – und diese Angabe gehört nicht ins Reich der Legende.

Wie andere vor und nach ihm war Cocker von den geradezu perfekten Bedingungen begeistert: Das Klima war sonnig, übers Jahr gab es reichlich Regen, und die große Oberfläche des Sees mäßigte die Temperaturextreme. Hinzu kam, dass sich die reiche, saure Humusschicht, entstanden aus dem einstigen Seebett und an einigen Stellen meterdick, ideal für die Rhododendronwälder eignete, die sich schon vor McEacharns geistigem Auge ausdehnten. Von solchen Wachstumsbedingungen hätte Cocker andernorts nur träumen können. Und vielleicht fühlte sich der Besitzer, wenn er seinem Chefgärtner zusah, an Joseph Paxton erinnert, der für den Duke of Devonshire in Chatsworth House einen Prachtgarten aus dem Nichts geschaffen hatte. Als Terrassierungen und Gewächshäuser fertig, die Drainagen und das Bewässerungssystem gelegt waren, konnte endlich mit der Bepflanzung begonnen werden. Dafür wurden Bäume und Sträucher aus aller Welt herangeschafft. Aus Cornwall kamen ausgewachsene Rhododendren samt Wurzelballen per Zug und Schiff. Baumfarne, in Australien wie Unkraut behandelt, in Europa sehr beliebt, wurden auf derselben Schiffsroute transportiert wie die Waren, die die Basis für das Vermögen der McEacharns bildeten. Wäldchen aus Birken (*Betula*), Hortensien (*Hydrangea*), Kamelien und Magnolien wurden angelegt, sorgfältig beschildert und katalogisiert. Cocker befehligte seine Armee von Arbeitern, während McEacharn seine Gäste zum Sortieren von Samen ermunterte.

Die Geländeform wurde nach und nach den Bedürfnissen der vorgesehenen Bepflanzung angepasst. Eine der ersten Baumaßnamen war das Verlegen des Rundwegs, der an eine Kopfsteinpflastergasse in einer alten deutschen Stadt erinnert. Das kleine Tal (Valletta) wurde vertieft und erweitert, um günstige Bedingungen für Schatten liebende Pflanzen zu schaffen, und 1937 mit einer Steinbrücke überspannt. Im Frühling kann man von dort aus einen der schönsten Anblicke genießen, die der Garten zu bieten hat: eine Gruppe von *Paulownia* (Blauglockenbaum) reckt ihre Blütentrauben bis über die Brückengeländer.

Alle Bäume, die damals gepflanzt wurden, erlebt der Besucher heute in ihrer ganzen ausgewachsenen Fülle. Die Koniferenallee mit ihren verschiedenen Nadelbäumen, die vom Eingang in den Garten führt, hätte ihre Schöpfer begeistert, so prächtig ist sie gewachsen: Jeder Baum steht am rechten Ort und hat ausreichend Raum, Krone und Äste vollendet zu präsentieren – das Ensemble sieht blendend aus. Doch in

UNTEN Die gigantischen Blätter und Blüten der aus Südamerika stammenden Santa-Cruz-Riesenseerose (*Victoria cruziana*) schwimmen im Swimmingpool-blauen Wasser im oberen Blumengarten. Dahinter liegt die makellose Gartenwelt einer vergangenen Ära.

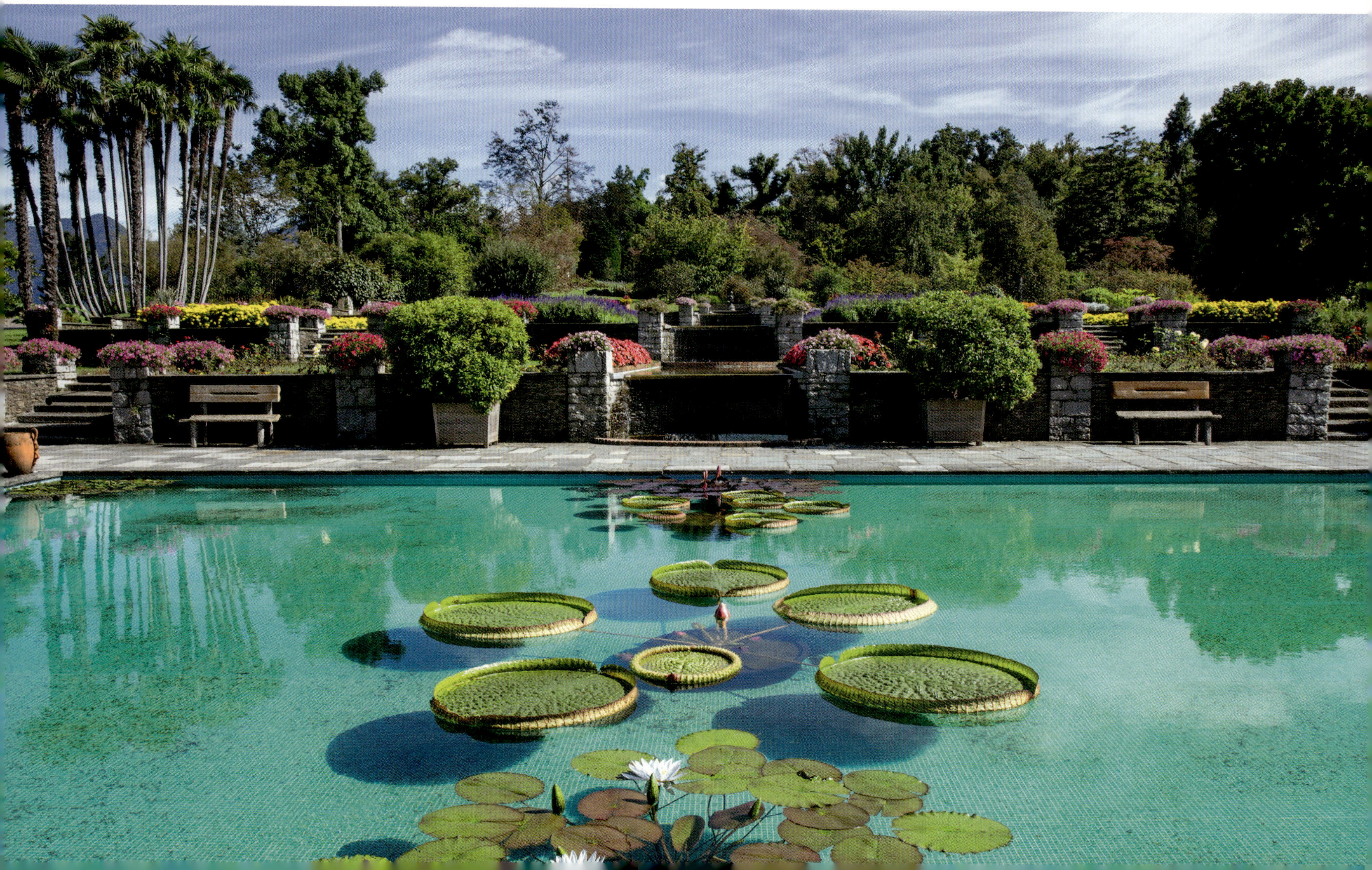

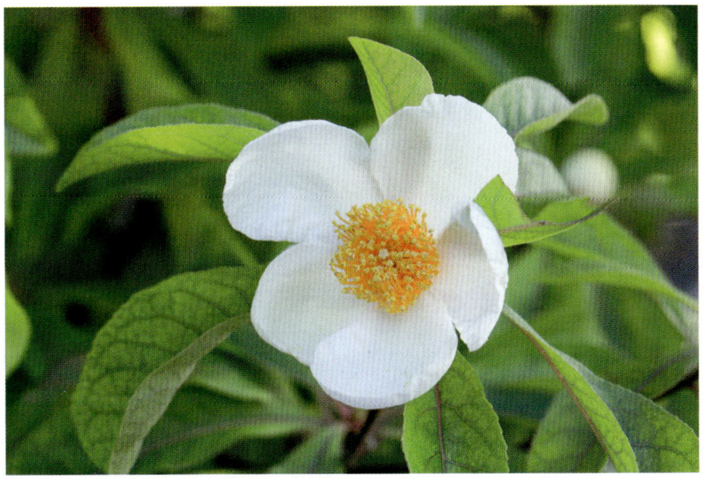

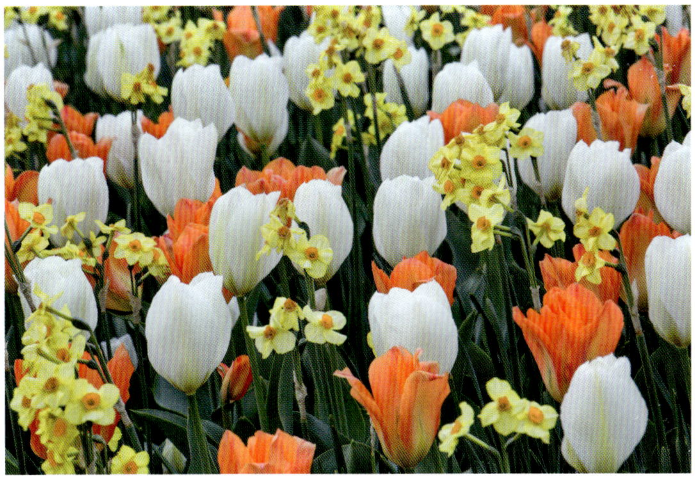

diesem privaten Paradies war nicht alles gut. McEacharn und Cocker müssen Mitte der 1930er-Jahre gewusst haben, dass Europa auf eine Katastrophe zusteuerte. Als Italien im Juni 1940 in den Zweiten Weltkrieg eintrat, standen die beiden vor der Wahl, das Land umgehend zu verlassen oder als feindliche Ausländer festgesetzt zu werden. Cocker erreichte in Cannes gerade noch den letzten Kohlendampfer nach England, William Somerset Maugham beschrieb die Episode in seinen Erinnerungen. McEacharn kehrte mit einer deutschen Prinzessin nach London zurück und heiratete sie, um ihr die Internierung in England zu ersparen. Über Kanada gelangte er nach Australien und verbrachte dort die Jahre bis Kriegsende.

Zwei Umstände bewahrten den Garten der Villa Taranto vor dem Untergang. Zum einen die möglicherweise nicht freiwillige Entscheidung McEacharns, die Villa dem italienischen Staat zu vermachen, wobei er sich ein Wohn- und Mitspracherecht vorbehielt. Zum anderen die ständige Anwesenheit von McEacharns Privatsekretär Antonio Capelletto, der sich als Verwalter des Anwesens sicherlich manches Mal großer Gefahr ausgesetzt hat. Sein Grab liegt neben dem McEacharns im Mausoleum nahe der Villa.

McEacharn und Cocker kehrten mit unerschütterlichem Willen 1947 heim in ihren Garten. Cocker konnte endlich seine große italienische Liebe heiraten, die er bei seiner Flucht hatte zurücklassen müssen. Der Garten wuchs weiter, zu den neuen Elementen gehörte ein doppeltes Staudenbeet, sicherlich das einzige seiner Art in ganz Italien. Es führt jedem vor Augen, wie absurd der englische Geschmack in fremder Umgebung wirken kann, sozusagen wie ein gärtnerisches Pendant zur Brown Windsor Soup auf der Speisekarte eine Hotels an der französischen Riviera.

1952 war McEacharn bereit, vielleicht nach einem Blick auf sein Konto, dem zahlenden Publikum Einlass in sein botanisches Paradies zu gewähren. Die Besucher kamen in Scharen, und McEacharn seufzte – wie so mancher unfreiwillige Gastgeber – erleichtert auf: Sie hätten bemerkenswert wenig Schaden angerichtet. Fortan mehrte sich sein Ansehen als großherziger Grande, sodass wir noch heute den Hut ziehen, wenn wir im Park vor seinem Bildnis oder vor seinem Grab stehen. Wenn je ein Garten für Besuchermassen geschaffen wurde, dann dieser. Er hat sogar einen eigenen Landungssteg für die Ausflugsschiffe. Jedes Jahr im April bewundert eine Viertelmillion Besucher Zehntausende blühender Tulpen, eine gärtnerische Leistung, die nur von der Bepflanzung im Herbst übertrumpft wird, wenn bis zu drei Meter hohe Dahlien blütenreich aufwarten. Hier findet jeder Gartenliebhaber etwas nach seinem Geschmack.

Der vorherrschende Stil ist der eines informellen Waldgartens mit großen Wäldchen verschiedener Baumarten, die sich über kleineren Gruppen von Ziersträuchern erheben. Mehr verbindet diesen Garten nicht mit ähnlichen Parks in Großbritannien, etwa mit dem Botanischen Garten von Dawyck in den schottischen Borders, der McEacharn anfangs vielleicht als Ideal vorschwebte. Hier stehen zu

Oben links Viele der Sträucher erfreuen des Expertenherz, die *Franklinia alatamaha* (Franklinie oder Franklinbaum), in ihrer amerikanischen Heimat schon lange ausgestorben, produziert eine perfekte Blüte und macht deutlich, wie wichtig solche Sammlungen sind.

Oben rechts Die berühmte, fein abgestimmte Frühlingsblüte der Villa Taranto, hier mischen sich mehrköpfige Narzissen unter die Farben und Formen zweier Tulpensorten.

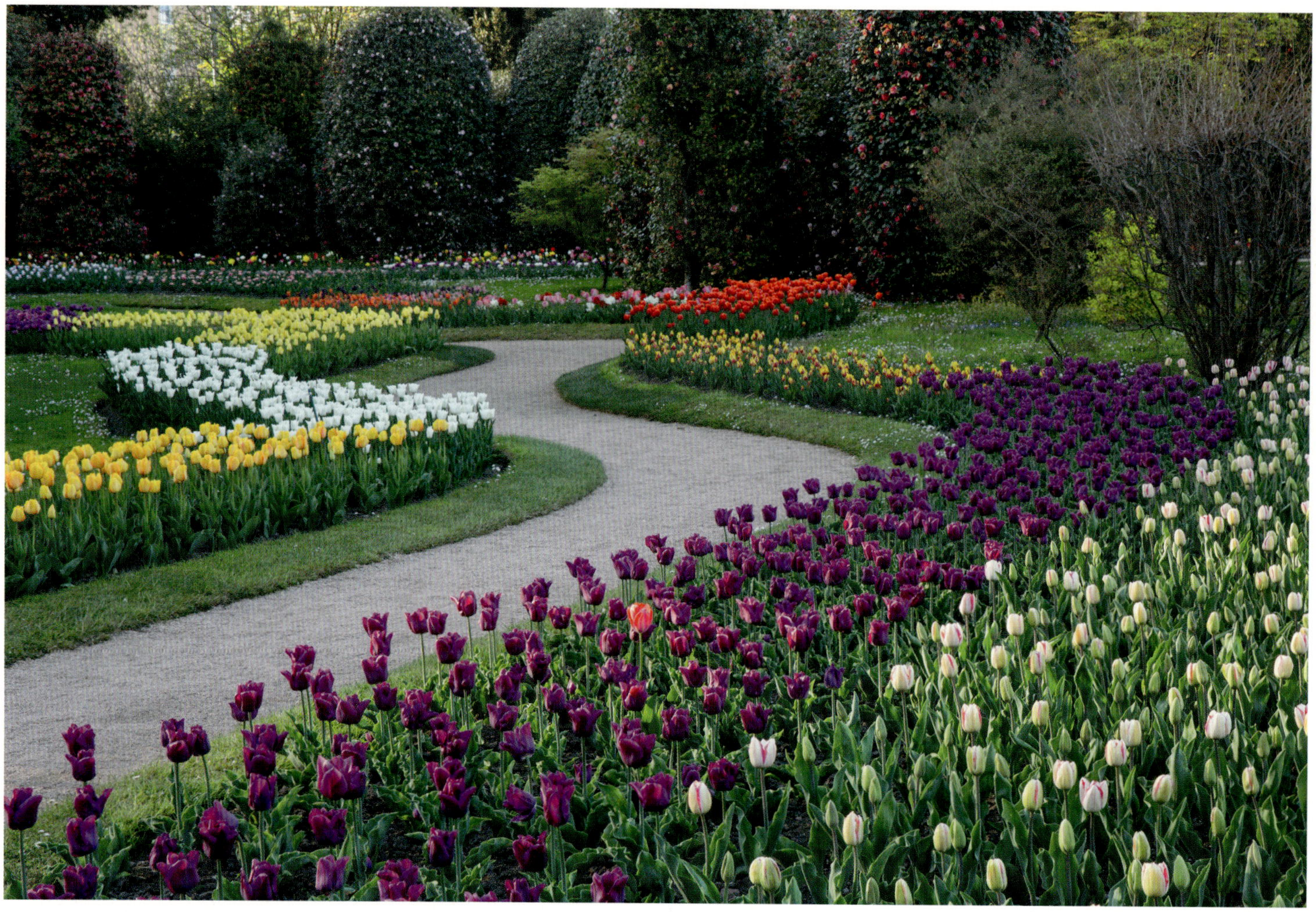

viele Bäume einsam inmitten geschorener Rasenflächen, kein Gedanke an die Blütenteppiche gelber Narzissen oder blauen Scheinmohns (*Meconopsis*), wie man sie in Dawyck oder im Savill Garden in Windsor sieht. Hier wird die Natur streng bewacht und kurz gehalten, hinter jeder Wegbiegung leuchtet der grünste englische Rasen, den man je gesehen hat. Die Beetbepflanzung ist – ganz anders als in den Inselgärten – steif und doch schrill. Sehr beliebt ist etwa die großflächige Kombination von gelber und purpurner *Celosia*. Manches ist durchaus hübsch. Im Frühling blühen Unmengen von Becherprimeln (*Primula obconica*), aber im Großen und Ganzen setzt man hier eher auf Schockwirkung denn auf subtile Reize. Das ist jammerschade, denn die Baumsammlung ist einzigartig und oft wunderschön gruppiert, sodass der Besucher zum Beispiel zwischen japanischen Zierahornen (*Acer japonicum* und *A. palmatum*) wandert, die perfekt gewachsen und akkurat beschildert sind – Schönheit und Wissen in vollendeter Harmonie.

Einzelne Bäume bleiben im Gedächtnis haften, weil sie so gesund und kräftig sind. Die Gartenväter waren so klug, einige der alten Edel-(Ess-)Kastanien (*Castanea sativa*) stehen zu lassen und sorgfältig auszudünnen. Eine der Kastanien steht unübersehbar an einer Weggabelung und breitet ihre majestätische Krone über den sinnenden Besucher. Etwas weiter, auf dem Weg zur Brücke, streckt am Hang ein Taschentuchbaum (*Davidia involucrata*), auch Taubenbaum genannt, malerisch seine Äste aus. Jedes Frühjahr im April verschwindet sein grünes Laub fast vollständig hinter flatternden weißen Tüchern (oder Tauben). Er wirkt, als winke er seit Jahrhunderten einmal im Jahr.

Ein zweiter Taschentuchbaum steht nahe der höchsten Stelle des Gartens. Sein Informationsschild verkündet, der Infant von Spanien habe ihn im August 1938 gepflanzt. Erst staunt man über die bizarre Idee, in Italien ausgerechnet im Hochsommer einen Baum zu pflanzen, doch dann erinnert man sich, wo man sich befindet: Am „Weg der Persönlich-

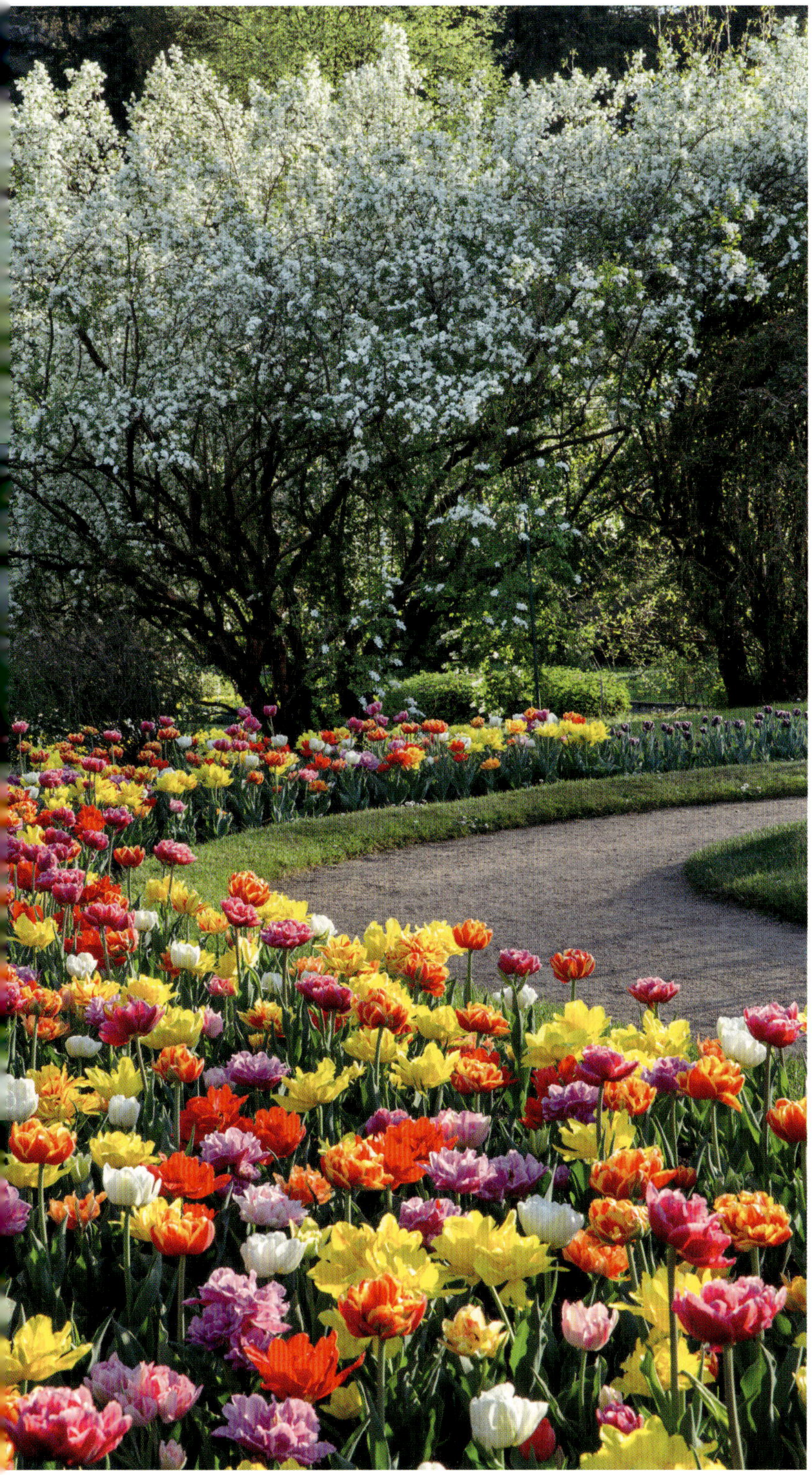

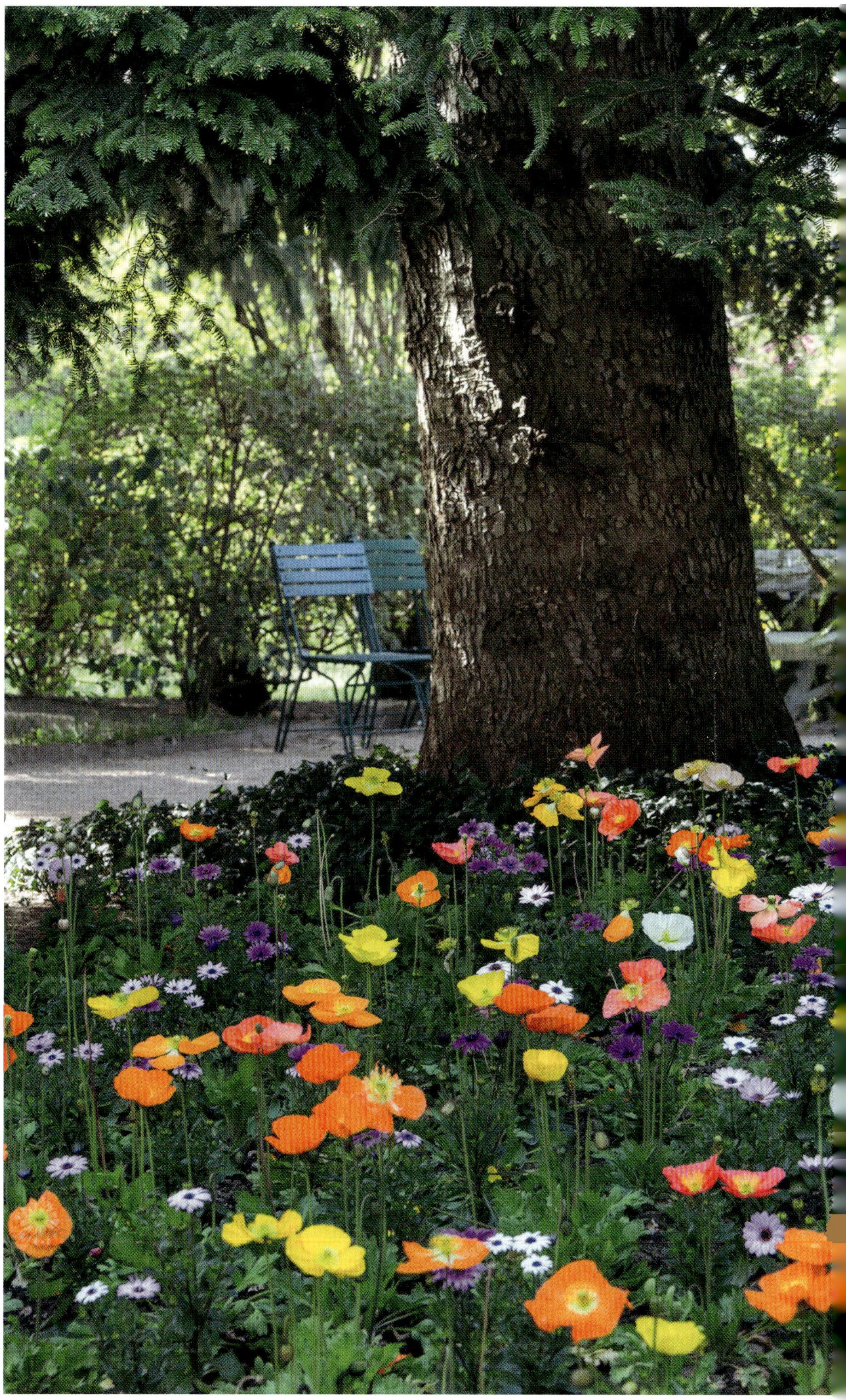

LINKS Die vielfarbigen, spektakulären Tulpenschlangenlinien saugen den Besucher in ihre scheinbare Unendlichkeit förmlich ein. Jede Sorte ist ausgewiesen – und schnell in einem Büchlein notiert.
OBEN Nichts auf der Welt kommt der Tulpenblüte der Villa Taranto gleich. Hier mischen sich gefüllte Blüten in Primärfarben gewagt mit Lila – ein Anlass für hitzige Debatten.

OBEN Bunt gesetzter Islandmohn (*Papaver nudicaule*) und violette *Anemonen* geben auch dem müdesten Besucher einen erfrischenden Ruck.

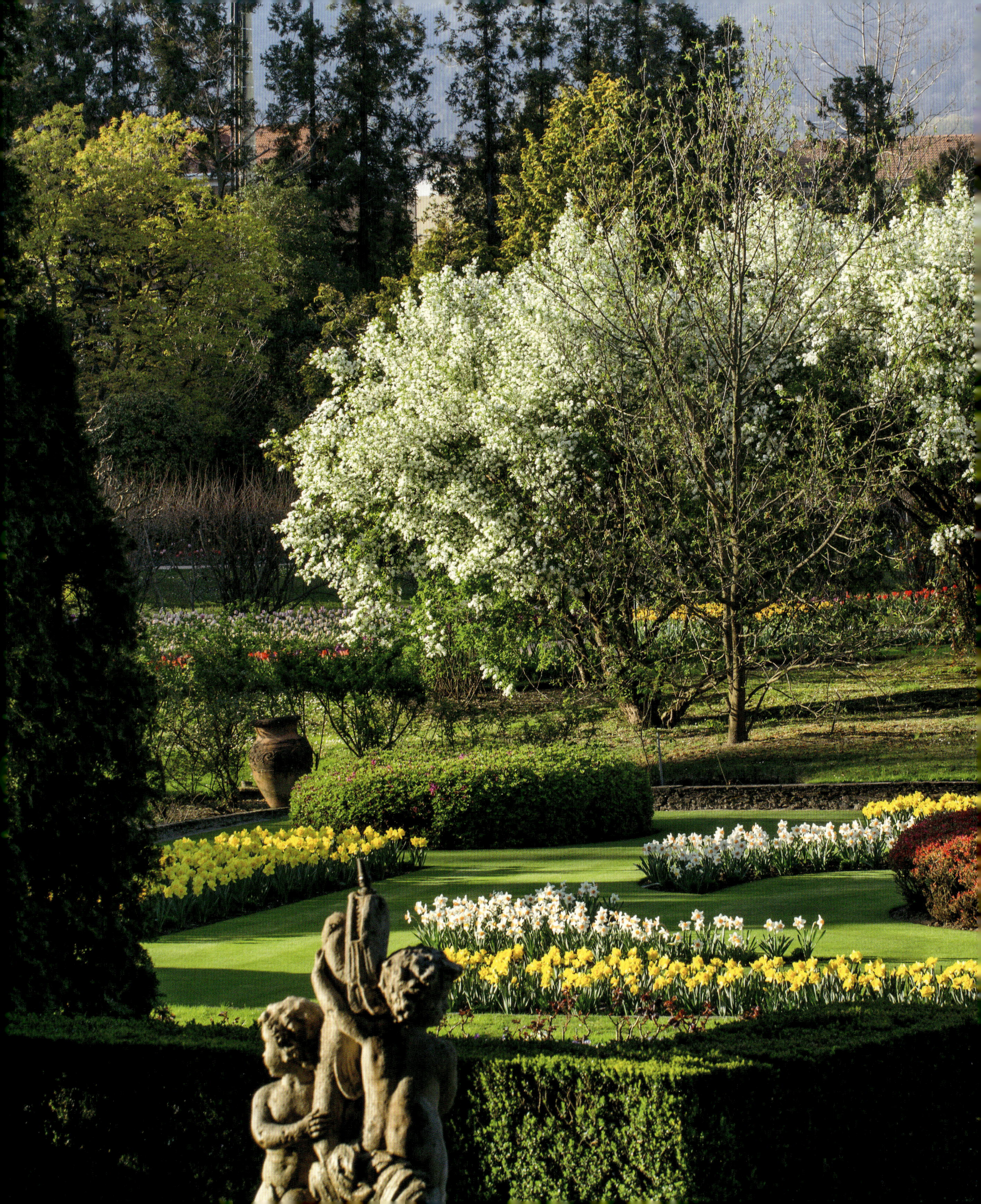

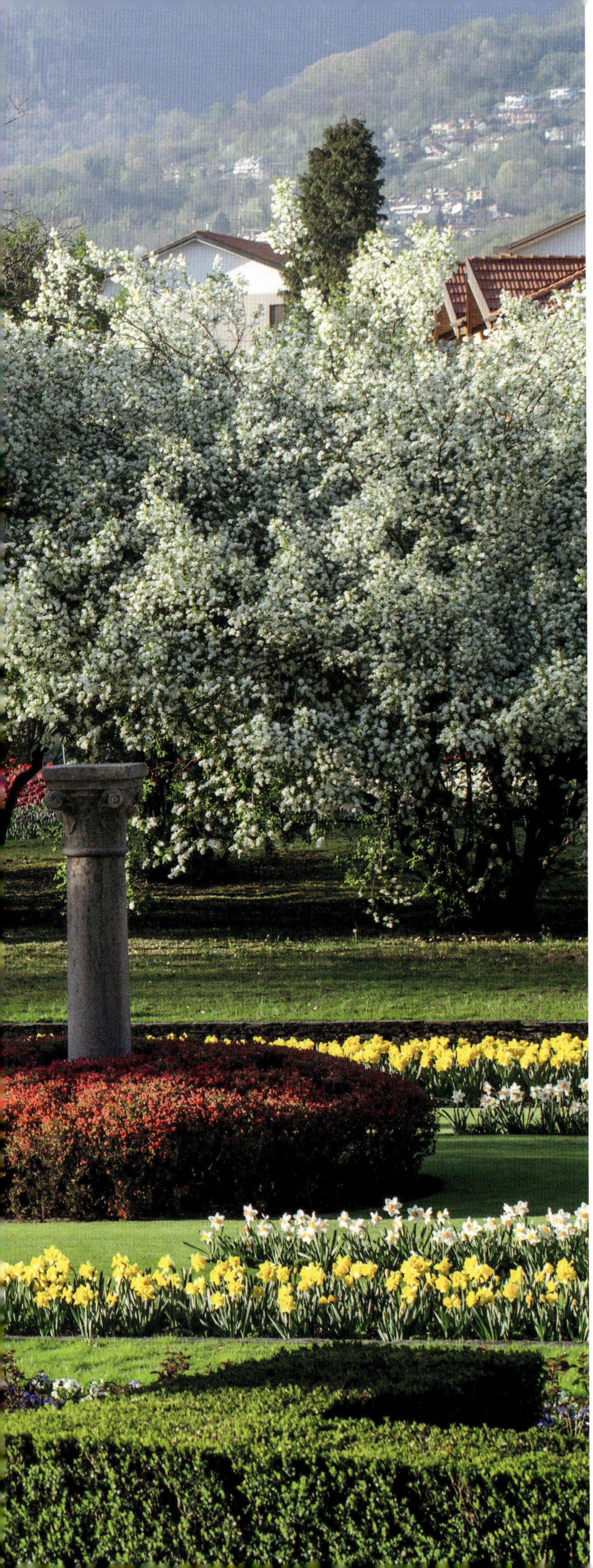

keiten" setzen die Großen und Wichtigen ein grünes Zeichen. Und schon stellt man sich vor, wie Konrad Adenauer, Prinzessin Alice, die langlebige Enkelin von Königin Viktoria, und andere VIPs im offenen Wagen langsam durch den Garten chauffiert wurden und höfliches Interesse bekundeten. Sehr oft kam Giulio Andreotti, der siebenfache Ministerpräsident Italiens.

Vielleicht war Andreotti – etwas betreten – hier, als Margaret Thatcher ihren Baum pflanzte. Sie war sicher nicht davon angetan, dass ihr Exemplar in der dritten Reihe stand.

Das Erstaunlichste am Garten der Villa Taranto ist, dass er überhaupt noch existiert. Der Sturm, der im späten August 2012 große Schäden an der Villa San Remigio anrichtete, wütete auch hier. Von den 3000 Bäumen der Anlage überstand ihn ein Drittel nicht. Ich erinnere mich, wie ich einige Tage danach durch das Tor spähte, den riesigen Stapel zersägter Stämme auf dem Parkplatz sah und mich fragte, ob das wohl das Ende war. Doch der Garten wurde wie immer im darauffolgenden Frühjahr geöffnet. Den Winter über hatte man mit großem Aufwand den Windbruch beseitigt und mit den Erneuerungsarbeiten begonnen. Offensichtlich werden die Veränderungen, wenn man von der Brücke aus zum Horizont schaut, der jetzt von einem großen Büroblock dominiert wird. Vor dem Sturm war er von Bäumen vollständig verdeckt, man wusste nicht einmal, dass es ihn gab. Der Verwaltung und den Gärtnern gebührt große Anerkennung dafür, dass sie den Garten in so kurzer Zeit wieder hergerichtet haben. Die herben Verluste waren durchaus auch eine Chance für eine neue Bepflanzung, und Besuchern, die zum ersten Mal kommen, werden die Schäden gar nicht auffallen. Dank des günstigen Klimas wächst alles enorm schnell nach, und dem Park steht noch immer eine großartige Zukunft offen. Es findet sich auf der ganzen Welt kein ähnlicher Garten.

LINKS Kirschblüten (*Prunus*) und Osterglocken (*Narcissus*), umrahmt von leuchtendem kurz geschorenem Rasen, beleben die hell beschienene Frühlingsszene. Strenge Ordnung trifft auf wallende Leichtigkeit – ein Thema des Gartens.

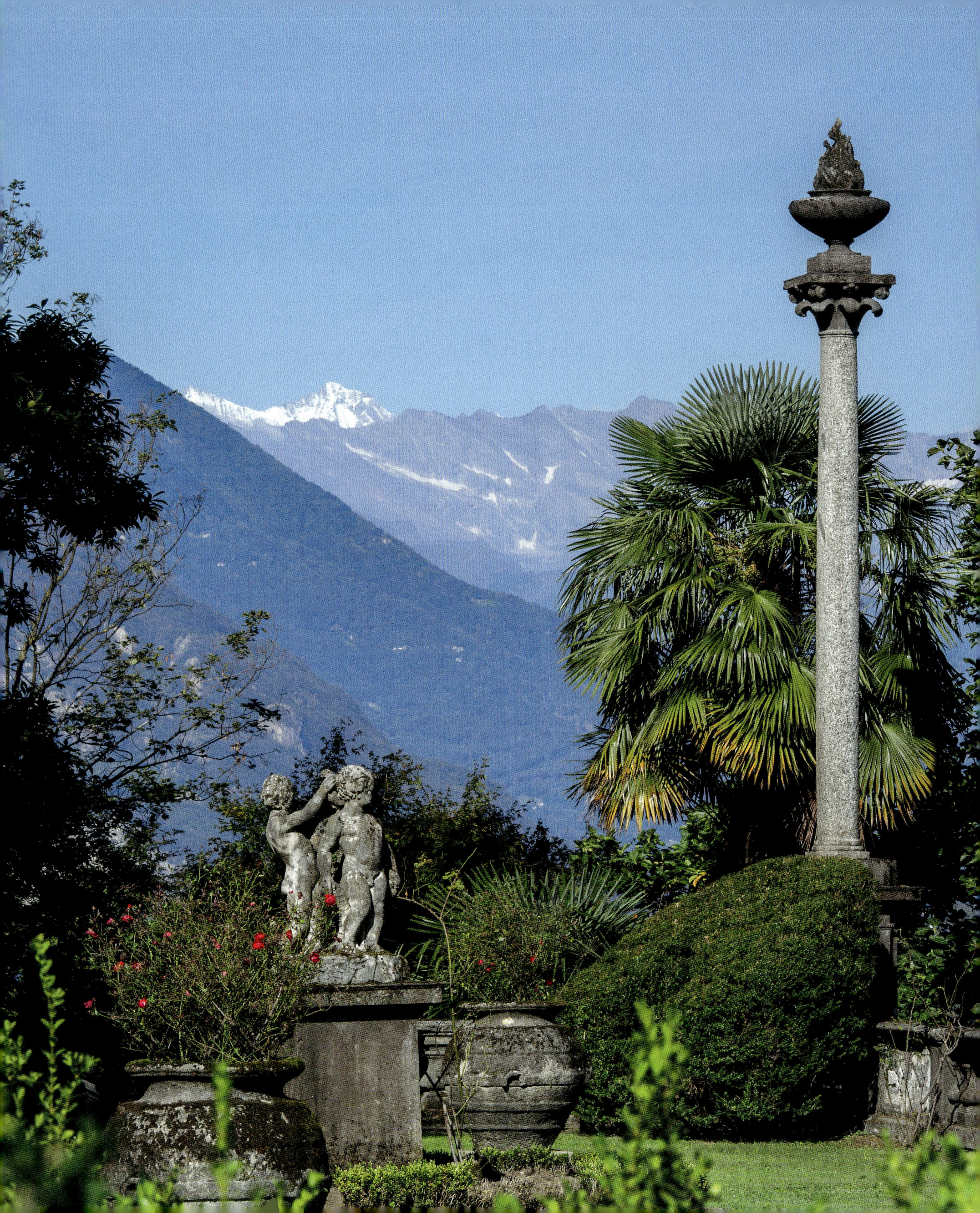

DIE VILLA SAN REMIGIO

Am oberen Ende einer ruhigen Straße in Pallanza steht eine reizende kleine romanische Kirche, deren graue Steinquader alte Fresken verbergen. Mit ein wenig Phantasie kann man sich vorstellen, wie sie einmal allein auf dem höchsten Punkt der Castagnola-Halbinsel stand, umgeben nur von Kastanienwäldern (*Castanea*) und Feldern. Heute ist sie von zwei Villen aus dem 19. Jahrhundert flankiert, beide eng mit der Geschichte zweier Liebender verbunden, die hier zu Beginn des 20. Jahrhunderts einen noch immer berührenden Garten schufen. Der Garten spricht für sich selbst, doch seine Entstehungsgeschichte ist anregend und trägt viel zum Verständnis dieses außergewöhnlichen Ortes bei.

1863 machte Peter Browne, ein anglo-irischer Diplomat außer Dienst, hier mit seinen drei Töchtern Urlaub. Er kam aus dem County Mayo im Westen Irlands und war eng mit dem Marquess of Sligo verwandt, dessen herrschaftliches Anwesen Westport House nur wenige Kilometer vom Browne'schen Sitz Mount Browne entfernt lag. Seine Wurzeln verschwieg er nie, er gehörte aber zu den von Schriftstellern wie irischen Nationalisten kritisierten „abwesenden Grundbesitzern". Eine Zeit lang war er der konservative Abgeordnete von Rye in Sussex, danach begann er eine, wie er hoffte, brillante diplomatische Laufbahn. Bald wurde Browne Gesandtschaftssekretär in Kopenhagen, und obwohl er es dort, verglichen mit anderen Gegenden in der Welt, gut getroffen hatte, wurde er doch für den Rest seiner dreißigjährigen Karriere nicht befördert. Ein Umstand, den er in Briefen an eine Reihe von Premierministern bitter beklagte. Man darf annehmen, dass sein recht ansehnliches Ruhegehalt seine gekränkte Würde wieder aufrichtete.

Als Browne eines schönen Tages in jenem Jahr 1863 auf dem Hügel stand und den herrlichen Blick auf die kleine Kirche und die darunter im See liegenden Borromäischen Inseln genoss, drängten ihn seine Töchter, Muße und Mittel, über die er reichlich verfügte, zum Kauf des Grundstücks und zum Bau eines Hauses zu nutzen. Er scheint nur schwach widersprochen zu haben, tat, wie geheißen, und baute auf der Spitze des Hügels eine Villa im damals sehr beliebten Chalet-Stil. Das Haus füllte sich mit Andenken an Brownes Kopenhagener Zeit, und an den Hängen rund um die Villa entstand ein Garten. Die Familie kam jahrelang in den Ferien hierher.

Zwei Generationen später gehörten die Brownes untrennbar zu diesem Ort. Zwar standen noch immer Dublin oder London in den Geburtsurkunden von Peter Brownes Nachfahren, doch wenigstens zwei verbrachten ihr Leben neben dem Kirchlein. Seine 1866 geborene Enkelin Sophie Browne blieb nach dem Tod ihres Vaters im Jahr 1883 bei ihrer Mutter Emily in der Villa San Remigio. Auf der anderen Straßenseite war ein zweites Haus – Villino, die kleine Villa – für Peters Tochter Esther gebaut worden. Sie war mit dem Marchese Della Valle di Casanova verheiratet, und die beiden hatten einen Sohn mit Namen Silvio.

Silvio und Sophie waren von Kindheit an unzertrennlich und ständig in Villa, Villino oder einem der Gärten anzutref-

LINKS Die ewigen Flammen auf der schlanken Säule an der Villa San Remigio erinnern an die immerwährende Liebe Silvios und Sophies. Diesen Statuen konnte der große Sturm nichts anhaben, der Rasen ist frisch gemäht, und die Chinesische Hanfpalme (*Trachycarpus fortunei*) sieht prächtig aus.

fen. Beide waren künstlerisch veranlagt: Sie war Malerin, er Dichter und Musiker. Im Laufe der Jahre wurde zusehends deutlich, dass es sich hier um weit mehr als eine artige Kinderfreundschaft handelte, mit der beide Elternpaare glücklich hätten leben können. Silvio und Sophie liebten einander und wollten heiraten. In den 1880er Jahren hatten die Darwin'schen Vererbungstheorien allerdings schon weite Kreise gezogen und eine Ehe unter Cousins ersten Grades galt als äußerst anstößig.

Ihrer Hochzeit mochte man zwar Steine in den Weg legen, doch ihre Pläne zur Umgestaltung der Grundstücke nahmen Form an. Ab 1887 ließen sie auf einer Seite der Villa breite Terrassen bis hinunter zur Straße anlegen und auf der anderen Hügelseite ein Atelier in Kapellenform errichten. Neben den Terrassen ging der Garten in eine natürlich wirkende Parklandschaft im englischen Stil mit vereinzelten Zierbäumen über. Und durch den Park mäanderte ein Weg zum neu angelegten Eingang am Seeufer.

1896 starb Sophies Mutter, und nun konnte niemand mehr sie aufhalten. Wenige Wochen später waren Cousin und Cousine verheiratet. Sophie Browne war nun La Marchesa Sofia Della Valle di Casanova. Auch die Pläne für den Park schritten rasant voran. Der Garten war wichtiger als das Haus, wie eine um 1900 entstandene Fotografie beweist: An seinem höchstem Punkt steht noch immer Peter Brownes Chalet, während er selbst sich mehr oder weniger in seiner jetzigen Form zeigt. Kurz darauf wurde das Haus dann abgerissen und an seiner Stelle ein repräsentativeres errichtet, die edwardianische Version einer italienischen Villa, die noch heute steht. Sophie und Silvio schufen sich ein geschmackvolles Heim, wie es bei anglo-amerikanischen Wahlitalienern en vogue war. Sie füllten das Haus mit Antiquitäten und hängten goldgerahmte Madonnenbilder und allerhand alte Waffen an die Wände. Einen ganz ähnlichen Stil findet man in der prachtvollen Villa La Pietra in den Hügeln nördlich von Florenz, die einmal den Actons, einer Familie von Kunstsammlern und Ästheten, gehörte.

UNTEN Der Garten zeigt sich auf dieser Postkarte (um 1905) fast so wie heute. Die Terrassen und ihr Schmuck waren damals noch recht neu. Peter Brownes Chalet, Anfang der 1860er Jahre erbaut, wich kurz nach Entstehen der Aufnahme einer Villa im italienischen Stil.
RECHTS Blick vom Garten der Wehmut hinauf zur Villa. Die ausladende, etwas reparaturbedürftige Treppe wird von Kunststeinarbeiten in zarter Rokokomanier begleitet, die Terrassenmauern verschwinden hinter den dichten Blattvorhängen der Kletterfeige (*Ficus pumila*).

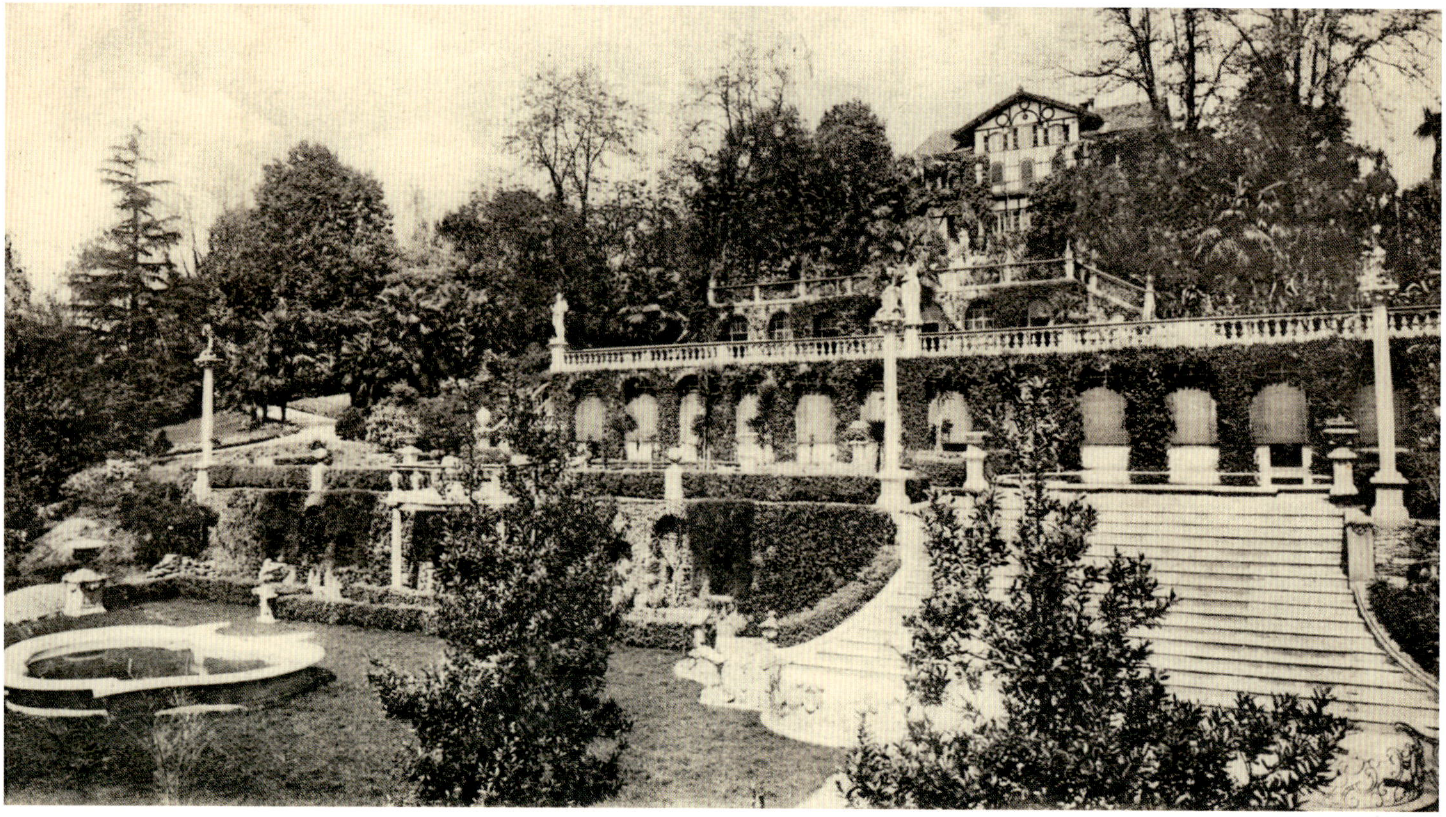

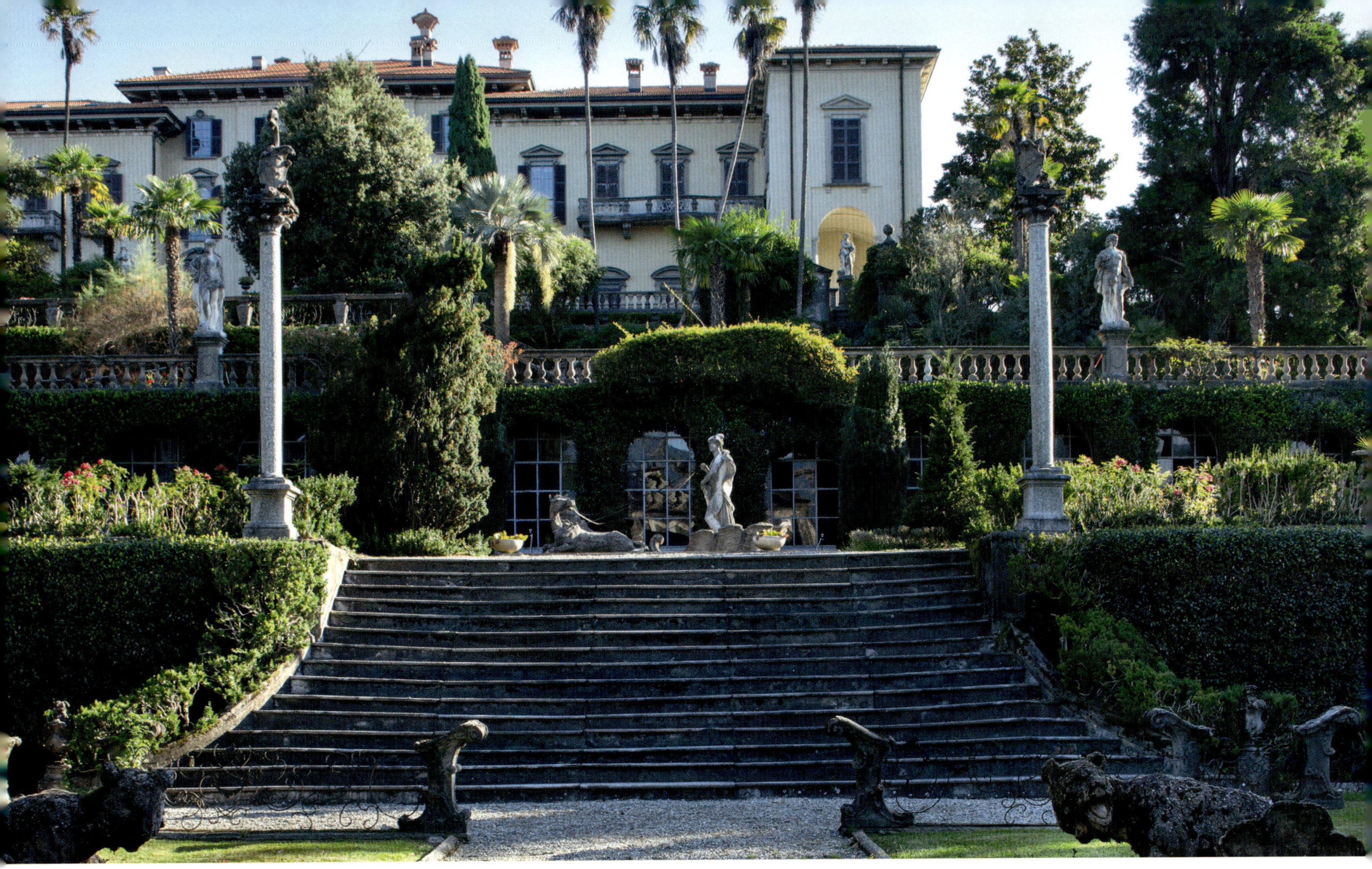

Man sollte aber nicht glauben, Sophie und Silvio seien bloße reiche Schöngeister gewesen, die Antiquitäten als Dekoration schätzten. Sie waren zielstrebig und tatkräftig, und sie spielten eine aktive Rolle in der Kunstwelt. Sophie war eine anerkannte Malerin, sie hatte bei Arnaldo Ferraguti studiert, dessen bewegt-realistischen Stil man im Museo del Paesaggio (Landschaftsmuseum) in Pallanza betrachten kann. Das Museum besitzt auch einige Pastellbilder Sophies sowie ein Ganzkörper-Porträt, das sie als schwermütige Tudor-Heroine zeigt – sie erinnert mich an Amy Robsart aus Walter Scotts Roman *Kenilworth*. Silvio fühlte sich der deutschen Romantik verbunden und konnte sich nie zwischen Literatur und Musik entscheiden. Er schrieb Gedichte in Deutsch, war Klavierschüler von Franz Liszt und vermachte seine Gemäldesammlung schwäbischer Impressionisten der Stadt Stuttgart, die so zu ihrem Kunstmuseum kam.

Die Villa San Remigio entwickelte sich zu einem bedeutenden Treffpunkt von Malern und Schriftstellern aus ganz Europa. Was für ein Vergnügen, sich vorzustellen, welche Künstler in der Zeit um 1900 in diesen Räumen debattierten oder auf der Terrasse plauderten. Der dänische Philosoph und Literaturkritiker Georg Brandes schrieb nach Hause, dass Silvio kauzig und Sophie klug sei, der amerikanische Kunsthistoriker Bernard Berenson, der einen ähnlichen Zirkel in seiner Villa I Tatti bei Florenz um sich versammelte, kam auf der Suche nach Kunstschätzen vorbei. Der Futurist Umberto Boccioni malte den Komponisten Ferruccio Busoni, an der Balkonbrüstung der Villa lehnend, mit dem See im Hintergrund. So unterschiedliche Temperamente wie die Schriftsteller Hermann Hesse und Gabriele D'Annunzio gingen hier ein und aus.

In dieser lebhaften Umgebung schufen Silvio und Sophie ihr Lebenswerk – ihren Garten. Oberflächlich betrachtet, ist er eine ausländische Interpretation italienischer Ideale, eine damals in Italien recht häufig anzutreffende Variante der Entfremdung und somit eine logische Fortsetzung des Villenneubaus im historisierenden Stil. Und doch spürt man, wenn man durch diesen Garten geht, dass hier etwas Geheimnisvolles, etwas sehr Originelles und wahrhaft Romantisches entstanden ist. Jede Terrasse hat ihr eigenes Thema, das sich

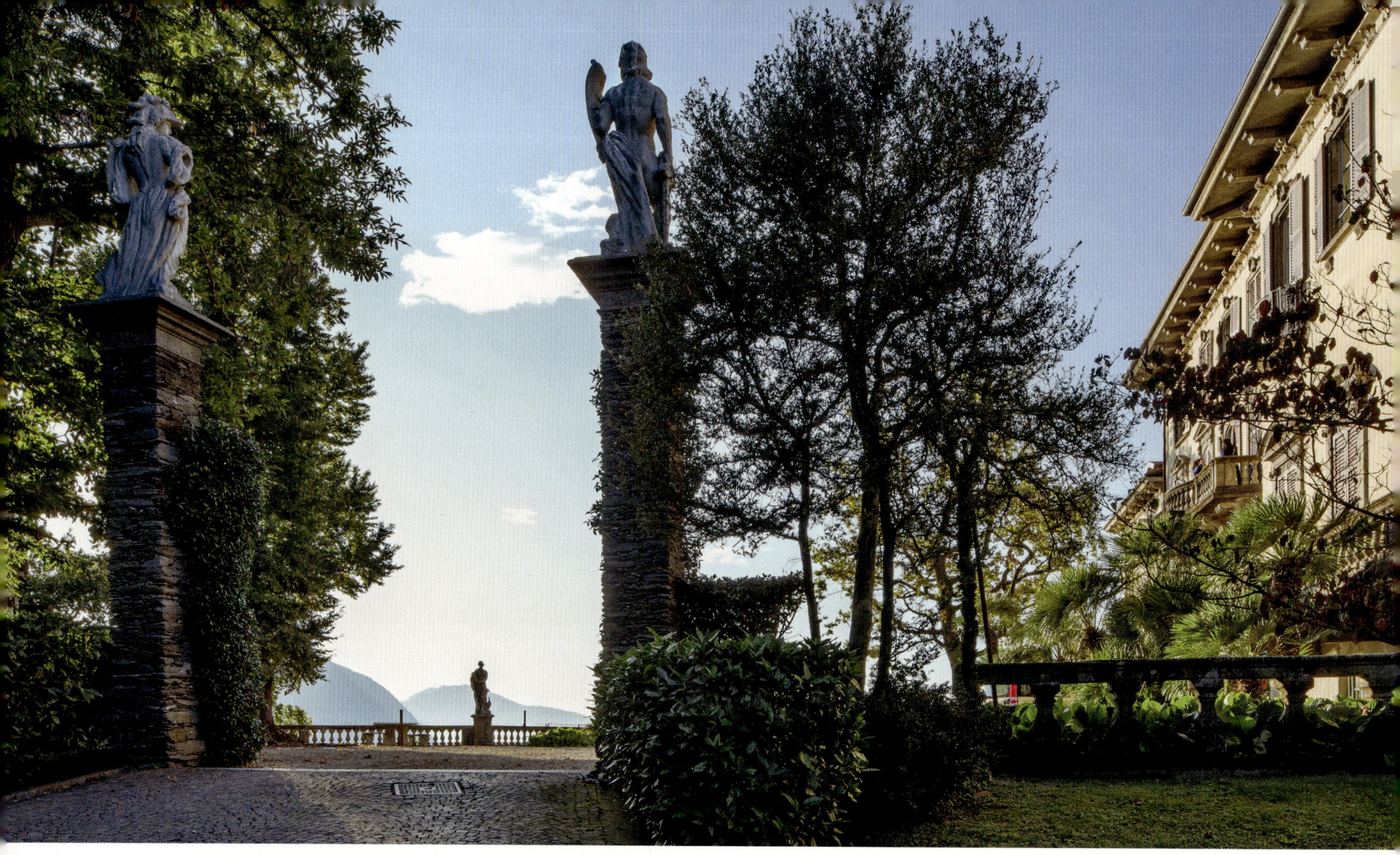

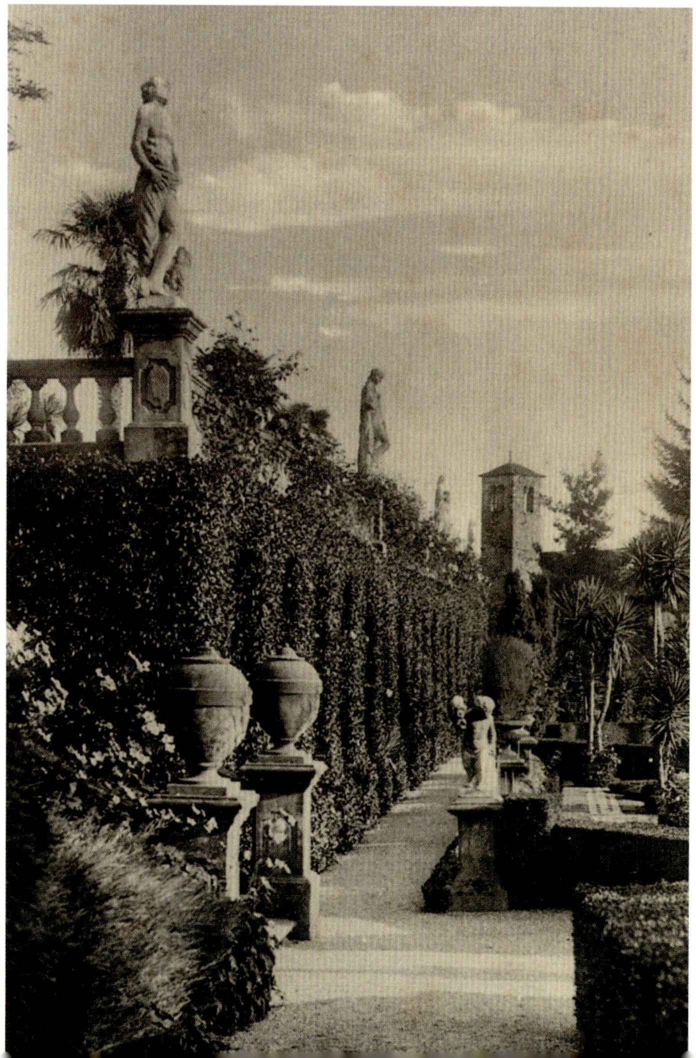

in Namen und Stil, an manchen Stellen in poetischen und inspirierenden Inschriften ausdrückt. Die Themen sind so verhalten gestaltet, der Geist der passionierten Schöpfer ist noch so präsent, dass nicht der Hauch von gefühlsseliger Geziertheit aufkommt, die manchen edwardianischen Garten in England prägt. Die Melancholie der Anlage wird durch ihren leisen Verfall nur noch aparter.

Man sollte die Besichtigung am Fuße der Terrassen beginnen. Der erste Themengarten stimmt auf die folgenden ein – in unerwarteter Weise. Denn es ist der Garten der Wehmut. Warum hätte dieses Paar wehmütig sein sollen? Die beiden hatten die große Liebe gefunden, sie hatten dieselben Ideale,

Oben Antike Gottheiten auf hohen schlanken Torpfeilern am Ende der langen Auffahrt, die sich vom Seeufer durch den Park windet. Die Villa auf dem höchsten Punkt des Geländes hat klare Linien und ist „italienisch", ohne einen bestimmten Architekturstil zu bevorzugen.
Links Diese Postkarte aus den 1920er-Jahren zeigt, wie sinnreich der Turm der alten Kirche in die Gartengestaltung eingepasst wurde. In der Sichtachse wird der rein architektonische Ansatz deutlich, Steinarbeiten, Mauern, Formschnitt, Kieswege und einzelne Ziersträucher unterstreichen die klaren Linien.

ein herrliches Grundstück, Geld, Ideen und geistesverwandte Freunde. Man darf diese Wehmut nicht missverstehen, sie entspringt der deutschen Romantik, steht für Stille, Ruhe, In-sich-gekehrt-sein, eine Stimmung, die man empfindet, wenn man allein in der Abenddämmerung am Waldrand dem letzten Gesang der Vögel lauscht. Nicht ohne Grund testeten die zwei ein Modell dieses Gartens im Mondschein.

Wie aber drückt man Wehmut in einem Garten aus? Man erfasst das Thema nach einem Blick. Hier gibt es keine Blumen, nur Rasen, der auf frühen Fotografien etwas struppig wirkt, weil er nicht häufig gemäht wurde. In den Rasenflächen ruhen Wasserbecken, deren Statuen aber kein Wasser speien – kein Laut soll hier den stillen Gang der Gedanken stören. Das Überraschendste ist die nicht vorhandene Aussicht. Von hier aus hätte man einen herrlichen Blick auf die Garteninseln im See, doch der liegt hinter einer Mauer verborgen, die dem suchenden Auge nur Nischen und einen steinernen Herkules bietet, der die Hydra erschlägt. Die Mauer mag einen sehr praktischen Nutzen haben, denn sie schützt diese intime Welt vor den neugierigen Blicken von der Straße unterhalb der Terrassen. Heute wird die gewollte Melancholie unwillentlich vom allgegenwärtigen Verfall unterstrichen: Die niedrigen Buchshecken (*Buxus*) sind aus der Form geraten, die Bänke moosbedeckt, die feinen Schmiedearbeiten rostig. Und doch scheint alles so zu sein, wie die Schöpfer es wollten.

Über eine breite Treppe mit fließenden Linien, deren Säulenschmuck schlanke Drachen trägt, erreicht man die nächste Terrasse, den Garten der Freude. Hier scheinen zwei Seepferde Venus in ihrem Muschelwagen aus einem Teich in das Blumenparterre ziehen zu wollen. Die Venus ist ungeschlacht – dafür sind die Pferde mit ihren Flossenhufen, den geblähten Nüstern und verdrehten Zügeln sehr schön –, das Parterre sträflich vernachlässigt, und doch ist die Freude nicht verflogen. Die einstige Schönheit wäre schnell wiederherzustellen. Auf der nächsten Ebene liegt der Garten der Stunden, dessen Thema eine mit den Tierkreiszeichen geschmückte

UNTEN Von der Terrasse blickt man auf Herkules, der sich in seiner Mauernische schützend zwischen den Garten und die Stadt Pallanza stellt. Man sieht nichts als Bäume und vereinzelte Villen. Den berühmten Seeblick kann man nur von der höchsten Terrasse aus genießen.

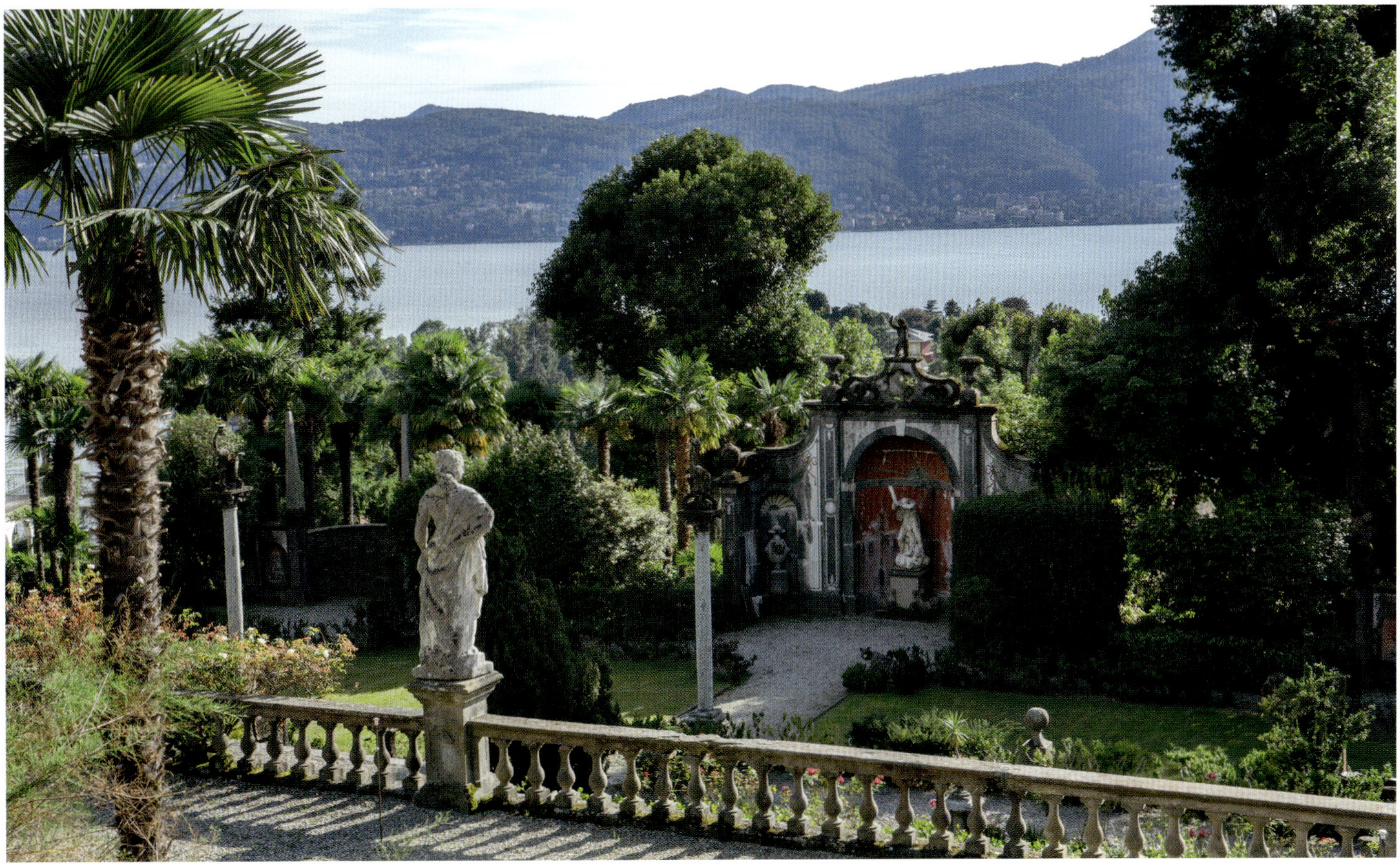

Sonnenuhr vorgibt. Die Sichtachsen sind hier klug angelegt: Zu einer Seite rahmen dunkle, strenge Zypressen (*Cupressus*) den alten Kirchturm ein; zur anderen ist alles orientalisch mit Palmen, Obelisken und fernöstlichen Pflanzen geschmückt, wie der hohen Sicheltanne (*Cryptomeria*) und der dornigen, weiß blühenden Bitterorange (*Citrus trifoliata*). Der Orangenstrauch wächst aus dem Steingarten, der sich über eine gesamte Terrassenseite zieht und in einem Gewächshaus endet, das heute geheimnisvoll schummrig wirkt. Wuchernde Schusterpalmen (*Aspidistra*) und überirdisch blau schimmernde Begonien, die sich zwischen den Steinen wild vermehrt haben, scheinen das Licht aufzusaugen. Sophie muss diesen Winkel des Gartens geliebt haben, denn sie ließ sich oft inmitten der grünen Glashöhle fotografieren. Von hier aus erhascht man einen ersten Blick auf den See und die Berge und versteht allmählich, dass sich das ganze Panorama erst von den Balkons der Villa eröffnen soll.

Ein kleiner seitlicher Schlenker führt den Besucher durch ein anmutiges Kamelienwäldchen in sanft abgestuften Farbtönen zum *Hortus conclusus*. Dieser kleine schattige Gartenraum wird nach Süden hin von der alten Kirchenmauer begrenzt. Eine der anderen jüngeren Mauern greift das sakrale Sujet in verschiedenen alten Bautechniken auf, man erkennt zum Beispiel den Fischgrätenverband (Ährenwerk), der in angelsächsischen Kirchenbauten beliebt war.

In der Mitte des grünen Raums liegt ein Brunnen, dessen achteckige Form sich aus einem Quadrat und einem Kreis ergibt und die Synthese von Erde und Himmel symbolisiert.

UNTEN Der Künstlerzirkel gehört der Vergangenheit an, die Landschaftskulisse ist kaum verändert: Von der Terrasse blickt man über den See auf Laveno am Fuße des Sasso del Ferro.
RECHTS Granitene Halbsäulen tragen einen Loggia-Bogen. Von der Terrasse blickt eine Statue sinnend auf den Borromäischen Golf.

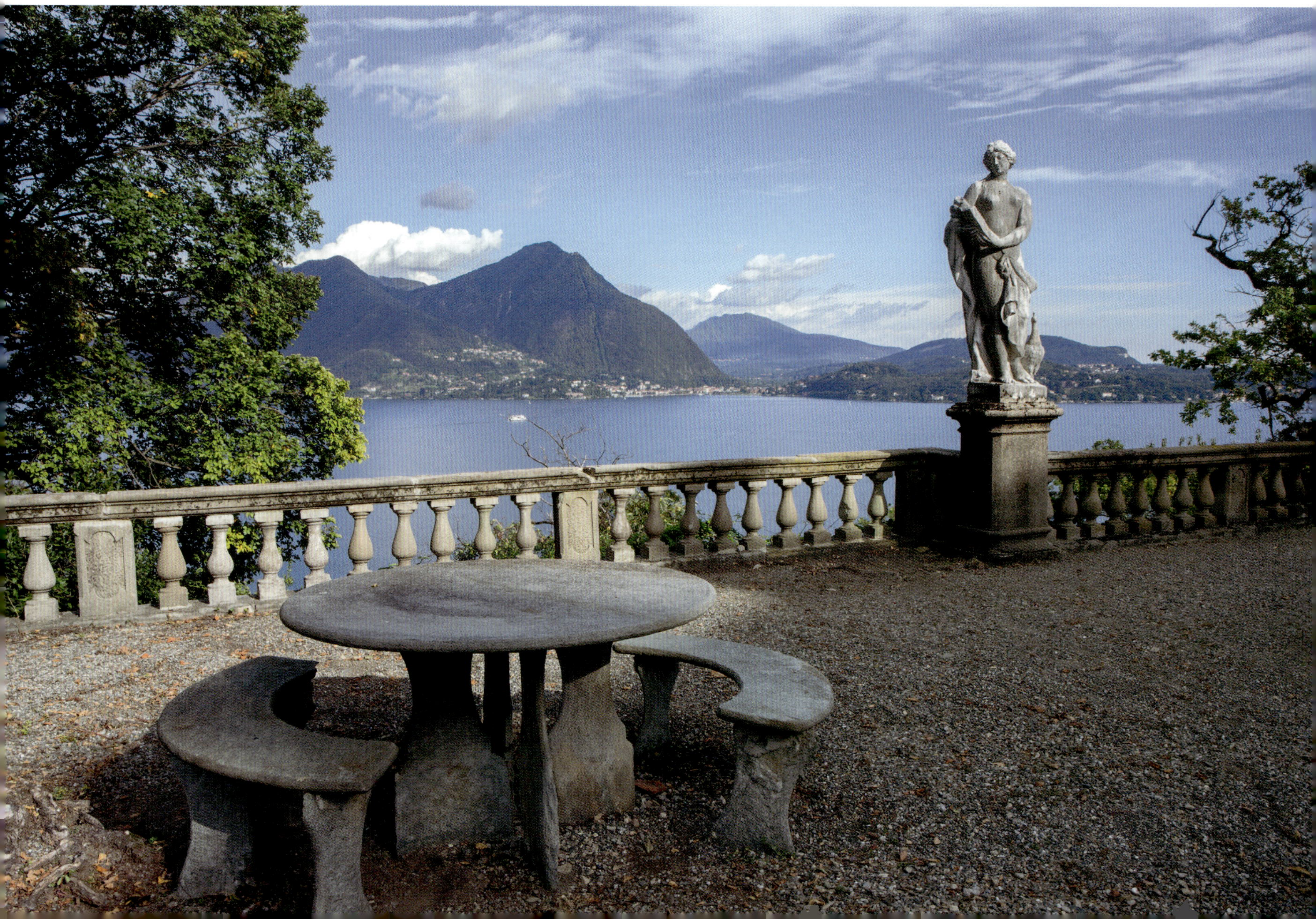

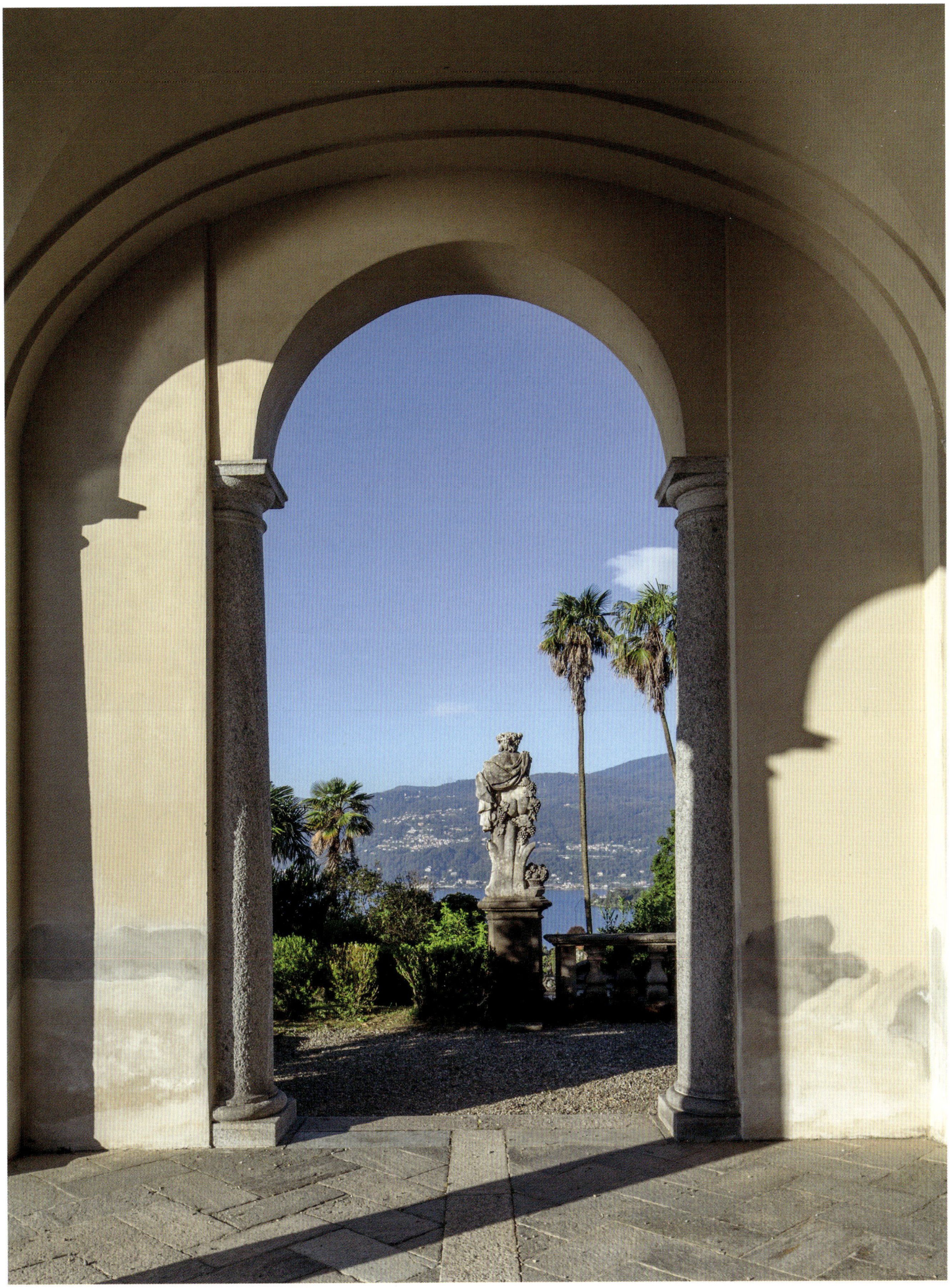

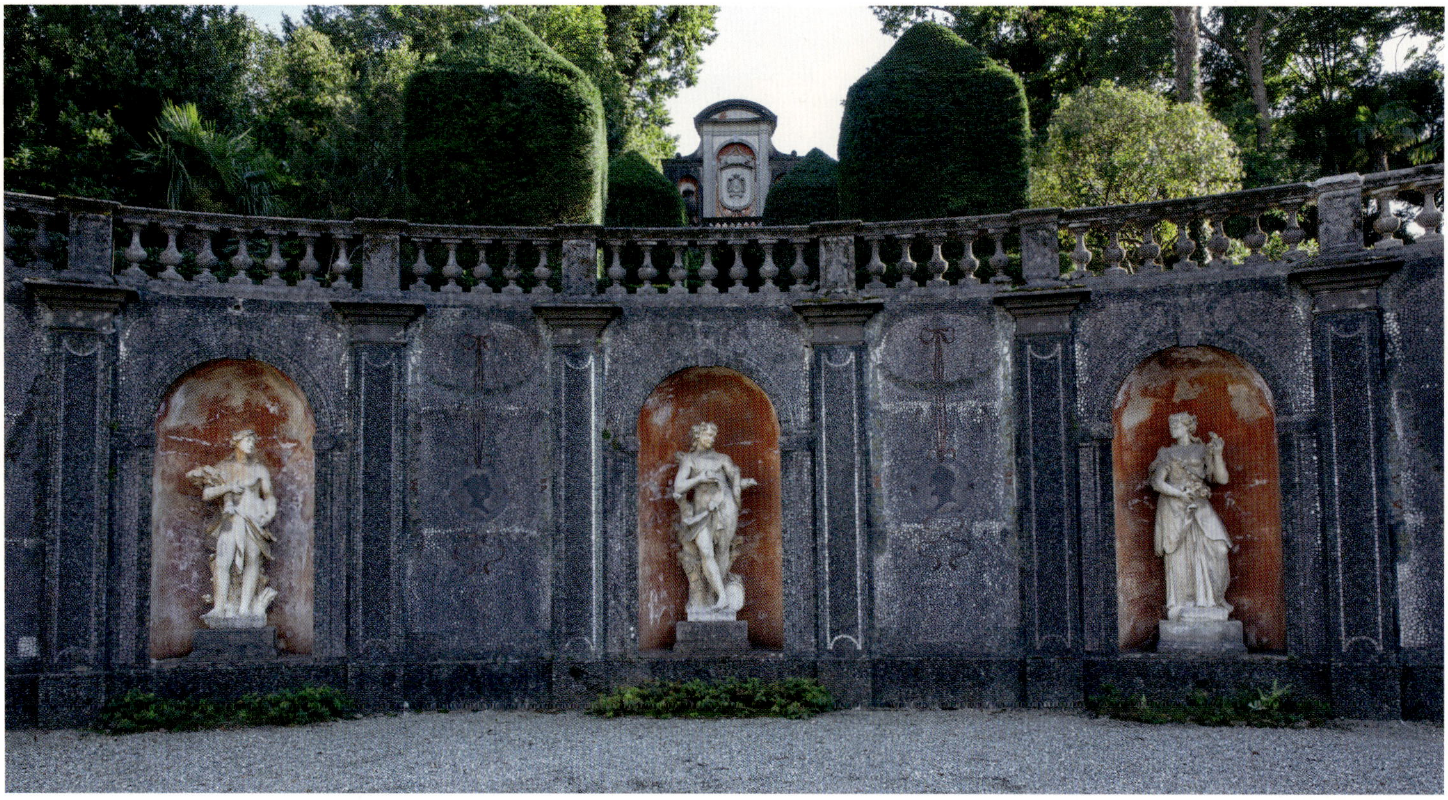

Von jeder der vier Seiten geht ein gepflasterter Pfad aus – für einen der vier Flüsse des Paradieses – Wasser, Wein, Milch und Honig. Solche Brunnen und die Vierteilung kennt man aus maurischen Gärten wie dem Löwenhof der Alhambra. Und wie dort sind die Pflanzen, beispielsweise Mittelmeerzypressen (*Cupressus sempervirens*) und Säuleneiben (*Taxus baccata* 'Fastigiata'), immergrün. Alles kündet von Stille, uraltem Frieden und der Universalität des Glaubens.

Kehrt man zum Hauptweg zurück, gelangt man zu der Terrasse, deren ursprünglicher Charakter am besten erhalten ist. Das liegt wahrscheinlich daran, dass hier einfach nur gemäht und geschnitten werden muss. Es ist der Garten der Quellen – oder der Düfte, niemand scheint das so genau zu wissen. Sie sollten über eine der rechteckigen Rasenflächen gehen, damit unter Ihren Schritten der würzige Duft des Thymians, der

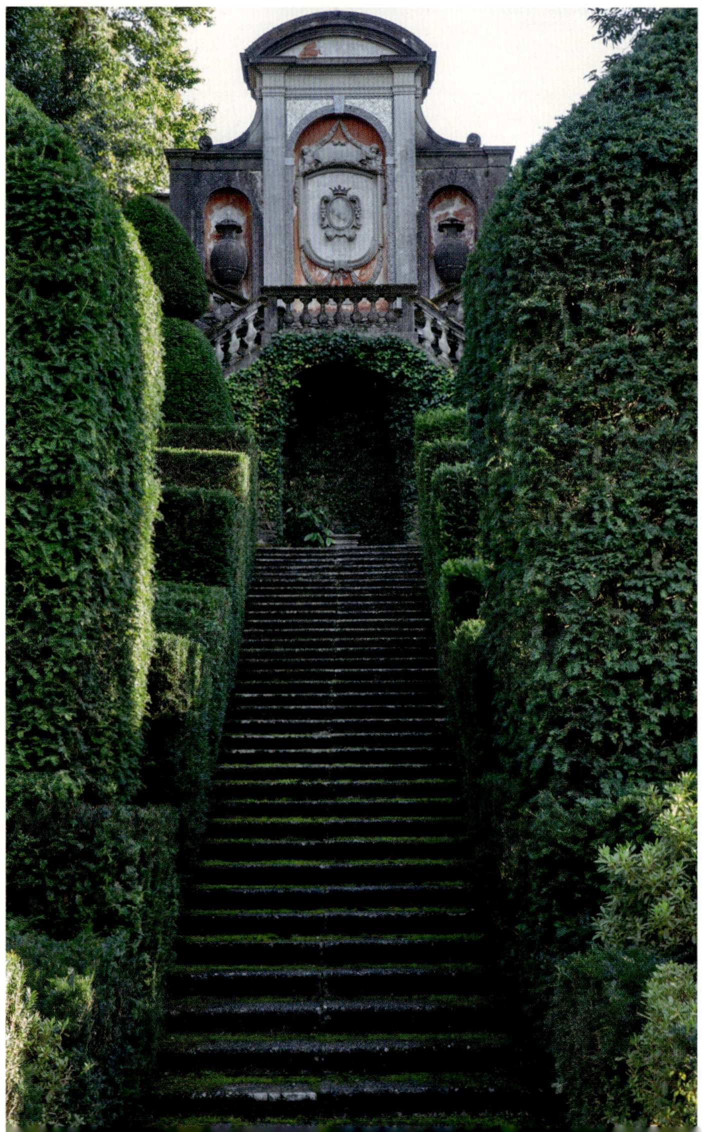

OBEN Im Halbrund der Exedra im Garten der Seufzer wechseln sich Nischen mit Götterfiguren und feine Mosaikfelder ab, in denen die Silhouetten von Sophie und Silvio Della Valle di Casanova verblassen.
RECHTS Über diese recht düstere Treppe gelangt man von der höchsten Terrasse in den Garten der Seufzer; die einmal schlanken Formen der Eibenhecke (*Taxus*) unter dem rosigen Wappenschild scheinen sich aufgebläht zu haben.

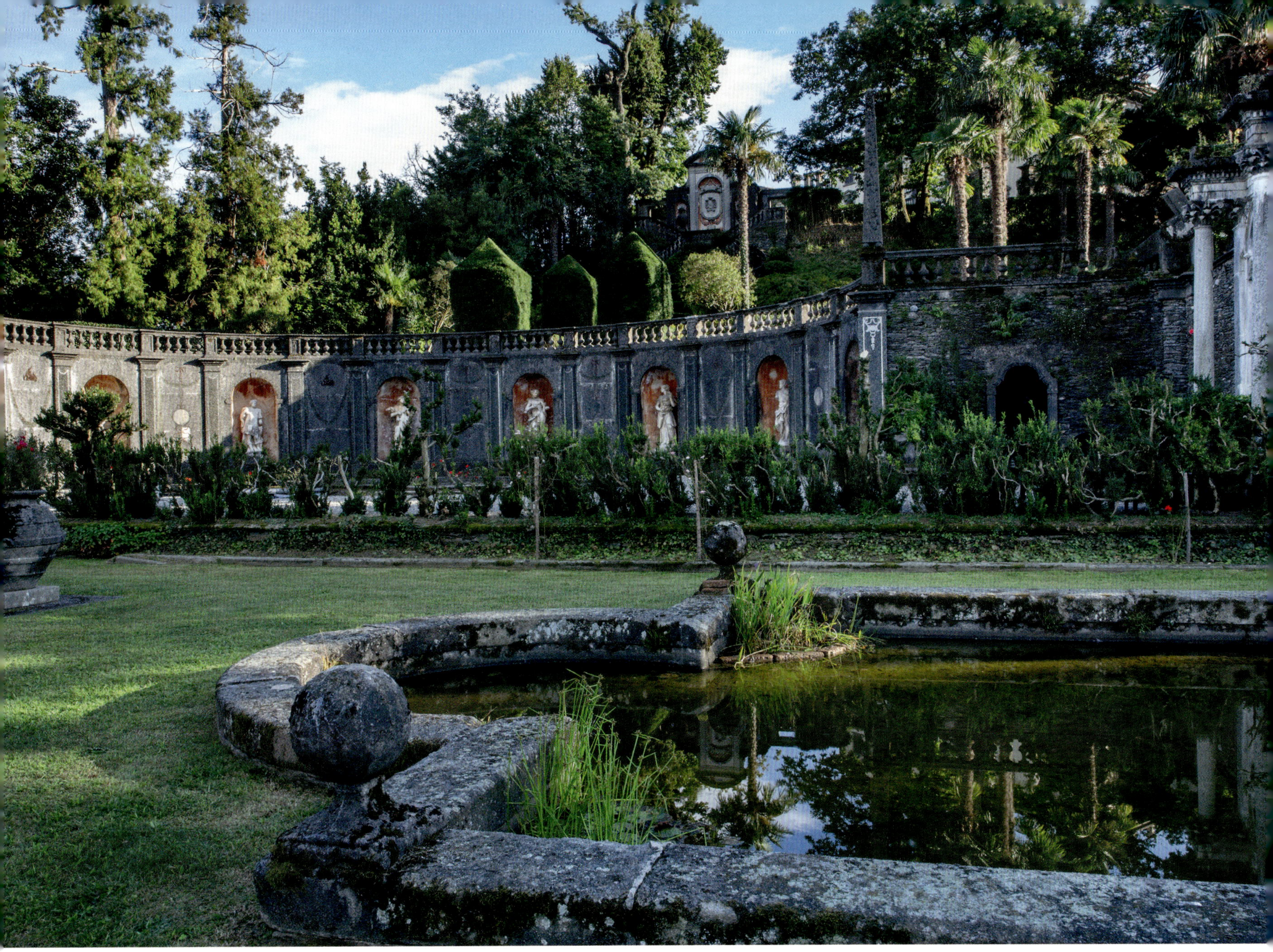

zwischen den Grashalmen wächst, freigesetzt wird. In solchen Augenblicken scheinen Sophie und Silvio ganz nah zu sein. Auch an der Mauer duftet Grün, dort wachsen Myrten zu Pilastern. So schlicht die Gestaltung scheint, so atmosphärisch originell ist sie. Vier Mauerfelder mit Skulpturen und Mosaiken wechseln sich mit den Myrtensträuchern ab und formen eine lateinische Inschrift aus einer Epode von Horaz:

> Fontesque lymphis obstreperunt manantibus
> Somnos quod invitet leves.

OBEN Hier sieht man die Exedra im Garten der Seufzer vom Bassin im Garten der Erinnerungen aus. Gut zu erkennen ist die fließende Linie von der Exedra bis zum höchsten Punkt der Treppe, zu erahnen die „Kaskade" weißer Azaleen und Rhododendren, die sich im Frühling „ergießt".

> Und rauschend stäubt der Quellen unversiegte Flut
> Und ladet ein zum sanften Schlaf.

Die Villa ist für die Öffentlichkeit nicht zugänglich, wer sie betreten will, muss schon in ihrem einzigen unveränderten Raum heiraten. Der Besucher überquert die höchste Terrasse also nur, um in weitere Gärten hinabzusteigen. Und kommt an einer Steintafel vorbei, deren italienische Inschrift übersetzt lautet: „Wir, Silvio und Sophie, die wir uns hier als Kinder trafen, schufen diesen Garten aus einem geteilten Jugendtraum und vollendeten ihn als Mann und Frau."

Einige Schritte weiter erklärt eine zweite Tafel, dass Projekt sei 1887 begonnen und 1916 abgeschlossen worden. An dieser Stelle fällt einem vielleicht ein, dass einer der Nach-

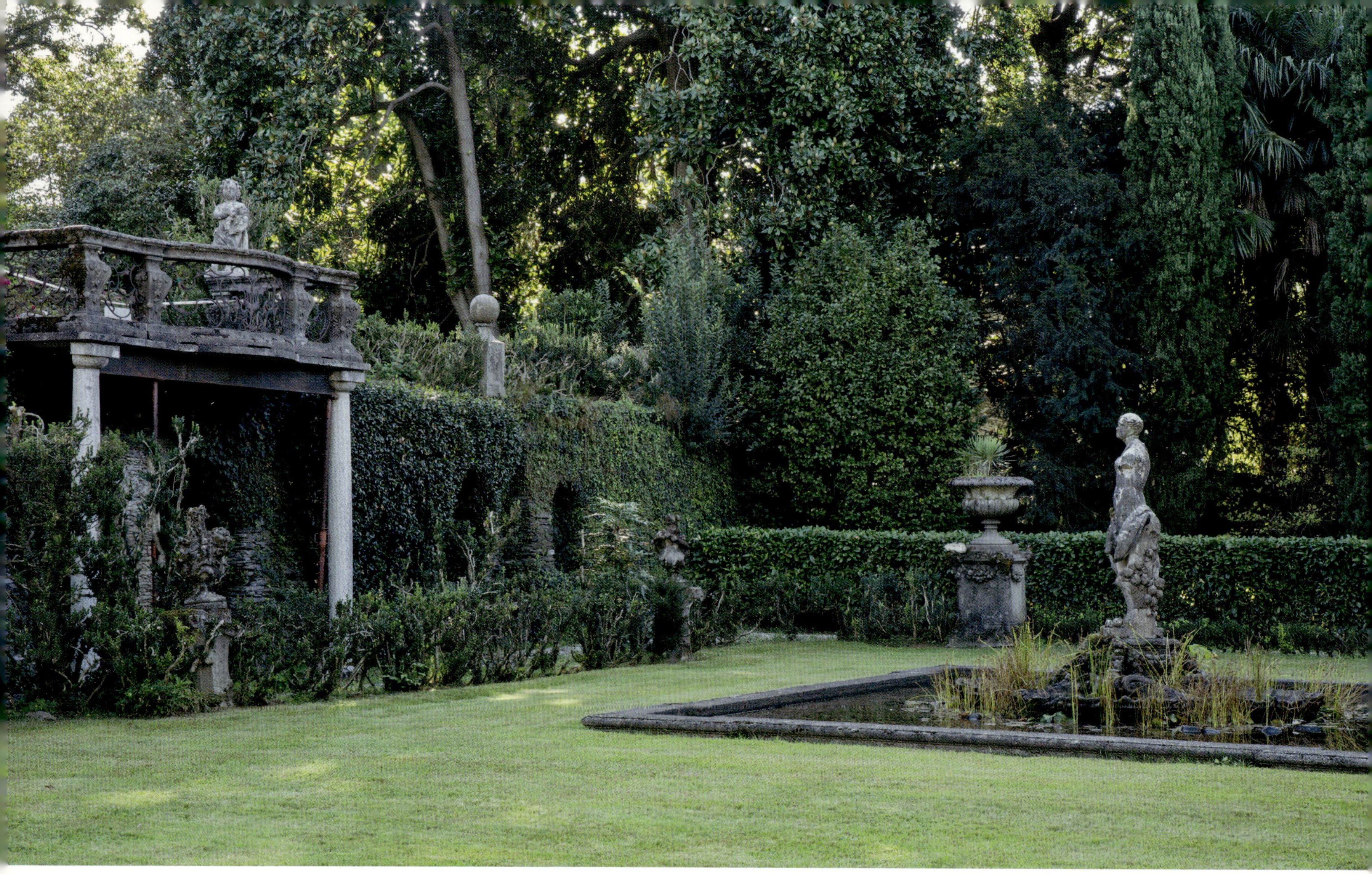

barn Luigi Cadorna war, Oberbefehlshaber der italienischen Armee, die 1915 in den Ersten Weltkrieg zog.

Auf der Nordseite der Villa San Remigio, gegenüber der Industriestadt Intra (einst das „Manchester der Lombardei"), führt eine lange Treppe den Hügel hinab. Ihre Geländer bestehen aus in Form geschnittenen Eiben (*Taxus*), deren einst schlanke Obeliske sich aufgebläht zu haben scheinen. An den Hängen wachsen zu beiden Seiten Azaleen und Rhododendren. Vielleicht sollen ihre weißen Blüten den schattigen Abschnitt nur aufhellen, doch sie schaffen das eindrucksvolle Bild eines geräuschlosen Wasserfalls.

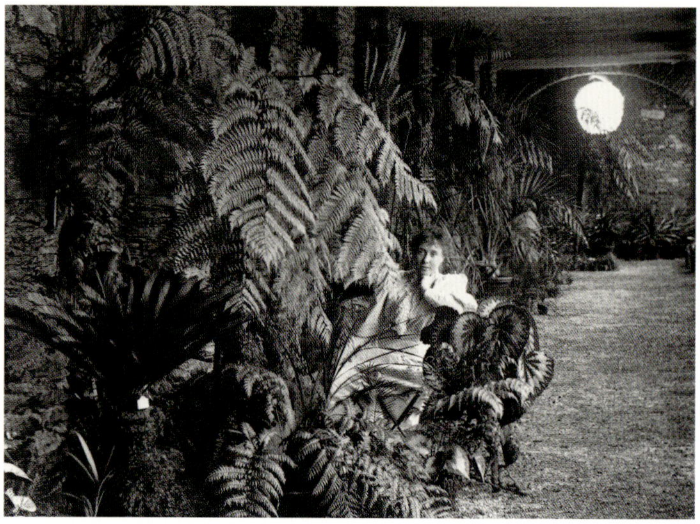

OBEN Der Garten der Wehmut wirkt ungepflegt. Die Hecken wären schnell ergänzt und getrimmt, das wirkliche Problem sind jedoch die Steinkonstruktionen, wie man an den modernen Balkonstützen erkennen kann.
RECHTS UNTEN Die Rosen im Garten der Freude sind staksig. Hinter dem Putto fährt Venus in ihrem Wagen aus dem Meer in ein Blumen-Parterre, dem man seine einstige Schönheit gerade noch ansieht.

OBEN Sophie Della Valle di Casanova blickt Anfang des 20. Jahrhunderts sehnsüchtig hinter einem Farn hervor. Ihre geliebten zierblättrigen Begonien haben sich in dem Gewächshaus auf einer der unteren Terrassen heute wild ausgebreitet.
RECHTS OBEN Sophie ließ sich oft in der schummrigen Stille der Gewächshäuser fotografieren, als wolle sie wie eine Dame aus dem 18. Jahrhundert ihre Grotte mit Muscheln ausschmücken.

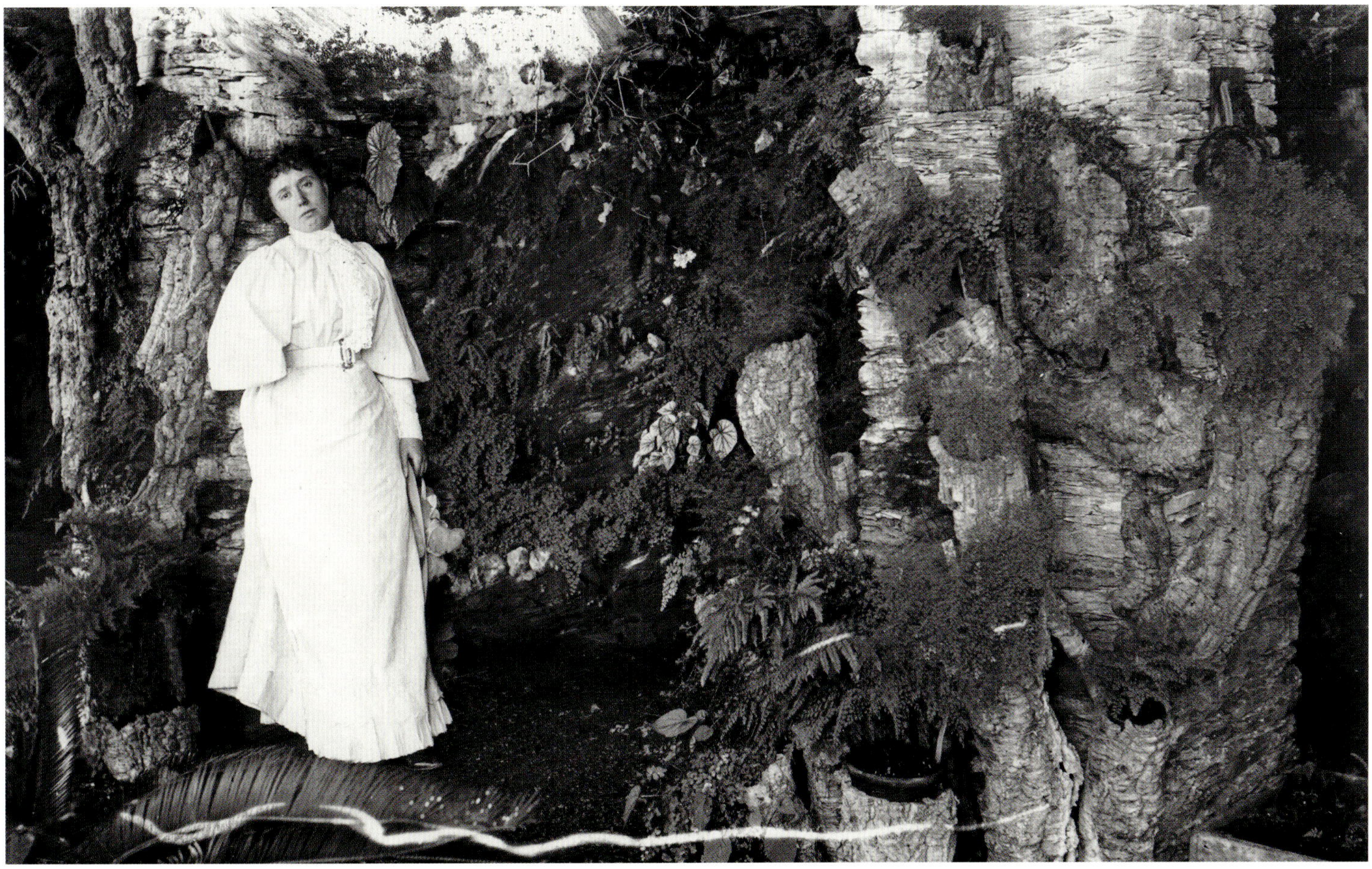

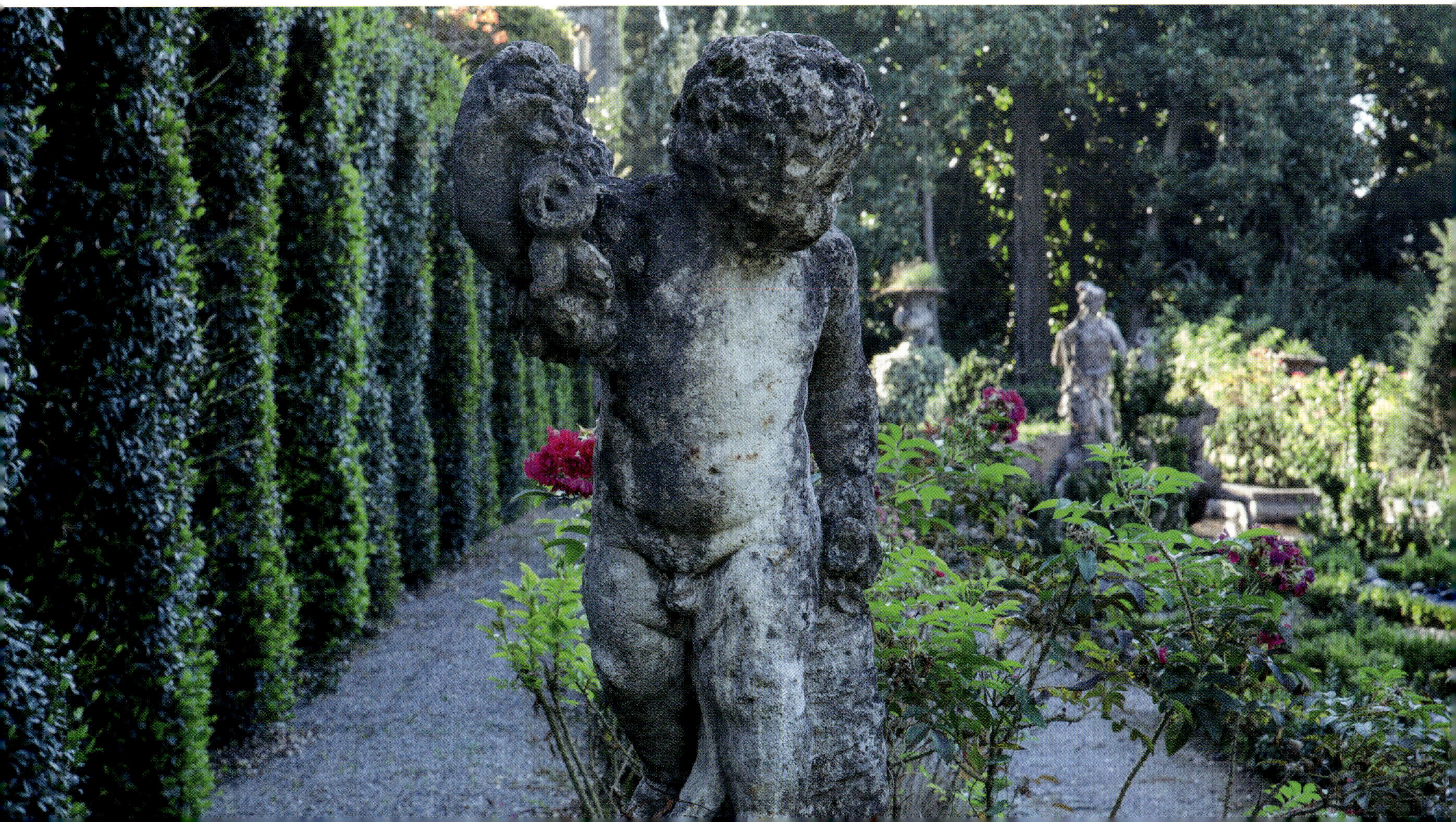

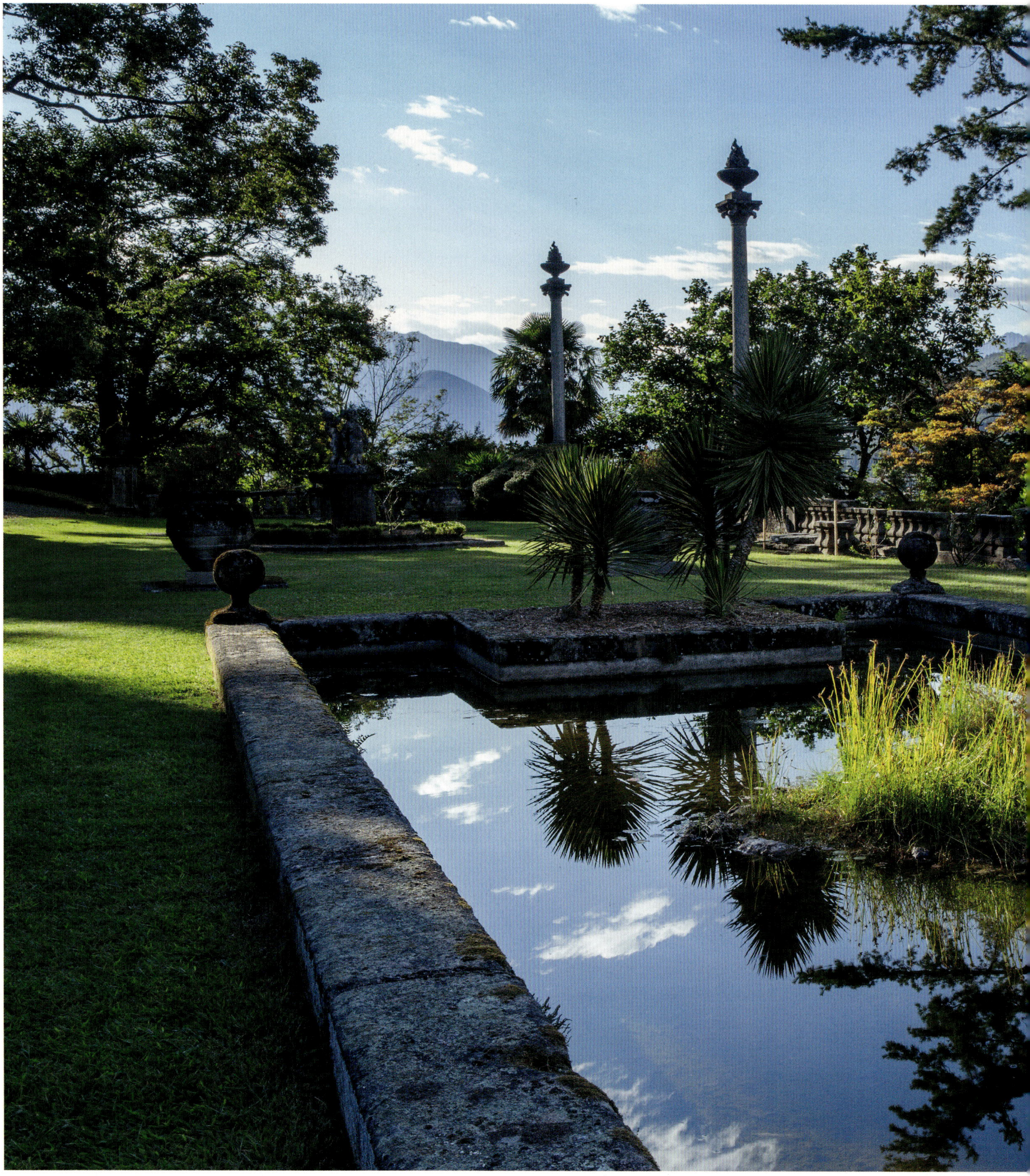

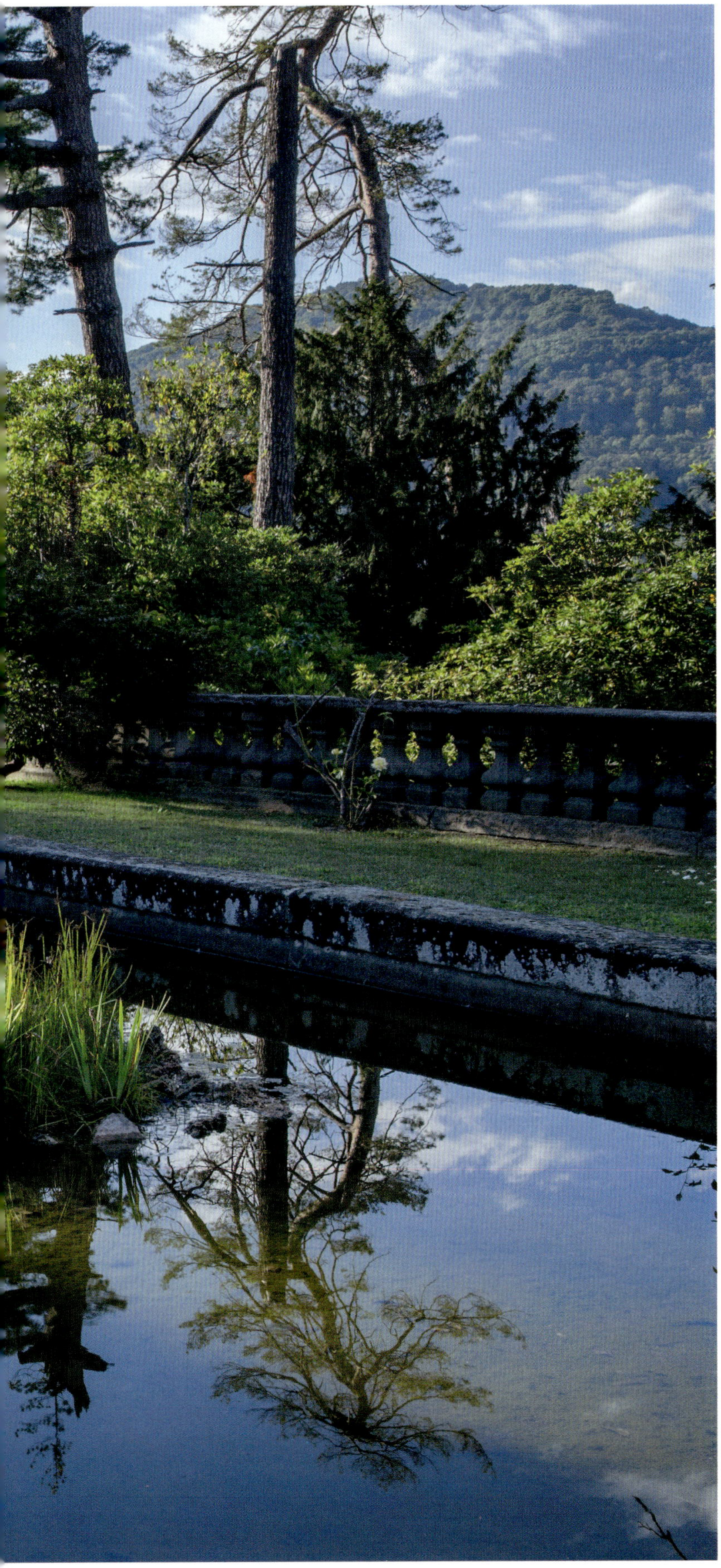

Am Fuße des Hangs erhebt sich eine stützende Mauer als große halbrunde Exedra, in der sich Nischen mit Statuen und Mosaikfeldern abwechseln. Dies ist der Garten der Seufzer, 1902 vollendet. Auf zwei der Mosaiken wenden sich die Silhouetten von Sophie und Silvio, mit zarten Terrakotta-Bändern geschmückt, einander zu. Vielleicht ließ sich das Paar von der Exedra der Villa Aldobrandini in Frascati inspirieren – auch deren Garten bräuchte dringend Auffrischung.

Anschließend kommt man in den Garten der Erinnerung mit einem breiten Rasen, formalen Teichen, Steinvasen und vielen Rosen. Von der Terrasse aus kann man Sophies kleines Studio am Ende einer kleinen Allee sehen und zum Eingang zurückgelangen. Auch hier findet man eine Inschrift: „Rosae transeunt, memoria manet." – Rosen welken, die Erinnerung bleibt.

Silvio starb 1929, Sophie überlebte ihn viele Jahre und starb erst 1960. Ihre Tochter Esther erbte etwas von der mütterlichen Ausdauer und wurde eine bekannte Bergsteigerin. Den Garten vermachte sie der Kommune, ihre eigene Tochter besucht ihn ab und an. Das Fremdenverkehrsamt bot geführte Touren an, bis der Sturm im August 2012 Treppen und Balustraden beschädigte, Säulen, Statuen und Bäume umwarf. Der Garten wurde für die Öffentlichkeit geschlossen und bis zum Entstehen dieses Buches nicht wieder geöffnet. Viel wurde zerstört, doch nicht unwiederbringlich. Wenn die Politik wollte, könnte ein alter Traum zu neuem Leben erwachen.

Es wäre hilfreich, wenn man vor Ort eine Kampagne organisieren und aus aller Welt auf die Bedeutung des Gartens hingewiesen würde. Solange nichts geschieht, bröckeln die Balustraden, verblassen die Inschriften, wuchern die wilden Brombeeren, und die Villa San Remigio – ein Ort an dem Geschmack, Gefühl und originelles Denken glücklich zusammentrafen – bleibt ein italienisches Dornröschenschloss.

LINKS Teiche und Vasen, Rasen und Balustraden machen den Garten der Erinnerung zu einem Ort der Ruhe und Kontemplation, bevor man wieder auf die Straße hinaustritt. Die letzten Rosen rufen leise Melancholie wach.

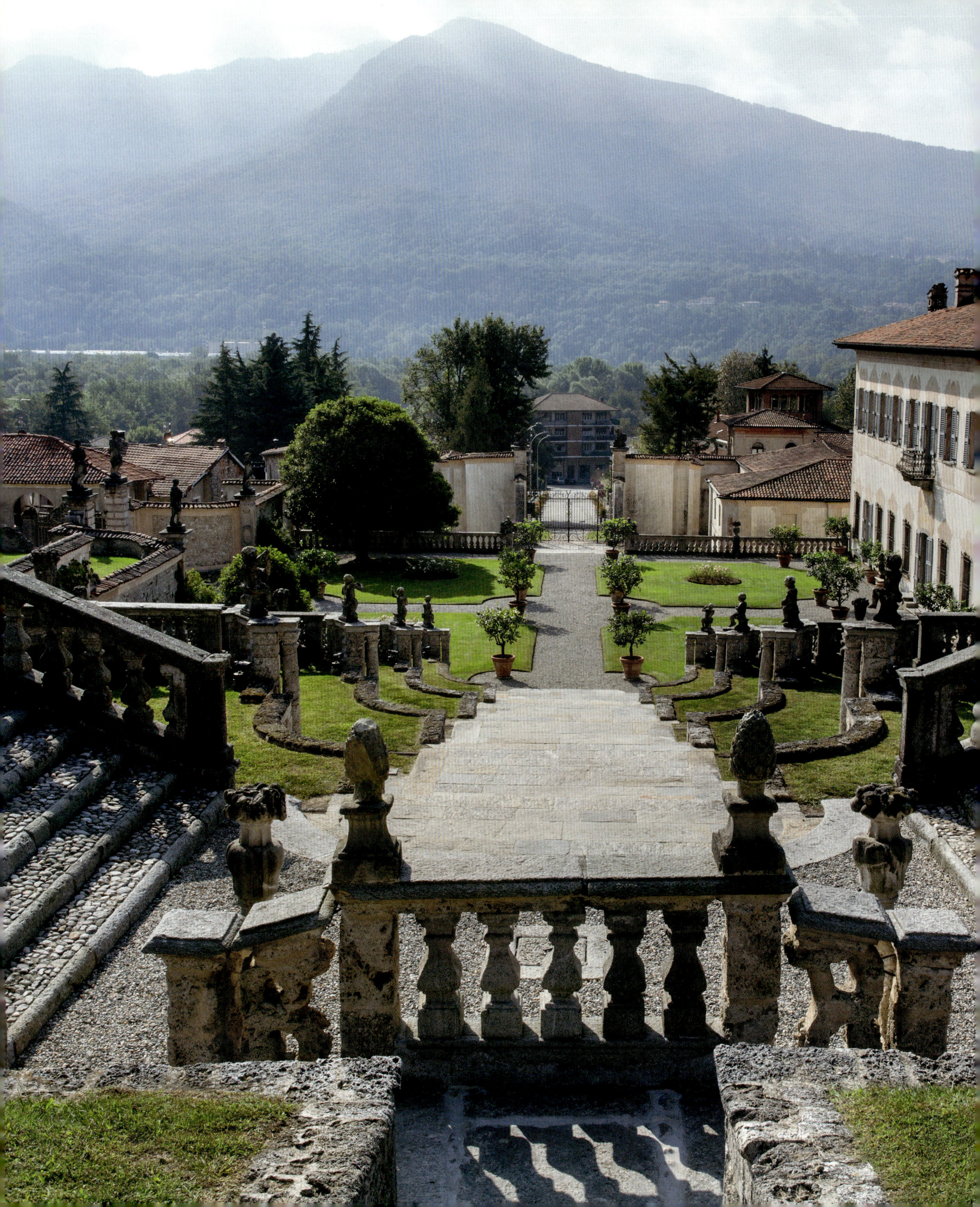

DIE VILLA DELLA PORTA BOZZOLO

Das breite Valcuvia-Tal im Osten des Lago Maggiore liegt etwas abseits der üblichen Touristenroute, es lohnt sich aber in jedem Fall, einen Abstecher hierhin zu machen, um eine ausgesprochen schöne Villa inmitten der bewaldeten Voralpenlandschaft zu besuchen. Die Villa Della Porta Bozzolo gehört dem Fondo per l'Ambiente Italiano (FAI), der italienischen Stiftung für Denkmal- und Naturschutz, die nach dem Vorbild des englischen National Trust ins Leben gerufen wurde. Doch es ist nicht das große Landhaus, das dem Besucher auf seinem Weg durchs Tal zuerst ins Auge fällt, sondern eine Art grüner Raketenabschussanlage, die sich, flankiert von spitzen Zypressen (*Cupressus sempervirens*), den Talhang nördlich des hübschen, aber recht unscheinbaren Dorfes Casalzuigno hinaufzieht. Zum Glück lässt sich dieses Phänomen leicht aus größerer Nähe betrachten, denn es gibt einen günstig gelegenen Parkplatz.

Wenn man auf das Anwesen zugeht, sieht man nur diesen in jeder Hinsicht merkwürdigen Hang, die Villa Della Porta Bozzolo bleibt hinter einer hohen Mauer verborgen. Der Besucher späht durch ein elegantes schmiedeeisernes Tor, das nur dazu geschaffen wurde, den neidischen Reisenden einen Blick auf das Leben der Reichen und Großen werfen zu lassen, ohne selbst daran teilhaben zu dürfen. Durch die Stäbe wandert der Blick über eine ebene Fläche und dann eine breite Treppe die monumentalen Terrassen hinauf. Das alles schiene erdrückend prunkvoll, wäre es nicht aus dem schönen, aber schlichten Kalksandstein erbaut, der im nahen Viggiù an der Schweizer Grenze gewonnen wird. Auf jedem Absatz flankieren Töpfe mit großen Zitronenbäumen (*Citrus × limon*) die Treppe. Und dahinter steigt der Hang an. Erst über eine große achteckige, von niedrigen Mauern umfasste Rasenfläche, der bergan in großen Abständen spitze Zypressen einen architektonischen Rhythmus verleihen. Der Rasen endet in einer weiteren Terrassenstufe mit einer Art Balkon, wie für einen hohen Herrn gemacht, der zur unter ihm versammelten Menge spricht – er bräuchte allerdings eine Stimme wie ein Nebelhorn. Hinter dieser letzten Terrassenstufe zieht sich in gerader Schneise die erwähnte „Raketenabschussanlage" den Hang hinauf. An ihren Seiten stehen die Zypressen nun dichter, sie scheinen den Blick immer schneller bergauf und schließlich in den Himmel zu lenken.

Diese ganze Prachtentfaltung entspringt einem wesentlichen Aspekt des Barocks, der prunkvollen Selbstdarstellung, die in ganz Europa im 17. und frühen 18. Jahrhundert zelebriert wurde. Die fixe Idee von einer – idealerweise unendlich – langen Sichtachse setzte Ludwig XIV. mit seinem Schloss Versailles in die Köpfe der europäischen Adeligen. Auch dort konnte das Volk durch schmiedeeiserne Schnörkel den noblen Herrn bei ihrem distinguierten Treiben zuschauen. In Versailles aber, wie in all seinen (vielen) über den Kontinent verstreuten Kopien, prallt der Blick auf das Palastportal, und nur eine Elite konnte gerade hindurchschreiten und nach den Salons zur großen Gartenachse gelangen, die sich in der Landschaft hinter dem Park verliert. Hier erwartet man also, die Villa zu sehen – aber da ist kein Haus, hinter dem doch eigentlich Terrassen, achteckiger Rasen und steile Zypressenallee liegen sollten. Einen vornehmen Besucher um das Jahr 1720 muss dieser Bruch mit dem strikten barocken Protokoll aus der Fassung gebracht haben.

LINKS Von der achteckigen Rasenfläche wandert der Blick die Terrassen hinunter, über den Ehrenhof und schließlich zum Gipfel des Monte Campo dei Fiori hinauf. Die Villa zur Rechten ist auf eine ältere Achse ausgerichtet.

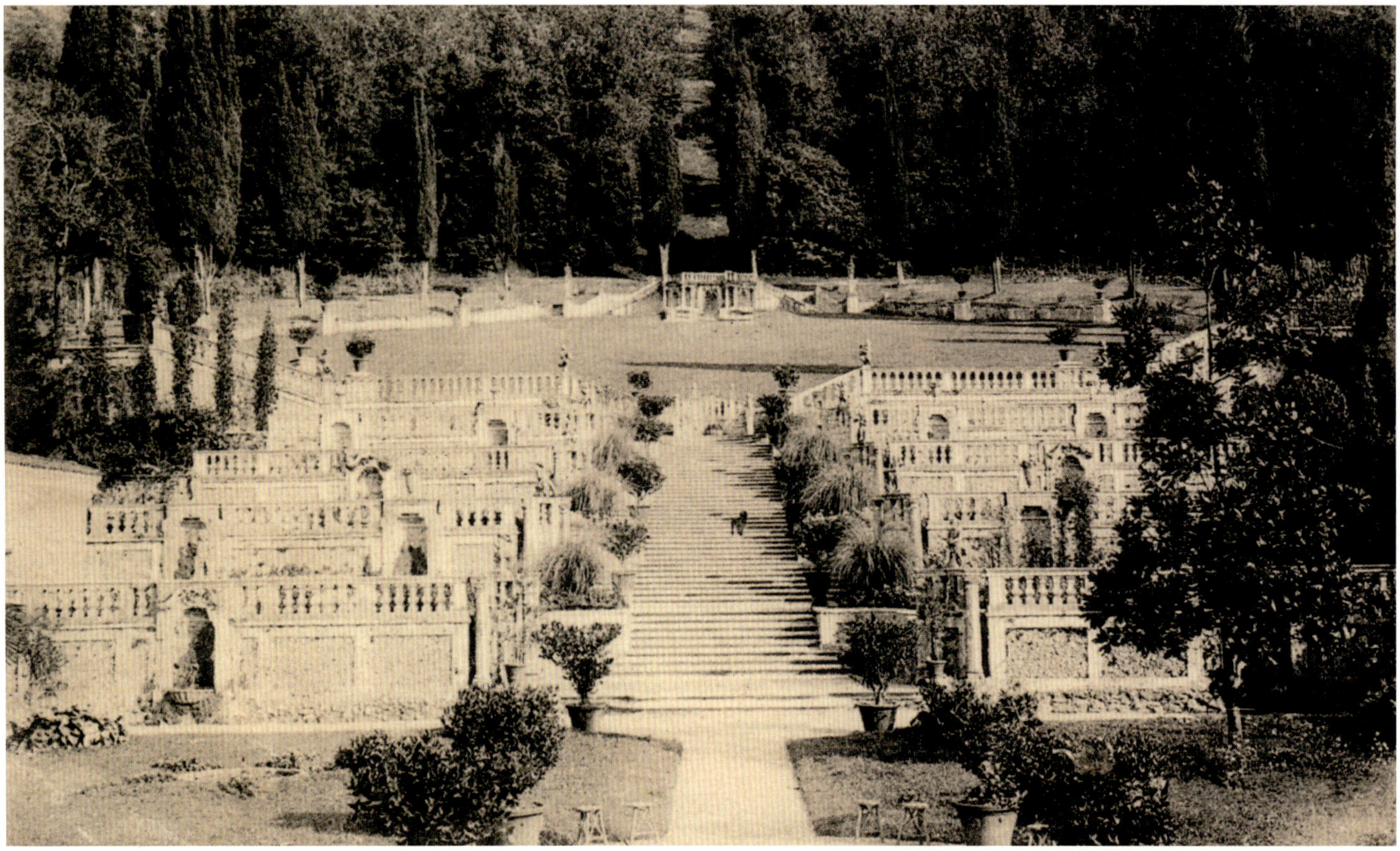

Dieser Stilbruch ist im stetigen sozialen Aufstieg der Besitzerfamilie begründet, der schon 200 Jahre währte, als die große Gartenanlage geschaffen wurde. Ursprünglich stand an der Stelle der Villa ein im frühen 16. Jahrhundert für die Familie Della Porta gebautes Bauernhaus. Die noch erhaltenen Wirtschaftsgebäude zeugen von Weinbau und Seidenraupenzucht, und man kann sich unschwer vorstellen, wie sich einmal regelmäßige Reihen von Weinstöcken und Maulbeerbäumen (*Morus*) den Hang hinaufzogen. In der zweiten Jahrhunderthälfte wurde das Haus zum Gutshaus – zur herrschaftlichen Villa – erweitert, eine Urkunde spricht vom *domus magna*, vom großen Haus. Der soziale Aufstieg setzte sich auch im 17. Jahrhundert fort und manifestierte sich in einer formalen Hofanlage und einem Garten, der in die bäuerliche Landschaft eindrang.

Als Gian Angelo III. Della Porta den Besitz erbte, kam der große Moment in der Geschichte des Anwesens, die Schaffung der außergewöhnlichen Anlage, die heute die Besucher anzieht. Gian Angelo III., ein junger Mann von Vermögen und Ideen, heiratete 1711 mit 21 Jahren Isabella aus dem Grafengeschlecht der Giulini. Die wesentlichen

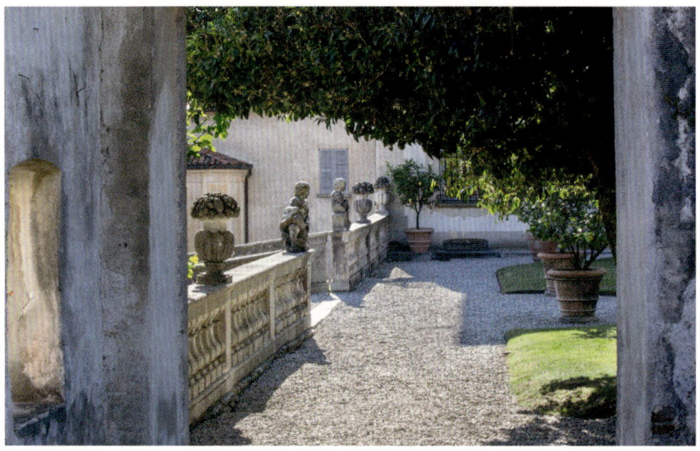

GANZ OBEN Auf dieser Postkartenansicht aus dem frühen 20. Jahrhundert präsentieren sich die Terrassen genauso wie heute, Zitronenbäumchen (*Citrus × limon*) akzentuieren ihren Rhythmus. Der Familienhund belebt (ungewollt) die Strenge.
OBEN Auch im Ehrenhof, in den die steinernen Putti einzuladen scheinen, stehen große Töpfe mit Zitronenbäumen.
RECHTS Die gerade erst erneuerten Stufen wirken recht nackt ohne die *Citrus*-Bäumchen. Die ganze Terrassenanlage mit ihren dekorativen Mauerfeldern ist ein Paradebeispiel der ornamentalen Architektur.

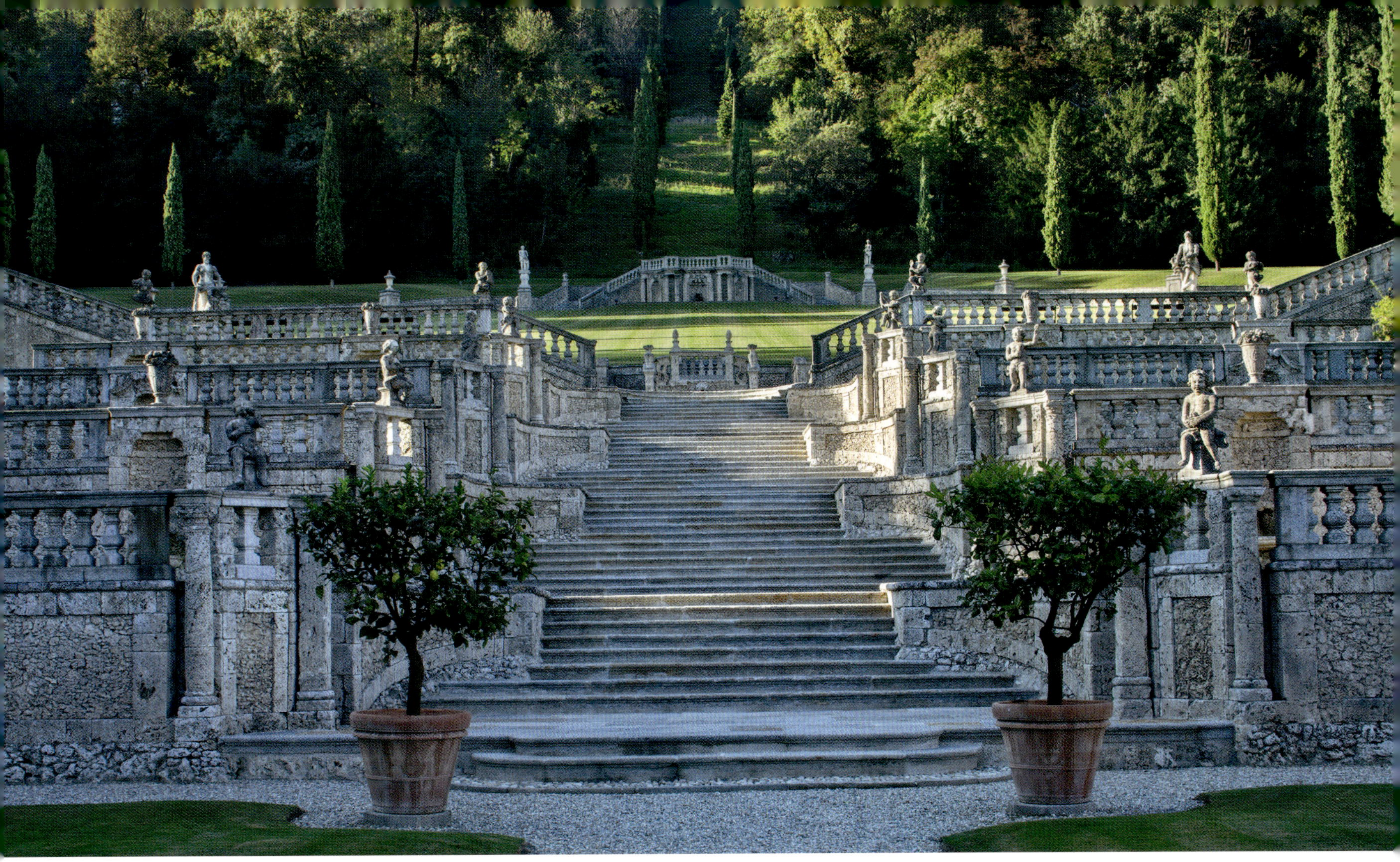

Elemente des Hauses, den Renaissance-Hof und die Winkeltreppe im Inneren, die große Ähnlichkeit mit der der Villa Cicogna Mozzoni hat, tastete er nicht an. Vor dem langen Seitenflügel aber ließ er eine Fläche für den Ehrenhof mit einer streng geometrischen Gartenanlage begradigen. Als Kontrapunkt zum Haus steht als Begrenzung nach Osten eine Mauer, auf deren Krone die vier Jahreszeiten in verschiedenen steinernen Haltungen posieren. In der Mitte der Mauer öffnet sich ein Tor auf eine Allee, die heute mit Linden (*Tilia*) bepflanzt ist und zu einem kleinen offenen Tempel führt. Die Fresken des Tempels – Apollon, der sich mit einigen Musen am Parnass die Zeit vertreibt – schuf Giovanni Battista Ronchelli. Diese wohlgeordnete Anlage spiegelt die gute, aber nicht prächtige gesellschaftliche Stellung des Villenbesitzers wieder. Am schönsten bietet sie sich vom *piano nobile*, dem ersten Geschoss, dar. Wie so viele streng geformte Gärten ist sie dazu bestimmt, von oben betrachtet zu werden.

Die überaus akkurate Anlage der Villa Della Porta Bozzolo genügte allen damaligen Stil-Ansprüchen und hätte auch dem Besitzer genügen können. Doch schon in den 1720er Jahren begann Gian Angelo III. mit der grandiosen Umgestaltung des Hangs, deren Ergebnis man heute noch bewundert. Er schuf eine zweite Achse, die zwar im Ehrenhof ihren Ausgangspunkt hat, aber senkrecht zu dessen Fortsetzung – der Lindenallee – den ganzen Berg hinaufführt. Dieses Sich-über-die-Geländeform-Hinwegsetzen macht die Anlage so außergewöhnlich. Die lange Sichtachse hätte eigentlich in Gestalt einer Allee oder eines Kanals im Tal liegen müssen – hier scheint sie in der Landschaft zu stehen. Eine so radikale Umformung des barocken Ideals habe ich nur noch in Linderhof in den bayerischen Alpen gesehen. Dort hat Carl von Effner, der Hofgärtner Ludwigs II., die Gartenachse das Tal hinunter auf die Rückseite des Schloss zulaufen lassen und sie an der Front fortgesetzt. Aber das tat er im 19. Jahrhundert und für einen König, der für seine dramatischen Gesten berühmt war, und nicht für einen kleinen Adligen in einem stillen Winkel der Lombardei. Vielleicht konnte Della Porta das Land im Tal nicht erwerben und ließ sich deshalb etwas Originelleres einfallen. Er muss gewusst haben, dass ihn das entweder lächerlich oder berühmt machen würde. Die Geschichtsbücher schweigen darüber, vielleicht hat es also niemand zur Kenntnis genommen – was noch schlimmer gewesen wäre.

Während im Garten Erdmassen bewegt und Mauern gesetzt wurden, erlebte auch die Villa Della Porta Bozzolo eine große angelegte Umgestaltung. Ihre äußere Gestalt – in U-Form um den Innenhof errichtet – blieb unverändert, doch in den Innenräumen tobten sich die Maler mit feinem Pinsel aus. Jede Fläche, egal, ob Wand, Decke oder Tür, wurde mit Rokoko-Fresken überzogen – in ihrer ländlich-rustikalen Variante. Alle Malereien sind erhalten und führen dem Besucher vor Augen, dass sich alles um den Garten, hier vor allem um die Blumen, dreht. Trompe-l'œil, wohin man blickt, selbst über die Fensterläden ziehen sich stilisierte Blumen in frischen Frühlingsfarben. Besonders schön ist die Eingangshalle, durch deren geöffnete Türen eine angenehme Brise von den Bergen weht. In einem breiten Gang im Obergeschoss wirbeln Gestalten aus der antiken Welt in Rokokomanier über die Fresken und erfüllen das Haus mit einer hellen und fröhlichen Stimmung.

Heute sind Villa und Garten so gepflegt, dass man nicht ahnt, wie lange sie vernachlässigt wurden. Nachdem 1814 auch der letzte Della Porta gestorben war, ging die Villa an

UNTEN Sattes Grün mildert die Monumentalität der Anlage. Zitronenbäume (*Citrus × limon*) in Töpfen markieren ganz traditionell die geometrischen Parterre-Formen, in jedem Rasen liegt ein rundes Blumenbeet.

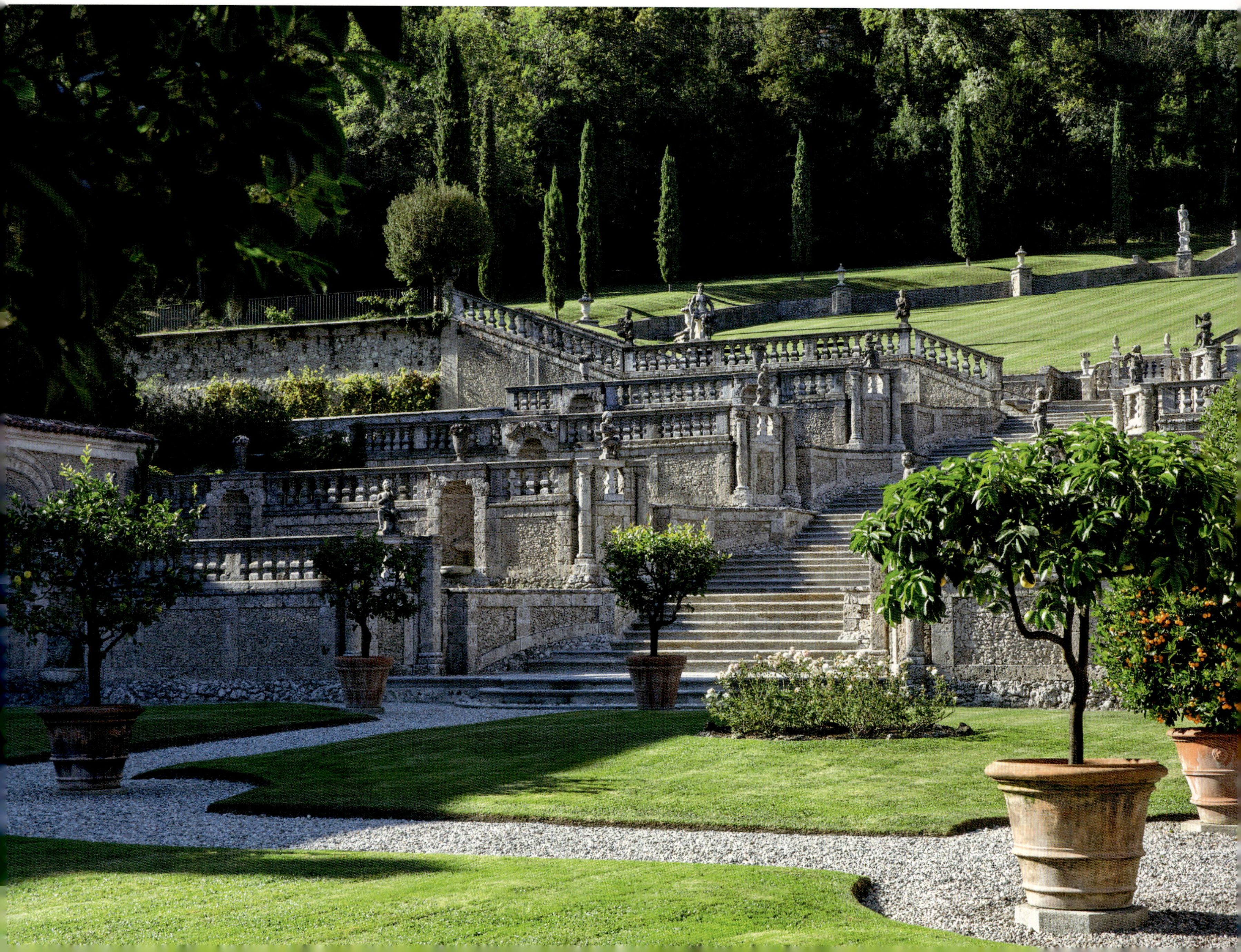

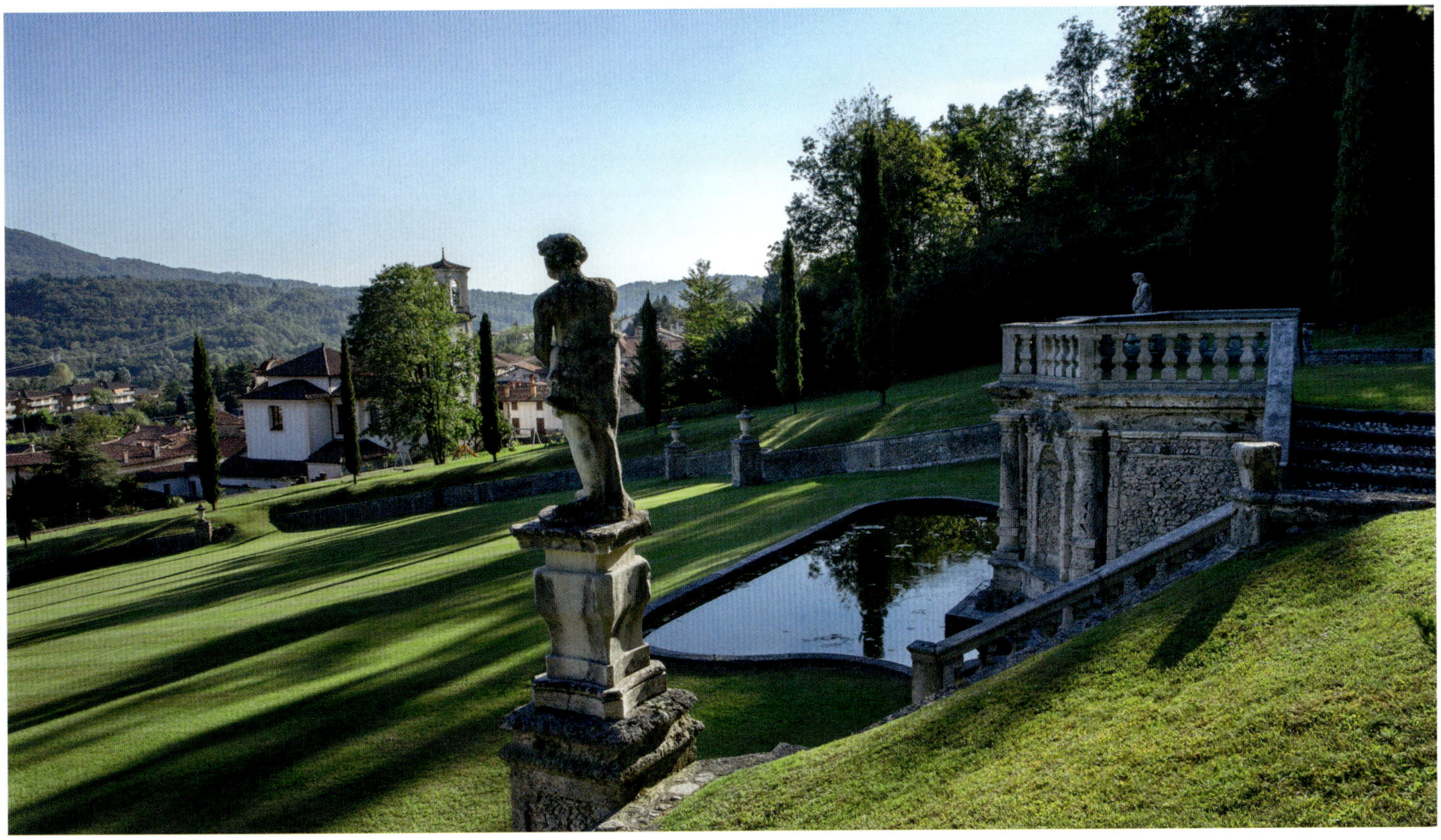

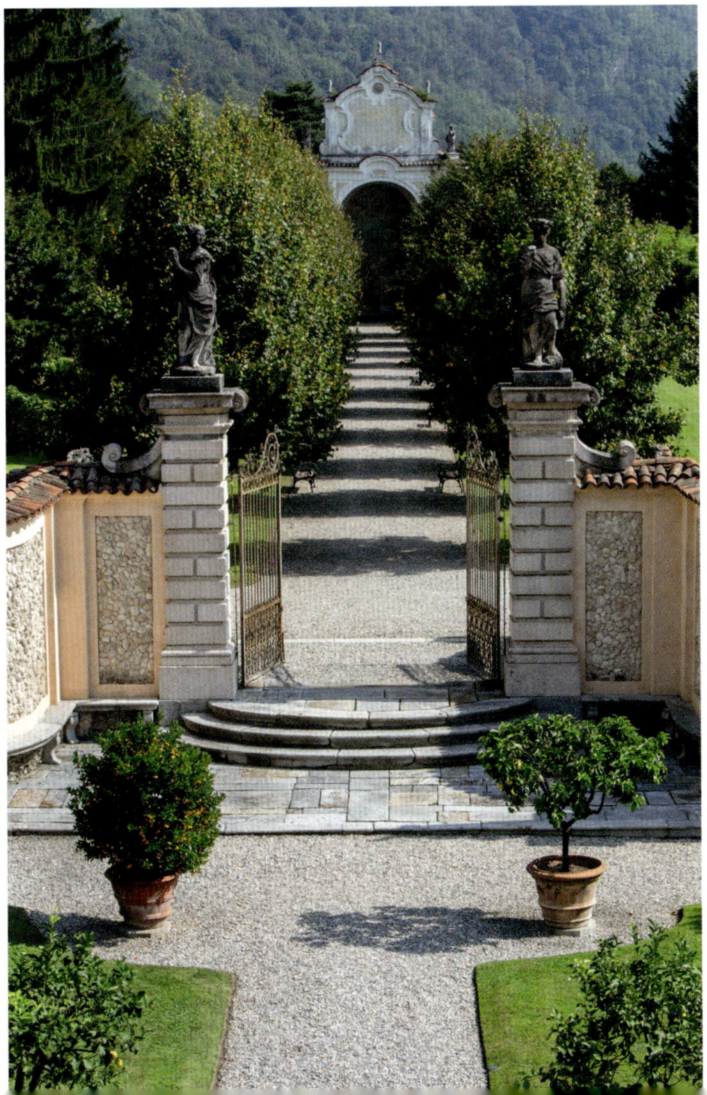

eine Reihe von Besitzern, bis Camillo Bozzolo, ein Senator des gerade vereinten Italiens, sie erwarb. Seine Nachfahren übergaben sie 1989 dem FAI. Seither wurden das Haus und sein spektakulärer Garten zu neuem Leben erweckt. Von überallher kam das Mobiliar zusammen, denn in den Jahren nach dem Zweiten Weltkrieg war ein Großteil der Einrichtung veräußert worden. Ich erinnere mich an Besuche, kurz nachdem der FAI die Villa übernommen hatte: Durch die Räume schallte Musik aus einem tragbaren Radio, während unsichtbare Restauratoren auf Gerüsten über meinem Kopf die Deckenfresken reinigten.

Um das Publikum zu locken, finden zahlreiche Veranstaltungen statt, im Frühherbst etwa ziehen die kulinarischen Wochen in die Wirtschaftsgebäude ein. An den Wochenenden

---

Oben Die langen Schatten der Zypressen (*Cupressus sempervirens*) fallen auf die achteckige Rasenfläche unter der kanzelähnlichen Aussichtsplattform. Die unendliche Vielfalt der Natur verleiht auch der Strenge des Barocks romantische Leichtigkeit.

Links Vom Balkon im ersten Geschoss der Villa hat man den besten Blick auf die erste Gartenachse. Sie verläuft durch ein von zwei Jahreszeiten bewachtes Tor eine Lindenallee (*Titlia*) entlang bis zu einem kleinen Apollon und den Musen geweihten Tempel.

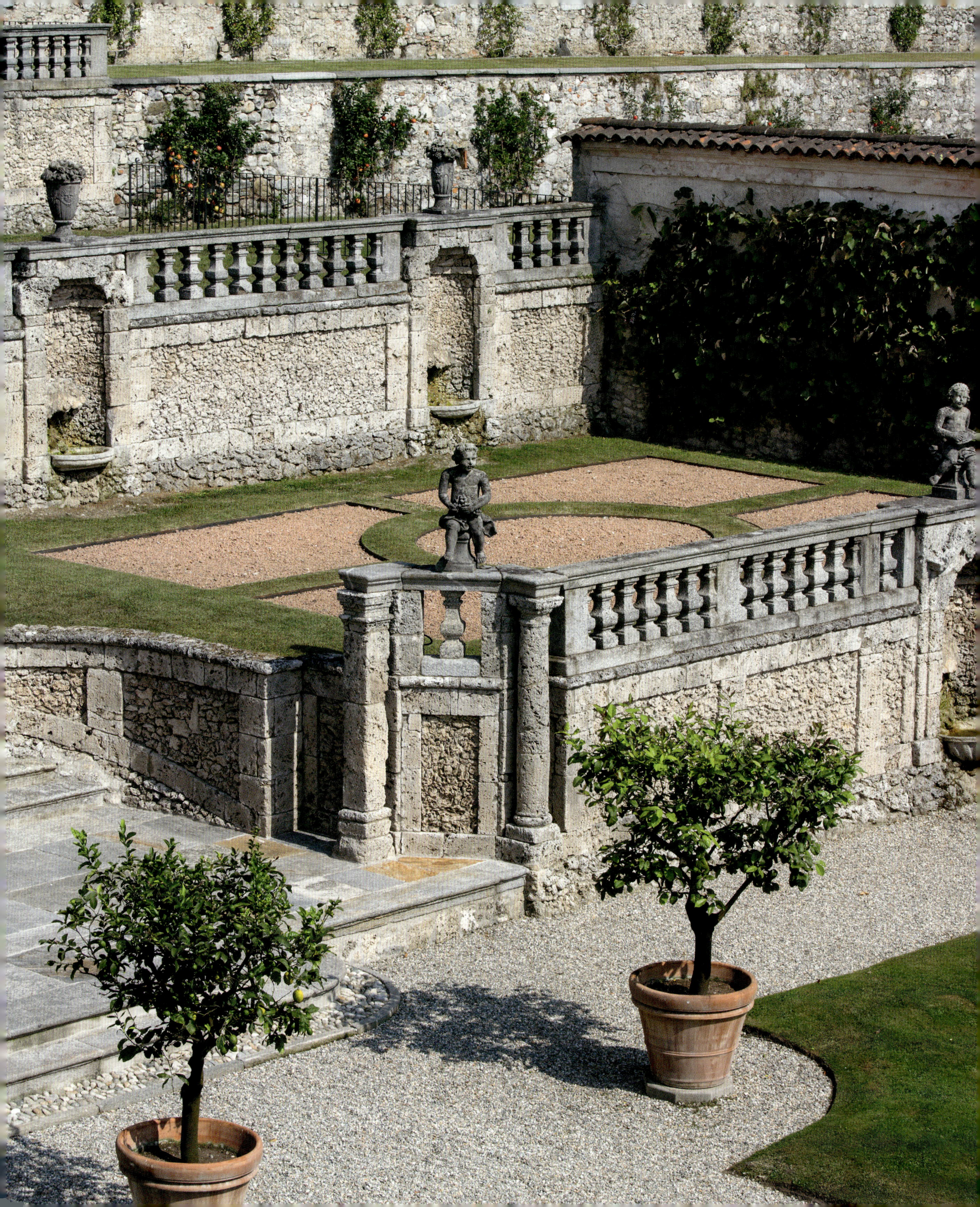

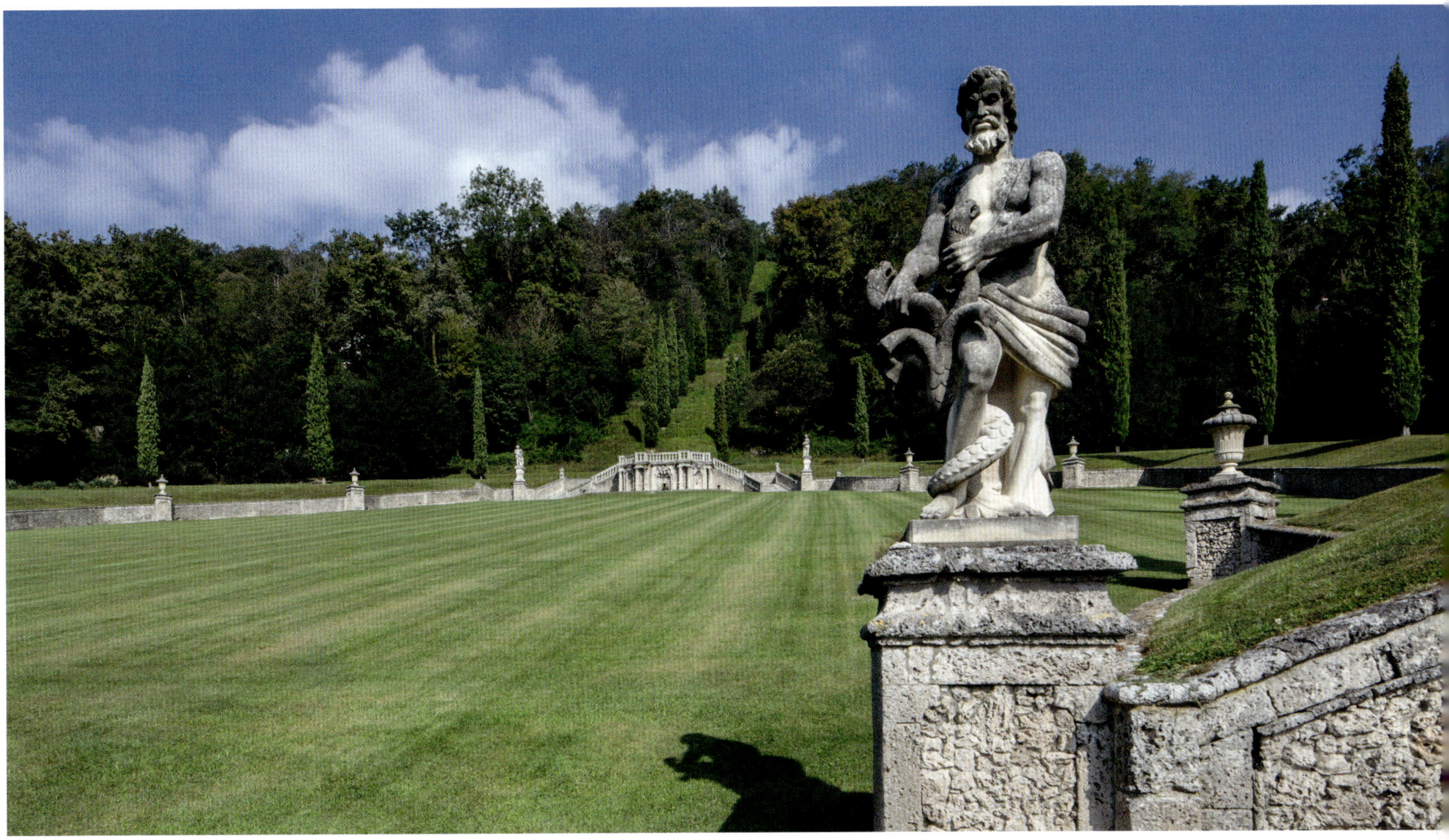

machen Familien aus der Umgebung einen Ausflug hierher. Der besondere Charme des Gartens verdankt sich den durchdachten Blumenarrangements in der geometrischen Anlage. In den Rasenflächen des Ehrenhofs setzen runde Beete mit saisonalen Blumen lebhafte Akzente, die großen Terrakottatöpfe mit Zitronenbäumen (*Citrus × limon*) bilden Eckpunkte und leiten den Blick auf die große Terrassentreppe, wo sie auch an den Balustraden in klassischem Rhythmus verteilt sind. Am Ende der Treppe, entlang der unteren Begrenzungsmauer des großen Rasenoktogons weisen blassblaue Iris in langer Reihe den Weg bis zu den kleinen Tempelhäuschen am jeweiligen äußeren Ende. Im März kleidet sich die gesamte abschüssige Rasenfläche mit Krokussblüten. Eine halbe Million Zwiebeln wurden 2003 unter Anleitung des Architekten Emilio Trabella gesetzt. Sie blühen in vielen Farben bunt durcheinander, ganz nach italienischem Geschmack.

Die an den Kanten des Oktogons in regelmäßigen Abständen gesetzten Zypressen (*Cupressus*) waren in den 1990er Jahren verkümmert, inzwischen stehen hier frische gesunde Exemplare. Die Bäume sind wahre Sonnenanbeter, die Hoffnung, sie mögen so weit im Norden gedeihen, mag verfehlt sein – dann müssten wieder neue gepflanzt werden.

Schließlich steht der Besucher am Fuß der mit Zypressen gesäumten Schneise, die, vom Haus aus betrachtet, steil und abweisend in den Himmel zu führen scheint – tatsächlich aber führt ein recht bequem zu gehender Weg im Zickzack hinauf. An einem Sonntagnachmittag erinnert der Strom der stetig an- und absteigenden Spaziergänger auf den

LINKS Die strenge Ordnung von Mauerwerk und Grün sieht man vom Balkon aus. Am Fuße der Terrasse liegt ein Parterre aus zerstoßenen Ziegeln.
OBEN Herkules würgt am Eingang zum Oktogon die Hydra, die strengen Zypressen (*Cupressus sempervirens*) lenken den Blick den Hügel hinauf bis zur Schneise in den Himmel.
FOLGENDE DOPPELSEITE Der triumphale Rhythmus der Ehrenachse, von Statuen und Zitronenbäumen (*Citrus × limon*) akzentuiert, lenkt das Auge die Freitreppe hinab ins Weite. Das Haus, das der eigentliche Blickfang sein sollte, ist hier nur Zuschauer am Rande.

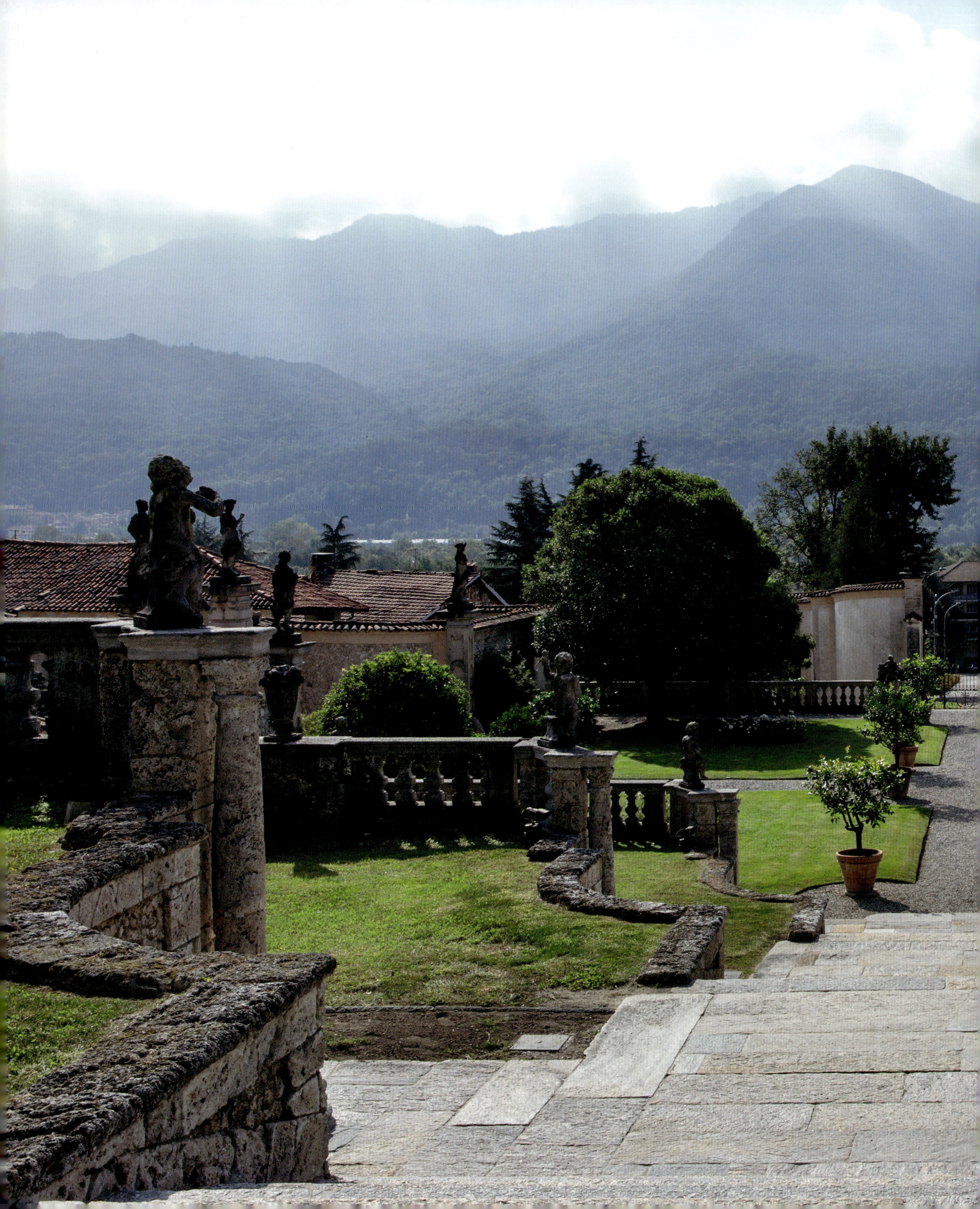

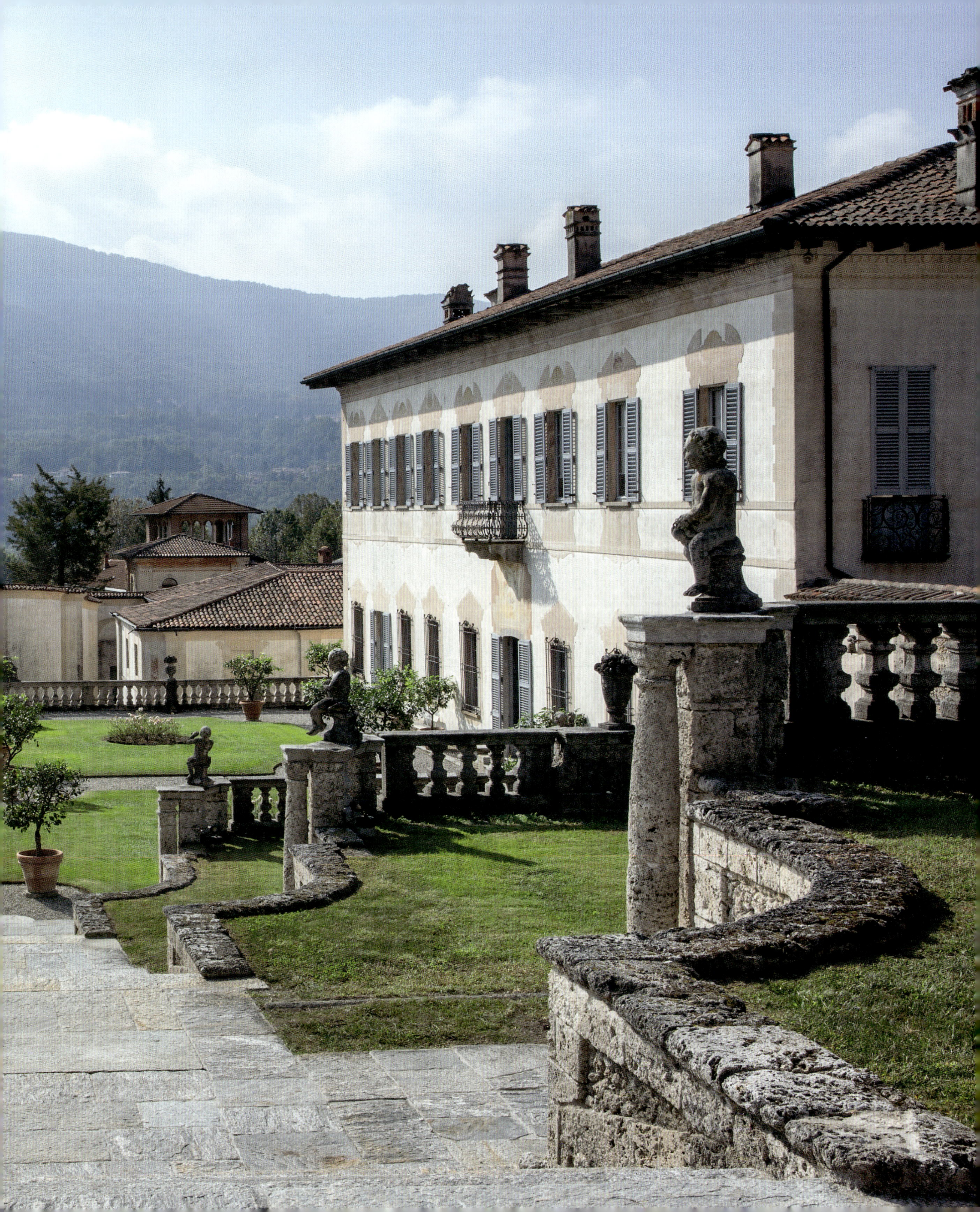

schrägen Bahnen an ein mechanisches Laufwerk. Auf dem Gipfel stößt der Besucher an eine blinde Mauer, doch wenn er sich umdreht, belohnt ihn eine herrliche Aussicht. Der Blick wandert die schmale Schneise wieder hinunter, über das großzügige Rasenoktogon, durch den Ehrenhof und das Eingangstor die Gasse hinunter bis zur Hauptstraße. Auf der anderen Straßenseite hemmt ein modernes Gebäude (scheußlich) den visuellen Lauf, aber dann springt der Blick darüber hinweg: geradeaus über das Tal und den bewaldeten Berghang, hinauf bis zum Gipfel des Monte Campo dei Fiori. Könnte es einen passenderen Endpunkt geben als den „Berg des Blumenfelds"? Es scheint im ersten Moment unbefriedigend, dass der Gipfel neben, nicht in der Sichtachse liegt, aber dem barocken Sinn wäre das unangemessen erschienen.

Der Berg ist ein unverändertes Relikt der göttlichen Schöpfung, der Garten jedoch ist Menschenwerk. Den Gipfel in die geometrische Gestaltung mit einzubeziehen, wäre selbst für einen Ruhmsüchtigen denn doch zu vermessen gewesen. Ganz Ähnliches kann man im Park von Powerscourt am Fuße der Wicklow Mountains südlich von Dublin sehen. Auch dort erheben sich die Gipfel leicht versetzt zur Sichtachse. Der menschliche Geltungsdrang hat seine Grenzen.

Es erschiene durchaus logisch, wenn diese zwei Welten – die künstliche und die natürliche – in einem solchen Garten, der die Beherrschung der Natur durch den Menschen so nachdrücklich demonstriert, streng voneinander getrennt blieben. Doch die heute Verantwortlichen haben nach gründlichem Nachdenken einen wundervollen Kompromiss gefunden. Auf der langen steilen Schneise durch den Wald darf sich, zumindest im Frühjahr, die heimische Flora blühend ausbreiten. Da das Grundgestein hier aus Kalk besteht und weder Dünger noch Herbizide zum Einsatz kommen, ist der Pflanzenreichtum groß.

Im April können diejenigen, die sich den Aufstieg ersparen wollen, am Fuße der Schneise Seifenkräuter (*Saponaria*) und

UNTEN Mancher Steinschmuck, wie diese Urnen, musste in jüngster Zeit erneuert werden. Auch die edlen Zypressen (*Cupressus sempervirens*) am Rande des Oktogons wurden innerhalb der letzten 20 Jahre neu gepflanzt.

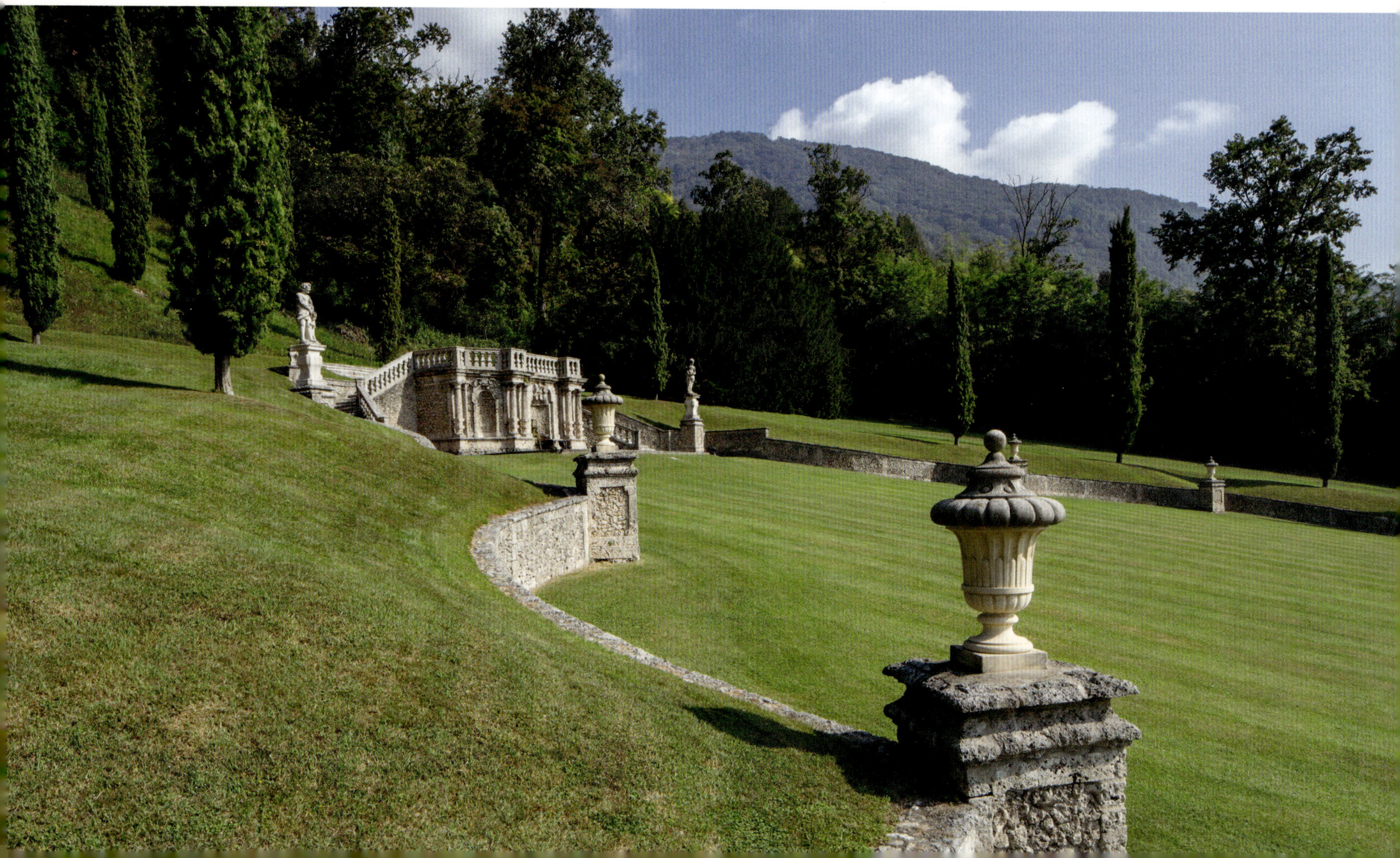

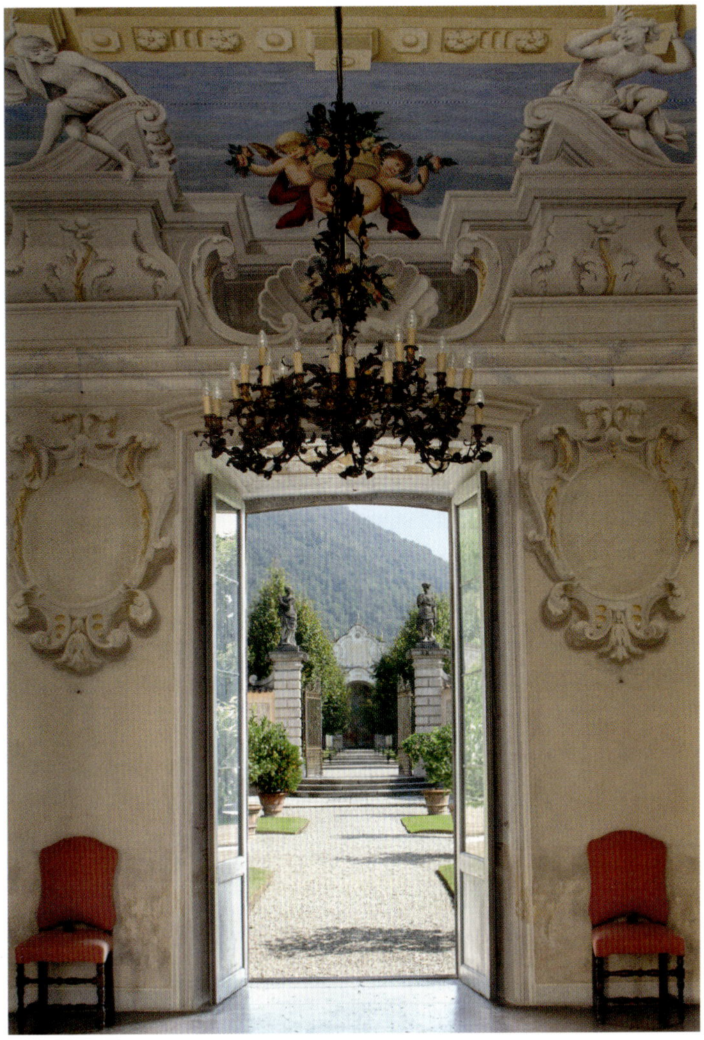

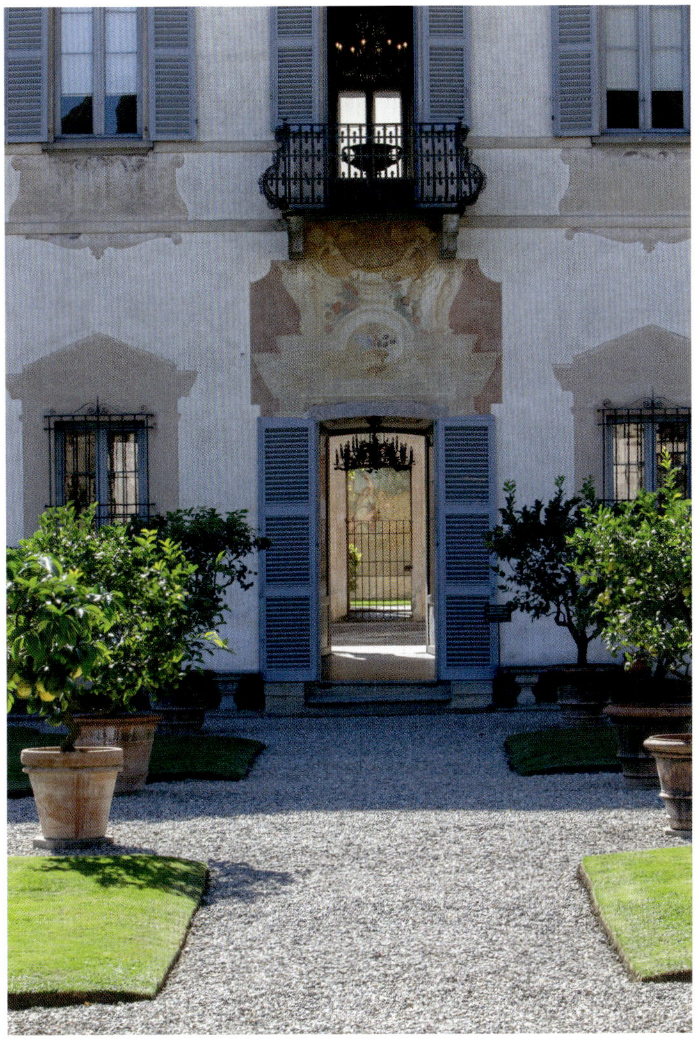

verschiedene Klee-Arten (*Trifolium*) bewundern. Kennern werden die vielen früh blühenden Orchideenarten ins Auge fallen. Die Vegetation muss selbstverständlich regelmäßig geschnitten und gemäht werden, andernfalls würde sich die Natur die Kunst zurückerobern.

Auch im Herbst wird es bei der Villa Della Porta Bozzolo bunt, wenn Tausendgüldenkraut (*Centaurium*) das Grün verdeckt. Selbst wer diese kleinen Schönheiten nicht identifizieren kann und nicht weiß, dass Dichter sie besungen haben, hat seine Freude an ihnen. – Genau so sollte sich ein historischer Garten in unserer Zeit präsentieren.

Manch einer wird, nicht ohne Grund, wehmütig an eine Zeit zurückdenken, in der dieser Garten allein dem Vergnügen seiner Besitzer diente und die Villa Mittelpunkt eines Familienlebens war. Doch eine öffentliche Stiftung, die Handwerkskunst, kluge Verwaltung und das Verständnis für die geschichtliche Bedeutung vereint, ist allemal besser als leiser Verfall. Man sollte froh sein, dass die Villa Della Porta Bozzolo in diesem abgelegenen Tal überhaupt noch steht. Und man sollte sie auf jeden Fall auf die persönliche Reiseroute setzen.

Oben links Ein Bild der Harmonie – Malereien aus dem 18. Jahrhundert rahmen den Blick von der Villa in die Allee. Das helle Blau des nördlichen Himmels im Deckenfresko findet über dem Garten sein natürliches Pendant.

Oben rechts In umgekehrter Blickrichtung, vom Parterre auf die Villa, sieht man die Außenfresken. Der Blick wandert durch das Haus und den Hof zu einer wohlplatzierten Wandmalerei auf der Hofmauer des anderen Seitenflügels.

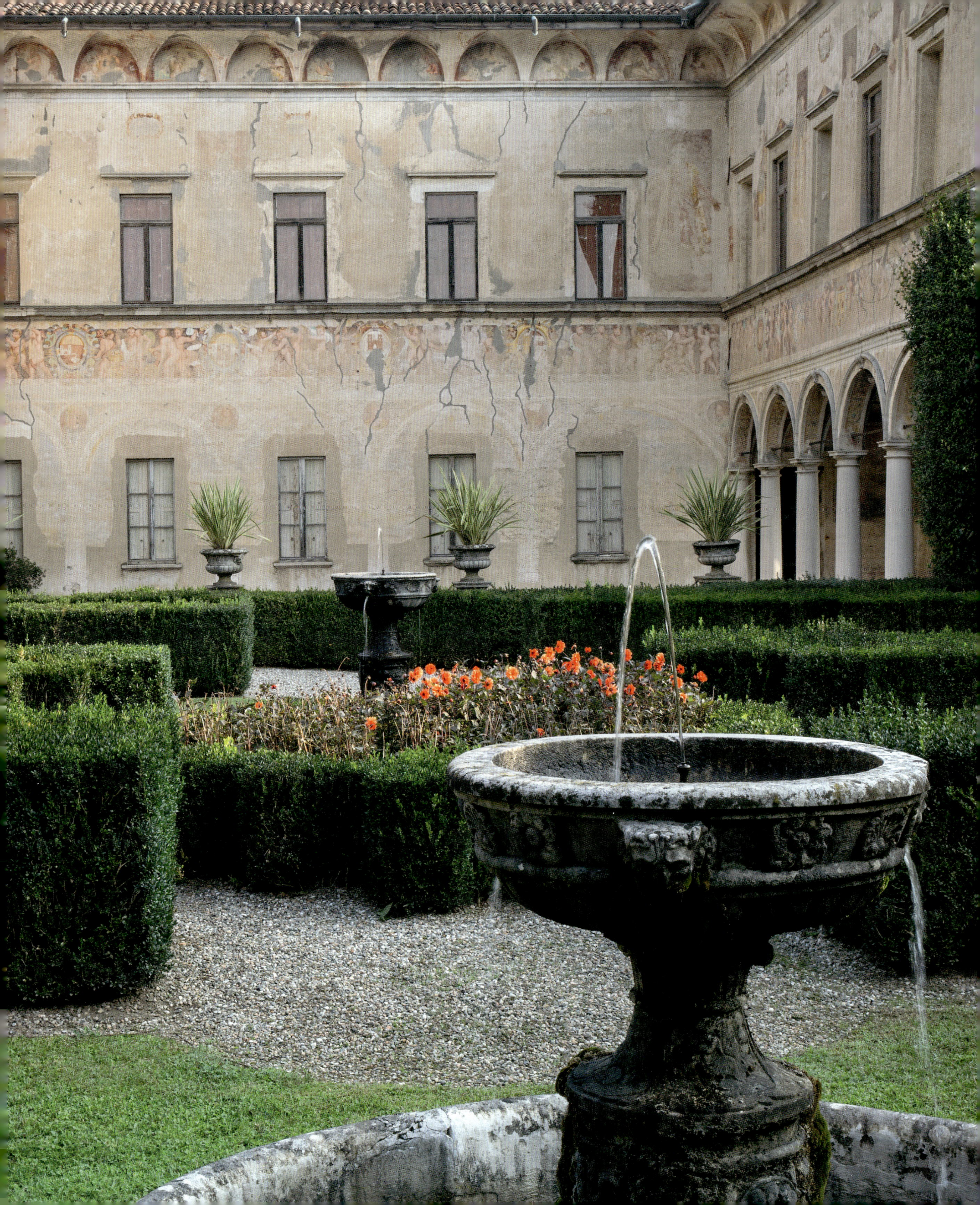

DIE VILLA CICOGNA MOZZONI

Eines schönen Tages Ende der 1950er Jahre begab sich die junge Eleonore Paar, die in Lugano für das Reiseunternehmen Thomas Cook arbeitete, auf eine ihrer Wochenend-Fahrradtouren. Bei diesen Ausflügen schaute sie sich alte Landhäuser und ihre Gärten an. An diesem Tag kam sie ins einige Kilometer nördlich von Varese gelegene Dorf Bisuschio, weil sie wusste, dass dort ein sehr interessantes Anwesen lag. Sie fuhr in den Hof, klopfte an die Tür und fragte, ob sie sich umsehen dürfe. Die verwitwete Gräfin war bass erstaunt, dass die forsche junge Frau den ganzen weiten Weg auf dem Fahrrad zurückgelegt hatte, und lud sie zum Mittagessen ein. Am Tisch saß neben anderen Familienmitgliedern auch der Sohn des Hauses.

Jeder, der die Contessa Cicogna Mozzoni, die frühere Eleonore Paar, kennen lernte, wird sich daran erinnern, wie außergewöhnlich sie die Besichtigungstouren in der Villa gestaltete. Keine Tour glich der anderen, doch alle waren sie von dieser besonderen Mischung aus großem Wissen und menschlicher Wärme geprägt. Einmal hörte ich, wie einer der Besucher bemerkte, dass das Gras auch mal wieder gemäht werden könnte. „Seien Sie doch nicht so spießig", war die Antwort, und wir wendeten uns in einer der sieben Sprachen, die sie fließend beherrschte, Wichtigerem zu.

Sie lebt nicht mehr, doch ihr Sohn, Jacopo Cicogna Mozzoni, führt die Tradition fort und ist nun die Personifikation dieses Ortes mit der besonderen Atmosphäre geworden. Man findet in Italien nur selten ein Landgut in Privatbesitz, dessen Villa und Garten noch genauso aussehen wie auf einer einhundert Jahre alten Fotografie, weil nie ein Restaurator jemals Hand an sie anlegte. Noch seltener trifft man auf einen Besitzer, der völlig im Einklang mit dem historischen Erbe lebt und den Kulturpilger freudig durch das ganze Haus führt, erklärt, wie alles zusammenhängt, wie die Familie hier über die Jahrhunderte bis in die Gegenwart lebte.

In der Villa und ihrem Garten lebt auf einzigartige Weise die Gestaltungsidee aus der Mitte des 16. Jahrhunderts fort, einer Zeit, in der die Harmonie der italienischen Renaissance in die kapriziösere Phase des Manierismus überging. Alles begann 1476, als der tyrannische Herzog von Mailand, Galeazzo Maria Sforza, zur Bärenhatz im Jagdhaus der Familie Mozzoni weilte. Im Verlauf der Ereignisse drohte ein Bär sich auf den Herzog zu stürzen, woraufhin Agostini Mozzoni seinen Hund dem Raubtier an die Kehle jagte und so alles zum Guten wendete. Bis heute liegt die bronzene Form des heldenhaften Hundes auf einem roten Samtkissen im schönsten Raum der Villa. Verständlicherweise zeigte sich der Herzog dankbar ob dieses rechtzeitigen Eingreifens und überschüttete die Familie Mozzoni mit Privilegien. Und so verwandelte sich das Jagdhaus im Laufe der nächsten einhundert Jahre in eine Villa mit großem Garten.

Das einstige Jagdhaus bildet heute den Eingangsflügel des u-förmig um einen Hof erbauten Gebäudes. Man kann endlos darüber diskutieren, ob dieser Hof nun Teil des Hauses oder des Gartens ist. Seine Mauern sind vollständig mit Fresken bedeckt, auch die Loggia ist vom Arkadenfuß bis zur Decke bemalt, und der Garten bildet die naturbelassene vierte Seite des Hofs. Die der Sonne ausgesetzten Fresken sind verblasst, doch man erkennt noch immer Edelfräulein, die sich aus

LINKS Ein leise plätschernder Brunnen im Parterre der Villa Cicogna Mozzoni. Dahinter liegt der Empfangshof mit den Arkaden zur Loggia. Die Fresken verblassen seit 450 Jahren.

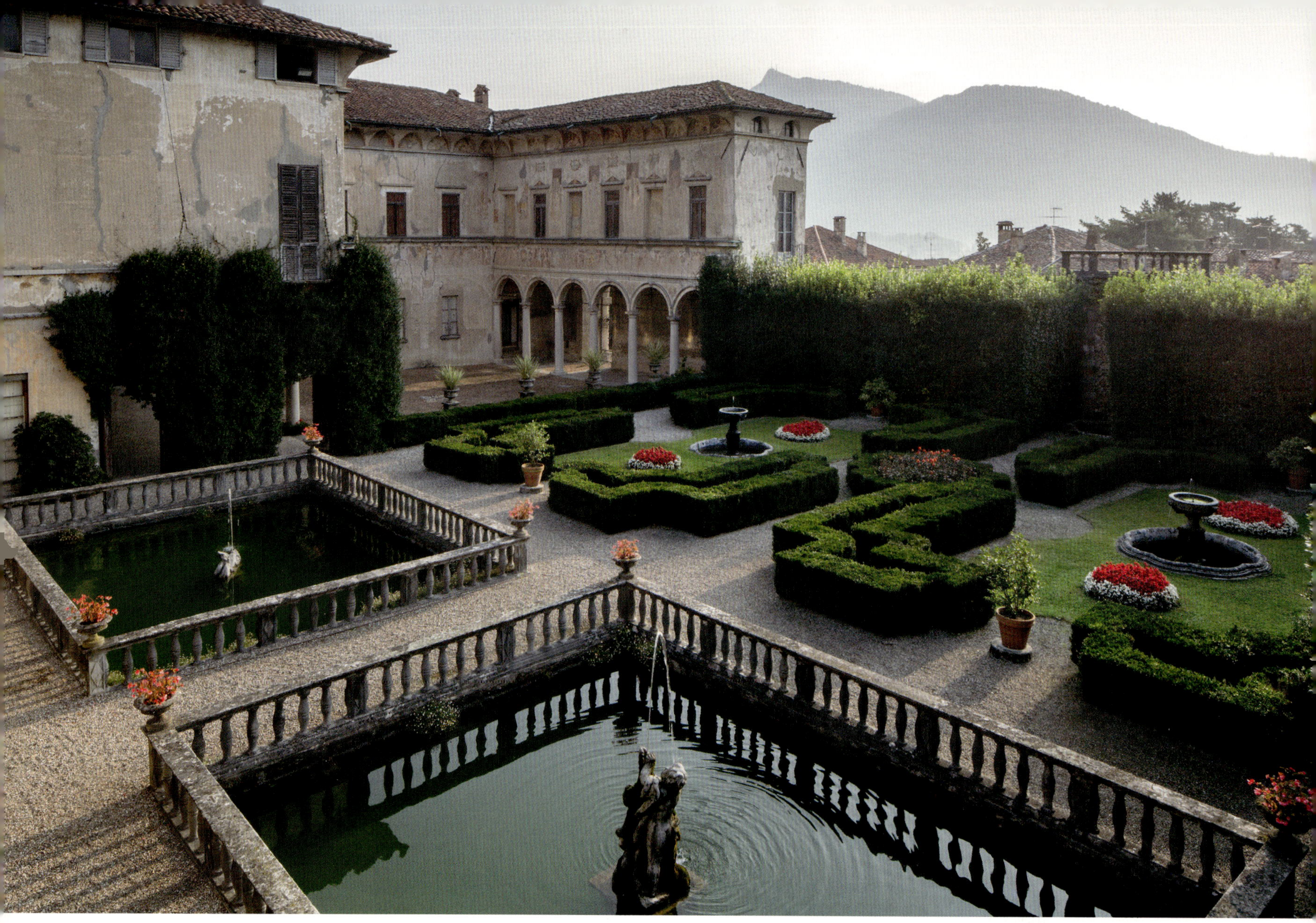

imaginären Fenstern lehnen, um nach der heimkehrenden Jagdgesellschaft Ausschau zu halten. Der gemalte Horizont vereinigt sich hier mit dem echten, der durch den Torbogen zu sehen ist. Die Malereien an der Loggia-Decke leuchten noch wie neu und zeigen unter anderem das Familienwappen, eine Reihe einschlägiger Gottheiten und eine überrankte Pergola. Einige dieser Fresken wurden von den Brüdern Campi aus Cremona geschaffen, die beim Meister-Manieristen, dem Architekten Giulio Romano, in die Schule gingen. Wer sich

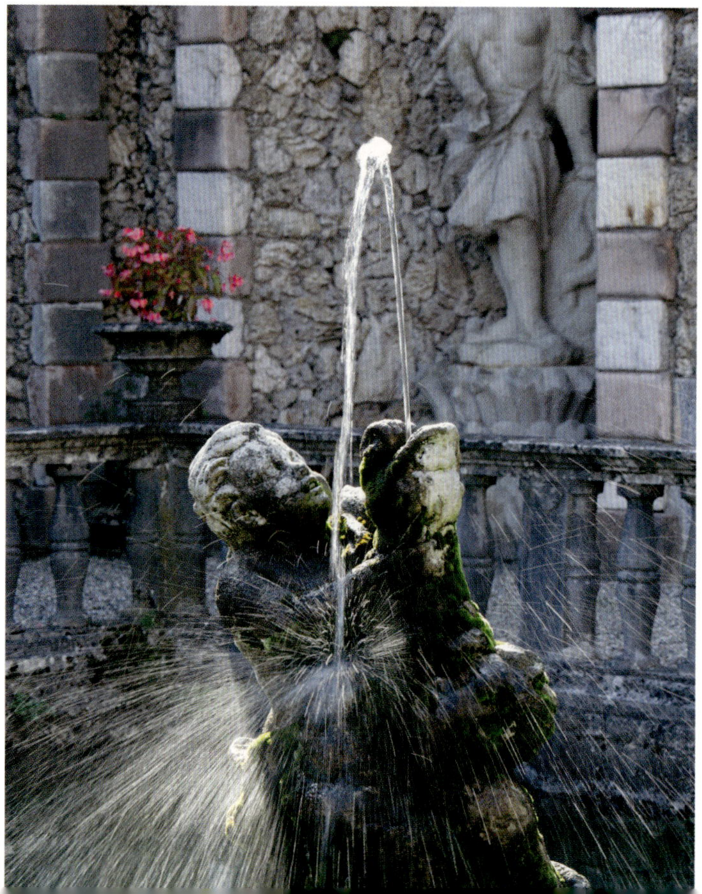

OBEN Zwei rechteckige Teichbecken bilden das Gegenstück zu Formhecken, Rasen und Blumen auf der anderen Gartenseite. Empfangshof und Garten werden als Einheit empfunden, die Lorbeerhecke (*Laurus nobilis*) setzt die Arkaden des Jagdschlossflügels fort.
RECHTS Fließendes oder sprudelndes Wasser dient im Garten der Unterhaltung und der Überraschung. Hier erfrischt sich ein Putto im Wasserstrahl aus dem Delfinschnabel, während eine Gottheit aus einer Nische der Tuffsteinmauer ernst zuschaut.

schon im Hof für diese Kunst interessiert, wird in der Villa schier überwältigt werden.

An der offenen Seite des Empfangshofs liegt der *giardino grande*. Hier fügen sich, umschlossen von hohen Hecken und einer Schutzmauer, geometrische Bepflanzung und Teichbecken zu einem Quadrat. Zu einer Seite erhebt sich steil der Berg – auf den ersten Blick wird deutlich, welch große bautechnische Leistung nötig war, um dem Hang diese ebene Fläche abzuringen und ihn dann abzustützen. Die unmittelbare Nähe von kultiviertem Ort und spektakulärer Landschaft unterstreicht die Vorstellung von der Villa als einer Oase der Zuflucht, fern der hektischen Stadt inmitten der Natur.

Man ließ zwar die Großstadt, in diesem Falle Mailand, nicht aber die kulturelle Raffinesse zurück. Die Verbindung von Haus und Garten ist in der Villa Cicogna Mozzoni bis ins Detail wundervoll umgesetzt worden. Wer den Garten verstehen will, gehe um das Haus herum und betrachte, wie achtsam sich die einzelnen Ebenen und Komponenten zusammenfügen und miteinander korrespondieren.

Es sind die kleinen Details, die zuerst ins Auge fallen: Der Absatz im Treppenhaus ist mit denselben drei Steinfarben – Rosa, Grau und Schwarz – ausgelegt, die auch im Kiesweg des Gartens erscheinen; die Balustraden des Treppenhauses, die steinernen wie die gemalten, und die der Gartenteiche haben dieselbe Form; die Familienporträts im *salone* sind von gemalten Gemüsegirlanden umrahmt, und überall zeigen sich römische Gottheiten, die ländlichen Vergnügungen nachgehen. Diese Formen, Muster und Themen sind typisch für den italienischen Garten des 16. Jahrhunderts, und sie bilden Grundmuster und Ausgangspunkt der neuzeitlichen Gartengeschichte. Dem aufmerksamen Beobachter erschließen sich diese großen Ideen Schritt für Schritt – heute so verständlich wie damals. Es ist ein wahrer Genuss.

UNTEN Haus und Garten gehen in der Loggia fließend ineinander über. Türöffnungen lenken den Blick ins Parterre, zwischen ihnen zeigt ein Fresko aus dem 16. Jahrhundert die legendäre Bärenjagd.

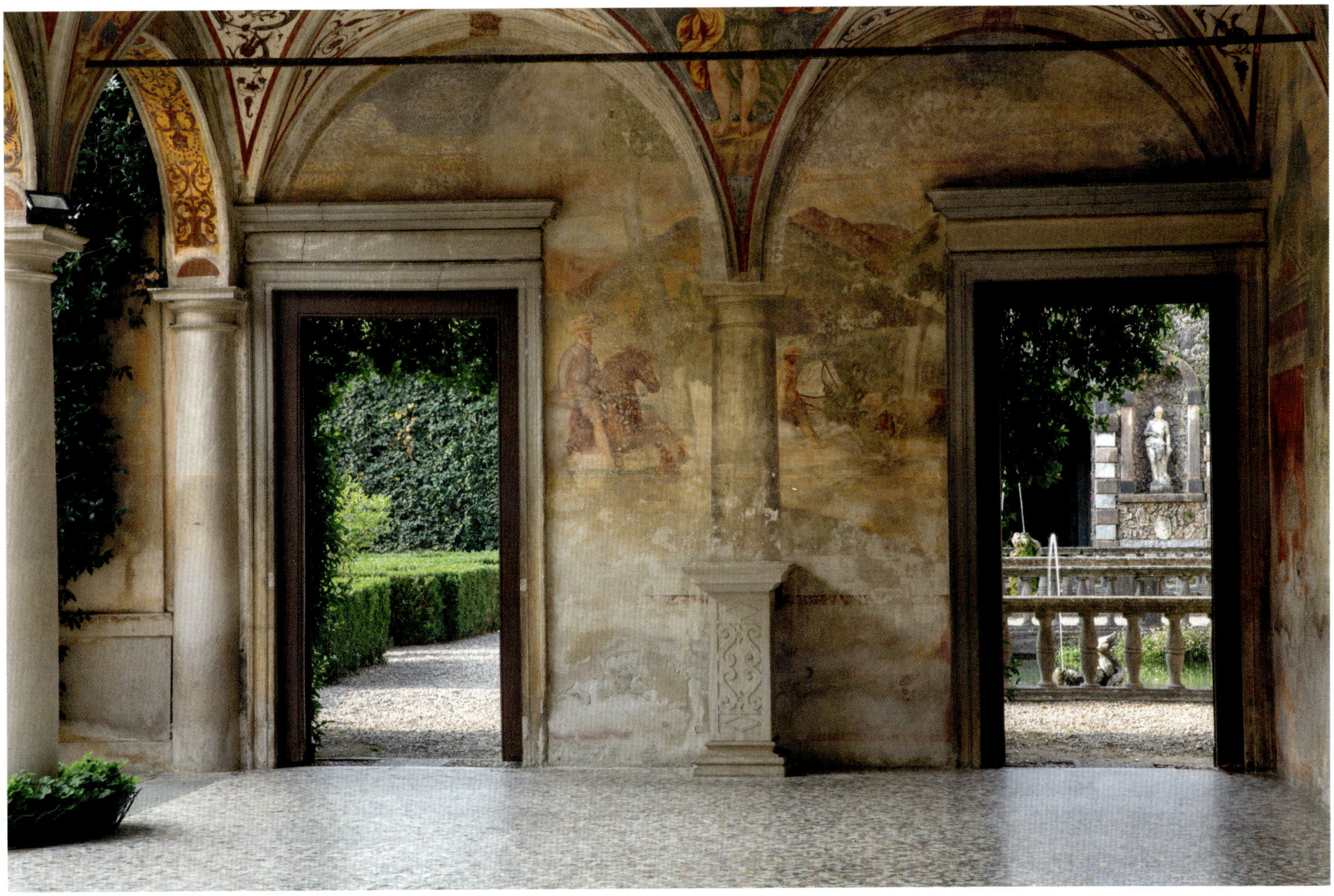

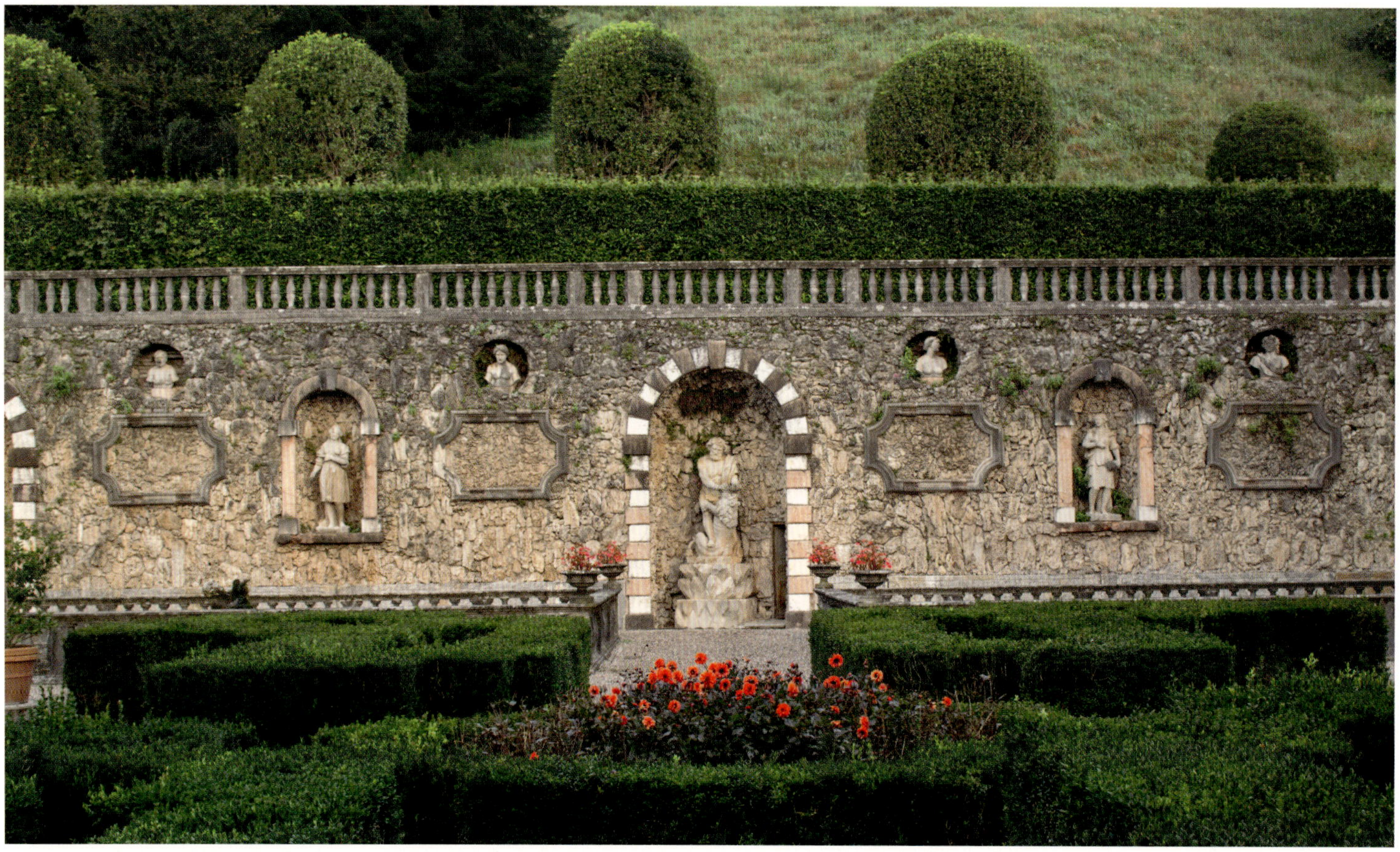

Vom Garten aus betrachtet, erschließt sich dann die raffinierte Geschlossenheit der Anlage. Eine Hälfte der im Quadrat angelegten Fläche besteht aus geometrisch angeordneten Rasen, Buchshecken und Blumenbeeten – ein klassisches Parterre, die andere aus zwei rechteckigen Teichen. Land und Wasser teilen sich also den Garten. An den drei Außenseiten sind die Begrenzungen einheitlich hoch. Einer Stützmauer steht eine Lorbeerhecke (*Laurus nobilis*), einer unbelebten Wand eine lebendige gegenüber. Dieses Thema wird auch in der Gestaltung der aus Tuff und Kalkstein errichteten Mauer aufgegriffen, deren Schmuck unter anderem aus versteinerten Schwämmen und Stalaktiten besteht, uraltes fossiles Leben korrespondiert mit dem gegenüber gedeihenden grünen Flor. In die Mauer sind Nischen eingelassen: Die zentrale wird von Herkules beherrscht, einer Gestalt, mit der sich viele Villenbesitzer liebend gerne umgaben, war er doch halb Gott, halb Mensch und in der Lage, unlösbar scheinende Aufgaben mit links zu bewältigen.

Im Kies der Wege kann man noch immer Spuren der versteckten *giochi d'acqua* (Wasserspiele) erkennen, die früher lossprudelten und nichts ahnende Besucher durchnässten, wenn heimlich ein Wasserhahn aufgedreht wurde. Jacopo Cicogna Mozzoni tat das, zum Entsetzen seines Vaters, als Junge in den (un)passendsten Momenten. Solche Anlagen gibt es auch in anderen Renaissance- und Barockgärten, und wenn diese eines Tages wieder funktioniert, ist es ratsam, in der Mitte des Wegs unter dem Wasserbogen hindurchzugehen. Wer zu den Seiten flieht, bekommt eine kalte Dusche ab – obwohl die natürlich an sonnigen Tagen sehr erfrischend sein kann. Der Weg führt zu einer kleinen Grotte, in der man in der Sommerhitze im kühlen Schatten ruhen kann, und dann auf die lange Terrasse hinter der Mauerkrone, die auf einer Ebene mit den schönsten Räumen des Hauses im *piano nobile* liegt. Von hier aus blickt man über das kunstvolle Muster von Teichen und Parterres auf die dahinter aufragenden Berge.

Über die Terrasse, vorbei an großen Töpfen mit Zitronen (*Citrus* × *limon*) und süßen Duftblüten (*Osmanthus fragrans*),

OBEN Die Mauer im Parterre ist sowohl Schmuck- als auch wesentliches Stützelement. Sie ist mit Tuff- und Kalksteinen aus Tropfsteinhöhlen, unter anderem Stalaktiten und Stalagmiten, verziert. In der zentralen Nische ringt Herkules mit dem Nemëischen Löwen.

die vor allem im Herbst betörend sind, gelangt der Besucher zur Kaskade, wo das Wasser, frisch und klar, den steilen Hügel hinabrauscht. Wie im berühmten Garten der Villa Lante in Bagnaia und in dem der Villa Farnese in Caprarola führen zu beiden Seiten der glitzernden Wassertreppe Stufen hinauf zu einem Monopteros. Noch schöner ist der Anblick, wenn man, wie vom Schöpfer der Anlage geplant, durch die Glastür des *salone* hinaustritt, die eine ganze Raumflucht raffiniert mit der Kaskade verbindet – ganz im Sinne der harmonischen Einheit, die im 16. Jahrhundert so gefragt war. Am Ende der Terrasse führt eine steinerne Treppe in den Wald. Der starke Kontrast zwischen der von Menschenhand geschaffenen Kunst und den wilden Mächten der Natur erinnert an die ersten Zeilen der Höllenbeschreibung in Dantes *Göttlicher Komödie*, als sich der Wanderer in der Mitte seines Lebenswegs im dunklen Wald verirrt, weil er vom rechten Weg abgekommen ist.

Der Weg den steilen Hügel hinauf ist vielleicht nicht jedermanns Sache, doch wer ihn macht, gelangt in eine andere Welt. Man sieht den schmalen, gewundenen Bachlauf, der die Kaskade speist, und gelangt vom höchsten Punkt über einen sanften Abstieg in einen gewellten Park im englischen Stil mit großen Bäumen. Bevor man zur Terrasse zurückkehrt, findet man dort auch eine ganze Reihe von Gewächshäusern sowie Schnittblumenfelder.

Viele Besucher aus dem Ausland waren angenehm überrascht, einen Ort wie die Villa Cicogna Mozzoni im Norden der Lombardei an der Grenze zur Schweiz zwischen Bergen und Wäldern zu entdecken. Englische und amerikanische Reisende erwarteten Anfang des vorigen Jahrhunderts solche Gärten in der Landschaft um Florenz zu finden, für sie muss es ein Fest gewesen sein, eine solche Perle ganz in der Nähe der mondänen Badeorte an den norditalienischen Seen zu wissen. Einige derer, die bis in Hinterland vordrangen, schrieben sich in den Jahren vor dem Ersten Weltkrieg, in denen Graf Gian Pietro Cicogna Mozzoni Neugierige einließ, ins Gästebuch ein.

UNTEN Der Rasen auf der Nordseite der Villa weist zum Luganer See. Die Balustraden sind ein im Haus und im Garten wiederkehrendes Motiv, egal, ob aus Stein oder Wandmalerei – alle haben dieselbe Form.

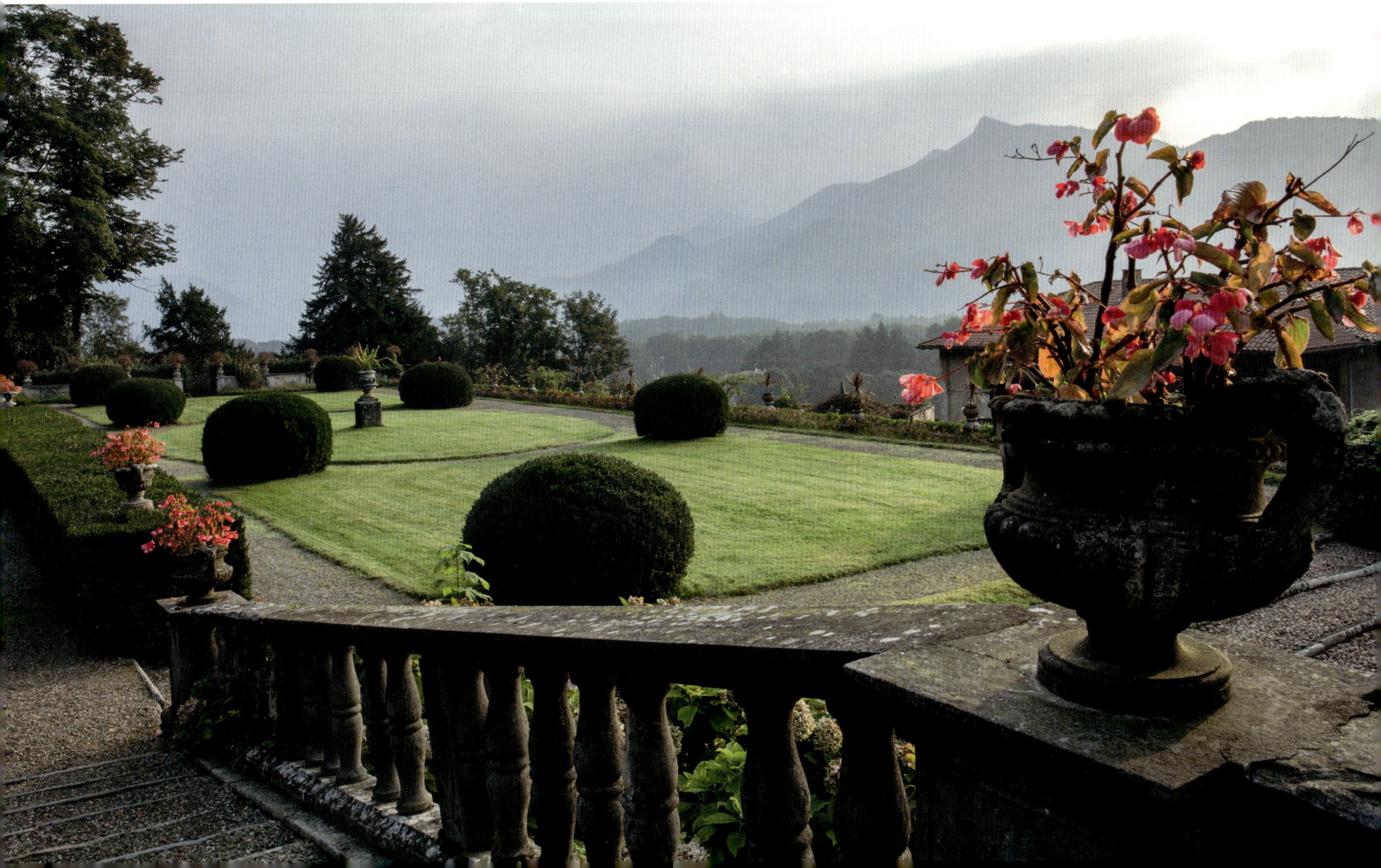

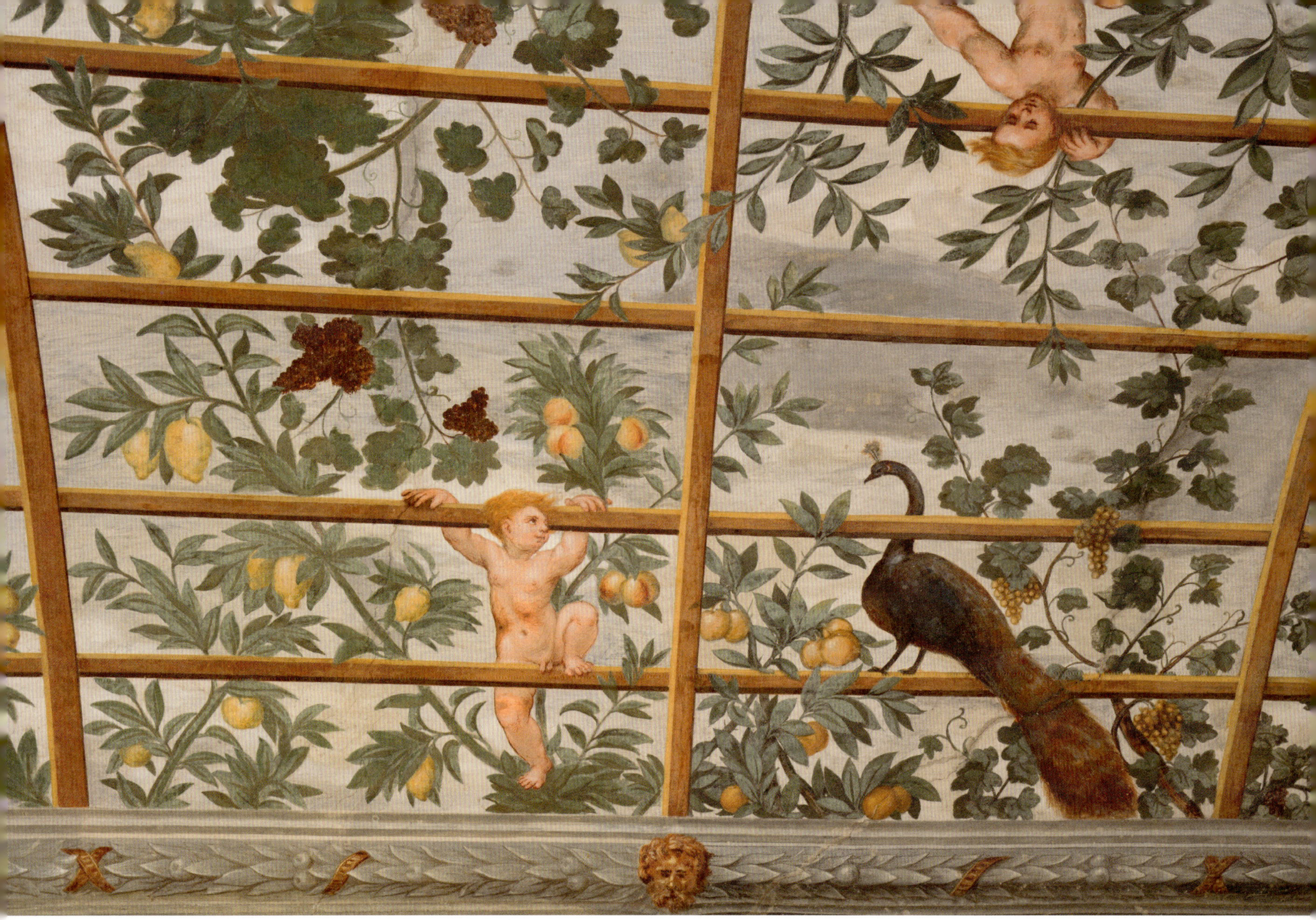

Die amerikanische Schriftstellerin Edith Wharton schwärmte in ihrem Buch über italienische Villen und ihre Gärten von dem Haus, ist aber nicht im Gästebuch zu finden, anders als ihr Landsmann Maxfield Parrish, der das Buch illustrierte (was ihr überhaupt nicht gefiel, den Verkauf aber ankurbelte) und am 20. Mai 1903 mit seiner Frau hierherkam.

Im Jahr darauf besuchte Sir George Sitwell, der Whartons Buch vielleicht im Handschuhfach hatte und für sein eigenes Werk *On the Making of Gardens* (Über das Anlegen von Gärten) Material sammelte, mit seinem Reisegefährten, dem Gartenarchitekten Francis Inigo Thomas, die Villa. Am nächsten Tag kam Mary Berenson, die einige Monate später ein zweites Mal vorbeischaute, während ihr Mann Bernard, der wohl berühmteste Kenner der italienischen Renaissance seiner Zeit, sich wohl alte Meister in lombardischen Klöstern besah. Einige Jahre später veröffentlichte die berühmte Alpinistin und Fotografin Mrs Aubrey Le Blond *The Old Gardens of Italy: How to*

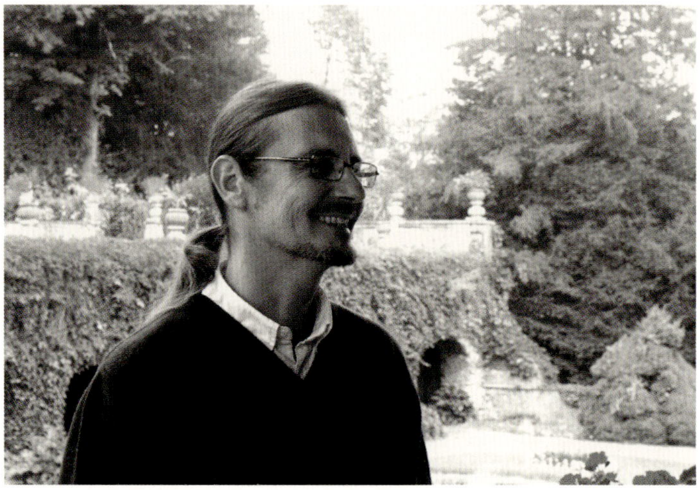

OBEN Jacopo Cicogna Mozzoni kümmert sich heute für die Familie um die Erhaltung von Villa und Garten. Er führt die Besucher, wie einige seiner Vorfahren es taten, kenntnisreich und auf sehr persönliche Weise durch das Anwesen.

Visit Them (Die alten Gärten Italiens. Wie man sie besucht) mit einem Bild des „liebreizendsten abgesenkten *giardino segredo*, den ich je gesehen habe". Der Garten der Villa Cicogna Mozzoni ist zwar weder ein Senk- noch ein Geheimgarten, doch hinreißend ist er zweifellos.

Zur besonderen Atmosphäre des Gartens trägt auch seine friedvolle Abgeschiedenheit bei. Wenn man unter den wachen Augen von Hunden und Katzen aus der Nachbarschaft und zum Läuten der Glocken auf den Eingang zugeht, bekommt man das Gefühl, dass Geld und Kommerz nicht hierhinpassen. Doch natürlich ist dieser Garten, wie auch andere, auf die Eintrittsgelder möglichst vieler Besucher angewiesen, damit er weiterhin erhalten werden kann. Stünde die Villa Cicogna Mozzoni am Ufer eines der großen Seen, würden die Massen herbei stürmen. Da sie aber abseits liegt, kommen nur einige wahre Liebhaber. Wer einen wirklich außergewöhnlichen Garten in Italien besuchen möchte, sollte ihrem Beispiel folgen.

LINKS Freche Knaben mit goldenem Haar turnen in der Pergola auf dem Deckenfresko der Loggia herum. Wahrscheinlich finden sie die Zitronen (*Citrus* × *limon*), die Weintrauben (*Vitis*) und den Pfau unwiderstehlich.

UNTEN Schaut man vom Parterre zur Villa, erkennt man, dass Haus und Garten in den steilen Abhang hineingebaut wurden. Die ebene Fläche dem Berg abzuringen war eine Meisterleistung der Baumeister des 16. Jahrhunderts.

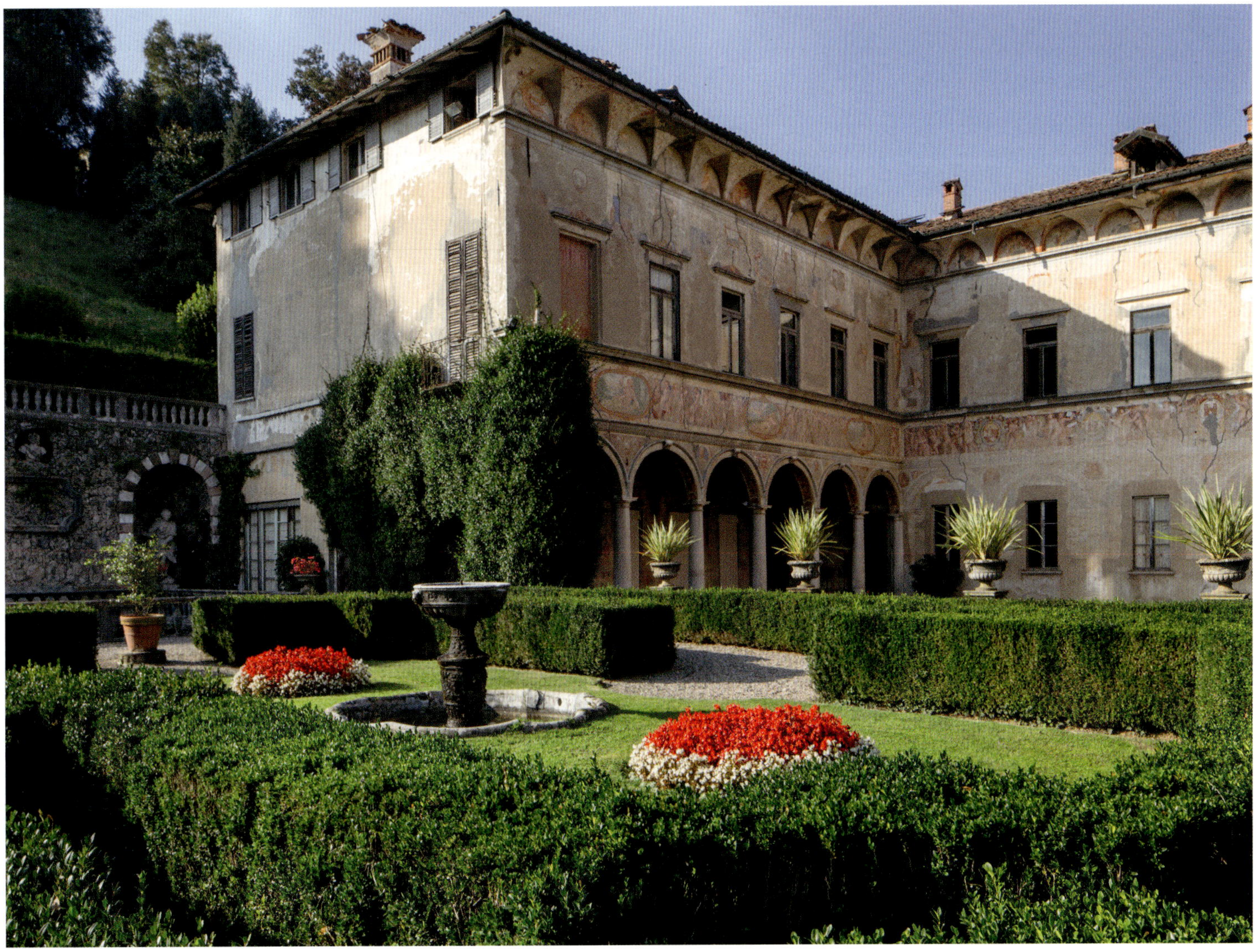

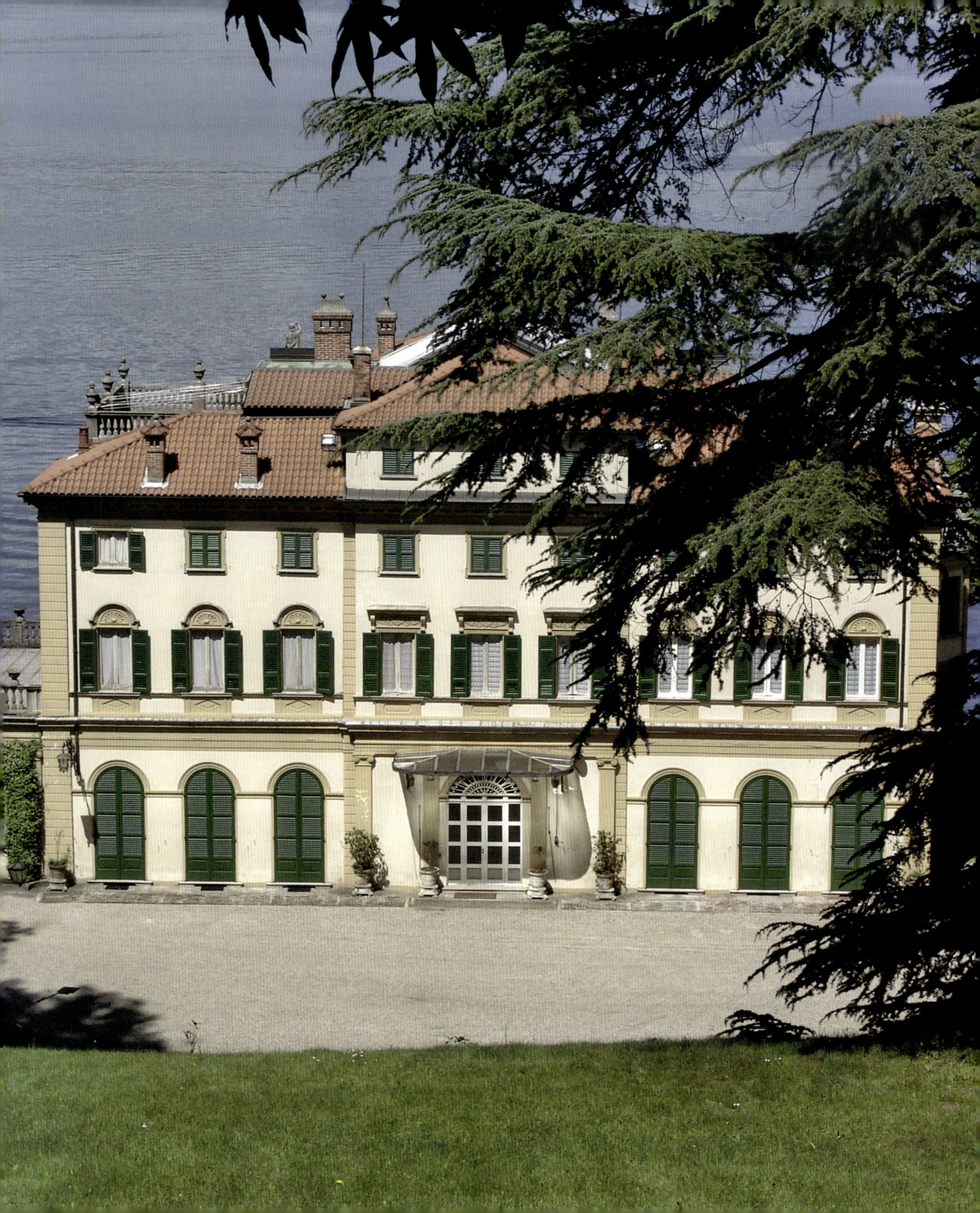

DIE VILLA PALLAVICINO

Die Villa Pallavicino am südlichen Ortsrand des hübschen Badeorts Stresa gehört nicht zu den allerersten Touristenadressen am Lago Maggiore. Sie kann mit den berühmten anderen Villen, die ganz in der Nähe liegen, nicht konkurrieren, und mancher Besuchswillige mag sich fragen, ob er wirklich einen Garten sehen möchte, der sich als Zoo anpreist. Doch darüber sollte er sich keine Gedanken machen, die Villa lohnt einen Abstecher. Jeder Gartenliebhaber sollte einmal auf den Terrassen der zu Recht gerühmten Isola Bella stehen – und dann, wenn die Zeit es erlaubt, die besondere Atmosphäre und Parklandschaft der Villa Pallavicino genießen. Sie steht auf einem Grundstück, das Ruggiero Bonghi 1855 erwarb. Bonghi hatte sich dem Kampf für ein geeintes Italien verschrieben, und so waren sein Leben und seine Karriere vom Auf und Ab der politischen Geschicke bestimmt. Er war Abgeordneter im ersten gesamtitalienischen Parlament, wurde später Bildungsminister und war berühmt-berüchtigt für seine sarkastischen Reden. Als alter Mann konnte Bonghi beim Betreten eines Restaurants allgemeine Sympathie und Applaus genießen.

1862 kaufte der Marchese Pallavicino Bonghi sein kleines Haus am See ab und erwarb auch gleich die Nachbargrundstücke für einen herrlichen Park mit spektakulärer Aussicht auf den Lago Maggiore. Er ließ an besonders schöner Stelle in Ufernähe eine Villa errichten und einen Landschaftsgarten im englischen Stil anlegen – kurz, er folgte der in Italien herrschenden Mode. Edith Wharton erklärte solche Anlagen in *Italian Villas and their Gardens* (Italienische Villen und ihre Gärten) für unpassend, da sie nicht in der italienischen Tradition stünden, und seither teilten viele diese Ansicht. Doch ich meine zu Unrecht. Diese Gärten haben ihren Platz in der langen Entwicklungsgeschichte der verschiedenen Stile, und dieser gehört – an manchen Stellen – zu den schönsten.

Der Park ist kunstvoll konzipiert und für den Betrachter mit Sinn für Gefühl gestaltet. Eine breite Auffahrt zieht sacht von der Uferstraße den Hügel hinauf, erlaubt einen kurzen Blick auf den See und taucht dann in eine Landschaft von ganz anderem Charakter ein. Hier ringen zwei Gestaltungsprinzipien miteinander, immer wieder scheint eines dem anderen dazwischenzufunken, bis beide schließlich von höheren Mächten überwältigt werden. Staksige Dahlien und Hortensien (*Hydrangea*) säumen in Rabatten den Weg, und man hat sich große Mühe gegeben, um mit niedrigen, geschlungenen Hecken die Worte „Villa Pallavicino“ zu ziehen. Aber solcher Schnickschnack kommt nicht gegen die Felsen, Moose und Farne der steil aufragenden Hügelflanke an. Überall hat die Natur die Arbeit der Gärtner verbessert, Samen und Sporen zu einem schöneren Gesamtbild verteilt. Auf den Stützmauern, offenbar aus demselben groben Stein errichtet, den man auch für Wege und Stufen verwendet hat, sprießen wilde Abkömmlinge der Pflanzen, die Generationen von Gärtnern sorglich kultivierten. Diese aber sind Selbstversorger und werden aus einem alpinen Bächlein, nicht aus dem Schlauch gewässert. Gleich hinter den erwähnten Blumenbeeten, die etwas hermachen sollen und es doch nicht können, grünen herrliche Königsfarne (*Osmunda regalis*) aus der Felswand, wohlgenährt dank des mineralhaltigen Wassers, das aus den Spalten sickert und ihre Wurzeln mit dem nötigen aufgeweichtem organischen Material versorgt.

LINKS Die Villa Pallavicino, das ansehnliche, Mitte des 19. Jahrhunderts südlich von Stresa erbaute Haus ragt über der westlichen Uferstraße des Lago Maggiore auf.

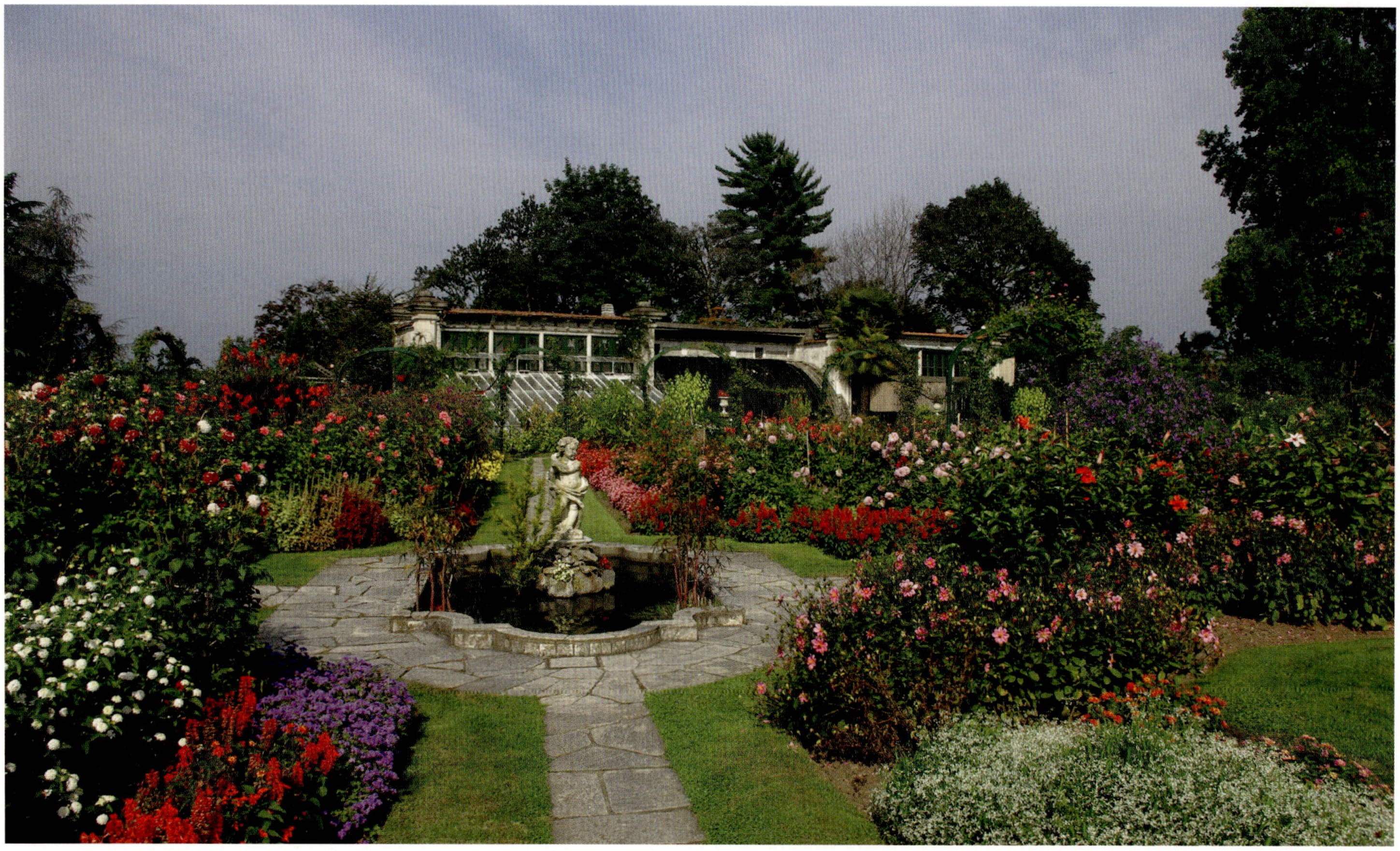

Etwas weiter oben haben sich auch andere Pflanzen selbstständig gemacht. Funkien (*Hosta*) und Efeu (*Hedera*), Salomonsiegel (*Polygonatum*) und Veilchen suchten sich über mehr als 150 Jahre die besten Plätze und sind nun Teil eines Waldgartens, wie ihn der „Wildgartenguru" William Robinson vor Augen gehabt haben mag, als er 1870 sein bahnbrechendes Buch *The Wild Garden* veröffentlichte – zu einer Zeit, als der Garten der Villa Pallavicino gerade erst gepflanzt wurde. Viktorianische Reisende hätten sich an die beliebten Seen von Killarney in Irland erinnert gefühlt – eine Landschaft, die alle gesehen haben mussten, die an Pteridomania litten, dem „Farn-Fieber", das in den 1870er-Jahren in der englischen Gesellschaft grassierte. Über diesem wilden Teppich breiten Laubbäume ihre Schatten spendenden Kronen aus, halbhohe Rhododendren und Kameliensträucher bringen weitere Abwechslung. All das irritiert viele Besucher, erwarteten sie doch Sonnenschein und leuchtende Blumenbeete. Die werden sie auch noch zu sehen bekommen, doch vorerst bleibt die Kulisse wild.

Geht man noch etwas weiter, erkennt man ein weiteres Thema des Gartens – die architektonische Vielfalt. Der Architekt des Marchese Pallavicino tat recht daran, der Villa seines Kunden keine Nebengebäude wie etwa Ställe, Remisen und Schuppen aufzubürden, er hatte vielmehr die glänzende Idee, diese Zweckbauten als Ziergebäude zu tarnen und sie einzeln an strategischen Punkten ins Gelände zu setzen. Zuerst kommt man an den ehemaligen Stallungen vorbei, die mit ihrem grob verputzten gotischen Äußeren an einen alten Landgasthof erinnern – und ganz passend sind dort heute ein bescheidenes Café und die Toiletten untergebracht.

Noch etwas weiter fühlt sich der Besucher in die Welt der Grimm'schen Märchen versetzt. Die Bäume wachsen noch höher, man hört das Rauschen von Wasser und gelangt nach einer engen Wegkehre zu einer Brücke über einen Wasserfall. An keiner Stelle des Parks der Villa Pallavicino erlebt man den Wald so intensiv wie hier. Hier herrscht der Geist der Romantik, will heißen, die Verehrung der ungebändigten Natur. Das Wasser strömt im hell glänzenden Strahl den Fels hinab, unter

OBEN Wo einmal der Küchengarten war, liegen heute üppig mit Rosen und Blumen der Saison bepflanzte Beete. Die Gewächshäuser aus dem 19. Jahrhundert sind zwar erhalten geblieben, für die Besucher jedoch leider nicht zugänglich.

der Brücke hindurch, zwischen Bändern aus grünen Farnen und Sträuchern, und darüber ragen riesige Bäume. Man glaubt hier den Geist von Wordsworth oder Beethoven zu spüren, in Großbritannien oder Deutschland wunderte man sich darüber nicht, in Italien ist es ungewöhnlich. Warnte doch Dante davor, vom geraden Weg abzukommen und sich den Gefahren des dunklen Waldes auszusetzen.

Die Sinfonie des Wassers wird oft durch einen unerwarteten Laut durchbrochen: Es ist der Ruf eines exotischen Vogels. Man weiß nicht so recht, was da so fremde Töne von sich gab – ein europäischer Vogel war es nicht. Steht man nun am Tor zur Verlorenen Welt? Doch dann erinnert man sich, dass die Marchesa, als sie sich 1952 entschloss, den Park der Öffentlichkeit zugänglich zu machen, ähnlich dachte wie der Marquess of Bath in Longleat, und sich wilde Tiere anschaffte, um das Publikum anzulocken. Durch den Wald schleicht hier kein Löwe, doch aus ihrer Voliere beim Café schreien die Aras.

Auf dem Weg zur Villa hinauf kommt man nun immer wieder an Gehegen vorbei, in denen ein paar Emus, Störche, Hirsche und ähnliches Getier leben. Sehr viel interessanter ist das Haus selbst, zu dem der Besucher aber stets in respektvollem Abstand gehalten wird. Über eine weitere Kurve gelangt er zu einer Gruppe ausgesprochen schöner Tulpenbäume (*Liriodendron tulipifera*), die so hoch und mächtig wachsen, als stünden sie schon Hunderte von Jahren hier, dabei sind sie wohl kaum älter als die Villa.

Weiter oben lichtet sich der Wald und verschiedene *Camellia*-Sorten säumen den Weg, darunter auch spätblühende Herbstkamelien (*C. sasanqua*). Nach einem weiteren leichten Anstieg tritt der Besucher plötzlich auf eine weite helle Rasenfläche hinaus, die schwungvoll zum See und zur Villa mit ihrer eleganten Fassade und den symmetrisch angeordneten Fenstern abfällt. Eine mächtige Atlas-Zeder (*Cedrus atlantica*) breitet hier ihre Zweige bis auf das Gras hinunter. Der Blick kann frei nach Osten schweifen, über die Villa und den weiten See bis auf die Berge am gegenüber liegenden Ufer. Die Komposition ist wirklich eindrucksvoll und von jemandem erdacht, der das Gelände studiert und sein Potenzial erkannt hatte.

UNTEN Eine große Atlas-Zeder (*Cedrus atlantica*) wacht über dem Rasenhang, an dessen Ende die Villa steht. Auf der anderen Seeseite liegt die Halbinsel Castagnola mit dem Städtchen Pallanza.

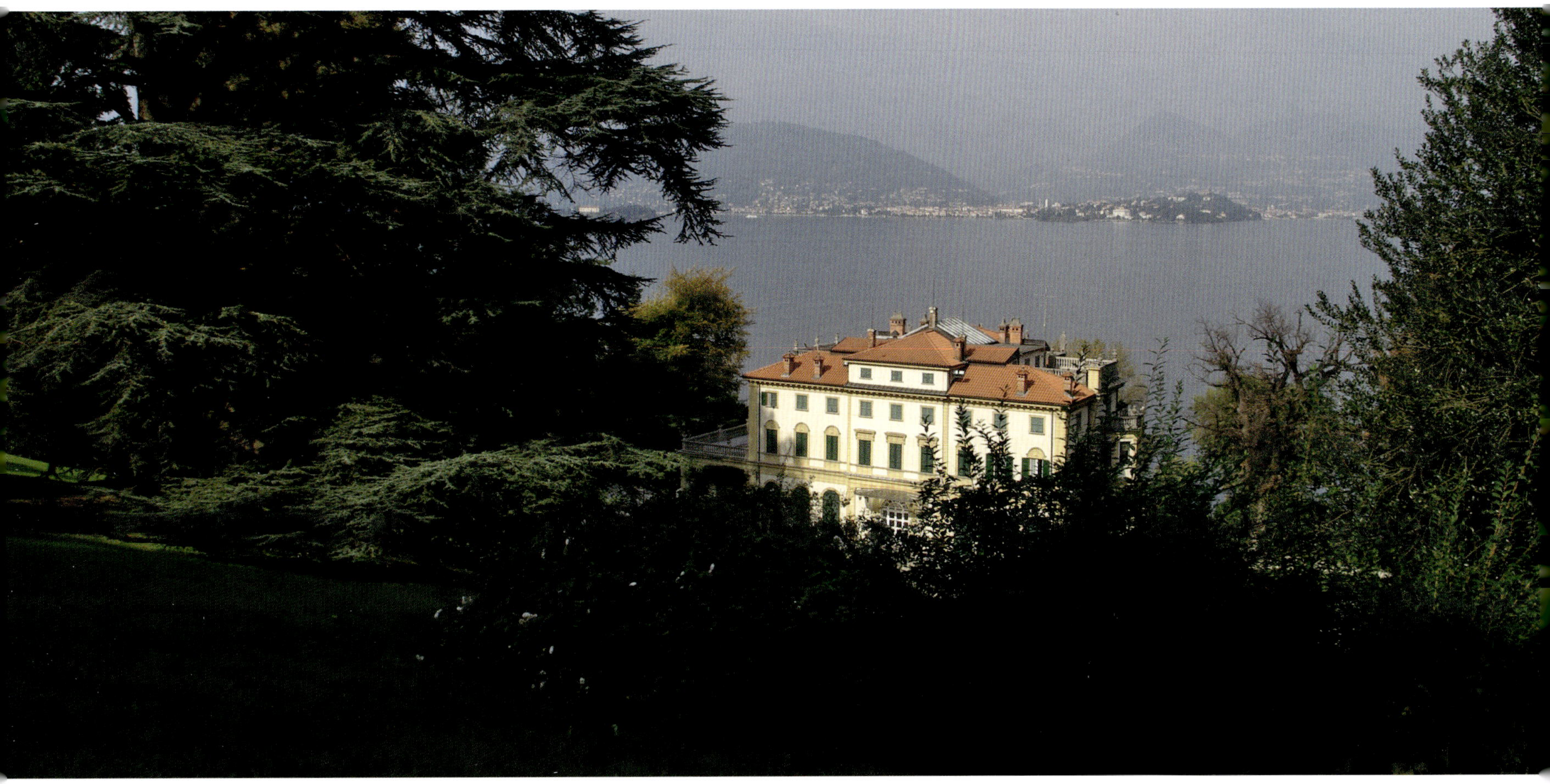

Und dann gelangt der Besucher in den Vergnügungsteil des Parks. Es ist der denkbar größte Kontrast zum langen Weg durch den Wald und an rauschenden Wassern vorbei. Geradeaus liegt der im 19. Jahrhundert ohne rechten Plan angelegte Blumengarten mit einem großen rechteckigen Wasserbecken samt Fontänen und mit einem Rundweg, den schlichte architektonische Elementen schmücken. Hier stehen – auch sie planlos verteilt – Ziersträucher in dichten Gruppen. Schönes gibt es trotzdem zu sehen: Große Rispenhortensien (*Hydrangea paniculata*), Pfauensträucher (*Caesalpinia*) und Wandelröschen (*Lantana*) – der entzückte Europäer kann sich gar nicht vorstellen, dass sie in Australien als schädlich gelten. Auf dem Rasen verteilen sich einige sehr schöne Bäume, etwa ein großer Kakibaum (*Diospyros kaki*). Und dann sind da natürlich die Tiere: elegante schwarze Schwäne, langbeinige Flamingos, Nasenbären in einem eleganten Pavillon, die ewig kreischenden Aras.

Das letzte Schaustück in diesem künstlich geschaffenen Eden ist der ehemalige Küchengarten, der als solcher unschwer zu erkennen ist, weil die Wege kreuzförmig auf einen puttengeschmückten Brunnen in der Mitte der rechteckigen Fläche zulaufen. An einer Seite reihen sich sehr schöne Gewächshäuser aus dem 19. Jahrhundert aneinander, ein gläsernes Bogendach hebt das mittlere hervor. Heute wachsen anstelle des Gemüses Rosen in Beeten und an Bögen rankend. Wer genau hinschaut, bemerkt, dass sie mit Weidenzweigen (*Salix*) an ihre Kletterhilfen gebunden wurden. Zwischen den Rosenbeeten blühen saisonale Blumen in einem kunterbunten Farbenrausch. Geben Sie acht: Die Kombination von hellem Gelb und „shocking pink“ kann durchaus Kopfschmerzen verursachen. Die Besucher, die sich im Waldesdunkel fragten, ob sie wohl noch Blumen zu sehen bekämen, kommen hier auf ihre Kosten. Die ganze Pracht ist ordentlich gepflegt und einmal nicht auf den Geschmack der ausländischen Touristen, sondern auf den der einheimischen Blumenliebhaber ausgerichtet. Dem Garten mag es an Raffinesse fehlen, aber es ist herrlich zu sehen, wie er sich die Geländeform zunutze machte, anstatt sie zu bezwingen. Das Schönste ist zweifellos der artenreiche Wald, der so mächtig und üppig gedeihen konnte, weil die Natur dem Gestalter gefällig entgegenkam.

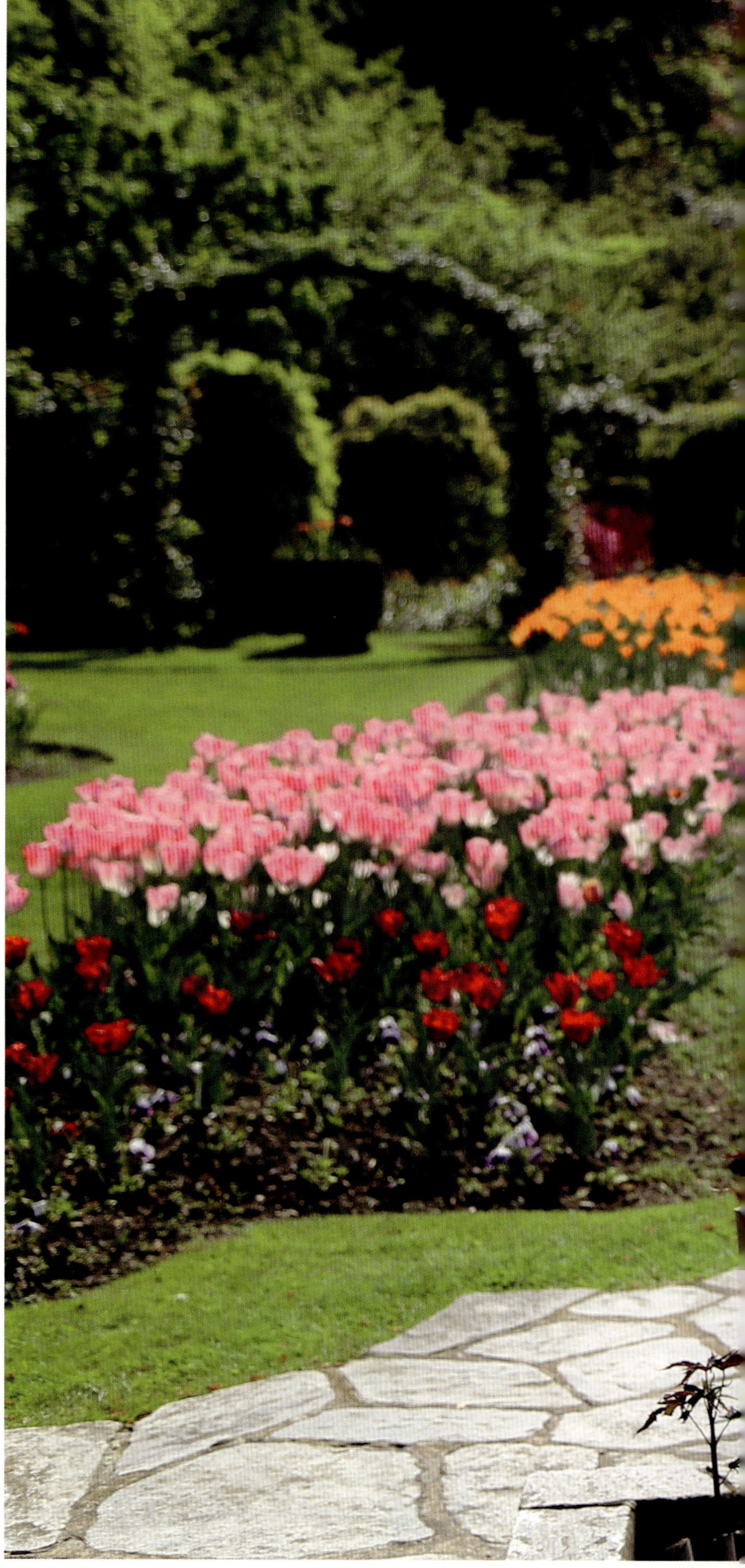

RECHTS Im ehemaligen Küchengarten führen alle Wege zum Brunnen mit seinem Putto. Heute blühen hier Rosen und saisonale Blumen in leuchtenden Farben. An den Bögen, die sich über die ganze Breite spannen, ranken noch mehr Rosen.

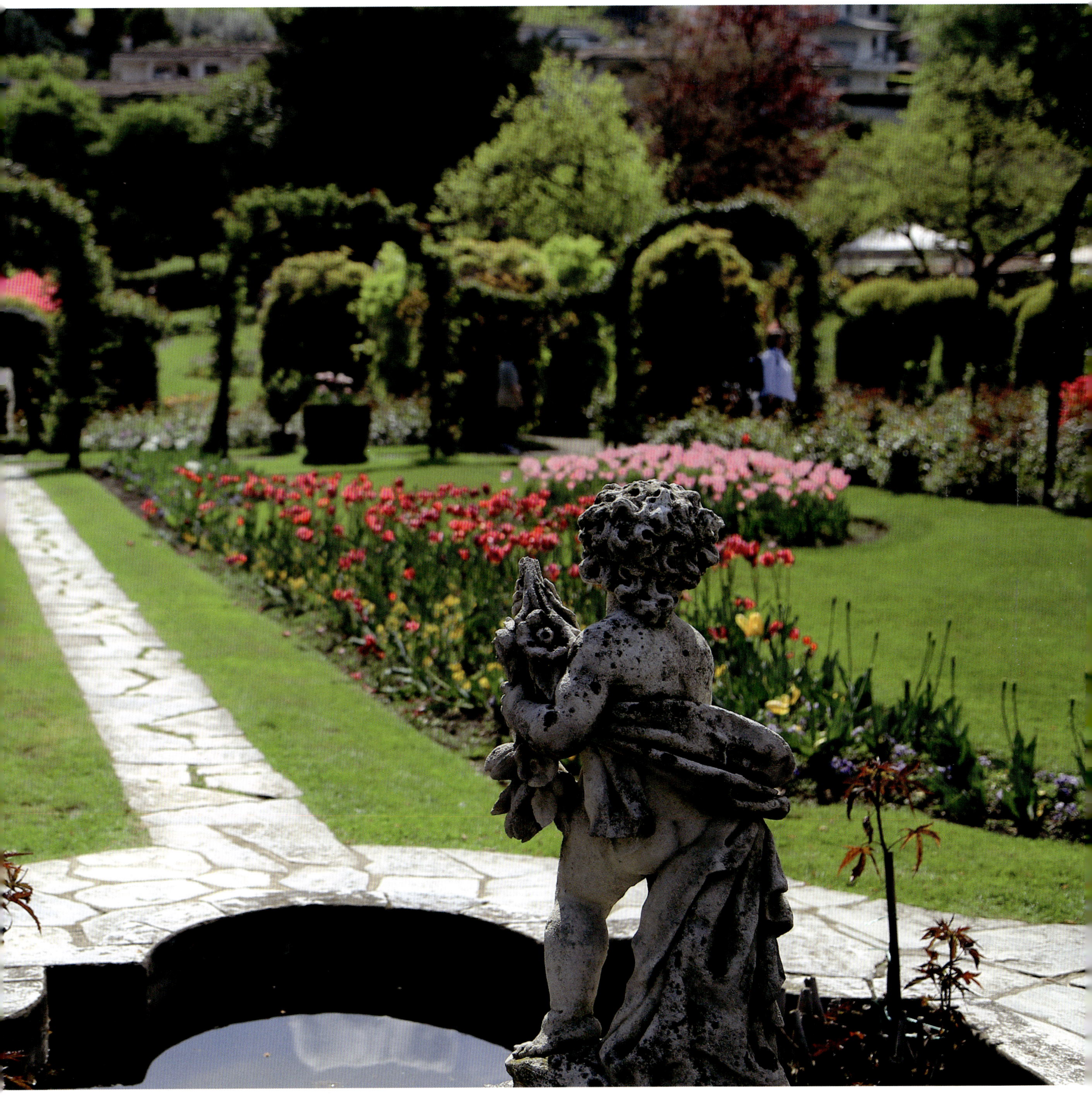

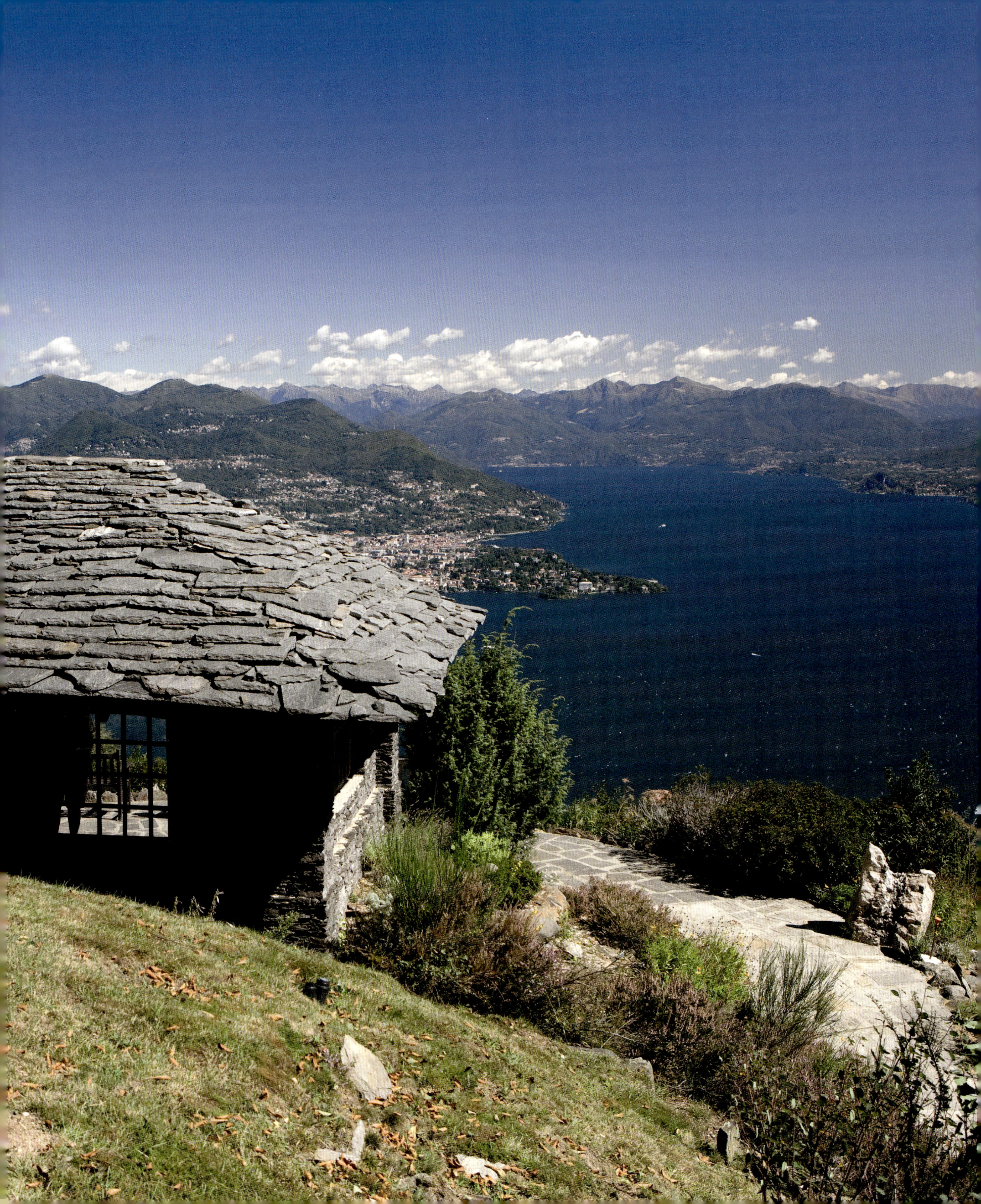

DER ALPINIA-GARTEN

Der Alpinia-Garten ist ein oberhalb von Stresa am Westufer des Lago Maggiore gelegener Berggarten. Man kann auf verschiedenen Wegen zu ihm gelangen, am bequemsten ist die *funivia*, die Seilbahn. Die Talstation liegt in Carciano, einem Ortsteil von Stresa, ganz in der Nähe des Fähranlegers, Endstation ist der Gipfel des Monte Mottarone. Mit der *funivia* fährt man bis zum Halt in Alpino, gut 800 Meter über dem Meeresspiegel. Von der Gondel aus hat man eine herrliche Aussicht auf den immer kleiner werdenden See und die entschwindenden kleinen Dörfer. Besonders reizvoll ist der Blick durch die hohen Baumkronen in die umliegenden Wälder. Von der Station in Alpino aus erreicht man den Eingang des Gartens nach einem kurzen Fußweg durch den Wald. Hier oben erinnert nichts an die mondänen Seehotels, in der frischen Bergluft sind zünftiger Rucksack und Wanderstiefel angeraten.

Der Giardino Alpinia wurde 1934 von Enthusiasten aus der Region gegründet, die einen Felsengarten mit alpinen Pflanzen an einem passenderen Ort als dem Seeufer schaffen wollten. Zu ihnen zählte auch Igino Ambrosini, der etwas später im nahen Gignese das Regenschirmmuseum eröffnete. Das Projekt, während der Mussolini-Diktatur begonnen, tauften sie anbiedernd nach der latinisierten Form von „Duce" – Duxia. Nach dem Zweiten Weltkrieg entschied man sich still und zweckmäßig für den heutigen Namen.

Am Eingang zum Alpinia baute man ein Häuschen für den Parkwächter, auf dem Gelände wurden Felsenbeete geschichtet und Wege angelegt. Die Pfade mäandern auf und ab, durch Mulden und über Kuppen, hier und da umrunden sie Baumgruppen. Der größte Teil der Fläche ist jedoch unbewaldet, damit die alpinen Pflanzen jeden Sonnenstrahl und jedes frische Lüftchen genießen können. Auf einem natürlichen Balkon mit Blick über den See steht ein einfacher Aussichtspavillon. Im Laufe der Jahre wurden noch ein Stück Hochmoor in den Garten einbezogen und ein Rundweg auf der Talseite angelegt.

Experten und Spezialisten, unter ihnen der Schweizer Gartenarchitekt Henri Correvon, berieten, welche Pflanzen wo gesammelt werden sollten, wie der Garten nach den Bedürfnissen dieser Pflanzen und denen der Besucher am besten anzulegen sei. Hier ist nichts verkünstelt, der Besucher soll in Ruhe umhergehen und die akkurat beschilderte Sammlung in voralpiner Landschaft genießen können. Viele Exemplare wurden dem Garten gestiftet, für die „Beete" holte man Felsen und Steine aus der näheren Umgebung und schichtete sie sorgfältig, bevor die Pflanzen hineingesetzt wurden.

Am schönsten ist der Garten – wie alle alpinen Anpflanzungen – in den Frühjahrsmonaten. Er öffnet meist im April, der Termin hängt vom Wetter und den Schneebedingungen ab. Es kommen nicht viele Besucher, an manchen Tagen sind die Gärtner eindeutig in der Überzahl. Einmal wurde ich vom Parkwächter an der Tür seines Häuschens stumm begrüßt: In der universellen Zeichensprache gab er mir zu verstehen, dass seine kleine Tochter noch schliefe und ich beim Verlassen des Gartens bezahlen könne. So entspannt läuft das hier eben.

Vom Eingang führen verschiedene Wege über das terrassierte Gelände, vorbei an Stein- und Felsenbeeten zum Pavillon. Der steht auf einer natürlichen Aussichtsplattform

LINKS Von der großen, vielfältigen Pflanzensammlung einmal abgesehen, ist die Hauptattraktion des Alpinia-Gartens die Aussicht auf den See und seine berühmten Inseln, die sich vom schlichten Pavillon aus bietet.

und erlaubt den Blick über den Lago Maggiore. Zu Füßen des Besuchers liegt der Borromäische Golf mit seinen berühmten Inseln: Isola Bella, Isola dei Pescatori und Isola Madre, dahinter die Halbinsel Castagnola mit dem Städtchen Pallanza. Ich glaube zumindest, dass man sie in dieser Reihenfolge sehen kann – immer wenn ich da war, hing Nebel, dicht oder in Schwaden, über dem See, und man musste ein bisschen raten. Lassen Sie sich aber von einem Besuch nicht abhalten, es gibt sehr viele sonnige klare Tage.

Mit jedem Schritt eröffnet sich eine neue Landschaftskulisse. Hier bricht ein Felsen durch einen kleinen Hügel, dort steht ein kleines Bergwäldchen aus Birken (*Betula*) und Kiefern (*Pinus*) auf einem Kissen aus Blaubeeren (*Vaccinium*), die hier als Bodendecker wachsen. In einem dieser Wäldchen ist ein samtiger Moosgarten, der sich silbrig grün über sanfte Bodenwellen legt. Danach geht es bergab, und der Besucher wandert erst in einem schattigen Hochmoorstreifen über Holzplanken und gelangt dann auf einen Rundweg, der wieder hinauf und zurück zum Eingang führt.

Liebhaber alpiner Pflanzen sollten sich in einem Bereich in Eingangsnähe genau umsehen. Hier finden sie aufgeschichtete Inselbeete, die eine gute Entwässerung ermöglichen. Die ist in dieser Lage unabdingbar, denn die Regenfälle sind für die Alpenflora zu ergiebig. Die Beete sind unregelmäßig geformt und erheben sich aus einer Wiese, die sicherlich schwer zu mähen ist. Ihre Umrandungen bestehen aus grob gehauenen, aufrecht stehenden Felsstücken, und man erkennt sofort, dass die Gesteinsbrocken aus der nahen Umgebung zusammengetragen wurden – über all der Anstrengung liegt eine anrührend improvisierte Note. In diese Umfassungen hat man Felsstücke, Steine und groben Kies geschichtet und dann größere Felsbrocken als Blickfang gesetzt. Die äußeren Lagen der Miniaturberglandschaften wurden mit Erde verfüllt, wo sie nicht begrünt ist, wird sie von einer Schicht aus feinem Kies geschützt.

Die Bepflanzung besteht überwiegend aus Zwergsträuchern und ausdauernden krautigen Pflanzen. Die meisten bevorzugen die hier natürlichen Gegebenheiten: saure Böden über einem Granitsockel. Entlang einer groben Stützmauer heben sich Heidekraut (*Calluna*), Rhododendren und verschiedene Enzian-Arten von der dunkelgrünen Kulisse aus Ziernadelbäumen ab, von denen einige inzwischen zu groß werden.

UNTEN Von der Flanke des Monte Mottarone schaut man aus großer Höhe auf den Lago Maggiore – ein Anblick, an dem man sich gar nicht sattsehen kann.

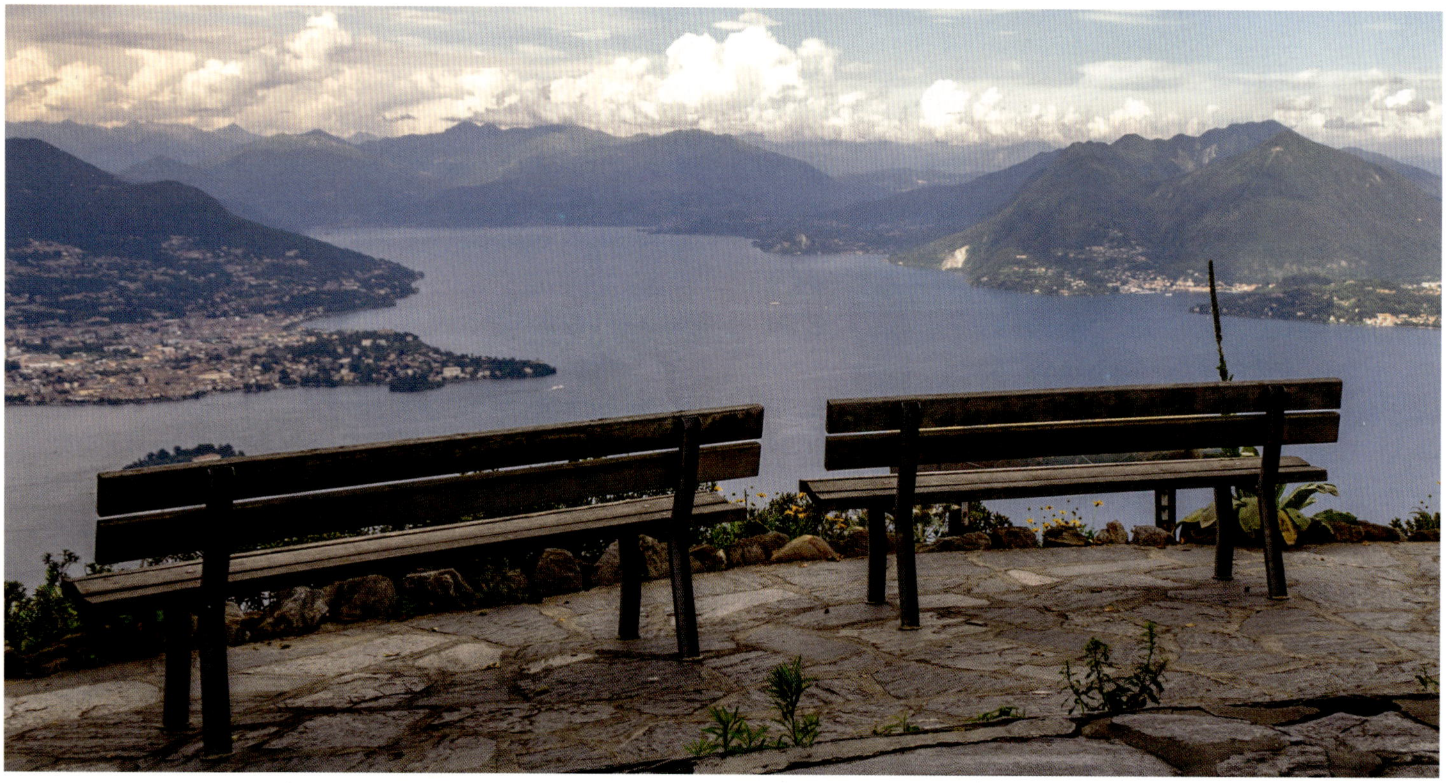

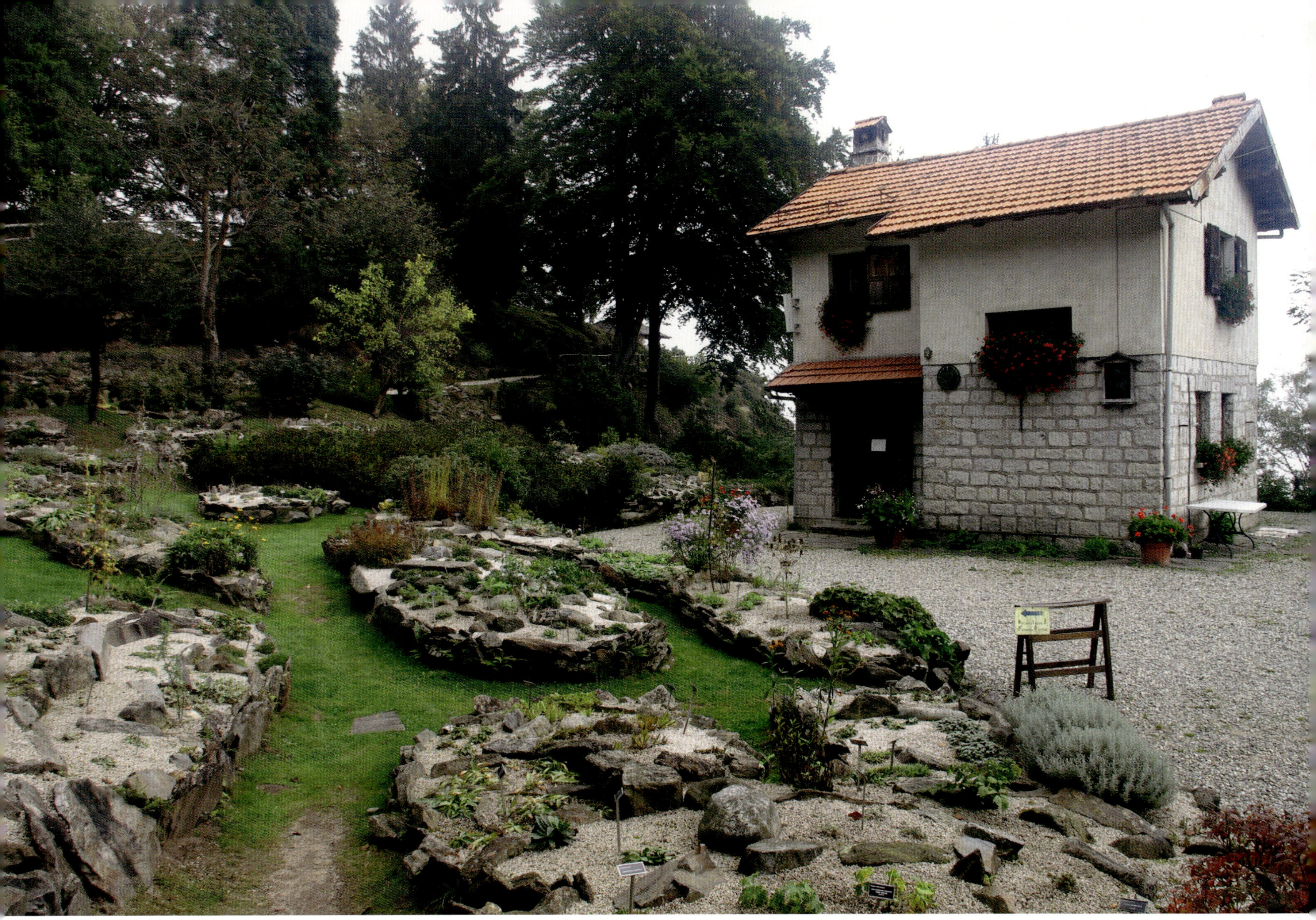

Manche der Pflanzen bevorzugen alkalische Böden, deshalb wird für sie eine kalkreiche Umgebung geschaffen, was aber auf Dauer ein recht mühseliges Unterfangen ist, denn auch hier ist die Natur stärker als der Gärtner. In dieser Welt gedeihen der Steinbrech (*Saxifraga*), Mauerpfeffer (*Sedum*), Anemonen, Kuhschellen und Zwergweiden (*Salix*), dazwischen ragen luftige Wiesenrauten (*Thalictrum*) und heimische Farne, die sich liebend gern in Felsspalten festklammern. Man findet auch große Sammlungen von *Artemisia* (Beifuß und Wermut), Glockenblumen (*Campanula*), Flockenblumen (*Centaurea*), Nelken (*Dianthus*) und Leimkräutern (*Silene*) – wenn man bedenkt, dass all diese Gattungen kalkhaltige Böden bevorzugen, wird deutlich, wie exzellent die gärtnerische Arbeit hier ist. Ich kann mir kaum einen anderen Ort vorstellen, an dem ich lieber einen Frühjahrsmorgen verbrächte. Hier geht man in frischer Bergluft neben anderen Pflanzenliebhabern, die sich nachdenklich ans Kinn fassen und darüber diskutieren, ob diese Beschilderung korrekt oder jener Bitterwurz (*Lewisia*) günstig platziert ist – und kann anschließend noch den phantastischen Blick auf den See und seine berühmten Inseln genießen. Ich hoffe zumindest, dass der Tag kommt, an dem ich sie von hier aus sehen werde.

Oben Am schlichten Häuschen des Parkwächters blühen üppige Geranien. Das Hinweisschild auf die Inselbeete scheint improvisiert, auf Sperenzchen legt man hier keinen Wert: Dies ist ein Ort für Kenner.

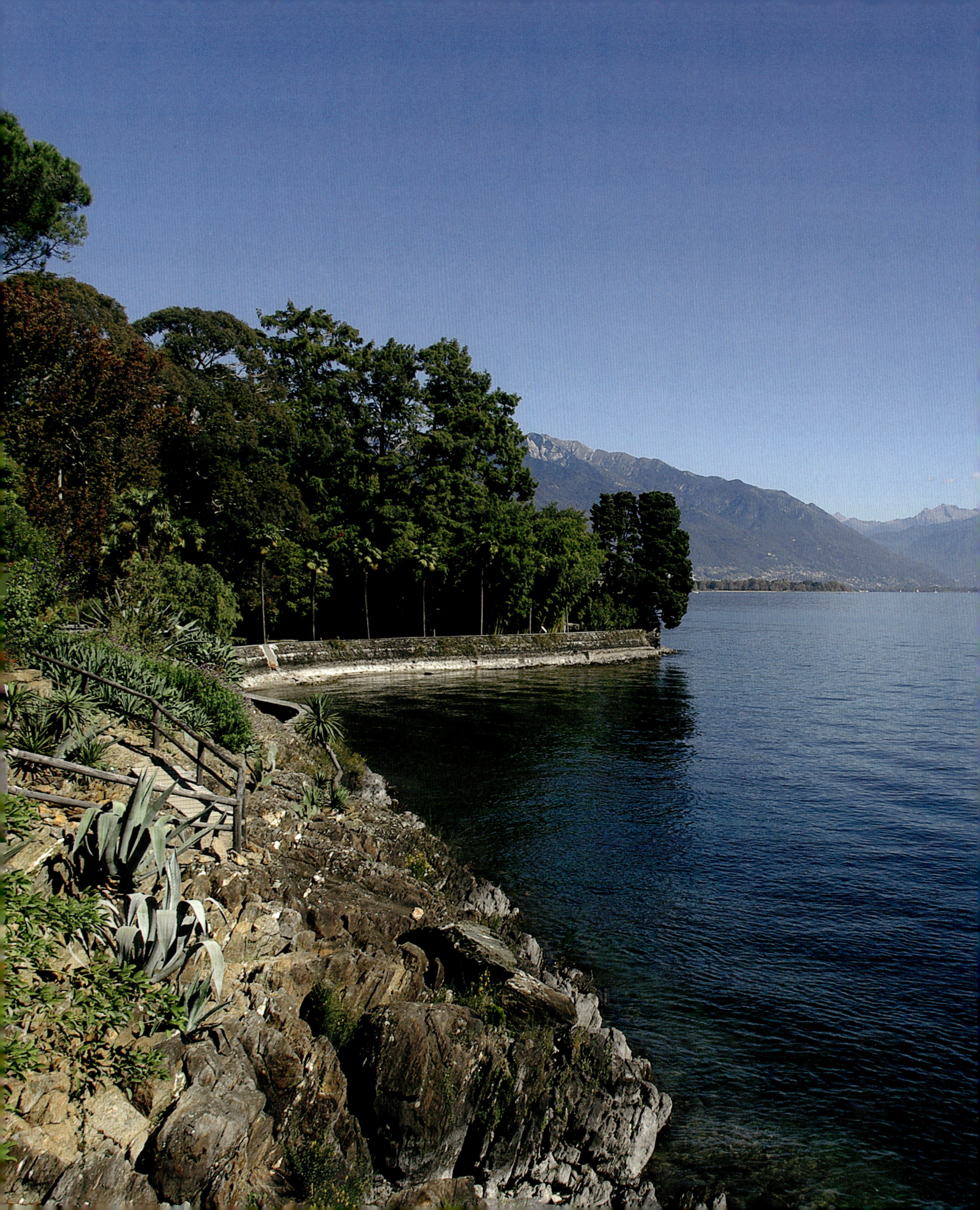

DER BOTANISCHE GARTEN DER BRISSAGO-INSELN

Und nun wird es Zeit für einen Ausflug in die Schweiz. In den nordwestlichen Regionen Italiens taucht die Schweiz stets am Horizont auf, die hohen Berggipfel erscheinen scharf konturiert und doch nicht greifbar. Dabei ist die Schweizer Grenze von den meisten Orten am Comer See nur einen Katzensprung entfernt, der nördliche Lago Maggiore gehört sogar zur Schweiz, und auf beiden Seiten der Grenze wird derselbe italienische Dialekt gesprochen. Die bekanntesten Städte am nordwestlichen Ufer sind Locarno und Ascona. Den Gartenbesucher aber zieht es in den Botanischen Garten auf der größeren der beiden Brissago-Inseln, die man mit dem Schiff vom Städtchen Brissago aus erreicht. Der Ort selbst hat Touristen wenig zu bieten, es sei denn, man ist ein Bewunderer von Ruggero Leoncavallo, dem Komponisten des *Bajazzo*, dessen Sommerhaus allerdings vor ein paar Jahren von Kulturbanausen abgerissen wurde. Etwas Trost finden Liebhaber in einem reizenden Museum mit anrührenden Erinnerungsstücken, das auch CDs seiner 39 anderen Opern und Operetten führt. Die Fähren zu den Inseln legen von Brissago und dem etwas nördlich gelegenen Porto Ronco ab. Die Fahrt dauert etwas länger, als man vermutet, denn die Eilande sind einen guten Kilometer vom Ufer entfernt. Mir gefällt es so, hat man doch Zeit, sich in die richtige Stimmung zu versetzen.

LINKS Ein Blick auf das kurvenreiche Ufer der Isola Grande zeigt, wie geschickt die malerischen Felsen mit den wild ausgesäten Agaven und die verschiedenen Baumarten im Wäldchen darüber in Szene gesetzt sind – ein Inselparadiesgarten für Liebhaber.

Vom Schiff aus kann man erkennen, dass es sich auf beiden romantisch gelegenen und dicht mit Bäumen bestandenen Inseln sicherlich gut leben ließe, zumindest einen Urlaub lang. Schon vom Festland aus wirken sie unwiderstehlich, und je näher man kommt, desto verzaubernder scheinen sie. Wie gesagt, hier wäre man gerne einmal Robinson – ob nun mit oder ohne Freitag.

Eine der beiden Inseln ist sehr viel größer als die andere und wird daher – wenig überraschend – Isola Grande genannt. Die gesamte Insel ist als botanischer Garten gestaltet und auf zahlreiche Besucher eingerichtet, es gibt ein Restaurant und ein Hotel mit Konferenzräumen. Die kleine Nachbarinsel bleibt sich selbst überlassen, sie gehört zwar zum Botanischen Garten, ist aber für Touristen nicht zugänglich, weil sich die heimische Flora ganz ungestört entwickeln soll. Die Inseln liegen nah beieinander und man wundert sich, dass die recht große Fähre zwischen ihnen hindurchfahren kann.

Der Botanische Garten ist noch recht jung, er öffnete 1950 seine Pforten, nachdem die Inseln lange Zeit in privater Hand waren. Die beiden Vorbesitzer hatten sehr viel Zeit, Mühen und Geld in ihr Inselparadies gesteckt, und die heutige Gestaltung baut auf ihren Veränderungen auf, die drei Entwicklungsphasen sind leicht auszumachen. Die erste Phase war reich an Dramen und Geheimnissen und endete in Armut und Verzweiflung, wie ein kitschiger Lore-Roman. In der zweiten Phase wurde einiges erneuert, auch die Gestaltung des Gartens, der die heutige weitgehend folgt. In der dritten – noch andauernden – Phase wurde gezeigt, wie man einen eher kleinen Garten inmitten eines voralpinen Sees in

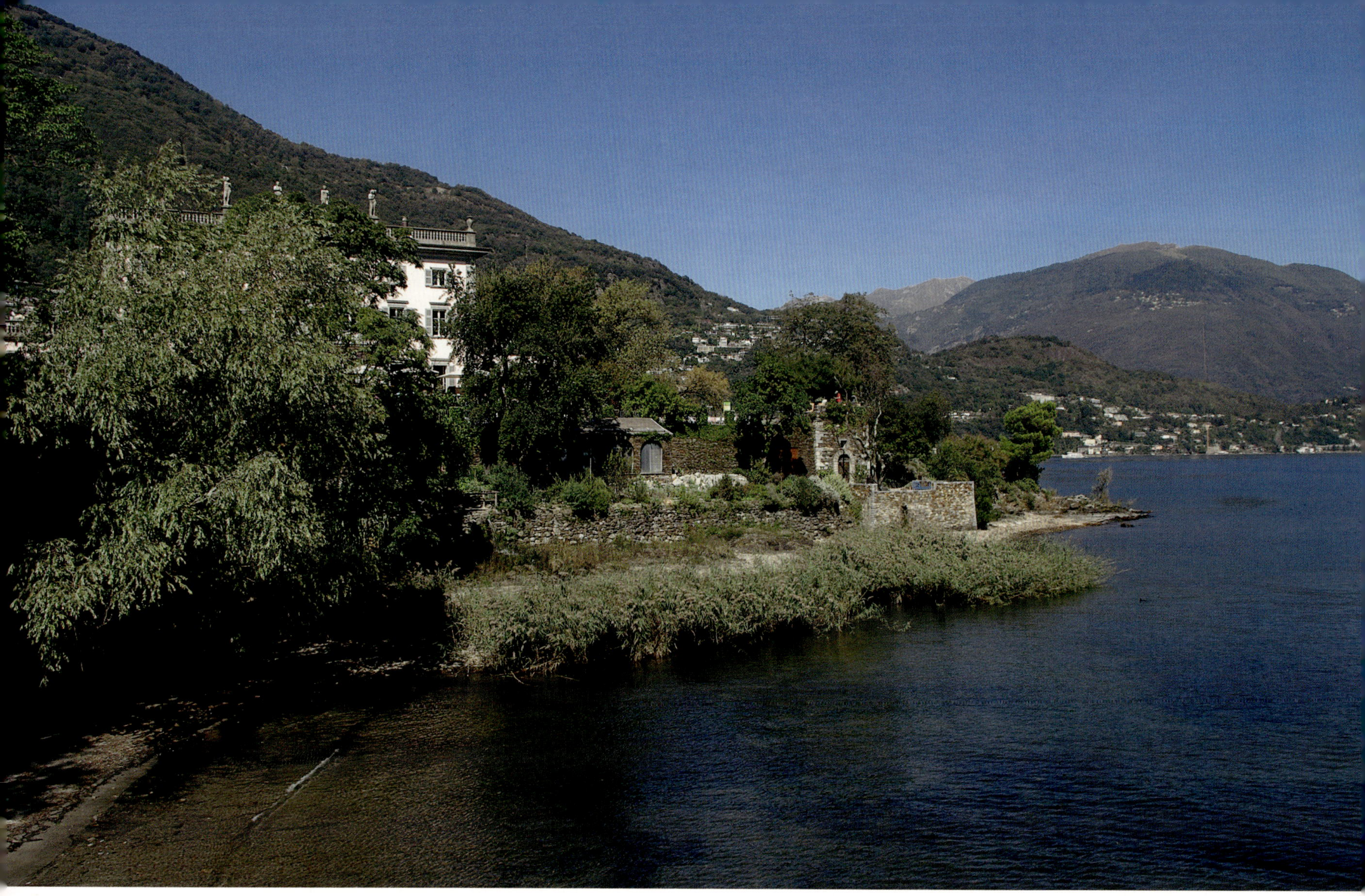

ein Reiseziel verwandelt, an dem sich Pflanzenliebhaber so wohl fühlen wie Touristen, die eine herrliche Aussicht mit einem exzellenten Essen krönen wollen. Aller guten Dinge sind drei: Lassen Sie sich die dritte Garteninsel des Lago Maggiore nicht entgehen.

Die Brissago-Inseln haben eine mittelalterliche und eine klösterliche Geschichte, doch die würden den Rahmen dieses Buches sprengen. Unsere Geschichte beginnt 1885, als eine Frau, die allgemein als Baronin St. Leger (auch Saint-Léger) bekannt ist, die Inseln erwarb. Über sie wurde so Manches erzählt. So heißt es, sie sei als Antoinette Bayer 1856 in Russland geboren worden. Nie verstummten Gerüchten zufolge war sie eine illegitime Tochter von Zar Alexander II. Vielleicht war es aber auch ganz anders. Als sie auf den Brissago-Inseln ankam, war sie jedenfalls zum dritten Mal verheiratet, mit einem Iren namens Richard Fleming. Wie sie zu dem Titel „Baronin" kam, ist weder mir noch sonst jemandem bekannt. Über sie spricht man bis heute, Richard Fleming hingegen verschwand im Nebel der Geschichte.

Damals entstand der Garten der Isola Grande, genauer gesagt in der Zeit zwischen dem Kauf der Insel 1885 und der Abreise des offenbar zermürbten Fleming im Jahr 1897. Er scheint der Gartenliebhaber gewesen zu sein. Als er ging, hinterließ er ein einstöckiges Haus und einen Garten mit gewundenen Wegen, aus dem wohl noch einige der großen Bäume, wie die Palmen auf dem Rasen, stammen. Die „Baronin" St. Leger blieb bis 1927, und ein paar ihrer Inseljahre widmete sie auch dem Garten. Der war jedenfalls in gutem Zustand, als 1912 im *Journal* der Royal Horticultural Society ein Aufsatz mit dem Titel „Die Vegetation der Insel St. Leger im Lago Maggiore" erschien. Der obskure Familienname (angeblich ähnlich wie der des amerikanischen Autors Salinger ausgesprochen) hatte die Insel vereinnahmt,

Oben Zwischen den Bäumen über dem Pool ist eine Ecke der eleganten Villa zu erkennen. Das Festland ist nah genug, um eine romantische Kulisse abzugeben, und doch kann man sich hier, so wie Max Emden es schätzte, ungestört dem Genuss hingeben.

doch das war nicht von langer Dauer. Der Artikel erwähnte die „riesigen Blätter der *Musa basjoo'* [Japanische Faser-Banane]", die sich wieder großer Beliebtheit erfreut, gehört sie doch zu den Bananen, die auch in Europa im Freien gezogen werden können, „kolossale Agaven verschiedenster Sorten", „*Hydrangea* [Hortensien] in großen Gruppen" sowie neben anderen Blickfängen „einen sehr kunstvollen, wenn auch kleinen Steingarten". Das erinnert doch sehr an die Isola Madre. Interessanterweise scheint die Gartenbesitzerin den Artikel selbst eingereicht zu haben, sie stellte sich allerdings nicht als „Baronin", sondern als Madame Tzikos de St. Leger vor. Dieser klangvolle neue Name war ihrer vierten Ehe mit dem albanischen Adligen Perikles Tzikos geschuldet.

Doch dann löste sich die Märchenwelt der Antoinette mit den vielen Namen und Titeln sozusagen in Rauch auf. Von Spekulationen ist die Rede, von Investitionen in Eisen- und Straßenbahngesellschaften und ins rumänische Ölgeschäft. Irgendwann war der Geldfluss versiegt, und Antoinette musste – vereinsamt und verarmt – verkaufen. Die Insel ging 1927 an den Hamburger Großkaufmann Max Emden, der unter anderem am Berliner KaDeWe beteiligt war. Er richtete Antoinette eine Wohnung auf dem Festland ein.

Das Haus ließ Max Emden gleich abreißen und an seiner Stelle eine schöne Villa im neoklassizistischen Stil errichten, die einem Hotelbau zum Verwechseln ähneln würde, stünden an ihrer Dachbalustrade nicht eine Reihe von Statuen. Sie liegt ideal, leicht erhöht und daher gut sichtbar, konkurriert aber nicht zu stark mit der Schönheit der Natur. Emden scheint sich auch um den Rest der Insel gut gekümmert zu haben, er ließ sich die tadellose Pflege einiges kosten. Die Palmen und Bananenstauden waren zu seiner Zeit schon herrlich hoch gewachsen. Mit Blick auf die Geschichte waren die Jahre, in denen er für die Insel sorgte, für die Zukunft – den heutigen Garten – wahrscheinlich die entscheidenden.

1949 verkaufte Max Emdens Sohn die Insel mit allem, was darauf war, an ein Konsortium aus Regionalverwaltungen und Verbänden. Die neuen Besitzer öffneten schon im Jahr darauf den Botanischen Garten des Kantons Tessin für das Publikum – eine, wie sich herausstellte, wirklich gute Entscheidung. Der Parkverwaltung ist es gelungen, die Besucher in Scharen anzulocken und mit den Eintrittsgeldern einen erstklassigen botanischen Garten zu erhalten, dessen guter Ruf noch mehr Besucher anzieht.

UNTEN Die Brissago-Inseln sind vom Schiff aus gut zu sehen. Die kleinere Insel ist naturbelassen, Besucher steigen an der größeren aus, um durch den Botanischen Garten mit Bäumen aus aller Welt zu streifen. Die schroffen Berge bilden einen schönen Kontrast zum weichen Grün.

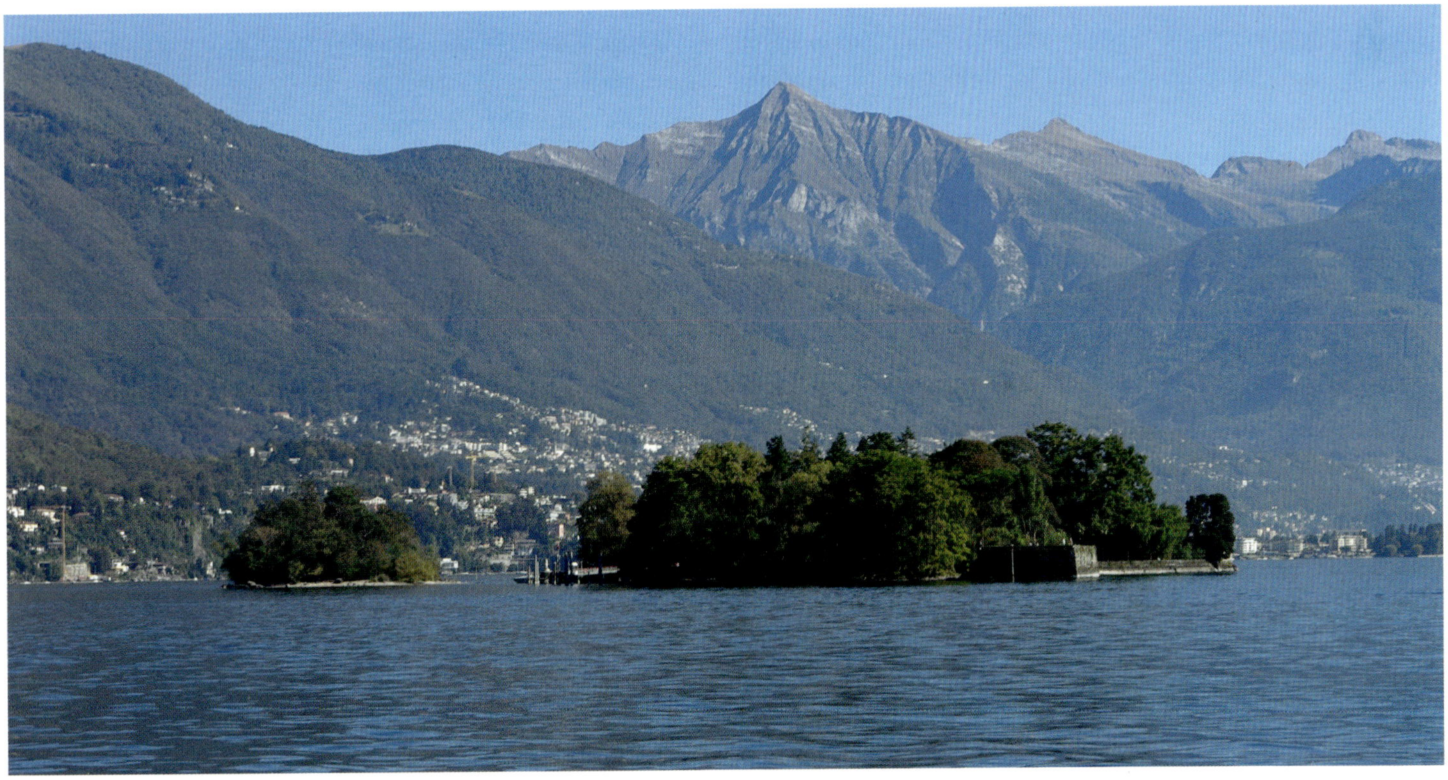

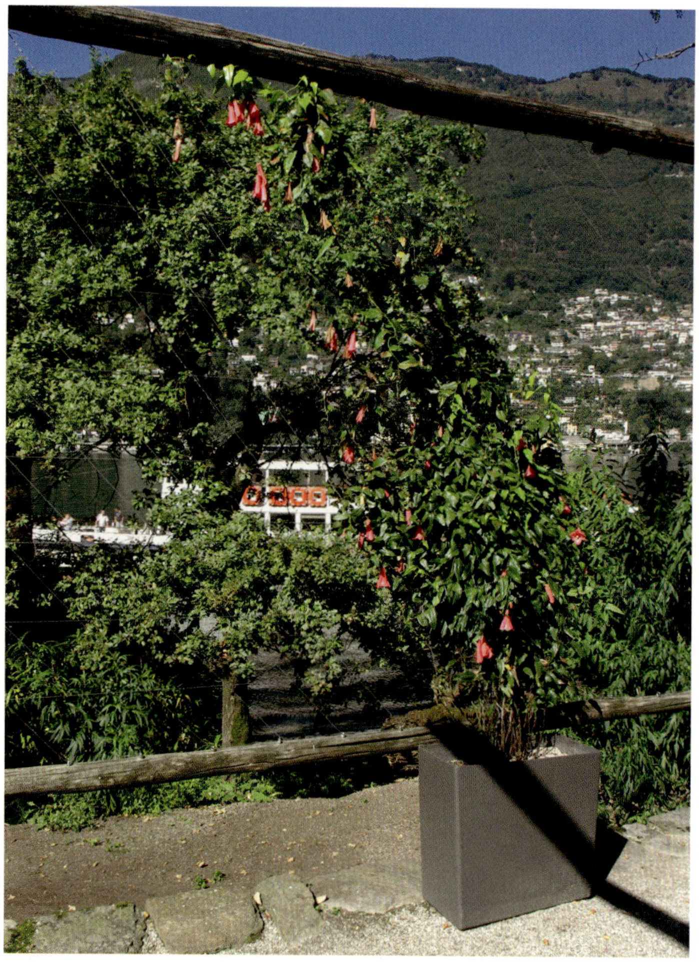

Der heutige Garten steht ganz eindeutig in der Nachfolge des St.-Leger-Gartens und der von Max Emden vorgenommenen Verbesserungen. Der Verwaltung ist es gelungen, ihm den Charakter eines Privatgartens zu erhalten – und das ist bei so vielen Trägern wahrlich ein Kunststück. Auf dem gewundenen Pfad, der sich am gesamten Ufer der länglichen Isola Grande entlangzieht, findet der Besucher viele ruhige Winkel, in denen er sich wie auf einer einsamen Paradiesinsel fühlen kann. Das war es wohl auch, was die früheren Besitzer anzog – und wovon wir alle einmal träumen.

Verlässt man das felsige Ufer taucht man gleich in eine üppige grüne Welt ein. Die alten Rasenflächen mit ihren hohen Zierbäumen und dem – inzwischen sehr vergrößerten – „sehr kunstvollen, wenn auch kleinen, Steingarten" gibt es immer noch. Die Anlagen der Isola Grande sind in mehrere Bereiche unterteilt, in denen Pflanzen aus allen Regionen dieser Welt wachsen. Alle sind ausführlich beschildert, wie es sich in einem botanischen Garten gehört. Die milden Wetterbedingungen, die am See herrschen, kommen Pflanzen aus allen Klimazonen und (fast allen) Kontinenten entgegen. Eine reiche Sammlung von australischen *Banksia* etwa steht gleich neben südafrikanischen *Protea*, und so kann man endlich die Silberbaumgewächse, die eigentlich durch einen Ozean getrennt sind, Seite an Seite bewundern. An einer rustikalen Pergola, die zwischen schlichten Granitblöcken ankert, ranken üppige Kletterpflanzen. Man sieht alte Vertraute, aber auch eine wunderschön dunkelrosa leuchtende Chilenische Wachsglocke (*Lapageria*), die sich fern des Regenwalds vor der Alpenkulisse sehr wohl zu fühlen scheint.

Überall ist herrlich gepflegte Vielfalt zu bestaunen. Man wandert zwischen Farnen über schattige Wege oder schreitet durch breite Zierstrauch-Alleen, es gibt sogar einen Swimmingpool aus den 1930er-Jahren samt einer anmutigen bronzenen Nackten des Bildhauers Georg Wrba. An diesem Pool versammelte Max Emden schöne junge Frauen um sich, bevorzugt im „Lichtkleid", wie es die Anhänger der Freikörperkultur zu nennen beliebten. Durch einen Bogen in der Umfassungsmauer kann man auf den See und die Berge schauen. Der deutsche Bundeskanzler Konrad Adenauer schwärmte 1956, diese Aussicht sei „eine der schönsten Europas".

In der Villa ist heute ein gut besuchtes Restaurant, aus dem das Klirren der Gläser und das Summen der Gespräche über die Köpfe der Pflanzenjäger und Urlauber auf den Gartenwegen darunter weht. In diese angenehme kleine Inselwelt sollte jeder Gartenliebhaber aus der großen weiten Welt einmal fliehen. Hätte es Antoinette Bayer nicht gegeben, käme wohl niemand. Die selbsternannte Baronin St. Leger mag reichlich exzentrisch gewesen sein, doch sie verfügte nicht nur über eine blühende Phantasie, sondern auch über Tatkraft, und erschuf sich auf einer Sonneninsel im See eine Traumwelt.

OBEN *Lapageria rosea* ist ein guter Kletterer und die Nationalblume Chiles. Die dunkelrosafarbenen Blüten sind in Europa selten im Freiland zu sehen, an dieser Pergola aber fühlen sie sich wie zu Hause.

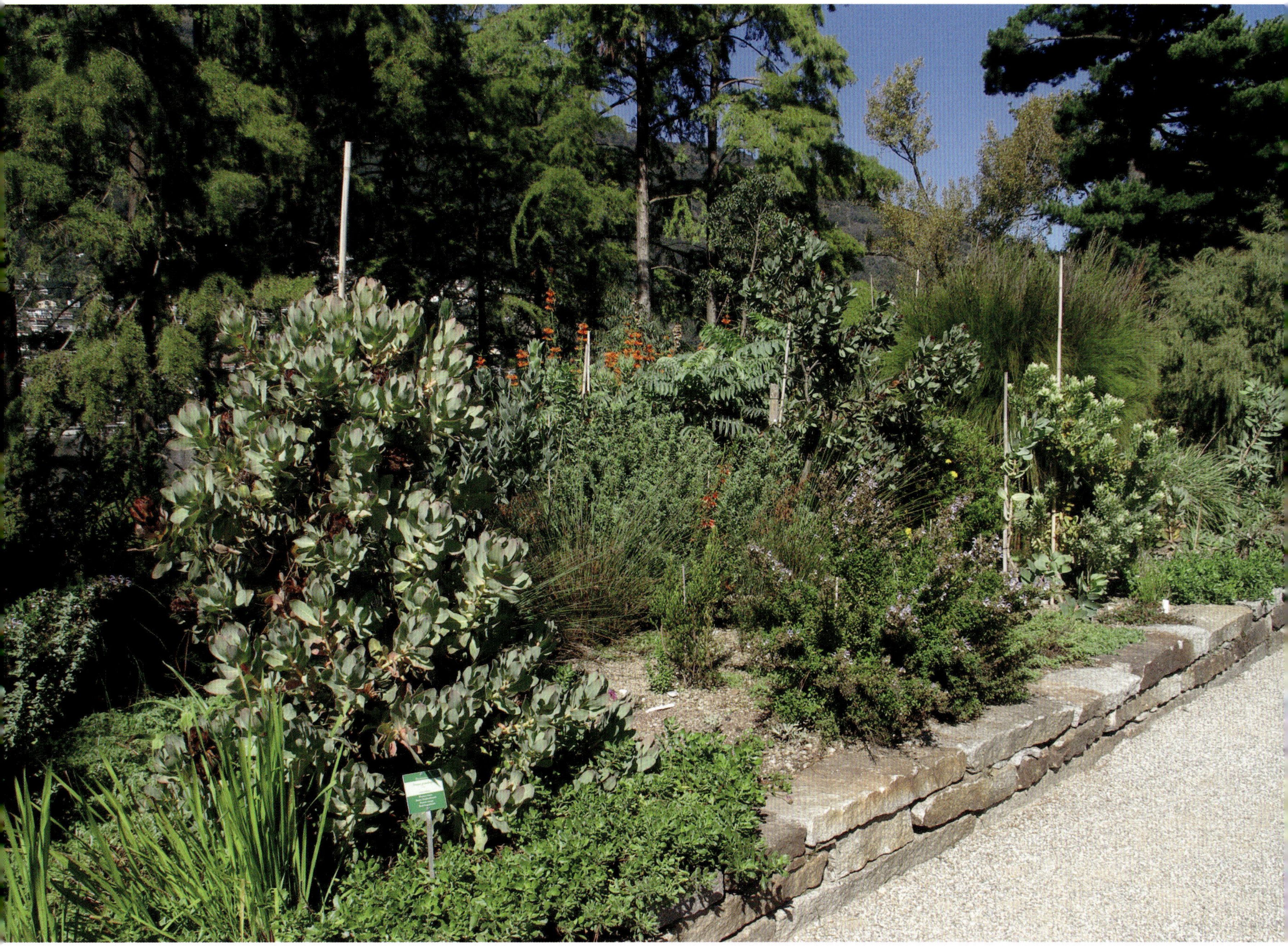

OBEN Jeder botanische Garten wäre stolz auf die Sträucher-Sammlung von der Südhalbkugel. Am Weg steht *Protea grandiceps* aus Südafrika neben nahen und fernen Verwandten.

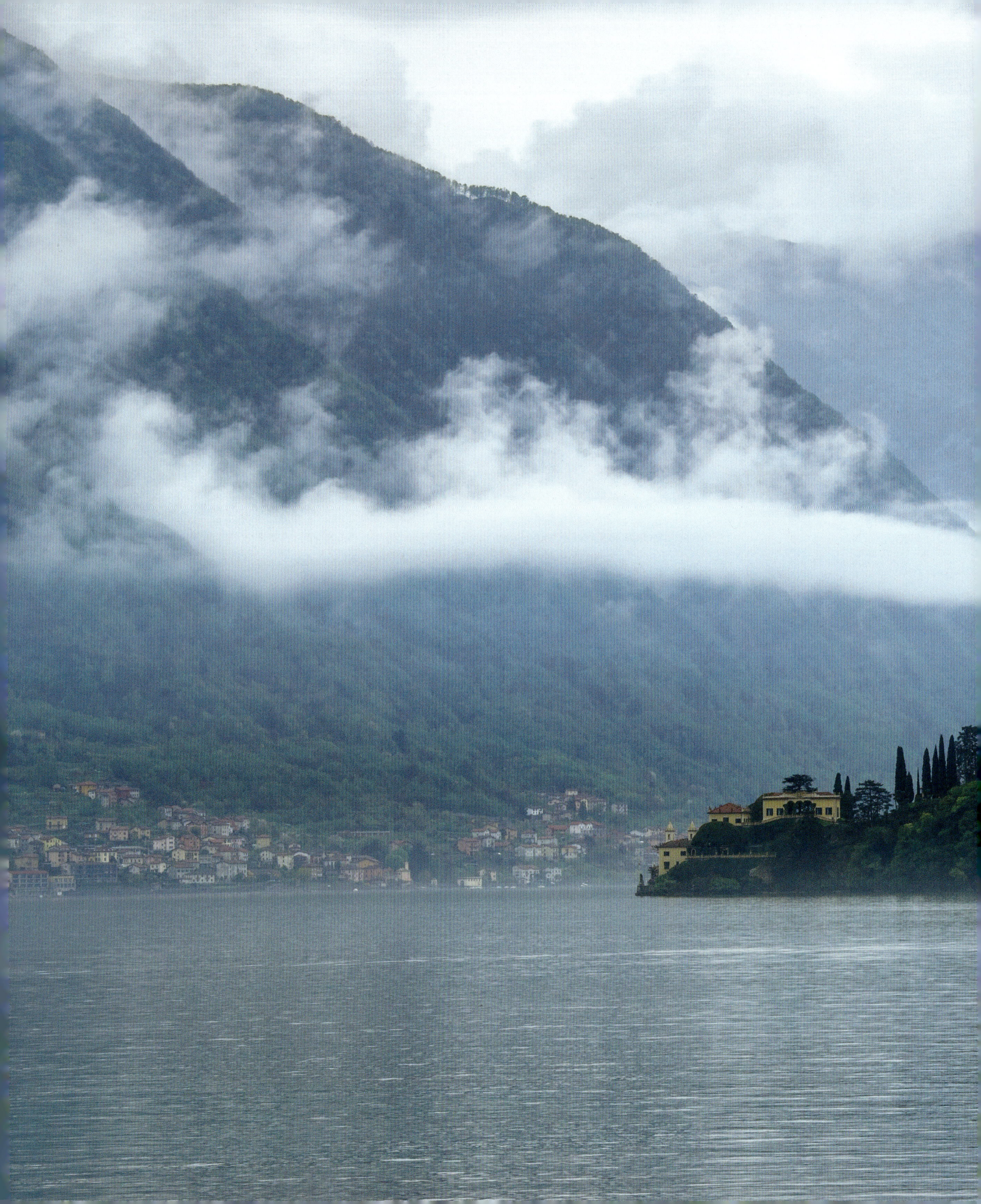

DER COMER SEE

TEIL 2

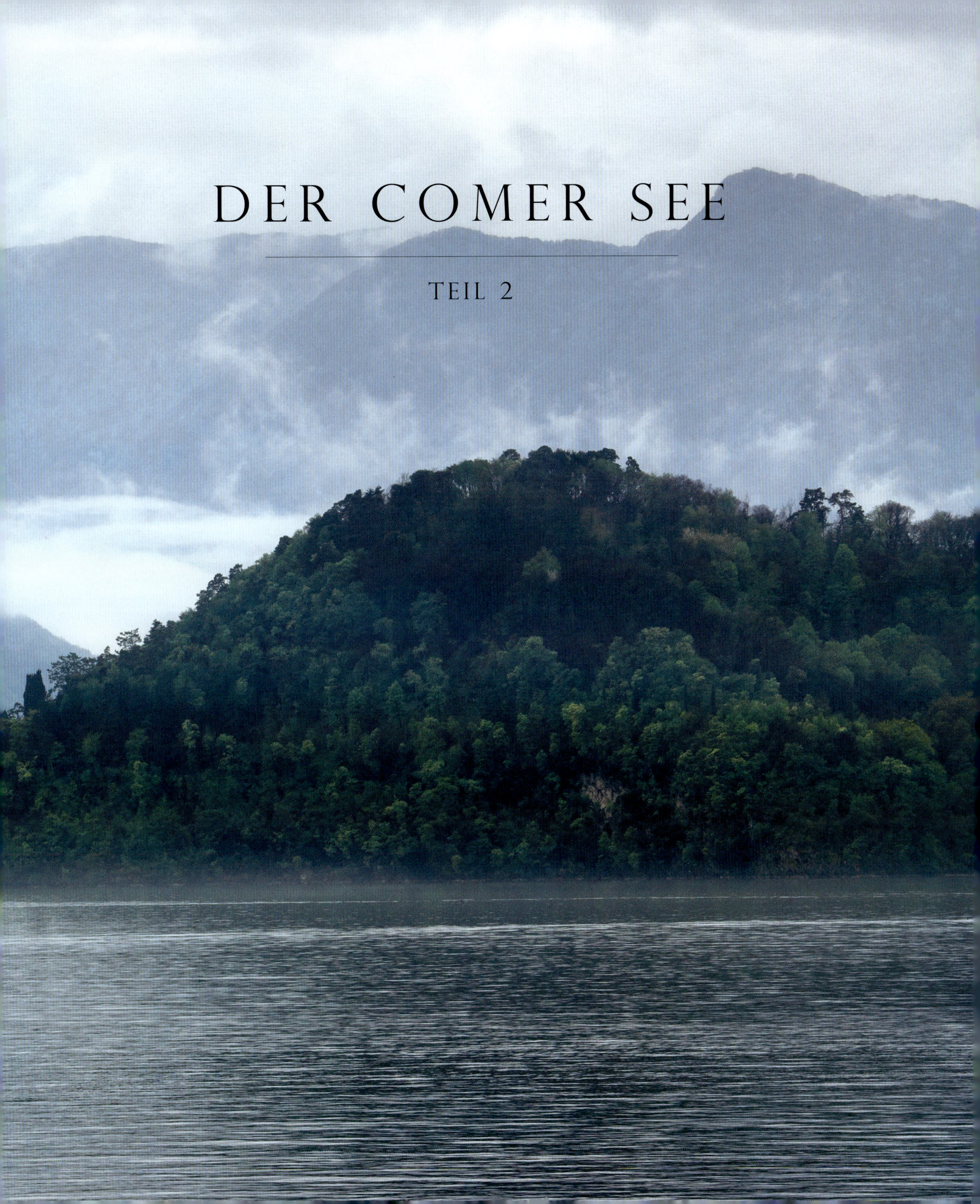

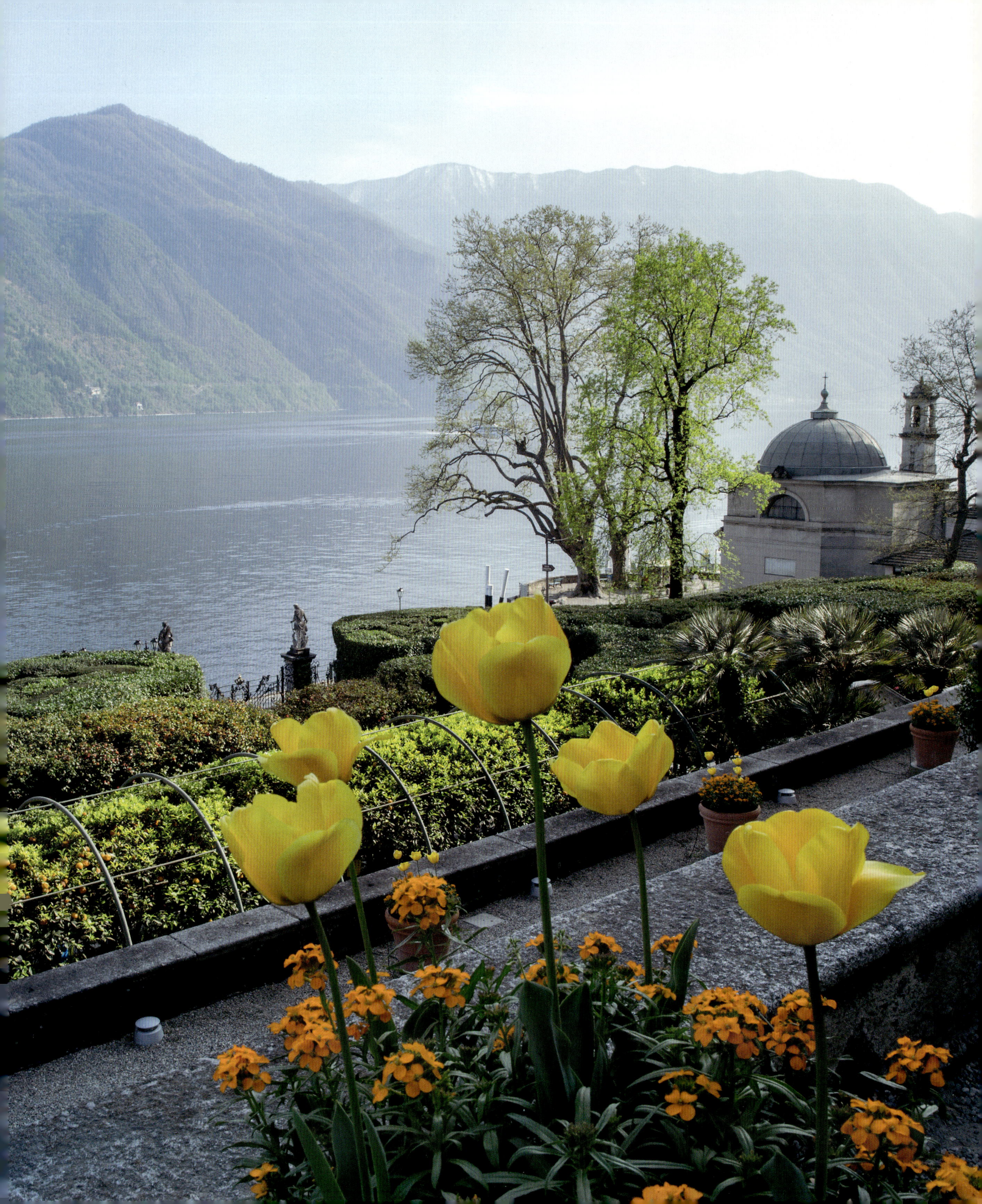

DER COMER SEE

Der Comer See liegt nicht weit von der Millionenstadt Mailand, der Wirtschaftsmetropole Italiens, entfernt, und man sollte annehmen, dass er völlig von Hotel- und Ferienanlagen zugebaut ist – aber dem ist nicht so. Und das ist der spektakulären Umgebung zu verdanken: An seinen Ufern ragen die Bergflanken steil auf und verleihen ihm das Aussehen eines Inlandfjords, der aus der Alpenwand entspringt. An seine Abhänge klammern sich grüne Esskastanien-Wälder (*Castanea sativa*), darüber ragen schroffe Berggipfel, im Winter von Schnee bedeckt, das restliche Jahr über von unsteten Wolken verhangen. Wegen seines Fjordcharakters verändern sich die Wetterbedingungen schnell und unvorhersehbar, deshalb sieht man auf dem Comer See selten eine Segeljacht. An den steilen Felsenufern ist wenig Platz für Ortschaften, und auf den Straßen kommt man nur langsam voran. Der See ist eher ein Ziel für romantische Pilger als für vergnügungssüchtige Ausflügler.

Der erste Besucher, der seine Eindrücke niederschrieb, war im 1. Jahrhundert n. Chr. Plinius der Jüngere. Wie sein Onkel Plinius der Ältere stammte er aus der römischen Stadt Como am Ende des südwestlichen Seearms. Der erste römische Kaiser, Augustus, unterhielt dort sechs Galeeren, um die feindlichen Stämme aus dem Norden zurückzuschlagen. Plinius der Jüngere, der in seiner Jugend den Ausbruch des Vesuvs, der Pompeji zerstörte, beschrieben hatte, brachte es im späteren Leben zu Macht und Reichtum. Er besaß mehrere Luxusresidenzen in Italien und an der heutigen türkischen Schwarzmeerküste, wo er Statthalter war. An Gärten hatte er ein großes Interesse, und zwei seiner erhaltenen Briefe verdanken wir die genaue Beschreibung eines römischen Patriziergartens.

Plinius der Jüngere blieb der heimatlichen Landschaft immer verbunden, am Ufer des Comer Sees besaß er mindestens zwei Villen. Eine der beiden hieß Tragoedia und stand erhöht, wie auf Stelzenschuhen ruhend, mit schöner Aussicht wahrscheinlich auf der Halbinsel Bellagio, einem der schönsten Orte am See. Plinius beschrieb den Blick von der Villa auf den See und die Fischer, und noch heute sieht man von den Fenstern der Belle-Epoque-Hotels in Bellagio auf die Fischerboote, die ihre Netze mit dem silbrigen *lavarello* (Blaufelche) oder – über große Winden am Heck – mit dem köstlichen Saibling (*salmerino*) einholen. Das klare Wasser des tiefsten europäischen Sees ist ein idealer Lebensraum für Fische(r).

LINKS Der Kontrast zwischen leuchtenden Blumenterrassen und dramatischer Landschaft ist charakteristisch für den Comer See, an dem das schnell umschlagende Wetter den Reisenden stets aufs Neue fasziniert.

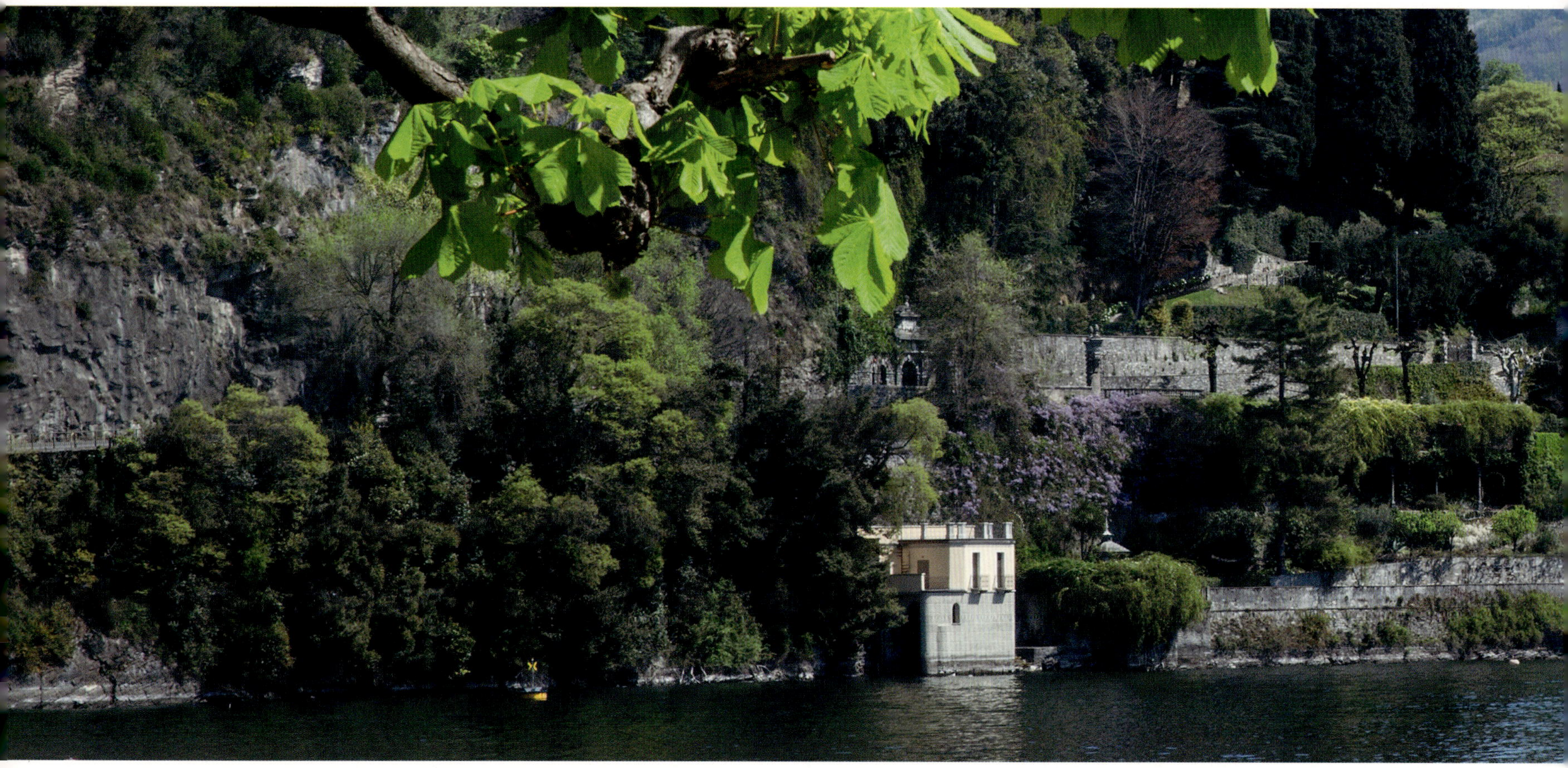

Plinius' zweite Villa, passend Comoedia genannt, stand in einer schwer zugänglichen kleinen Bucht bei Torno. An dieser Stelle wurde 1570 die Villa Pliniana praktisch in den See gebaut. Schon Plinius schrieb: „Du kannst von hier aus angeln, du wirfst die Leine aus dem Schlafzimmerfenster und fischst vom Bett wie von einem Boot aus." Das Grundstück verfügt über eine Quelle, die immer wieder trockenfällt und neugierige Besucher, wie 1498 Leonardo da Vinci, anzieht.

Seine goldene Ruhmesära erlebte der Comer See, als Ende des 18. Jahrhunderts die Romantiker kamen. 1793 versuchte der junge Dichter William Wordsworth hier, seine Eindrücke aus dem revolutionären Frankreich zu ordnen. Er schrieb ein langes Gedicht über den See, dem er – typisch für ihn – einen wenig aussagekräftigen Titel gab: *Descriptive Sketches* (Anschauliche Skizzen). Heute sind sie in seinen gesammelten Werken unter die Juvenilia verbannt, doch sie zeigen schon das lyrische Genie. Nach ihm strömten Schriftsteller, Komponisten und Reiche auf der Suche nach der elementaren Macht der Natur an den See und bauten elegante Villen an seine Ufer. Lord Byron und Percy Bysshe Shelley waren hier, und Fabrizio, der Held aus Stendhals *Kartause von Parma* war hier zu Hause. Stendhal vertraute seinem Tagebuch am 18. Juli 1817 seine romantischen Gefühle an:

> Heute Morgen um fünf Uhr verließen wir Como in einem Boot mit schönem blau-weißem Verdeck. Wir besuchten die Villa der Prinzessin von Wales und die Pliniana mit ihrer intermittierenden Quelle; der Brief des Plinius ist in Marmor graviert. Hier wird der See wild und düster: Die Berge stürzen fast senkrecht ins Wasser. Wir umrundeten das Kap von Balbianello, nicht ohne Mühen, und die Damen hatten Angst: Solche Schroffheit sieht man sonst an den schottischen Seen. Endlich erblickten wir das Ufer der Tremezzina und die lieblichen kleinen Täler, die, nach Norden von einem Berg geschützt, ein Klima wie das in Rom genießen. Diejenigen Mailänder, die unter der Kälte leiden, verbringen hier den Winter. An den grünen Hängen stehen Paläste in großer Zahl und spiegeln sich im Wasser … sie sind in einem eleganten, pittoresken, üppigen Stil erbaut … Das Läuten der Glocken, von der Weite und den Wellen des Sees gedämpft, findet sein Echo in der leidenden Seele. Wie soll ich diese Empfindung

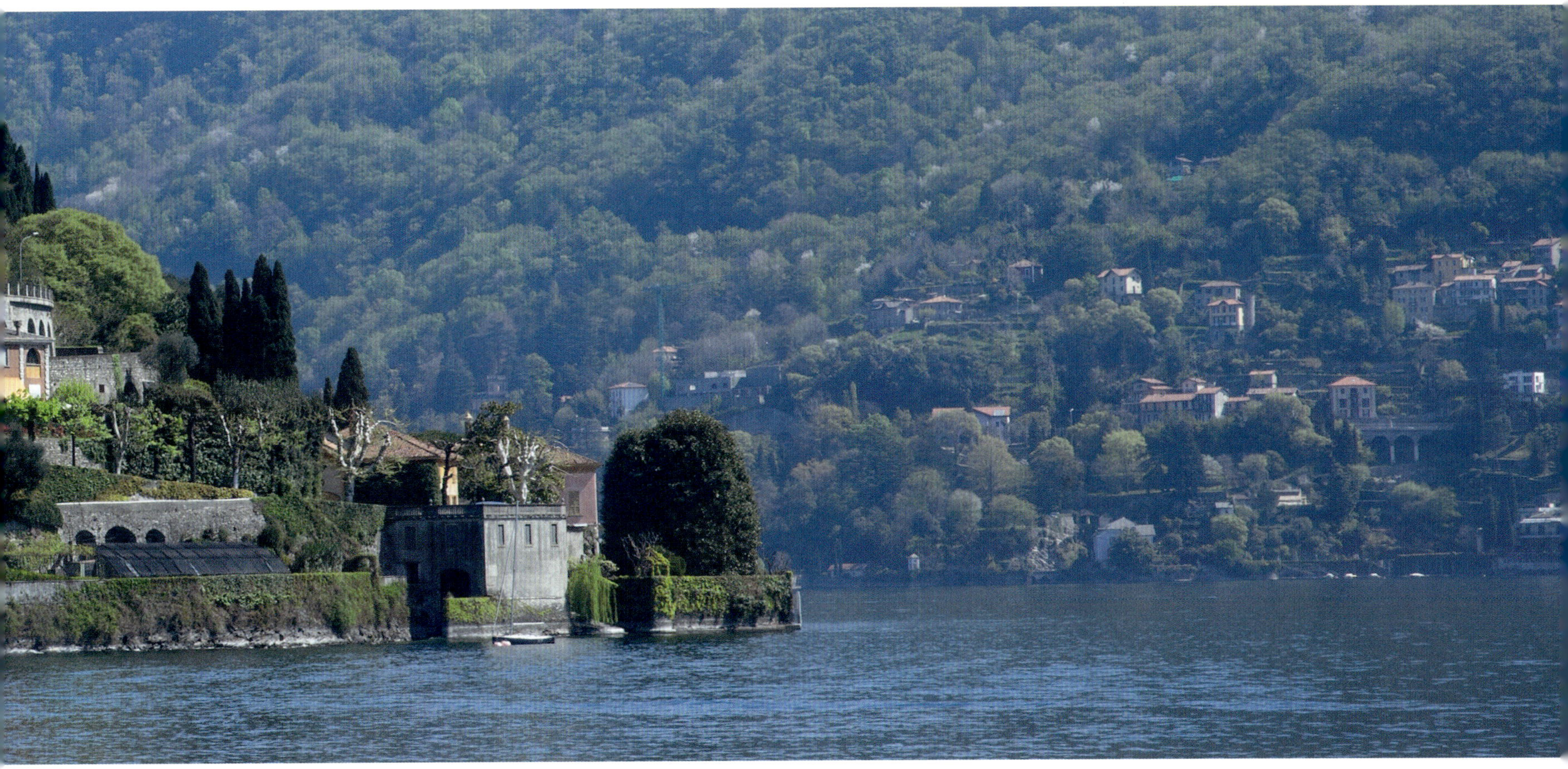

beschreiben? Man muss die Kunst lieben: Man muss lieben und unglücklich sein.

Stendhal versuchte, seine aufgewühlten Gefühle mit der Besichtigung von Gärten zu beruhigen. Andere Künstler waren ähnlich beeindruckt und angeregt. Gioachino Rossini komponierte hier 1813 seine Oper *Tancredi*, Vincenzo Bellini schrieb *La Sonnambula* (Die Nachtwandlerin) und *Norma,* zwei der erfolgreichsten Belcanto-Opern, in der Villa Passalacqua in Moltrasio. Während der Arbeit an *Norma* brachte Bellini die große Sopranistin Giuditta Pasta (was für ein Name für eine italienische Diva!) in einer Villa in Como unter, damit sie sofort zur Stelle sein konnte, wenn er sie brauchte. Man stelle sich nur vor, wie es war, als zum ersten Mal die Töne der Arie „Casta Diva" aus dem offenen Fenster über den See wehten. 1853 arbeitete Giuseppe Verdi ganz in der Nähe an *La Traviata*, und Franz Liszt wählte Bellagio als Ort für eine heiße Affäre, der seine Tochter Cosima entsprang, die dann Richard Wagner heiratete.

Doch nicht nur die große Kunst, auch die große Geschichte hinterließ ihre Spuren am Comer See. Im 19. Jahrhundert verlief hier eine Frontlinie des Einheitskampfes, der aus dem bunten Haufen von Zwergfürstentümern und De-facto-Kolonien einen modernen Nationalstaat formte. Zwei der Männer, die Napoleon Bonaparte in Italien zur Macht verhelfen wollten, Francesco Melzi d'Eril und Gian Battista Sommariva, ließen sich in Bellagio beziehungsweise Tremezzo auf der gegenüber liegenden Seeseite in herrschaftlichen Ufervillen nieder und legten bedeutende Gärten an. Fortan standen sie im stummen Wettstreit um den schönsten Besitz. Nach dem Sturz Napoleons kam der Comer See als Teil der Lombardei unter österreichische Herrschaft.

Der große Roman des Risorgimento, Alessandro Manzonis erstmals 1827 erschienene *I Promessi Sposi* (*Die Brautleute*), beginnt am Lecco-Arm des Sees. Manzoni wünschte sich ein nationales Erwachen und arbeitete bis 1840 an einer Fassung, deren Italienisch als einheitsstiftende, im ganzen Land ver-

OBEN Die Ufer des Comer Sees erheben sich steil aus dem Wasser und bieten wenig Platz für große Gebäude. Die Villengärten sind terrassiert und bieten dem Schiffsreisenden einen romantischen Anblick. Den Hintergrund bilden die bewaldeten Berghänge.

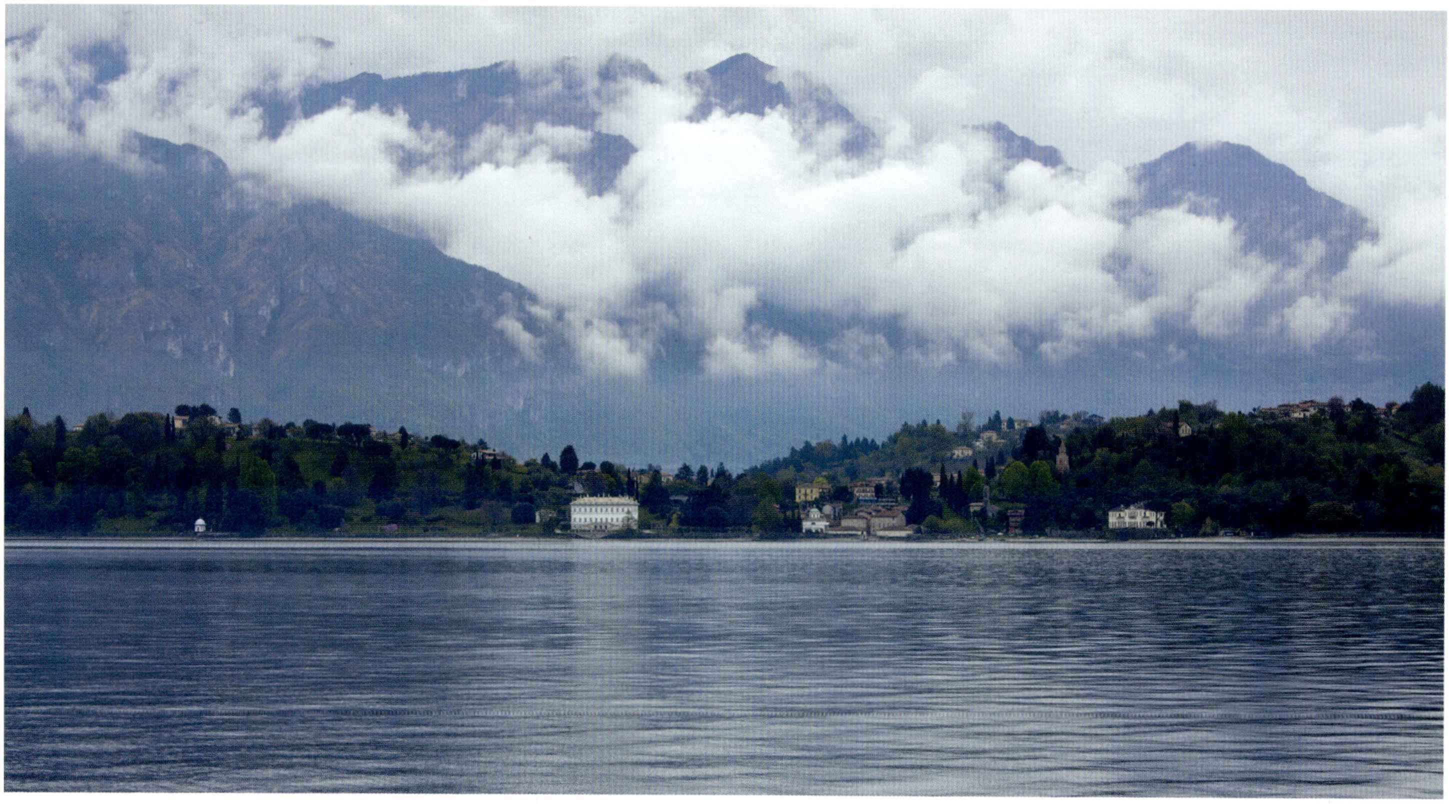

ständliche Hochsprache, dienen sollte. Der Literat Silvio Pellico, einer der frühen Helden der Einheitsbewegung, wurde in der Nähe der Villa del Balbianello, für ihre Gartenterrassen über dem See damals wie heute berühmt, von der österreichischen Obrigkeit verhaftet. Patrizische Anhänger der Einheitsbewegung, denen es verboten war, ihren Überzeugungen mit Symbolen Ausdruck zu verleihen, pflanzten Erdbeerbäume (*Arbutus unedo*) an ihre Tore. Der immergrüne Baum trägt gleichzeitig weiße Blüten und rote Früchte – also die drei Farben der Revolutionsflagge. Nachdem Giuseppe Garibaldis Rothemden im Jahr 1859 Como eingenommen hatten, hisste er auf einem Passagierdampfer die Trikolore, fuhr den See auf und ab und forderte mit Gewehrsalven zur allgemeinen Erhebung auf.

Nach der Einigung Italiens 1861 ging es hier nicht mehr so aufregend zu. Dafür kamen immer mehr Reisende, und bald standen in Bellagio und Cadenabbia teure Hotels für eine vornehme Klientel. Viele kamen im Frühling, wenn es am See besonders schön ist, nachdem sie den Winter stilvoll an der französischen Riviera verbracht hatten.

Eine 1854 erbaute aristokratische Familienvilla an der Spitze der Landzunge von Bellagio erweiterte die nächste Generation zu einem Hotel, das unter dem Namen Grand Hotel Villa Serbelloni heute fünf Sterne trägt. Weiter südlich, in Cernobbio, steht die Villa D'Este, die einmal Caroline von Braunschweig-Wolfenbüttel, der unglücklichen Frau des englischen Königs George IV., gehört hat und heute ebenfalls ein Hotel ist. Es verfügt über einen schönen Barockgarten. Als Richard Bagot 1905 sein Standartwerk *The Italian Lakes* (Die oberitalienischen Seen) veröffentlichte, stöhnte er: „Das unglückliche Cadenabbia ist von Engländern und Amerikanern regelrecht annektiert … in der Frühjahrs- und der Herbstsaison regieren Tee und Tratsch Cadenabbia sowie eine hochprozentig britische Atmosphäre der Art, die den Abendgottesdienst und das Pfarrblatt liebt."

Er riet dem feinsinnigen Besucher, wie er selbst die Kutsche und nicht den Zug zu nehmen, um den „gutturalen und nasalen Bewunderungsrufen von Deutschen und Amerikanern und den schalen Begeisterungsbekundungen der britischen

Oben Die Kleinstadt Bellagio auf einer langen Halbinsel zwischen den beiden Seearmen liegt am Fuße des bewaldeten Hügels, auf dem der Park der Villa Serbelloni liegt. Im Hintergrund ragen die Berge am Ostufer des Lecco-Arms auf.

Rechts Wo es der Platz erlaubt, wie hier an der Villa del Balbianello, sind nur geschickte Hände vonnöten, um Architekturelemente von schlichter Schönheit zu schaffen. Alles Übrige erledigt das Klima.

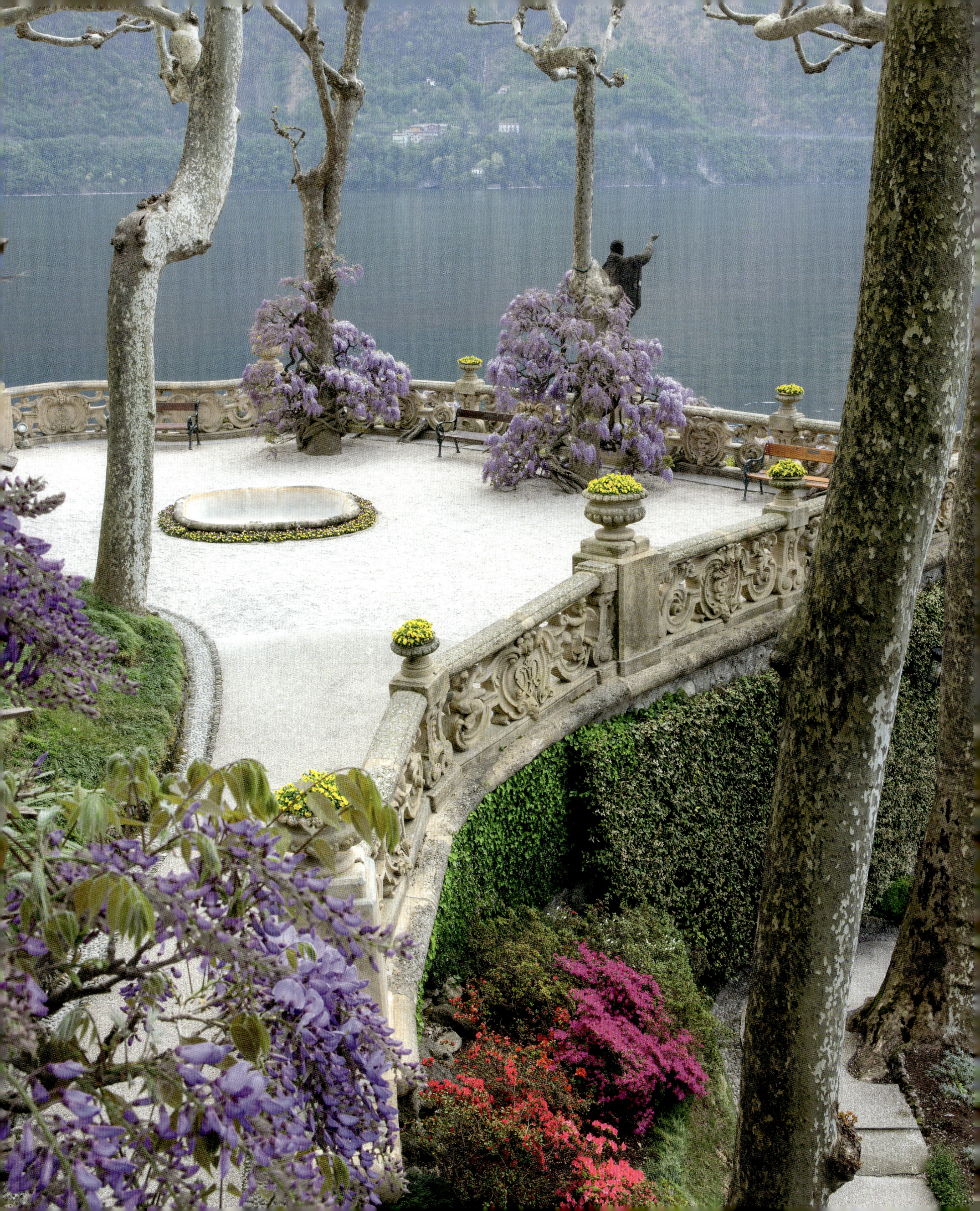

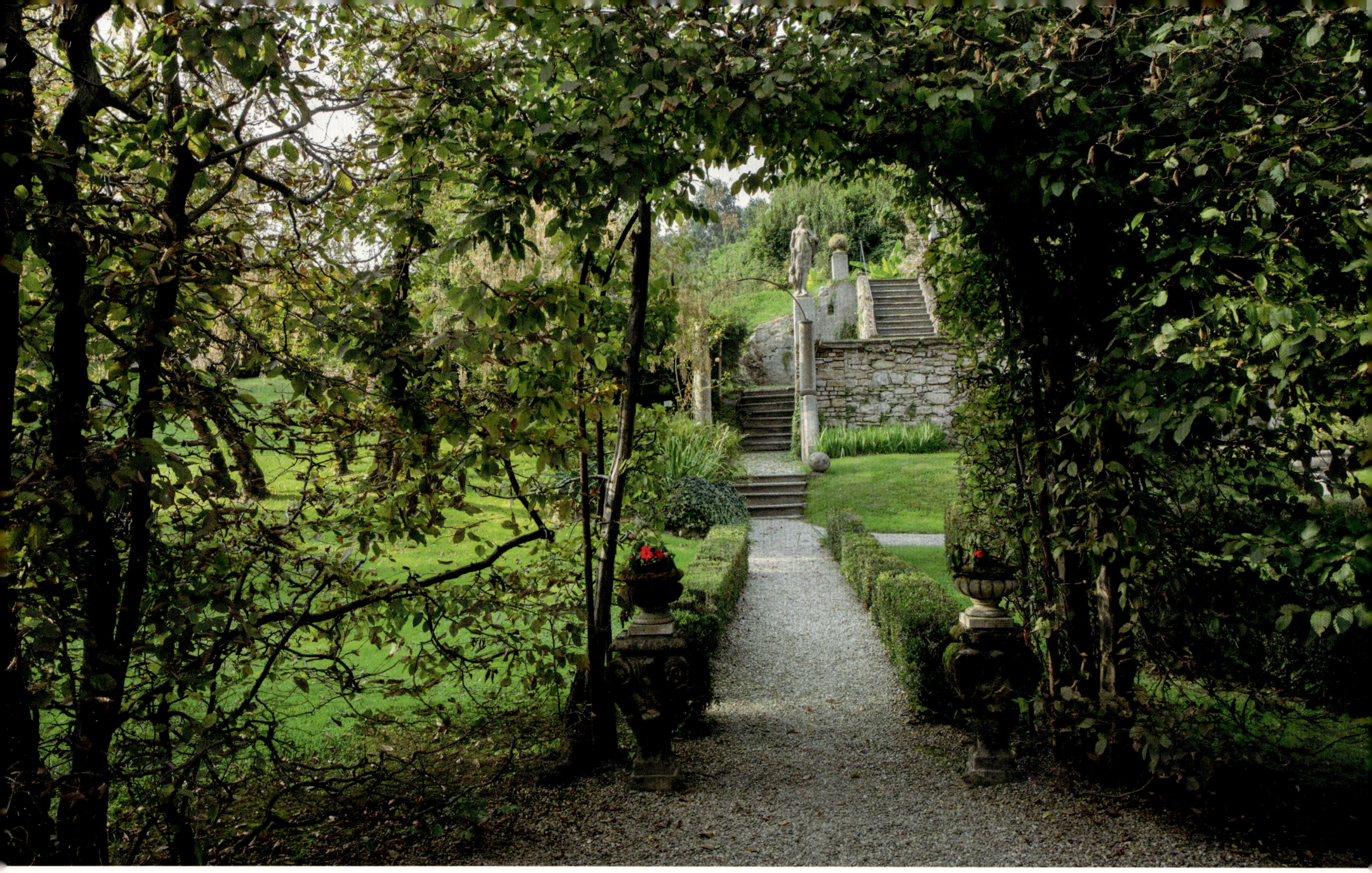

Mitreisenden" zu entgehen. Bagot liebte den Comer See und kannte sich hier bestens aus. Der Schauder, der ihn angesichts oberflächlicher Touristen befiel, wurde durch das komfortable Einkommen gemildert, das ihm diverse Auflagen seines Reisebuchs in den folgenden 20 Jahren verdientermaßen bescherten.

Bagots Welt der Bourgeoisie und der Grand Hotels ging im Ersten Weltkrieg, an dessen Gefallene ein anrührendes Denkmal auf der Piazza von Lenno erinnert, fast völlig unter. In den 1950er Jahren erstand sie noch einmal auf. In einem Bestseller von Gladys Huntington erlebte *Madame Solario* in Cadenabbia eine verbotene Liebe. Und im *Sommer am See* beschwor Alberto Vigevani die Landlust einer großbürgerlichen Mailänder Familie.

Viele der großen Anwesen wurden nach dem Ersten Weltkrieg von reichen Amerikanern aufgekauft. 1928 erstand die Whisky-Erbin Ella Walker die Villa Serbelloni, deren Grundstück einen Großteil der bewaldeten Halbinsel Bellagio umfasst. Die ebenso berühmte Villa del Balbianello kaufte der Exsoldat und Exkongressabgeordnete Butler Ames. Dass heute die Gärten dieser herrschaftlichen Wohnsitze für die Öffentlichkeit zugänglich sind, hängt nicht zuletzt mit diesen Erwerbungen zusammen.

Dem heutigen Gartenbesucher präsentiert sich die Landschaft am Comer See noch fast so wie den Bewunderern vor gut 100 Jahren. Der große See erscheint wegen der hohen Berge zu allen Seiten noch schmaler, als er ohnehin schon ist. Seine Nordufer liegen im Valtellina, an der Punta Spartivento (Landspitze, an der sich der Wind teilt) bei Bellagio teilt sich der See in zwei Arme. Der westliche, an dessen Ufern zahlreiche Villen und Dörfer stehen, reicht – vorbei am bewaldeten Vorgebirge von Balbianello und der einzigen Insel, der Isola Comacina – nach Süden bis zur Stadt Como. Von dort starten an sonnigen Nachmittagen die dröhnenden Wasserflugzeuge über den See. Der östliche Arm zieht sich durch eine verhältnismäßig ruhige fjordähnliche Bucht bis nach Lecco. Am Ufer

OBEN Ein besonderer Reiz des Gartens der Villa Sommi Picenardi liegt in der unvermuteten Verflechtung von Intimität und Pracht. Hier blickt man durch einen begrünten Bogen auf den Terrassengarten.

fahren Züge von der Provinzhauptstadt Lecco über Mandello del Lario, wo Moto Guzzi seine Motorradfabrik und ein Museum hat, bis ins hübsche Dorf Varenna, das ein beliebter Ausgangspunkt für Gartenbesuche ist.

Man sollte immer daran denken, wie unbeständig das Wetter am Comer See ist. Ein starker Nordföhn kann urplötzlich in eine Flaute umschlagen. Der Wasserstand des Sees ändert sich von Jahr zu Jahr und von Jahreszeit zu Jahreszeit drastisch. Auf den Landkarten der Region sind die thermischen Winde, die in entgegengesetzte Richtungen wehen, samt Namen eingezeichnet.

Das Mikroklima begünstigt eine große Pflanzenvielfalt in den Gärten, ist aber alles in allem merklich rauer als am Lago Maggiore. Der Boden ist, geologisch bedingt, alkalisch, an den Ufern der Tremezzina treten die Kalkfelsen spektakulär hervor. Für einige der großen Gärten wurde saures Erdreich herangeschafft, um Sträucherwäldchen aus Rhododendren und Kamelien anlegen zu können.

In der Mitte des Sees in und um Bellagio sowie in Menaggio und Cadenabbia am Westufer findet man viele schöne Unterkünfte. Die Fähren verkehren häufig und regelmäßig über den gesamten See. Von den Anlegestellen erreicht man die Gärten nach einem schönen Spaziergang, an den Terrassen der Villa Balbianello sollte man aber auf jeden Fall mit dem Schiff ankommen. In den Städtchen und Dörfern findet man Souvenirläden, Nobelboutiquen, aber auch traditionelles Handwerk und Kunsthandwerk. Die Fisch- oder Risottospezialitäten sollte man sich nicht entgehen lassen – und sich dazu auch einen der herben Weine aus dem Valtellina (Veltlin) gönnen. Das Herrlichste aber ist der Blick auf den Comer See von einem der zahllosen Aussichtspunkte – die verschiedenen Stimmungen in wechselndem Licht, die glitzernde Wasserfläche, Wolkenschwaden und Nebelfetzen, die häufig weiß leuchtenden Berggipfel – es ist ein ganz besonderer Ort.

UNTEN Die *Lariano*, die auf Seite 9 zu sehen ist, fährt nicht mehr, doch ihr Schwesterschiff *Milano* dampft noch immer über den See. Hier nähert es sich der Halbinsel Dosso di Lavedo bei Lenno. Im Hintergrund der Monte San Primo, der zwischen den südlichen Seearmen liegt.

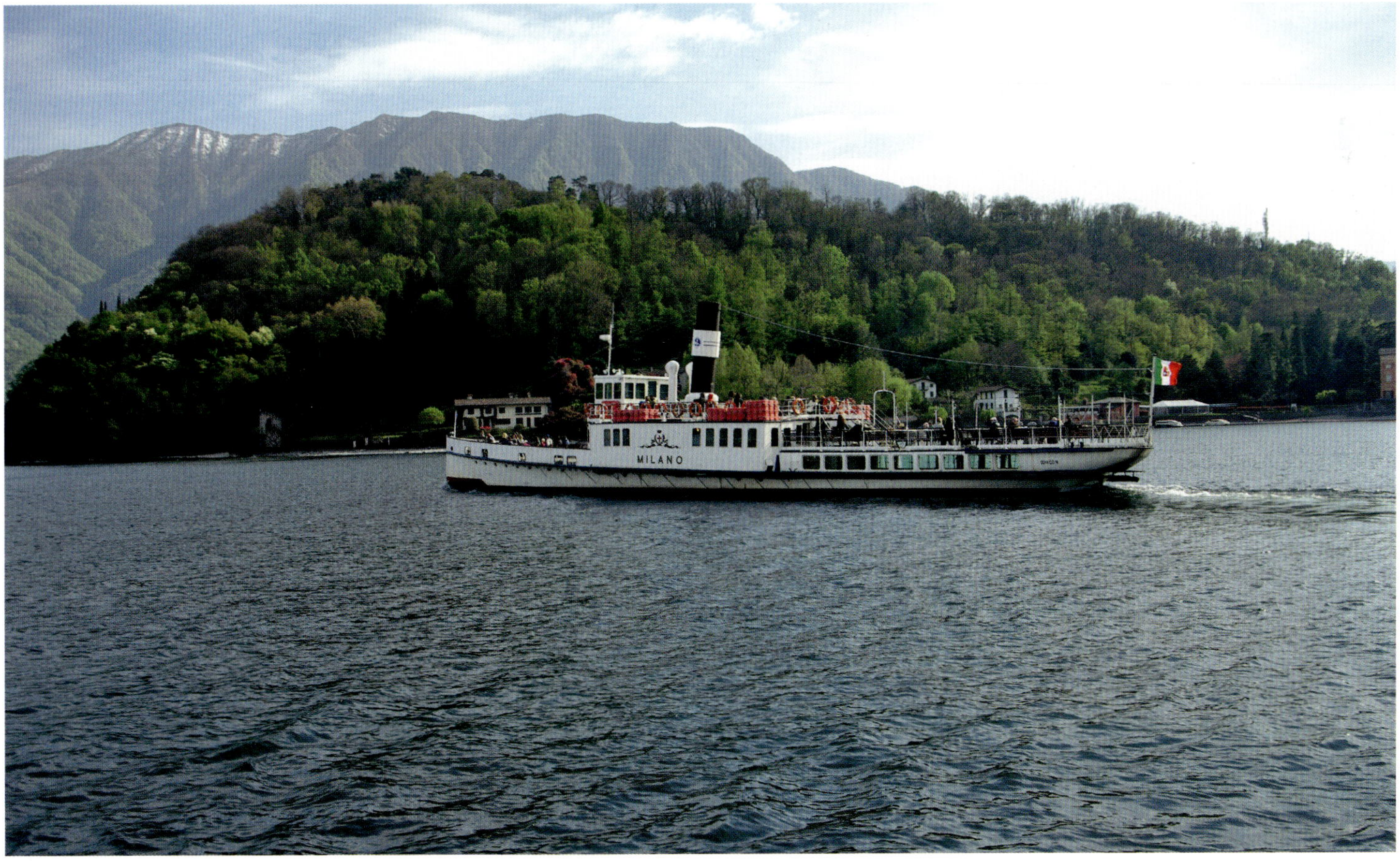

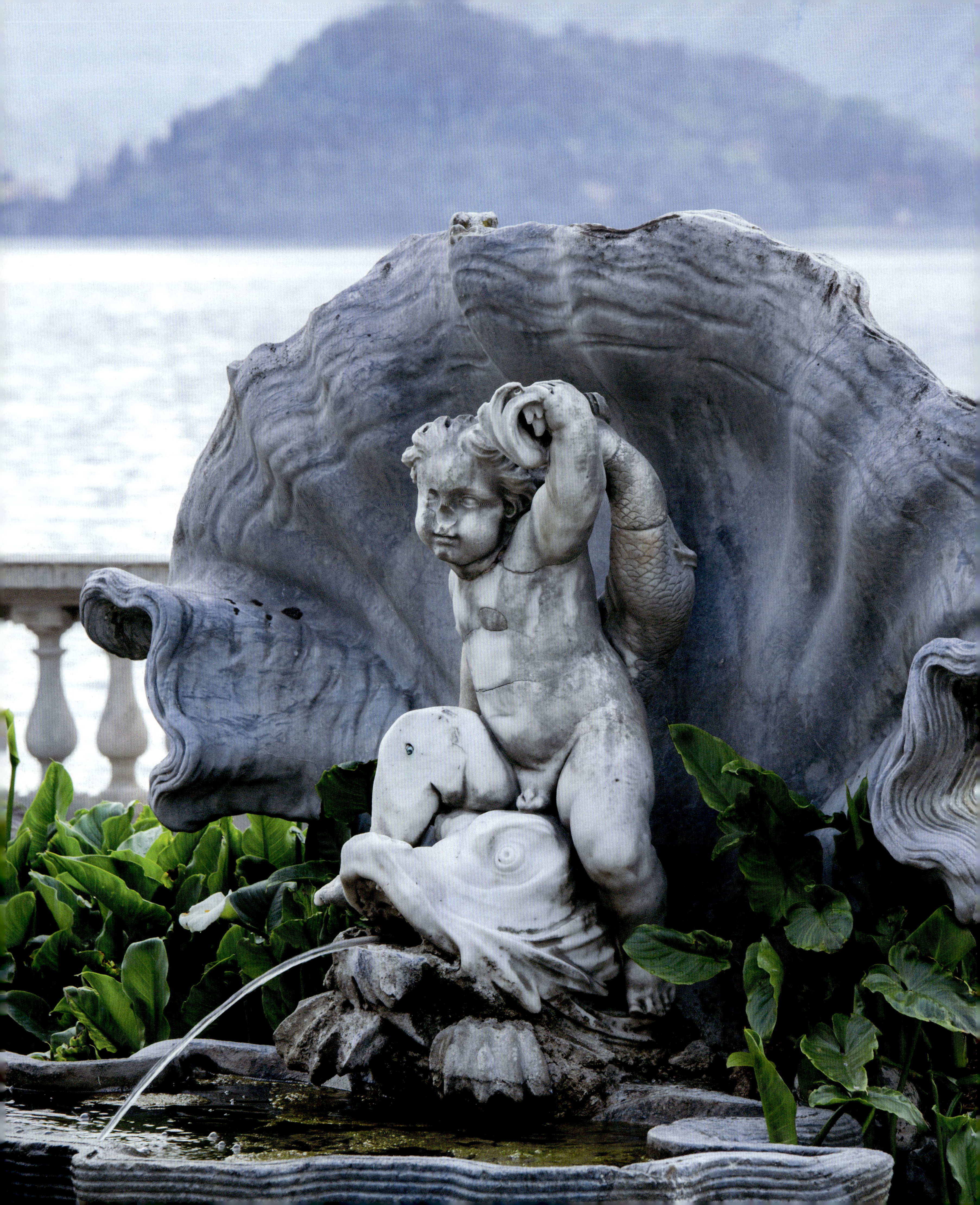

DIE VILLA MELZI

Die meisten der eleganten Villengärten an den Ufern des Comer Sees kann man nur von den vorbeiziehenden Schiffen aus sehnsüchtig betrachten – sie sind für die Öffentlichkeit nicht zugänglich. Der Garten der Villa Melzi ist eine spektakuläre Ausnahme, seine Tore stehen gegen ein bescheidenes Eintrittsgeld fast immer offen. Man erreicht ihn, sehr kultiviert, von Bellagio aus nach einem schönen Spaziergang über die Uferpromenade. Haus und Garten entstanden um 1810 im Auftrag von Francesco Melzi d'Eril, dessen Leben und Wirken beispielhaft für die Ideale und das Scheitern der italienischen Aufklärung stehen können. Melzi kam aus einer Mailänder Patrizierfamilie, er verschrieb sich der Politik und strebte nach einer liberalen konstitutionellen Ordnung, die Kleinstaaterei und Absolutismus ablösen sollte. Den zarten Anfängen einer auf Rationalität gegründeten Gesellschaft, in der fortschrittliches Denken und gelehrte Debatten die Despotie mäßigen sollten, setzte die Französische Revolution ein jähes Ende. Melzi überstand alle politischen Stürme und zog sich schließlich an diesen herrlichen Ort zurück, um das ruhige Leben eines Elder Statesman zu genießen.

Nachdem 1796 Napoleon seine Armee im Siegeszug über die Alpen geführt und die Lombardei erobert hatte, errichtete er in Norditalien die kurzlebige Cisalpinische Republik. Melzi wurde als vertrauenswürdig angesehen und erhielt ein hohes Amt. Nach einigen Wirren und der endgültigen Eroberung des italienischen Stiefels durch die Franzosen, entstand die Italienische Republik. Melzi wurde zum Vizepräsidenten ernannt, erster Mann im Staate war natürlich Bonaparte. Melzis Triumph wurde vom Rückzug seines Rivalen Gian Battista Sommariva aus der Politik versüßt, dessen luxuriöses Haus, heute die Villa Carlotta, direkt gegenüber von Melzis Anwesen auf der anderen Seeseite lag. Was von seinen republikanischen Ideen zu halten war, zeigte Napoleon, als er sich erst in Paris zum Kaiser von Frankreich und im Jahr darauf zum König von Italien krönte. Melzi erhielt den klangvollen, aber machtleeren Rang eines Herzogs von Lodi und hatte nichts mehr zu sagen. Er trug das mit Würde und richtete die Villa Melzi mit zahlreichen Erinnerungsstücken an Napoleon und die eigene glanzvolle Karriere ein.

Als Architekten wählte Melzi den Bildhauer und Baumeister Giocondo Albertolli, der sich unter anderem mit den Stuckverzierungen des Mailänder Königspalasts einen Namen gemacht hatte. Albertolli erbaute eine weiße Villa im neoklassizistischen Stil, deren klare Linien und Proportionen der Welt zu sagen scheinen: Hier lebt ein Mann von wahrer Vornehmheit und geziemender Zurückhaltung. Ein Säulenvorbau wurde diskutiert, die Idee dann aber verworfen. Albertolli entwarf auch die Melzi-Kapelle am südlichen Ende des Gartens.

Um die Villa, die an zentraler Stelle am Ufer steht, entstand ein englischer Landschaftsgarten. Das Gelände wurde nivelliert, an einigen Stellen schüttete man kleine Hügel auf, sanft mäandernde Kieswege führen den Besucher ruhig durch das üppige Grün. In eleganten Abständen wachsen Baumgruppen, und entlang des Weges scheinen an strategischen Punkten Gartenpavillons in den unterschiedlichsten Baustilen eine eigene Geschichte zu erzählen.

Es ist etwas kurios, dass Melzi als seinen immerwährenden Beitrag zur Kulturgeschichte ausgerechnet den englischen Stil

LINKS Im kleinen formalen Garten vor der Villa macht ein Putto einem Delfin das Leben schwer. Hinter ihm kann man die bewaldete Landzunge Dosso die Lavedo mit der Villa del Balbianello ausmachen.

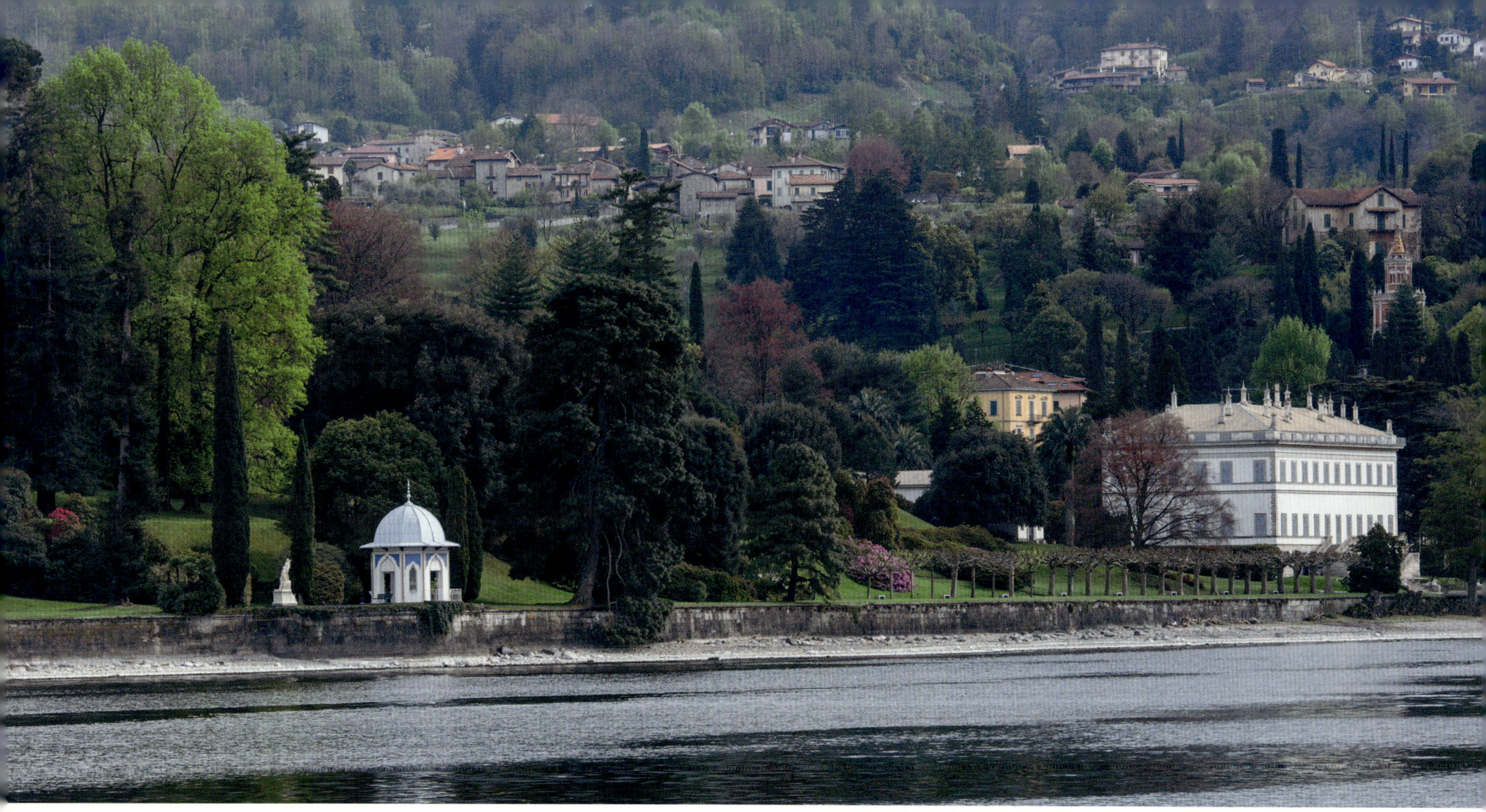

der Gartengestaltung gewählt hat, diente er doch in führender Funktion einer Regierung, die sich viele Jahre mit Großbritannien im Krieg befand. Es gibt zwei plausible Erklärungen für seine Entscheidung. Erstens erscheint der Landschaftsstil mit seiner vornehmen Nachbildung der natürlichen Formen als liberal, verglichen mit der strengen Geometrie des barocken Stils, der seinen Höhepunkt unter Ludwig XIV. in Versailles erreicht hat und daher als Sinnbild des Absolutismus gelten kann. Und zweitens ist da die ungeheure Anziehungskraft einer Modeerscheinung: Louis Bonaparte, von seinem Bruder Napoleon zum König von Holland gemacht, nahm den Gärten seines Jagdschlosses Het Loo bei Apeldoorn das barocke

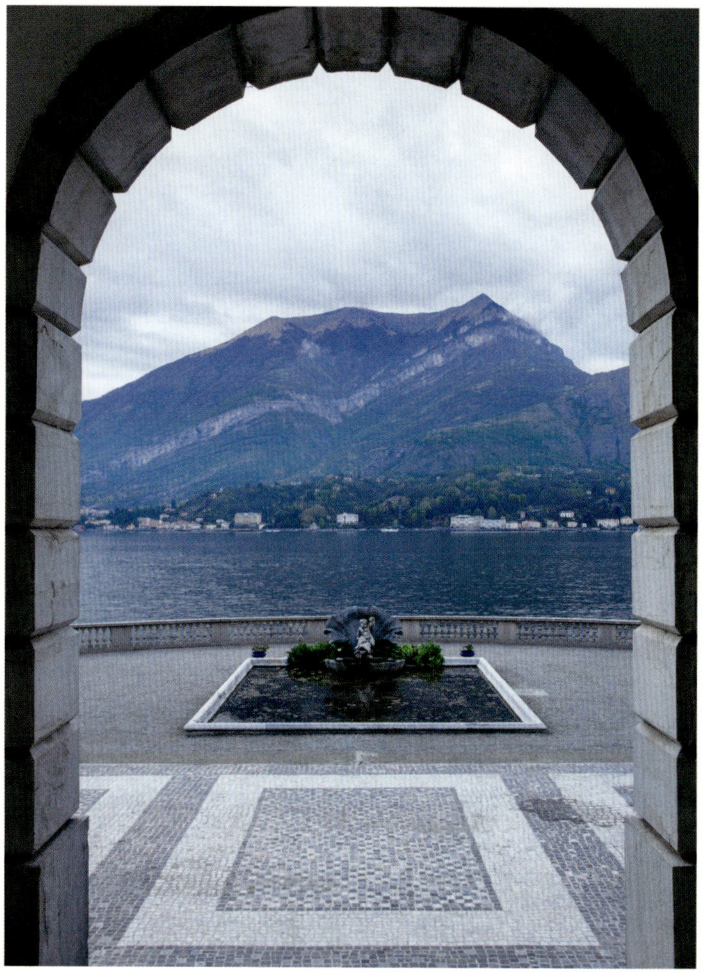

OBEN Vom See hat man den besten Blick auf die Gartengestalt der Villa Melzi. Die runden Formen der kunstvoll verteilten Bäume und Sträucher weisen sie als Besitz eines aufgeklärten Herrn aus.

RECHTS Die Seefassade der Villa Melzi blickt geradeaus über das Wasser auf den rivalisierenden Prachtbau der Villa Carlotta am Fuße des wuchtigen Monte di Tremezzo.

RECHTE SEITE OBEN Von der Villa Melzi eröffnen sich herrliche Ausblicke auf den See. Hier umrahmen zwei Säulen den Blick Richtung Balbianello im Comer Arm des Sees.

RECHTE SEITE UNTEN Der Garten geizt nicht mit Vielfalt. Hier grünt ein *Rhododendron* ungehindert neben zu Bollen getrimmten verwandten Arten, eine Neuheit im formschnittverliebten Italien.

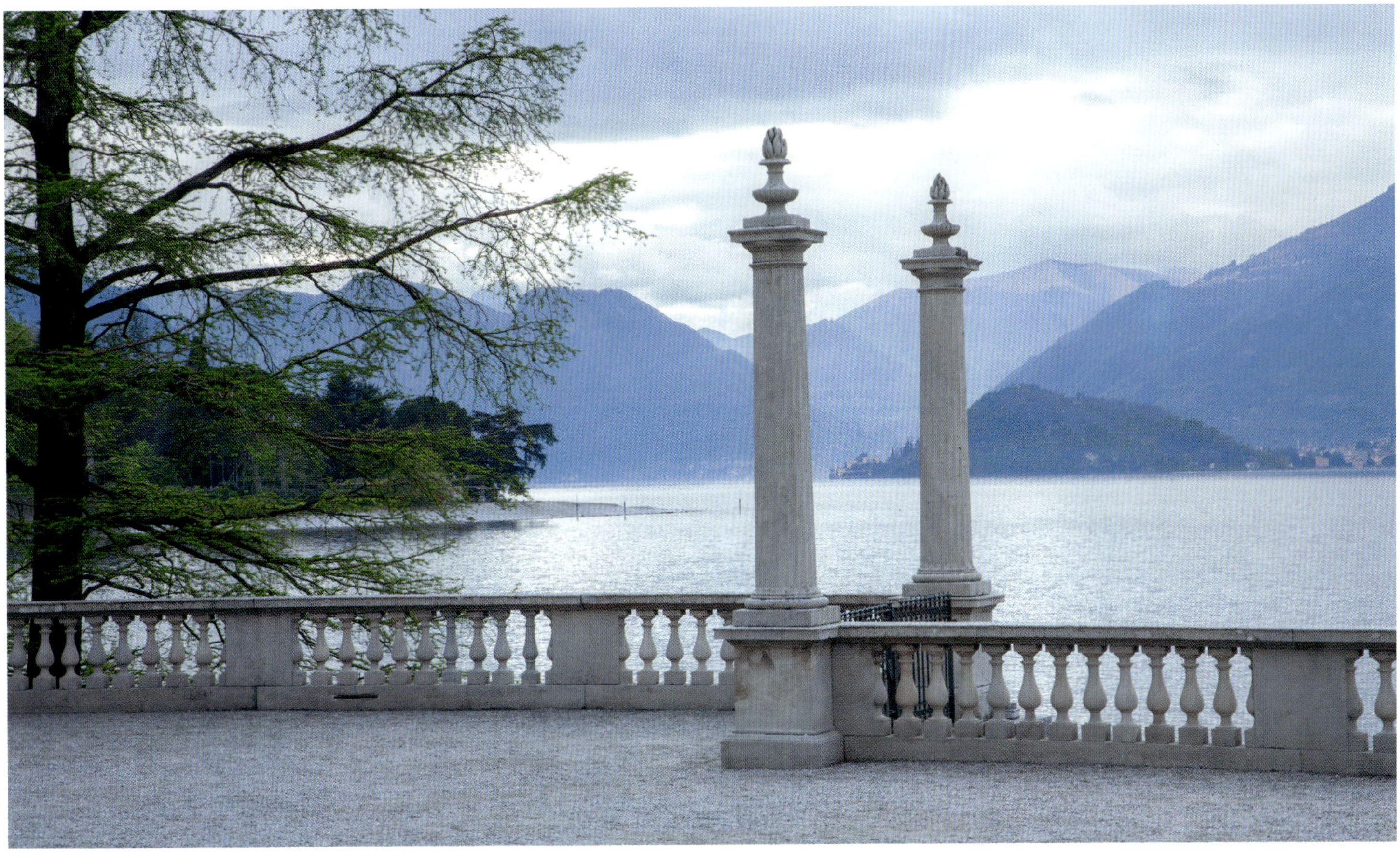

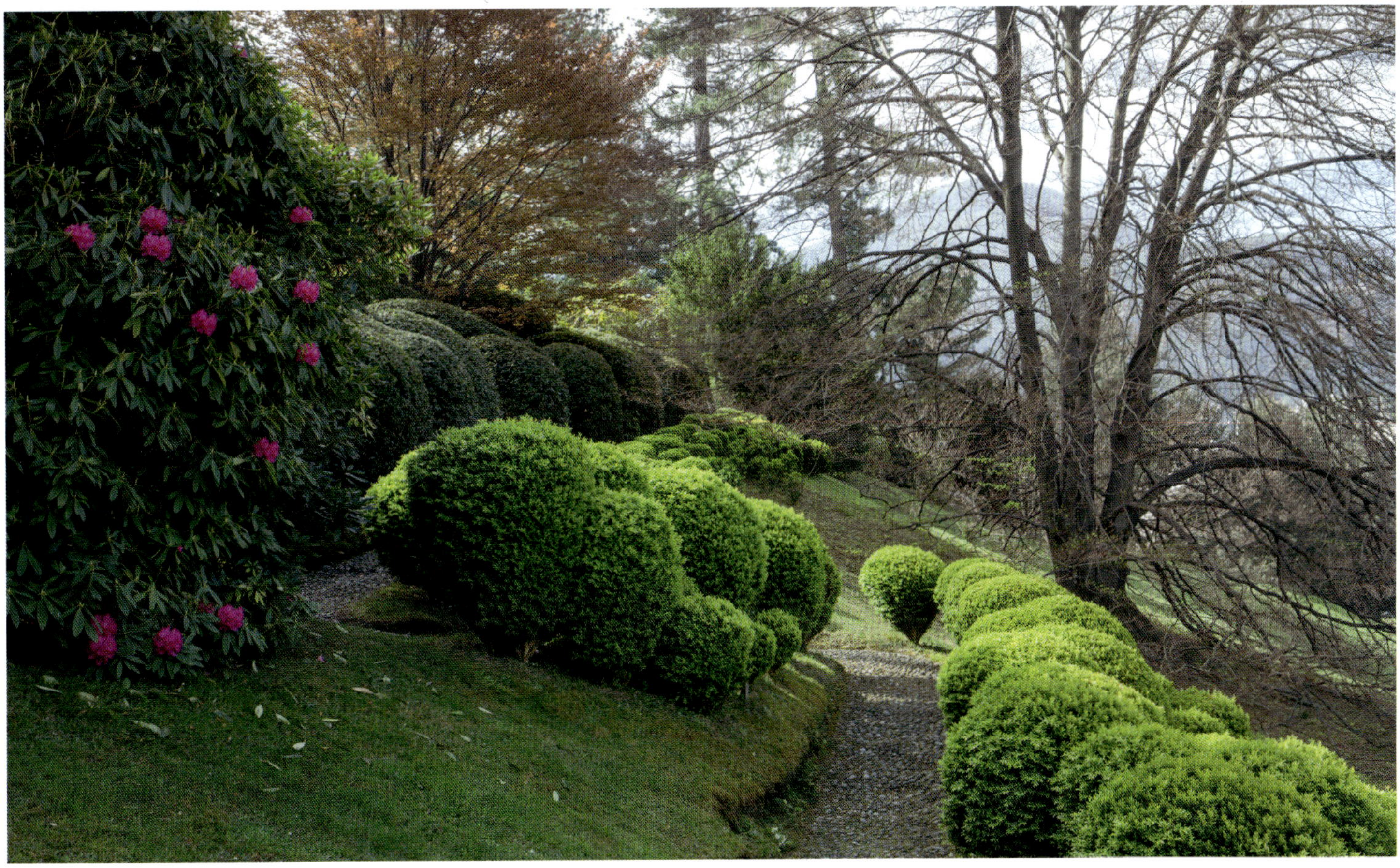

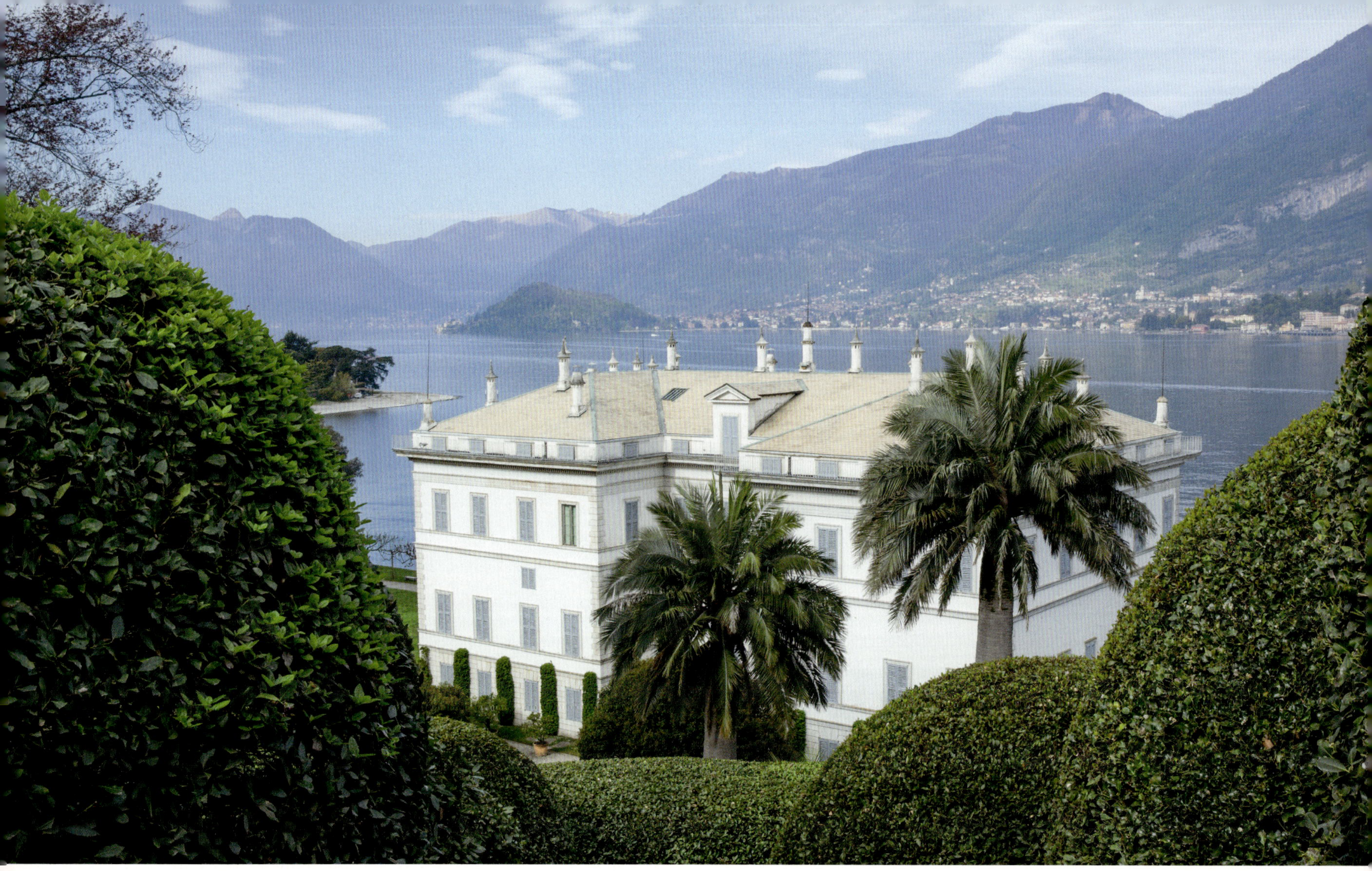

Korsett und gab ihnen die Weite und die Rundungen des englischen Stils. (Erst in den 1980er Jahren erhielten sie ihre alte Pracht zurück.) Melzis Gartengestaltung war also wohl eher ein modisches als ein bissiges politisches Statement. Außerdem schien der Landschaftsgarten die aufklärerischen Gedanken ideal umzusetzen, sein Besitzer zeichnete sich als Mann aus, der mit sich und der Welt im Reinen war, kultivierte und progressive Ideen vertrat und Despotismus sowie Ignoranz als unter seiner Würde betrachtete.

Die Gestaltung des Gartens wie der Villa lag bei Luigi Canonica und Luigi Villoresi – von ihnen stammen jedenfalls die Pläne. Der englische Landschaftsgarten hielt spät in Italien Einzug, wurde aber sehr schnell populär.

Es ist gut möglich, dass die Villa Melzi zum Trendsetter wurde. Das erste italienische Buch zu diesem Thema, Ercole Silvas *Dell'Arte dei Giardini Inglesi* (Die Kunst der englischen Gärten) war erst 1801 erschienen, eine überarbeitete zweite Auflage kam 1813 heraus. Silva (dessen Name übersetzt „Herkules Wald" heißt) kam aus der Lombardei und legte seinen eigenen Garten im neuen Stil an, man darf annehmen, dass Melzi sein Werk, das gedruckte wie das begrünte, kannte. Die formsichere Gartengestaltung der Villa Melzi war jedenfalls ein viel versprechender Anfang.

Der Spazierweg durch den Garten beginnt beim Tor am Seeufer. Auf einem der Pfeiler sind sämtliche Titel von Francesco Melzi d'Eril aufgeführt, und man fragt sich unwillkürlich, ob es ein Zufall sein kann, dass Leonardo da Vincis Lieblingsschüler, dem er all seinen Besitz vermachte, ein Namensvetter war. Der Weg zieht sich im Schatten der großen Zierbäume, die in der zweiten Hälfte des 19. Jahrhunderts

---

Oben Von oben betrachtet, erscheint die schlichte weiße Gestalt der Villa mit ihren dekorativ verteilten Kaminen als Kontrapunkt zur wild-erhabenen Seekulisse.

Rechte Seite oben Die gestutzten Platanen am Uferweg erinnern Musikliebhaber an Franz Liszt, der lange in Bellagio weilte. Wenn er sich nicht mit Marie d'Agoult zum Stelldichein traf, soll er unter diesen Bäumen komponiert haben.

Rechte Seite unten Der maurische Kiosk ist der erste Gartenpavillon, der dem Besucher ins Auge fällt. Sein Stil entsprach dem Modegeschmack des frühen 19. Jahrhunderts.

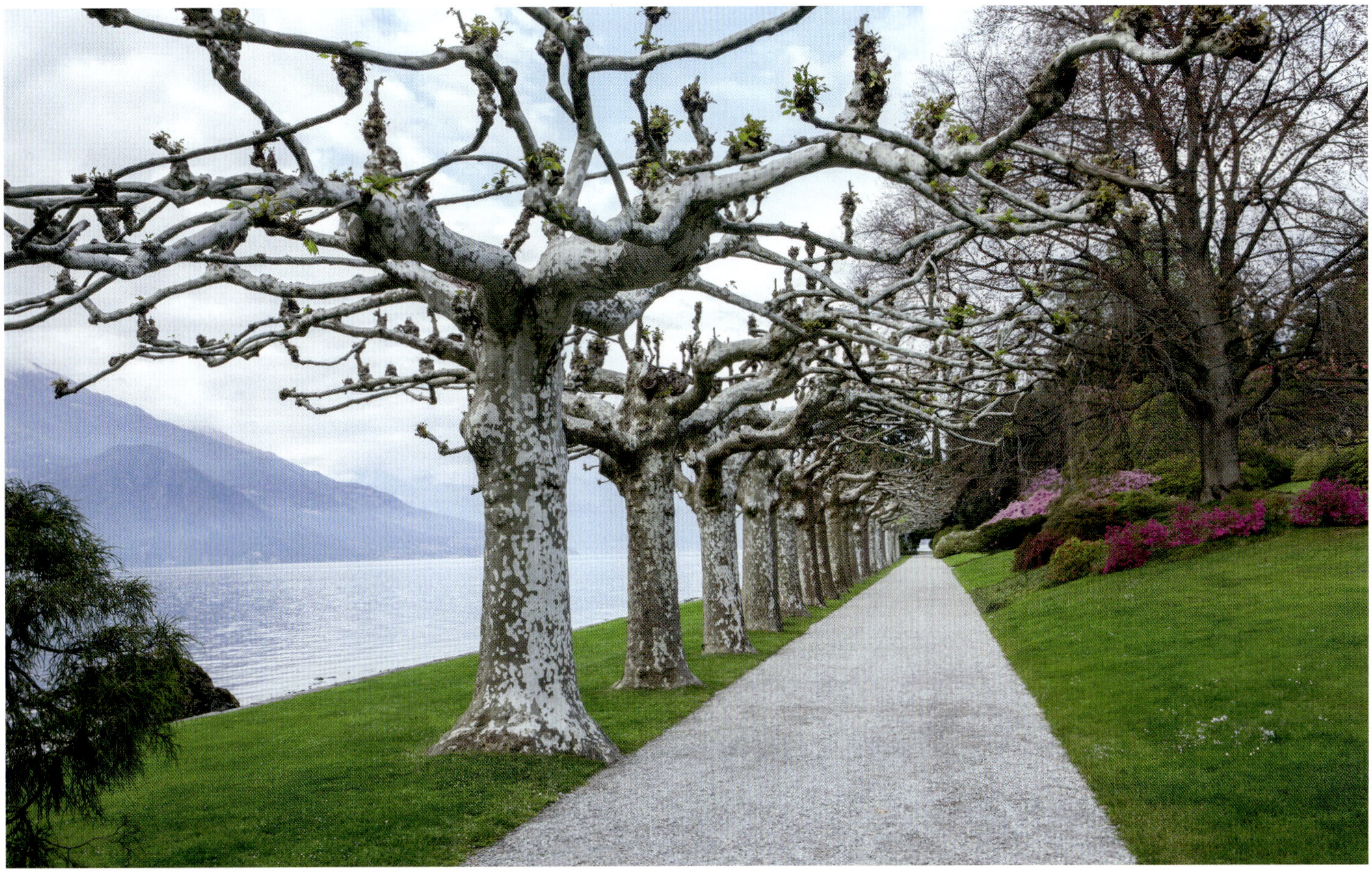

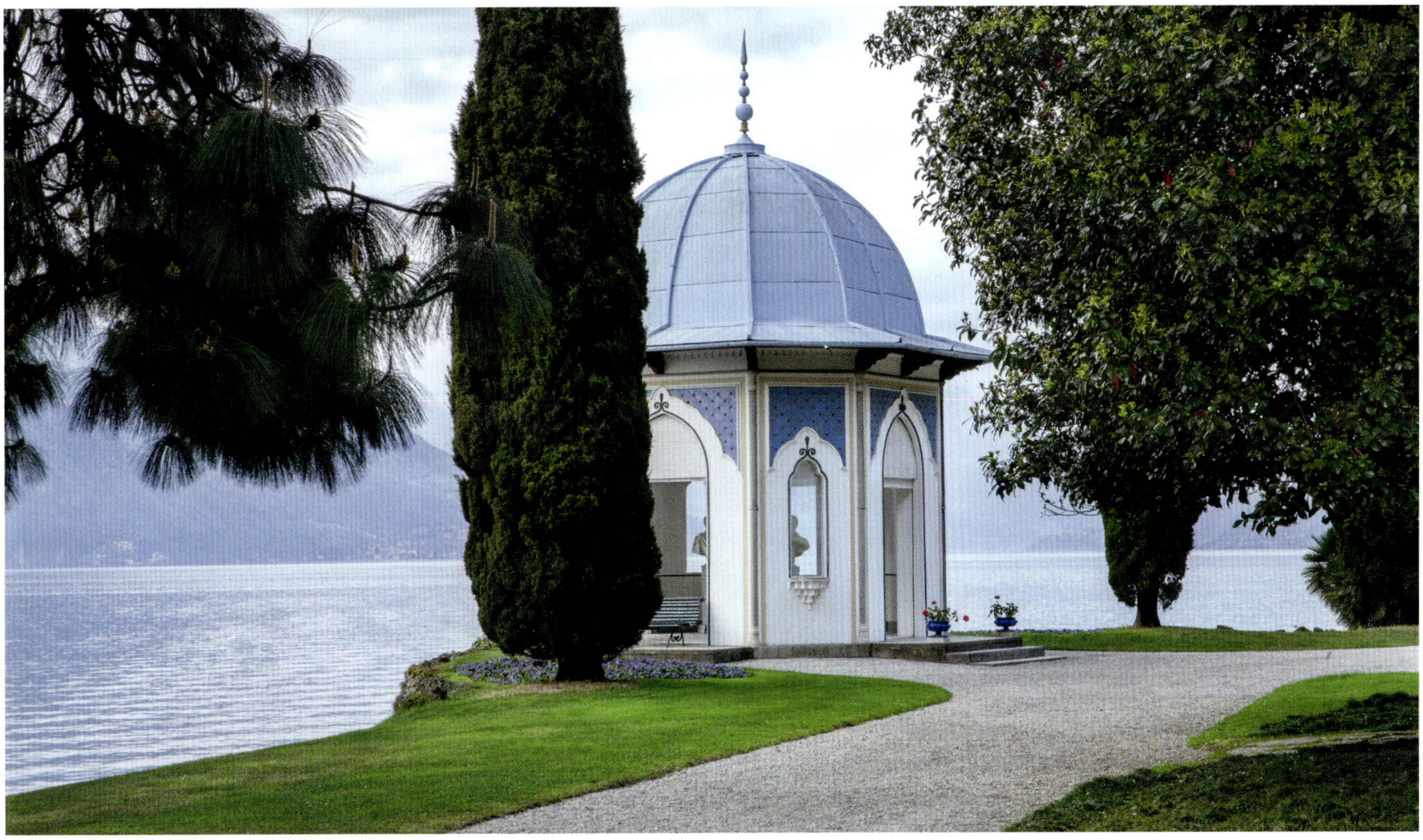

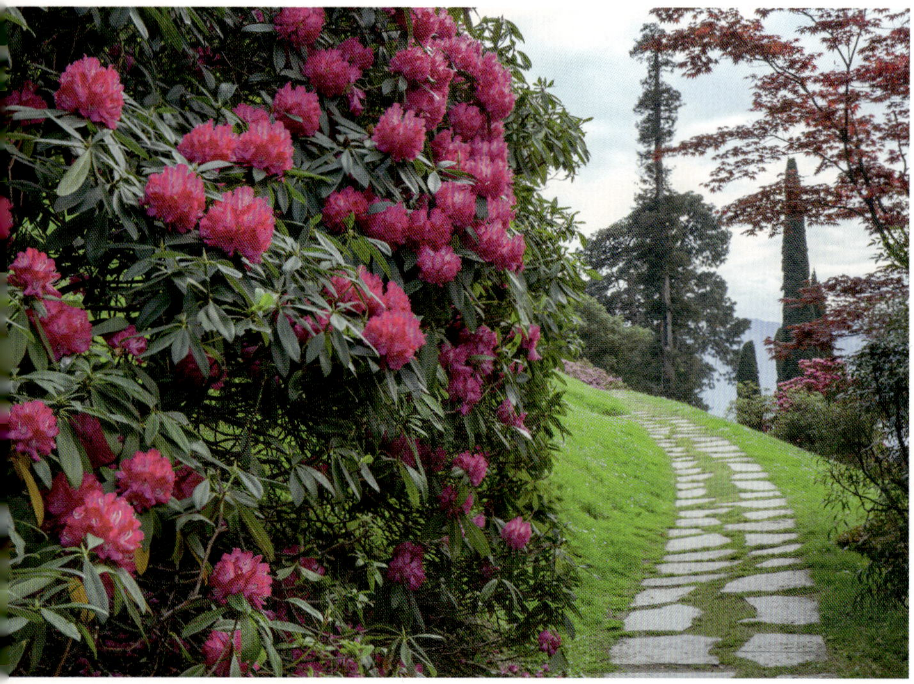

gepflanzt wurden, gemächlich am Ufer entlang. Nach einer Weile bemerkt der Besucher auch die sanft anschwellenden Formen des Rasens zu seiner Linken, die von rosafarbenen Rhododendren gekrönt werden. Im Frühjahr ist dieser Rasen über und über mit Schlüsselblumen bedeckt. Einmal wies ich einen Gärtner, der in meiner Nähe werkelte, lächelnd auf sie hin. Er warf einen kurzen Blick auf das Blütenmeer, zuckte die Achseln und meinte entschuldigend: „Wir haben einfach nicht genug Leute." Ich sah Wildblumen, er nur Unkraut.

LINKS Im Garten der Villa Melzi findet der Besucher so manchen stillen Ort zum Träumen. Im Frühling laden Pfade, die römischen Straßen ähneln, zu einem Spaziergang zwischen blühenden Rhododendren und immergrünen Bäumen ein.

UNTEN Die durchdachte Gartenanlage bietet auch dem, der zum wiederholten Male kommt, eine Alternative; die Wegführung scheint zufällig und lädt zum Bummeln in einer anderen Szenerie ein.

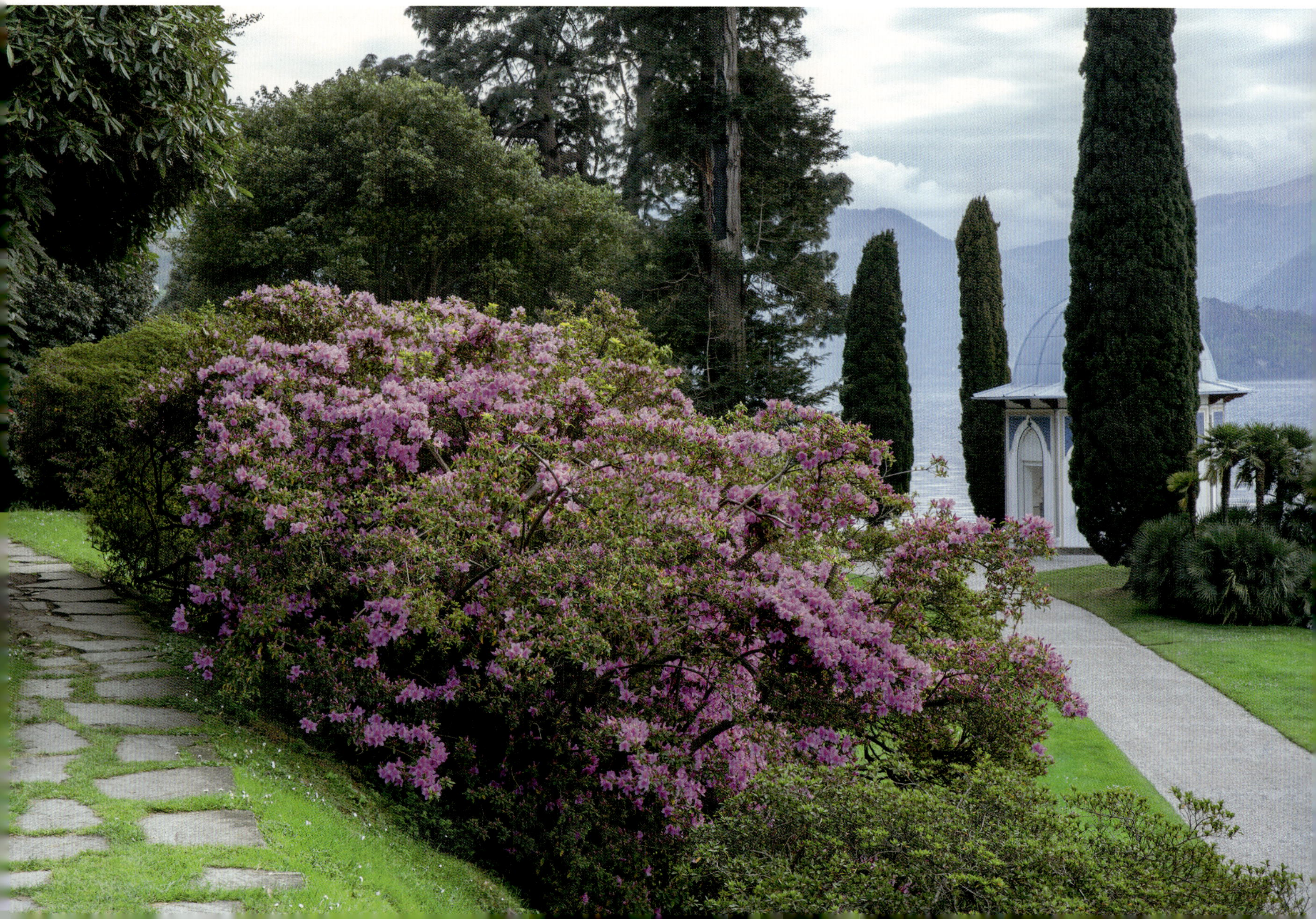

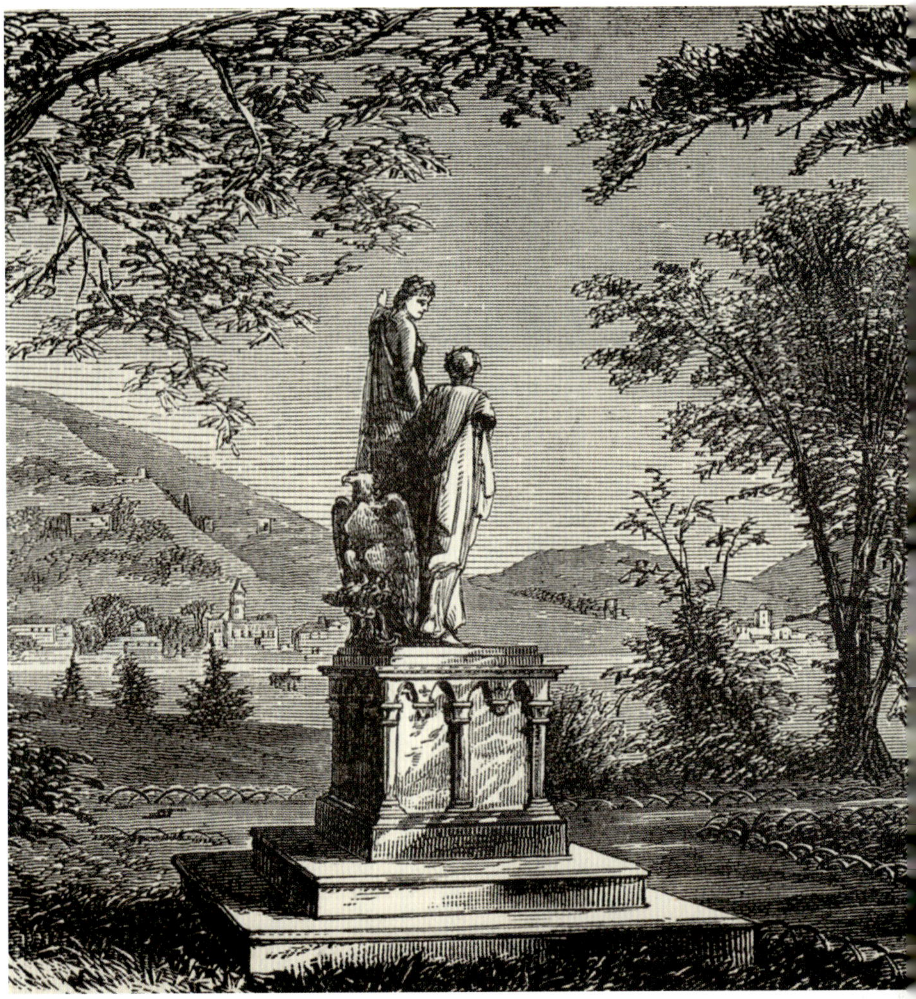

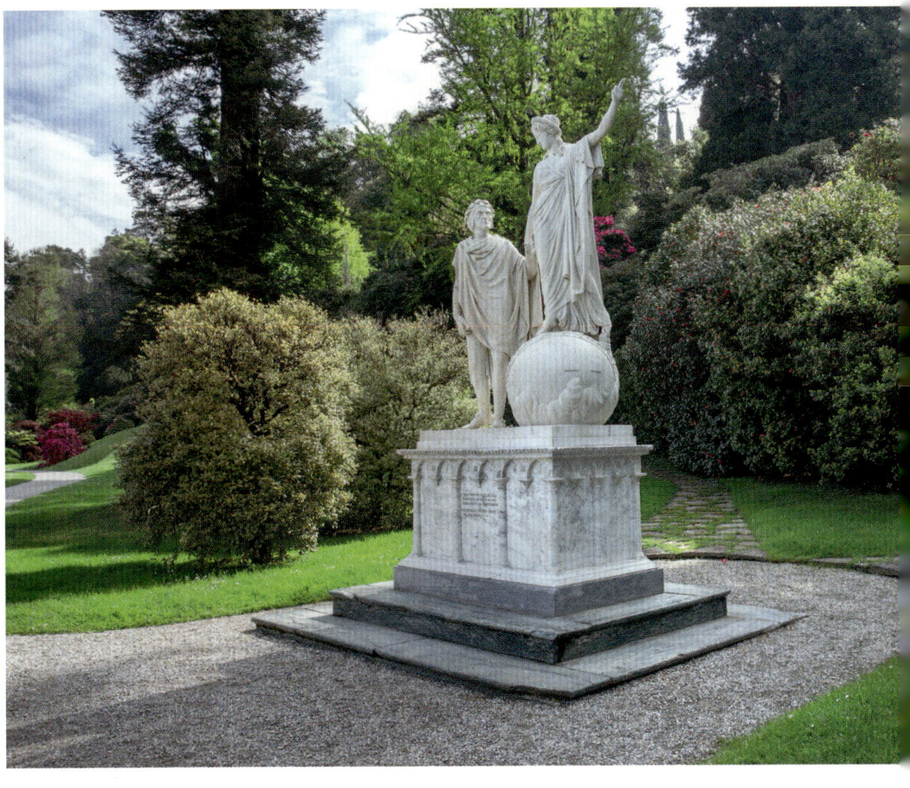

Bald erreicht der Besucher das erste Ziergebäude – einen maurischen Kiosk, der direkt am Wasser steht, ein kleiner Balkon, gerade groß genug für zwei, ragt über den See hinaus. Dieser Stil war im frühen 19. Jahrhundert sehr populär, international in Mode kam er 1832 dank der romantischen *Tales of the Alhambra* (*Erzählungen von der Alhambra*) des amerikanischen Schriftstellers Washington Irving. Die Säulen des Kiosks umrahmen drei Aussichten auf den See – auch dies der Romantik geschuldet, die das Malerische liebte: eine geradeaus auf den Berg über Tremezzo, eine nach Süden zum buckligen Kap von Balbianello und die dritte nach Norden auf Bellagio mit den Alpengipfeln im Hintergrund.

Wenn man sich zum Garten umwendet, sieht man durch den Türrahmen eine andere literarische Ikone: Beatrice führt Dante aus dem Fegefeuer ins Paradies. Als Franz Liszt 1837 nach Bellagio kam, tat er das in Begleitung seiner Geliebten Marie d'Agoult. Die gemeinsame hochmusikalische Tochter Cosima wurde durch ihre Affäre und spätere Ehe mit Richard Wagner berühmt. Liszt konnten seine leidenschaftlichen Gefühle im Schatten der Platanen der Villa Melzi etwas beruhigen, er soll dort die Sonate *Après une Lecture de Dante* komponiert haben.

Der Weg führt nun in den Bereich vor der Villa, den einzigen geometrisch angelegten Teil des Gartens. Die Stufen zum Haus säumen Elemente von herrlicher klassischer Schlichtheit: Zwei lange flache Girlanden aus Efeu (*Hedera*) liegen perfekt auf der Rasenböschung. Melzi spielt hier auf Vergil an, der in seinen *Georgica* (*Ländlichen Gedichten*) beschrieb, wie römische Bauern in regelmäßigen Abständen gesetzte Ulmen mit einem „Rebengewimmel" umwoben. Plinius der Jüngere erwähnte in einem Brief, wie kleidsam sich Efeu um die Platanen seines Gartens wand.

Ein schlichtes Rechteck weitet sich zu einer halbkreisförmigen Terrasse über dem See mit Blick auf das berühmte Ufer der Tremezzina, an dem Villen in allen möglichen Farben und Stilen stehen. Dahinter erheben sich die überwältigenden Berge, an deren Hängen vereinzelte Schäferhütten auszumachen sind. Das blendend weiße Quadrat von

OBEN RECHTS Mark Twains *Innocents Abroad* (*Die Arglosen im Ausland*) von 1869 enthält einen Holzstich der Marmorgruppe von Dante und Beatrice. Seither hat sich wenig verändert.

RECHTS Die Büsche und Bäume sind näher gerückt, doch noch immer weist Dantes (vielleicht fiktive) Freundin ihm den Weg. Die Statuen schuf der Bildhauer Giovanni Battista Comolli.

Sommarivas konkurrierendem Bauwerk, der Villa Carlotta, ist unmöglich zu übersehen. Der Schönheitswettstreit der beiden Anwesen ist ganz offensichtlich.. Am Uferstreifen unterhalb der Terrasse reihen sich künstliche Stalagmiten zwischen die Steine des „Strandes“ und erzeugen einen pittoresken Effekt – dabei sollen sie wahrscheinlich nur Sonntagskapitäne davon abhalten, ihr Boot für einen Spontanbesuch an Land zu ziehen.

Hinter der Villa gelangt man zu einer von schönen Bäumen und Sträuchern umgebenen Rasenfläche. Links am Weg steht ein großer metallener Korb um ein perfekt in den Rasen eingepasstes Blumenbeet. Der englische Landschaftsarchitekt Humphry Repton hat Anfang des 19. Jahrhunderts Ähnliches erschaffen. Die sanften, so sorgsam ungekünstelten Rasenwellen hätten ihn ebenfalls beglückt.

Das nächste Ziel ist die Kapelle. Sie ist gewissermaßen ein schönes Trostpflaster, wurde sie doch von demselben Architekten entworfen wie die Villa, die leider nicht zu besichtigen ist. Das kleine weiße Kirchengebäude in Form eines griechischen Kreuzes liegt am südlichen Gartenende nahe dem Tor zum Hafen von Loppia. In seinem Kuppelraum gehen Stuckarbeiten und Grisaille-Malereien so ineinander über, dass man nur schwer die einen von den anderen unterscheiden kann. Das erste der drei eleganten Grabmäler zeigt Francesco Melzi d'Erils Profil in einem Medaillon, beweint von einer verzweifelten jungen Frau und einem ähnlich unglücklichen Löwen, dessen Körper ganz offenbar nach dem Modell eines Lieblingshundes geformt ist. Auf dem Relief des Sarkophags darunter ist zu beiden Seiten einer Schar untröstlich Trauernder jeden Alters und Standes Fama, die Personifikation des Ruhmes zu sehen, die in ihre Trompete bläst. Auf dem

UNTEN Vom Garten hat man einen herrlichen Ausblick nach Norden. Hier lenken die Dächer des malerischen Städtchens Bellagio das Auge auf die hohen Gipfel am Nordufer des Comer Sees, die im Frühling noch schneebedeckt sind.

RECHTE SEITE OBEN Noch ein ruhiger Weg zum einsamem Wandern und Sinnieren. Die merkwürdige Steifheit der immergrünen Bollen wird durch die ungezwungenen Sträucher, wie etwa die Mahonie, abgemildert.

RECHTE SEITE UNTEN An der großen weißen Orangerie nahe der Villa, in der heute ein Museum ist, stehen hohe chilenische Honigpalmen (*Jubea*). Sie verleihen dem Blick auf die Berge eine exotische Note.

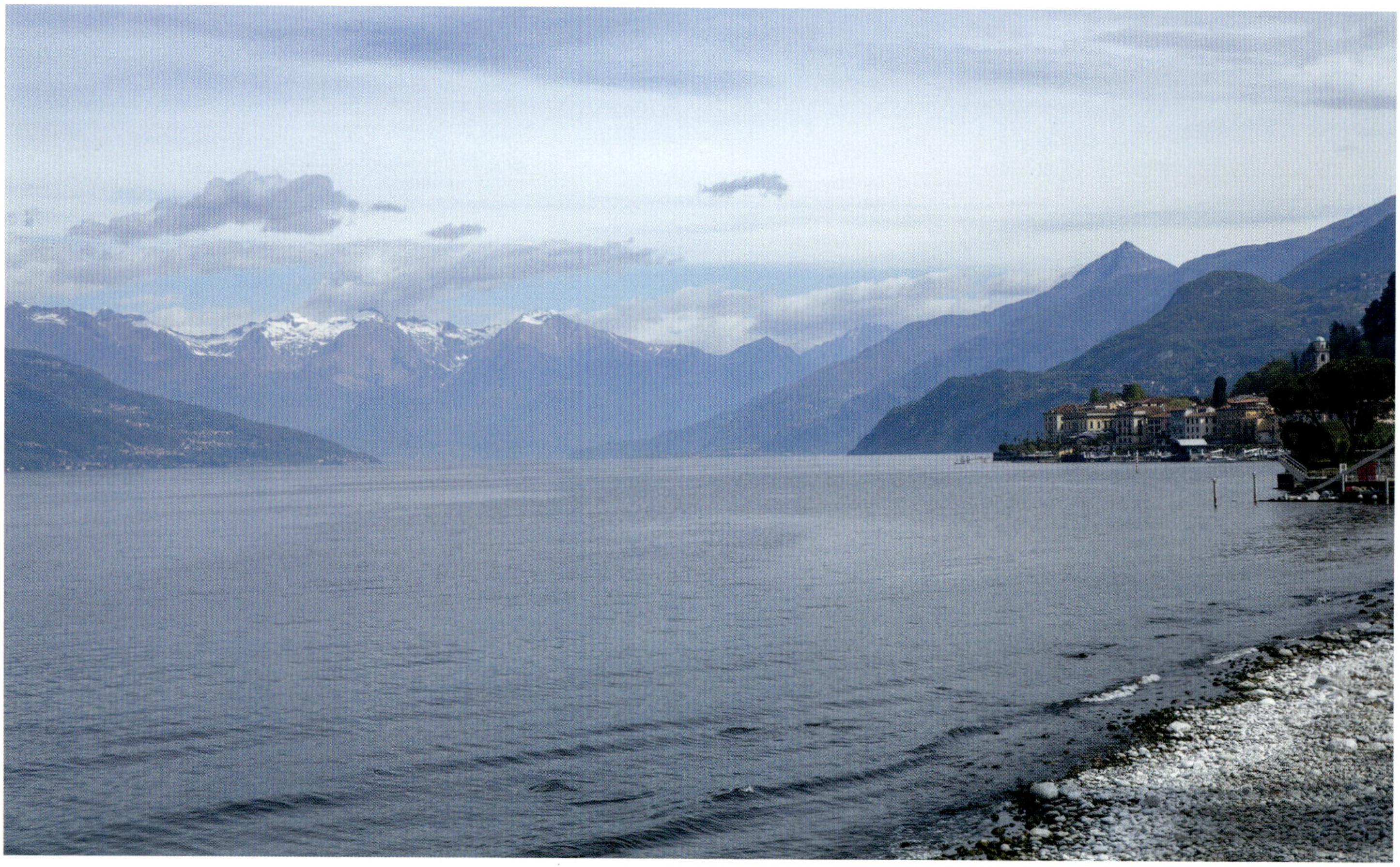

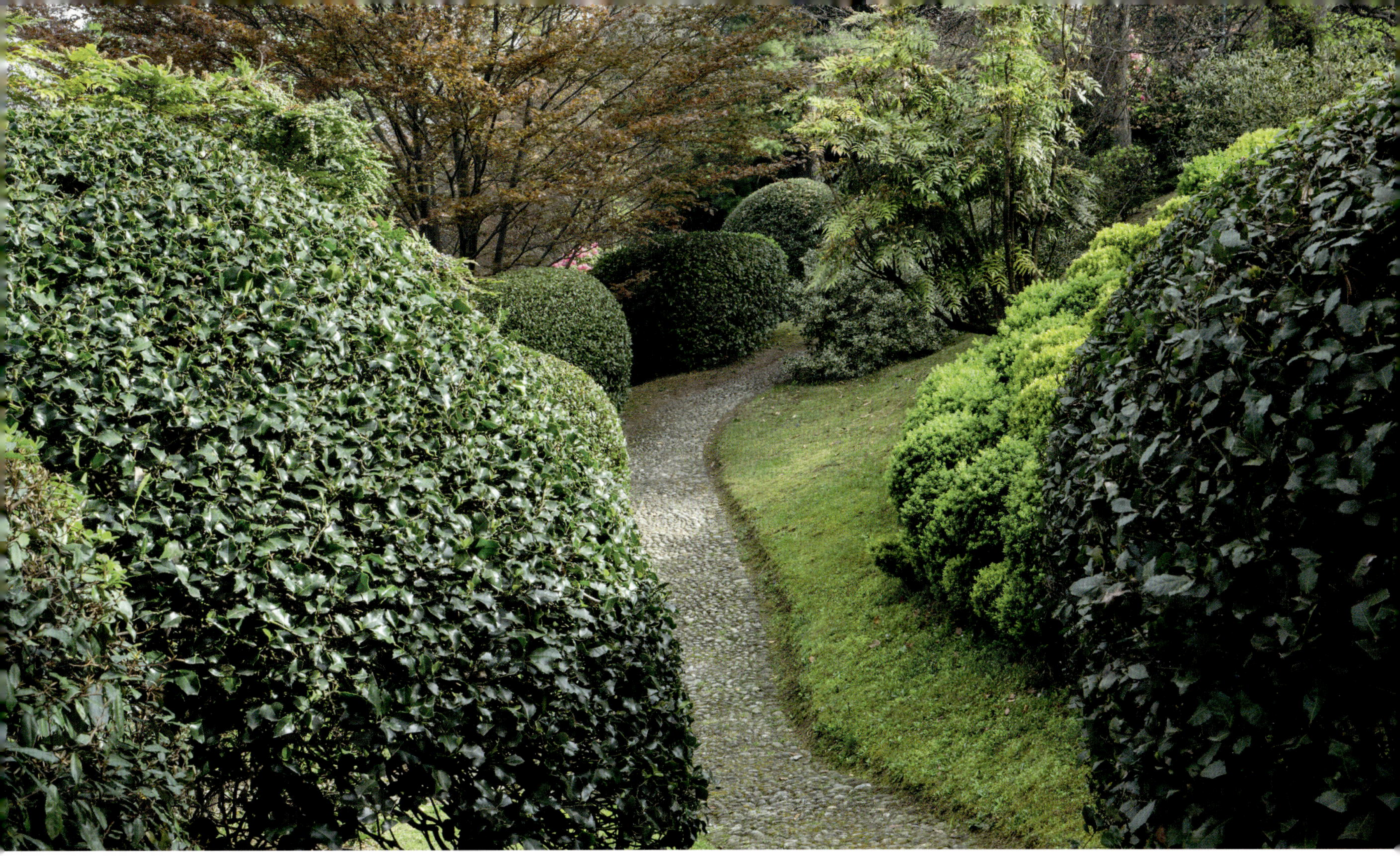

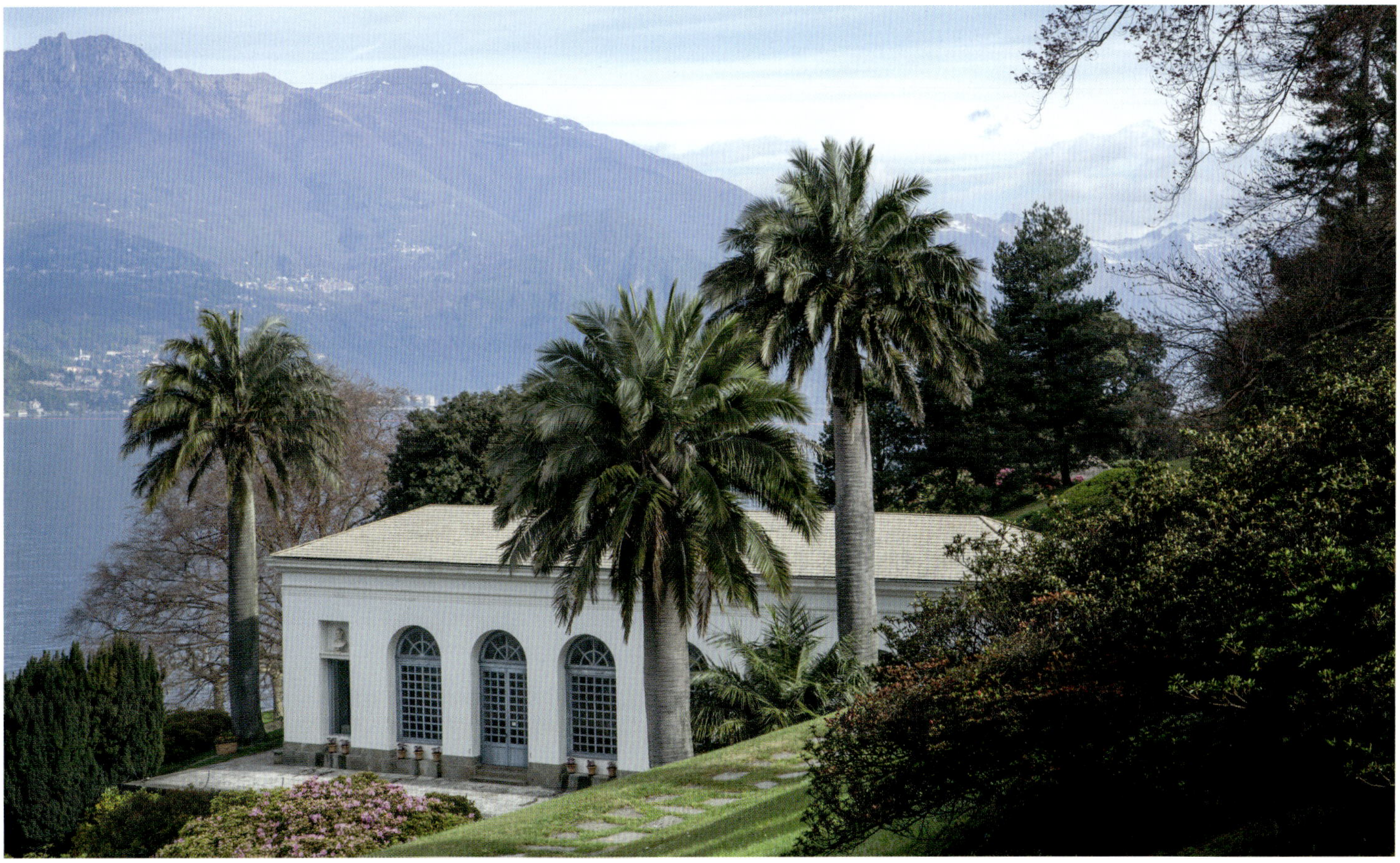

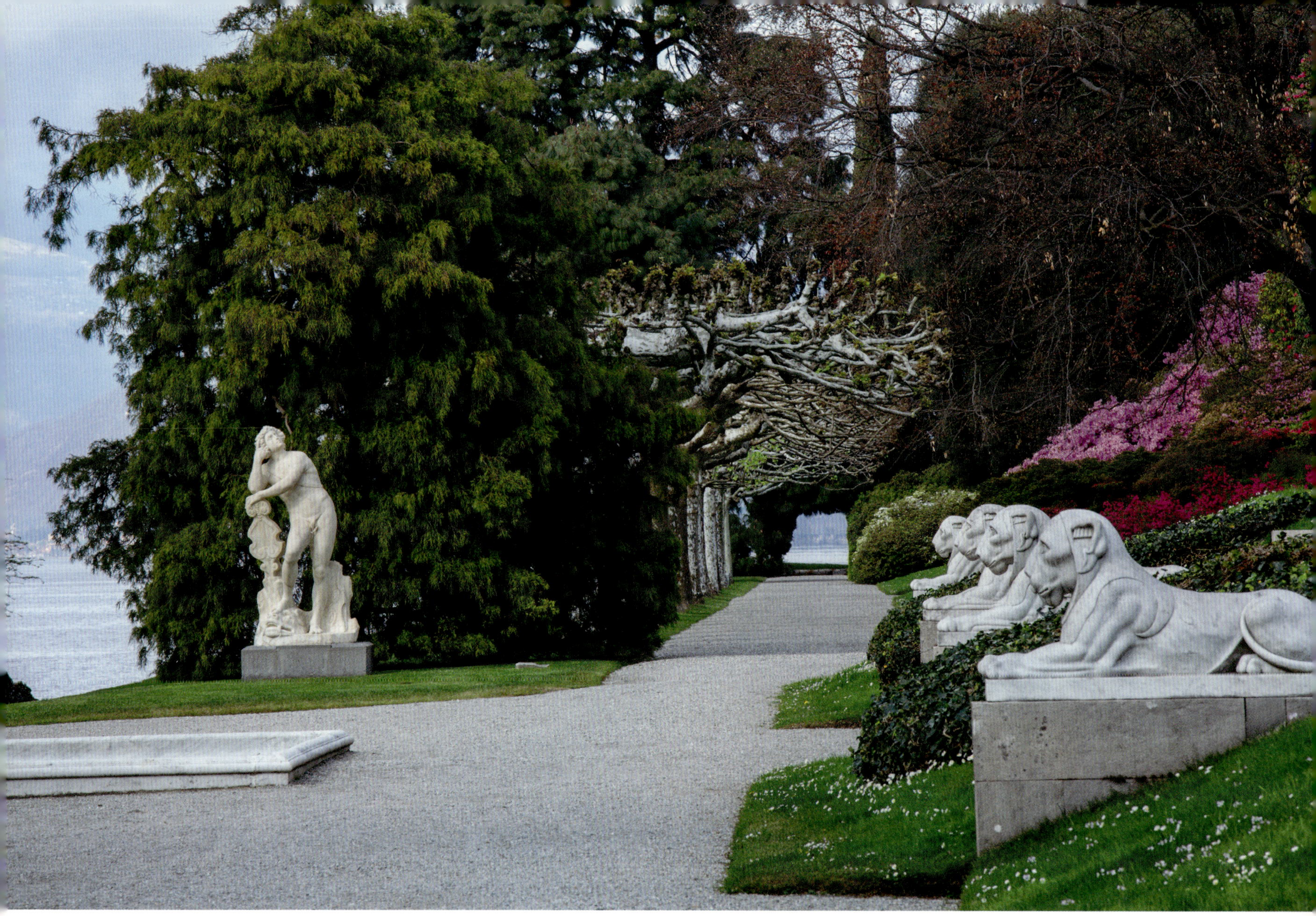

Grabmal nebenan aus dem Jahr 1886 ruht der schnurrbärtige Herzog Lodovico als Grabstatue unter einem geteilten Vorhang mit schweren Falten, Schnüren und Quasten aus glänzendem schwarzem Marmor. Bei längerem Hinsehen wirkt er ziemlich echt.

Von hier führt der Weg an einem herrlichen, mit Schusterpalmen (*Aspidistra*) unterfütterten Bambusparavent vorbei über eine erhöhte Terrasse hinter dem Haus zur großen weißen Orangerie. Sie beherbergt schon lange keine zarten Bäumchen mehr, doch man kann sich leicht vorstellen, wie sie nach den Winterfrösten hinausgerollt wurden und als glänzend-grüne Kugeln auf der Terrasse standen. Jetzt sind in der Orangerie Erinnerungsstücke an Francesco Melzi d'Erils Karriere unter Napoleon ausgestellt, wie etwa die Fotografie eines Briefes samt Briefkopf des Vizepräsidenten der Republik Italien. Das Schreiben beginnt mit den denkwürdigen Worten „*Citoyen Président*". Daneben liegt die Skizze für ein Medaillon mit einem Doppelprofil von Napoleon und Melzi.

Es lohnt sich, noch einen Abstecher den Hügel hinauf zu machen, um die schönen Gewächshäuser im ehemaligen Küchengarten zu bewundern. Die Glashäuser mit Schräg- und Halbtonnendächern wurden wohl in den 1840er Jahren nach den neuesten Methoden der Eisen-und-Glas-Bauweise

OBEN Die steif daliegenden Löwen bewachen den Eingang der Villa, zwischen ihnen windet sich die Efeugirlande (*Hedera*). Der schattige Platanenweg lenkt das Auge in Richtung Bellagio-Tor.
RECHTE SEITE OBEN Nach Süden zu, von Zierbüschen wie zu einem Medaillon eingefasst, liegt die neopalladianische Villa Trivulzio als Blickfang am Seeufer.
RECHTE SEITE UNTEN Im Frühjahr spielen Licht und Schatten im Garten. Im Vordergrund blühen schon zarte Azaleen in verschiedenen Rosatönen, die schwergewichtigeren Rhododendren haben erst Blütenschöpfe. Die großen Bäume setzen zu jeder Jahreszeit eigene Akzente.

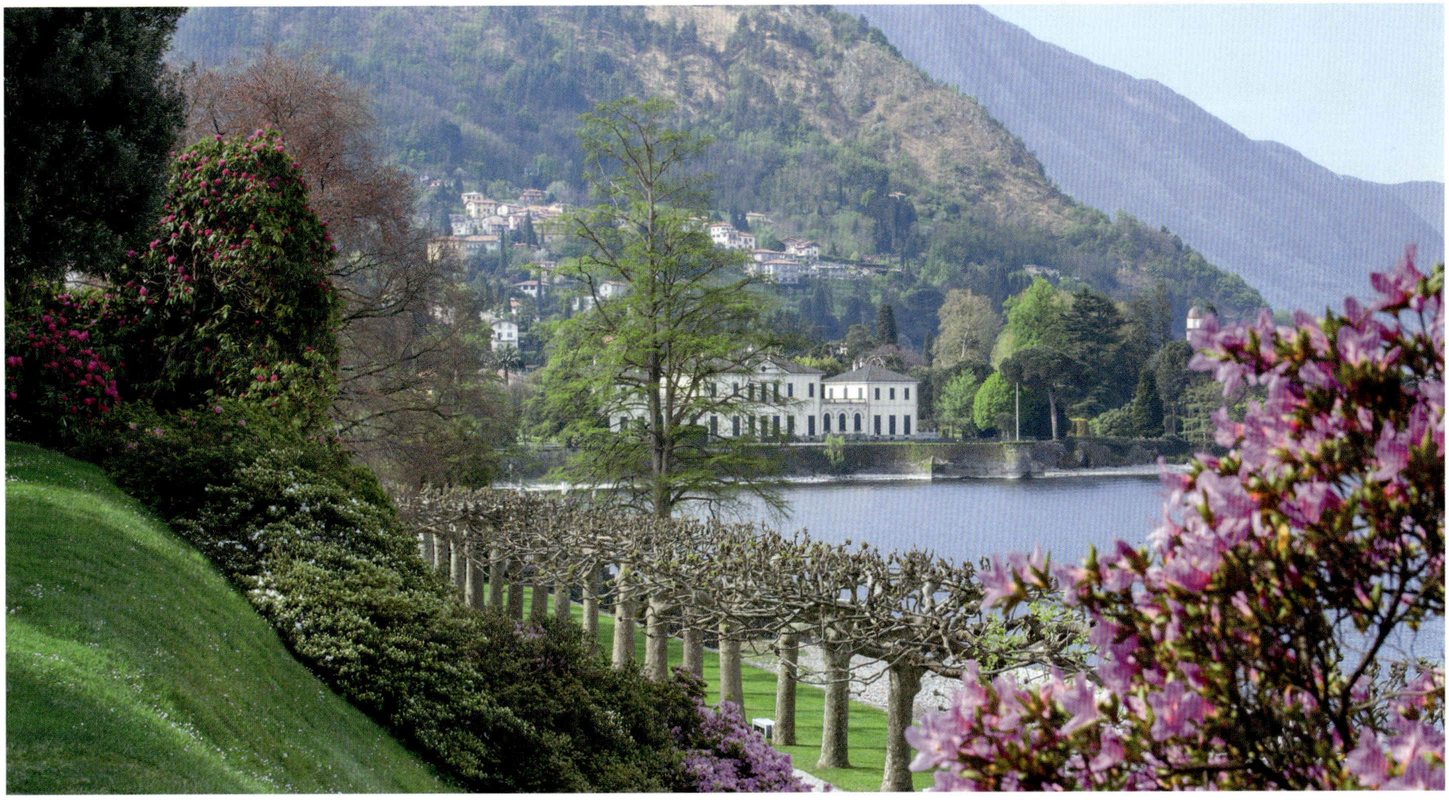

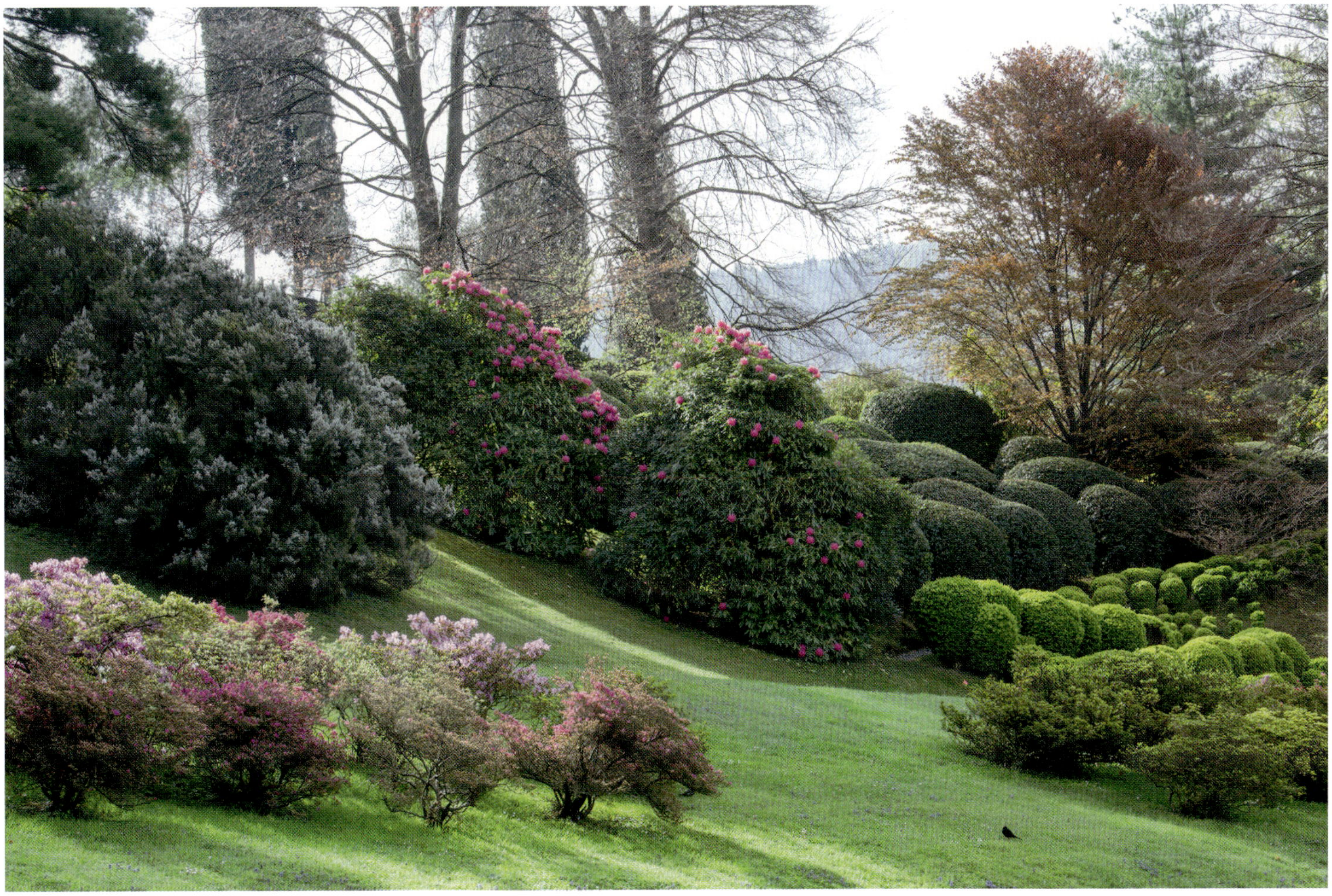

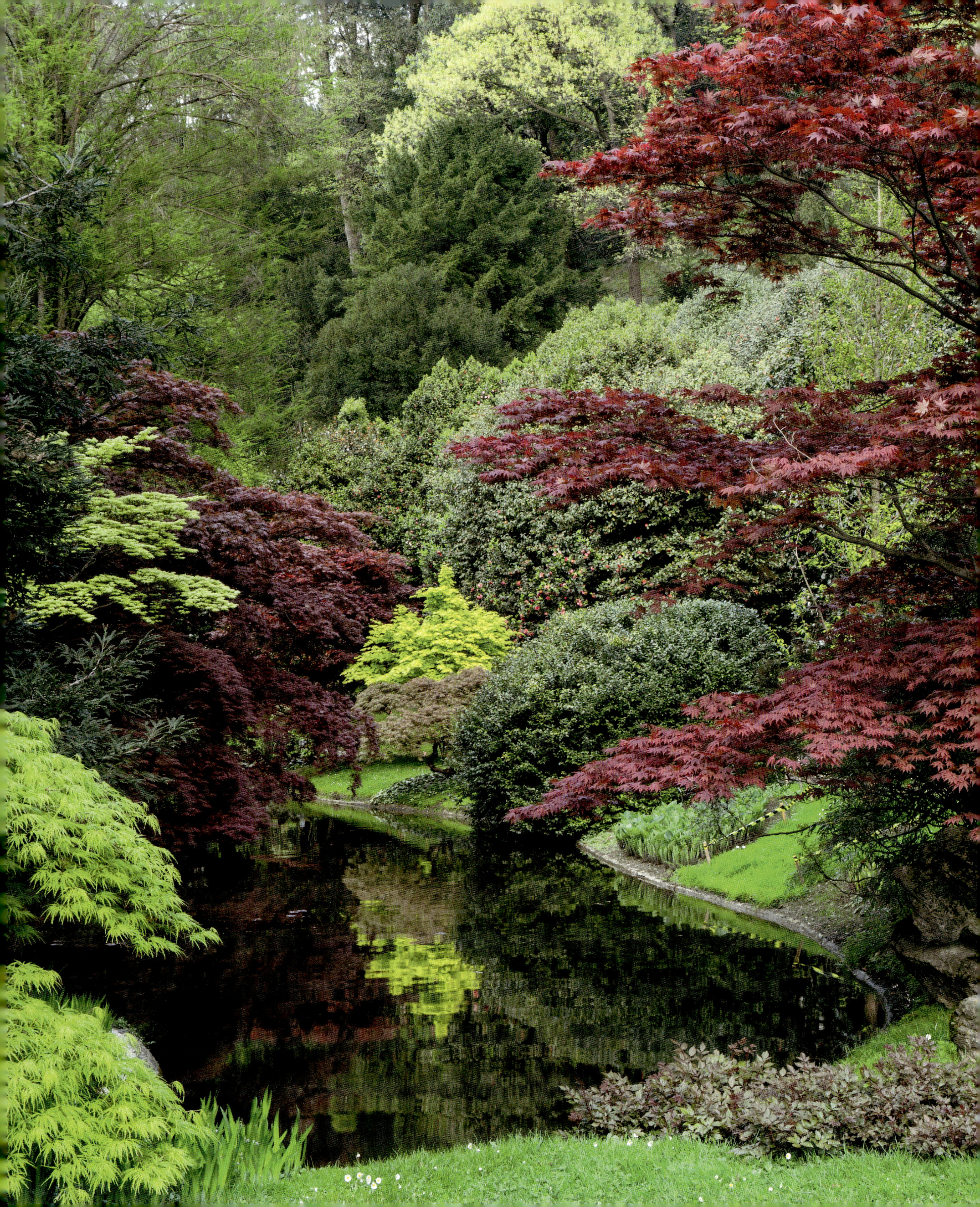

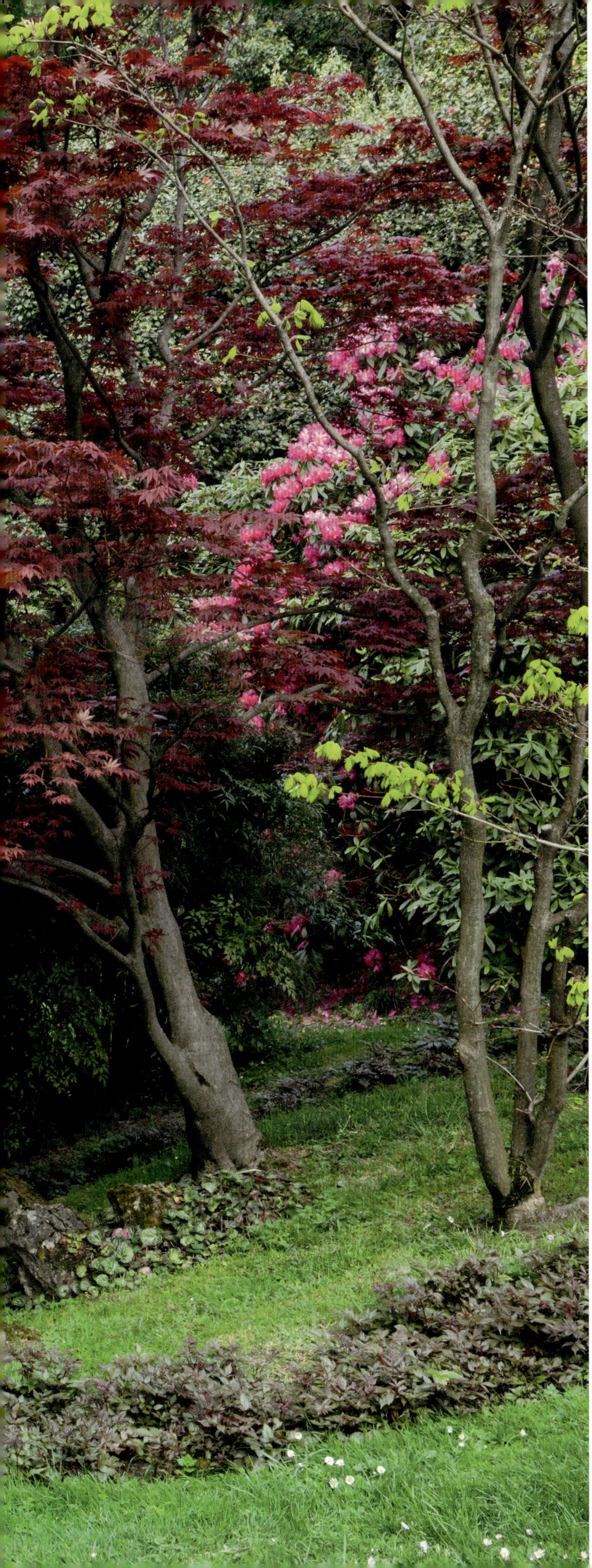

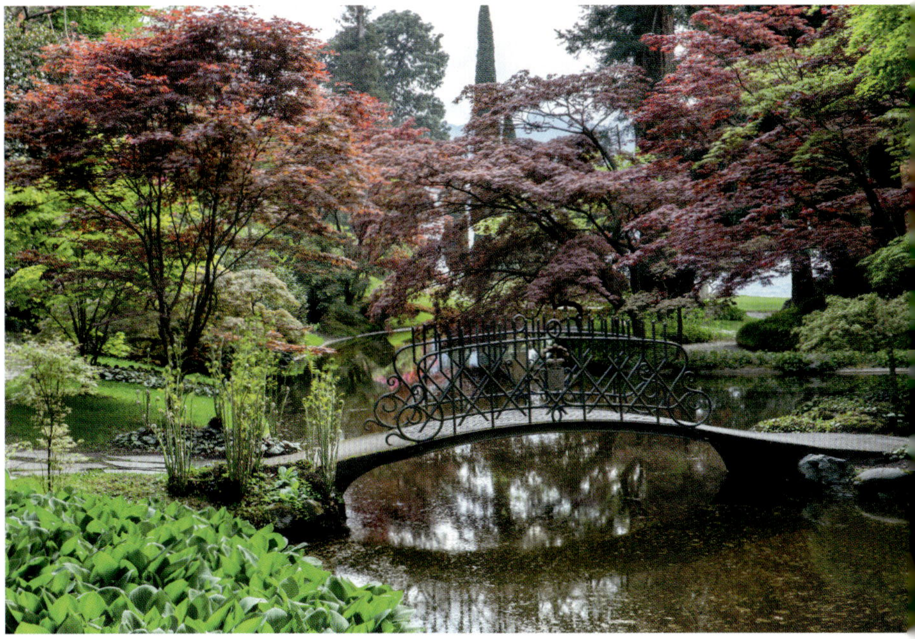

des englischen Landschaftsarchitekten J. C. Loudon erbaut. Sie stehen auf nach Süden abfallenden Terrassen und erscheinen von unten betrachtet als ein schräger gläserner Hang. Bis heute werden sie als Treibhäuser genutzt.

Von der Orangerie spaziert man auf dem Rundweg Richtung Bellagio zurück. Es geht an hohen Tulpenbäumen (*Liriodendron tulipifera*) und *Ginkgo biloba* vorbei und hinunter in den Japanischen Garten, der in den 1950er Jahren angelegt wurde. Hier stehen zarte Ahorne (*Acer*) und Funkien (*Hosta*), über schön geformte Teiche spannen sich zierliche Brücken. Kurz bevor man den Garten verlässt, kommt man zu einer Grotte, die an heißen Tagen Kühlung verspricht. Darüber erhebt sich eine künstliche Torruine im gotischen Stil, die in den Park oberhalb des Gartens führt. Der Park ist für die Öffentlichkeit nicht zugänglich, man kann ihn lediglich vom Schiff aus sehen. Von dort aus erkennt man auch, wie elegant Villa und Garten sich in den Sattel zwischen dem Vorgebirge von Bellagio und den Bergen im Süden schmiegen.

LINKS Wer einen bis ins Detail geplanten Gartenbereich sehen möchte, geht durch den recht jungen Japanischen Garten in Eingangsnähe. Die vielfarbigen Kronen japanischer Ahorne (*Acer*) ragen über einen kurvigen Teich, an dessen Ufern Funkien (*Hosta*) wachsen.

OBEN An der eleganten kleinen Brücke im Japanischen Garten steht Königsfarn (*Osmunda regalis*) im kühlen Schatten. Seine Wurzeln müssen, wie hier, stets im Wasser stehen.

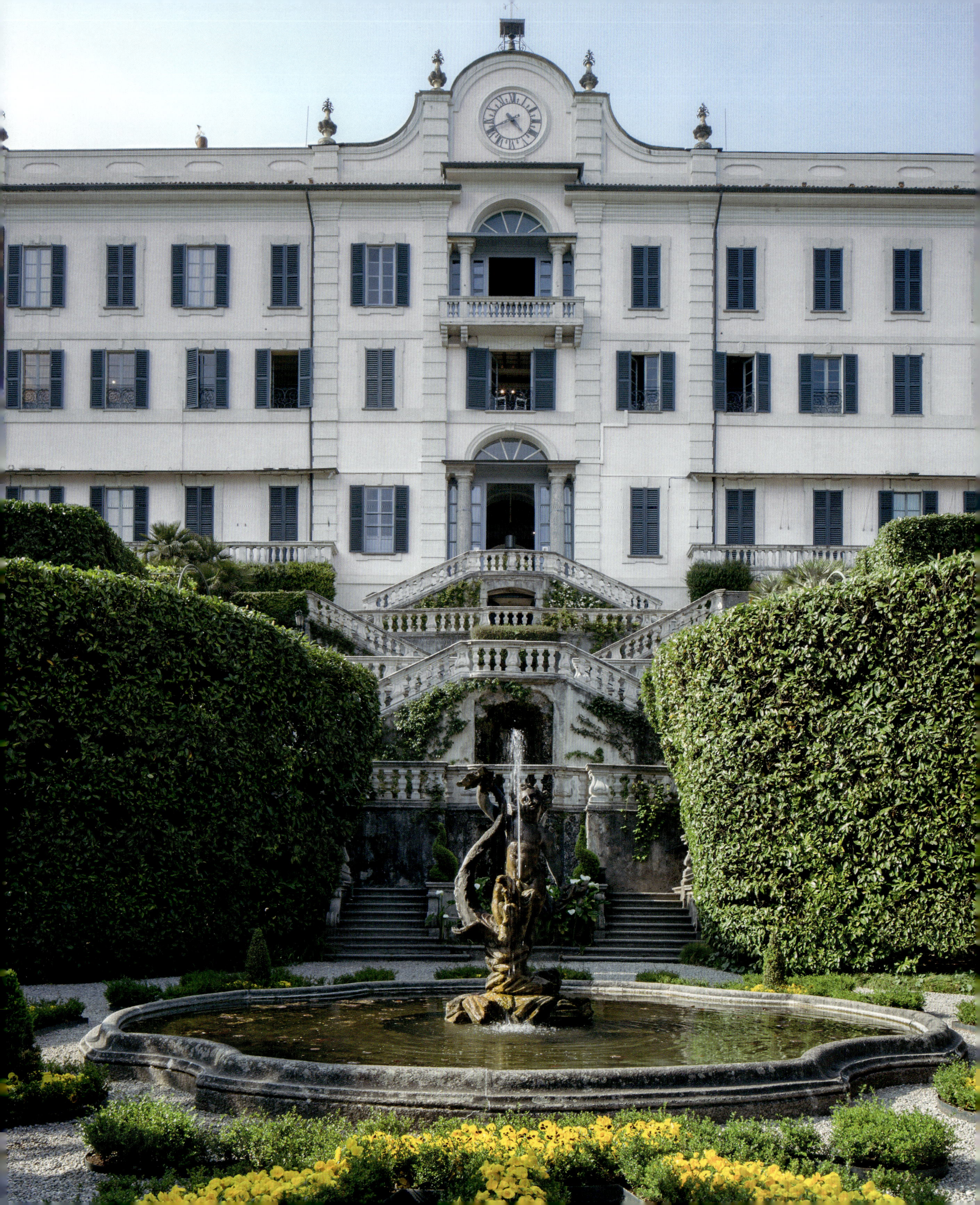

DIE VILLA CARLOTTA

Die über ihren lang gestreckten Terrassen thronende Villa Carlotta bietet sich vom Schiff aus betrachtet besonders eindrucksvoll dar. Drei Gemälde führen dem Besucher in der Villa vor Augen, dass er auf genau diesem Wege ankommen sollte, und nicht etwa über die schmale Zufahrt am Ufer. Haus und Grundstück wurden im Verlaufe von 300 Jahren immer wieder umgestaltet, doch das hat ihrer Schönheit nicht geschadet, und so sind sie das wohl berühmteste Ausflugsziel am See.

Erbaut wurde die Villa Ende des 17. Jahrhunderts für die Familie Clerici, die es von einfachen Bauern zu reichen und mächtigen Seidenhändlern gebracht hatte. Zu jener Zeit lebten ihre Mitglieder als Politiker, Bankiers und Aristokraten in Mailand, ihr Stadthaus – den Palazzo Clerici – hatten sie von der mächtigen Dynastie der Visconti erworben. Offenbar hatte die Familie schon früher Land am Comer See besessen, und so ist es nicht überraschend, dass der Marchese Giorgio II. Clerici dort einen Sommersitz errichten ließ, der 1695 fertiggestellt war. Der Garten fand 1699 zum ersten Mal Erwähnung, als sich der französische Stil unter Ludwig XIV. von Versailles aus über ganz Europa verbreitete.

Die Lage des Grundstücks ist, wie so oft am Comer See, ungünstig, weil das Land vom Ufer aus steil ansteigt. Wenn man vom Vorplatz aus einen ersten Blick auf die Villa werfen will, muss man den Kopf in den Nacken legen, so hoch ragt sie über einem auf. Und so war es schon immer. Idealerweise liegen ein barockes Haus und sein Garten auf einer langen Sichtachse – je länger, desto besser –, doch das ist hier nicht zu verwirklichen, also setzte man auf Höhe, um den Besucher aus der Fassung zu bringen. Der Garten erstreckt sich dafür auf scheinbar endlos langen Terrassen neben dem Haus. Der Barockgärtner wollte die Natur bezwingen, das ist hier aber unmöglich, und so fungieren die Terrassen und insbesondere die Villa als Aussichtsbalkone auf die gewaltige Landschaft. Kein Besucher des Museums in der Villa sollte sich die Räume mit den bemalten Deckenbalken aus der ersten Bauphase entgehen lassen, die bei späteren Umbauten übermalt worden waren und erst vor nicht allzu langer Zeit wiederentdeckt wurden. Die gesamte Anlage ist von Elementen geprägt, die durch spätere Veränderungen überdeckt, aber nicht zerstört wurden.

Die Clerici stiegen auch im 18. Jahrhundert auf der sozialen Leiter nach oben, zu ihrem größten Ruhm gelangten sie zur Zeit des Marchese Anton Giorgio Clerici (1715–1768), General der Artillerie, Botschafter des deutschen Kaisers und Ritter des Ordens vom Goldenen Vlies. Er beauftragte Giambattista Tiepolo mit dem Deckenfresko des Mailänder Stadtpalasts und gab auch für die Villa am See Unmengen von Geld aus. Die Kupferstiche von Marcantonio Dal Re aus dem Jahr 1743 zeigen am See-Tor eine Fontäne und verschnörkelte Parterre aus Buchs (*Buxus*) zu beiden Seiten des Hauses. Besucher, die über die große Treppe hinaufgingen, mussten damit rechnen, plötzlich von Wasserspielen durchnässt zu werden. Dem modernen Betrachter erscheint der Kontrast zwischen den lang gestreckten Terrassen und der dahinter aufragenden Berglandschaft nur als Beweis dafür, wie klein das menschliche Werk im Vergleich zur erhabenen Schöpfung ist.

LINKS Vom kleinen Parterre hinter dem See-Tor nimmt der beeindruckte Besucher die Villa zum ersten Mal in Augenschein. Das Haus erhebt sich felsengleich und zieht alle Blicke auf seine vertikale Mittelachse.

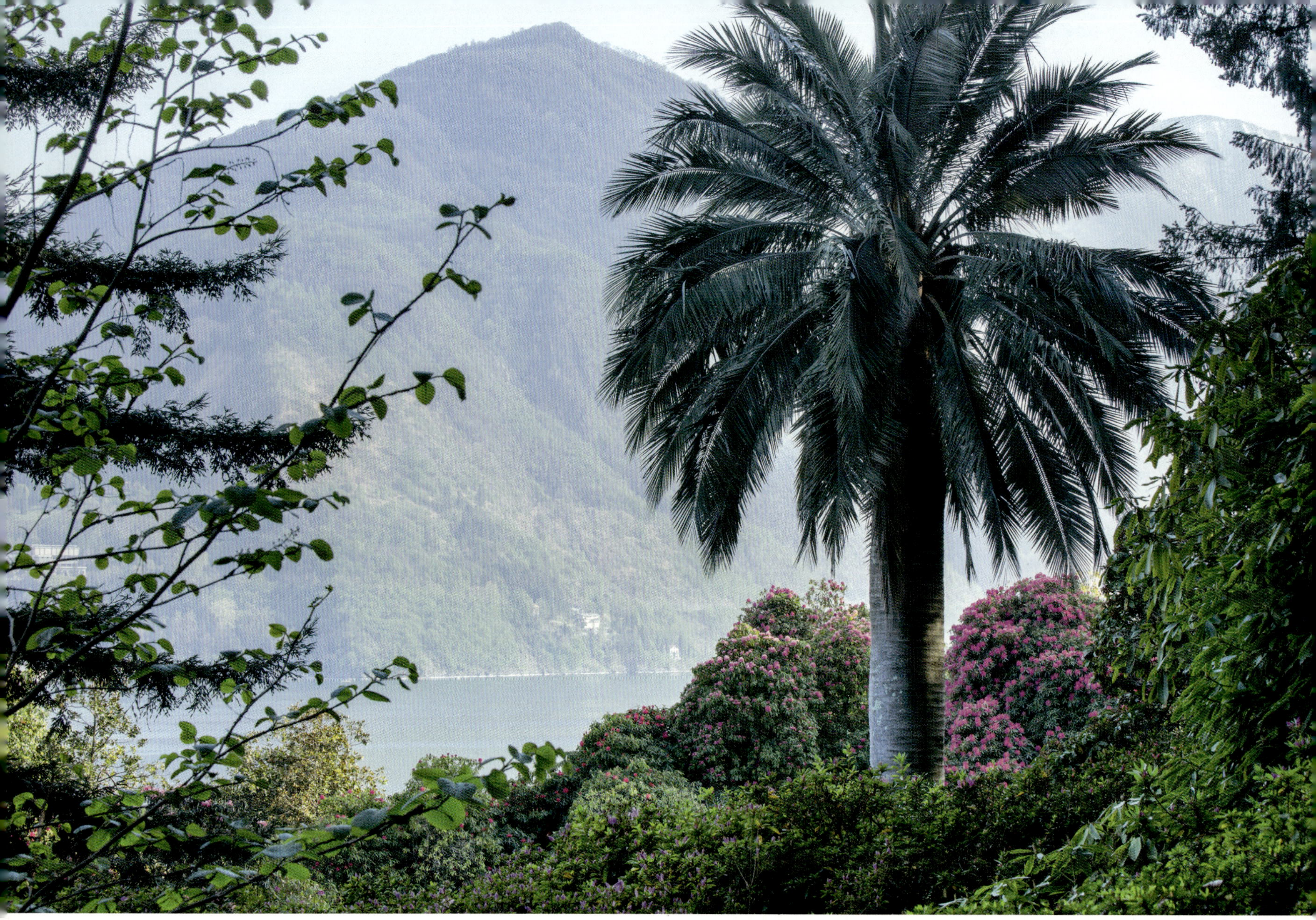

Mit Anton Giorgio Clerici endete die glorreiche Zeit der Familie aber auch, seine einzige Tochter Claudia Biglia Clerici blieb kinderlos und verkaufte den Besitz an Gian Battista Sommariva. Sommariva gehörte zu den neuen Spielern auf der europäischen Bühne, er war ein skrupelloser Selfmademan und machte sich die Vorteile, die Napoleons politische Neuordnung bot, zunutze. Im Gegensatz zu seinem Rivalen, dem Patrizier Francesco Melzi d'Eril in der Villa Melzi auf der anderen Seeseite, kam Sommariva aus ärmlichen Verhältnissen und war bei einem Friseur in die Lehre gegangen. Unter Napoleons Herrschaft stieg er kometenhaft zu einem der mächtigsten Männer Norditaliens auf. In der Eingangshalle tritt er als selbstverliebter *arriviste* auf: Seine überlebensgroße Büste aus weißem Marmor zeigt ihn mit üppig lockigem Haar und römischer Toga. Selbst sein Name, Sommariva, spricht dafür, dass es hier einer selbst nach oben geschafft hat. Er blickt herausfordernd zur Villa Melzi – deren Besitzer

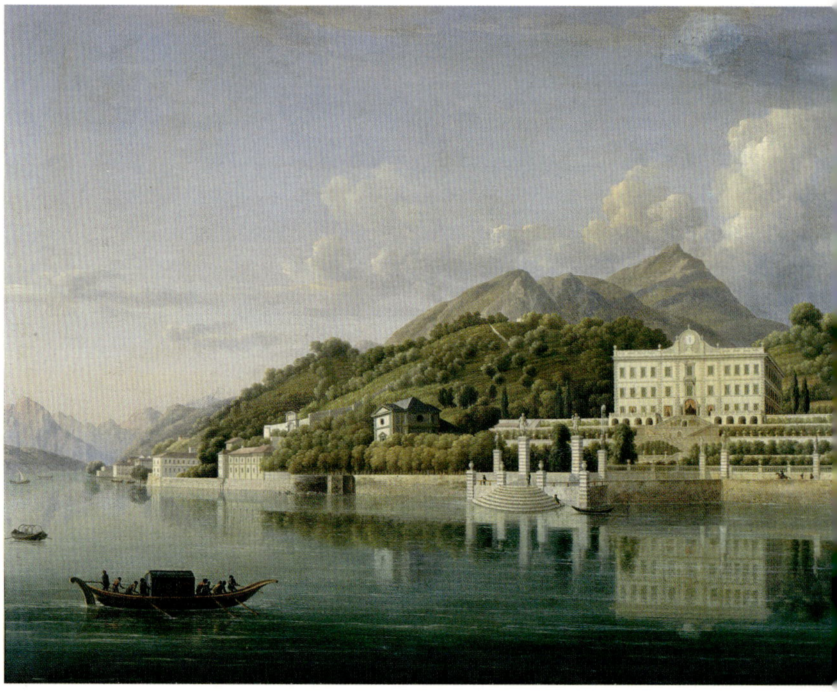

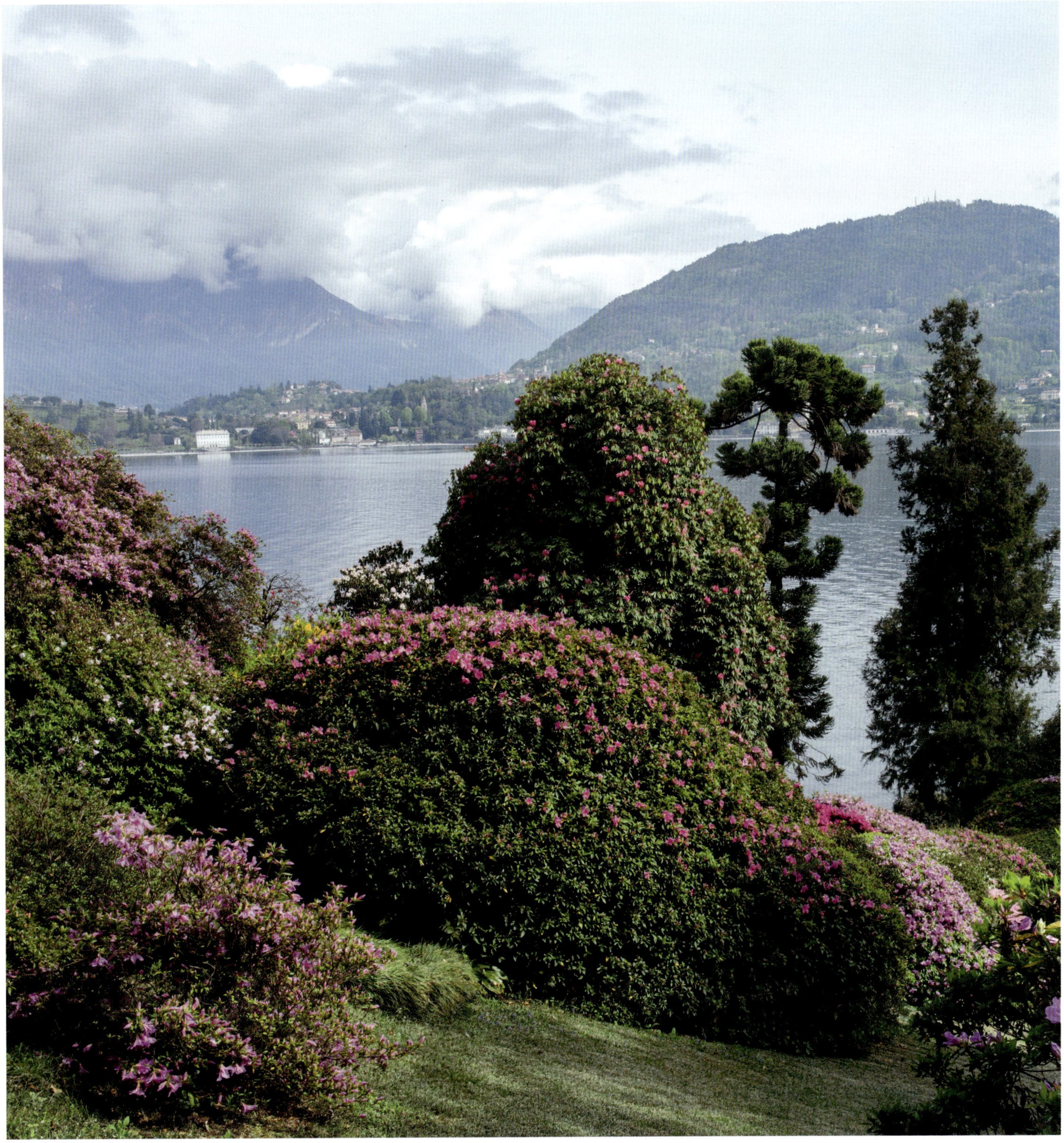

Linke Seite oben Das unerwartete Nebeneinander von Palme und *Rhododendron* vor dem Hintergrund eines alpinen Sees gehört zu den besonderen Reizen der Villa Carlotta.

Linke Seite unten Die Ansicht des Landschaftsmalers Jean-Joseph-Xavier Bidauld zeigt die damals Villa Sommariva genannte Villa 1819 mit den gleichmäßigen Gartenterrassen zu beiden Seiten des Hauses.

Oben Azaleen und üppige Rhododendron-Kuppeln mit ersten Blüten am Rasenhang der Villa Carlotta. Auf der anderen Seeseite steht leuchtend die alte Rivalin am Ufer: die Villa Melzi.

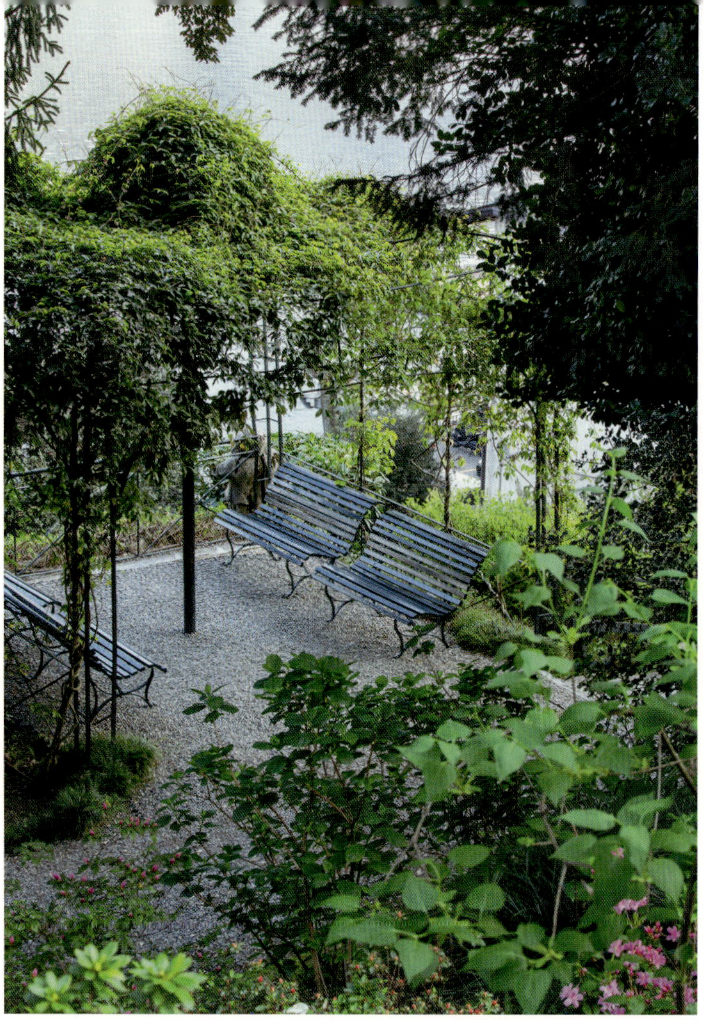

erschauderte wohl angesichts der unerwarteten Folgeerscheinungen der neuen Ordnung.

Sommariva ließ sein neues Statussymbol umbauen, damit es dem neoklassizistischen Geschmack des frühen 19. Jahrhunderts entsprach. Der Kern des Hauses blieb erhalten, doch die zentrale Achse der Seefassade wurde durch Balkone, von denen man die berühmte Aussicht genießen kann, betont. Außerdem erhielt sie als überraschende Krönung einen halbkreisförmigen Giebel mit einer Uhr, der die klassizistischen Linien sozusagen ausbeult – was Melzi wohl davon hielt?

Sommariva war aber weit mehr als ein Aufschneider: Er war Kunstsammler und ein bedeutender Mäzen der zwei

Rechts Unter einer Pergola im Schatten hoher Bäume erwarten bequeme Bänke den umherstreifenden Betrachter. In diesem Garten verlangen einzelne seltene Pflanzen ebenso große Aufmerksamkeit wie die gesamte Szenerie.
Unten Verspielte Rokokoschnörkel aus Buchs (*Buxus*) umgeben das Springbrunnenbecken vor dem zentralen See-Tor, in dessen schöner Schmiedearbeit der Buchstabe C für Carlotta wiederholt wird.

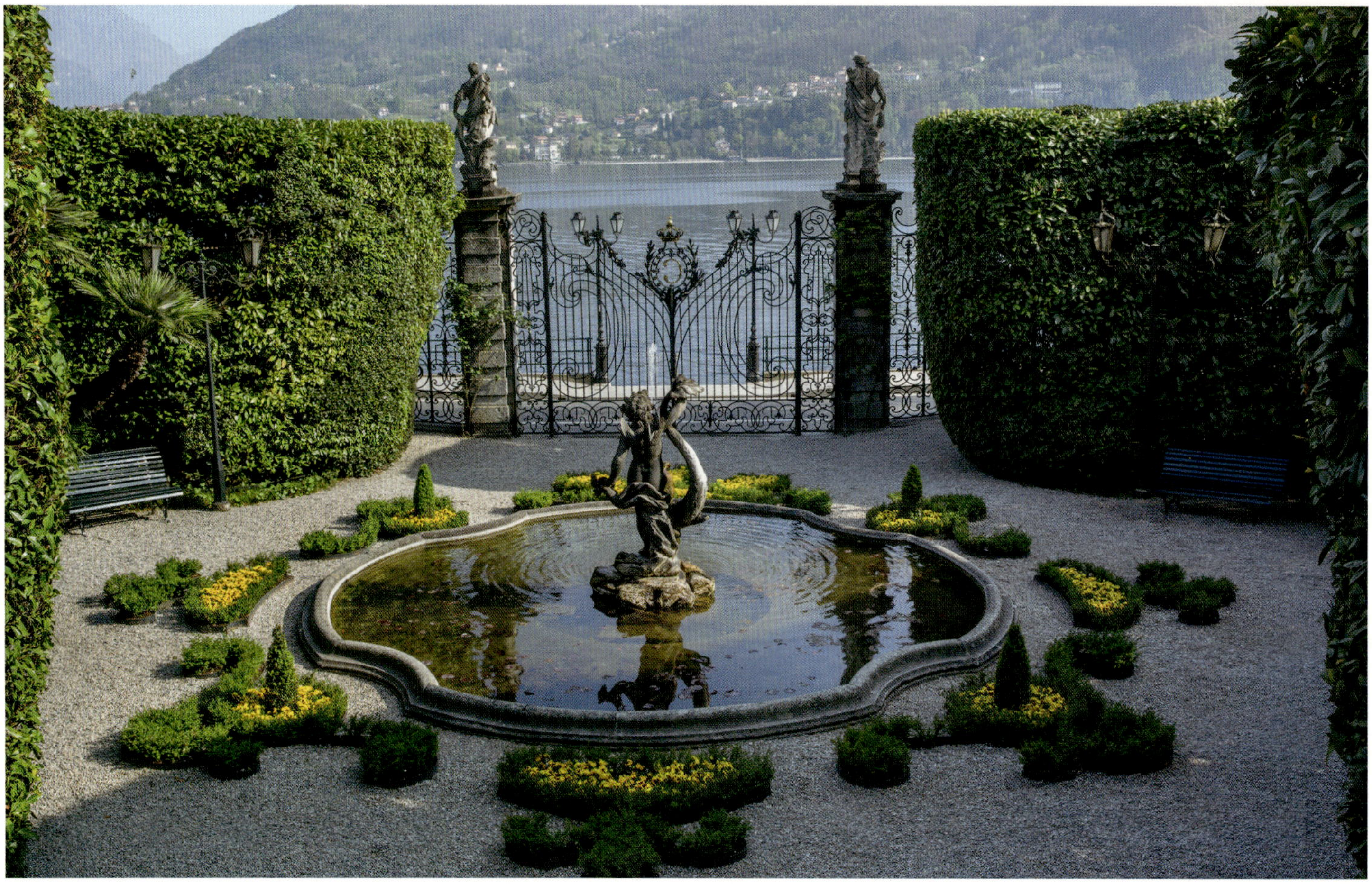

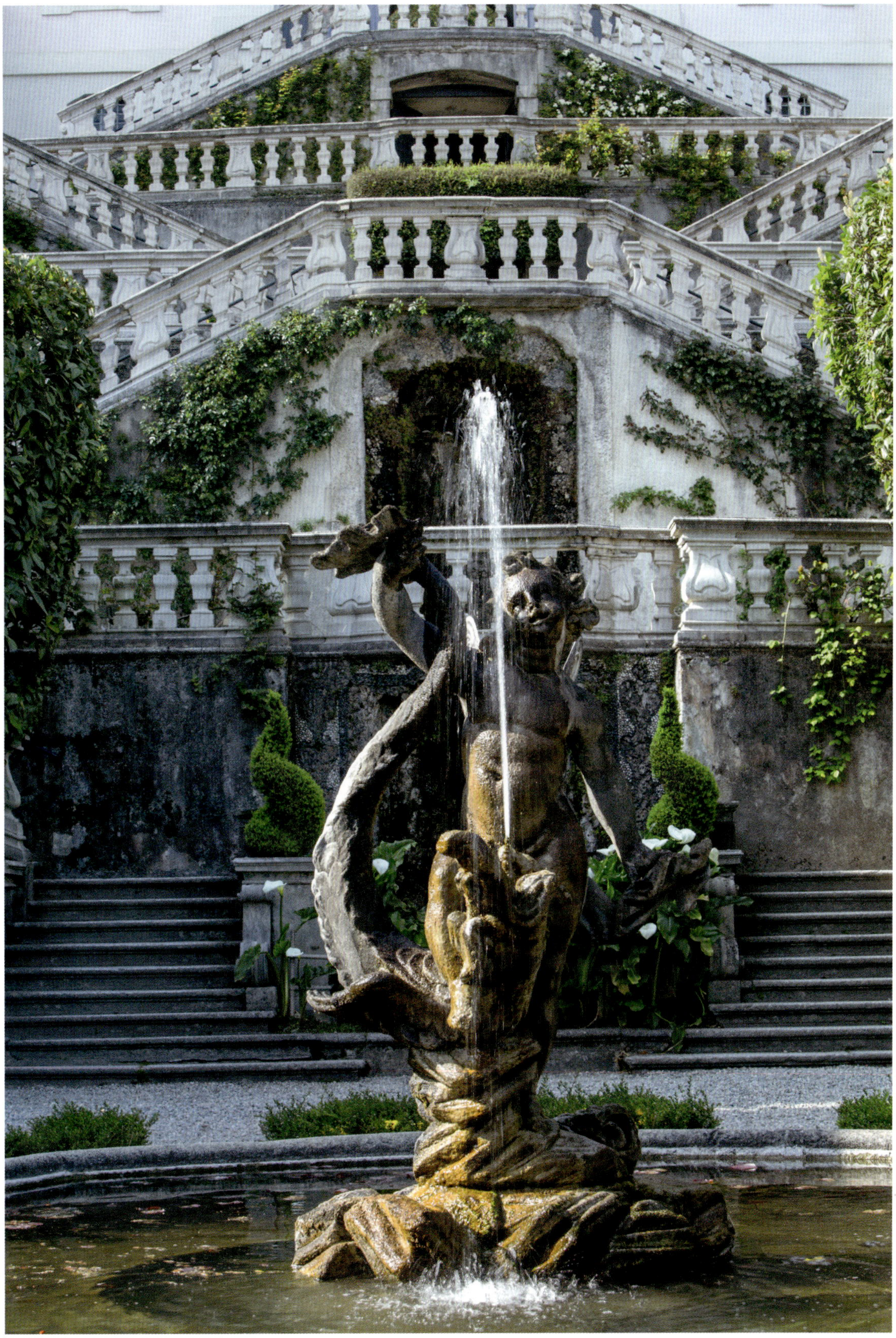

OBEN Der kleine Brunnenputto entlockt dem Delfinschnabel einen Wasserstrahl, hinter seinem Rücken steigt die Treppe in bemerkenswerten Linien über Balkone zur Villa auf.

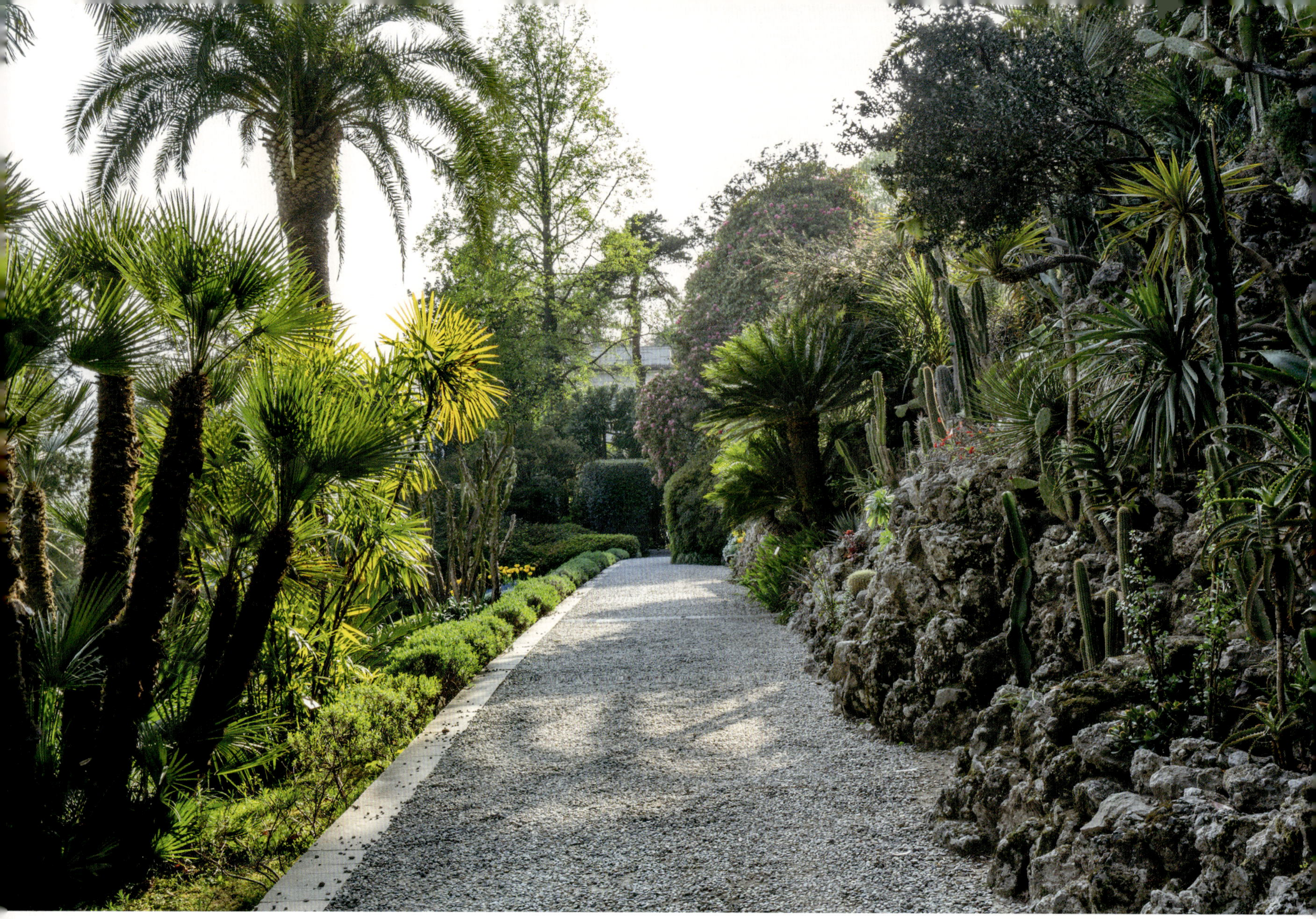

größten Bildhauer ihrer Zeit – Antonio Canova und Bertel Thorwaldsen. Unter den vielen erlesenen Kunstwerken, die in der Villa zu bewundern sind, ist auch der *Alexanderzug*, ein Fries mit dem siegreichen Einzug Alexanders des Großen in Babylon. Napoleon hatte ihn für den Pariser Pantheon bestellt, doch nach dessen Sturz blieb der arme Thorwaldsen darauf sitzen. Sommariva sprang ein, kaufte den Fries, ließ sich selbst (von Kopf bis Fuß und mit Toga) an das Ende des Zuges stellen und brachte die Relieftafeln in der Eingangshalle der Villa an, wo sie noch heute sind. Am Seeufer ließ er

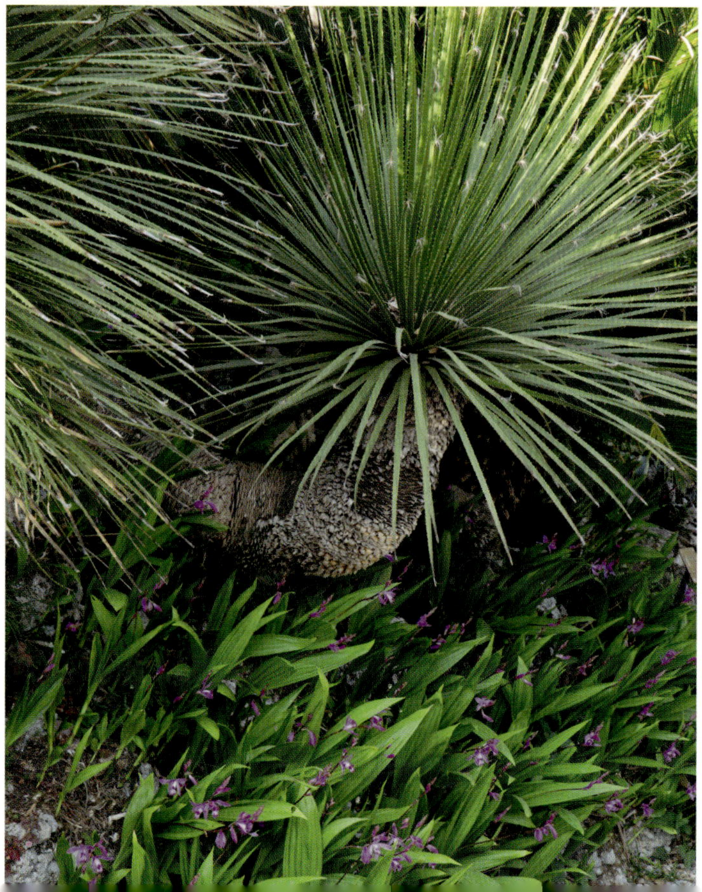

Oben Auf der Terrasse nördlich der Villa wird dem Auge auf Schritt und Tritt etwas geboten. Hier stehen Kakteen unterschiedlichster Form und Ausmaßes für ein Jahr in einem natürlich wirkenden Steingarten, als gehörten sie auf ewig dorthin.
Rechts Die überirdisch wirkende *Dasylirion* ragt über terrestrischen *Bletilla*-Orchideen, die sich hier sichtlich wohlfühlen.

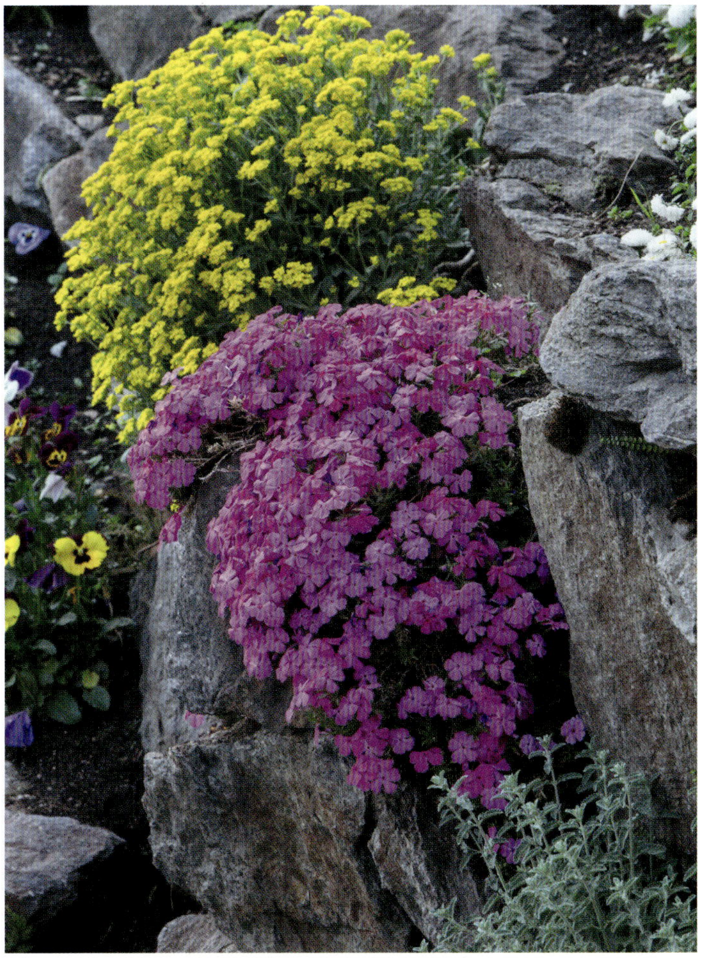

nahe dem heutigen Besuchereingang eine Grabkapelle für die Familie errichten. Die Kapelle ist noch immer im Besitz seiner Nachfahren.

An den Terrassenanlagen scheint Sommariva nichts verändert zu haben, auf einem Stich aus dem frühen 19. Jahrhundert nach einer Zeichnung seiner Schwiegertochter Emilia Seillere Sommariva ist aber ein romantischer Park im englischen Stil an den Hängen hinter der Villa zu sehen. In der üppigen Darstellung mag künstlerische Übertreibung am Werk gewesen sein, doch oberhalb des formalen Gartens lagen Wäldchen und Wege, die auf einen Freundschaftstempel zuliefen. Der Erzähler und Märchensammler Ludwig Bechstein beschrieb in seinen 1857 erschienen „Poetischen Reisebildern" *Villa Carlotta* ein „Parkwäldchen" (der Tempel

LINKS Starke Kontraste: Gelbes Felsen-Steinkraut (*Aurinia saxatilis*) und fliederfarbener *Phlox* hängen in dicken Kissen im Steingarten.
UNTEN Im Steingarten blüht eine unerwartete Mischung aus ein- und mehrjährigen Blumen: Stiefmütterchen (*Viola*), Tausendschönchen (*Bellis*) und orangenfarbener Schöterich (*Erysium*) buhlen als eine Art floraler Erdrutsch um Aufmerksamkeit.
FOLGENDE DOPPELSEITE Auf der Hauptterrasse trifft Kitsch auf Erhabenheit. Die bonbonfarbenen Blumen des Steingartens werden regelmäßig neu gepflanzt, der herrliche Blauregen (*Wisteria*) hat sich selbst eine Kiefer als Kletterhilfe gesucht.

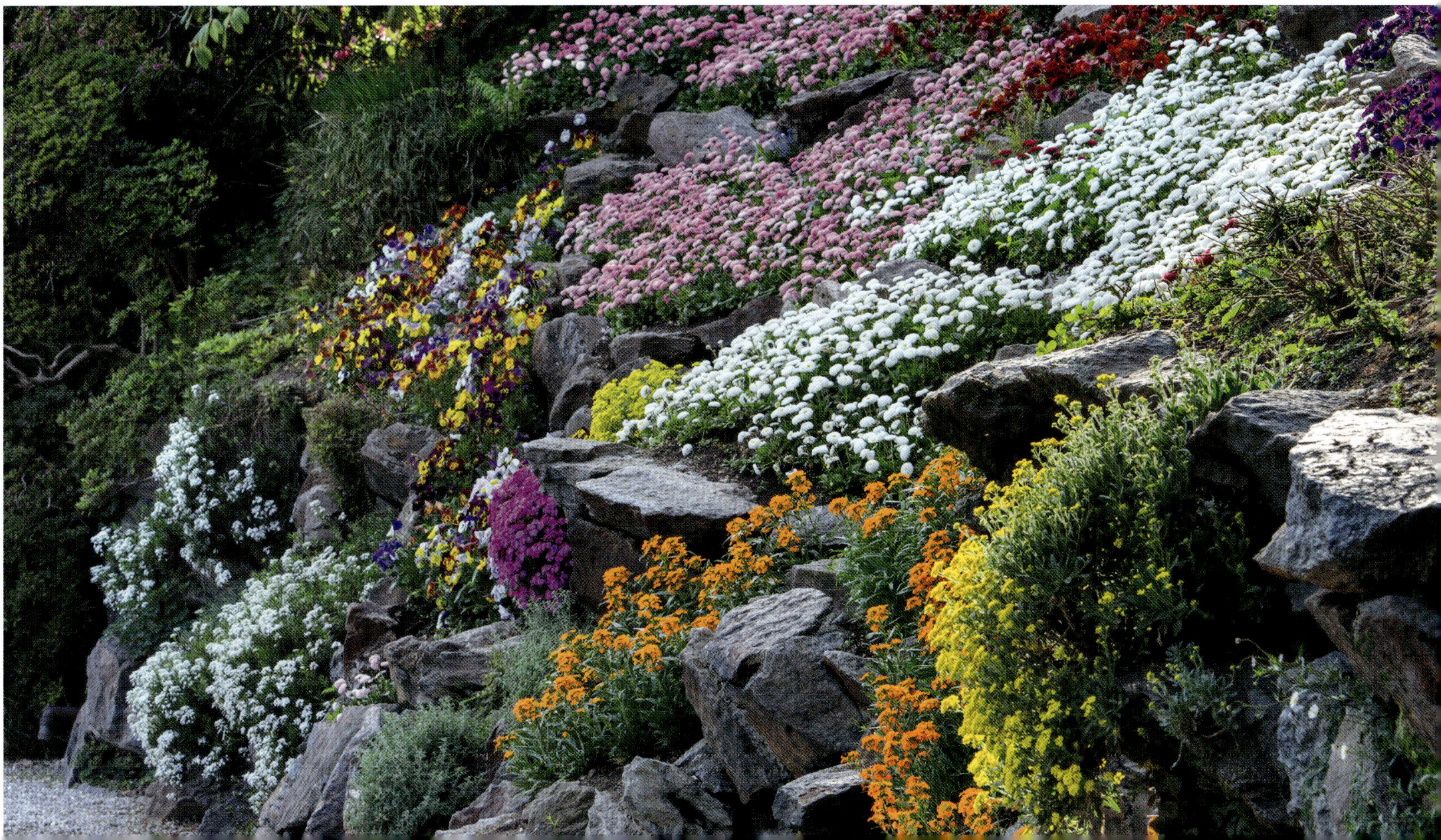

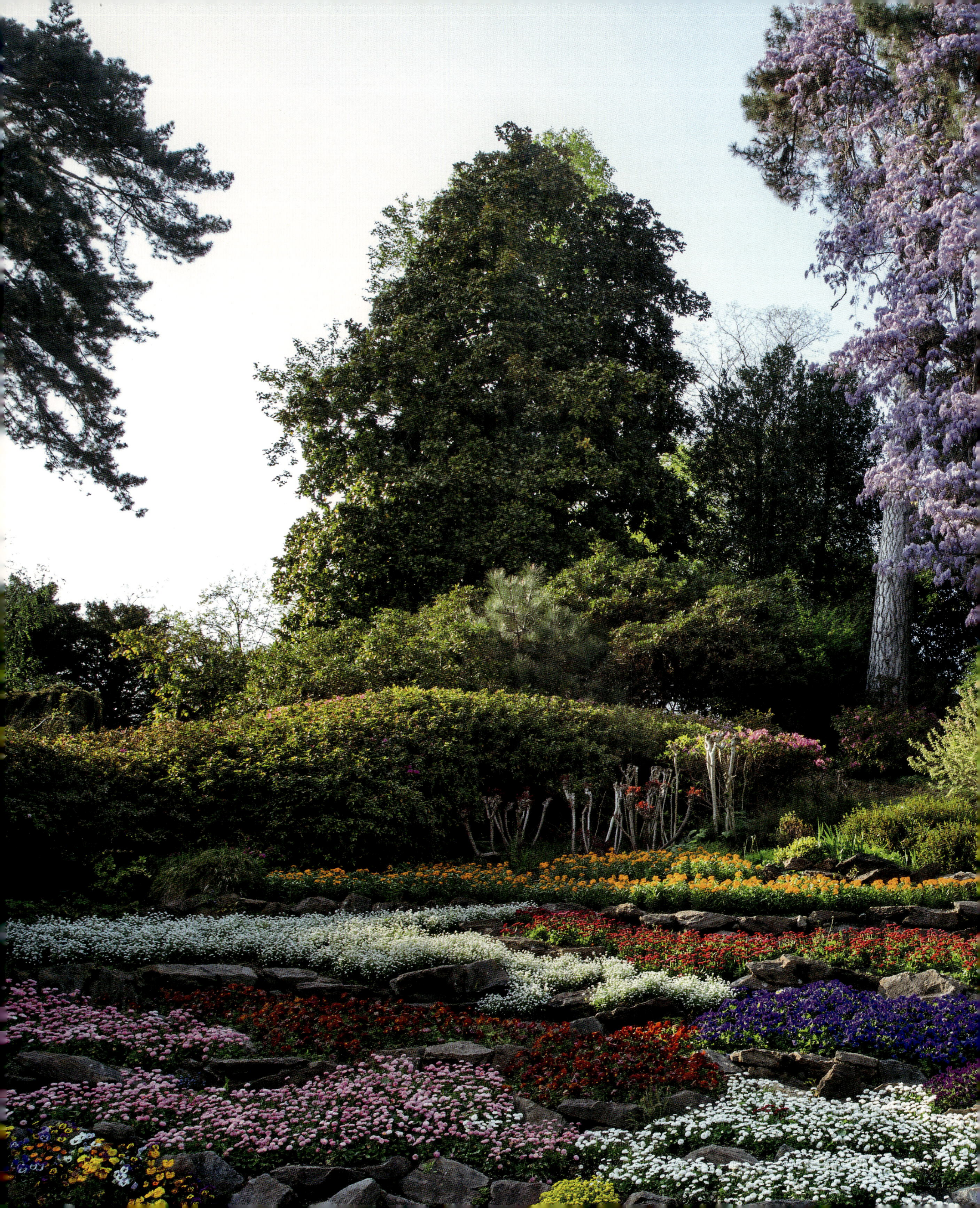

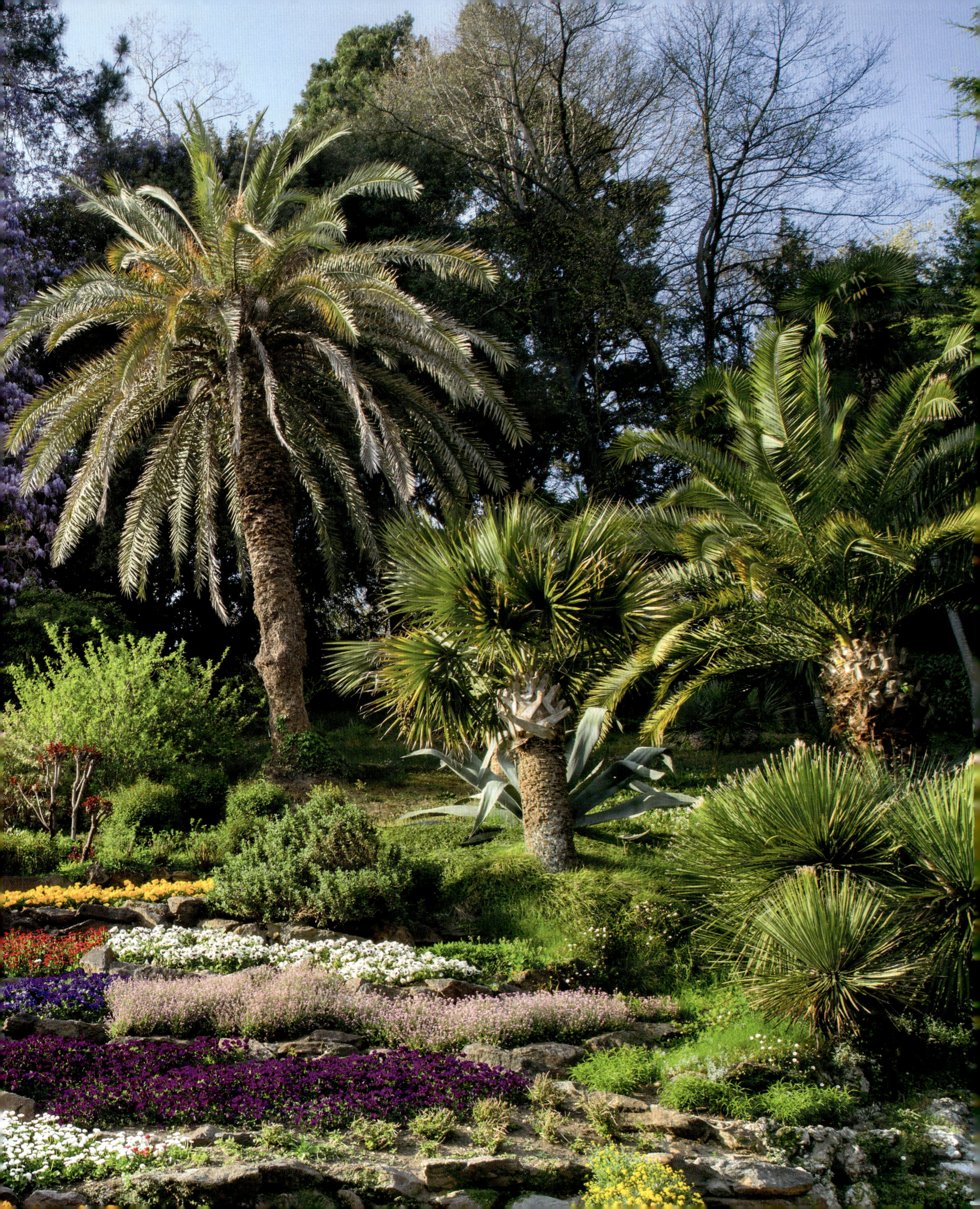

war da schon abgerissen worden). Nach dem Tod von Sommarivas Sohn wurde der Besitz 1843 an Marianne, die Ehefrau von Prinz Albrecht von Preußen, geborene Prinzessin der Niederlande, verkauft. 1847 schenkte sie ihn ihrer Tochter Charlotte zu deren Hochzeit mit Georg, dem Erbprinzen von Sachsen-Meiningen. Charlottes Name wurde italienisiert und die Villa in Villa Carlotta umgetauft. Der vergoldete Buchstabe C im schmiedeeisernen Tor zum See, über dem ein Krönchen schwebt, steht für Charlotte und nicht, wie oft angenommen, für Clerici. Die Ehe war eine Liebesheirat, doch nur von kurzer Dauer, Charlotte starb 1855 mit 23 Jahren im Kindbett. Der gebildete Georg heiratete noch zweimal und avancierte zu einem großen Förderer von Kunst und Kultur, insbesondere des berühmten Meininger Theaters und der Musik von Johannes Brahms.

In der Ära Sachsen-Meiningen zog ein neuer Stil in den Garten der Villa Carlotta ein, der ihn noch heute prägt. Der Vorplatz mit dem Springbrunnen inmitten eines kleinen Buchs-Parterres (*Buxus*) blieb, wie Sommariva ihn angelegt hatte. Die langen Terrassen aber wurden schon nach kurzer Zeit im modern gewordenen englischen Stil eines Waldgartens reich bepflanzt. Die ebenen Wege machten das Promenieren hier angenehm, die Hänge darüber wurden in eine hügelige Rasenlandschaft mit Zierbäumen und -sträuchern verwandelt. Im April kann der Besucher dort leuchtende Azaleen und Rhododendren bewundern, über denen Kiefern, Magnolien und Platanen ragen. Der weithin sichtbare *Rhododendron* ist ein unerwarteter Anblick, denn das Grundgestein am Comer See ist Kalk, doch darauf liegt saurer Boden, der in

UNTEN LINKS Einen der höher gelegenen Wege umsäumen Rhododendren und Azaleen mit satten Blattfarben und leuchtenden Blüten.
UNTEN RECHTS Der Bach fließt das Tal der Farne hinab und verspricht floral überhitzten Gemütern Kühlung. Die Baumfarne (*Dicksonia*) werden jedes Frühjahr in ihren großen Töpfen hierhin versetzt.
RECHTE SEITE Der Geschmack des 19. Jahrhunderts verlangte nach Vielfältigkeit in jedem Detail: Pflanzen- und Geländeform, Farben, Licht und Schatten. Das Streben nach Vielfalt und Reichtum manifestiert sich in diesem Garten.

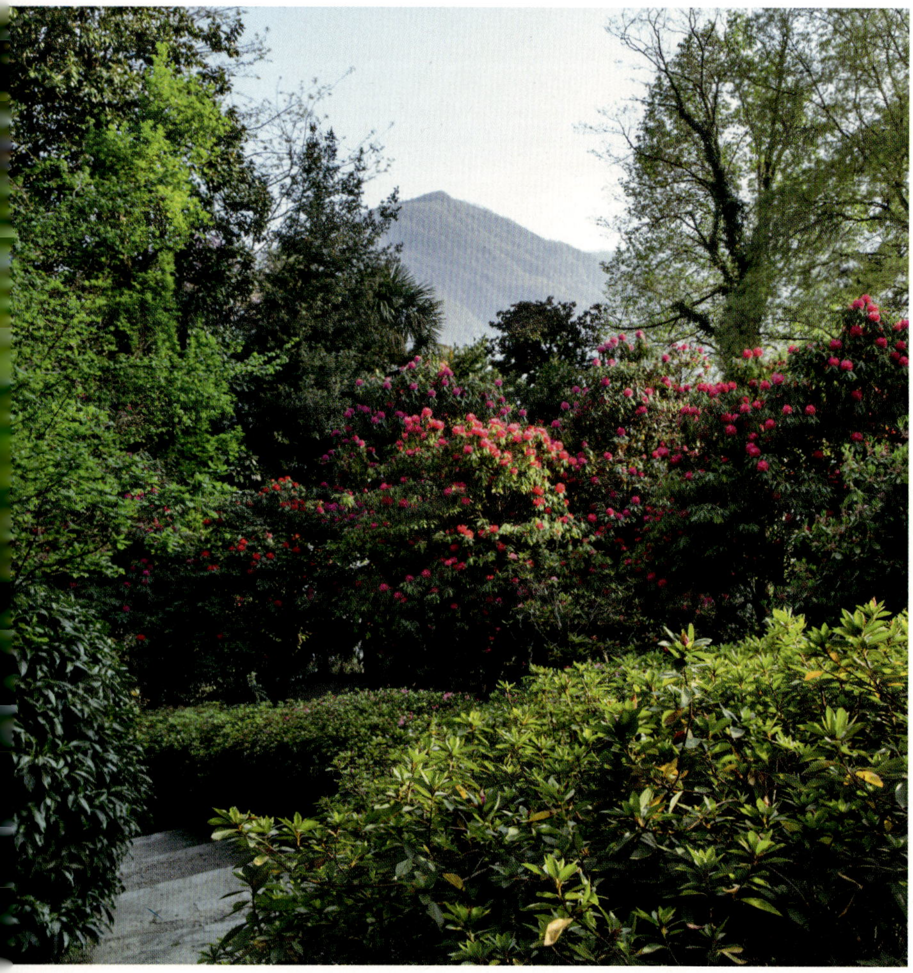

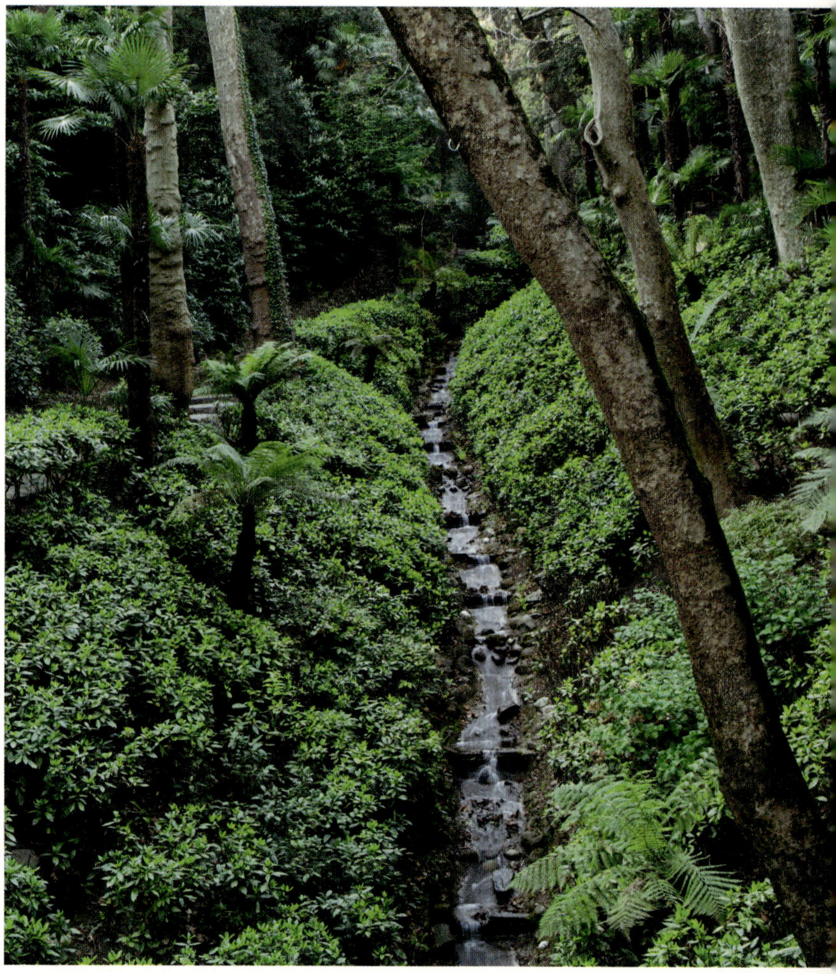

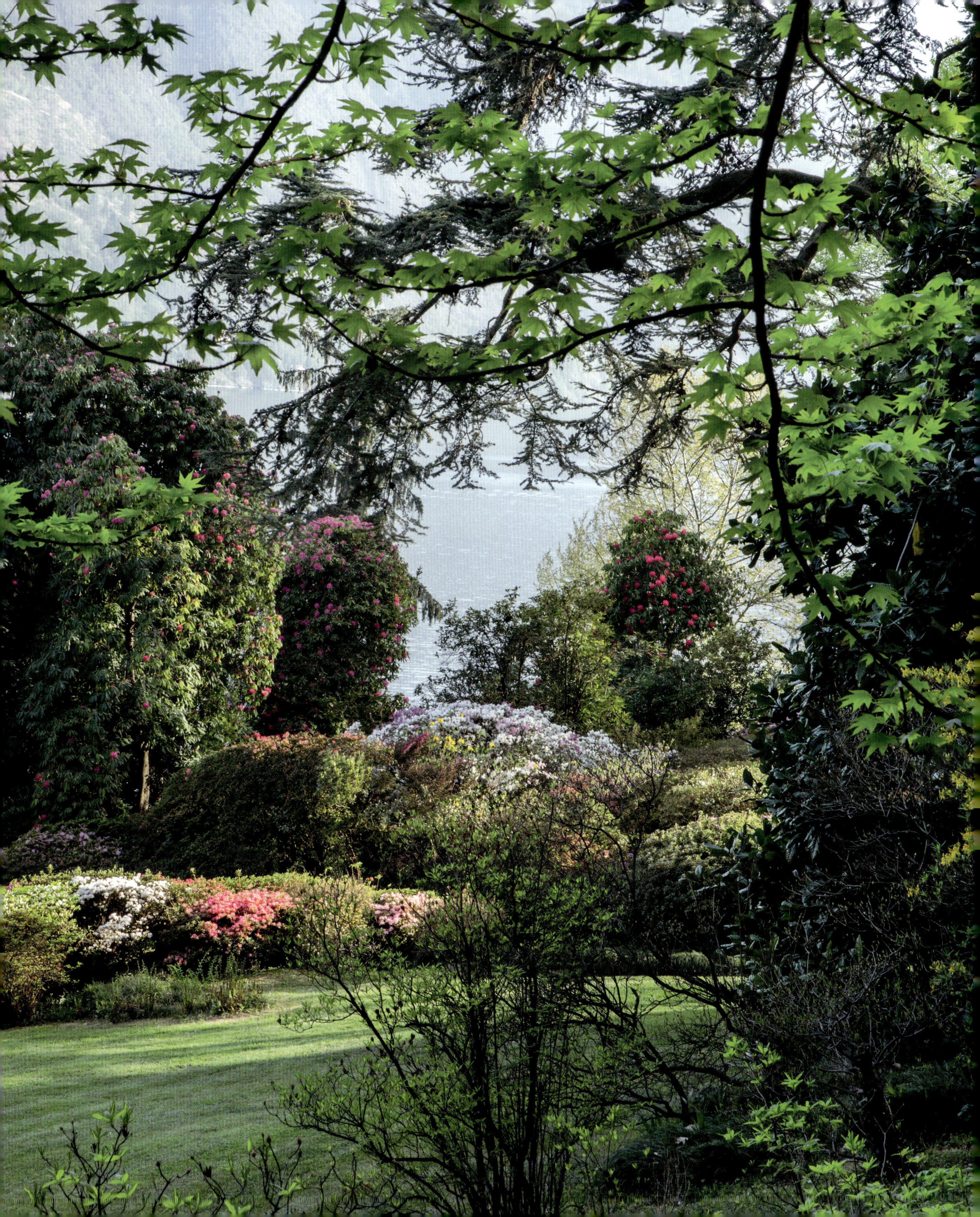

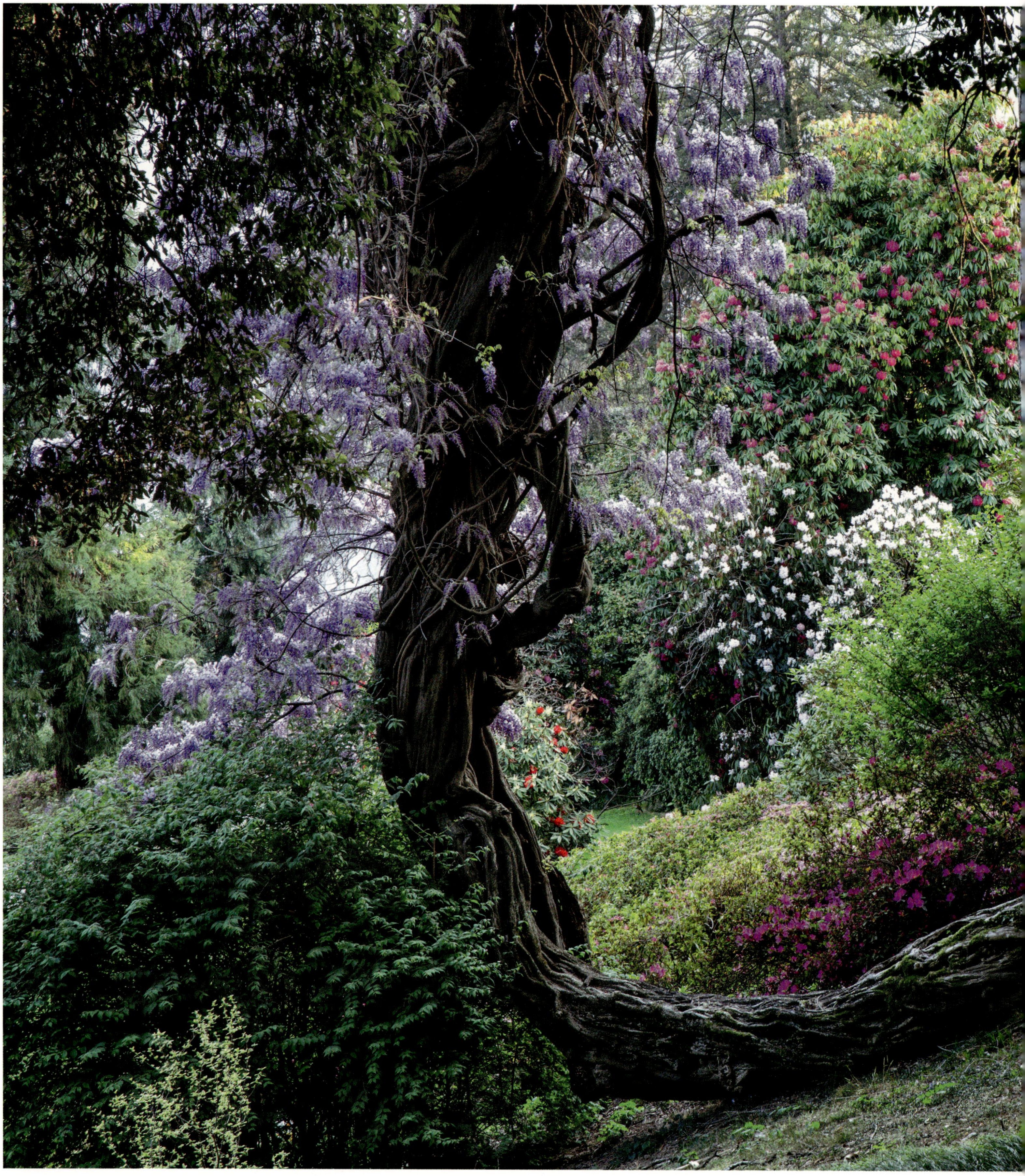

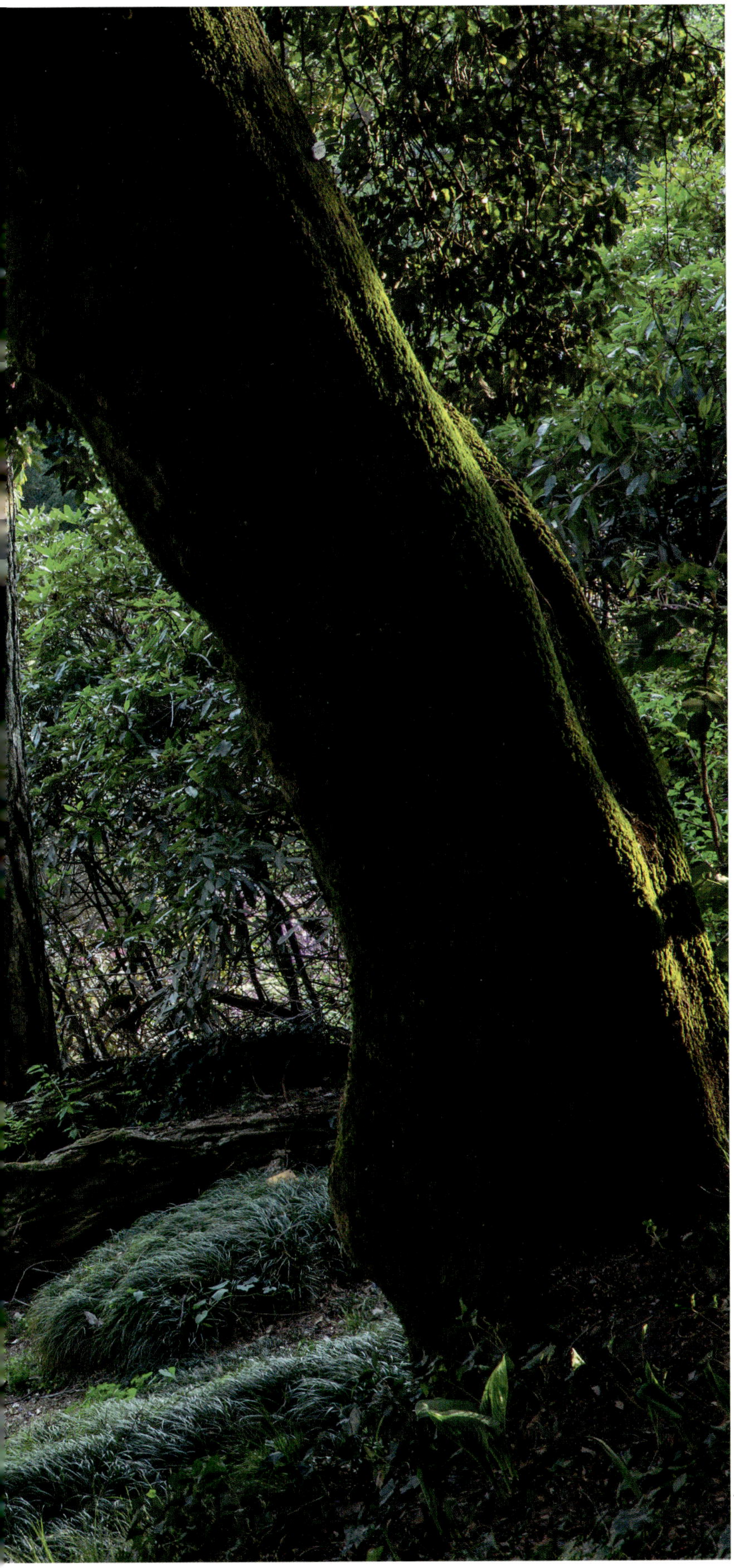

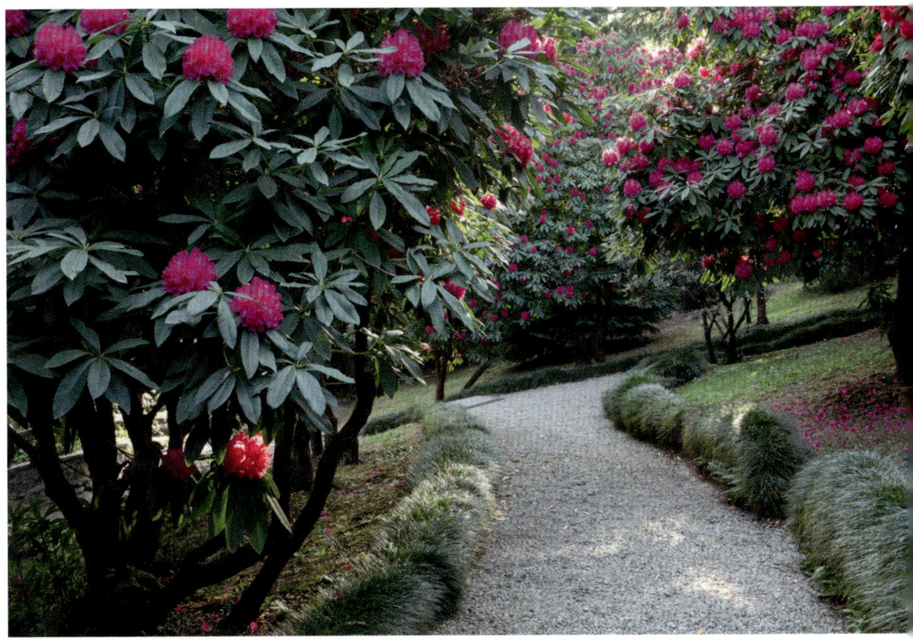

großen Fuhren herangeschafft wurde, um ideale Wachstumsbedingungen zu schaffen. Solch atemberaubende Extravaganz ist in diesen subalpinen Gärten – wie an den steinigen Hängen der Riviera – nichts Ungewöhnliches.

Georg II. (seit 1866 Herzog) starb 1914 in hohem Alter kurz vor Ausbruch des Ersten Weltkriegs. Im Jahr darauf trat Italien auf Seiten der Entente in den Krieg ein, die Sachsen-Meiningens waren damit feindliche Ausländer. Die Villa wurde nicht enteignet, aber unter die Aufsicht des italienischen Staates gestellt. Die Familie mochte nach dem Krieg nicht zurückkehren und wollte das Anwesen 1922 versteigern lassen, doch nach Protesten von Kulturliebhabern aus der Region und einigem Hin und Her gingen Villa und Garten 1927 in den Besitz einer italienischen Stiftung über.

Blickt man heute vom zentralen Balkon hinunter, sieht man das kleine Parterre von einer Kamelien-Fasson umgeben, die wohl einmal frei wogte, nun aber zu einer Art Monster-Hecke geschnitten ist. Zu Frühlingsanfang verschwinden die Formen unter rosafarbenen und weißen Blüten. Im April plätschert auf den Terrassen das Wasser

LINKS Manchmal hat die Natur ihre eigenen Vorstellungen – mit herrlichem Ergebnis. Der Stamm des Blauregens (*Wisteria*) windet sich riesenschlangengleich an einer großen Kiefer hinauf, die Kulisse formt der Blütenüberschwang der Sträucher.

OBEN In großen Bereichen des Gartens winden sich kühle, von Schlangenbart (*Ophiopogon japonicus*) gesäumte Wege durch schattige *Rhododendron*-Wäldchen.

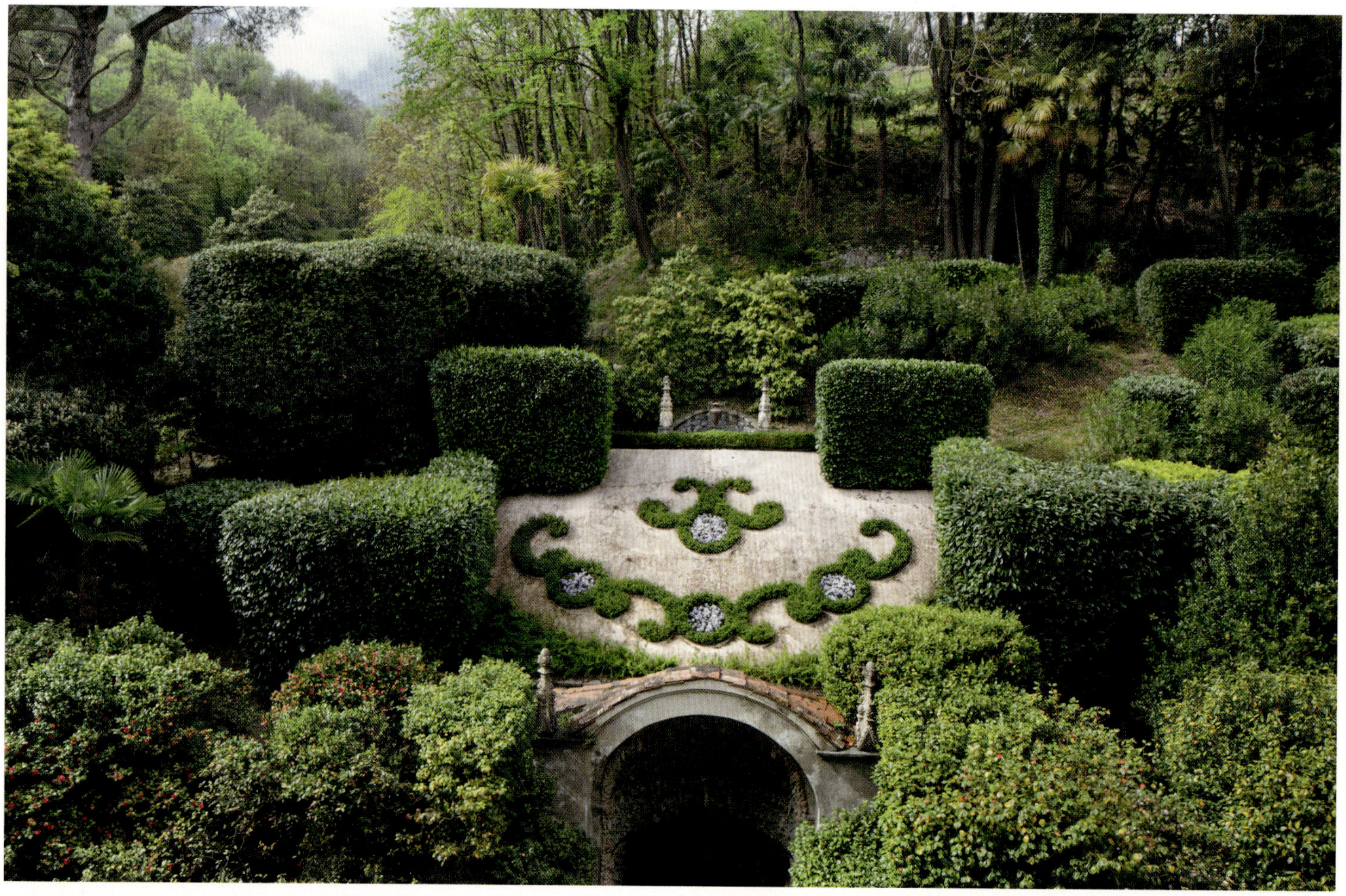

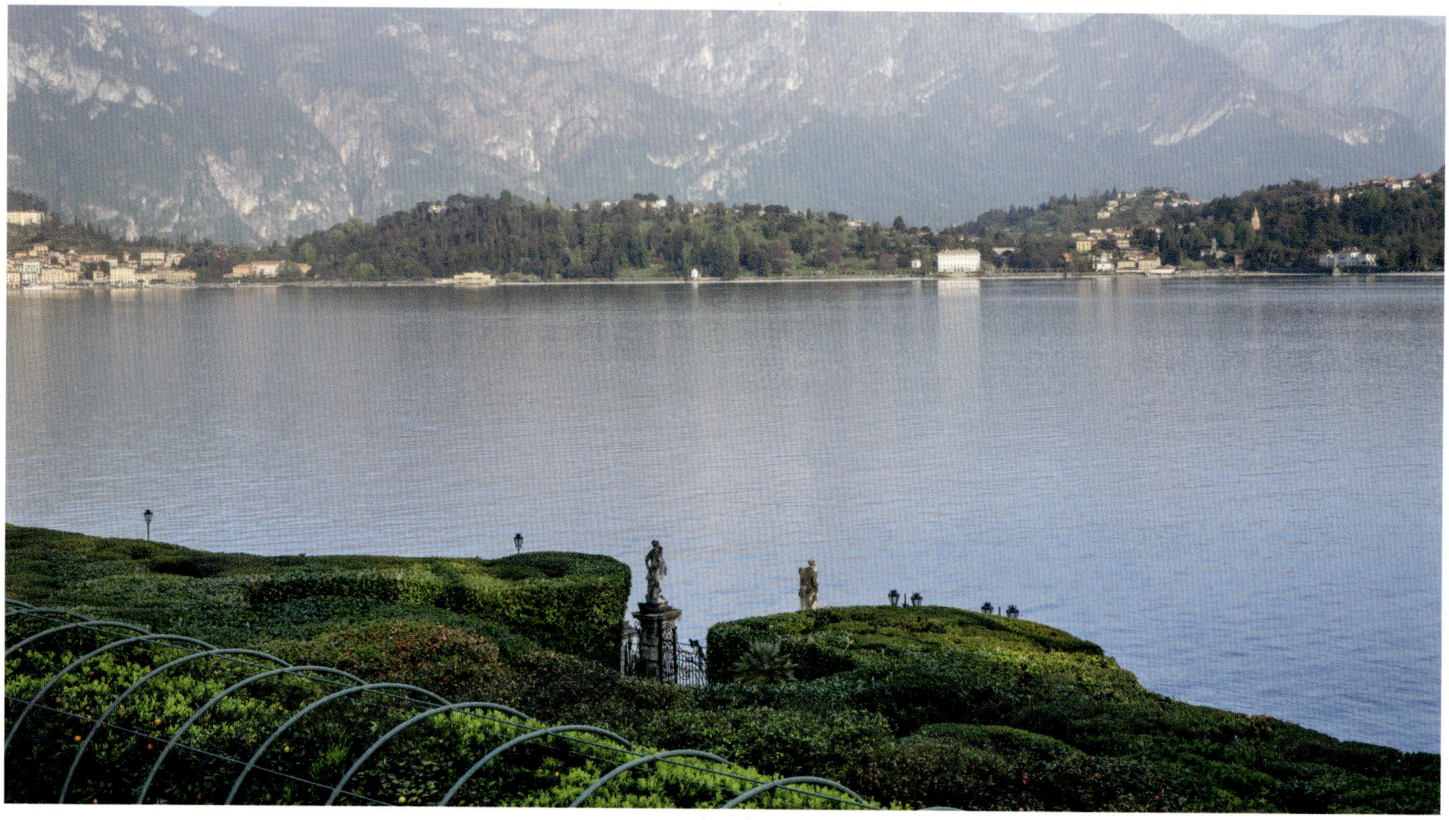

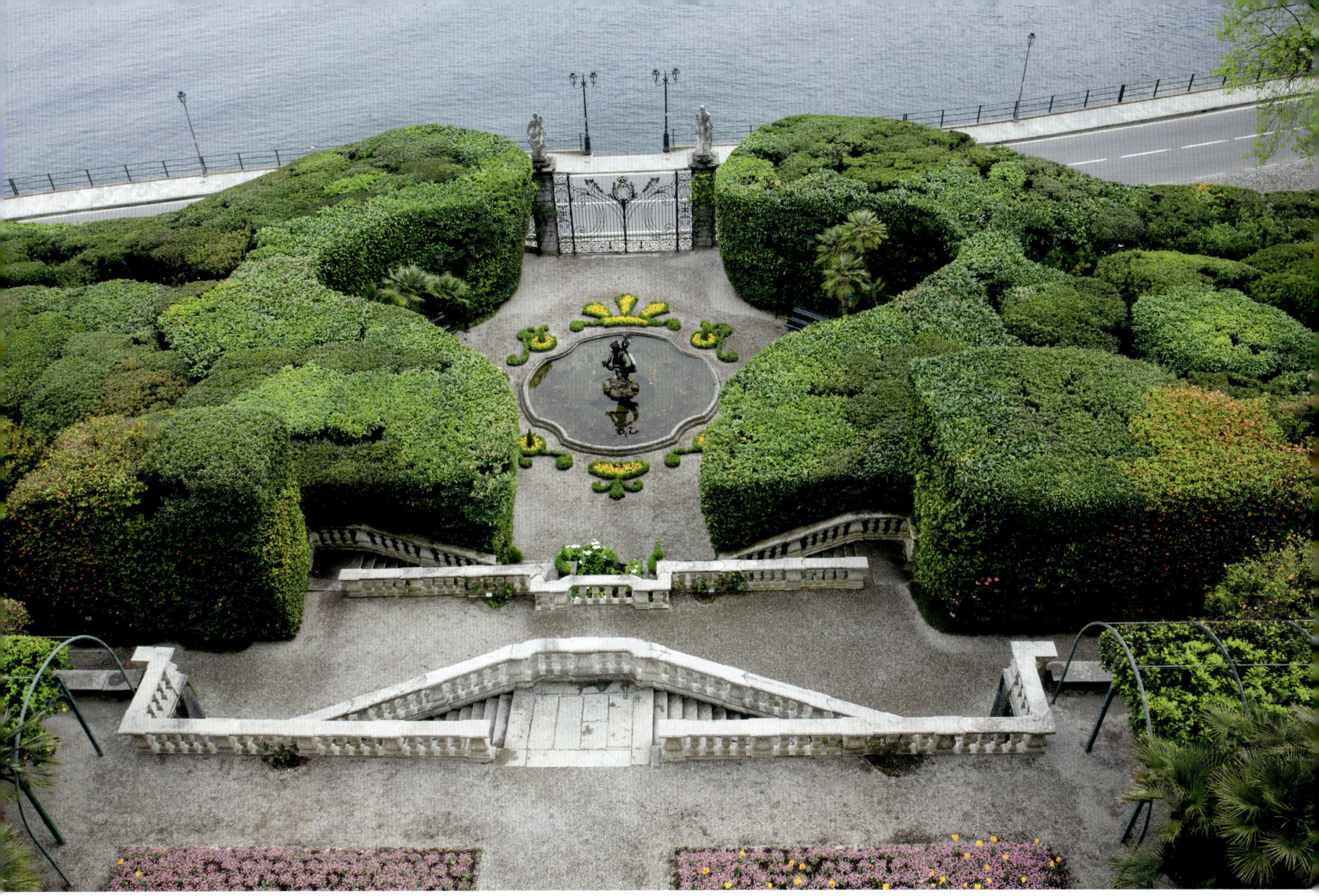

aus kleinen Grotten zwischen den gelben Vorhängen der *Rosa banksiae* 'Lutea' – die in der milden Luft unglaublich üppig-weich und duftend blüht. Auf der höchsten Terrasse liegen saisonal bepflanzte Beete mit einem vielfarbigen Blumenmosaik, in denen in regelmäßigen Abständen Tontöpfe stehen und elegante, dunkelgrüne Holzbänke zum Verweilen einladen. Das könnte nach fadem Kurpark aussehen, doch die Gärtner leisten hier hervorragende Arbeit, im Frühling ist alles lebhaft und frisch, im Herbst hübsch voluminös. Über eine Terrasse spannt sich ein Laubengang mit Orangen und Zitronen (*Citrus* × *limon*). Man kann Zitronen in den Alpen natürlich nicht ganzjährig im Freien lassen, im Winter verpasst man ihnen deshalb clever eine gläserne Hülle.

Auch oberhalb der Villa ziehen sich zu beiden Seiten lange Terrassen am Hang entlang. Richtung Norden bieten sich dem Besucher verschiedene Möglichkeiten: Er kann gemächlich über den ebenen breiten Kiesweg spazieren, oder aber in das Tal der Farne hinaufsteigen, wo jedes Frühjahr Baumfarne (*Dicksonia*) in den engen schattigen Grund gesetzt werden, in dem ein kleiner Bach hinabstürzt. Oder aber man geht über ein Gewirr von schmalen Wegen zwischen üppigen Azaleen und Rhododendren zum Ufer und zu den Gewächshäusern hinunter, in denen heute ein ruhiges Café untergebracht ist. Wenn man auf dem Hauptweg bleibt, gelangt man bald in einen saisonal bepflanzten Steingarten mit den erstaunlichsten Farbkombinationen. An einer

LINKS OBEN Im ersten Stockwerk der Villa wartet eine Überraschung: Am steilen Hang bieten sich die sauberen Schnörkel eines Buchs-Parterres (*Buxus*) dem Betrachter dar. Darunter öffnet sich eine kleine Grotte.
LINKS UNTEN Von den Terrassen der Villa Carlotta geht der Blick über den See geradewegs zur Villa Melzi in Bellagio, die Konkurrenz zwischen den Anwesen ist gegenseitiger Bewunderung gewichen.
OBEN Tief unter dem oberen Balkon der Villa wirkt das Parterre zwischen den getrimmten Monsterhecken aus *Camellia* und Kirschlorbeer (*Prunus laurocerasus*) auf einmal winzig.

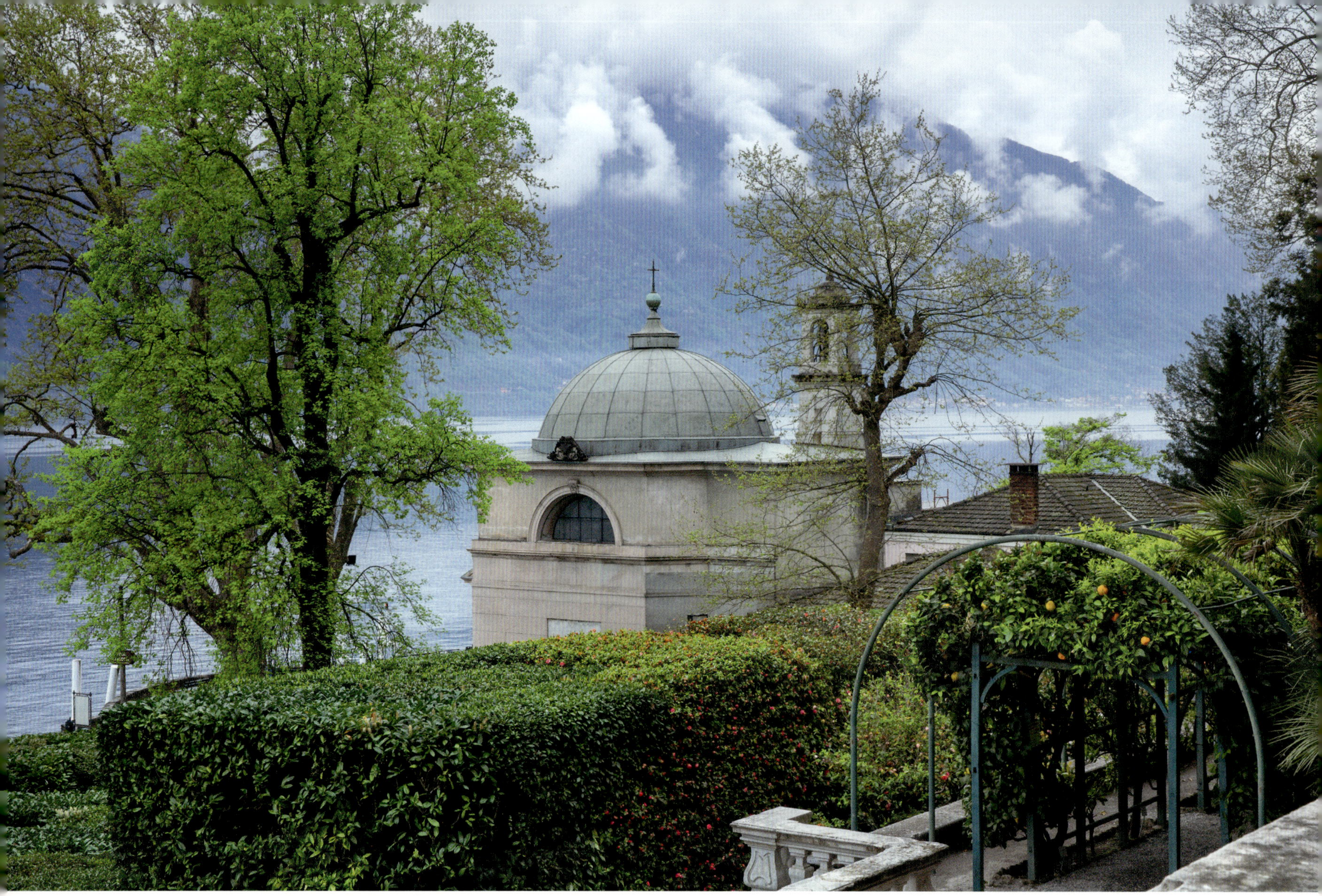

abfallenden Rasenfläche schlingt sich ein großer Blauregen (*Wisteria*) an einer Kiefer hinauf, große Immergrüne Magnolien (*Magnolia grandiflora*) – die in norditalienischen Gärten sehr beliebt sind – stehen schön verteilt: Eben diese Art der Gestaltung wurde von Edith Wharton um 1900 abgelehnt und von Georgina Masson 50 Jahre später höflich ignoriert. Doch in diesem Falle irrten beide, die italienischen Gärten des 19. und 20. Jahrhunderts sind genauso bedeutend wie die früherer Zeiten. Das übermächtige Verlangen italienischer Gärtner, alle möglichen Sträucher in Form zu trimmen, verleiht der Anlage eine gewisse Steifheit, die aber durchaus ihren Reiz hat.

Geht man von der Villa aus nach Süden, bestimmen London-Platanen (auch Ahornblättrige Platane, *Platanus* × *hispanica*), unter denen viele Ziersträucher gedeihen, das Bild. Diese Parklandschaft ist ein sehr schönes Beispiel dafür, wie Georg II. von Sachsen-Meiningen, seiner Devise „Natur, Natur, Natur“ folgend, die alten Terrassen mit abwechslungsreichem Grün schmückte. Sehr kurios wirkt dagegen der Zwergen-Brunnen mit seinen grotesken Figuren. Auch oberhalb der Villa wachsen noch immer viele Bäume, vielleicht sind sie die Nachkömmlinge derer, die in Sommarivas englischem Park standen. Die schönste Aussicht genießt man vom oberen Balkon der Villa: auf das Parterre hinunter, über das schöne Tor und das glitzernde Wasser hinweg auf den bewaldeten Buckel der Halbinsel Bellagio, an der sich der See teilt, bis zu den schneebedeckten Bergen – eine wahrlich grandiose Kulisse.

OBEN Das Kuppelmausoleum am Ufer ist von großen Platanen (*Platanus*) umgeben. Es ist für die Öffentlichkeit zwar nicht zugänglich, setzt aber inmitten all des bunten Treibens zumindest eine angemessen ernste Note.

RECHTS Zu den gärtnerischen Höhepunkten der Villa Carlotta zählt der lange Laubengang mit Zitrusfrüchten verschiedener Sorten und Formen. In den Wintermonaten wird diese bemerkenswerte Außengalerie verglast.

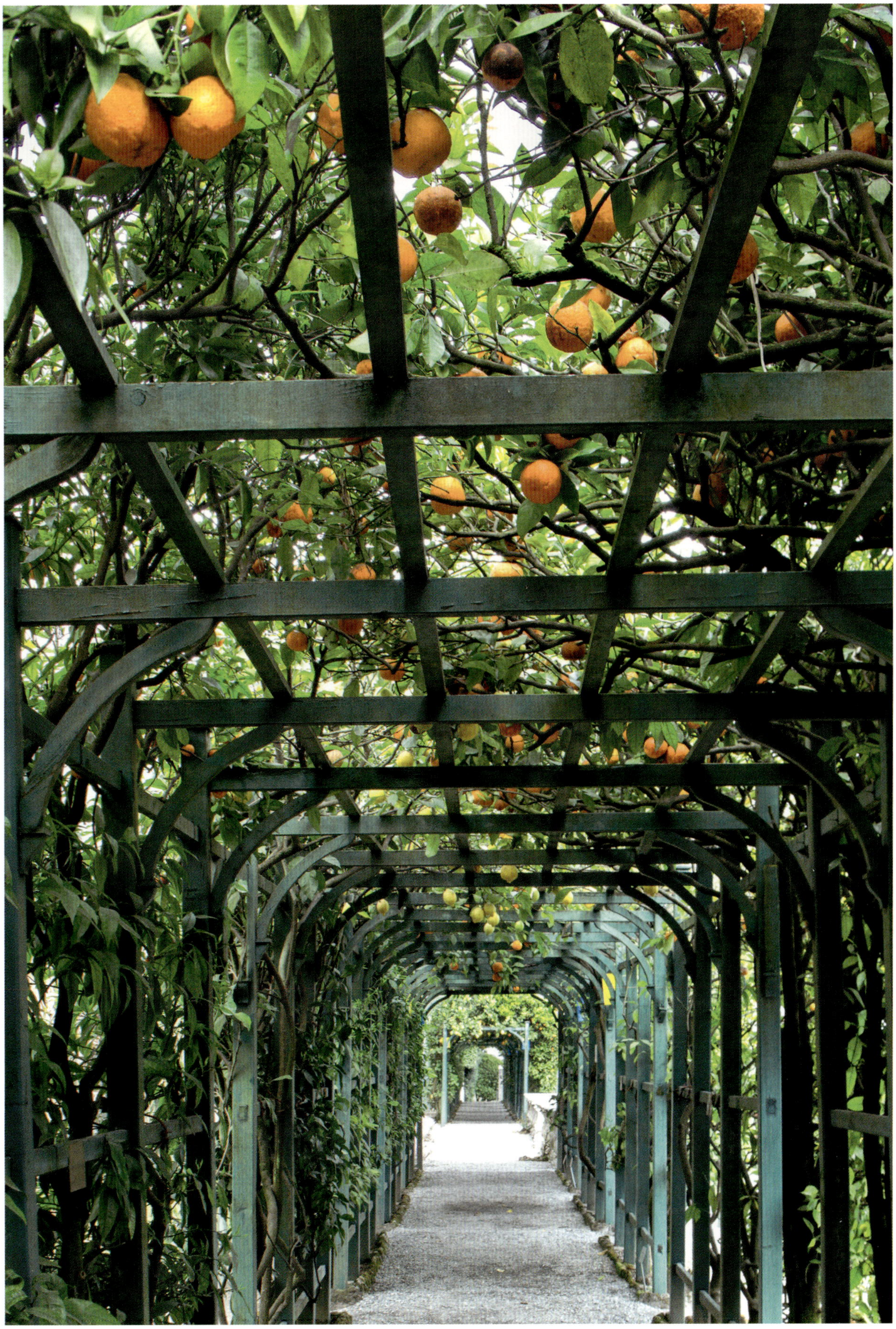

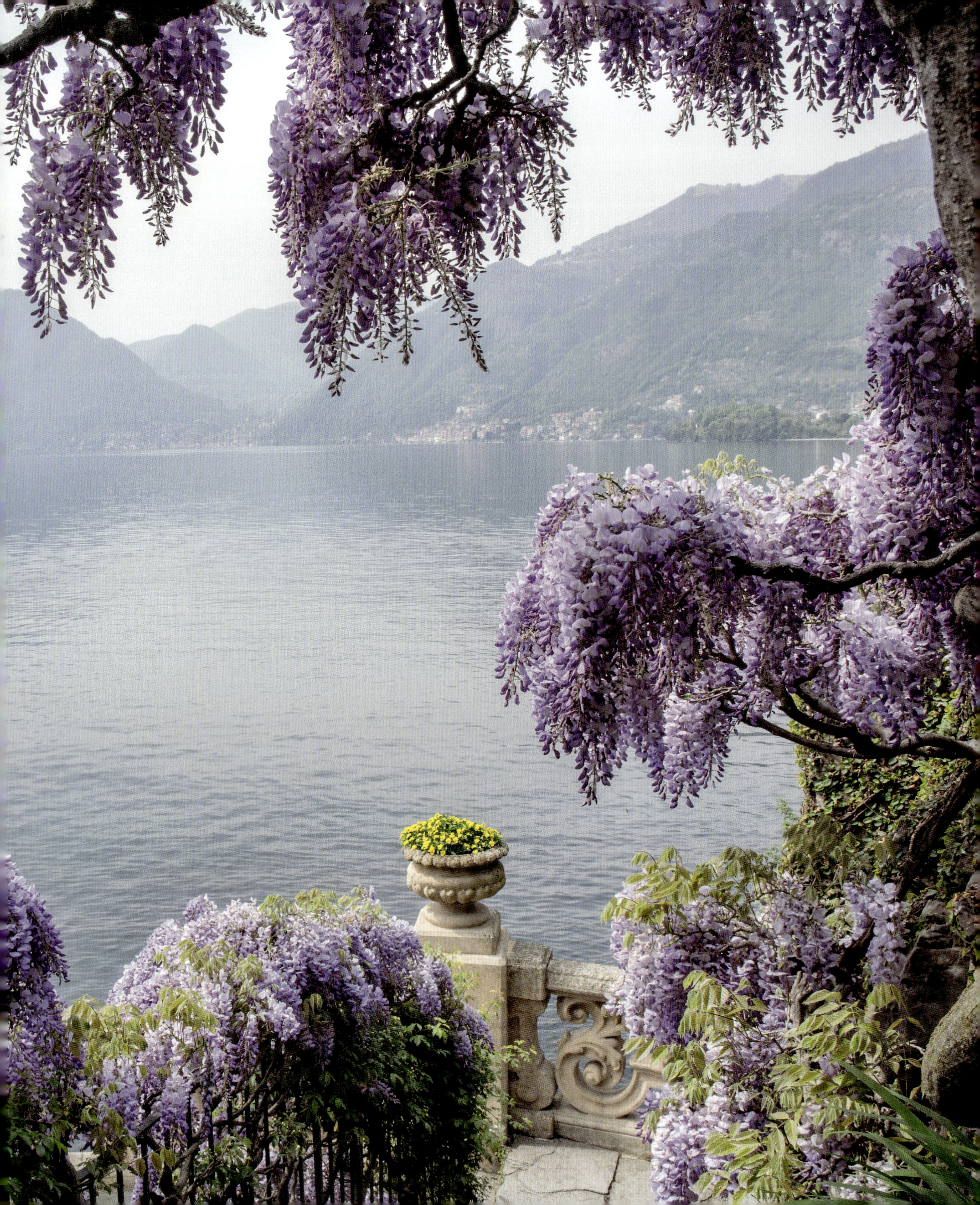

DIE VILLA DEL BALBIANELLO

Auf einer Liste faszinierender Flecken der Natur, die durch Menschenhand noch schöner wurden, stünde die Villa del Balbianello ganz oben. Ihren Besucher belohnt sie auf dreifache Weise: Vom See aus erscheint sie unsagbar romantisch, in ihrer kleinen Welt warten viele angenehme und interessante Überraschungen, und sie bietet Aussichten von einer Intensität und Herrlichkeit, die selbst den größten Romantiker sprachlos machen. Man hat dieses Paradies auf Erden nicht für sich allein, doch es ist die geteilte Freude wirklich wert.

Balbianello ist auf der Landkarte leicht zu finden. Wie ein Tropfen hängt das Kap von der Halbinsel Lavedo etwa auf der Mitte des Comer Sees in das weite Blau hinein. Vom Schiff aus betrachtet, sieht es mit seinen bewaldeten Felsbuckeln wie eine Insel aus, an deren östlicher Spitze einige Gebäude übereinander zu stehen scheinen. Seit dem Ende des 18. Jahrhunderts zieht es Reisende an diesen berühmten Ort, der sie in Verzückung versetzt und des Atems beraubt.

Schon die Anfahrt ist ein besonderes Vergnügen. Man kann von Lenno aus am Ufer entlang zur Villa laufen, und ein Waldspaziergang ist natürlich immer reizvoll. Doch dieser Garten verlangt danach, über den See mit dem Boot erreicht zu werden. Und das geht einfach. Das Boot startet ebenfalls in Lenno und fährt dann nördlich der Halbinsel entlang, an der berühmten Loggia mit ihren drei Rundbögen und am kleinen Hafen vorbei, auf dessen Mauern segnende Heiligenstatuen wachen, um das Kap bis zur Anlegestelle. Dort tritt man durch das südliche Eingangstor in dieses kleine Paradies. Schon auf einem Gemälde aus dem frühen 19. Jahrhundert sieht man einen Herrn mit Strohhut aus einem Boot, das von zwei kräftigen jungen Männern gerudert wird, zur Loggia deuten, während die Rauch hustende *Lario*, der erste Vergnügungsdampfer auf dem See, aus Richtung Como herantuckert.

Die Gartenanlagen, wie man sie heute sieht, wurden von Kardinal Angelo Maria Durini gestaltet. Er hatte die etwas südwestlich gelegene Isola Comacina nicht kaufen können – die einzige Insel im See und berühmt, weil hier im 6. Jahrhundert ein unbeugsamer Haufen von Oströmern den Barbarenhorden aus dem Norden trotzte. Der Kardinal orientierte sich neu und erwarb 1785 Balbianello. Er ließ die Reste des alten Franziskanerklosters zu einer Sommervilla umbauen und an erhöhtem Ort eine Loggia errichten – nachfolgende Generationen dankten es ihm, mit offenem Munde staunend.

Im 19. Jahrhundert wurde Balbianello zu einem wichtigen Schauplatz radikal republikanischer Aktivitäten, als sich die Carbonari (zu Deutsch: Köhler) hier trafen. Das Ziel dieses intellektuellen Geheimbundes war klar: Die nationale Einheit Italiens – sein Aktionsplan blieb aber recht vage. Der damalige Besitzer der Villa unterstützte dieses Bestreben und stellte

LINKS Zarter Frühlingsnebel passt ausgezeichnet zum Garten der Villa del Balbianello, der so romantisch liegt wie nur wenige auf dieser Welt. Um den Blauregen (*Wisteria*) schwebt eine Duftwolke.

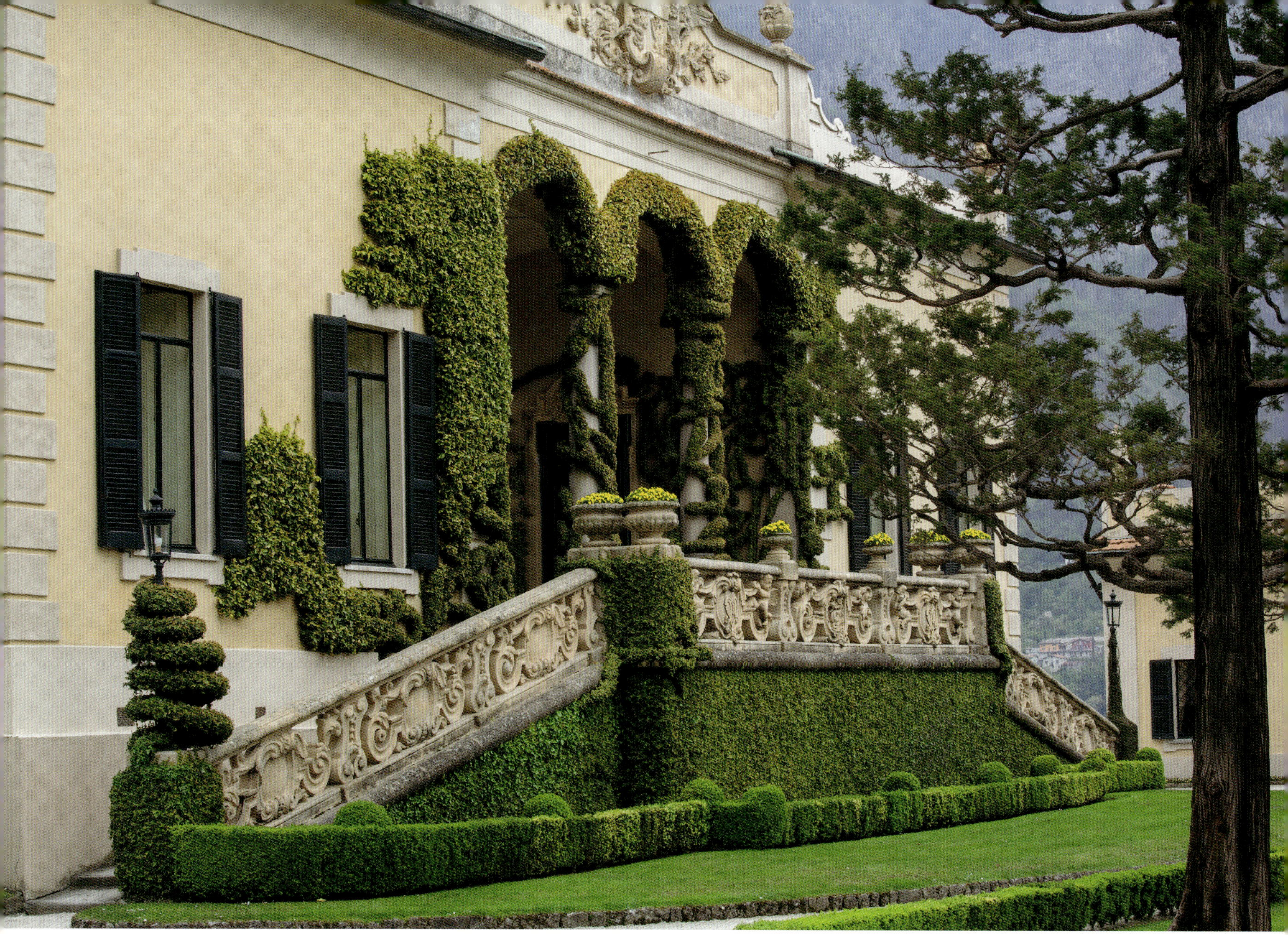

einen ihrer geistigen Anführer, Silvio Pellico, als Hauslehrer für seine Kinder ein. 1820 nahmen die Österreicher Pellico fest, und der Besitzer machte sich wohlweislich nach Belgien aus dem Staub. Dort wurde er vom reichen Marchese Giuseppe Arconati Visconti finanziell unterstützt, der ebenfalls im selbst gewählten Exil lebte. Visconti kaufte die Villa, die bis 1923 im Besitz der Familie blieb. An der Balustrade vor der alten Kirche kann man ihr berühmtes Wappenschild – die Schlange mit dem Mann im Maul – sehen.

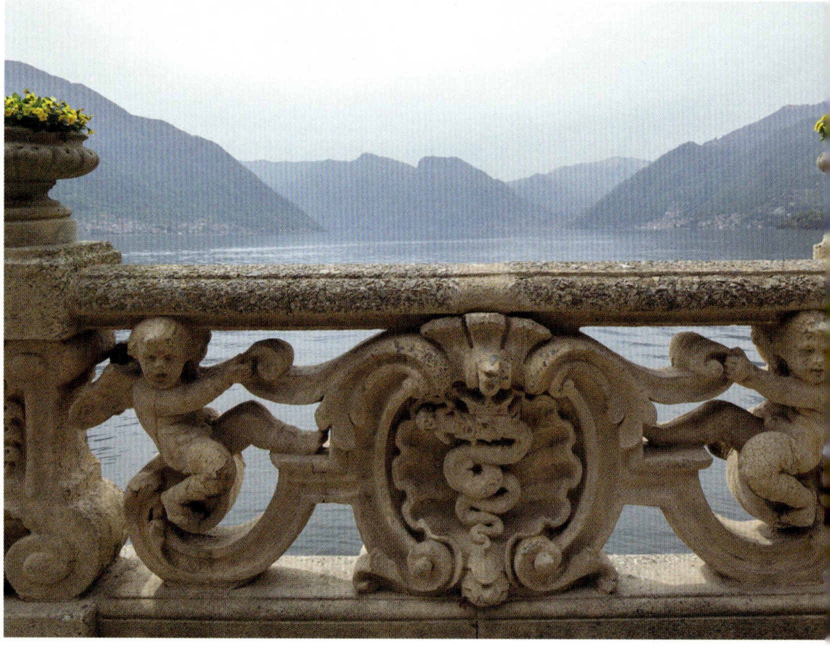

OBEN Die Loggia der Villa steht weit sichtbar an exponierter Stelle. Um die Säulen ihrer drei Rundbögen schlingen sich die dekorativen Zweige einer einzigen Kletterfeige (*Ficus pumila*).
RECHTS Das Wappen der Familie Arconati Visconti, in deren Besitz die Villa viele Jahre war, an der Balustrade vor der Kirche: eine Schlange, die einen Mann verschlingt (oder auswürgt?).

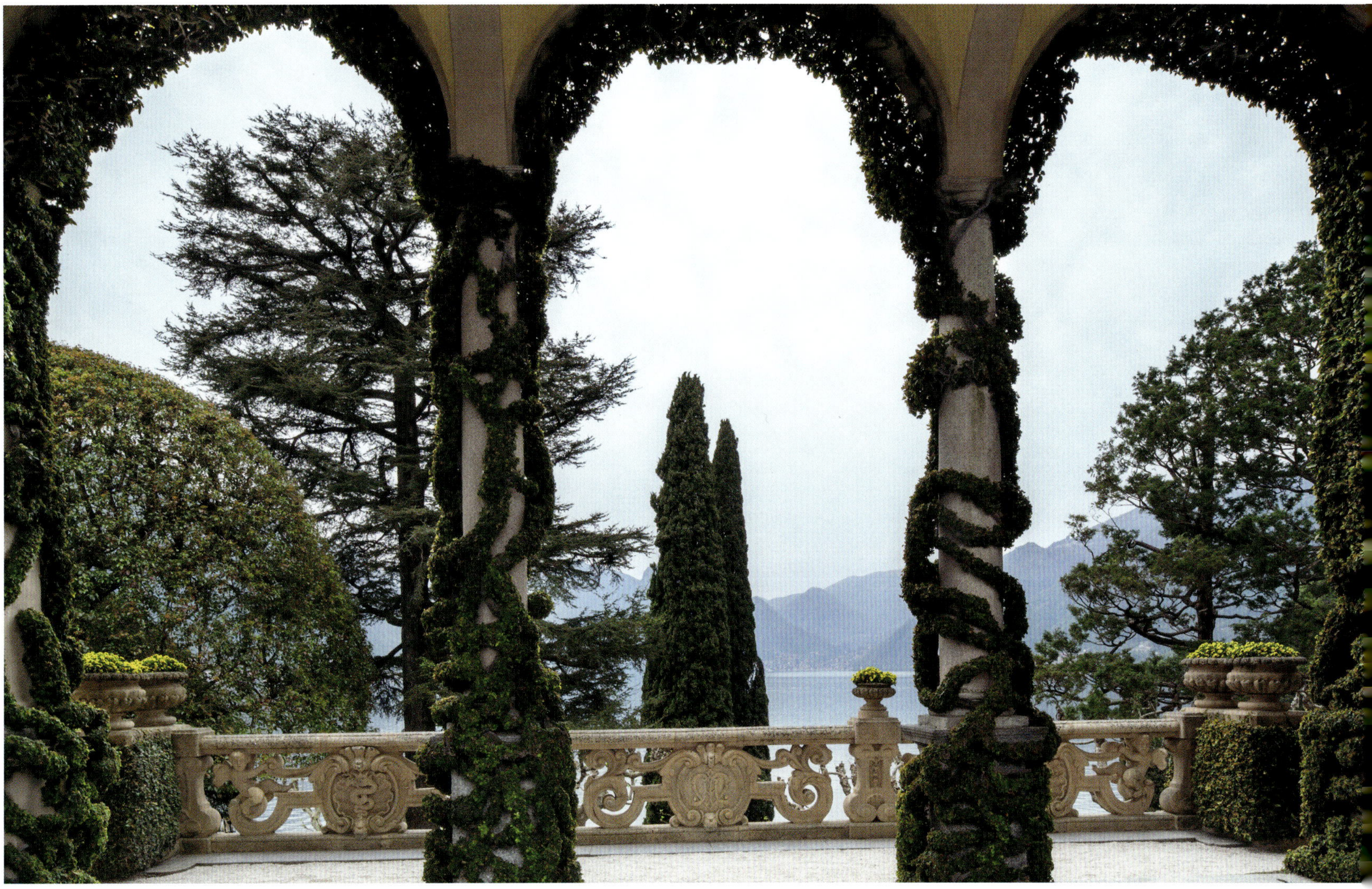

Kurz vor dem Ersten Weltkrieg sah der Amerikaner Butler Ames das Anwesen zum ersten Mal vom See aus und bestürmte danach den letzten Visconti-Besitzer mit immer großzügigeren Offerten. 1919 gab Visconti nach, und Balbianello wurde für Ames, seine Frau Fifi und einen nie abreißenden Strom von Gästen zu einem Ort fortwährender Freude. Ames ließ die ziemlich vernachlässigte Villa renovieren und brachte sie heil durch den Zweiten Weltkrieg. 1954 brach eine neue Zeit an, und Balbianello wurde zu dem, was es heute ist. In jenem Jahr starb Ames, und Guido Monzino kaufte die Villa. Die Familie Monzino hatte mit einer der ersten italienischen Kaufhausketten enormen Reichtum erworben, doch Guido Monzino interessierte sich nicht für Geschäfte. Dieser außergewöhnliche Mann hat den Ort so nachhaltig geprägt, dass man erst versteht, was man hier sieht, wenn man etwas mehr über ihn weiß.

Kaum ein Besucher ahnt, dass er 1973 der Leiter der ersten italienischen Expedition auf den Mount Everest war und als erster Italiener den Nordpol erreicht hat (Umberto Nobile überflog ihn). Er sammelte zudem Kunst und ausgesuchte Ziergegenstände, wie jeder, der die Villa einmal besichtigt hat, bestätigen kann. Monzino kaufte Babianello seiner einzigartigen Lage wegen und weil es seinen sehr persönlichen Bedürfnissen entgegenkam. Nach der Ermordung von Aldo Moro durch die Roten Brigaden 1978 glaubte er, nicht ohne Grund, der Nächste auf ihrer Liste zu sein. Verschiedene Punkte seines Anwesens, das dann später Kulisse eines James-Bond-Films wurde, ließ er jedenfalls durch ein System geheimer, teilweise in den Fels gehauener Gänge verbinden.

OBEN Die Kletterfeige (*Ficus Pumila*) rankt links, rechts, oben – einfach überall an Bögen und Säulen und lenkt den ungläubigen Blick von der eindrücklichen Seelandschaft ab.

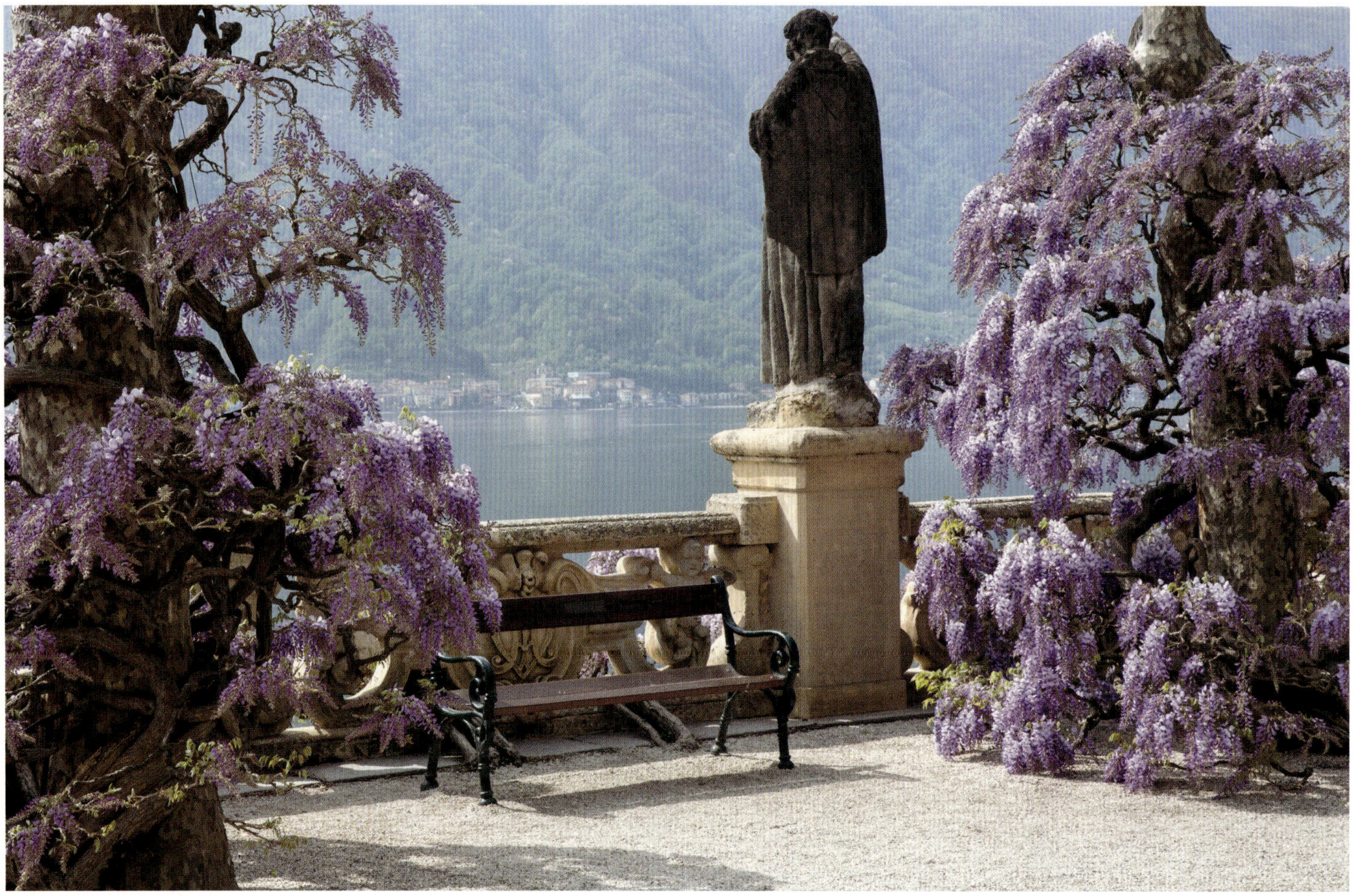

Er nahm an der Villa große Veränderungen vor, und der heutige Besucher fragt sich, wie sie wohl vorher ausgesehen haben mag. Das Äußere des Gebäudes ließ er im Wesentlichen, wie es war, und auch an der Aufteilung der nicht allzu großen Räume veränderte er nichts. Monzino war ganz vernarrt in das georgianische England, und so sieht man allenthalben Chippendale-Möbel, Seekisten von Kriegsschiffen wie der *Victory* (Lord Nelsons Flaggschiff in der Schlacht von Trafalgar) und Standuhren. An den Wänden reihen sich Landschaftszenen vom Comer See, und die von den Fenstern eingerahmte Natur fügt sich in die Sammlung ein. In Glasvitrinen und auf Kaminsimsen stehen Kunstobjekte und Erinnerungsstücke aus aller Welt und den Kulturen, die ihn faszinierten, aus dem alten China, dem Reich der Maya und aus dem Frankreich Ludwigs XV. Ihre Zusammenstellung verrät eine rare Mischung aus Geld, Geschmack, Kennerschaft und einem gründlichen, energiegeladenen Organisationstalent. Das Museum der Expeditionen im obersten Stockwerk ist ein Erlebnis für sich. Wenn ich nur daran denke, wird mir schwindlig. Als er den Garten seinen sehr speziellen Bedürfnissen anpasste, tat er das mit derselben Sorgfalt, die er auch im Haus walten ließ. Monzino lebte intensiv, unternahm weite und gefährliche Reisen, stellte multinationale Expeditionen auf die Beine – und rauchte wie ein Schlot, bis er am Ende an einem Lungenemphysem starb. In der Villa del Balbianello ist alles so, wie er es hinterlassen und in seinem Testament verfügt hat. Was man dort heute sieht, ist das Zeugnis eines reichen und ungewöhnlichen Lebens.

OBEN Ein Priester segnet alle, die mit dem Boot ankommen oder abfahren. Zwischen den an Platanen rankenden Blauregen (*Wisteria*) lädt eine Bank alle von so viel Kunst und Landschaft Überwältigten ein.

RECHTS OBEN Auf dem Gemälde aus den 1830er-Jahren werden Ausflügler nach Balbianello gerudert. Die *Lario,* das erste Passagierschiff auf dem See, dampft aus Como heran und ist gerade so zu erkennen.

RECHTS UNTEN Für den modernen Reisenden hat sich kaum etwas verändert; man kann zwar zu Fuß am Ufer der Halbinsel entlanggehen, doch der Seeweg ist der schönste.

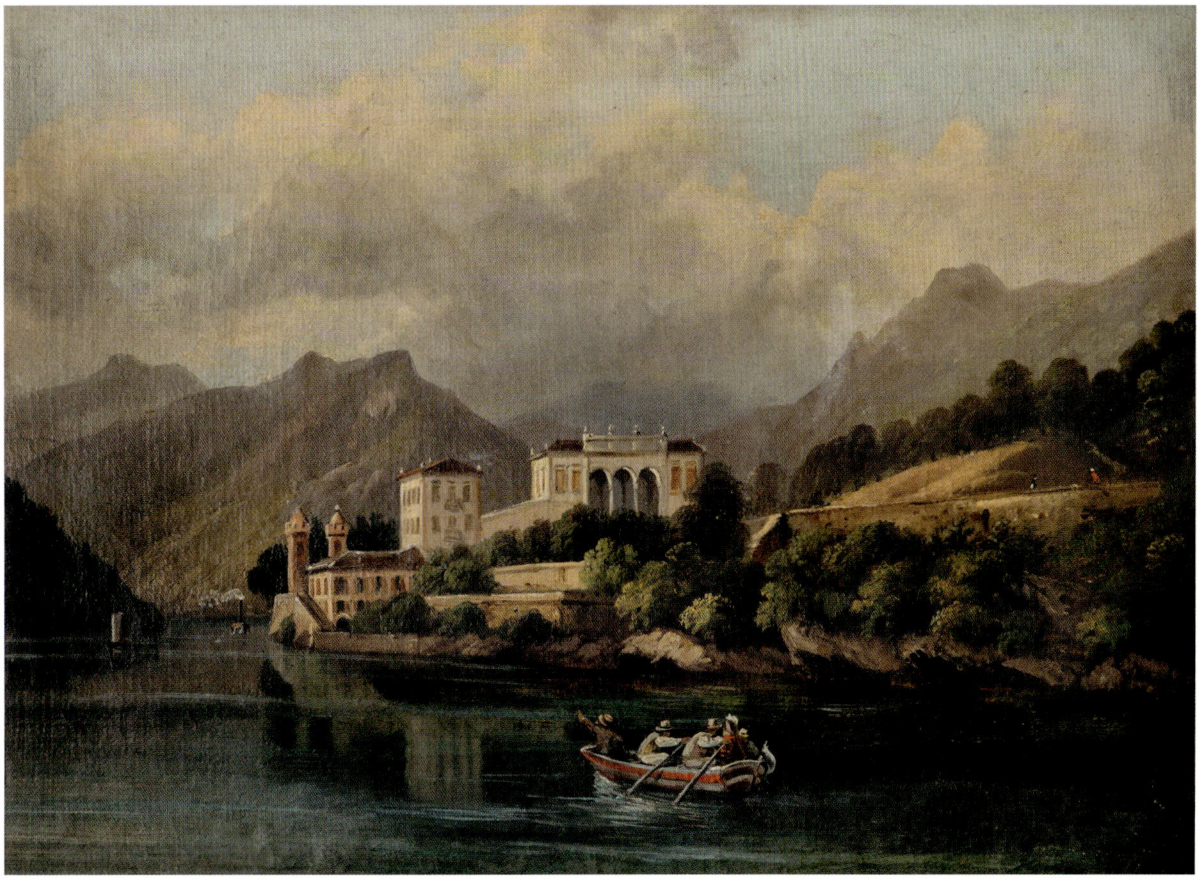

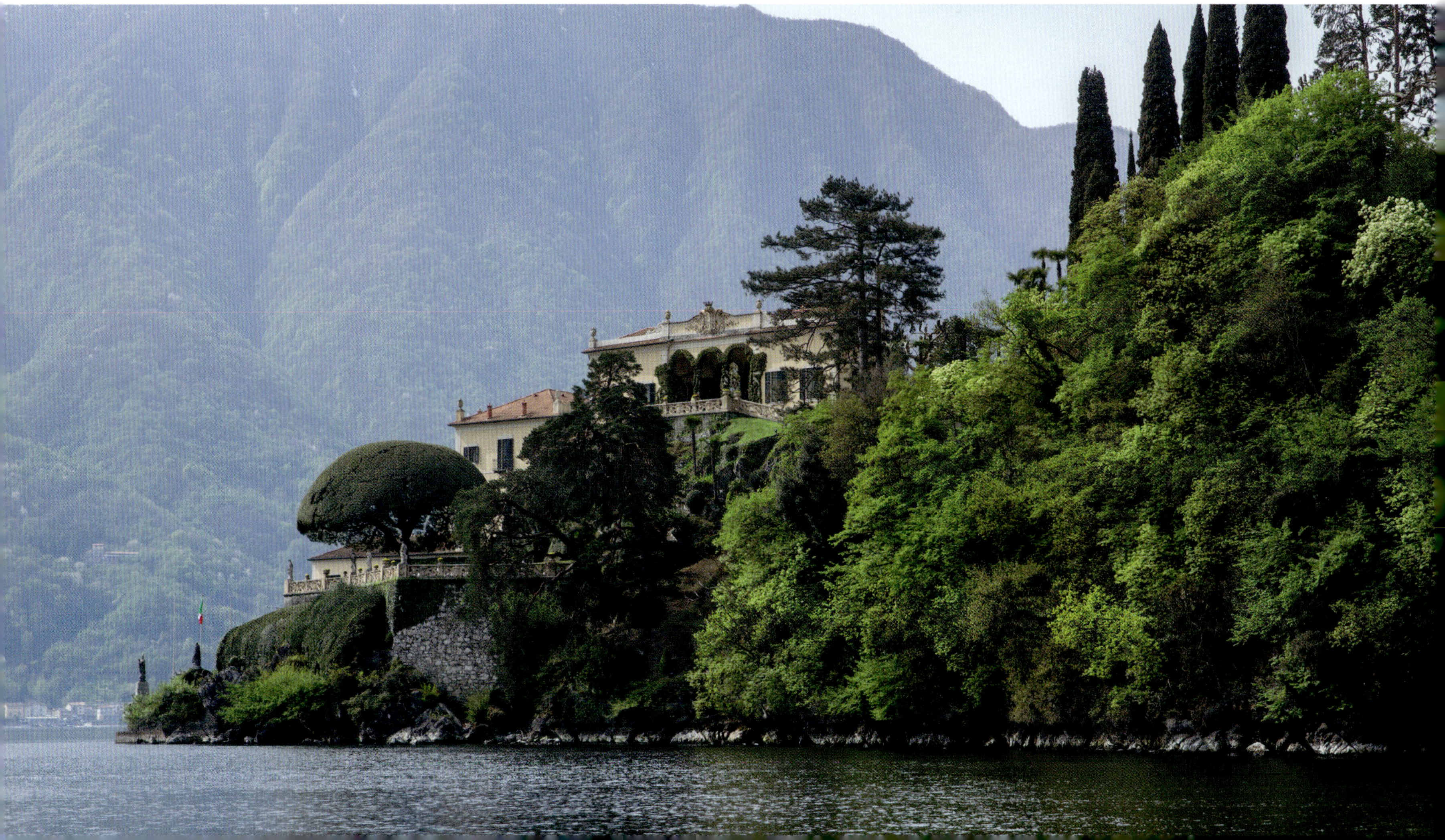

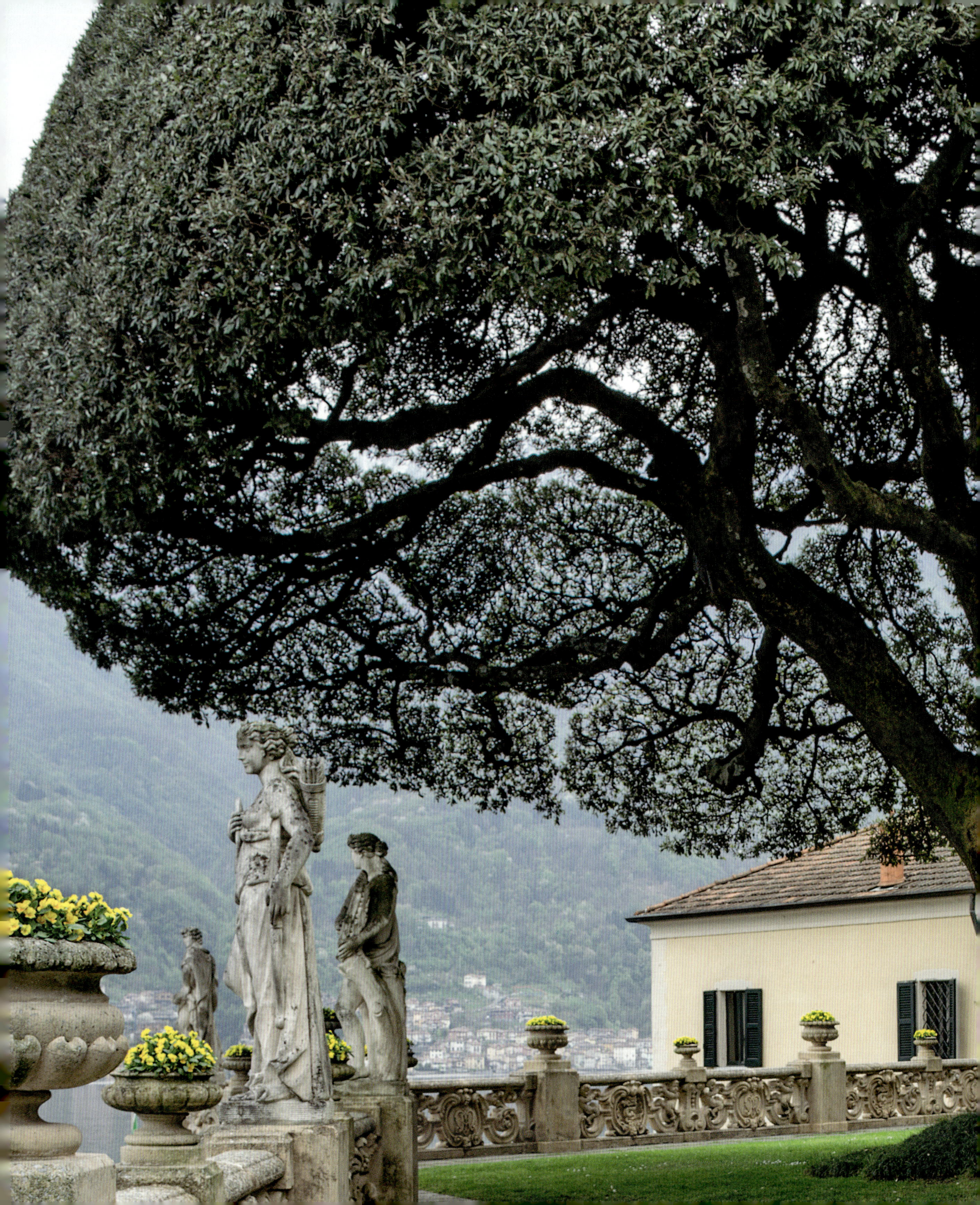

Auf dem Weg von der Villa hinauf zur Loggia kommt der Besucher an kurz geschorenen Rasenflächen vorbei und fragt sich, wie das bei der extremen Hanglage zu schaffen ist. Überall breiten sich niedrig gehaltene dichte Teppiche aus Lorbeer (*Laurus nobilis*) aus, bis sie am felsigen Ufer fast das Wasser berühren. Die elegant marmorierten Zweige der Platanen sind zu Kandelabern geschnitten. Man steht und staunt über die Kunst von Menschenhand.

LINKS Die Krone der Steineiche (*Quercus ilex*) vor dem ehemaligen Arbeitszimmer von Guido Monzino wird alljährlich akkurat in die Form einer Pilzkappe geschnitten, um die Sicht auf den See freizuhalten.
UNTEN LINKS Wer die Villa von ihrer besten Seite sehen will, kommt gemächlich auf dem Wasserweg an und wird von einem Ehrenspalier empfangen.
UNTEN RECHTS Schmale Wege ziehen sich kreuz und quer durch den Garten, an mancher von Blauregen (*Wisteria*) gesäumten Stelle mag der Besucher sich in diesem kleinen Paradies glücklich einsam wähnen.
FOLGENDE DOPPELSEITE Akkuratesse ist das Zauberwort: Es ist sehr schwierig, einen Rasen in Hanglage so kurz zu mähen; der Formschnitt des Efeus (*Hedera*) erfordert einige Verrenkungen, doch wenn das gelingt, ist eine einmalige Komposition der Lohn.

Diese Beispiele raffinierter Schnittfertigkeit schmälern die märchenhafte Atmosphäre nicht etwa – sie verstärken sie noch. An der Stützmauer neben dem Weg rankt ganz klassisch Efeu (*Hedera*), wie er auch die Stämme der Bäume bis auf halbe Höhe umwindet – genauso wie Plinius der Jüngere es im 1. Jahrhundert n. Chr. in einem Brief beschrieb.

Um die Säulen und an den Seitenwänden der Loggia ranken sich die Zweige einer einzigen Kletterfeige (*Ficus pumila*) zu einem kunstvollen netzartigen Muster. Man kann sich kaum vorstellen, wie viel Zeit, Geduld und Genauigkeit erforderlich ist, um alles so ebenmäßig zurechtzutrimmen.

Schaut man an der Nordseite der Loggia stehend nach rechts, erkennt man, dass die Krone einer großen Steineiche (*Quercus ilex*) zu einem perfekten Halbrund geformt ist, damit Monzino von seinem Chippendale-Schreibtisch aus darüber hinweg die berückende Aussicht auf das Vorgebirge von Bellagio genießen konnte. Noch immer wird alles so gepflegt, wie er es wollte, als habe er aus seinem Grab im Eishaus stets ein wachsames Auge auf Haus und Garten. Der Garten ist recht klein, und man hat ihn in kurzer Zeit

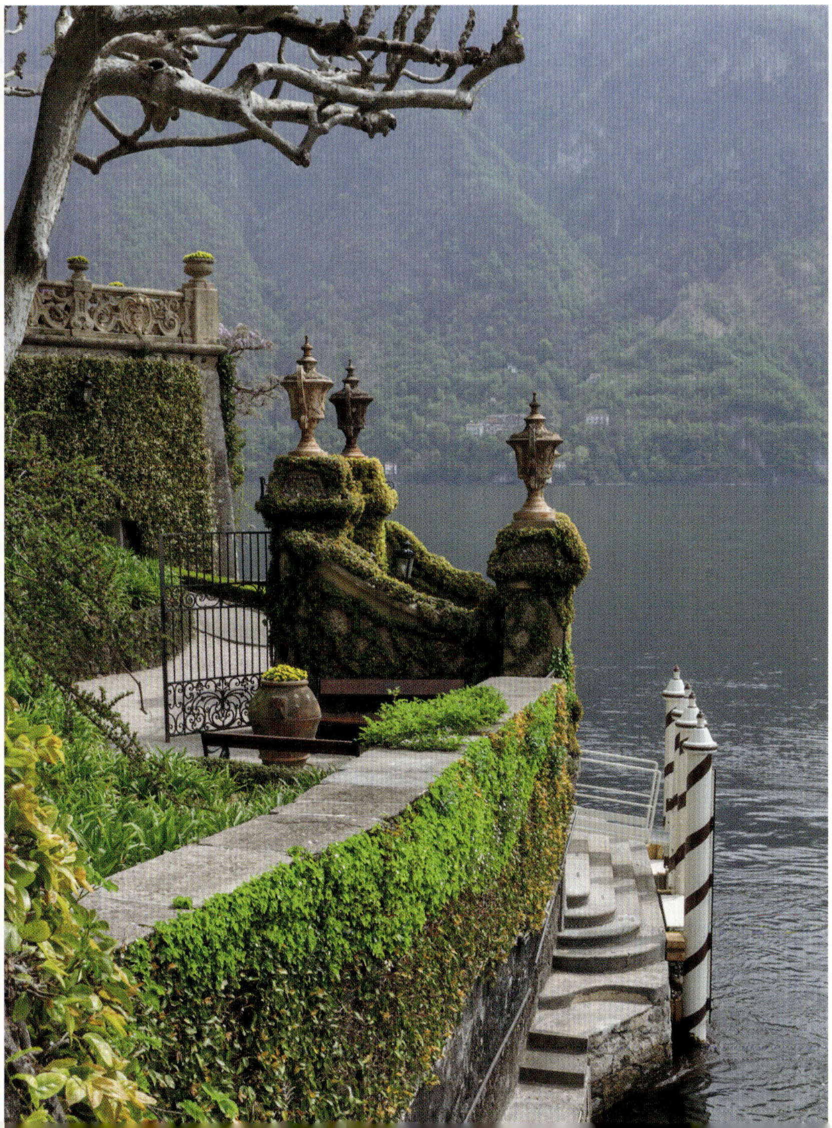

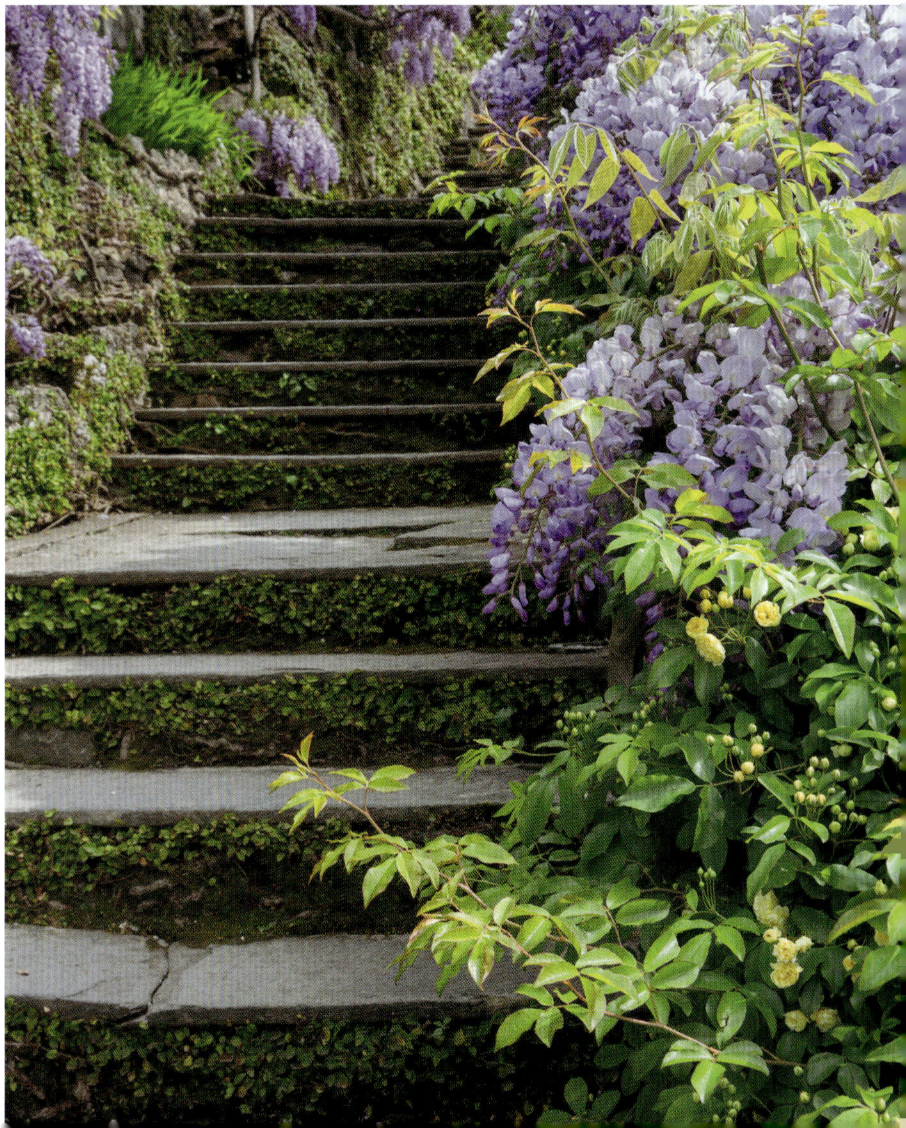

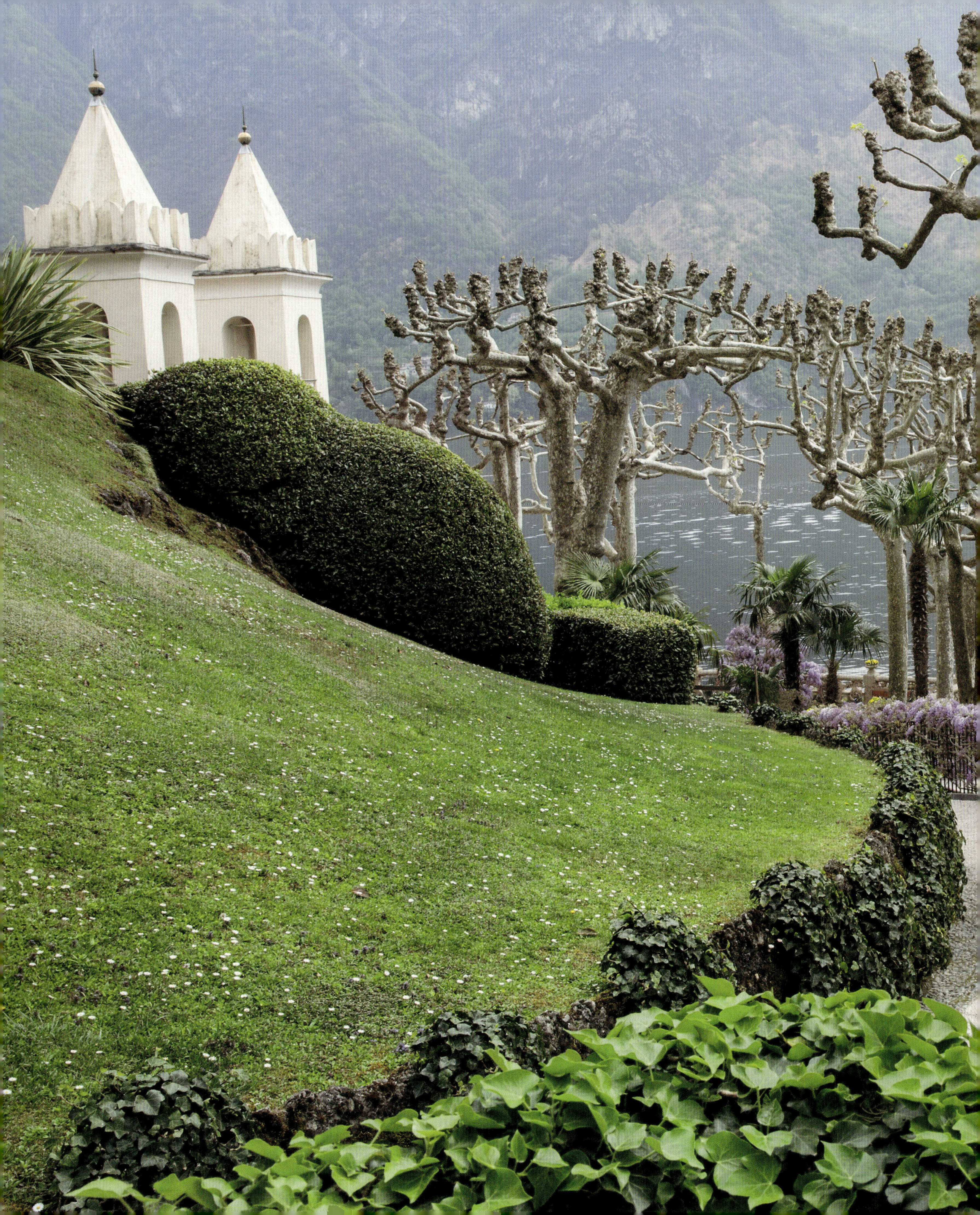

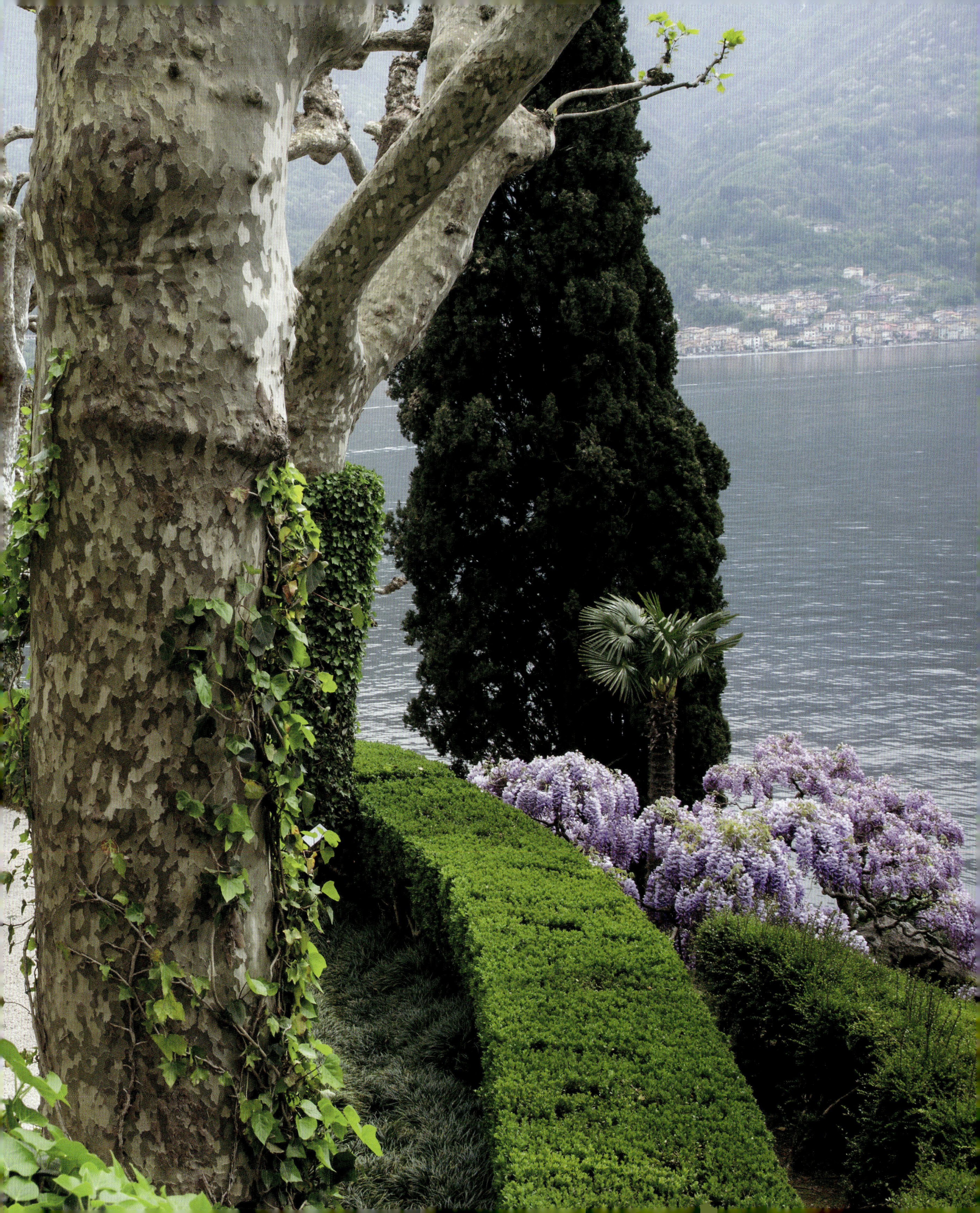

erforscht. Sein besonderer Reiz liegt in der köstlich präzisen Kombination von geschorenem Rasen, Buchs (*Buxus*) und Lorbeer (*Laurus nobilis*) und dem willkommenen Schatten kunstvoll geformter Bäume. Immer wieder lenken ausgezeichnete Steinmetzarbeiten das Auge auf sich, wie etwa auf Monzinos Wappen am Eingang der Villa, das eine Ziege auf einem Berggipfel zeigt und seinen Wappenspruch „Gradatim scenditur ad altem" – Schritt für Schritt erklimmen wir den Gipfel.

Seit seinem Tod, wacht der Fondo per l'Ambiente Italiano (FAI), die italienische Stiftung für Denkmal- und Naturschutz, über die Einhaltung der testamentarisch festgelegten Pflegeanleitungen. Guido Monzino hatte Visionen und wusste sie energisch und penibel umzusetzen – der Besucher weiß es ihm zu danken.

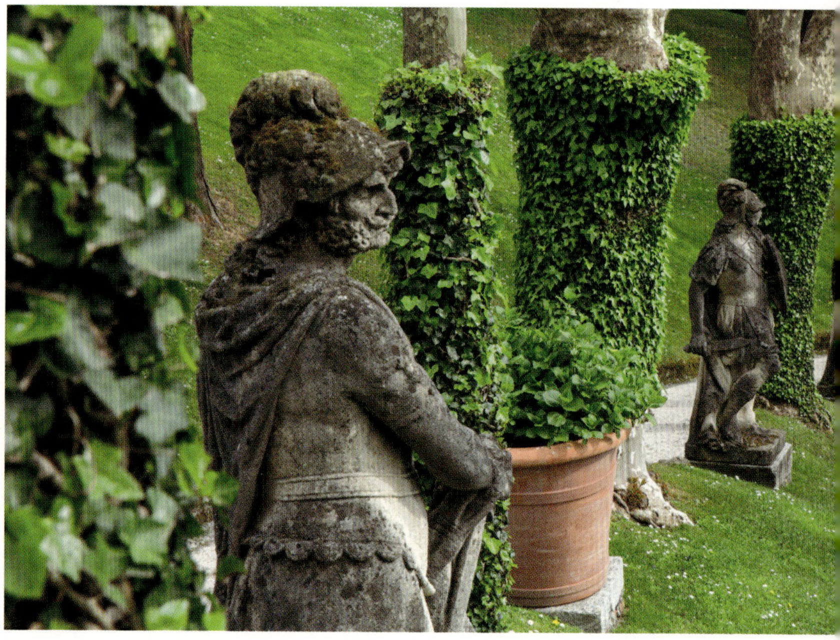

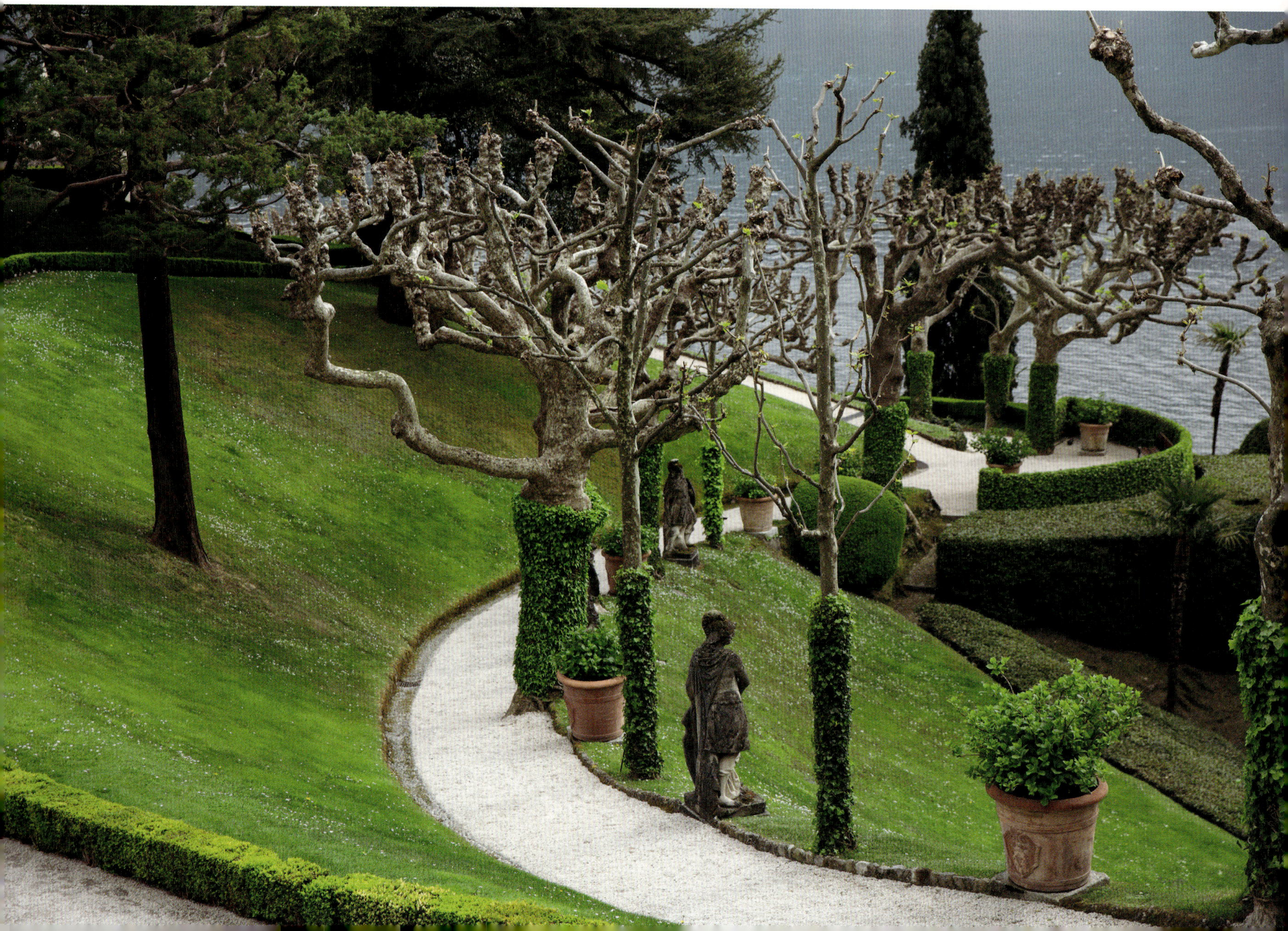

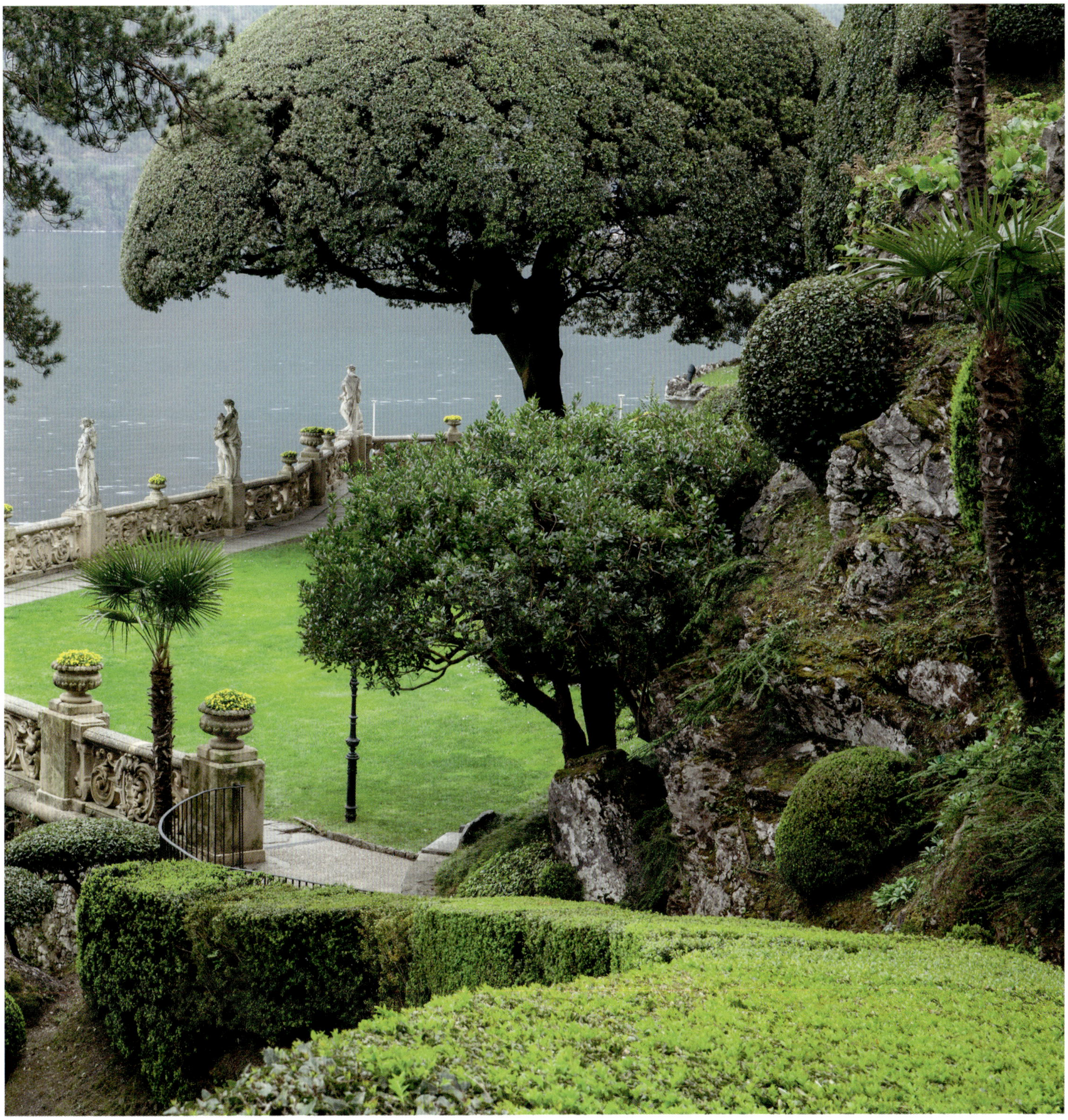

Linke Seite oben Klassische Skulpturen, Bäume im Efeu-Bast (*Hedera*) und große Töpfe mit Hortensien (*Hydrangea*) geben entlang der Wege von Balbianello den Rhythmus disziplinierter Schönheit vor.

Linke Seite unten Präzision und Romantik scheinen Gegensätze zu sein, doch Guido Monzino fand mit der Komposition aus den klaren Linien der Architektur, sorgsam gestutzten Bäumen, kurz geschorenen Rasenhängen und Buchshecken die perfekte Überleitung in die grandiose Natur.

Oben Im Garten der Villa del Balbianello stößt man überall auf wohldurchdachte Kontraste – hier sind es die strenge Ordnung der gemauerten Terrasse und das Durcheinander des Felshangs. Kontrolle und Ungezwungenheit halten sich sorgsam die Waage.

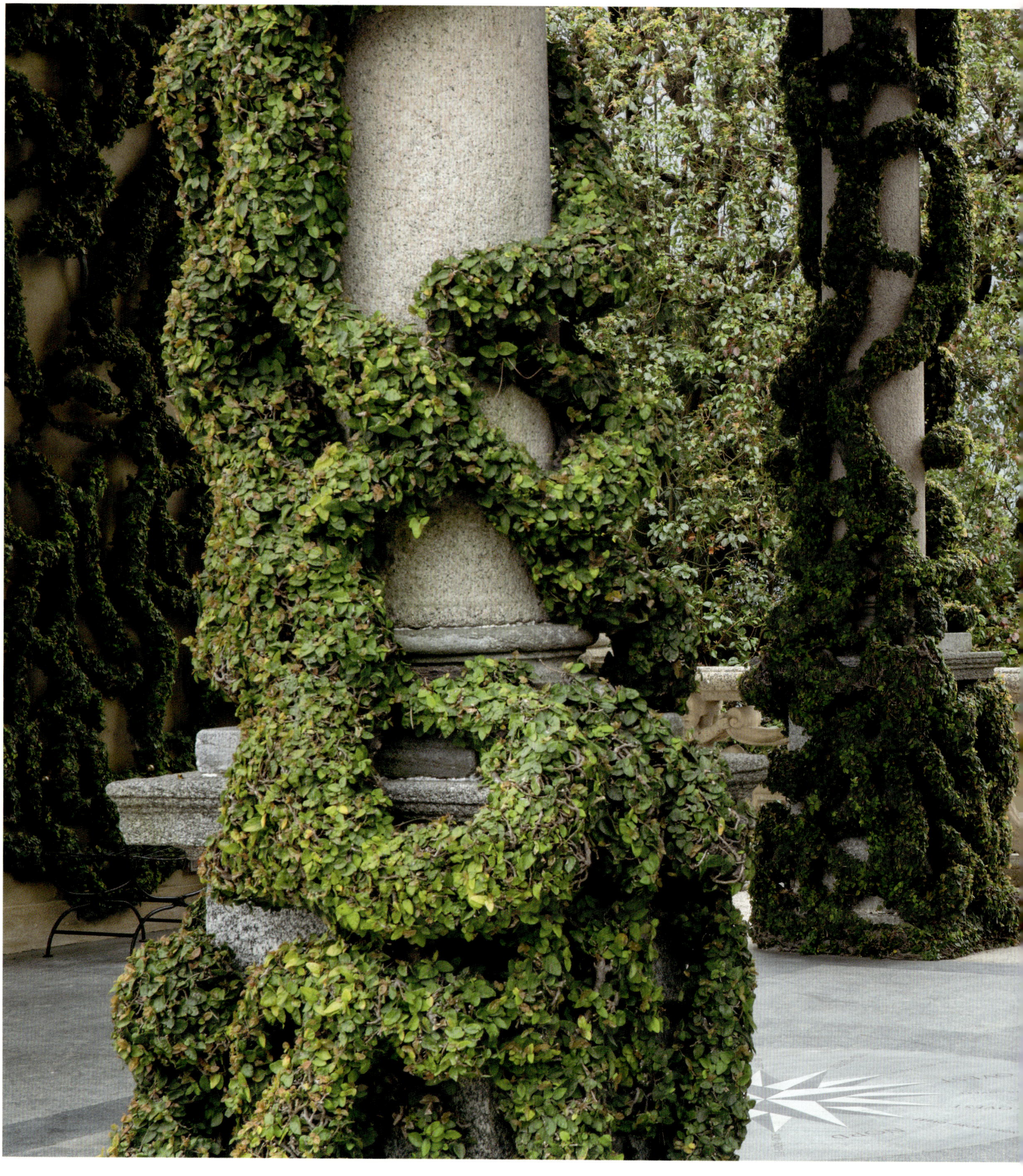

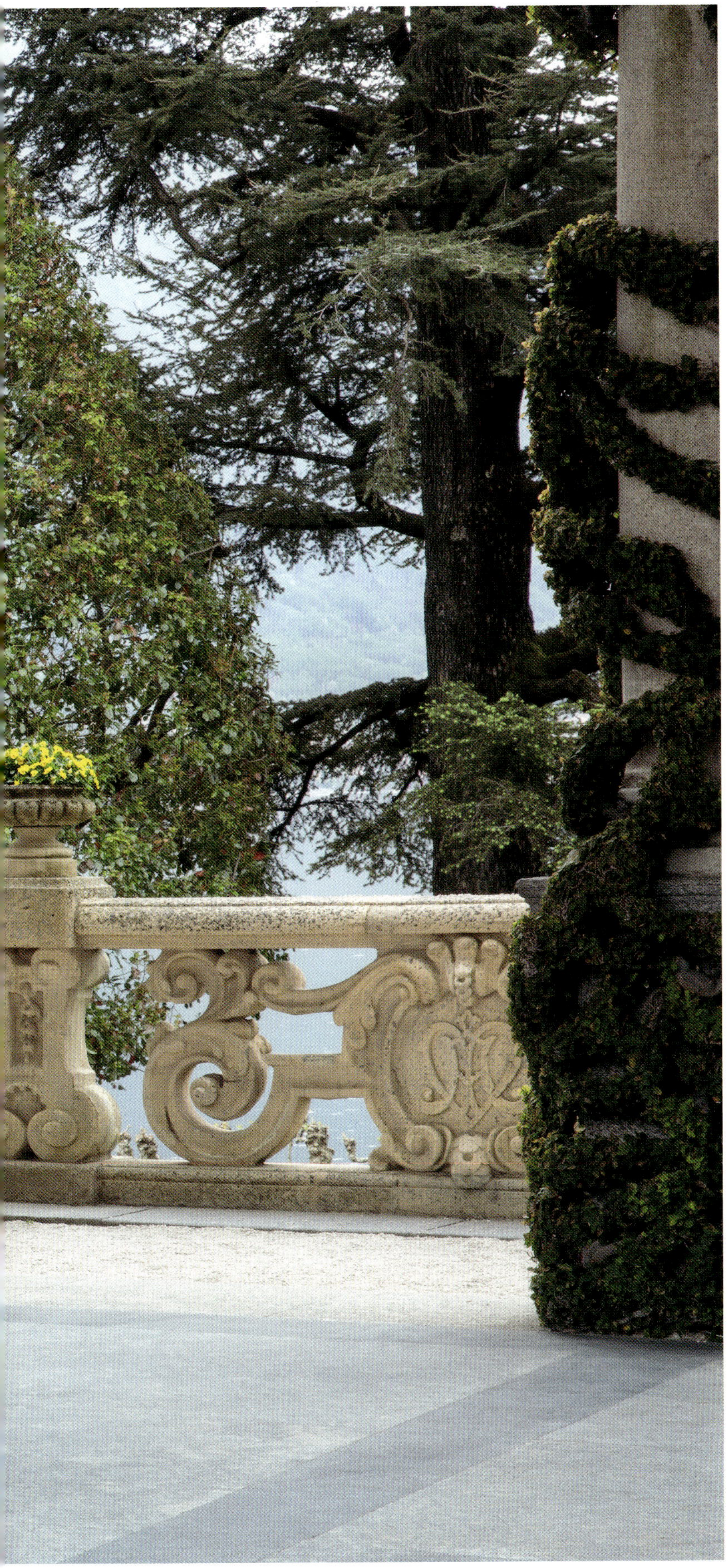

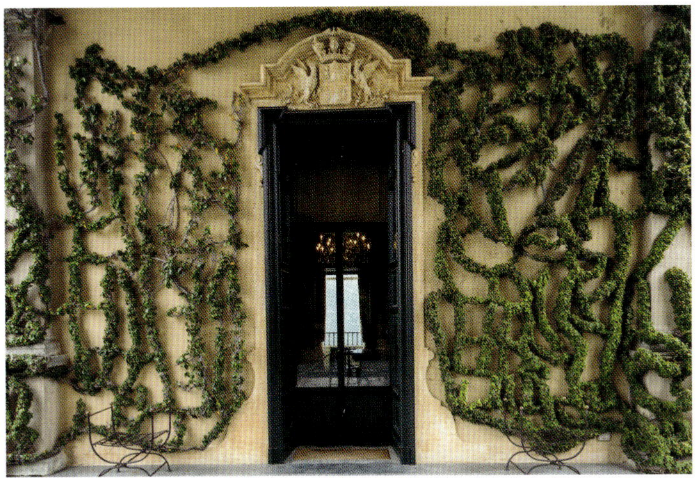

Den stärksten Eindruck von Balbianello hinterlässt die Loggia. Und von dort hat man den schönsten Blick gen Norden über den See auf Bellagio und die Hintergrundkulisse der hohen, schneebedeckten Gipfel. Manche Hänge des Vorgebirges sind in einen grünen Flor aus Esskastanien (*Castanea sativa*) gehüllt, manche sind blanker Fels, fast alle stürzen steil in den See hinab und lassen kaum Raum für ein Haus, geschweige denn ein Dorf. Im glitzernden Wasser gleiten Boote vorbei, und von Zeit zu Zeit dröhnt von Como her eines der Oldtimer-Wasserflugzeuge über den Himmel. Guido Monzino bewies Weitblick und ein tiefes Verständnis für die Schönheiten dieses besonderen Ortes, als er ihn samt der herrlichen Privatsammlung – über die sich manches große Museum freute – der fähigen Verwaltung des FAI überließ.

LINKS Wie eine sich windende Schlange zieht sich das dreidimensionale Band der Kletterfeige (*Ficus pumila*) um die Säulen der Loggia.
OBEN An der Wand zur Bibliothek in der Loggia scheinen die grünen Schnörkel der Kletterfeige die Stuckverzierungen natürlich fortzusetzen.

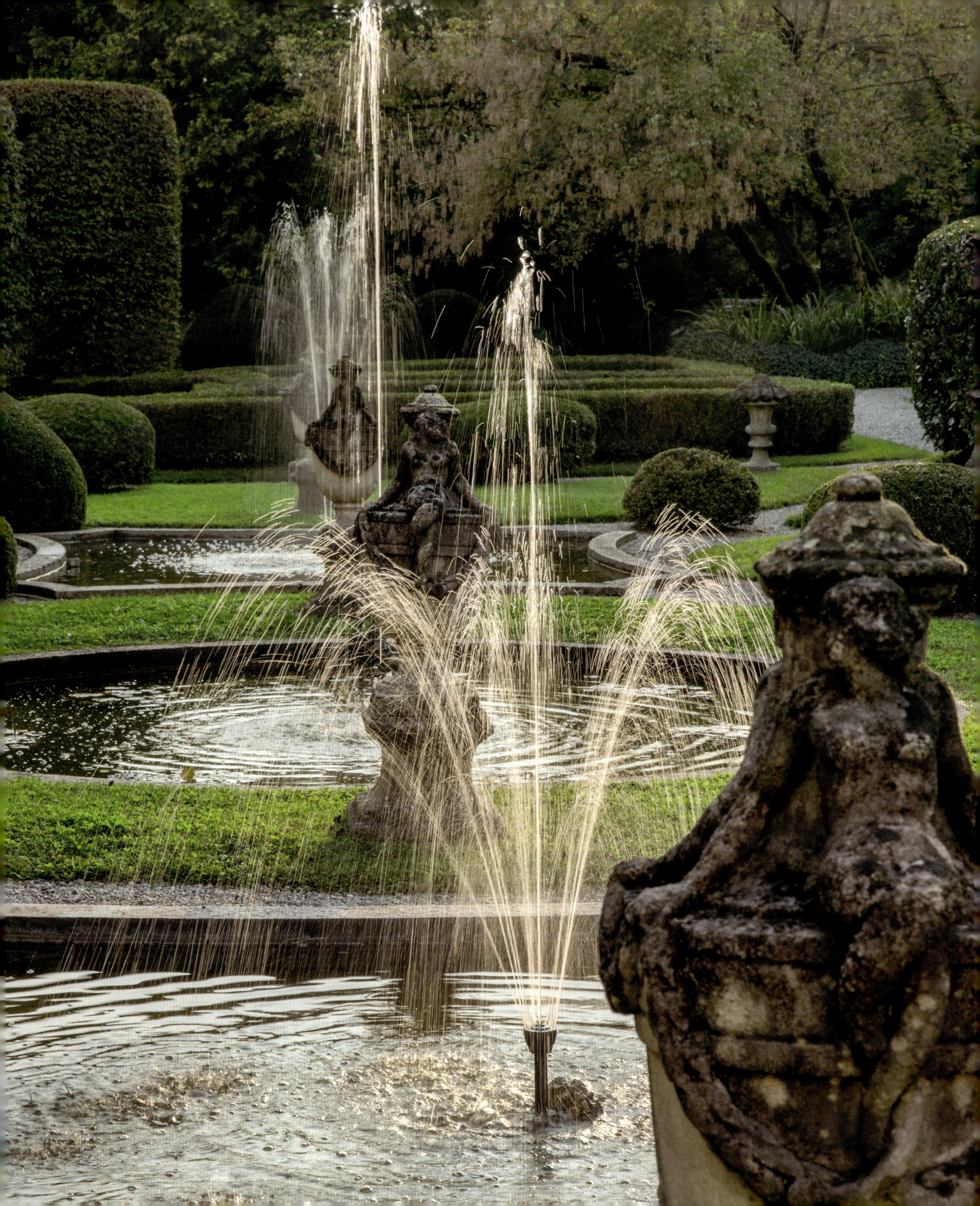

DIE VILLA SOMMI PICENARDI

Iste terrarum nobis praeter omnes angulis ridet
(Inschrift an der Südfassade der Villa. Eine Übersetzung finden Sie weiter unten.)

Die Landschaft im Süden des Comer Sees, die Brianza, ist von den Touristenströmen weitgehend unberührt. Sie ist von Hügeln und Wäldern geprägt, die im Frühling vom Gesang der Vögel erfüllt sind. Im Osten fließt ruhig und breit die Adda aus dem See. Stendhal liebte die Gegend wegen „der Kühle der Wälder, des Grüns der Wiesen und des murmelnden Wassers". In den unscheinbaren Städten und Dörfern der Brianza beherrscht der normale Alltag das Leben. Eines dieser Dörfer ist Olgiate Molgora. Es liegt ein paar Kilometer südlich der Industriestadt Lecco am südöstlichen Seearm, nicht allzu weit westlich des berühmten Bergamo, das malerisch auf seinem Hügel thront.

Ich kam an einem Morgen im Frühjahr am erstaunlich großartig wirkenden Bahnhof des Dorfes an (die Züge verkehren in Italien regelmäßig und zu erschwinglichen Preisen) und machte mich zu Fuß auf den Weg den sanften Hügel hinauf zur Villa Sommi Picenardi am Ortsrand. Es ist eine ausgesprochen angemessene Annäherung an den Garten und seine ländliche Umgebung: An jenem Morgen hörte ich drei Kuckucke aus verschiedenen Richtungen und unterschiedlichen Entfernungen rufen.

Bald gelangte ich an die Stelle, an der sich das kurvige Sträßchen zu einer breiten Allee streckt, deren Torpfeiler sie als Viale Sommi Picenardi ankündigen. Schon vorher war ich an zwei öffentlichen Gebäuden vorbeigekommen, der Bibliothek und dem Kindergarten, die die Namen von illustren Mitgliedern der Familie Sommi Picenardi tragen. So eingestimmt, spazierte ich durch die Allee an einer Hainbuchen-Hecke (*Carpinus betulus*) entlang, über die in rhythmischen Abständen Säuleneichen (*Quercus robur* Fastigiata Group) ragen. Geradeaus sah ich den Park, dessentwegen ich gekommen war, und hinter schmiedeeisernen Schnörkeln am Ende eines Rasens ein großes dunkelgelbes Haus.

Was man von der Allee aus sieht, ist eine um 1880 geschaffene Anlage. Die damaligen Besitzer ließen die hügeligen Felder südlich der Villa in einen englischen Garten verwandeln. Auf den großen Rasenflächen verteilte man Zierbäume einzeln und in Gruppen und ließ einen neuen Kutschweg in weiten Kurven den Hügel hinaufführen, damit Besucher einen ausführlichen Blick in den Park werfen konnten. Die Auffahrt war, wie es im 19. Jahrhundert üblich war, gewölbt, damit das Wasser abfließen konnte, ihre Reste sind noch immer zu erkennen. Die Bäume sind inzwischen hoch gewachsen und verleihen allem die Atmosphäre friedlicher Pracht. So weit, so vorhersehbar. Das Unerwartete versteckt sich hinter dem Haus. Es ist eine große Überraschung – und sie kann noch etwas warten.

Die Sommi Picenardi kamen um 1920 hierher, als sie das Anwesen von der Familie Sala erbten, die in den vorangegangenen 200 Jahren jeden Sommer aus ihrem Mailänder Stadthaus in die Villa gezogen war. Azzurra Sommi Picenardi und ihre Schwester sind die vierte Generation, die hier lebt und sich die Arbeit teilt: die Leitung von Gartentouren und – unvermeidlich – die Organisation von Hochzeiten. Sie tun das mit großem Geschick. Alles, was der Gartenliebhaber sich wünscht, bekommt er hier zu sehen, doch ganz ohne

Links Statuen, Brunnen, Rasenstreifen und getrimmte Hecken geben im Terrassengarten der Villa Sommi Picenardi den Ton an. Alles ist wohlgeordnet und angenehm bescheiden.

kommerziellen Schnickschnack. Erfrischungen gibt es auf Nachfrage natürlich, aber dies ist ein Privathaus, erwarten Sie also keine billigen Souvenirs. Hier sind Sie Gast, nicht Kunde. Möge es noch lange so bleiben.

Wie so viele große Anwesen in ganz Europa, war die Villa ursprünglich ein Verteidigungsturm – errichtet im 14. Jahrhundert. Im nächsten Jahrhundert kam ein Bauernhaus dazu, nichts Luxuriöses, es wurde für die Pächter der Familie Vimercati gebaut. Man kann sich heute noch vorstellen, wie die Felder sich nach Süden den Hügel hinab bis zu der Stelle ausbreiteten, an der heute die Zuggleise verlaufen.

Im 17. Jahrhundert verkauften die Vimercati Hof und Land an die Mailänder Familie Sala. Dann geschah erst einmal nichts, denn die neuen Besitzer blieben in der Stadt. Doch nach einiger Zeit erschien ihnen das Anwesen als ein angemessenes Ziel der *villeggiatura*. *Villeggiatura*, in Sozialgeschichten Italiens als Phänomen beschrieben, steht für die Sehnsucht nach dem süßen Landleben, den Rückzug aus der Welt nach Arkadien, oder schlicht, die „Sommerfrische“. *Villeggiatura* heißt, der Hektik entfliehen, lesen, im Garten arbeiten, Zeit mit gleichgesinnten Freunden verbringen oder sie verbummeln – mit einem Wort: Erholung.

Das Bauernhaus wurde also zur Villa umgebaut, sein funktionaler Charakter zugunsten vornehmer Dekoration zurückgedrängt. Als die Arbeiten gegen Ende des 17. Jahrhunderts in Angriff genommen wurden, verlangte der Zeitgeschmack nach einem Hof vor der Villa. Man errichtete gegenüber dem lang gestreckten Mittelbau der U-förmig angelegten Gebäude also noch eine hohe Mauer, um diesen Ehrenhof zu umfassen. Das Haus wurde vergrößert und zu der Villa ausgebaut, die man noch heute sieht. Die Mauer wurde jedoch irgendwann wieder eingerissen. An der Südfassade verkündet hoch oben eine lateinische Inschrift dem gebildeten Besucher, dass „dieser Winkel der Welt uns inniger anlächelt als jeder andere“. Es ist die leichte Abwandlung eines Zitats von Horaz, der immer

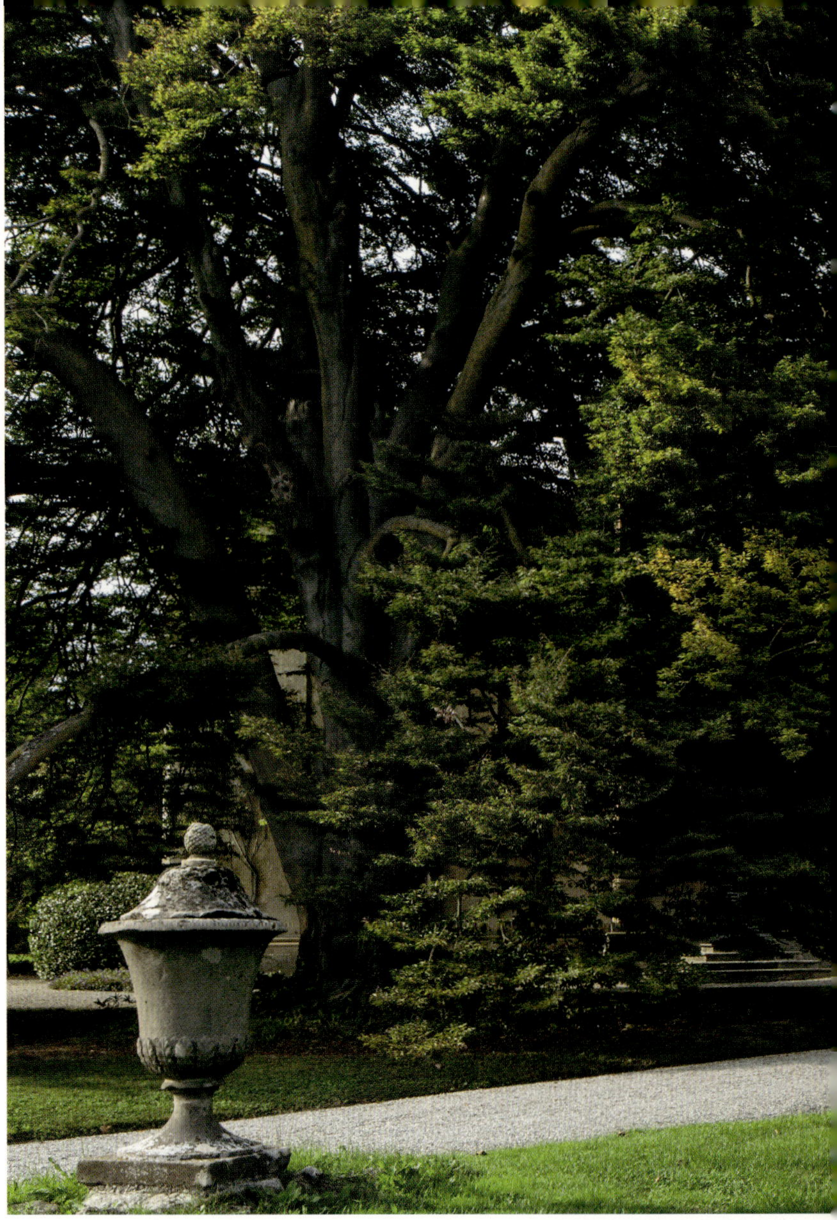

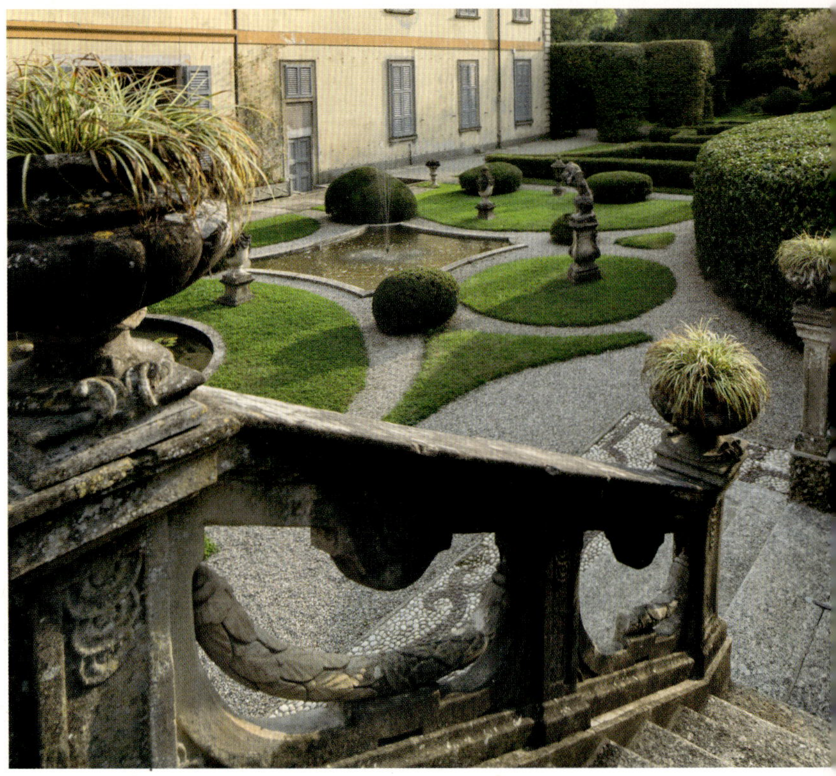

RECHTS Steinerne Bögen und Vasen auf der Treppe in den italienischen Garten lenken den Blick aufs Parterre.
OBEN Die breite Rasenfläche des englischen Gartens zieht sich bis zur Hauptfassade der Villa, rechter Hand stehen Stühle und Tische im erfrischenden Schatten der großen Platane.
RECHTE SEITE UNTEN Das elegante „moderne“ Parterre, von Laubengängen aus Hainbuchen (*Carpinus betulus*) umrahmt, ist ein herrlicher junger Gartenbereich der Villa Sommi Picardi. Die Buchshecken haben sehr unter Motten gelitten, erholen sich aber wieder.

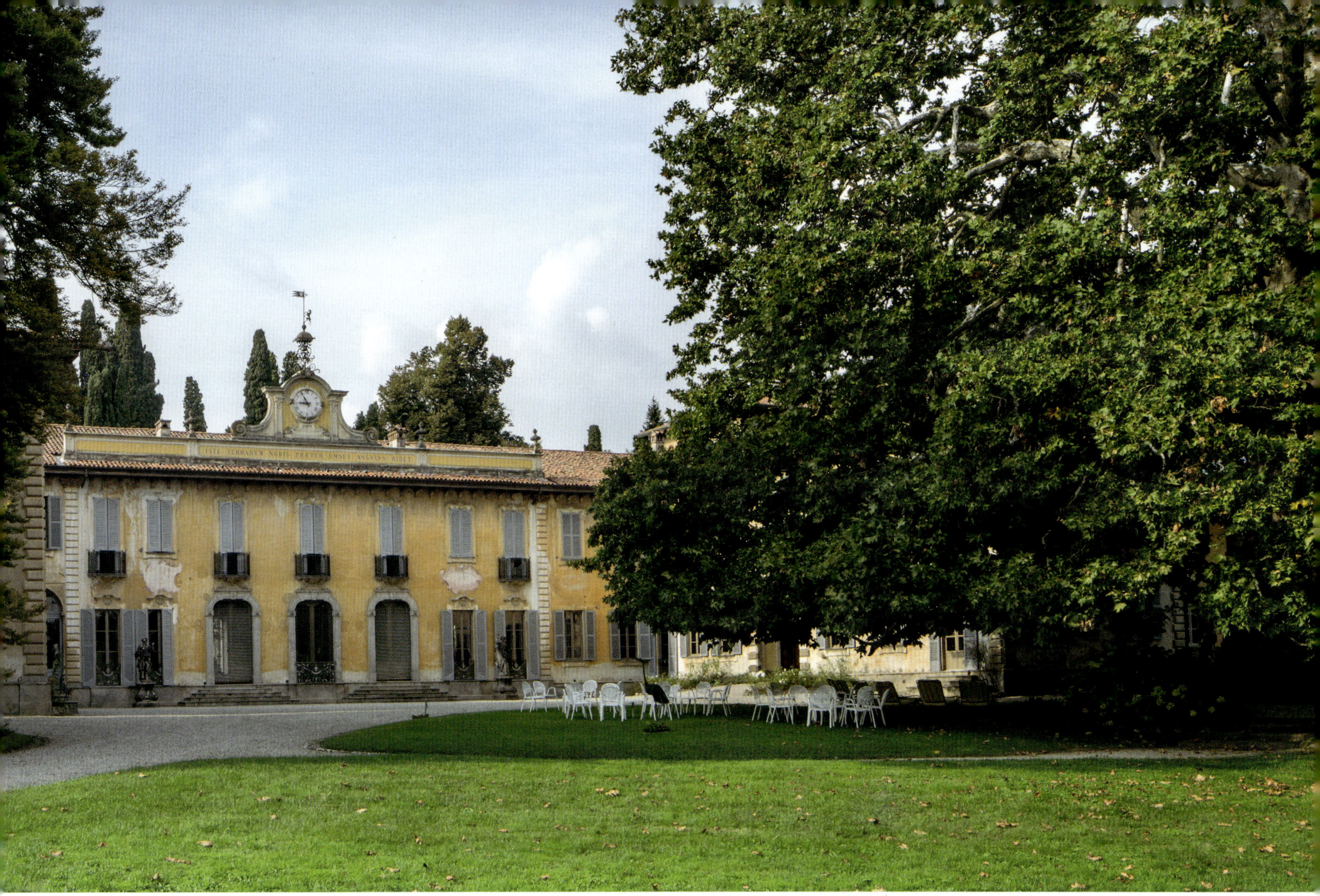

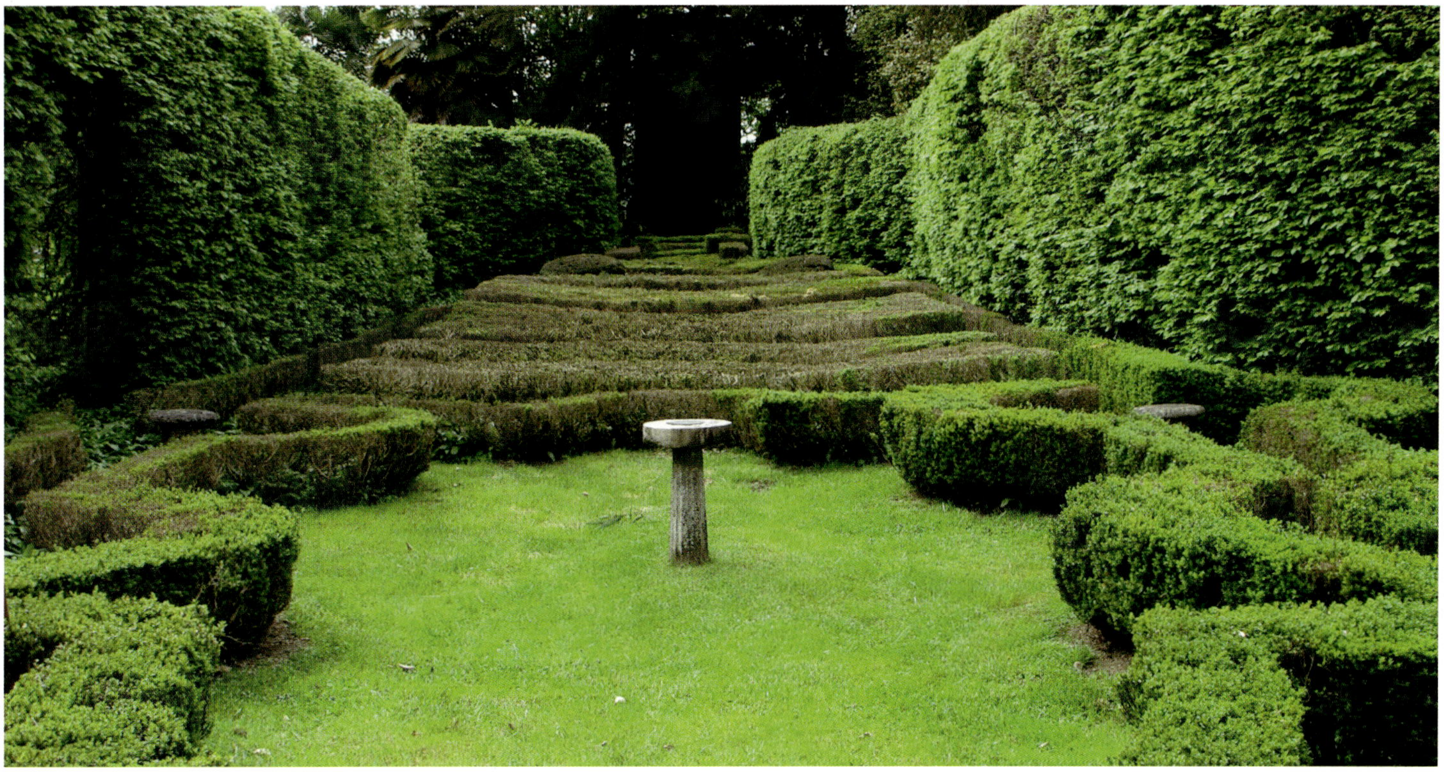

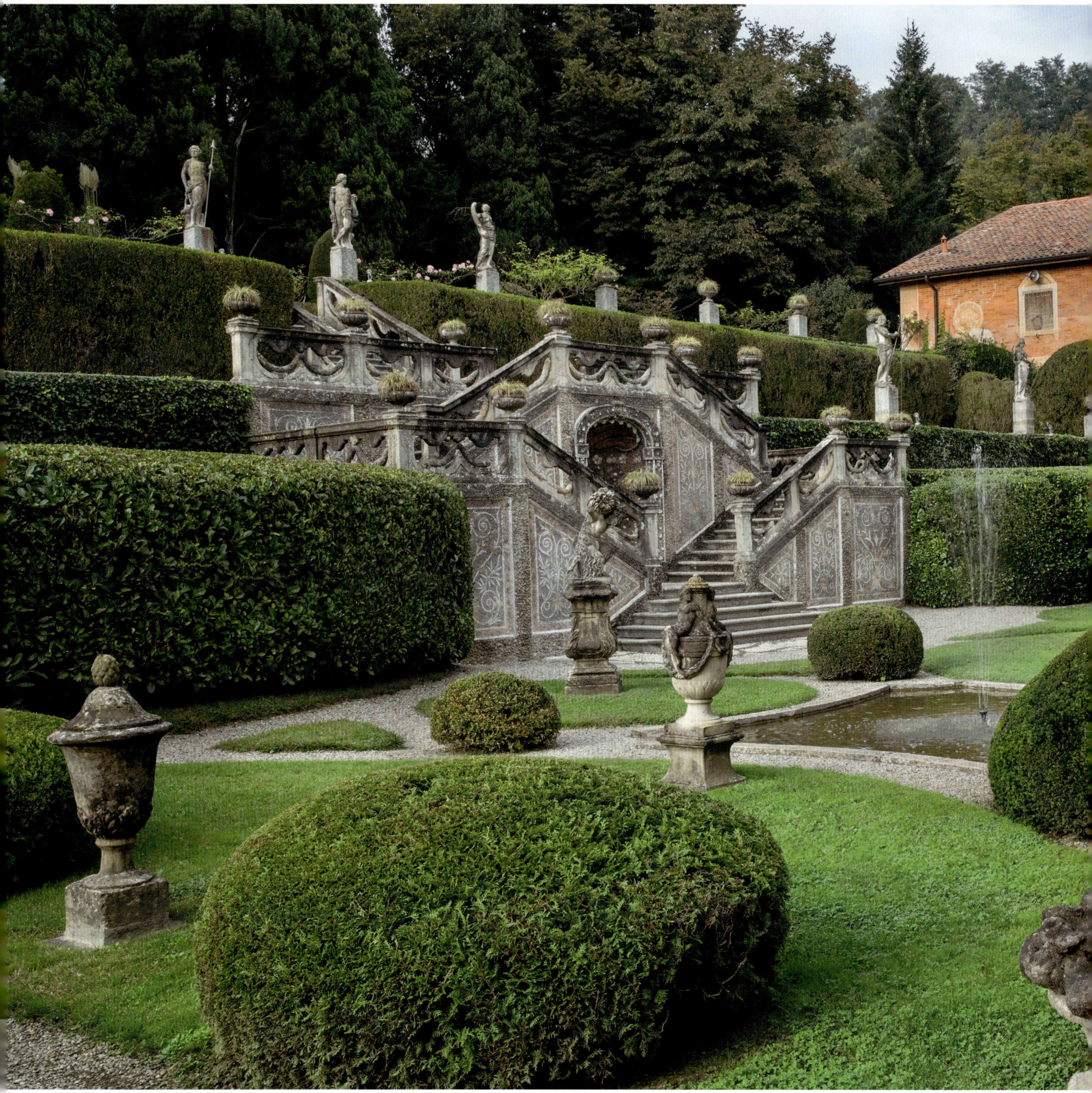

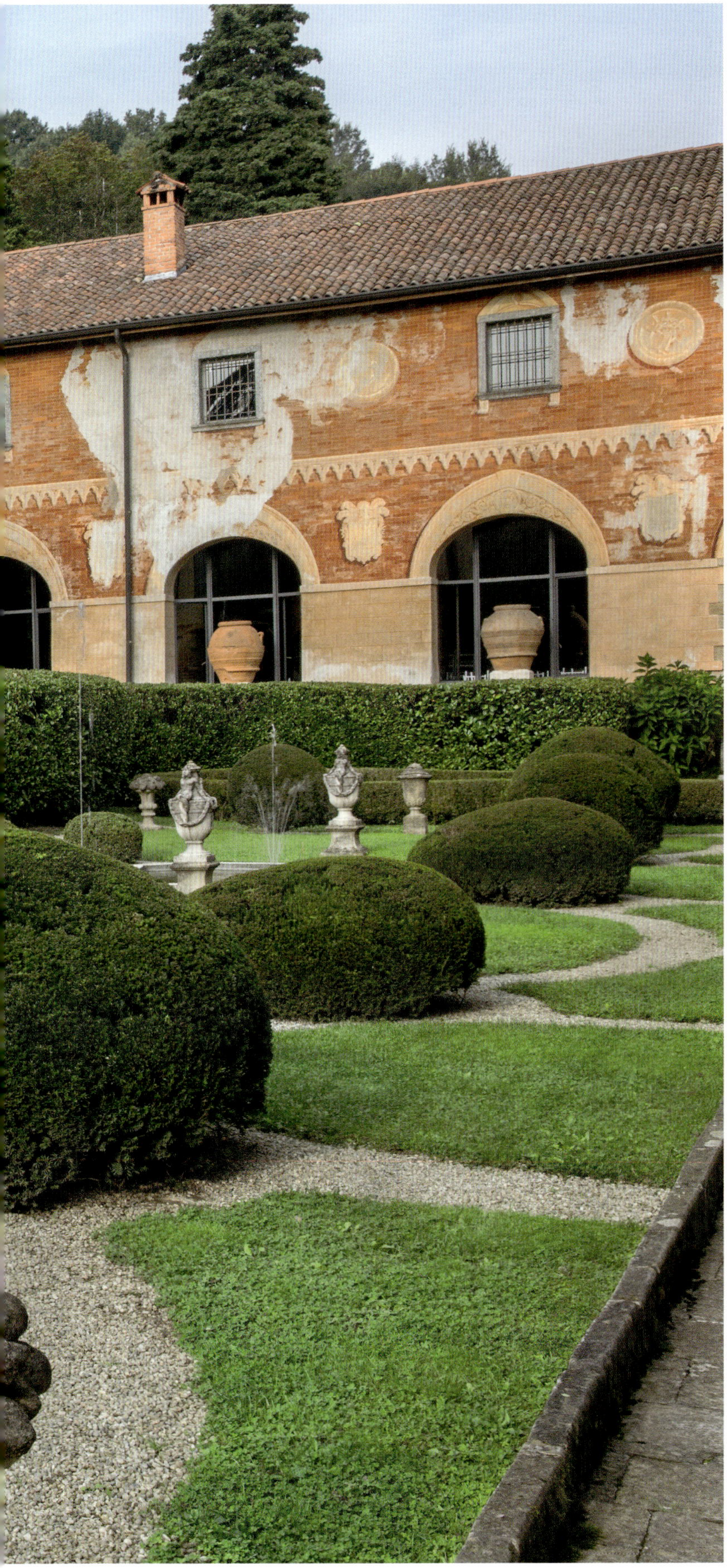

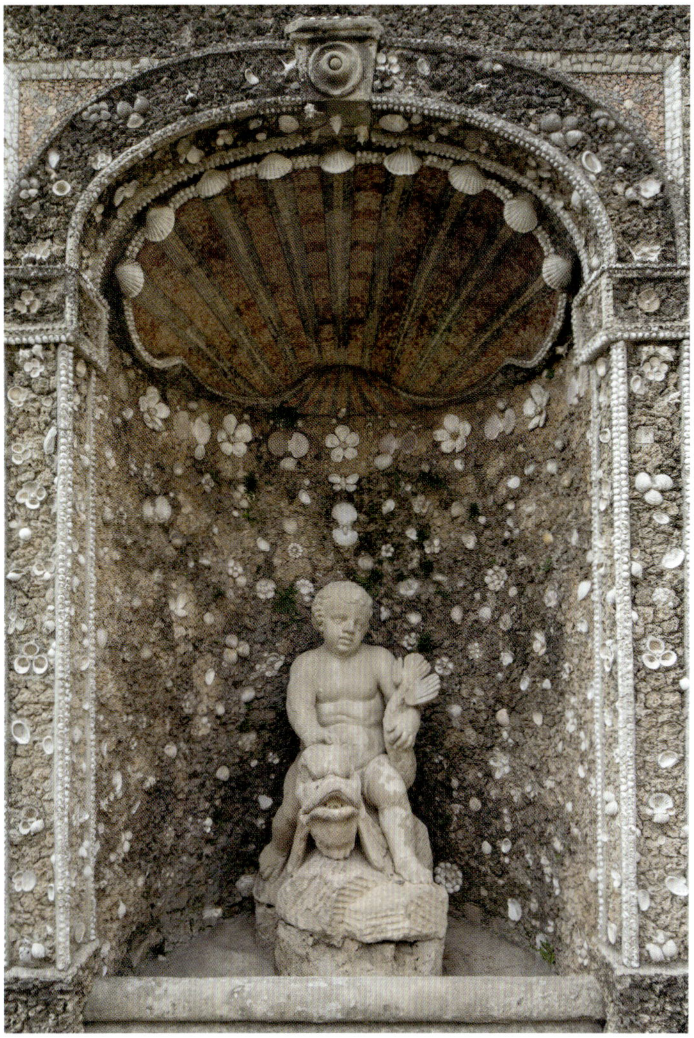

eine dankbare Quelle für passende Sprüche zum stil- und lustvollen Landleben ist.

Der Umbau der Villa scheint 1702 abgeschlossen gewesen zu sein, denn dieses Datum steht in der Weihinschrift der Kapelle im Westflügel. Diese Kapelle lohnt eine Besichtigung, steckt sie doch voller kleiner Überraschungen, wie dem gerahmten päpstlichen Ablassbrief aus dem Jahr 1770 – wer mit dieser Zeit die Aufklärung verbindet, wird sich hier wohl wundern. Wie der Garten 1702 aussah, weiß man nicht, doch etwas später wurde ein wahres Schmuckstück angelegt.

LINKS Ein Flügel der Villa blickt auf die Treppe, die im Zickzack zur Terrasse mit den nüchternen Statuen hinaufführt.
OBEN In der zierlich mit Muscheln, steinernen wie echten, verkleideten grottenähnlichen Nische reitet ein Knabe auf einem Delfin.

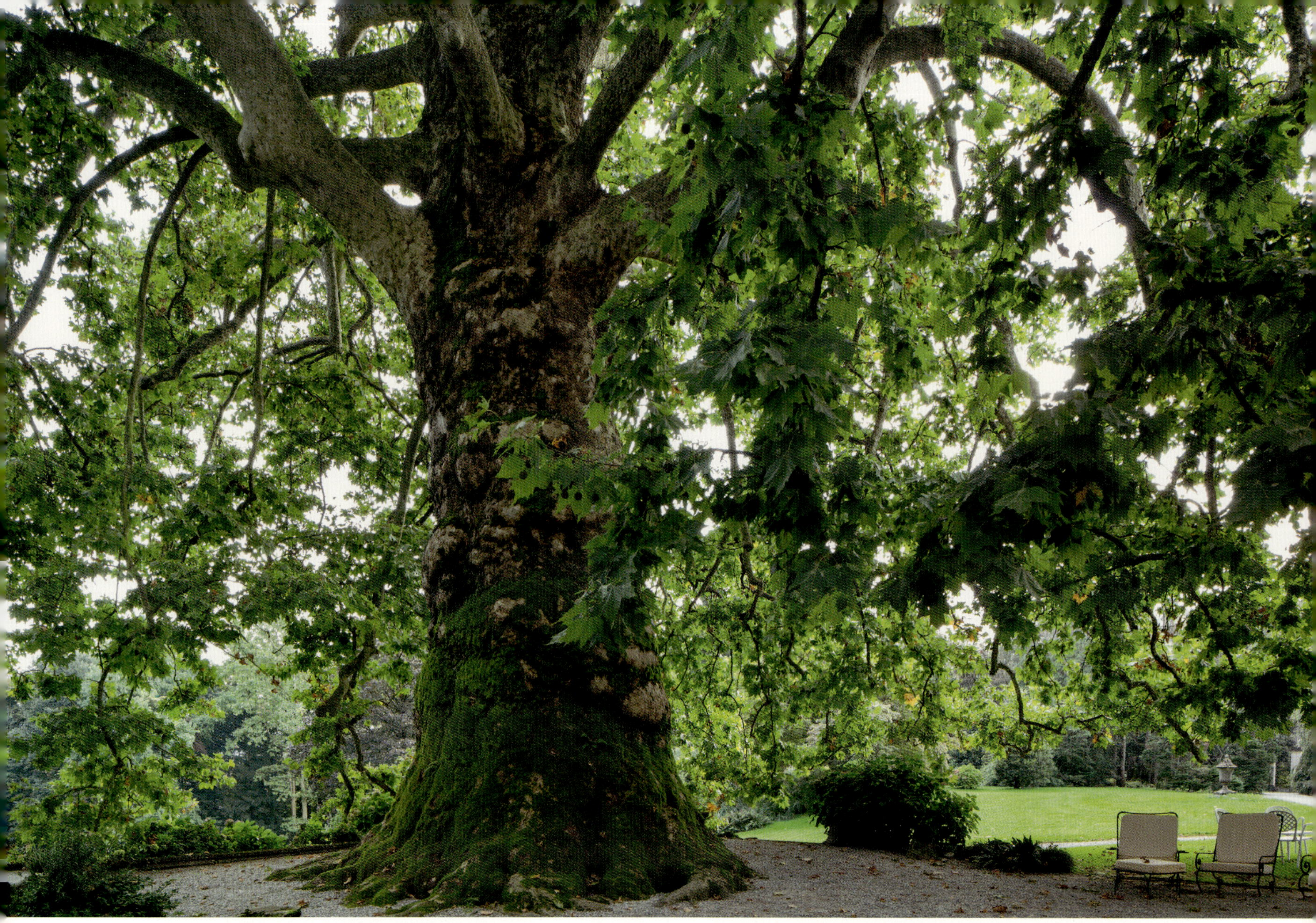

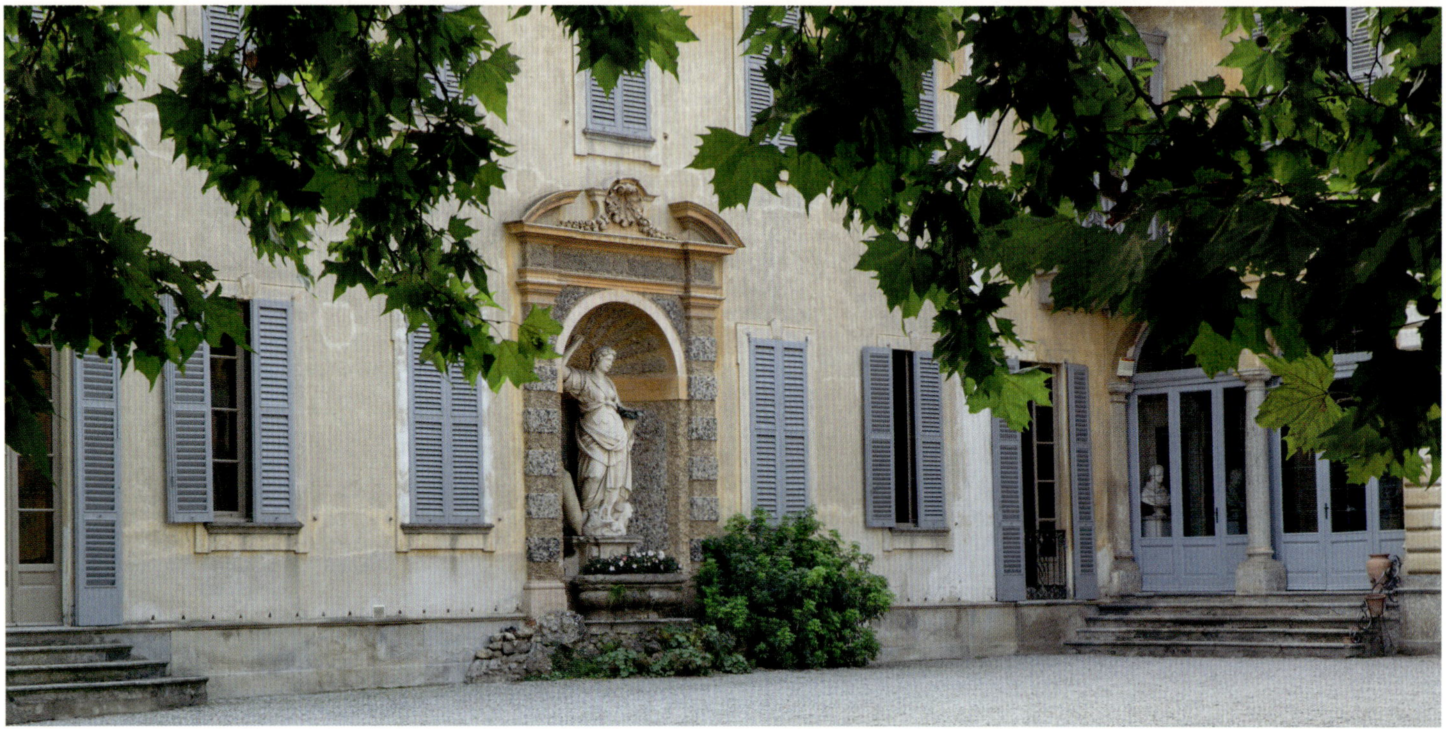

Die Kehrseite der Villa Sommi Picenardi entpuppt sich unversehens als Schauseite. Ein größerer Kontrast zur lässigen Weite des englischen Gartens im Süden der Villa ist kaum vorstellbar. Aus dem Rasenparterre steigt ein terrassierter Garten von höchster regelmäßiger Harmonie auf, in dem mit Mosaiken, Statuen, grazilen Brunnen und Muschelwerk sorgsame Akzente gesetzt wurden. Je länger das Auge auf diesem kostbaren Relikt aus alter Zeit verweilt, desto bezaubernder erscheint es – das wahre Wunder ist aber, dass es überhaupt noch existiert.

Dieser Gartenbereich scheint als letzter Akt der barocken Umformung der Anlage um 1730 geschaffen worden zu sein. Wahrscheinlich war sein Schöpfer nicht derjenige, der die Villa umbauen ließ. Der Stil ist jedoch konservativ, vielleicht war es also der letzte Akt eines alten Meisters. Auf jeden Fall wurde dieser Teil des Gartens als „kleines Versailles von Brianza“ bekannt. Wie stolz die Besitzer auf dieses Lob gewesen sein müssen – den heutigen zaubert es immer noch ein Lächeln ins Gesicht. Für den modernen Betrachter liegt der Charme dieses Gartens in seiner scheinbar bescheidenen Größe – obwohl die natürlich relativ ist. Hier ist nichts von der Schock-Taktik zu spüren, die der barocke Geist so liebte, sollte doch noch der vornehmste Besucher angesichts der kunstvoll geschaffenen Herrlichkeit, für einen Augenblick zumindest, sprachlos sein. Hier gibt es keine Allee, die sich im Nichts verliert, keine rauschende Kaskade, keinen dramatischen Aufmarsch von Statuen zu einem Thema aus der griechischen Götterwelt.

LINKE SEITE OBEN Der mächtige Stamm der Platane vor der Villa scheint aus einem Märchen zu kommen. Das Mosaik der Rindenplatten ist in Wurzelnähe mit samtig grünem Moss überzogen.
LINKE SEITE UNTEN Die Zweige der Platane umrahmen die Statue in einer Mauernische der Villa mit herrlicher Barockeinfassung.
UNTEN Eine Statue unterm Baumdach verdeutlicht den Charakter des englischen Gartens der Villa Sommi Picenardi: Je länger man hinsieht, desto mehr entdeckt man.

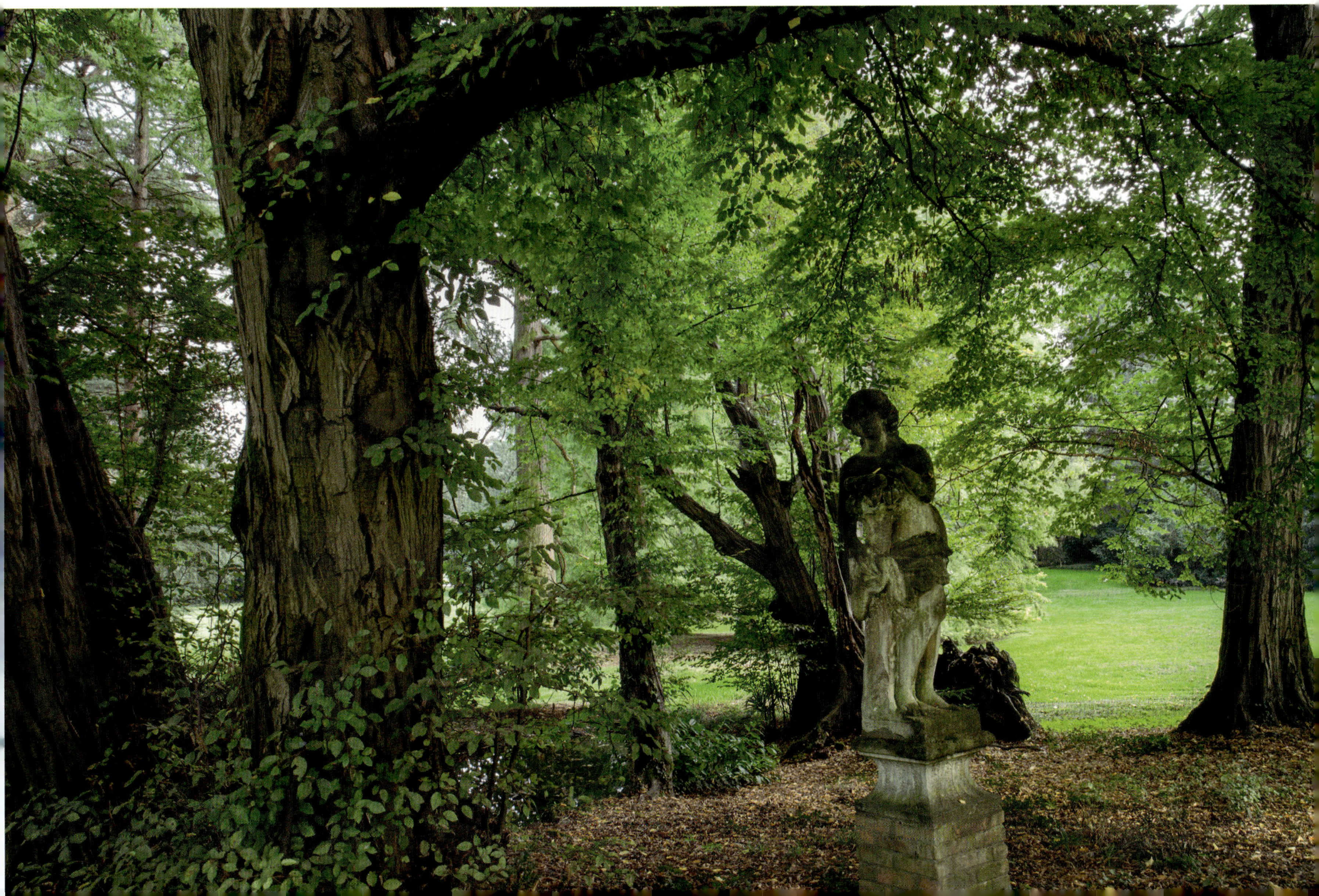

Was man hier sieht, ist ein Paradoxon – der maßvolle Barock. Der Sonnenkönig wäre perplex gewesen.

Diese Mäßigung mag der Tatsache zu danken sein, dass sich um 1730 überall der Rokokostil ausbreitete, der dem Pomp wenig Raum ließ, der Intimität umso mehr. Hier allerdings sieht man nur wenige Schnörkel und nicht den Hauch der vom Rokoko zu erwartenden Asymmetrie – man sollte sich einfach vom Regeldenken verabschieden und die Individualität dieses Gartens genießen, der sich so entzückend der Breite der Villa und der Neigung des Hangs anpasst.

Diese Eigenart wird durch einen weiteren ungewöhnlichen Aspekt unterstrichen: Offenbar wurde der Garten in den 1920er Jahren umgestaltet. Niemand weiß so recht, was verändert wurde, doch es scheint, als habe man in den Rahmen aus dem frühen 18. Jahrhundert moderne Schmuckelemente eingefügt. Das Parterre am Fuße der Terrasse mag ein Beispiel sein. Es zeigt ein schlichtes Muster aus Rasenteppichen, in die graue Kieswege und einige runde Bassins eingeflochten und in regelmäßigen Abständen schlichte kugelförmige Sträucher gesetzt wurden.

Der Effekt unterscheidet sich stark von den Buchs-Arabesken, die man in einer solchen Anlage eigentlich erwartete. Beide Stile sind in Dezallier d'Argenvilles *La théorie et la pratique du jardinage* (*Die Gärtnerey sowohl in ihrer Theorie oder Betrachtung als Praxis oder Übung*, 1709) illustriert, dem Standartwerk aller Versailles-Imitatoren. Die Schnörkel gehören zum *parterre de broderie* (in etwa: Stickerei-Beet), das Muster aus Rasen und Kies wird *parterre à l'anglaise* (englisches Beet) genannt, weil der gepflegte Rasen als englisches Phänomen galt. Im Orangerie-Garten von Versailles kann man eine moderne Variante so eines Rasenparterres bewundern. Die schlichten grünen Flächen bilden einen angenehm ruhigen Kontrast zum strengen Muster. Hier wird das Wohlbehagen noch durch das leise Plätschern des Wassers aus den Springbrunnen gesteigert. Es wurden also doch Regeln befolgt – und zwar meisterhaft mit leichter Hand.

Die Mosaike an den Mauern der barocken Freitreppe sind eine nähere Betrachtung wert. Sie sind in so gutem Zustand,

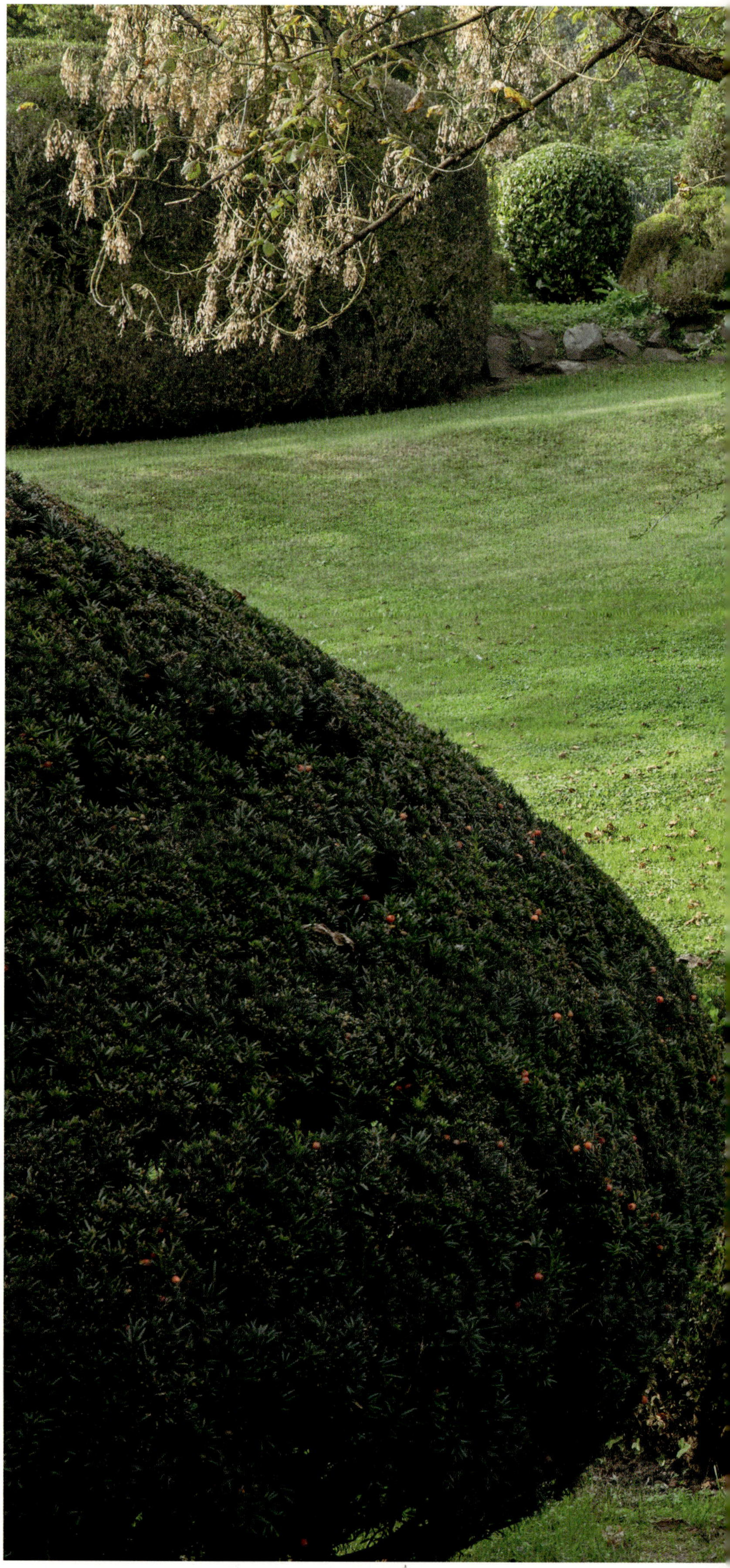

RECHTS Das Nebeneinander zweier Stile: die heckengerahmte Bank, vielleicht eher als Hingucker denn als Sitz gedacht, vor einer lockeren Baumgruppe auf weitem Rasen.
FOLGENDE DOPPELSEITE Der Terrassengarten erhebt sich eindrucksvoll und regelmäßig wie zu einer stehenden Ovation für den Besitzer. Der schlichte grüne Schmuck steht Anwallungen von Größenwahn entgegen.

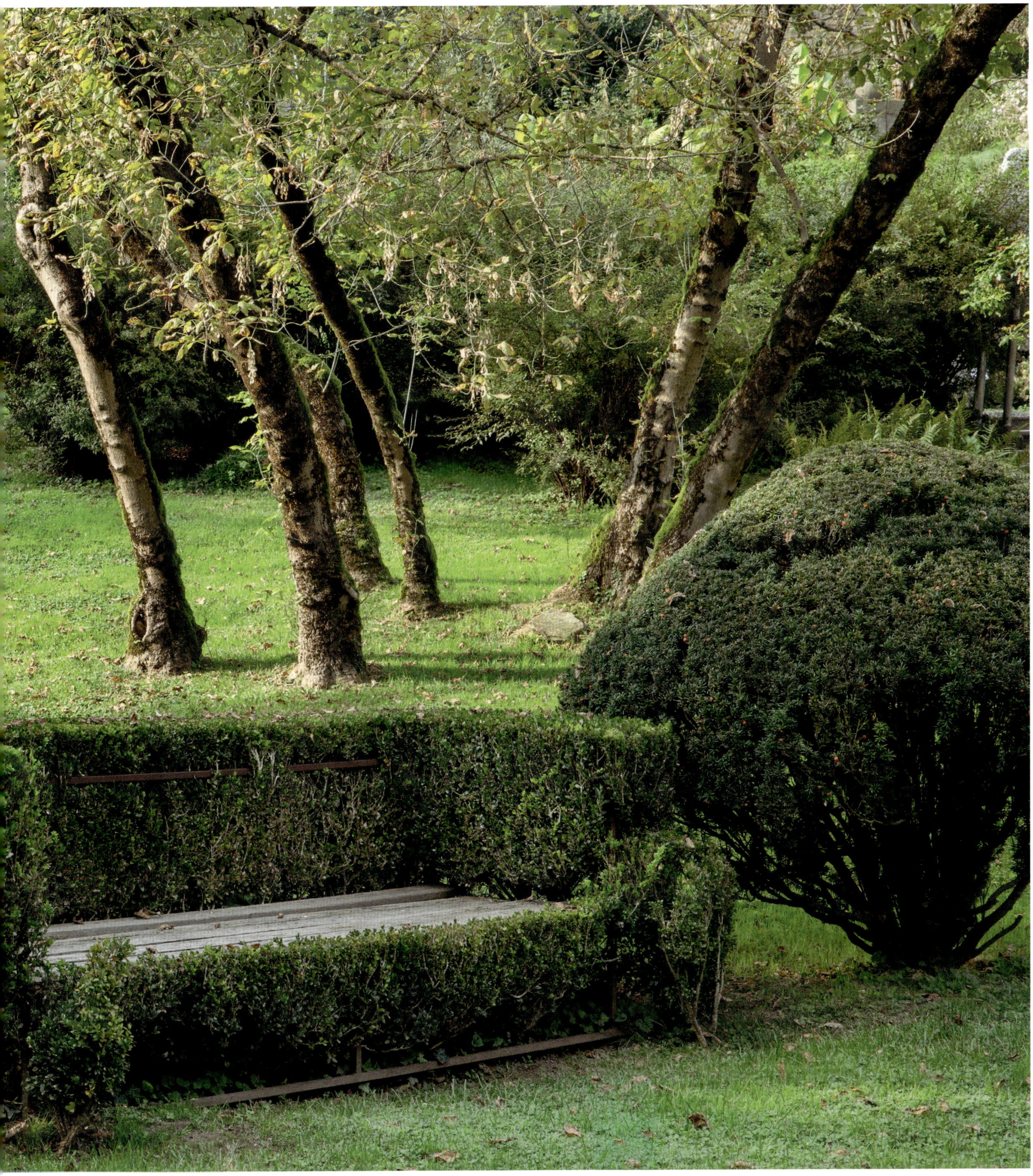

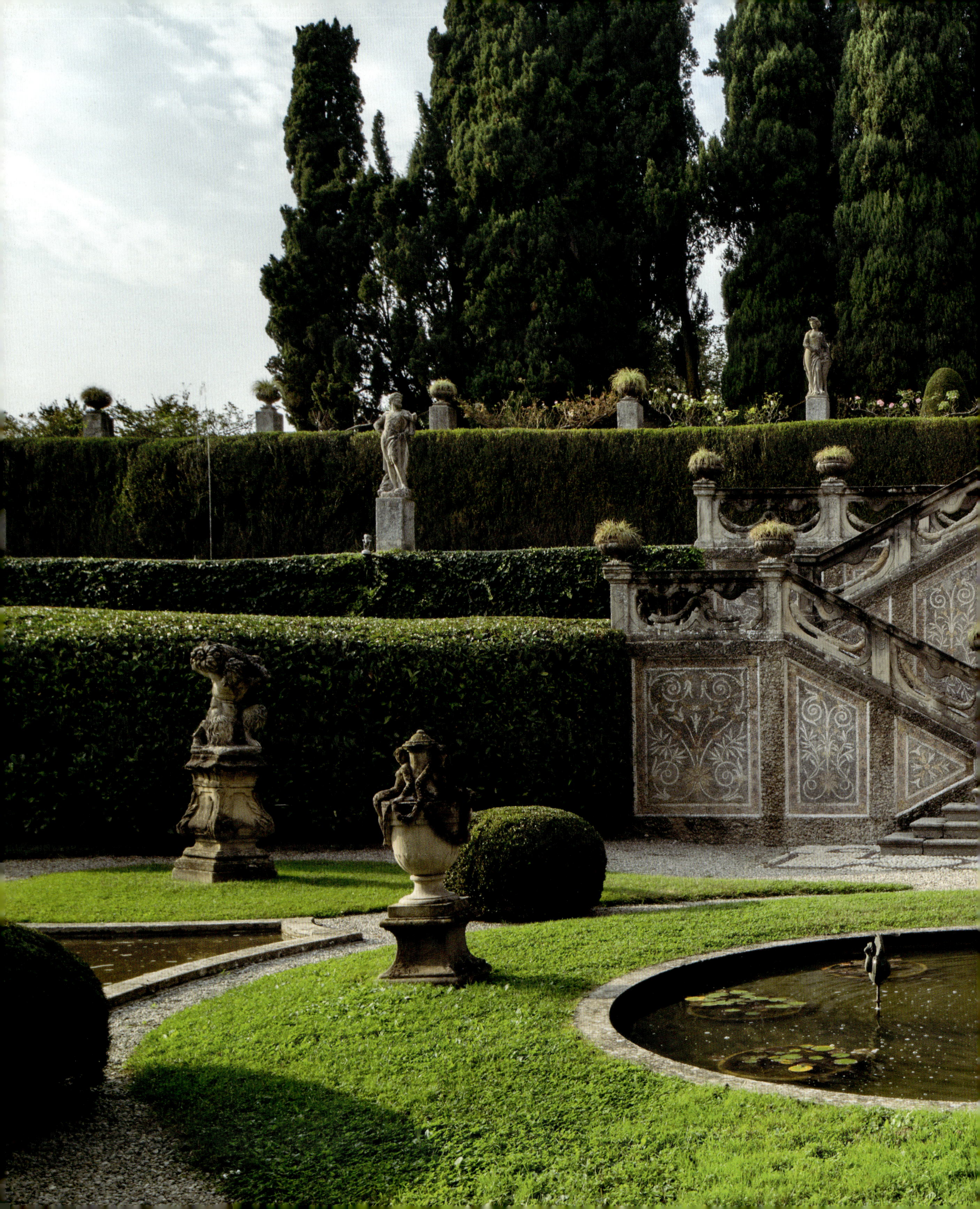

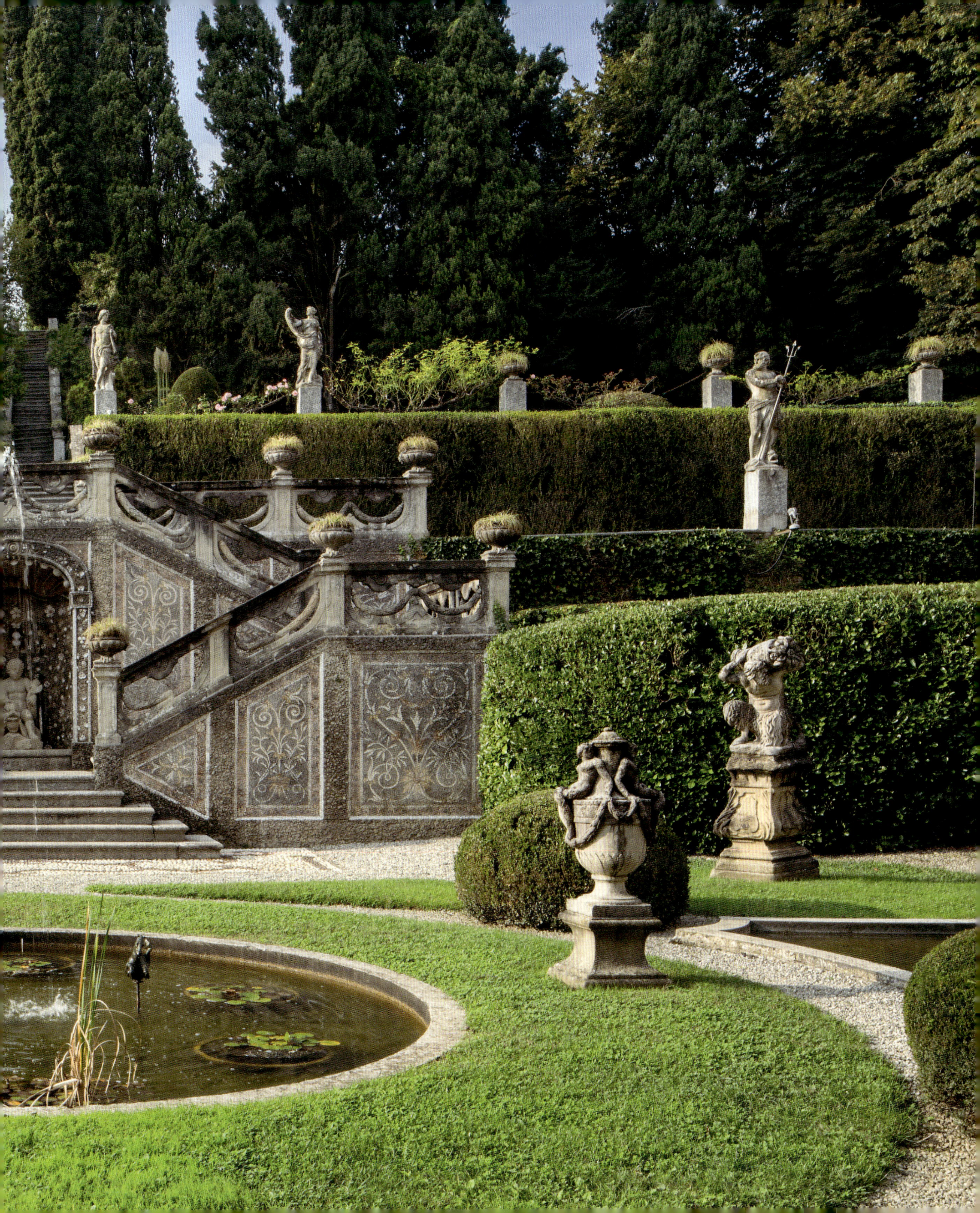

dass ich mich frage, ob sie nicht zu den Veränderungen aus den 1920er Jahren gehören. Ihre feinen Blüten und Zweige zeigen sich in blassen Rosa- und Grautönen. Auf dem ersten Podest zieht eine hohe Nische die Blicke auf sich, man erkennt hier schöne Details, wie etwa die Muscheln, die einmal jemand in den feuchten Kalkmörtel gedrückt hat. Den Bogenrand ziert ein Saum aus Jakobsmuscheln – man wundert sich, dass so zarte Schalen Wind und Wetter von Jahrhunderten unbeschadet überstanden. Für solche Mirakel muss man einfach dankbar sein. Die Treppe – Mittelpunkt der ganzen Anlage – steigt in einem Zickzackmuster an, ihre Balustraden setzen den geraden Linien steinerne Bögen und Wellen entgegen.

Die erste Terrasse ist von einer schlichten Rasenfläche bedeckt, die Stützmauer der zweiten verschwindet hinter einer hohen Buchshecke. Auf der Terrasse und an der Balustrade der darüber liegenden stehen sorgfältig arrangierte Statuen antiker Gottheiten auf ihren Sockeln. Sie scheinen auf olympische Hierarchien keinen Wert zu legen, sind weder zu groß noch zu auffällig, ihre Gegenwart steht für geziemende Ordnung, nicht für eine gewichtige allegorische Botschaft. Das Parterre-Muster erschließt sich aus dieser Höhe ganz – und so ist es gedacht –, und der Garten tritt in einen Dialog mit der Fassade der Villa. Hier zeigt sich deutlich die Idee des Gartens als Theater. Könnte man das Orchester unterbringen, wäre er eine ideale Kulisse für *Don Giovanni*.

Vor dem Westflügel der Villa liegt ein um 1930 angelegter Ziergarten in Gestalt eines Rokoko-Parterres. Seine raffinierten Farben und Texturen verleihen ihm eine feingliedrige

UNTEN Das Gestaltungsmuster zeigt sich dem Besucher beim Durchstreifen der Anlage. Hier unterstreicht das Spiel von Licht und Schatten auf Wasser und Oberflächen die Idee des Gartens als Theater.

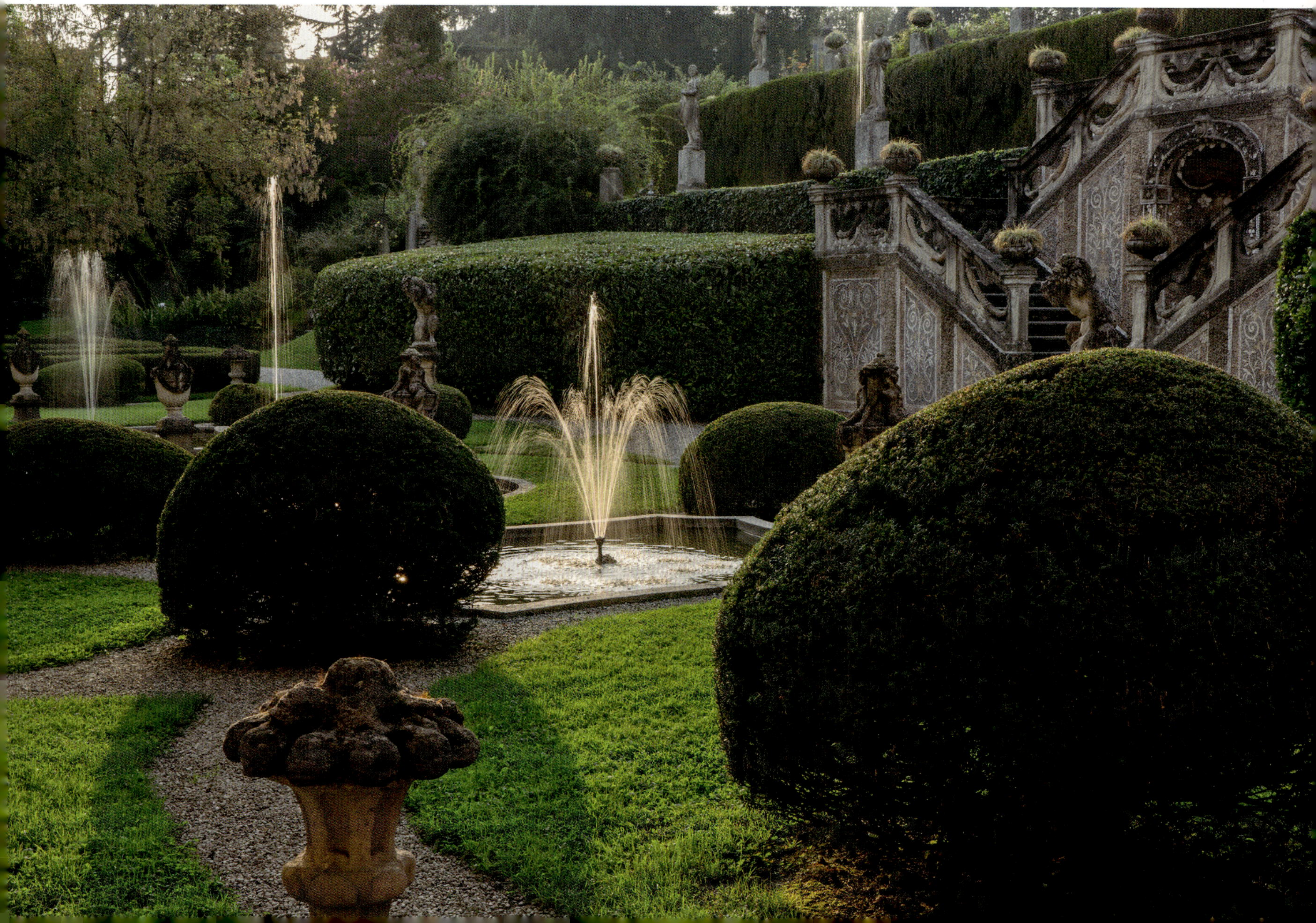

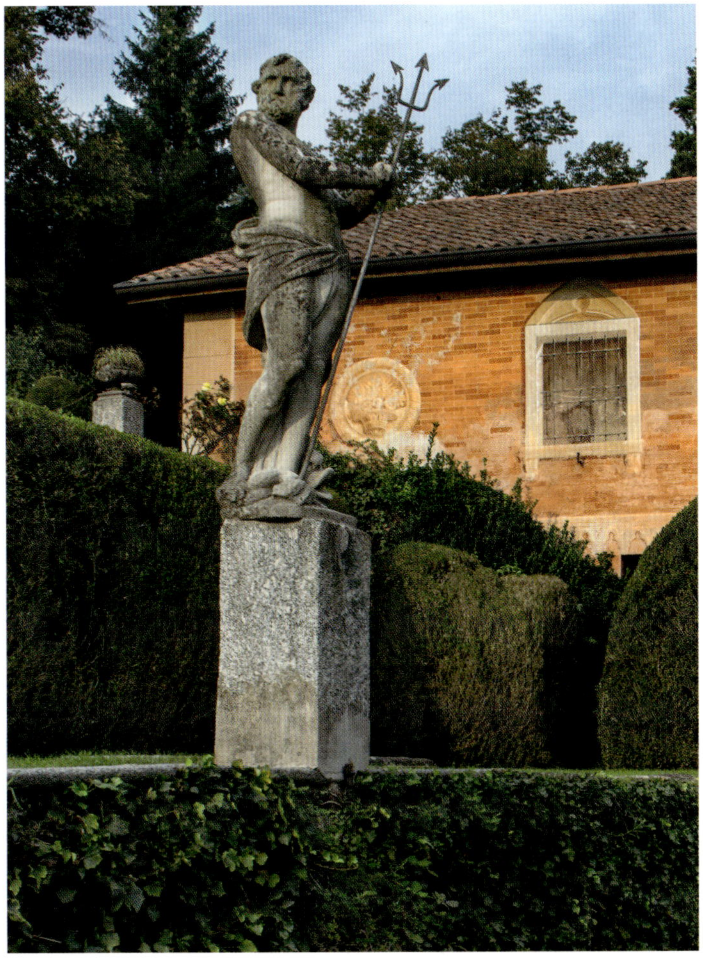

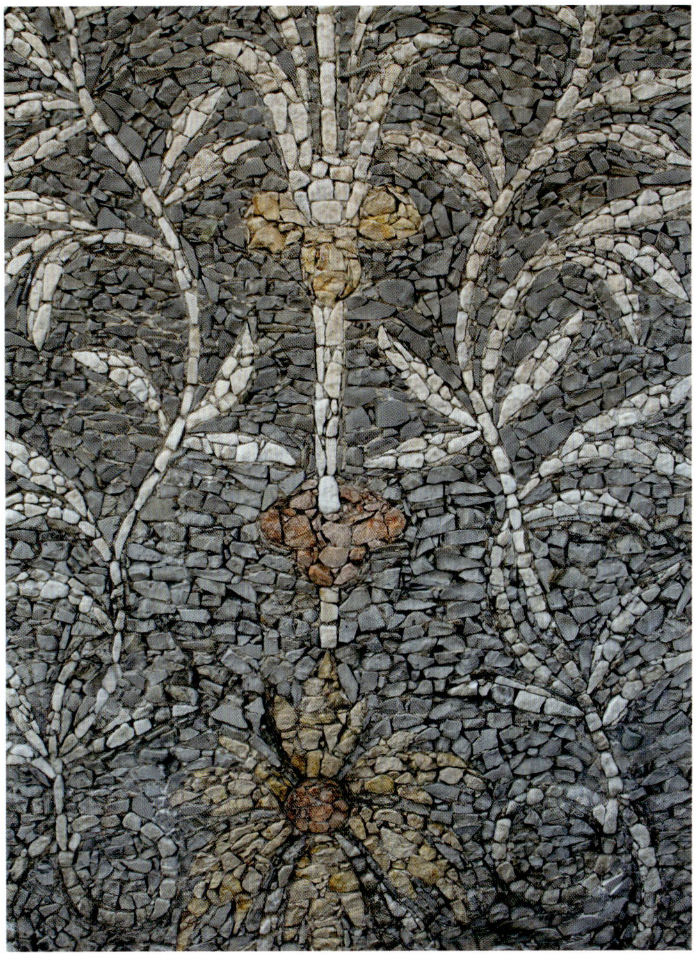

Anmut. Der Ort ist wohldurchdacht, in dieser Nische konkurriert er nicht mit den prächtigen Anlagen im Norden und Süden der Villa. Im Vordergrund fasst ein Buchs-Parterre ein kleines Rasenstück ein und schließt sich dann zu eleganten Wellenlinien, die an ein Art-déco-Muster erinnern. Da es sich an einem leicht konkaven, sanften Hang ausbreitet, liegt es in ganzer Schönheit vor dem Betrachter.

Umrahmt wird das Parterre von Laubengängen aus Hainbuchen (*Carpinus betulus*) mit Tür- und Fensteröffnungen: So entsteht die sehr intime Atmosphäre eines Gartens im Garten. Es ist der ideale *giardino segreto* (ein „geheimer" Privatgarten). Die Familie Sommi Picenardi sprach jahrzehntelang vom *labirinto*, doch als Labyrinth war er sicherlich nie gedacht. Er überzeugt als Wiederbelebung eines historischen Stils, ohne plump nachzuahmen, und erinnert an den Schlossgarten von Het Loo in den Niederlanden, der zuerst in den 1680er Jahren für Wilhelm von Oranien angelegt und rund 200 Jahre später wiedererschaffen wurde.

Nun geht es zurück in den englischen Garten im Süden der Villa, in dem es ebenfalls vieles zu bewundern gibt. Sein Schöpfer verstand sein Handwerk, er wusste die Bäume so geschickt zu setzen, dass sie alle Blicke auf sich ziehen. Es ist gar nicht so einfach, wie es aussehen mag, einen natürlich wirkenden Park zu schaffen, der wie dieser zwei Gestaltungsideen vereinigt. Da ist einmal der Stil des 18. Jahrhunderts, der den Vorstellungen von „Capability" Brown folgte und Bäume in diversen Grüntonen in kleinen Grüppchen, Reihen oder Wäldchen anordnete. Der im 19. Jahrhundert populäre Stil setzte auf spektakulärere Effekte, seltene Exemplare und Artenvielfalt in den verschiedensten Formen und Farben. Die Bäume stehen einzeln, damit ihre Äste bis auf den Boden reichen

OBEN LINKS Ein recht erschöpft wirkender Neptun mag einen Teich, nicht aber einen Ozean beherrschen. Viel wichtiger als sein Aussehen ist sein Platz in der Gesamtkonzeption.
OBEN RECHTS An der Terrassenmauer präsentieren sich kunstvolle Mosaiken in fortwährender Schönheit. Hier sprießen zarte Zweige und Blüten aus farbigen Steinplättchen.

können, und präsentieren sich wie Sammlerstücke in einem Katalog. Hier sieht man von der Villa aus herrliche große Zedern (*Cedrus*) und Buchen (*Fagus*).

Der wohl schönste Baum steht vor der Hauptfassade der Villa: eine mächtige London-Platane (*Platanus* × *hispanica*). Sie wurde 1810 zusammen mit einer zweiten gepflanzt. Die andere Paarhälfte schwächelte von Anfang an, und mit der Zeit wurde das Missverhältnis so störend, dass man den Kümmerling entfernte. Die verbliebene ist umso enormer. Sie ist etwa 30 Meter hoch, was bedeutet, dass sie sehr, aber nicht außerordentlich groß ist. Ihre Krone aber breitet sich über erstaunliche 46 Meter aus – das macht sie in den heißen Monaten zu einer riesigen, paradiesisch schattigen Laube. Was bei Bäumen wirklich zählt, ist der Stammumfang auf Brusthöhe, und dieser misst immerhin 9,30 Meter.

Solche Zahlen sind ohne Vergleichswerte nur bedingt aussagekräftig, daher empfehle ich allen, die wissen möchten, wie groß dieser Baum nun ist, sich einfach direkt neben den Stamm zu stellen und sich von den immensen Dimensionen überwältigen zu lassen. Doch er ist nicht einfach nur riesig. Wie alle Platanen hat er eine einzigartig schöne Rinde, mit großen unregelmäßig geformten Plättchen in verschieden hellen Brauntönen. Der untere Stamm ist in einen dichten grünen Moosmantel gehüllt, den man einfach berühren muss. Aus der Ferne betrachtet, hat der Baum eine herrlich ebenmäßige Form und wirkt wie ein schützender Schirm. Es erscheint nur konsequent, dass unter seiner weiten Krone bequeme Stühle in einem Halbkreis dazu einladen, dem Raunen der Blätter zu lauschen. Niemand wird behaupten wollen, der Garten der Villa Sommi Picenardi sei einer der bedeutendsten in Europa oder wenigstens in Italien, aber er ist ein unverdorbenes Beispiel für einen idyllischen Landsitz, der verschiedene historische Stile in sich vereint und die persönlichen Vorlieben und Launen von Generationen von Besitzern widerspiegelt. Das macht ihn so unwiderstehlich. Seine Entwicklung sollte man im Auge behalten, denn es wächst schon die nächste Generation heran, die diesem Garten eine neue Überraschung hinzufügen könnte.

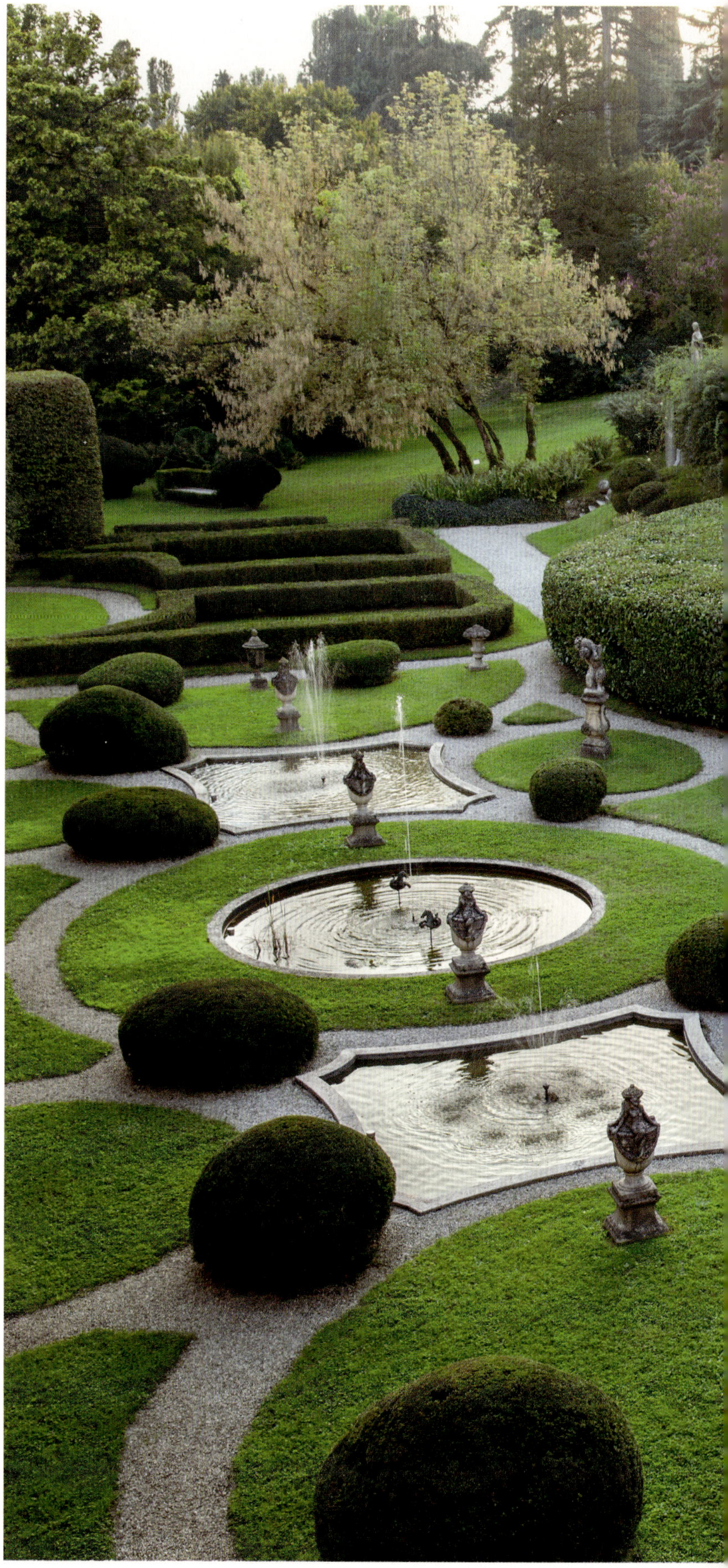

RECHTS Der Blick vom Haus auf den italienischen Garten. Wer bisher dem Charme eines formalen Gartens widerstanden hat, könnte hier dahinschmelzen.

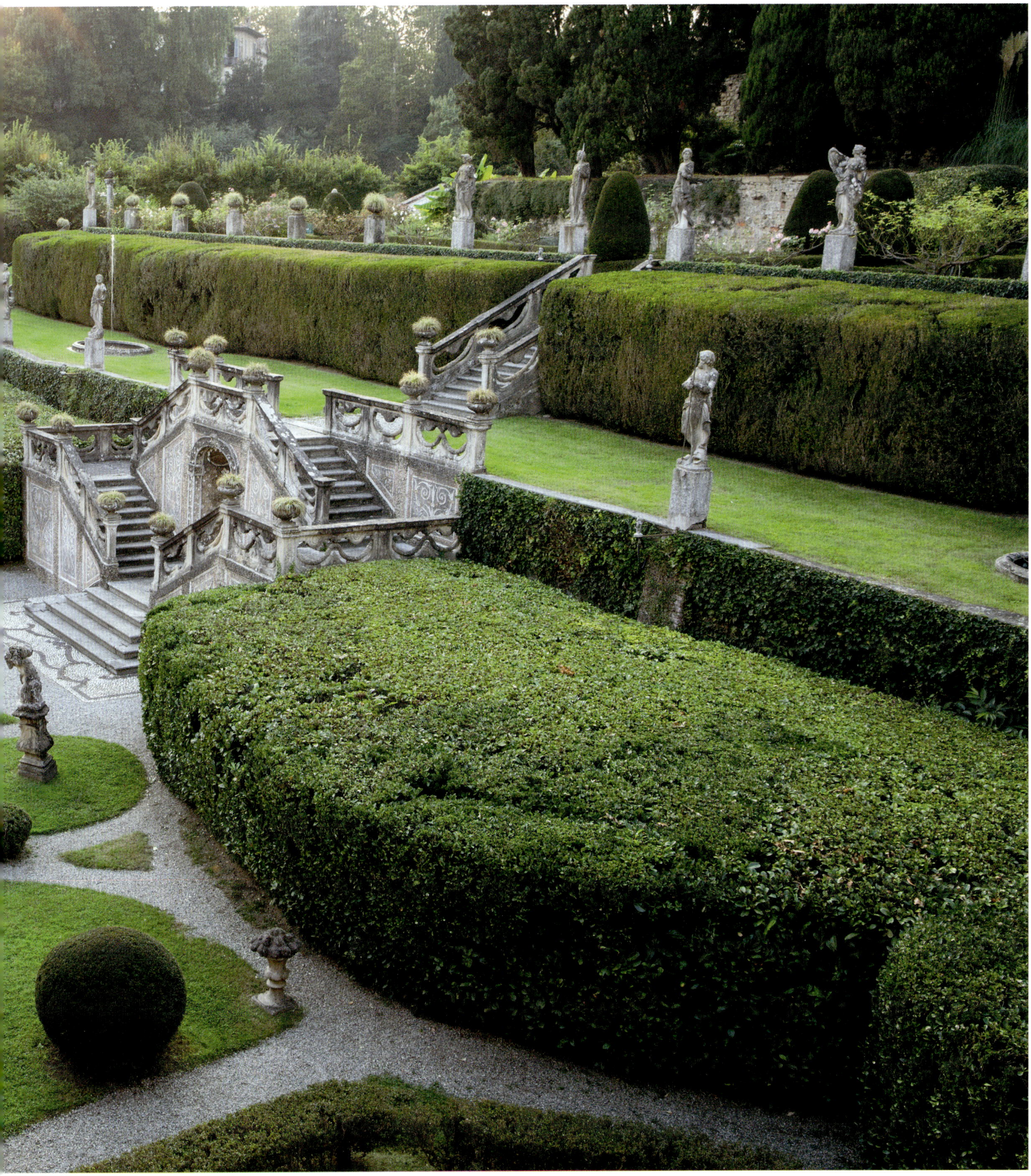

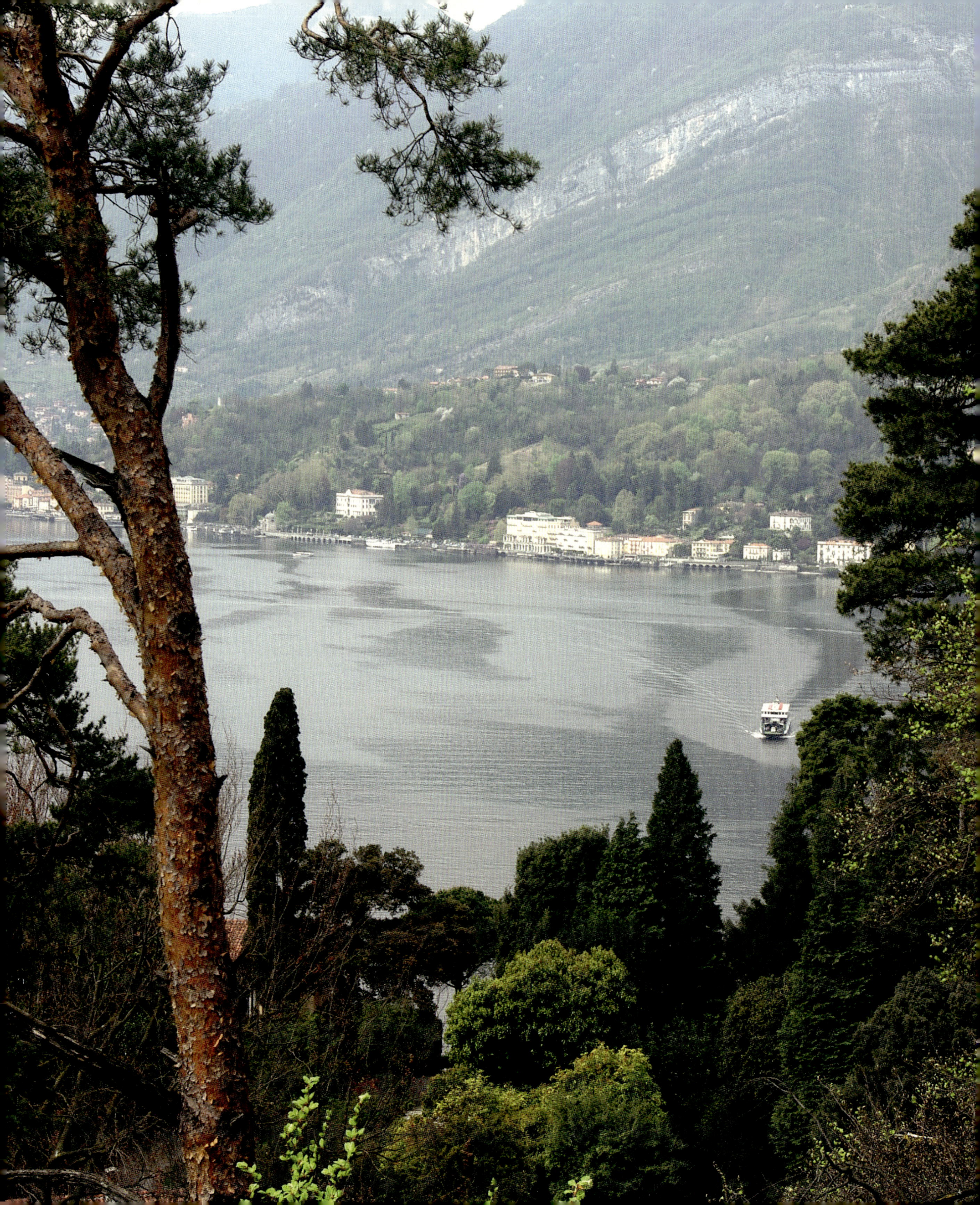

DIE VILLA SERBELLONI

Nichts scheint am Comer See so wichtig wie die Aussicht. Alles Empfinden wird von dem Gefühl der Abgeschiedenheit bestimmt, das die steilen bewaldeten Ufer und die hohen Gipfel der Berge ringsherum wachrufen. Die Abwechslung, die die Dörfer und Gärten am Ufer des Sees bieten, erscheint angesichts der spektakulären Kulisse recht profan. Und doch – oder gerade deshalb – macht ein Blick auf die Landkarte neugierig: Ähneln die anderen Seearme dem, an dem man steht? Haben sie eine eigene Atmosphäre? Diese Fragen lassen sich mit nur einem Rundgang durch den Park der Villa Serbelloni in Bellagio beantworten.

Egal, aus welcher Richtung man sich der Seemitte nähert, der bewaldete Buckel über Bellagio fällt sofort ins Auge. Auf der Landkarte ist er die Spitze des Dreiecks zwischen den ausgestreckten Armen des umgekehrten Ypsilons, das der See formt. Das Wasser, das von den Alpen nach Süden strömt, teilt sich hier in einen bis nach Como im Südwesten reichenden und einen nach Lecco im Südosten reichenden Arm, aus dem schließlich die Adda austritt. Gleiches geschieht auch mit dem Föhnwind, der jeden Morgen von Norden weht, und so nennt man die Spitze der Halbinsel auch Punta Spartivento (Landspitze, an der der Wind sich teilt). Wenn man so auf die Landkarte schaut, scheint dieser Buckel der einzige Ort zu sein, von dem aus man alle drei Arme des Sees sehen kann. So ist es tatsächlich – und das ist wiederum der beste Grund, den Garten zu besuchen.

LINKS Der wahre Grund für eine Besichtigung des Parks der Villa Serbelloni ist die herrliche Aussicht auf die drei Arme des Comer Sees. Hier geht der Blick über Pinien und andere Nadelbäume auf den Comer Arm und die herannahende Fähre.

Die Villa Serbelloni war immer in Privatbesitz, doch ihr Park steht der Öffentlichkeit zu bestimmten Zeiten schon seit Langem offen. Auch die heutige Besitzerin, die New Yorker Rockefeller Foundation, hält an dieser Sitte fest. Die täglichen Führungen, eine am Morgen und eine am Nachmittag, hat die Stiftung der Gemeinde übertragen. Vom Kirchplatz aus, wo die Tour beginnt, sieht der Hügel ungeheuer steil aus, doch der Weg folgt gemächlich der alten mäandernden Kutschauffahrt, und wenn man denn nach Luft schnappen muss, dann weil die Umgebung so atemberaubend schön ist.

Die strategische Bedeutung dieses Ortes erfasst man mit einem Blick: Von der Höhe des Buckels kann man herannahende Gefahr schon von Weitem erkennen – vor allem wenn sie aus dem Norden kommt. Eine der beiden Villen von Plinius dem Jüngeren stand wahrscheinlich auf diesem Kap. Könnte sie sich auf dem höchsten Punkt des Hügels befunden haben, wo heute die Ruinen einer Burg zu sehen sind? Von dort hat man einen Rundumblick, ist aber auch dem Wind aus allen Richtungen ausgesetzt. Wahrscheinlich stand sie an der Stelle der heutigen Villa, geschützt an der Flanke des Hügels, und bot nicht nur den Blick auf zwei Arme des Sees, sondern auch auf die terrassierten Gärten im Süden.

Wenn man durch den Park hinaufgeht, eröffnen sich nach und nach herrliche Aussichten auf die Umgebung. Man sieht die schöne romanische Kirche San Giacomo in der Ortsmitte von Bellagio aus der Vogelperspektive. Wie oft kann man ein solches Gebäude schon von oben betrachten? Das Dach wirkt mit seinen Schieferziegeln wie der schuppige Rücken eines Fischs, und die Rundungen der drei Apsiden an der Ostseite strahlen ruhige Harmonie aus. Dahinter erstreckt sich die Dachlandschaft des Städtchens bis zur glitzernden Oberfläche des Sees.

Der Park der Villa Serbelloni ist im Stil eines Waldgartens mit Zierbäumen gestaltet: Walnuss (*Juglans*), Zeder (*Cedrus*), *Magnolia*, Eiben (*Taxus*) und Hemlocktanne (auch Schierlingstanne, *Tsuga*). Sie bieten willkommenen Schatten und Abwechslung, aber nichts, was den Pflanzenliebhaber ins Schwärmen bringen könnte. Der erfreut sich an den Wildblumen. Im Gras blühen Thymian und Günsel (*Ajuga*), im Frühling kann, wer gute Augen hat, Große Spinnen-Ragwurz (*Ophrys sphegodes*) aus der Familie der Orchideen entdecken. Schlüsselblumen (*Primula vulgaris*) und Veilchen fallen in dichten Polstern bis an die groben Stützmauern und die Felsspalten, in denen wiederum Nieswurz und Alpenveilchen (*Cyclamen*) wachsen. Der „heilige Hain der Sfondrati", der Stendhal verzückte, als er 1825 hierher kam, ist einer Anpflanzung aus jüngerer Zeit gewichen, die Sträucher, wie der immergrüne Stechende Mäusedorn (auch Stechmyrte, *Ruscus aculeatus*) gedeihen hier aber schon seit uralter Zeit.

Hier und da stehen Gebäude, manche wurden als Scheunen errichtet, andere als elegante Ergänzungen der Gartenkulisse mit zweifellos herrlichen Aussichten. Die Teilnehmer der Besichtigungstour werden es wohl nie erfahren, denn in diesen kleinen Bauten sind Wissenschaftler und Künstler untergebracht, die auf Einladung der Stiftung an Konferenzen und mehrwöchigen Seminaren teilnehmen. Es heißt, einige Akademiker kämen hierher, um an ihren Dissertationen zu arbeiten, aber wie könnte das sein? Ein einziger Blick aus dem Fenster würde der Arbeit ein Ende setzen – und wie könnte man der Verlockung der Aussicht widerstehen?

Die Akademiker kommen seit 1959 hierher. In diesem Jahr war Ella Walker gestorben, die damalige Besitzerin der Villa Serbelloni, die sie samt Grundstück mit allerlei Bedingungen und Vorbehalten, die zukünftige Nutzung betreffend, der Rockefeller Foundation vermacht hatte. Die Canadian-Club-Whisky-Erbin hatte das Anwesen 1930 gekauft, als es noch als Hotel genutzt wurde, und bot all ihr Vermögen und ihren Einfluss, um diesen wirklich besonderen Ort einem wohltätigen Zweck zuzuführen.

Bald schon eröffnet sich dem Besucher ein weiter Blick auf den Como-Arm des Sees, der tief unten glitzert, und die wolkenverhangene Bergkulisse. Man sieht das bewaldete Vorgebirge der Halbinsel Dosso di Lavedo und an ihrer Spitze die Gebäude der Villa del Balbianello. Zwischen den Wäl-

UNTEN Den charakteristischen bewaldeten Buckel, auf dem das Grundstück der Villa Serbelloni über dem Städtchen Bellagio liegt, sieht man vom See aus von seiner besten Seite.
RECHTE SEITE OBEN Zwischen einem Wirtschaftsgebäude und Säulenzypressen (*Cupressus sempervirens*) eröffnet sich ein Blick nach Süden.

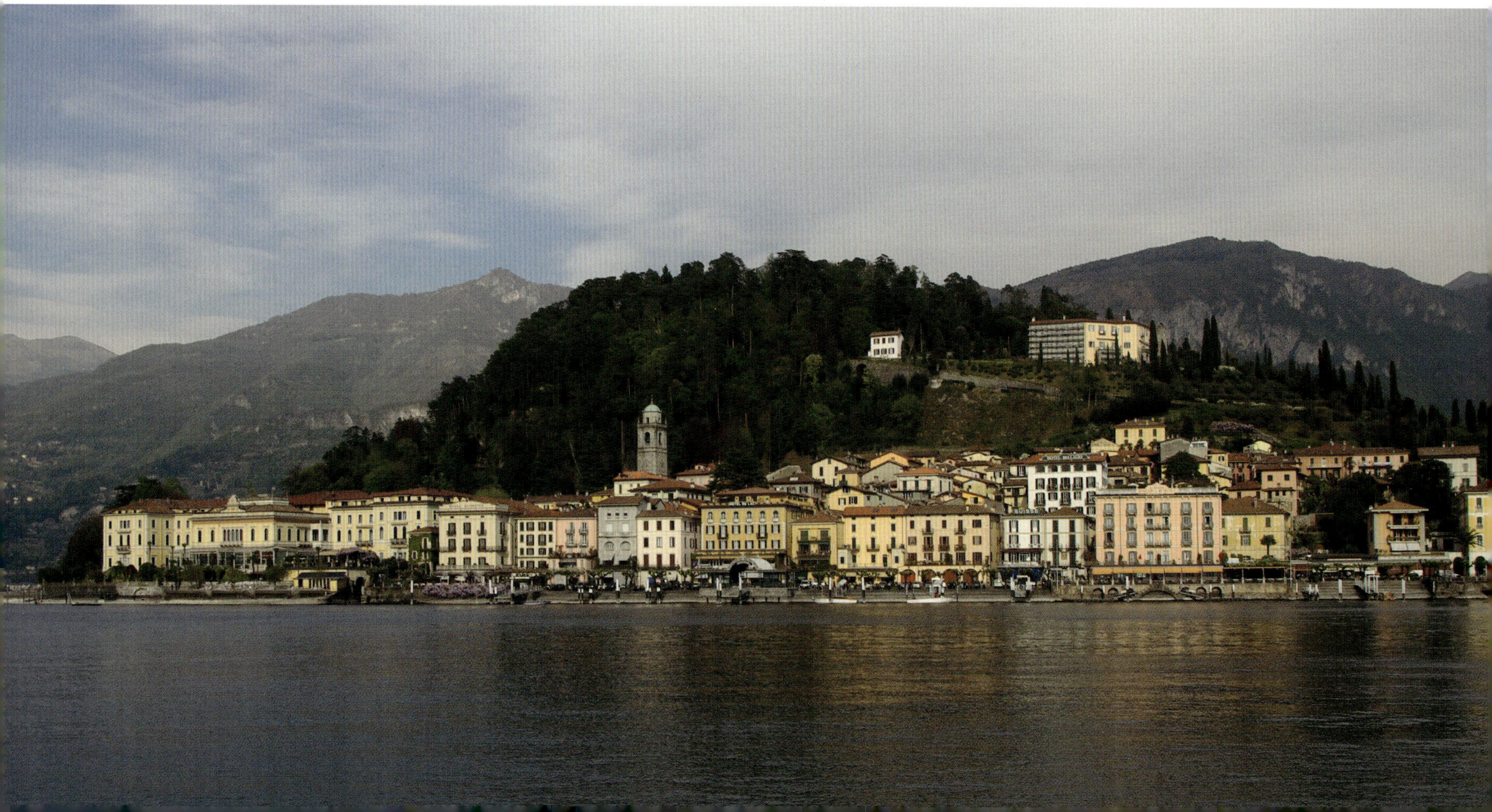

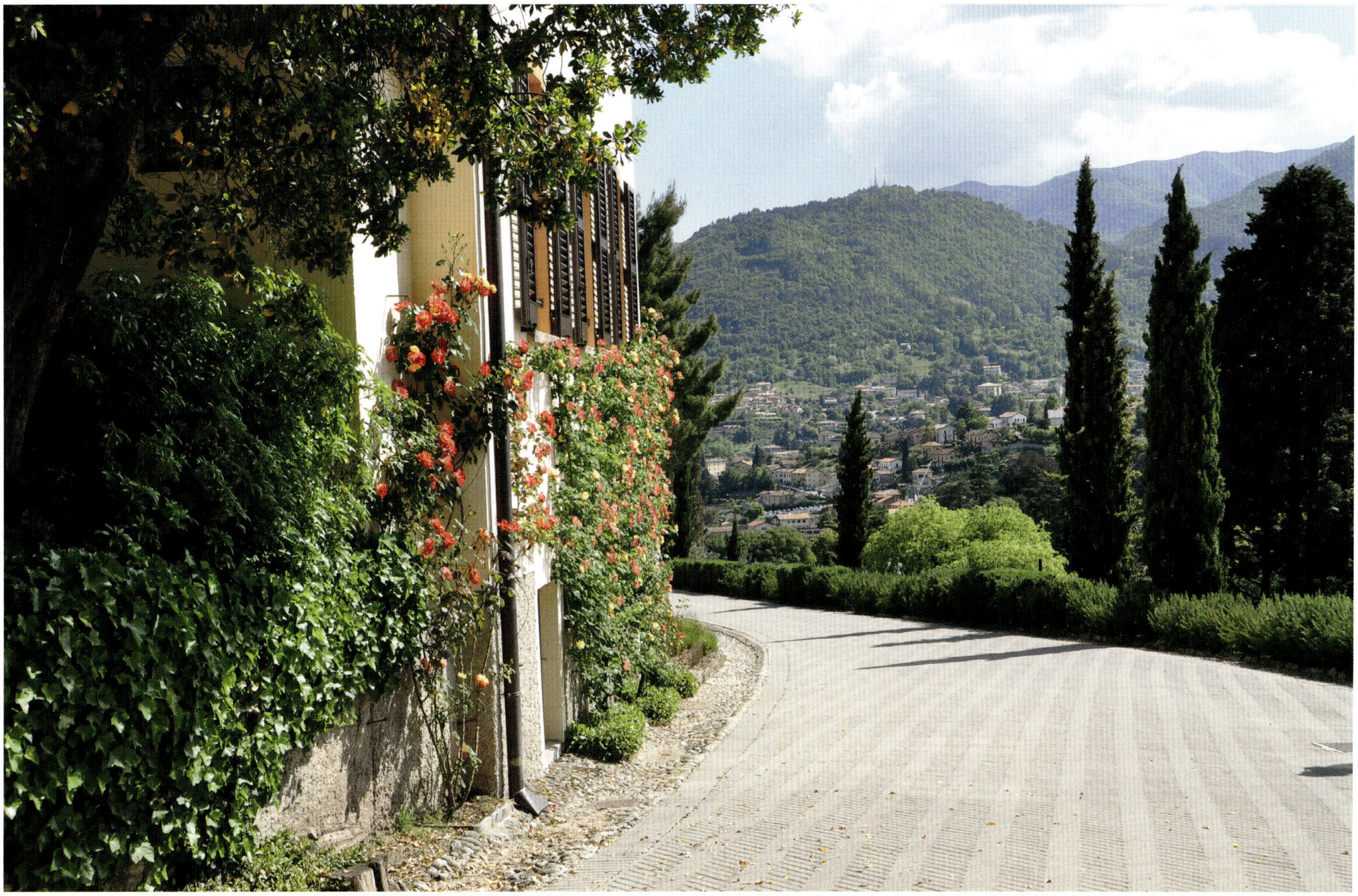

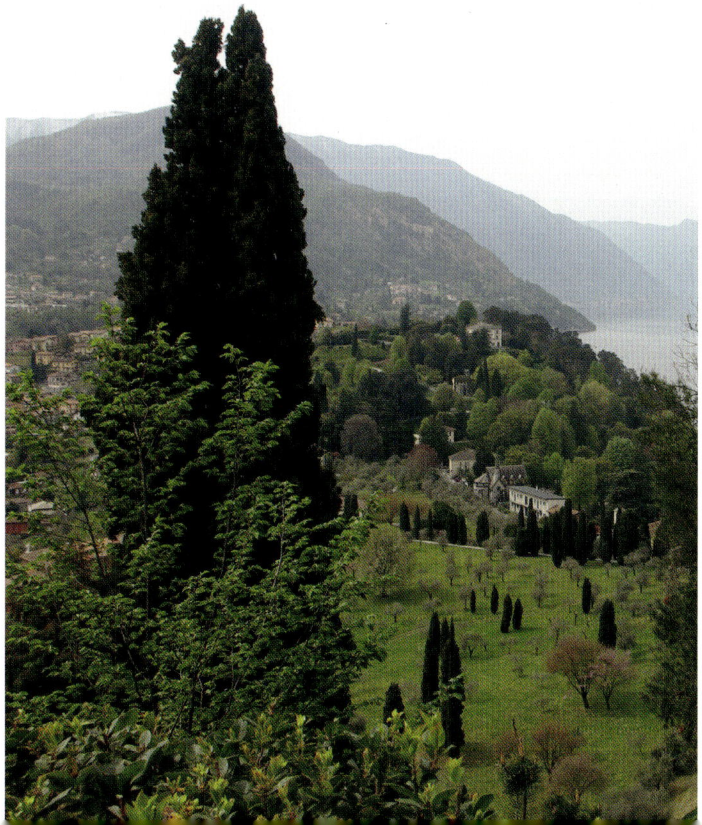

dern, Wiesen und Parks am Westufer liegen verstreut die im 19. Jahrhundert erbauten Villen der Mailänder Patrizier.

Hinter einem Wäldchen aus japanischen Fächer-Ahornen (*Acer palmatum*) scheint zum ersten Mal die Villa Serbelloni auf, doch an dieser Stelle sollte man sich auf die Terrassen konzentrieren, die sich den Hang hinabziehen. Der weite Panoramablick umfasst das abfallende Land, Olivenbäume und Zypressen (*Cupressus*) und das ehemalige Kapuziner-Kloster. Die einstige anglikanische Kirche, Ende des 19. Jahrhunderts für die britische Kolonie am See erbaut, wurde in

LINKS Säulenzypressen (*Cupressus sempervirens*) lenken den Blick auf den Toskanischen Garten. Vor dem Hügel ist die Villa Gotica, die ehemalige anglikanische Kirche, zu sehen.
FOLGENDE DOPPELSEITE Über dem Comer Arm des Sees liegen zwischen Hügeln und Wäldern die pittoresken Dörfer, die zum Städtchen Bellagio gehören.

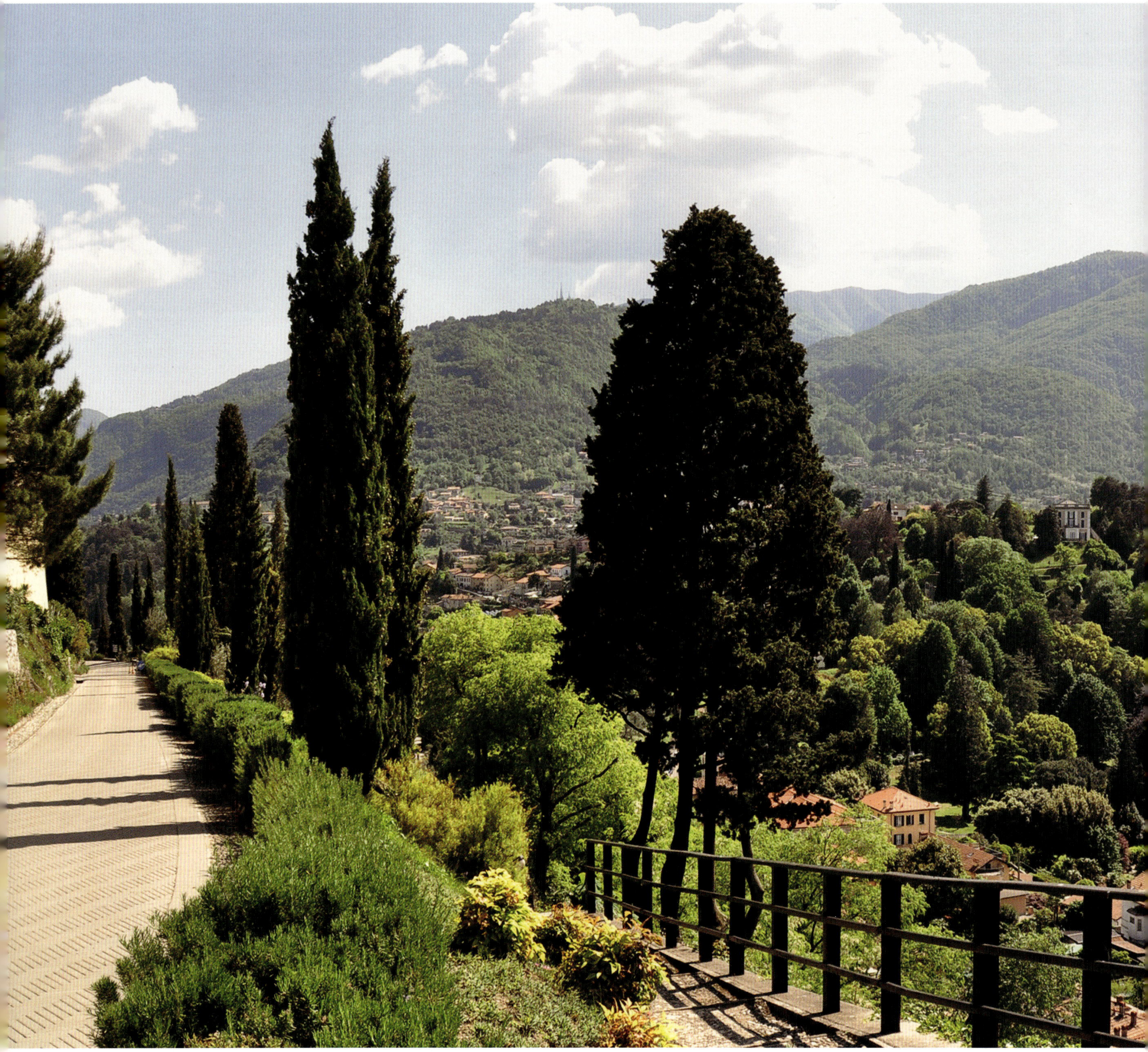

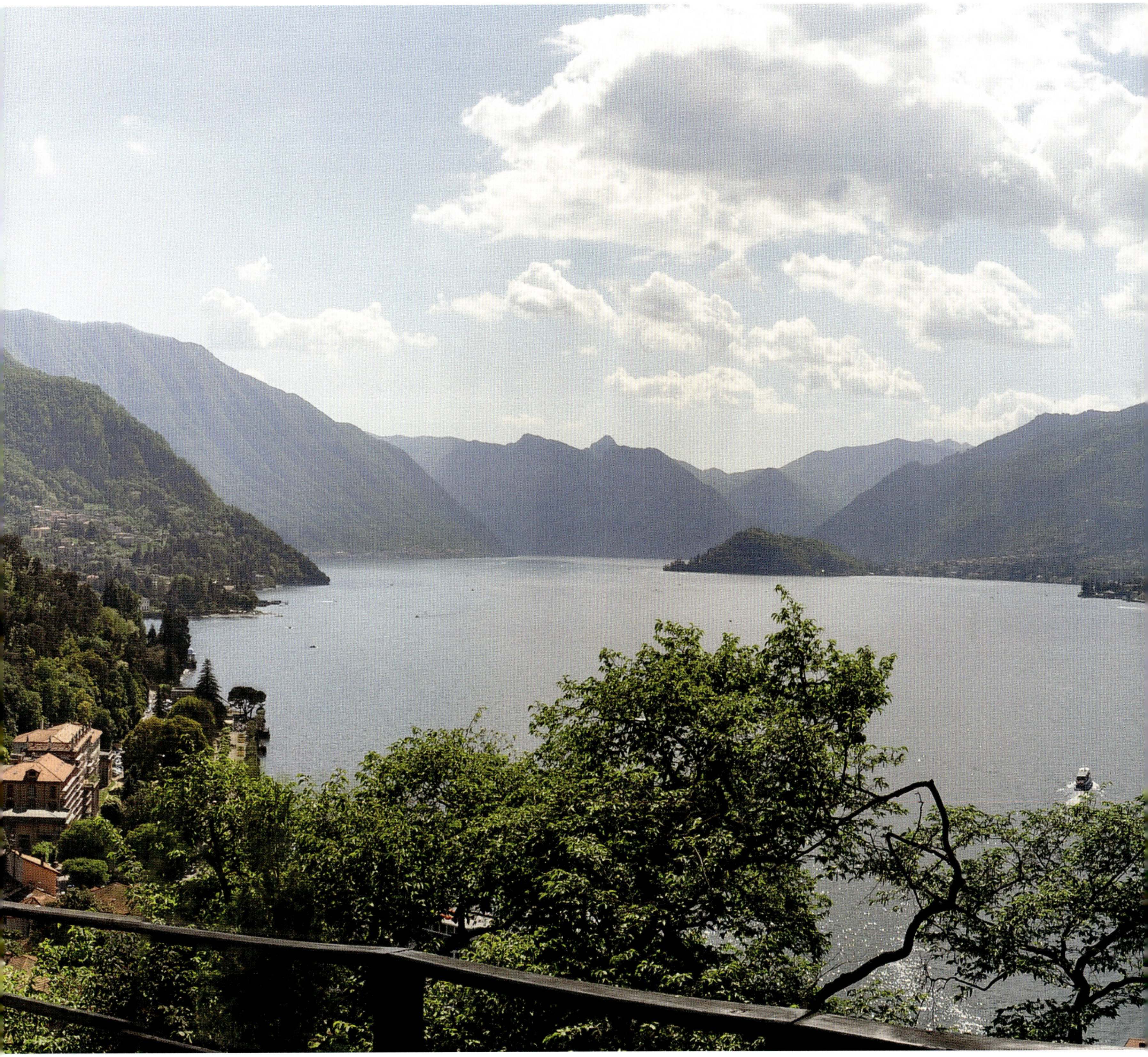

die Villa Gotica verwandelt. Gleich hinter ihr liegt die Villa Giulia, die einmal König Leopold I. von Belgien gehörte. Er ließ aus dem Fels eine Allee sprengen, damit er von seinen Fenstern eine freie Sicht auf beide Arme des Sees hatte. Südlich der Villa steigt das Gelände steil an, der Monte San Primo am Horizont ist knapp 1700 Meter hoch.

Einige Meter weiter hat man eine großartige Aussicht auf den Lecco-Arm des Sees, der so ganz anders wirkt als der Comer Arm. Der ist licht und hell, von Villen, Hotels und anderen Annehmlichkeiten der Freizeitgestaltung gesäumt, und die Passagierschiffe fahren ständig kreuz und quer. Der Lecco-Arm hingegen ist dunkel und etwas einschüchternd, seine Ufer sind schroff und zerklüftet, kaum ein Schiff ist zu sehen, mit Ausnahme einiger Fischerboote aus dem hübschen Dörfchen Pescallo, das bei Ruhe suchenden Romantikern sehr beliebt ist. Der Weg führt dann weiter durch liebliche Wäldchen mit Bäumen und Sträuchern, mit Blick auf die von Blauregen (*Wisteria*) und Kamelien umgebene Villa, hinauf zum Gipfel. An einem Punkt wacht eine Statue, deren Sockel den Namen Plinius trägt, doch der Dargestellte hat den lockigen Bart eines biblischen Heiligen, kein glatt rasiertes römisches Kinn.

Man bekommt schnell das Gefühl, in ziemlich großer Höhe zu sein, vor allem wenn man unter sich eine Schar roter Drachen sieht, die sich gegen den Wind stemmen.

Und plötzlich steht man in einer langen, in den Fels gehauenen Grotte, die in der Mitte einen Knick macht – einen Moment lang kommt sich der Spaziergänger verloren vor, bis sein Blick durch einen der Ausgänge auf das malerische Varenna mit der kleinen Burg am östlichen Seeufer fällt.

Auf dem Gipfel findet man sich zwischen den Ruinen der Burg wieder. Die sind überraschend umfangreich, es stehen noch eine lange graue Umfassungsmauer der ehemals achteckigen Anlage und die Reste der Kapelle mit einer romanischen Apsis. Alles wäre noch atmosphärischer, hätte

UNTEN An manchen Frühlingstagen löst sich der Dunst über dem Comer See auf. Dann sollte man sich auf diese elegante Bank in der Burgruine auf dem Gipfel des Vorgebirges bei der Villa Serbelloni setzen und über den See nach Norden auf die schneebedeckten Berge schauen.

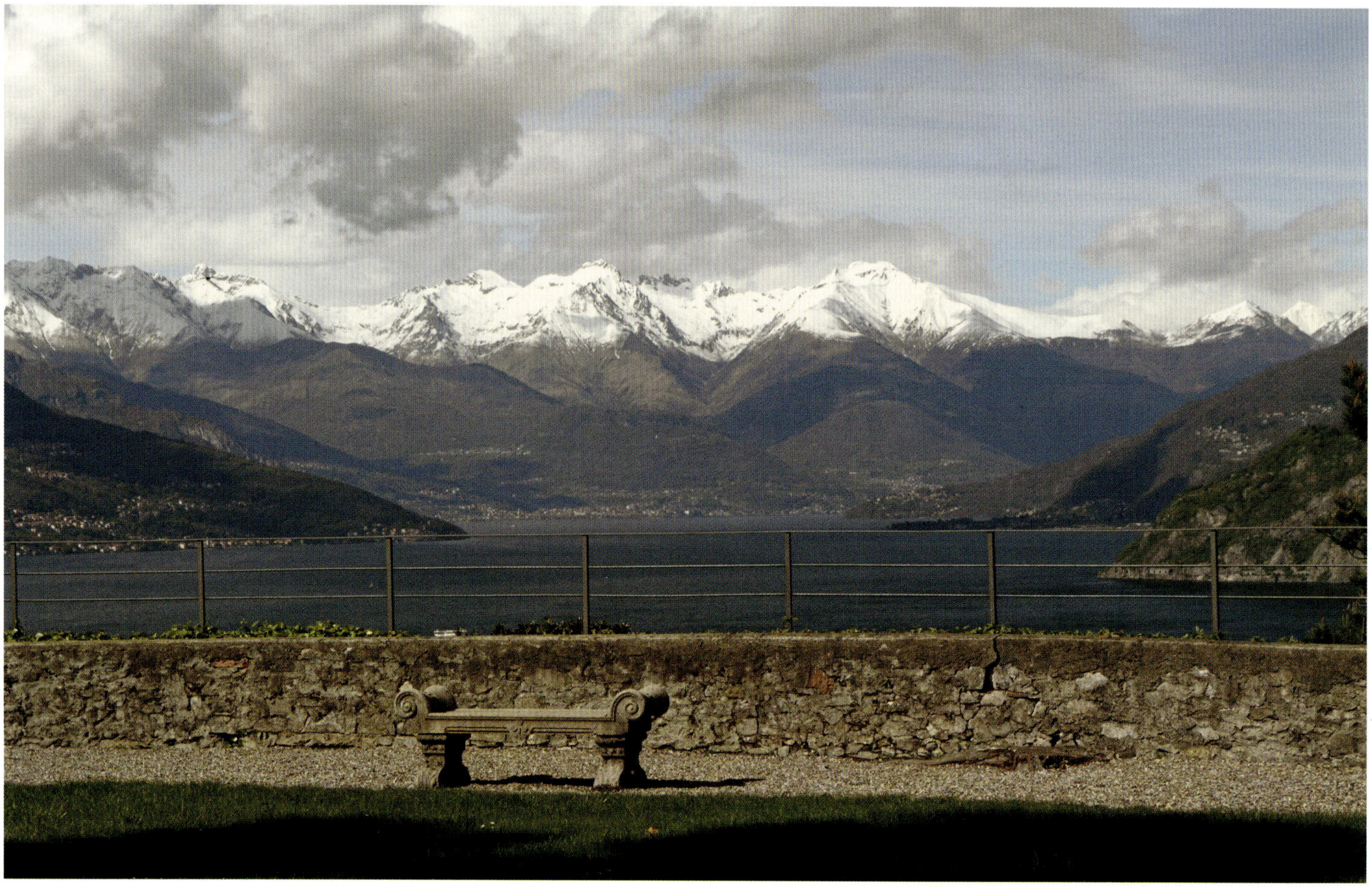

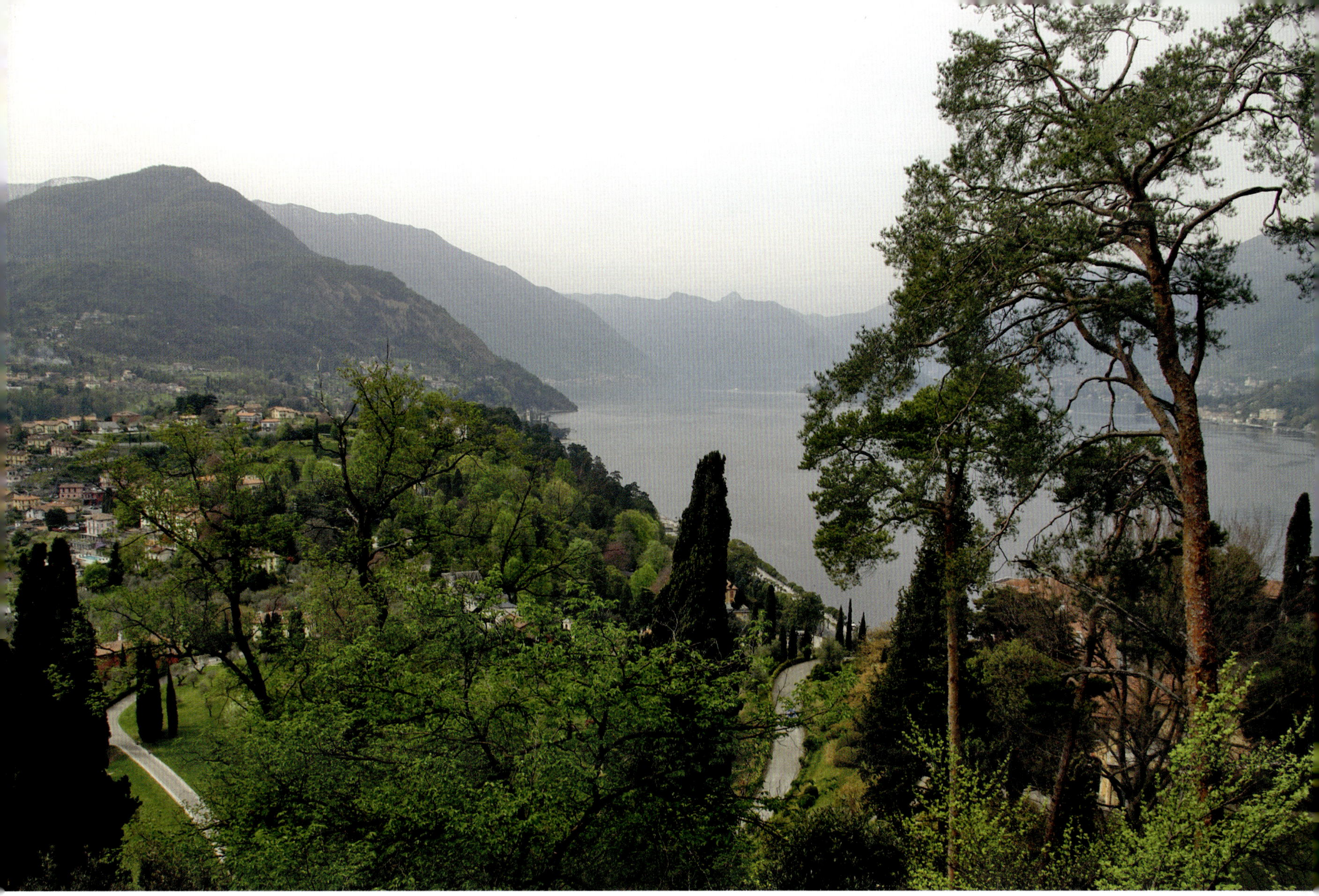

man nicht den Rasen zwischen den Mauerresten ordentlich gemäht und in der Mitte ein albernes kleines Blumenbeet angelegt. Wenn hier Wildblumen wachsen dürften – doch darüber denkt man bald schon nicht mehr nach, denn, wie gesagt, hier dreht sich alles um die Aussicht. Zum ersten Mal sieht man den nördlichen Arm des Sees in all seiner Herrlichkeit. Die mächtige Begrenzungswand der Schweizer Alpen zieht alle Blicke auf sich. Am Comer See herrscht oft dunstiges Wetter, es scheint dann, als habe sich ein Tüllschleier über die Berge gebreitet. Wenn aber der Dunst aufreißt, ist der Himmel strahlend klar und die Sicht atemberaubend, vor allem im Frühling, wenn das obere Drittel der Berge mit gleißendem Schnee bedeckt ist. Unterhalb der Burgruine ragen an manchen Stellen Felsen aus der hohen Wiese, und die vereinzelten Bäume und Sträucher wachsen ungehindert. Man bekommt eine Ahnung, wie es hier aussehen könnte, wenn der Mensch nicht glättend und polierend in die Landschaft eingriffe. Der Park der Villa Serbelloni ist vom Zusammenspiel der wilden und der kultivierten Natur geprägt, und Erstere ist stets bereit, sich jeden Zentimeter zurückzuholen. Vielleicht wäre das nicht das Schlechteste.

Oben Vom oberen Bereich des Gartens geht der Blick nach Südwesten über den Comer Arm. Der hohe Dunst ist typisch für die Stimmung am See.

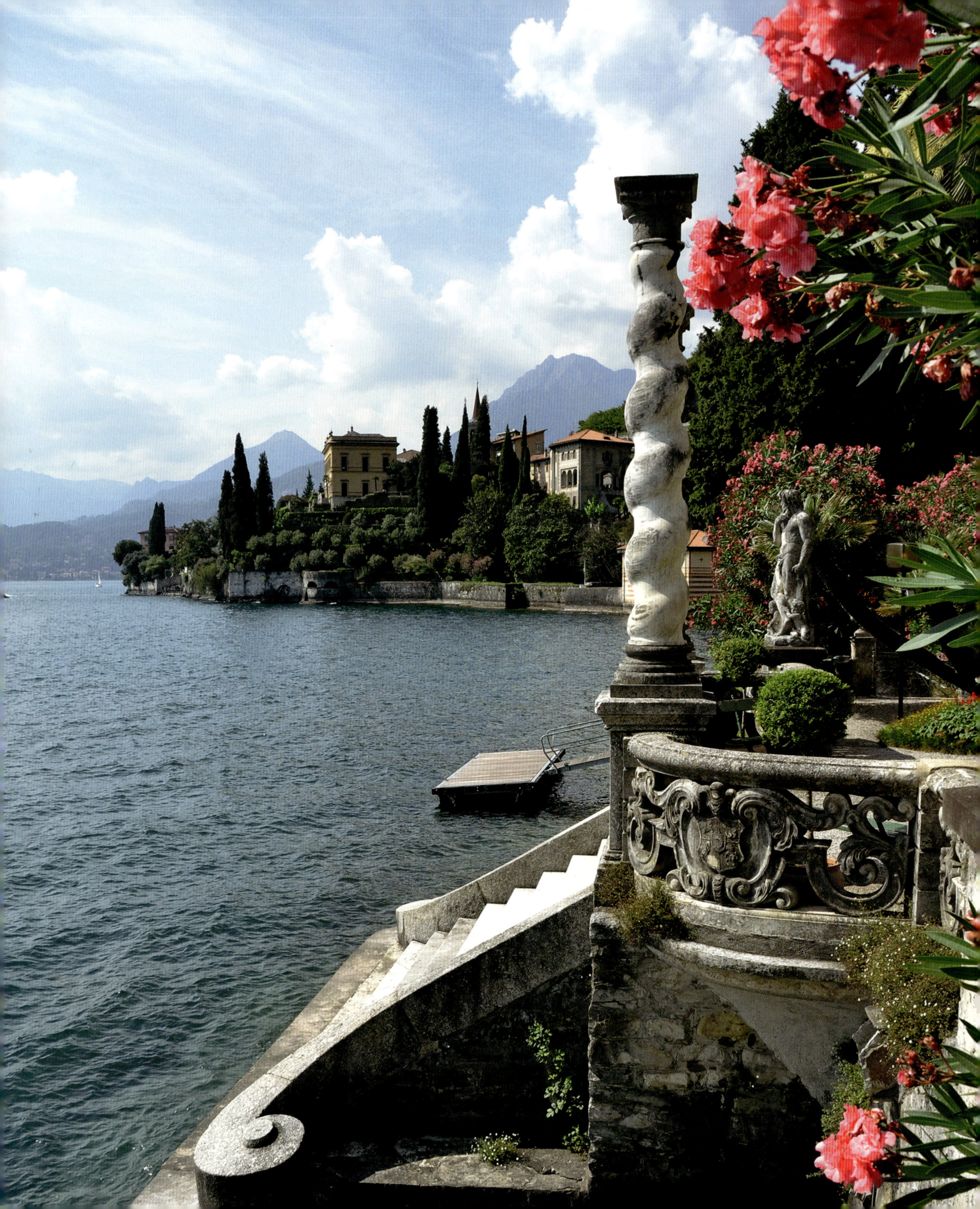

DIE VILLA CIPRESSI UND DIE VILLA MONASTERO

Varenna ist ein bildschöner Flecken Erde. Das Dorf am östlichen Seeufer ist weit und breit der einzige Ort, die Häuser stapeln sich wie aprikosen- und terrakottafarbene Schachteln am Hang, gekrönt wird die malerische Komposition vom Kirchturm. Darüber ragt in grau-grüner Strenge die Flanke des Berges auf, an der der romantische Turm des Castello di Vezio Wache hält.

Die scheinbare Isolation ist eine Illusion. Es verkehren regelmäßig Fähren nach Menaggio und Bellagio, die Straße von Lecco in die Alpen führt um den Ort herum, und am Bahnhof halten die Züge mit den Urlaubern, die aus dem nur eine Stunde südlich gelegenen Mailand kommen. Auf dieser Strecke fuhr schon Anfang des 20. Jahrhunderts die erste elektrifizierte Eisenbahn der Welt.

Die glückliche Kombination von herrlicher Lage und bequemer Anreise hat im Laufe der Zeit natürlich viele Vergnügungshungrige nach Varenna geführt. In den goldenen Jahren um 1900, als Orte wie dieser ihr modernes Aussehen erhielten, wurden die Villen an den steilen Gassen während der Saison von großbürgerlichen Familien belegt. Auf den Terrassen und den Decks der Passagierdampfer promenierten Politiker und Industriekapitäne. Homburg, Zigarre und gewichste Bärte beherrschten das Bild. In den Hotels hingen Listen mit den Namen der Berühmten aus, die das Dorf mit ihrer Anwesenheit beehrten.

Zu den vielen Reizen Varennas gehört heute der willkommene Umstand, dass zwei dieser Villen – die Villa Cipressi und die Villa Monastero – die Tore ihrer Gärten für Besucher weit öffnen. Vom See aus betrachtet, bilden sie am südlichen Ortsrand ein langes Band vor der Dorfsilhouette. Die Villa Cipressi, die auf einer kleinen Anhöhe direkt an der Ausfallstraße steht, sticht mit ihren kräftigen Farben sofort ins Auge. Das Gebäude ihrer Nachbarin, der Villa Monastero, ist auf den ersten Blick unauffälliger. Es liegt als langer hellgrauer, von zahlreichen Bogenfenstern durchbrochener Riegel direkt am Seeufer. Die Grundstücke haben ein überraschendes Verbindungsglied: Das Bootshaus des einen steht nämlich vor dem Garten des anderen, doch es wirkt nicht störend, für die eine Villa hat es praktischen Nutzen, der Garten der anderen gewinnt unverhofft ein gestalterisches Element. Obwohl sie seit alters her nie einen gemeinsamen Besitz gebildet haben und jede Villa ihre ganz eigene Geschichte hat, gehören sie für mich doch zusammen. Mir erscheinen sie wie zweieiige Zwillinge – vielleicht ein gewagter Vergleich.

Den heutigen Besucher mag beim Betreten der Villa Cipressi durch die diskreten automatischen Glastüren für einen Moment ein Gefühl der Unsicherheit befallen – gehört man hier überhaupt hin? Denn über viele Jahre war die Villa kein Hotel, sondern eine Art Studienzentrum, und ich war dort untergebracht, als ich vor vielen Jahren zum ersten Mal an den Comer See kam. In die Empfangshalle wehen die Laute geschäftigen Treibens aus verborgenen Räumen, die Decken haben ausgesprochen schöne Fresken. Wenn diese Atmosphäre den Besucher zum Bleiben einladen soll, gelingt ihr das vortrefflich.

Als ich das letzte Mal hier war, überreichte mir eine taktvolle Dame am Empfang gegen ein symbolisches Entgelt eine Eintrittskarte für den Garten und wies mich zu einer kleinen Nebentür. Als ich diese Tür hinter mir geschlossen

LINKS Die Oleanderblüten *(Nerium)* setzen vor der gedrehten Säule an der Terrasse der Villa Monastero einen Farbakzent, links erhebt sich die Villa Cipressi zwischen den namensgebenden Bäumen über dem See.

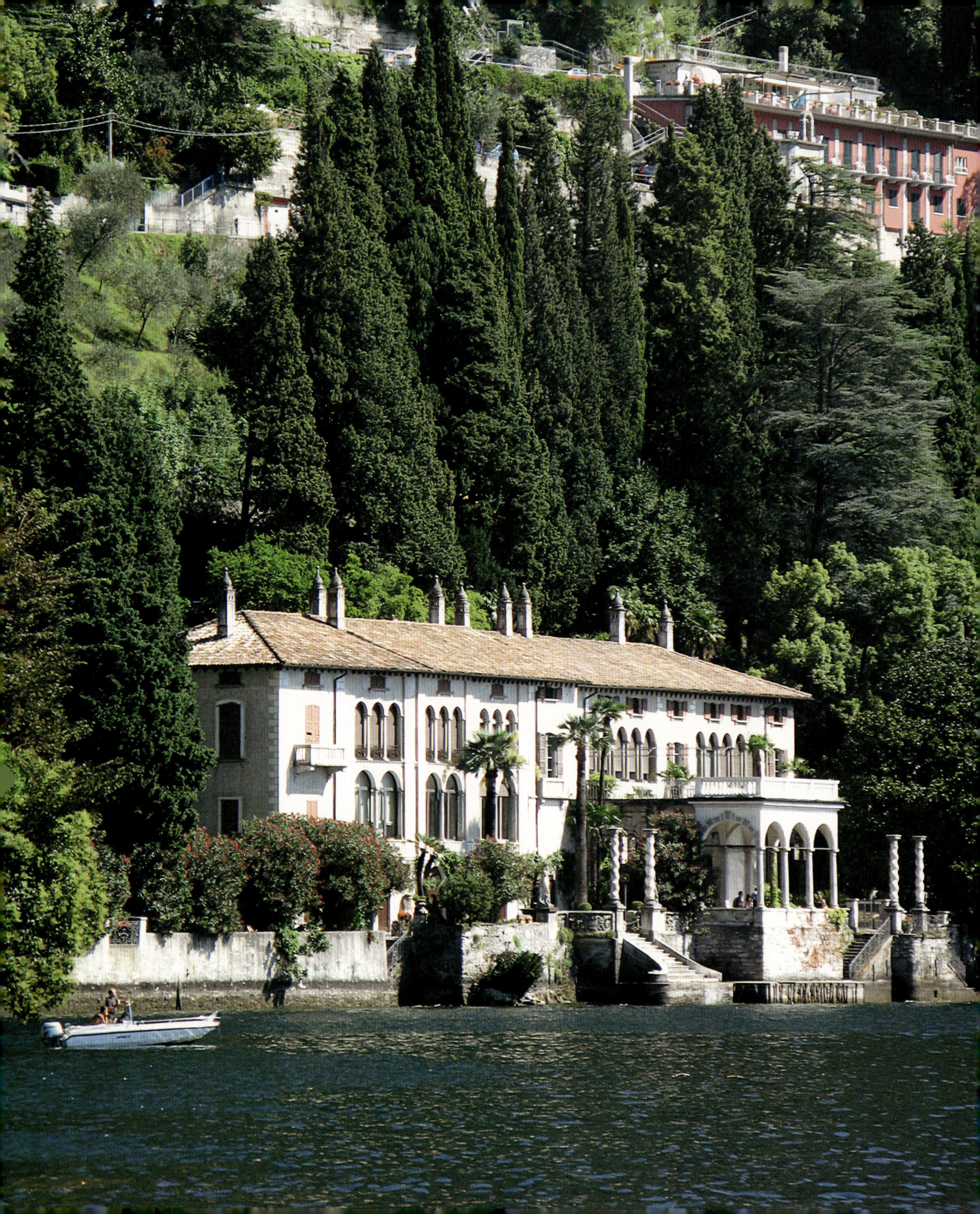

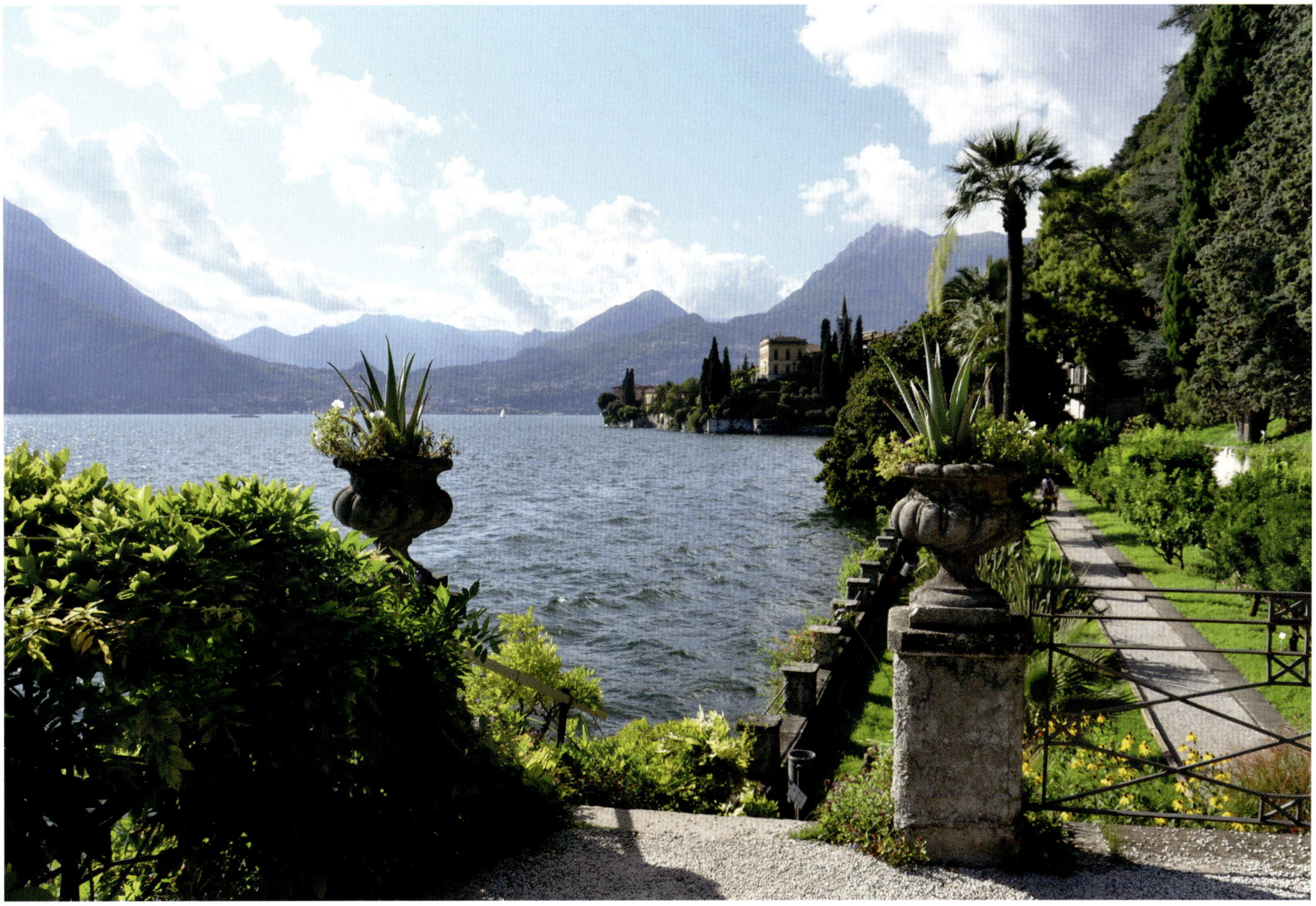

hatte, stand ich in einem kleinen, von den Räumen der Villa gebildeten Hof. Von hier führt ein gewundener Kiesweg hinunter zum See, vorbei an Rasenflächen und Ziersträuchern, die der internationale Jetset des frühen 20. Jahrhunderts favorisierte: Chinesische Hanfpalmen (*Trachycarpus fortunei*); *Rosa banksiae* 'Lutea', deren kleine gelbe Blüten so gut in ein Knopfloch passten, verschiedene *Yucca*-Palmen und Agaven. Einige Beete sind mit saisonalen Blumen bepflanzt. Das alles hat das Flair eines altmodischen Anwesens an der französischen Riviera. Es scheint eher darum zu gehen, die Stellung zu halten, als darum, sich auszuzeichnen, doch die Anlage ist sehr ordentlich gepflegt. Mit der prächtigen Naturkulisse kann ohnehin nichts konkurrieren.

Die schönsten Elemente des Gartens der Villa Cipressi sind die hohe Blauregen-Hecke (*Wisteria*) und die Pergola auf der Seeseite des Hauses. Dem Blauregen kommt das Klima am Comer See sehr entgegen. Als Nordeuropäer fühlt man sich von seinem üppigen Wuchs schier überwältigt, vor allem wenn er im Frühjahr überreich blüht. Wen die Schönheit seiner lässigen amethystfarbenen Blüten noch nicht umwirft, der ist von seinem süßen Duft berauscht. Im Garten der Villa Cipressi wächst der Blauregen an einer sechs Meter hohen und 90 Meter langen Stützmauer und wird so geschnitten, dass durch seinen Blütenvorhang kaum ein Stein schimmert. Es ist ein sehr eindrucksvolles Bild.

Die Pergola hoch über dem See ist ein typisches Beispiel für die Lauben, die sich die Ausländer aus dem grauen Norden errichten ließen, als sie den Comer See für sich entdeckten. Hier spendet sie nicht nur Schatten, sondern lenkt den

LINKS Der helle graue Riegel der Villa Monastero am Seeufer von Varenna. Ihre Rundbogenfenster blicken auf Säulen und Gartenpavillons.

OBEN Die lange Terrasse der Villa Monastero liegt direkt am Ufer des Comer Sees. Sie lenkt den Blick nach Norden auf die blaue Kulisse der Berge.

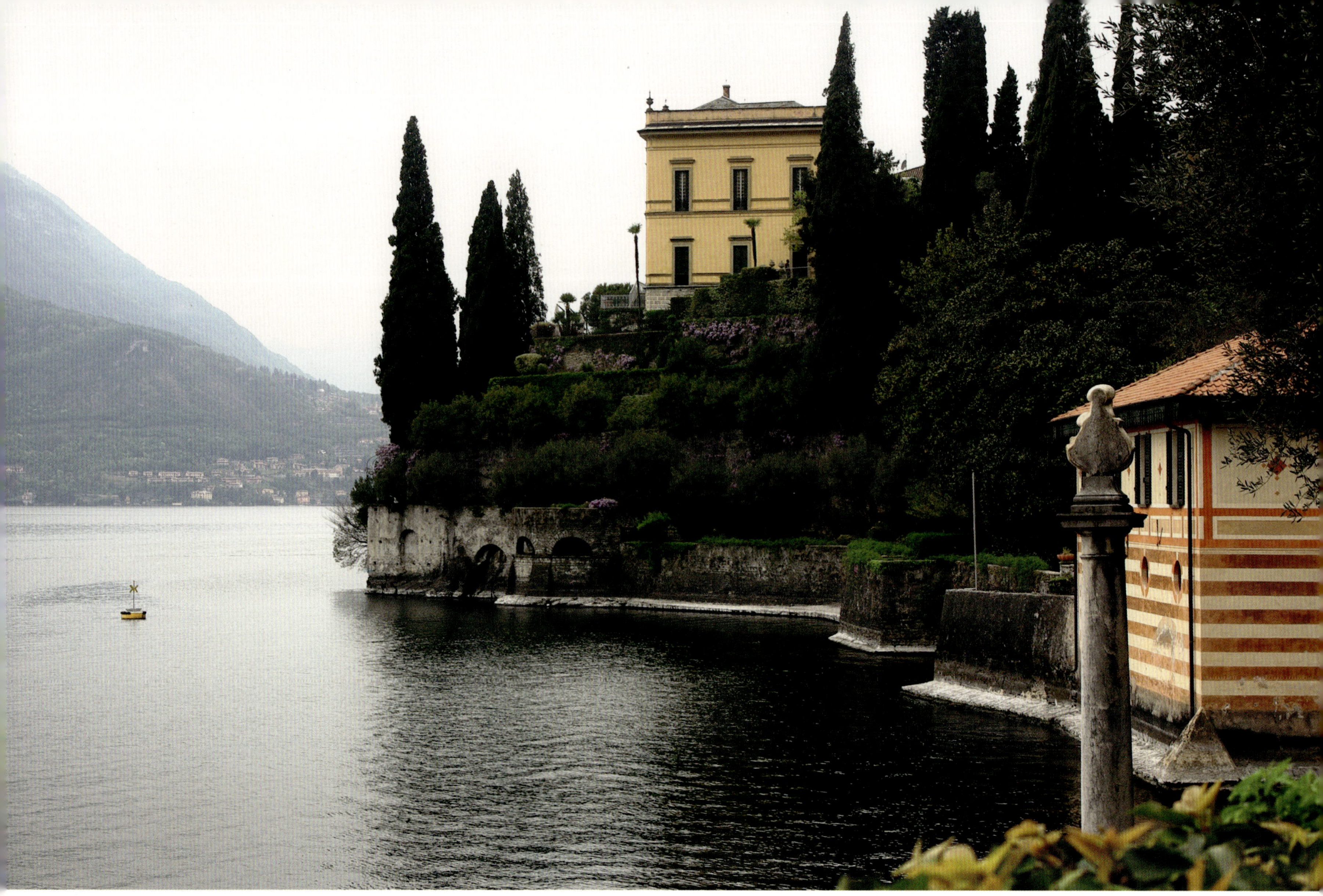

Blick auch auf das bewaldete Vorgebirge von Bellagio. Es gibt kaum einen schöneren Ort für ein Frühstück als diese Terrasse, zu deren Füßen morgens die Sonne goldene Streifen auf die Wasserfläche des Sees malt.

Geht man nun zur Villa Monastero hinüber, wird man feststellen, dass sie, trotz vieler Ähnlichkeiten, einen ganz eigenen Charakter hat. Zunächst war sie, wie der Name vermuten lässt, ein Kloster. Im 17. Jahrhundert verwandelte man sie in einen (weltlichen) Landsitz, und seit einigen Jahren steht sie nun unter der Obhut der Provinzverwaltung. Sein heutiges Aussehen hat das Haus Walter Kees zu verdanken, einem Leipziger Unternehmer, der die Villa 1897 kaufte und bis 1909 hierher in die Sommerfrische kam (im nahe Leipzig gelegenen Markkleeberg verwandelte er ein Rittergut in eine neobarocke Anlage, die seither seinen Namen trägt). Seine Vorstellung von Bürgerstolz kann man im Innern der Villa betrachten. Im prächtigen Treppenhaus sind vier Majolika-Tafeln mit den Porträts berühmter Deutscher zu sehen: des Komponisten Johann Sebastian Bach, des Philosophen Immanuel Kant, des Architekten Andreas Schlüter (der die Stadtfassade des Berliner Schlosses entwarf) und des Physikers Hermann von Helmholtz. Die orientalisch anmutende versenkte Wanne im Badezimmer diente weniger intellektuellen Genüssen.

Der Garten erstreckt sich auf langen Terrassen neben der Villa. Kees ließ unter anderem einen halb runden, zum See hin offenen Tempel errichten. Der ist auch ganz entzückend, nur leider schien der Architekt nicht viel von antiker Architektur oder vom praktischen Nutzen eines Aussichtspunktes zu verstehen, denn eine der Säulen platzierte er genau in die Mitte. Auf der Seeseite der Villa wandte er sich einer anderen Stilrichtung zu und setzte zu beiden Seiten der Loggia gedrehte, barock anmutende Säulen. Vielleicht standen sie

Oben Die Villa Cipressi thront, vom Garten der Villa Monastero aus gesehen, über der mit Blauregen (*Wisteria*) verkleideten Terrasse. Das kleine gestreifte Gebäude im Vordergrund ist das Bootshaus.

damals aber nicht frei, sondern trugen eine Pergola. Von dem kleinen Tempel aus blickt man auch auf die Villa Cipressi, die – von den namensgebenden Bäumen eingerahmt – wie ein perfekter Pavillon erscheint, nah genug, um Bewunderung zu erwecken, doch nicht so nah, als dass sie aufdringlich wirkte.

Die untere Terrasse der Villa Monastero erstreckt sich weit nach Süden hin. Es muss ein herrlicher Ort für rauschende Feste gewesen sein, bevor diese großbürgerliche Welt 1914 unterging. Was aus jener Zeit erhalten blieb, ist ein langes, an der Südecke der Villa gelegenes Beet mit *Citrus*-Bäumchen. Sie stehen ideal: in regelmäßigen Abständen, die Kronen zu kleinen Kugeln geschnitten und jedes mit einem Informationsschildchen versehen. Es sind Bergamotten (*Citrus* × *limon* Bergamot Group), Bitterorangen (*C.* × *aurantium* Grapefruit Group), Kumquats (*C. japonica*) und viele andere Sorten, sie alle warten nur darauf, studiert, betrachtet, berochen und genossen zu werden.

Walter Kees verbrachte, so stelle ich es mir vor, viele glückliche Stunden zwischen seinen botanischen Schätzen. Hier hat sich ein Mann aus dem Norden seinen Traum vom sonnigen Süden verwirklicht – aus eben diesem Grund gibt es solch herrliche Orte.

UNTEN Die paradiesisch anmutende *Citrus*-Sammlung im Garten der Villa Monastero. Hier stehen unter anderem Orangen (*C. sinensis*), Zitronen (*C.* × *limon*), Kumquats (*C. japonica*), Bergamotten (*C.* × *limon* Bergamot Group) and Zitronatzitronen (*C. medica*).

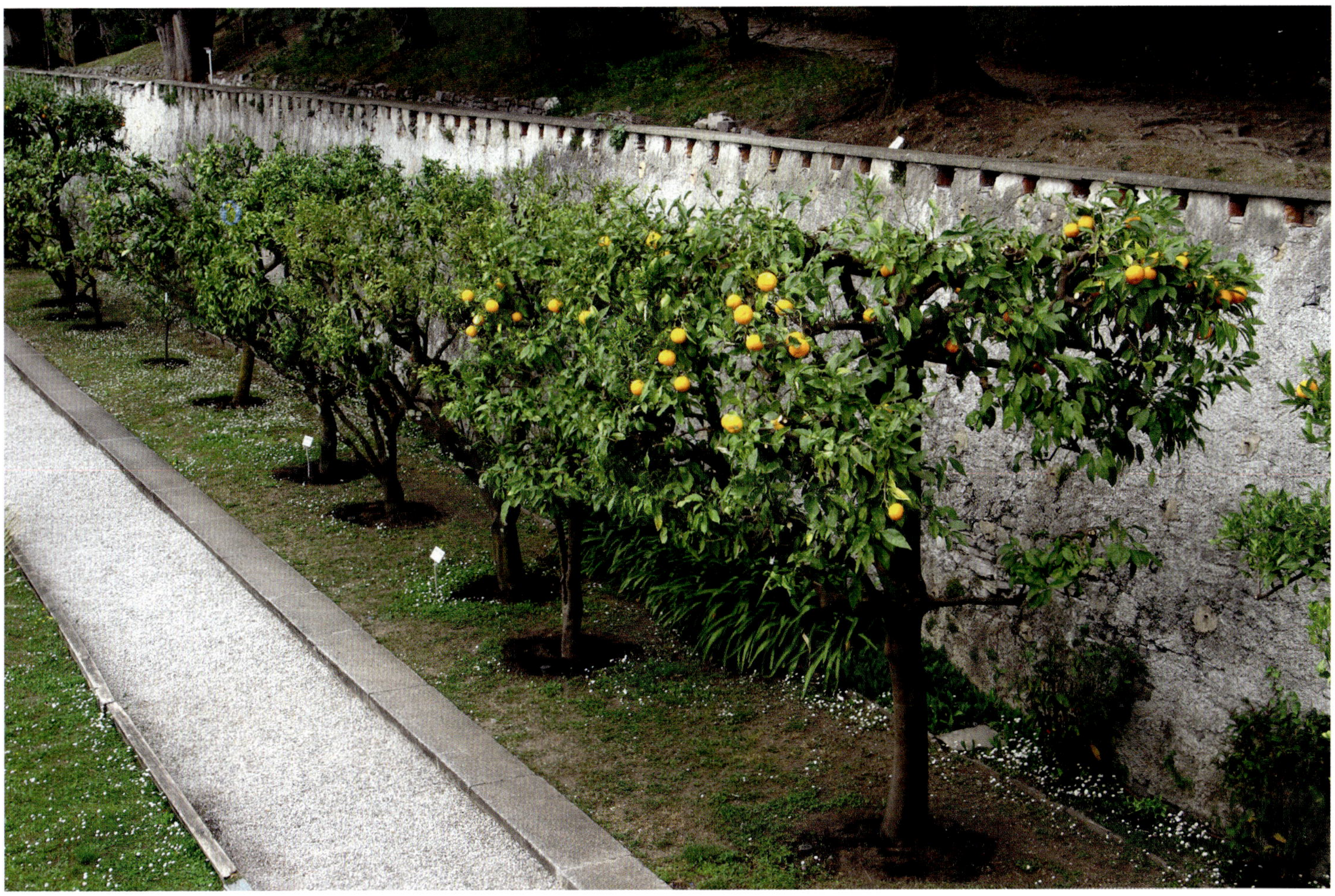

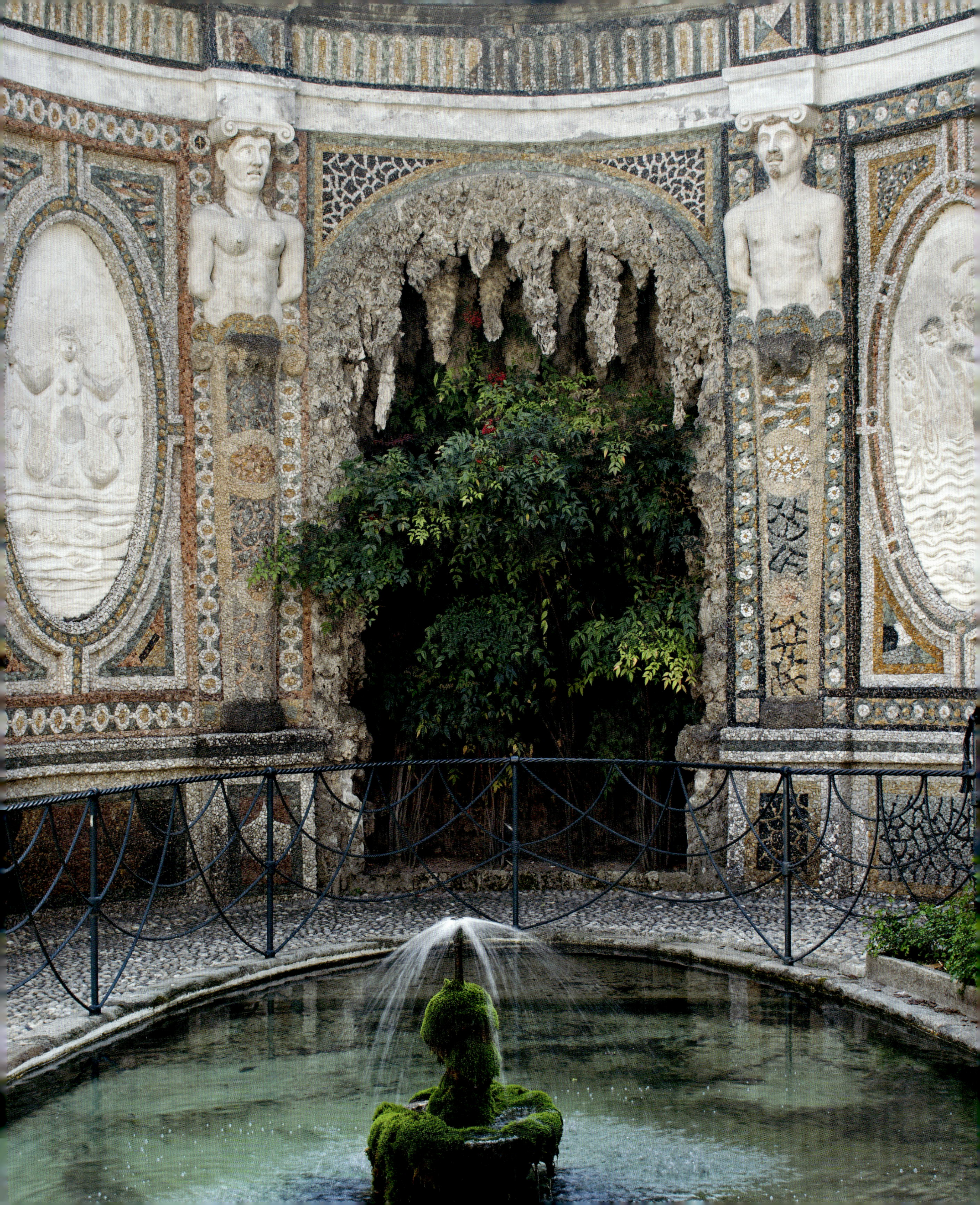

DIE VILLA D'ESTE

Die Villa d'Este in Cernobbio am südwestlichen Arm des Sees etwas nördlich von Como gelegen, ist eine der prunkvollsten Hotelanlagen am Seeufer. Ihr Ponton-Swimmingpool ragt, kilometerweit zu sehen, in den See hinein, ihr Park erstreckt sich bis in die steilen Hügel. Die Villa selbst umgibt das Flair eines Grand Hotels aus alten Zeiten. Hotelangestellte in schmucken grünen Uniformen begrüßen die Gäste am Torhaus oder am Landungssteg. Man betritt hier eine eigene kleine Welt.

Auf den ersten Blick scheint die große Villa in einem englischen Landschaftspark mit den typischen Stilelementen des 19. Jahrhunderts zu liegen: kurvige Kieswege, samtiger Rasen und hohe Zierbäume. Wäre es so, könnte man höflich nicken und wieder gehen. Doch dieser Garten birgt einen Schatz, der das Verweilen lohnt. Die erste Villa wurde 1568 nach Plänen des bedeutenden Renaissance-Baumeisters Pellegrino Tibaldi für Tolomeo Gallio, den Kardinal von Como, erbaut. Damals hieß sie Villa Garovo, nach dem Bergbach, der über ihr Land in den See fließt. Im Laufe der Jahrhunderte hat sich vieles verändert, die zweiarmige Kaskade und das Nymphäum aus dieser Zeit aber existieren noch und scheinen unverändert.

Ihren heutigen Namen erhielt die Villa, als der Besitz 1815 an Caroline von Braunschweig-Wolfenbüttel ging, deren skandallöser Ruf ihr in ganz Europa vorauseilte. Sie war mit dem britischen Prinzregenten, dem späteren George IV., verheiratet, der sie herzlich verabscheute und ihr daher – unvorsichtigerweise – erlaubt hatte, England zu verlassen. Das tat sie nur zu gerne, und ihr verschwenderischer Lebensstil brachte ihm den Ruf ein, weder als Ehemann noch als Public-Relations-Experte viel zu taugen. Die Klatschreporter machte sie mit ihren Festen und Bekanntschaften jedenfalls glücklich.

Es war Carolines Idee, das Haus in Villa d'Este umzutaufen, und diese Namenswahl hat seither umständliche Erklärungsversuche nach sich gezogen. Der Besitz hat nichts mit der berühmten Villa d'Este in Tivoli bei Rom zu tun. Caroline berief sich auf ihren Vorfahren Guelfo d'Este, der im 12. Jahrhundert lebte und als der Stammvater der Welfenlinie (bis ins englische Königshaus) gilt. Mit dieser Berufung auf uralte deutsche und lombardische Dynastien verkündete die Prinzessin kess, dass sie hier hingehörte. Sie lebte auch sonst recht ungeniert, und es gäbe vieles zu erzählen, doch dafür bleibt jetzt leider keine Zeit.

Nun geht es in einem Zeitsprung zurück in den erlesenen Torso des Gartens aus dem 16. Jahrhundert, der nur wenige Meter nordwestlich der Villa liegt. Schon ein Blick verrät dem darob entzückten Besucher, dass dieser Torso in herrlichem Zustand ist: Es ist, als habe die Zeit im Rest der Welt ihren normalen Lauf genommen und dieses Stück Erde vergessen, es blieb seit dem Tag seiner Vollendung unverändert. Wann immer ich es betrachte, male ich mir unwillkürlich die gesamte Gartenanlage aus, die sich von hier aus wohl in einem ähnlich prachtvollen Stil in alle Richtungen ausbreitete … Doch man sollte auch für kleine Gaben dankbar sein.

Vom Fuße der Anlage, die nicht sonderlich breit ist, schweift der Blick, von einer Reihe von Gestaltungselementen gelenkt,

LINKS Der Kaskadengarten der Villa d'Este ist nur ein – tadellos erhaltener – Bereich einer ehemals viel größeren Anlage. Die grottenartige Nische hinter dem zentralen Bassin wird von Skulpturen und Mosaiken umrahmt.

aufwärts. Zunächst sind da leuchtend grüne Rasenflächen mit Blumenbordüren. Auf alten Zeichnungen erkennt man, dass an dieser Stelle immer eine Art Parterre war – die heutige Gestaltung ist fraglos sehr gelungen.

Vom Fuße des langgezogenen Hügels aus kann man die Blendmauern bewundern, die den Eingang zum Nymphäum flankieren. Sie ziehen sich in geordneten Segmenten und Kurven recht weit und geleiten in eine phantastische Welt aus Mosaik- und Stuckarbeiten. Die klaren Linien und regelmäßigen Formen, die aus hellem Stein gearbeitet sind, künden von der Bewunderung für die antike Welt, die von den Bildhauern wieder zum Leben erweckt werden sollte. In rhythmischen Abständen liegen Nischen, die von einem weichen Saum aus Tuffstein gekrönt werden – so wirken die Mauern nicht, als seien sie zweckmäßig auf dem Reißbrett entstanden. Die Segmente zu beiden Seiten des Eingangs zum Nymphäum haben einen halb runden Giebel, den je zwei stämmige Obelisken flankieren. Breite und Höhe der Mauern sind so bemessen, dass sie den Blick auf den langen Rasenstreifen lenken, der zwischen den schlanken Kaskaden zum offenen Herkules-Tempel am Ende des Hügels führt.

Tritt man in den fast geschlossenen Bereich des Nymphäums ein, wird man aufs Neue entzückt. Er ist im Grunde ein nach oben offener Raum, dessen Wände sich in der Mitte zu einem Halbrund öffnen und auseinanderzugleiten scheinen, um die zentrale Sichtachse auf den Tempel freizugeben. Die Mitte dieses Raums nimmt ein elliptisches Bassin ein, in dem das Wasser des Bergbachs hier und da in schmalem Strahl aufsteigt. Das Bassin ist von einem herrlichen schmiedeeisernen Geländer eingefasst, dessen schwarz gestrichene Eisenbänder sich zierlich ineinander schlingen.

UNTEN Der Blick auf das kleine Schäfer-Tor zeigt einen der vielen schönen Einfälle der Gartengestaltung: Die saisonale Bepflanzung in leuchtenden Farben unterstreicht die grüne Architektur.
RECHTS OBEN Die Blendmauern lenken den Blick auf die Kaskade – und sind selbst eine Zierde. Ihr architektonischer Rhythmus und der detailreiche Mauerschmuck sind herrliche Beispiele des Manierismus.

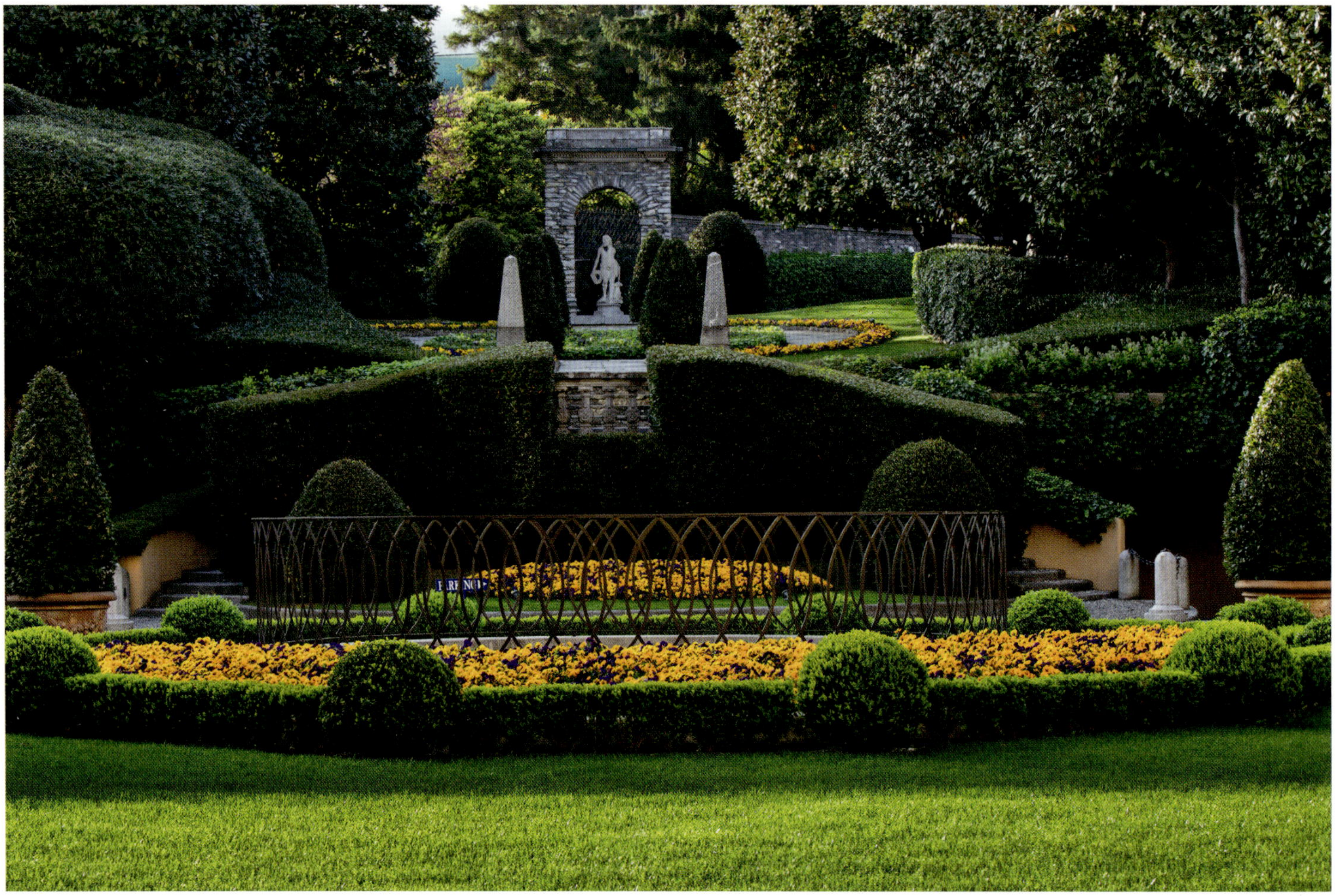

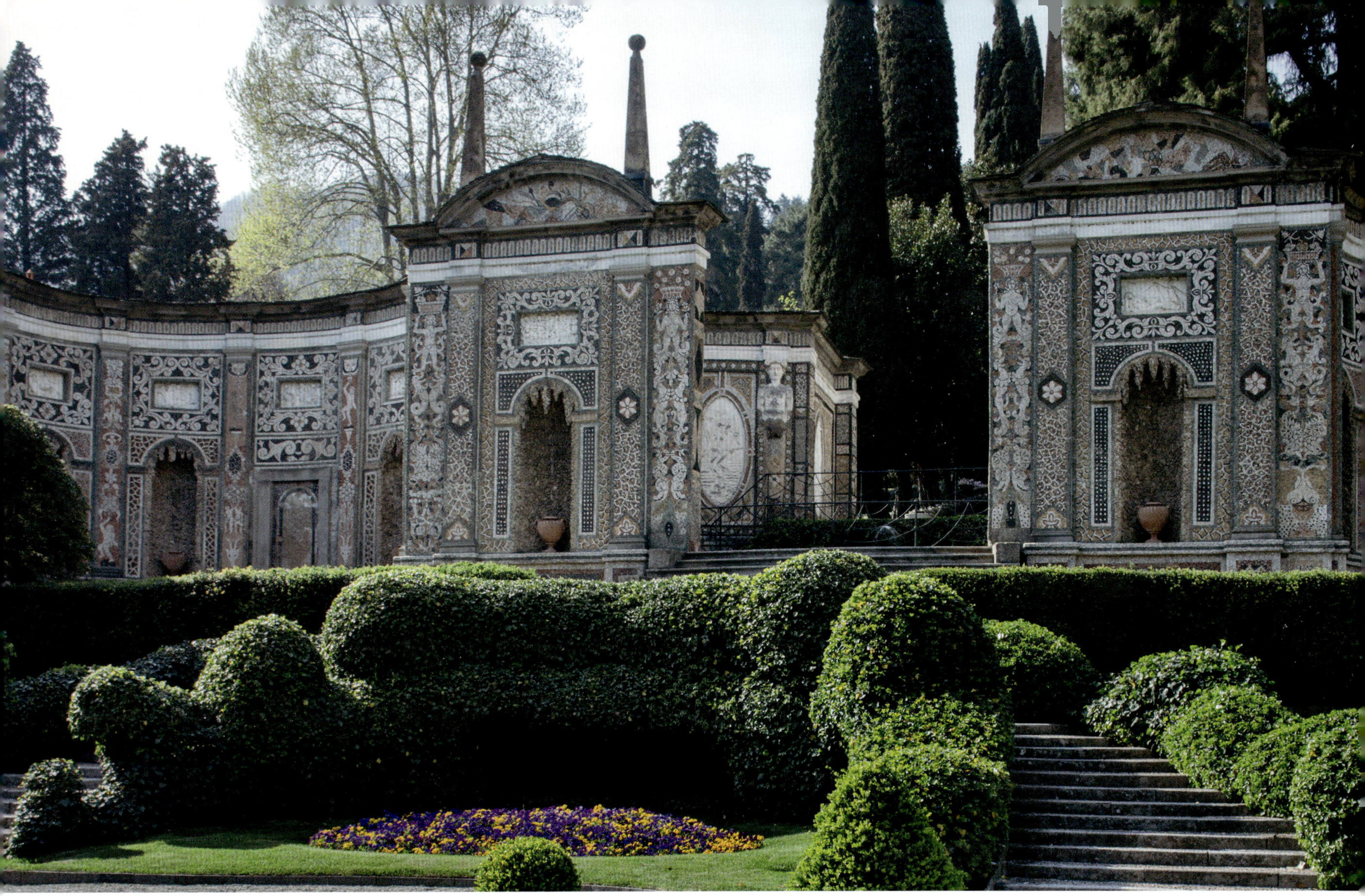

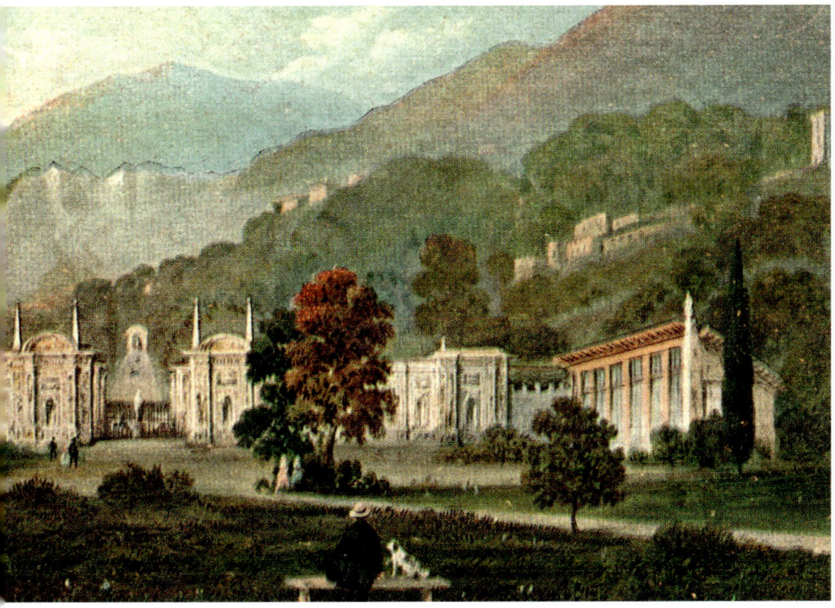

Oben Eine kolorierte Lithographie aus dem frühen 19. Jahrhundert zeigt den gesamten Kaskadengarten vor seiner Bergkulisse. Die Orangerie, die ganz rechts zu sehen ist, existiert nicht mehr.

Es lohnt auch hier – wie bei anderen Beispielen dieser Stilepoche, die vom Übergang von der Spätrenaissance zum Manierismus kündet –, die Details zu betrachten. Man möchte fast annehmen, die eisernen Bänder gingen auf das frühe 19. Jahrhundert und die Zeit der Prinzessin Caroline zurück, waren doch damals solche Arbeiten sehr beliebt. Wenn das stimmte, wären sie eine perfekte Ergänzung.

In den Mosaikmauern stehen männliche Figuren in Gestalt von Atlanten, die die Konstruktion, auf der ionische Kapitelle balancieren, über Kopf halten. Jedes Gesicht hat individuelle Züge. Die Mosaikarbeiten sind so prächtig und detailreich, dass man sich in den Einzelheiten verlieren könnte. Auch die Farben, etwa die verschiedenen satten Schwarz-, Braun- und Rottöne, sind phantastisch, die Motive stammen aus der Natur – dies ist schließlich ein Teil des Gartens. Zwischen diesen Tafeln stehen elegante Szenen aus der antiken Welt, vielleicht aus Ovids *Metamorphosen*, die als flache weißliche Reliefs gehauen oder gegossen sind (ist es Stein oder Stuck?). Es bereitet großes Vergnügen, dem sich hebenden und senkenden

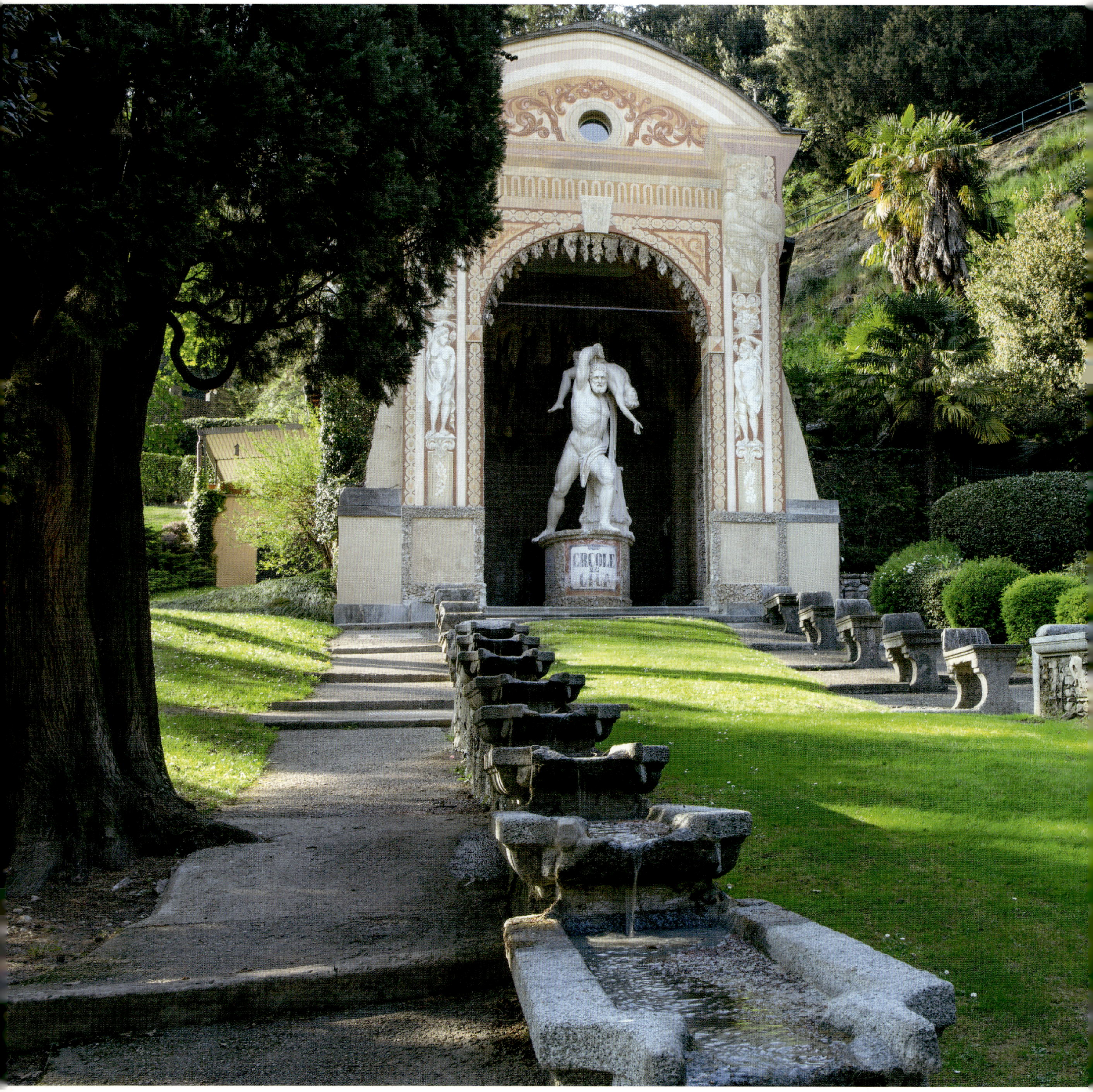

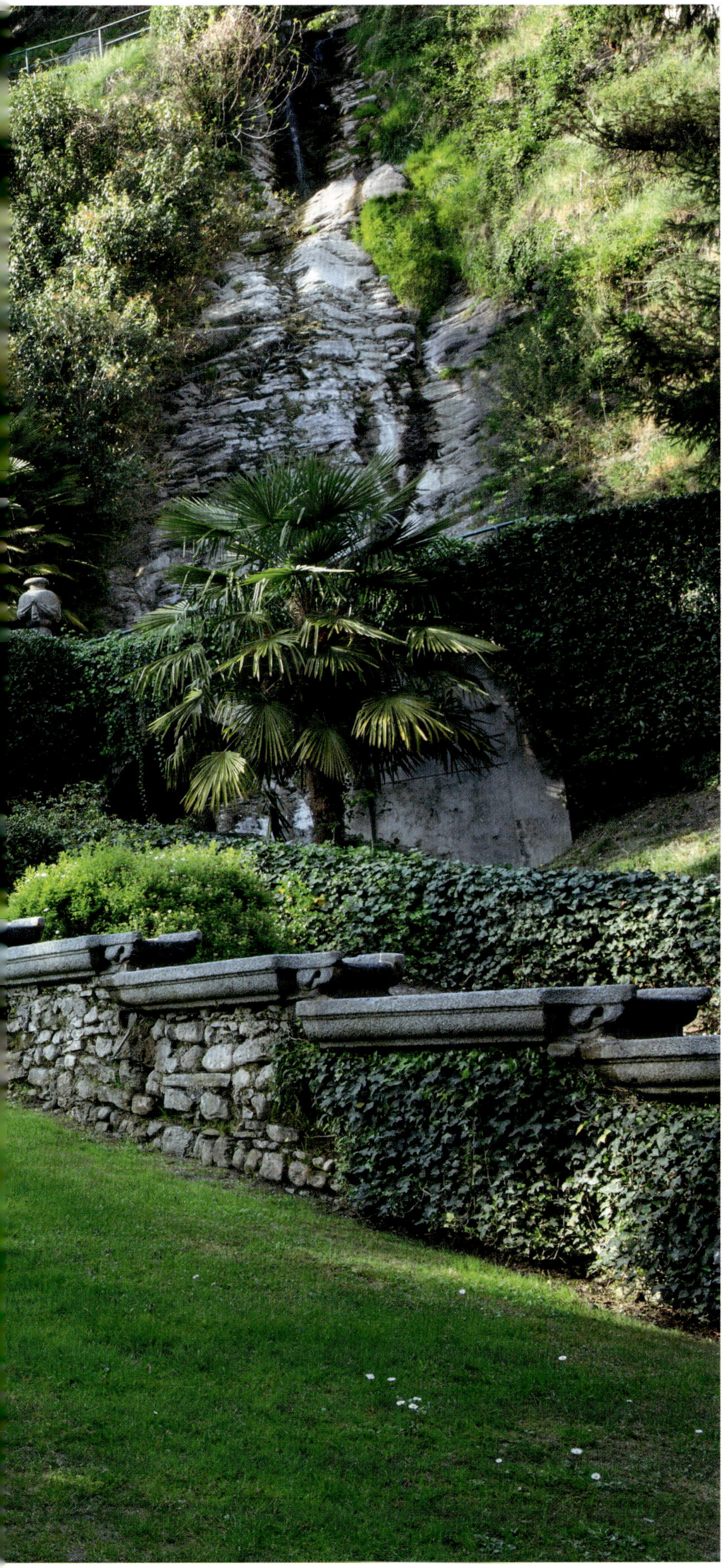

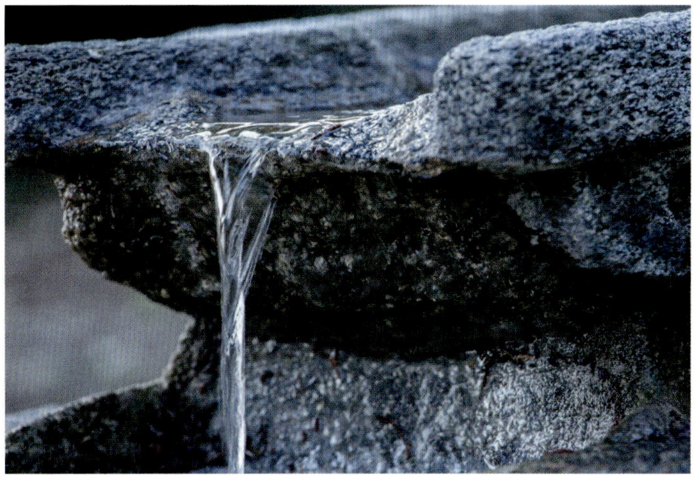

Material zu folgen und darin die große handwerkliche Kunst zu erkennen. Mich erinnern diese Reliefs an elisabethanische Kaminumrandungen aus geschnitzter Eiche, etwa in Levens Hall im Lake District im Nordwesten Englands. Doch während in Italien Ende des 16. Jahrhunderts die Motive mit Sinn und Verstand verwendet wurden, kopierte man in England noch schlicht aus dem Musterbuch, ohne jedes Verständnis für die Vorstellungswelt, aus der sie erwuchsen.

Als ich zum ersten Mal in diesem außergewöhnlichen Raum stand, wurde mir bewusst, dass etwas fehlte: Amüsement. Hier waren sicherlich einmal *giochi d'aqua* (Wasserspiele), kleine Fontänen, die auf einen Wink des Besitzers an den Gärtner aus dem Pflaster aufstiegen und von den Mauerkronen herabspritzten. Das klingt nach einem schlechten Scherz, doch die Damen und Herren, die hier einmal lustwandelten, erwarteten solch unverhoffte Wasserstrahle geradezu, denn die waren in jedem Sinn erfrischend, brachten sie doch auch Abwechslung in vielleicht allzu steife Gesellschaften. Wer sich noch daran erinnert, wie er als Kind an heißen Sommernachmittagen unter dem Rasensprenger hindurchgelaufen ist, weiß, wie viel Spaß das macht.

Vom Nympäum aus schaut man auf die beiden schlanken Arme der Kaskade, die von einer Allee aus hohen, dunkel-

LINKS Über dem Rasenhang zwischen den Kaskadenläufen zeigt die Statue des Herkules dem Besucher, dass er der Stärkere ist. Hinter ihm fließt der Bergbach, der die Kaskaden speist, in den grottenähnlichen Tempel.
OBEN Der schwache Wasserdruck des Bergbachs sorgt dafür, dass das Wasser in den beiden Granitrinnen der Kaskade sanft von Stufe zu Stufe fällt und dabei eine beruhigende und erfrischende Atmosphäre schafft.

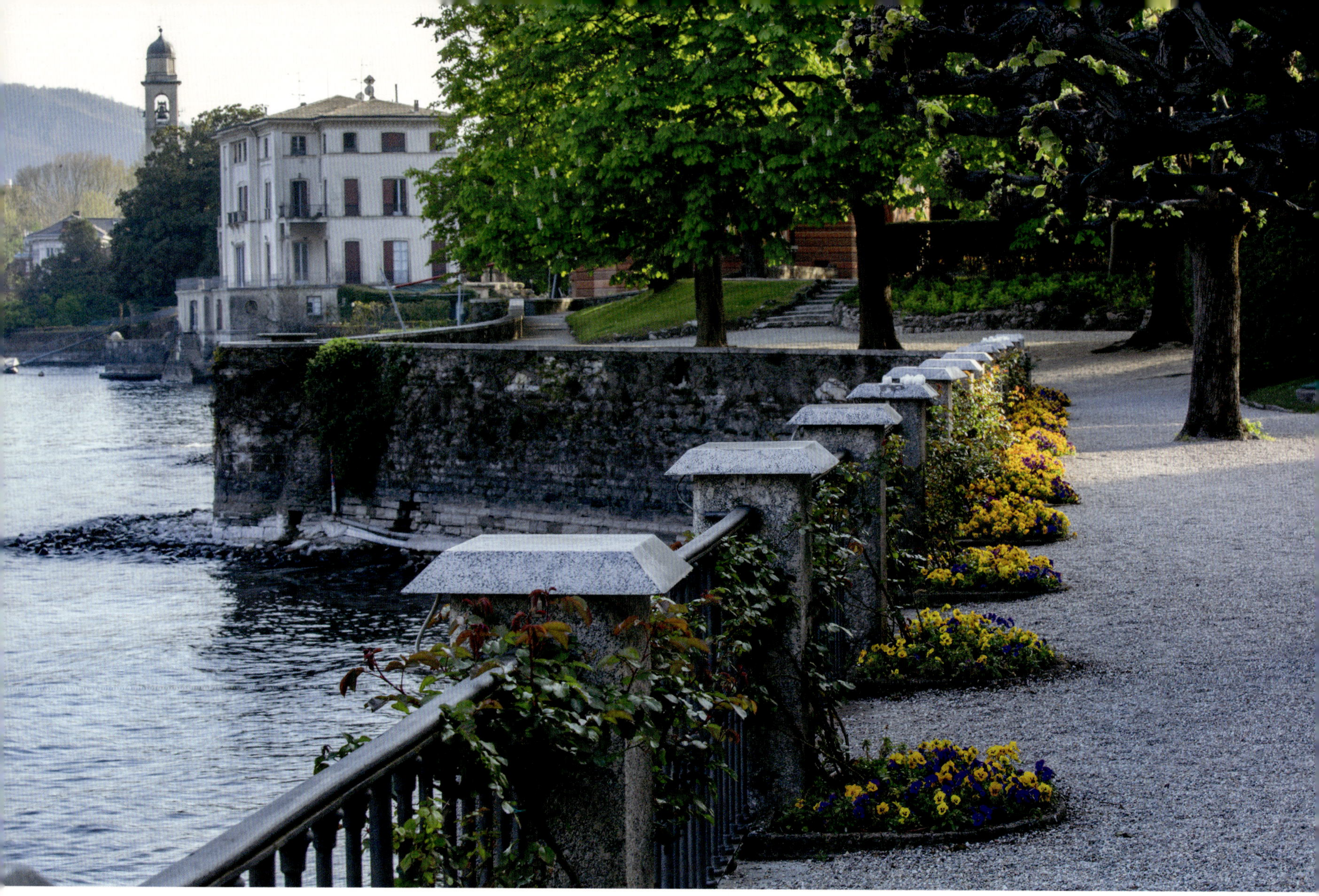

grünen Säulenzypressen (*Cupressus sempervirens*) eingefasst werden. Die Baumreihen sind nicht allein Schmuck, sie umstehen diesen Gartenbereich wie eine schützende Mauer. Ab und an rollt ein Auto auf dem Weg zum Hotelparkplatz vorbei und reißt den Besucher aus seinen romantischen Träumereien.

Die Kaskaden fließen zu beiden Seiten eines grünen Rasens, einer Art *Tapis vert* (grüner Teppich). Der Druck ist schwach, und so stürzt das Wasser nicht schäumend die Stufen hinab, sondern plätschert vielmehr ruhig und erfrischend herab. Wahrscheinlich sprach man ursprünglich von einer *catena d'aqua* (Wasserkette), nicht von einer Kaskade, und lenkte den Bach Garovo, nach dem die Villa früher benannt war, hierfür um.

Auf der Spitze des langen grünen Hangs steht ein offener Tempel mit einer riesigen Statue des unvermeidlichen Herkules, einer Identifikationsfigur – halb Mensch, halb Gott und Aufgaben bewältigend, an denen gewöhnliche Menschen scheitern –, die Villenbesitzer des 16. Jahrhunderts als gute Seele ihres Anwesens sehr schätzten. Diese Statue datiert aus dem 18. Jahrhundert, doch sie passt sich stilsicher an. Das ist nun der Augenblick, in dem man sich fragt, mit wem Herkules nun wieder ringen muss. Hier erlebt man eine kleine Überraschung: Herkules schwingt mit vor Schmerz und Zorn verzerrtem Gesicht den kümmerlichen Körper des Lichas in die Höhe, den er ins Meer (oder in diesem Falle in den 300 Meter entfernten Comer See) schleudern will, weil

Oben Das Hotel hat eine lange Fassade zum Westufer des Comer Sees. Im Süden der schattigen Promenade liegt Cernobbio.
Rechte Seite oben An der nördlichen Grenze des Hotelgrundstücks steigt das Land steil an und zeigt sich romantisch zerklüftet mit seinen Pseudo-Wehranlagen.
Rechte Seite unten Zwischen den hohen Stämmen an der Uferpromenade wachsen saisonale Blumen in Primärfarben. Das Seewasser scheint im Spiel von Wolken und Sonne, Licht und Schatten ständig seine Farbe zu wechseln.

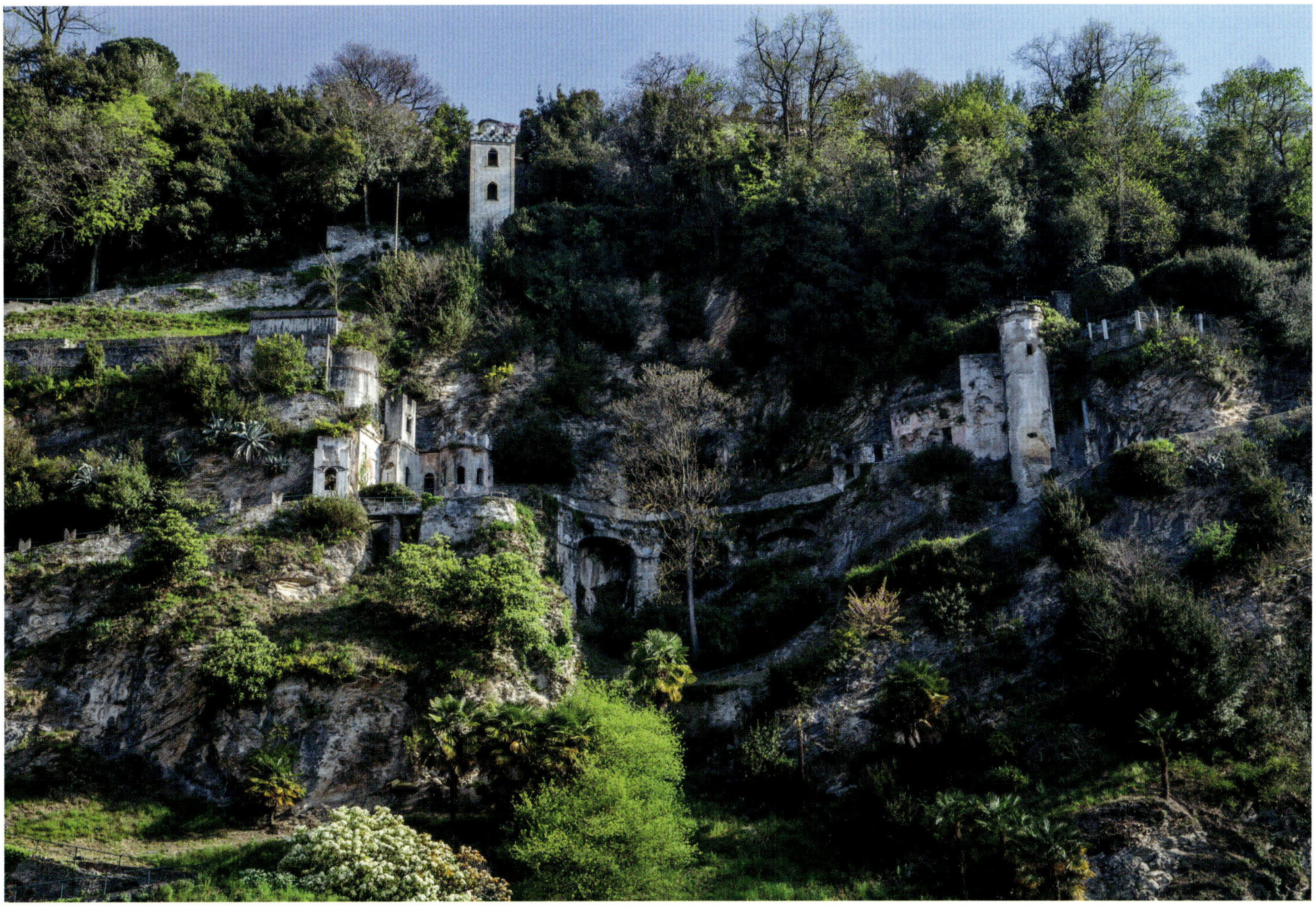

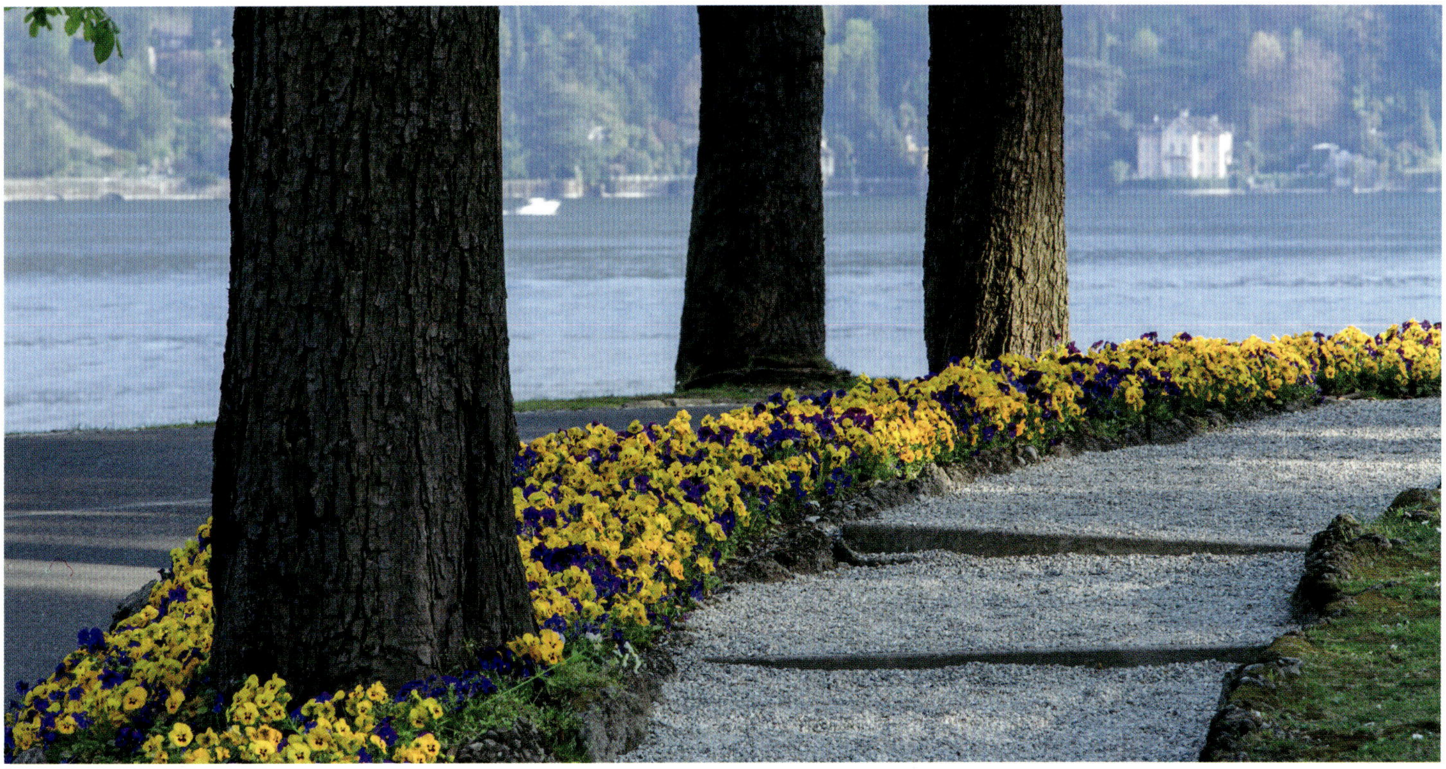

der ihm ein vergiftetes Hemd gereicht hatte. Hinter Herkules erhebt sich grottenähnlicher Tuff, durch den das Wasser rinnt, das die Kaskaden speist.

Neben diesem erlesenen Schmuckstück, das wunderbarerweise erhalten blieb, gibt es noch einen weiteren historischen Gartenbereich an der nördlichen Grenze des Hotelgrundstücks. Dort verbinden ziemlich abschüssige Wege an einer steilen Hügelflanke verschiedene Pseudo-Wehrtürmchen miteinander. Es heißt, diese Anlage sei für einen ehemaligen Soldaten der napoleonischen Armee geschaffen worden, um ihn im Ruhestand an seine militärischen Heldentaten zu erinnern (hatte er sie vergessen?), aber mir scheint das recht weit hergeholt. Die Türmchen sind sozusagen Variationen desselben pittoresken Themas: Manche sind rund, andere eckig, manche haben Zinnen, andere haben keine. Ein Turm hat zwei Stockwerke, die aus Ziegel- oder Bruchsteinen errichtet und grob verputzt wurden, damit sie alt wirken. Zwischen Felsabbrüchen, Gras und Büschen ragen sie, malerisch auf verschiedene Höhen verteilt, aus dem Hügel. Wäre ich noch neun Jahre alt, würde ich begeistert von einem Turm zum anderen rennen und den herrlichen Ausblick genießen. So aber begnüge ich mich damit, mir das Ganze von unten anzusehen. Die unübertroffenen Schmuckstücke der Villa d'Este sind das Nymphäum und die Kaskaden.

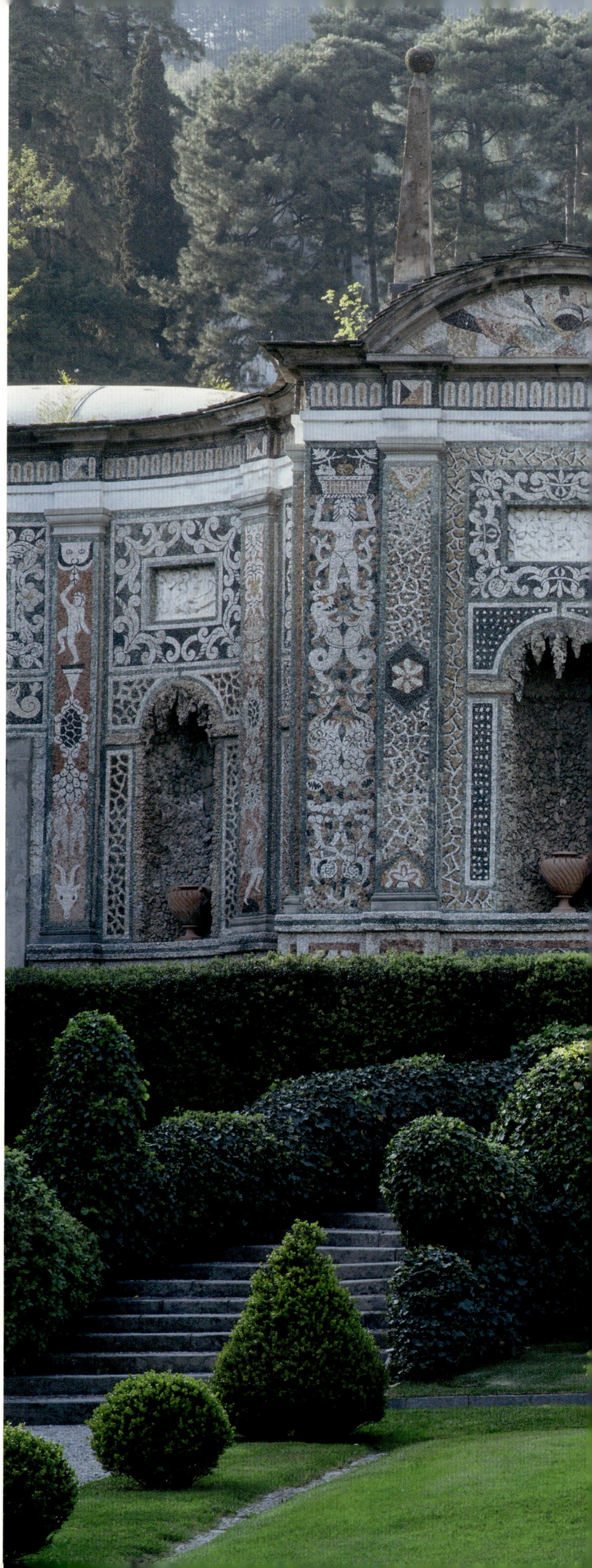

RECHTS Der Blick über das Parterre, zwischen den reich verzierten Blendmauern hindurch und hinauf zum Herkules-Tempel zeigt ein phantastisch erhaltenes Stück Gartenarchitektur des 16. Jahrhunderts.

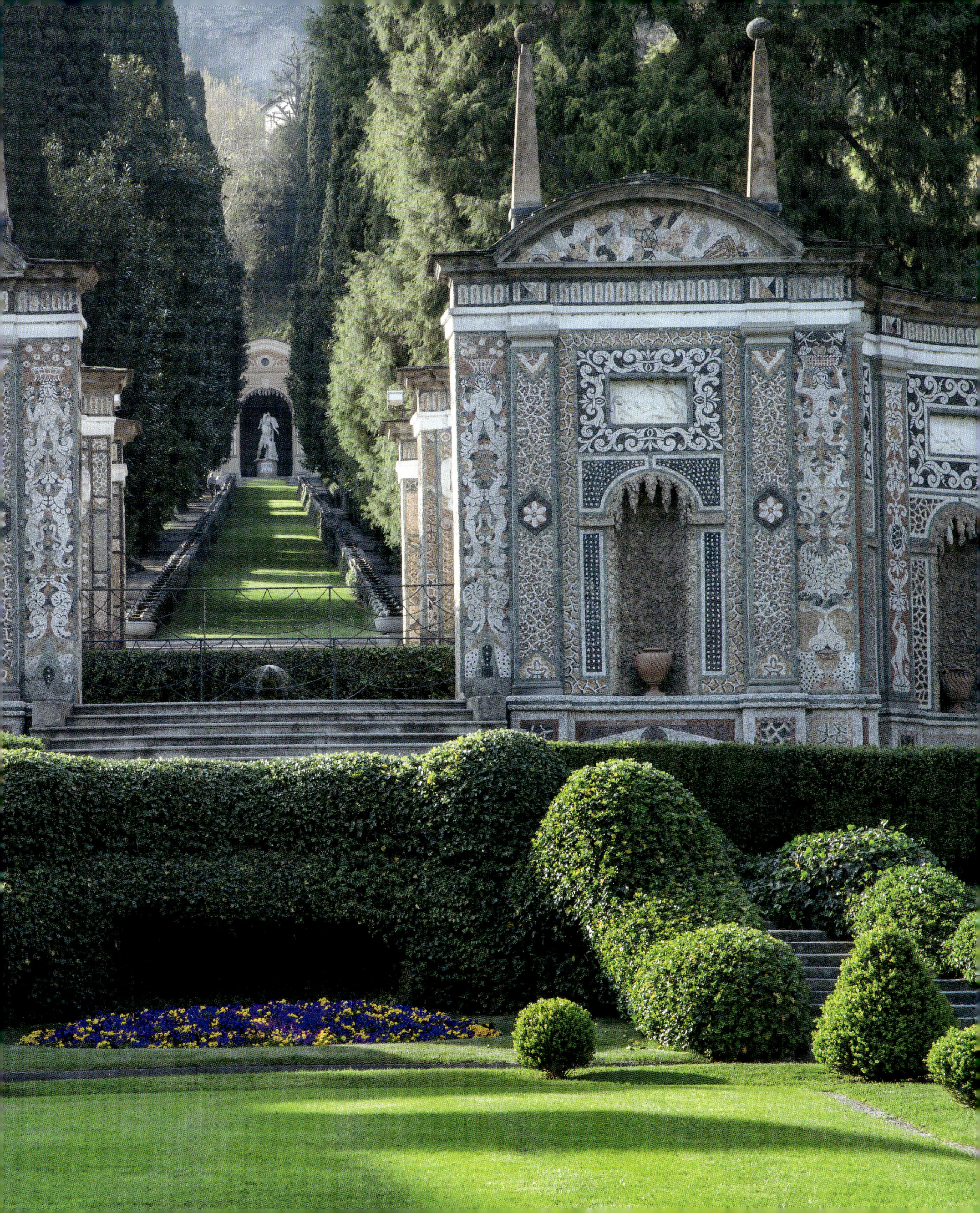

GARTEN-ADRESSEN

Alle hier beschriebenen Gärten sind für Besucher geöffnet, doch manche sind nur nach Voranmeldung oder im Rahmen einer Führung zu sehen. Die Öffnungszeiten entsprechen dem Stand von 2015. Es empfiehlt sich, die aktuellen Zeiten vor einer Reise auf den jeweiligen Webseiten nachzulesen.

LAGO MAGGIORE

1. ISOLA BELLA

Der Garten befindet sich auf der gleichnamigen Insel im Lago Maggiore, unweit der Stadt Stresa. Passagierschiffe legen regelmäßig von Stresa, Baveno, Pallanza und anderen Orten ab. Der Garten ist von Mitte März bis Ende Oktober täglich von 9.00 bis 17.30 Uhr geöffnet. Die Villa ist ebenfalls zu besichtigen. *www.isoleborromee.it/ger/isola-bella.html*

2. ISOLA MADRE

Der Garten ist auf der gleichnamigen Insel im Lago Maggiore, unweit der Stadt Pallanza. Passagierschiffe legen regelmäßig von Pallanza, Stresa, Baveno, und anderen Orten ab. Der Garten ist von Mitte März bis Ende Oktober täglich von 9.00 bis 17.30 Uhr geöffnet. Die Villa ist ebenfalls zu besichtigen. *www.isoleborromee.it/ger/isola-madre.html*

3. VILLA TARANTO

Via Vittorio Veneto 111, Verbania-Pallanza
Der Eingang zum Garten ist in Pallanza, einem Ortsteil von Verbania, am Ufer des Lago Maggiore, der Garten hat außerdem einen eigenen Anlegesteg für Passagierschiffe. Er ist von Mitte März bis Ende September täglich von 8.30 bis 18.30, im Oktober von 9.00 bis 16.00 Uhr geöffnet. Die Villa ist nicht zu besichtigen. *www.villataranto.it/de/*

4. VILLA SAN REMIGIO

Via San Remigio 22, Verbania-Pallanza
2015 war der Garten wegen schwerer Sturmschäden geschlossen, wann er für Besucher wieder öffnet, war noch nicht abzusehen. Früher organisierte das Tourismusbüro Gartenführungen nach Voranmeldung, die Villa ist nicht zu besichtigen. *www.verbania-turismo.it/verbania_stadt.asp*

5. VILLA DELLA PORTA BOZZOLO

Viale Camillo Bozzolo 5, Casalzuigno, Varese
Der Garten liegt im Dorf Casalzuigno in einem Tal östlich des Lago Maggiore und ist von der Hauptstraße aus deutlich ausgeschildert. Er ist im Besitz des Fondo per l'Ambiente Italiano (FAI) und hat täglich außer Montag und Dienstag (es sei denn, diese sind Feiertage) von März bis September von 10.00 bis 18.00, im Oktober und November von 10.00 bis 17.00 Uhr geöffnet. Die Villa ist ebenfalls zu besichtigen. *http://eng.fondoambiente.it/beni/villa-della-porta-bozzolo-fai-properties.asp*

6. VILLA CICOGNA MOZZONI

Viale Cicogna 8, Bisuschio, Varese
Der Garten liegt am Ortsrand des Dorfes Bisuschio, nördlich von Varese, zwischen Lago Maggiore und Comer See und ist gut ausgeschildert. Villa und Garten sind für geführte Besichtigungstouren an Sonn- und Feiertagen von April bis Oktober geöffnet, von 9.30 bis 12.00 und von 14.30 bis 19.00 Uhr. Gruppen können Touren an anderen Tagen vorbuchen. *www.villacicognamozzoni.it/sito/?q=de*

7. VILLA PALLAVICINO

Via Sempione Sud, Stresa
Der Park liegt etwas südlich der Stadt Stresa an der westlichen Hauptuferstraße des Lago Maggiore. Er ist von Mitte März bis Ende Oktober täglich von 9.00 bis 19.00 Uhr geöffnet, letzter Einlass: 17.00 Uhr. Die Villa ist nicht zu besichtigen. *www.parcozoopallavicino.it/index-en.html*

8. ALPINIA-GARTEN

Via Alpinia 22, Alpino di Stresa
Der Garten ist von Stresa am Westufer des Lago Maggiore über eine Bergstraße oder mit der *funivia* (Seilbahn) von Carciano, dem nördlichen Stadtteil von Stresa, zu erreichen; die Talstation liegt nahe des Schiffsanlegers. Der Garten ist von Mitte April bis Mitte Oktober täglich von 9.30 bis 18.00 Uhr geöffnet. Bei schlechtem Wetter bleibt er geschlossen. *http://de.lagomaggiore.net/24/giardino-alpinia.htm* oder *www.illagomaggiore.com/361,News.html*

9. BOTANISCHER GARTEN DER BRISSAGO-INSELN

Isole di Brissago, Kanton Tessin, Schweiz
Der Garten ist auf der größeren der beiden Brissago-Inseln im nördlichen, dem Schweizer Becken des Lago Maggiore. Fähren fahren ab Brissago und Porto Ronco am Westufer, Brissago ist per Schiff von diversen Städten am See aus erreichbar. Der Garten ist ab dem späten März bis gegen Ende Oktober täglich von 9.00 bis 18.00 Uhr geöffnet. In der Villa sind ein Hotel und ein Restaurant. *www.isolebrissago.ch/de/botanischer-garten*

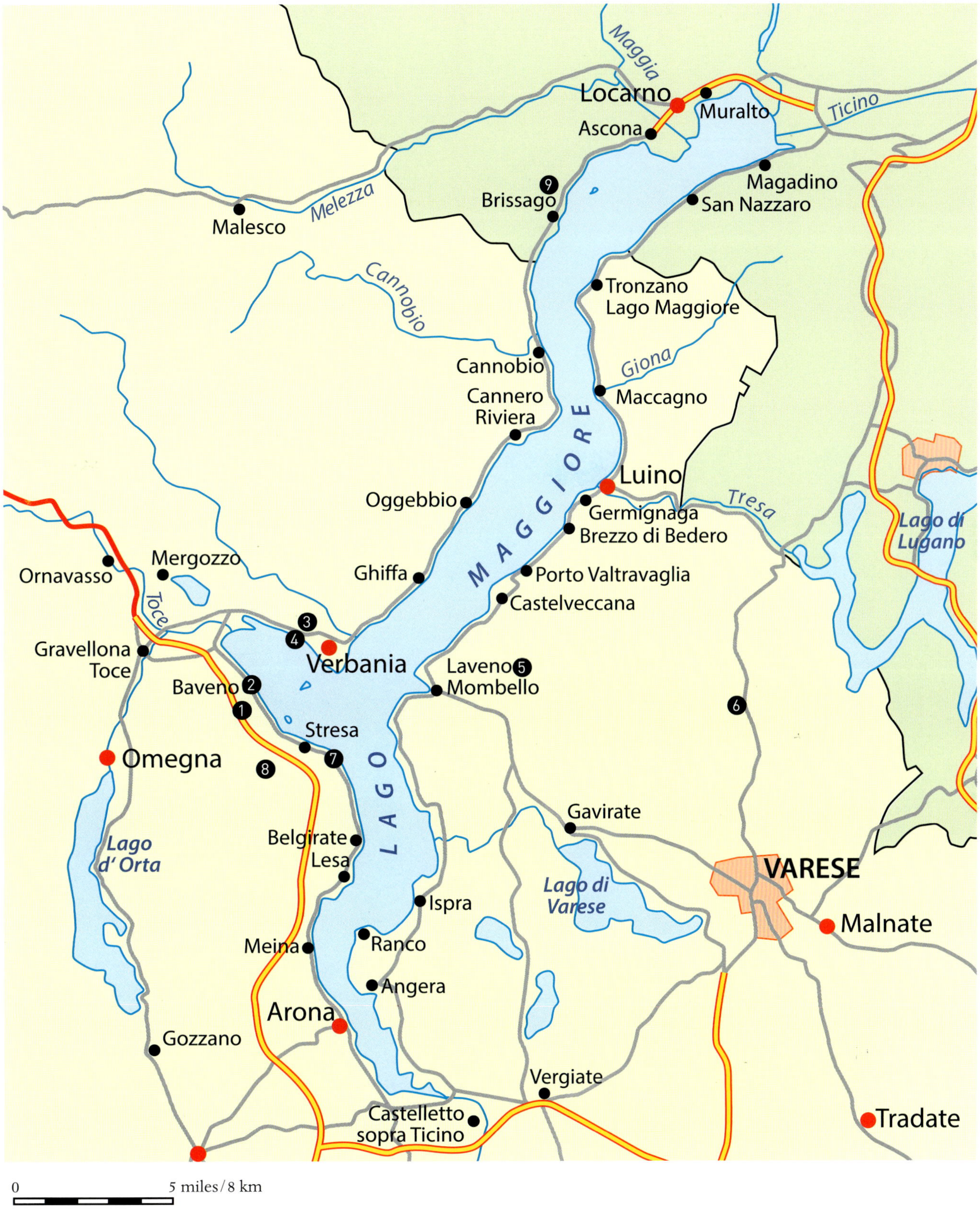

1. ISOLA BELLA
2. ISOLA MADRE
3. VILLA TARANTO
4. VILLA SAN REMIGIO
5. VILLA DELLA PORTA BOZZOLO
6. VILLA CICOGNA MOZZONI
7. VILLA PALLAVICINO
8. ALPINIA-GARTEN
9. BOTANISCHER GARTEN DER BRISSAGO-INSELN

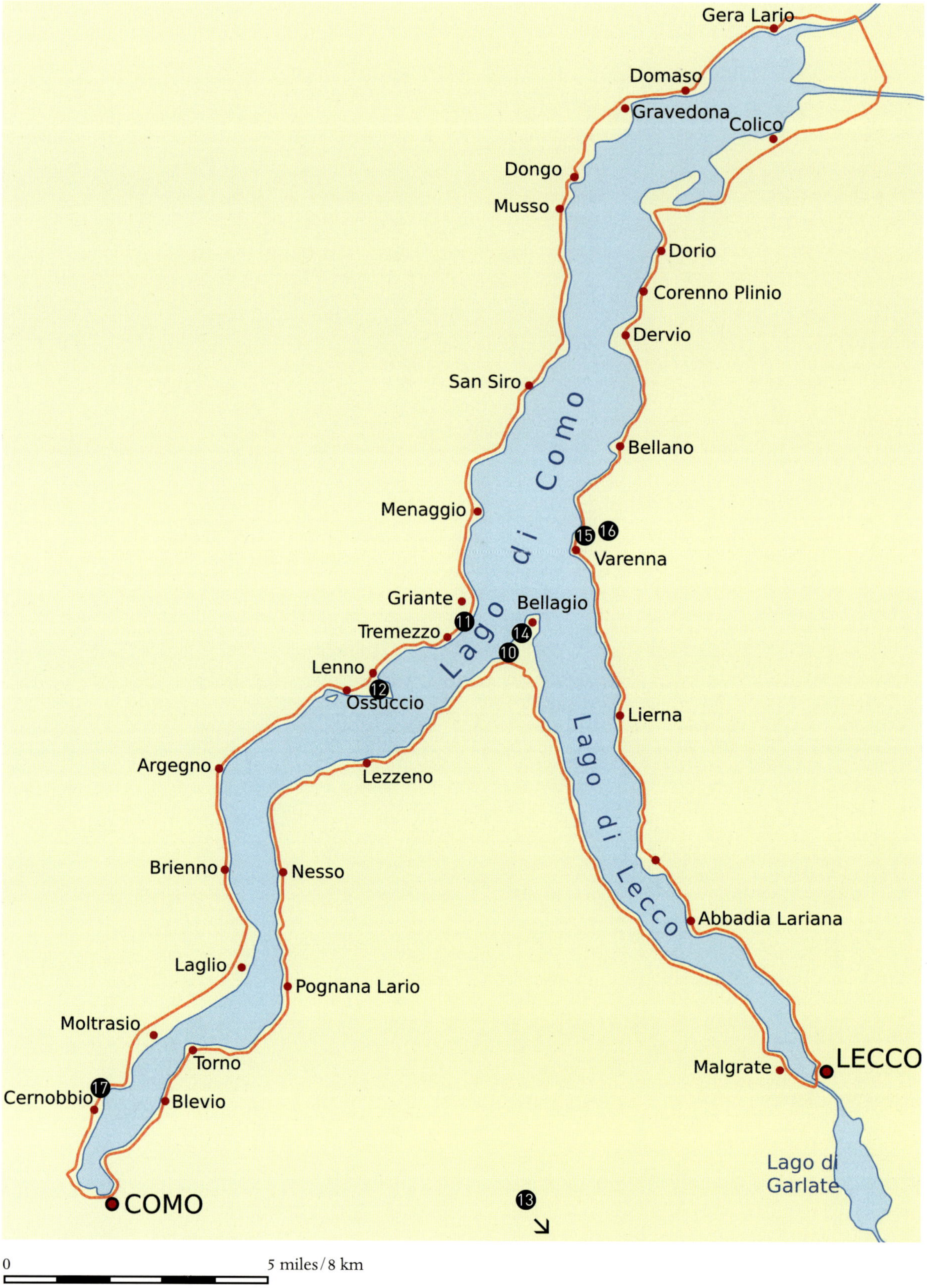

10. Villa Melzi

11. Villa Carlotta

12. Villa del Balbianello

13. Villa Sommi Picenardi

14. Villa Serbelloni

15. Villa Cipressi

16. Villa Monastero

17. Villa d'Este

COMER SEE

10. VILLA MELZI

Lungolario Manzoni, Bellagio

Der Garten liegt einen kurzen Spaziergang südlich der Ortsmitte von Bellagio am Comer See. Er ist ab dem späten März bis gegen Ende Oktober täglich von 9.30 bis 18.30 Uhr geöffnet. Die Villa ist nicht zu besichtigen. *www.giardinidivillamelzi.it/GIARDINI_DI_VILLA_MELZI/HOME_PAGE_GER.html*

11. VILLA CARLOTTA

Via Regina 2, Tremezzo, Como

Der Garten liegt am Seeufer zwischen Tremezzo und Cadenabbia und hat eine eigene Anlegestelle für Passagierschiffe. Er ist von Ende März bis Mitte Oktober täglich von 9.00 bis 19.30 geöffnet, letzter Einlass um 18.00 Uhr. Ab Mitte März und von Mitte Oktober bis Anfang November ist er von 10.00 bis 18.00 Uhr geöffnet, letzter Einlass: 17.00 Uhr. Die Villa ist ebenfalls zu besichtigen.
www.villacarlotta.it/page.php?pag_id=14&sez_id=12&lang_id=2

12. VILLA DEL BALBIANELLO

Via Comoedia 5, Tremezzina, Como

Der Garten liegt auf einem Kap auf halber Länge des Comer Sees. Man erreicht ihn von der Stadt Lenno aus an der westlichen Hauptuferstraße; von der Anlegestelle der Passagier- und Fährschiffe in Lenno führt ein kurzer Weg über die Promenade zum Lido, wo ein privater Bootsverkehr Besucher bis zum Garteneingang am Kap bringt. Von Lenno aus führt auch ein ausgeschilderter Fußweg zum Garten, der im Besitz des Fondo per l'Ambiente Italiano (FAI) ist. Öffnungszeiten: von Mitte März bis Mitte November, täglich außer Montag und Mittwoch (es sei denn, diese sind Feiertage) von 10.00 bis 18.00, letzter Einlass ist um 17.15 Uhr. Die Villa ist ebenfalls zu besichtigen. *http://eng.fondoambiente.it/beni/villa-del-balbianello-fai-properties.asp*

13. VILLA SOMMI PICENARDI

Via Sommi Picenardi 8, Olgiate Molgora, Lecco

Der Garten liegt am Rand des Dorfes Olgiate Molgora, südwestlich von Lecco/Comer See. Der Bahnhof des Dorfes liegt an der Strecke Mailand-Lecco. Der Garten ist nach Voranmeldung zu besichtigen.
www.villasommipicenardi.it/?page_id=35

14. VILLA SERBELLONI

Piazza della Chiesa 14, Bellagio

Park und Villa gehören der Rockefeller Foundation – nicht mit dem nahen Grand Hotel Villa Serbelloni verwechseln! Besichtigungen organisiert das Tourismusbüro von Bellagio. Die etwa 90-minütigen Touren finden vom 15. bis 31. März und 25. Oktober bis 1. November statt, täglich außer Montag um 11.00 und 15.30, vom 1. April bis 24. Oktober um 11.00 und 15.30 Uhr. Kartenverkauf (Promobellagio) und Ausgangspunkt im mittelalterlichen Turm an der Piazza della Chiesa bei der Kirche San Giacomo in Bellagio. Die Villa ist nicht zu besichtigen. *www.bellagiolakecomo.com/bellagio-lake-como-italy/POI-points-of-interest/villa-serbelloni-garden*

15. VILLA CIPRESSI

Via IV Novembre 18, Varenna

Der Garten gehört zum Hotel Villa Cipressi in Varenna, an der östlichen Uferstraße des Comer Sees. Varenna hat einen Bahnhof und eine Anlegestelle für Fährschiffe. Eintrittskarten für den Garten erhält man an der Hotelrezeption.
www.hotelvillacipressi.it/de/index.html

16. VILLA MONASTERO

Via G. Polvani 4, Varenna

Lassen Sie sich von der Adresse nicht verwirren, die Villa Monastero liegt direkt neben der Villa Cipressi und ist im Besitz der Provinzverwaltung. Der Garten ist vom 1. März bis 1. November täglich von 9.30 bis 19.00 Uhr geöffnet, letzter Einlass: 18.30 Uhr. Die Villa ist ebenfalls zu besichtigen.
www.villamonastero.eu/index.php/en/giardino-botanico-en

17. VILLA D'ESTE

Via Regina 40, Cernobbio

Der Garten gehört zum Hotel Villa d'Este in Cernobbio, im Südwesten des Comer Sees. Man kann ihn nach Absprache mit dem Hotelmanagement besichtigen.
www.villadeste.com/en/13/default.aspx

REGISTER

Kursiv gesetzte Seitenzahlen verweisen auf einen Bildtext, **fett** gesetzte auf ein Kapitel.

DANKSAGUNG

VON STEVEN DESMOND UND MARIANNE MAJERUS

Viele Menschen haben uns auf vielfältige Art und Weise in den vergangenen Jahren bei der Arbeit an diesem Buch geholfen. Zu ihnen gehören die Besitzer, die Verwalter, Gärtner und Angestellten der hier beschriebenen Gärten. Sie waren ungemein freundlich, hilfsbereit, geduldig, kundig und aufmunternd. Unser Dank gilt insbesondere: Serena Bertolucci, Joanna Chisholm, Eleonore und Jacopo Cicogna Mozzoni, Neill Coleman, Jane Crawley, Gabriella De Paoli, Amanda Desmond, Michela Gatti, Gianfranco Giustina, Susan Gullen, Helen Griffin, Federica Long, Monica Mandelli, Brian Manning, Giovanni Battista Margaroli, Arianna Osti, Carmen Pedretti, Martin Randall, Arianna Sancassani, Serena Sogno, Azzurra Sommi Picenardi, Daniela Vaninetti, dem Management des Hotels Villa d'Este und den Angestellten des Grand Hotels Villa Serbelloni.

Die Originalausgabe erscheint 2016 unter dem Titel
Gardens of the Italian Lakes bei
Frances Lincoln Limited
74–77 White Lion Street
London N1 9PF
www.franceslincoln.com

Layout: Arianna Osti

Aus dem Englischen von Anke Albrecht

1. Auflage 2016

Redaktion: Clemens Hoffmann für bookwise GmbH, München
Satz: Daniel Förster

Printed in China
ISBN 978-3-8369-2112-1
www.gerstenberg-verlag.de

MIX
Papier aus verantwortungsvollen Quellen
FSC® C008047

BILDNACHWEISE

Das Copyright aller Fotos liegt bei Marianne Majerus, mit Ausnahme folgender Fotos und Abbildungen: Alamy: S. 108 © Giovanni Tagini; S. 110 © Federico Rano. Autor: S. 100 (unten), S. 104, S. 105, S. 111, S. 112, S. 114, S. 115, S. 116, S. 117, S. 127, S. 177 (unten), S. 190, S. 192, S. 193 (unten), S. 197, S. 202, S. 203. Archiv des Autors: S. 8, S. 9, S. 18, S. 26, S. 40, S. 41 (oben), S. 70, S. 72 (unten), S. 84 (oben), S. 135 (oben), S. 207. Fondo per l'Ambiente Italiano: S. 165 (oben). Fotolia: S. 215 © Rainer Lesniewski. Museo del Paesaggio, Verbania-Pallanza: S. 78 (unten), S. 79 (oben). Museo Villa Carlotta: S. 144 (unten). Shutterstock: S. 102 © Raffaella Calzoni; S. 106–107 © Claudiovidri; S. 193 (oben), S. 194–195, S. 198, S. 200 © Alexander Chaikin; S. 196 © Malgorzata Kistryn; S. 201 © Capricorn Studio; S. 214 © Rainer Lesniewski.

WEITERFÜHRENDE LITERATUR

Anon. [Gladys Huntington], *Madame Solario*. Heinemann, London, 1956

Bagot, Richard und Laura M. Ragg, *The Italian Lakes*. A. & C. Black, London, 1905

Burnet, Gilbert, *Some Letters Containing an Account of What Seemed Most Remarkable in Switzerland, Italy, &c.* Abraham Acher, Rotterdam, 1686. Die erste deutsche Übersetzung verlegte Johann Friedrich Gleditsch 1687 in Leipzig: *Des berühmten Englischen Theologi, D. Gilberti Burnets, Durch die Schweitz, Italien, auch einige Orte Deutschlands und Franckreichs im 1685. und 86. Jahre gethane Reise, Und derselben Curieuse Beschreibung* […]

Laing, Samuel, *Notes of a Traveller on the Social and Political State of France, Prussia, Switzerland, Italy, and other Parts of Europe, during the Present Century.* Longman, Brown, Green & Longmans, London, 1842

Le Blond, Mrs Aubrey, *The Old Gardens of Italy: How to Visit Them.* John Lane, Bodley Head, London, 1912

McEacharn, Neil, *The Villa Táranto, A Scotsman's Garden in Italy. Country Life*, London, 1954

Masson, Georgina, *Italian Gardens.* Thames & Hudson, London, 1961. 1962 ins Deutsche übersetzt: Italienische Gärten.

Masson, Georgina, *Italian Villas and Palaces.* Thames & Hudson, London, 1959. 1959 ins Deutsche übersetzt: Italienische Villen und Paläste.

O'Conor, Matthew, *Picturesque and Historical Recollections During a Tour through Belgium, Germany, France and Switzerland in the Summer Vacation of 1835.* Wm. S. Orr, London, 1837

Pisoni, Carlo Alessandro; Parachini, Leonardo; Monferrini, Sergio und Dante Invernizzi, Amor di Pianta: Giardinieri, Floricoltori, *Vivaisti sul Verbano 1750–1950.* La Compagnia de' Bindoni et alia, Verbania, 2005. copy SCD

Selvafolta, Ornella und Paolo Cottini, *I Giardini di Villa Melzi d'Eril a Bellagio.* Villa Melzi/Cisalpino, Mailand, 2012

Stendhal, *Diario del Viaggio in Brianza, 1818;* Nachdruck in: Selvafolta, Ornella und Paolo Cottini, I Giardini di Villa Melzi d'Eril a Bellagio. Villa Melzi/Cisalpino, Mailand, 2009

Stendhal, *Rome, Naples et Florence.* Edouard Champion, Paris, 1919. Erstmals 1922 ins Deutsche übersetzt.

Taine, Hippolyte, *Voyage en Italie* 1866. Erstmals 1967 unter dem Titel *Reise in Italien* ins Deutsche übersetzt.

Twain, Mark, *The Innocents Abroad.* American Publishing Company, Hartford 1869. Übersetzungen ins Deutsche erschienen unter den Titeln *Die Unbedarften im Ausland* und *Die Arglosen im Ausland.*

Wharton, Edith, *Italian Villas and their Gardens.* Century, New York, 1904

VORTITELSEITE Auf einer der Terrassen der Isola Bella.
TITELSEITE Die Loggia der Villa Cicogna Mozzoni führt in den Garten.
S. 4–5 (INHALT) Ein weißer Pfau auf einem Geländer der Isola Bella.